當代港澳研究

STUDIES ON
HONG KONG AND MACAO

何俊志 黎熙元／主編

曹旭東／執行主編

2024年 第1期

當代港澳研究

2024 年第 1 期

主　　編	何俊志　黎熙元
執行主編	曹旭東
主　　辦	中山大學港澳珠江三角洲研究中心 Center for Studies of Hong Kong, Macao and Pearl River Delta, Sun Yat-sen University 中山大學粵港澳發展研究院 Institute of Guangdong, Hong Kong and Macao Development Studies, Sun Yat-sen University 廣東省廣州市新港西路 135 號文科樓 Liberal Arts Building, No. 135, Xingang Xi Road, Guangzhou, P. R. China 電話：（8620）84113236　傳真：（8620）84111342 電郵：jshkmac@mail.sysu.edu.cn
出　　版	中華書局（香港）有限公司 Chung Hwa Book Co., (H.K.) Ltd. 香港北角英皇道 499 號北角工業大廈一樓 B Flat B, 1/Floor, North Point Industrial Building, No. 499, King's Road, North Point, Hong Kong 電話：（852）2137 2338　傳真：（852）2713 8202 電子郵件：info@chunghwabook.com.hk 網址：http://www.chunghwabook.com.hk
責任編輯	蕭　健
裝幀設計	鄭喆儀
排　　版	黎　浪
印　　務	周展棚
印　　刷	美雅印刷製本有限公司 Elegance Printing & Book Binding Co., Ltd. 香港觀塘榮業街 6 號 海濱工業大廈 4 樓 A 室 Block A, 4/f, Hoi Bun Industrial Building, 6 Wing Yip Street, Kwun Tong, H. K.
ISSN	3006-0168
定　　價	HK$98

當代港澳研究 • 2024 年第 1 期

目　錄
CONTENTS

特　稿

港澳經濟

港澳社會

港澳政治與法律

特　稿

守真志滿、砥礪前行

—— 中山大學港澳研究 40 年

黎熙元　梁宇翔[*]

摘　要：由於歷史上的地域關係，以及改革開放後國家治理與地方發展的需求，中山大學早在 20 世紀五六十年代已經開展港澳區域學術研究，以港澳為專題的研究機構 —— 中山大學港澳研究所成立於 1983 年，隨後逐步發展為如今的中山大學粵港澳發展研究院，至今已有四十年歷史。在此期間，中大學者承擔的港澳研究課題數量加速上升，產生了學術論文、研究著作、政策諮詢報告等形式多樣的研究成果，並在港澳歷史、經濟、社會文化、法律和政治等研究領域具有重要地位，形成了以奠基性研究開展前沿論題、實證研究累積真知識、多學科研究形成跨學科視角、學術導向和需求導向相結合的政策研究等鮮明特點，使得 40 年來中山大學的港澳研究在國內各界評價中保持重要地位和聲望。

---

[*]　黎熙元，中山大學粵港澳發展研究院、中山大學社會與人類學院教授，博士生導師；梁宇翔，中山大學粵港澳發展研究院博士研究生。

關鍵詞：香港　澳門　港澳研究　中山大學

　　區域研究是社會科學理論發展的實證基礎。在各區域研究當中，香港和澳門是當前社會科學研究的重要對象。在「中國知網」上，分別以「港澳」、「香港」和「澳門」為主題詞進行論文檢索，共找到17.5 萬多篇中外社會科學期刊論文，其中香港研究論文約佔 80%。「中國知網」可搜索到的論文只是港澳研究文獻的一部分，有很多文獻實際上是以論文集、著作、研究報告的形式出版或不出版。由此可見，曾經有過學界不太重視港澳研究的講法是言過其實。相比國內其他大學，中山大學是相對更早開展港澳區域學術研究的高校。早在 20 世紀五六十年代，已有金應熙、戴裔煊兩位教授開展以香港、澳門為主題的歷史研究，並且帶動了中山大學以及廣東學界在 1980 年代以後重新開展港澳研究。以港澳為專題的研究機構 —— 中山大學港澳研究所於1983 年成立，至今已有 40 年。

一、中山大學為何有港澳研究？

　　港澳研究，顧名思義是指以香港、澳門為研究對象的研究。不同學科可以以香港或澳門作為實證資料來源來論證學科理論。在比較研究中，香港、澳門可以作為典型個案與其他地區比較，從而獲得理論或者實踐模式的反思。雖然說區域研究是理論研究的實證基礎，然而學界的區域研究通常都是在本地進行，較少發生跨地域研究的情況。這不但關乎在地網絡提供的資源和研究便利條件，也關乎研究機構所在地社會的期望，更關乎研究者自身的知識、經驗和地方文化認同。

中山大學地處珠江三角洲城市帶的中心城市廣州市，為什麼會特別發展出需要跨境進行的港澳研究呢？回顧中山大學港澳研究的歷史過程，可以看見兩個原由。其一是歷史上的地域關係。廣州、香港、澳門雖然在 19 世紀已經先後分屬不同政府管轄，但社羣和文化基本上是一個整體，人羣互相流動，文化互相影響互相形塑。中山大學有些學者出生於香港、澳門，到廣州求學或者工作，上面提到的金應熙教授就是其中之一，在後來加入港澳研究的學者中還有好幾位屬於這種情況。也有一些學者反向而行，內地出生港澳求學又返回內地工作，70 後、80 後世代有不少這類學者，這些學者的生活範圍就是省（廣州）港澳。因此，在歷史與文化研究學科領域，港澳研究就是一種本地研究。

其二是改革開放以後的國家治理與地方發展需求。1979—1990 年間廣東省的外向經濟發展與體制改革「先行一步」，其先行的條件是藉助香港和澳門這兩個鄰近區域的市場經濟發展優勢和對外關係，於是了解香港和澳門以及如何利用其優勢成為國家和地方的諮政需求。中山大學港澳研究所成立於 1983 年，而廣東省社會科學院的港澳經濟研究中心已於 1980 年成立。這兩個機構聯合當時省內幾家高校（如暨南大學等）的研究人員於 1984 年成立了廣東省港澳經濟研究會，這成為全國港澳研究的先行團隊。中山大學港澳研究所和廣東省社會科學院的港澳經濟研究中心經常聯合開展實地調查，舉辦各種研討會和論壇，在珠三角地區如何利用港澳「借船出海」、特區體制如何學習港澳經驗、發展市場經濟和外向經濟等方面進行了大量學術探討和政策討論，服務於廣東省委宣傳部和廣東省政府發改委的決策需求。20 世紀 90 年代是港澳回歸祖國的過渡時期，國家為確保平穩過渡展開一系列工作安排，對香港和澳門各社會領域進行調查研究的需求也進一步

增加。中山大學為整合力量回應國家需求，於 1991 年成立港澳研究中心，統籌全校港澳研究資源和力量，並按經濟、政治與歷史、社會與法律五個研究方向重組了研究團隊，研究人員得以增加，並形成了多學科區域研究和跨學科主題研究的特點。2000 年，中山大學港澳研究中心與本校的珠江三角洲研究中心合併成為港澳珠江三角洲研究中心，並被列入教育部第一批人文社科重點研究基地。在港澳回歸後數年內，內地從事港澳研究的絕大部分研究資源、研究人員轉投其他研究領域，中山大學的港澳珠江三角洲研究中心成為全國唯一堅守港澳研究的研究機構。2003 年以後，香港、澳門特區政府和內地政府開始持續溝通合作，透過 CEPA（2003）、泛珠三角（2003）和粵港澳合作框架協議（2010）等不斷完善深化的合作協議和發展規劃，推動區域合作和粵港澳區域化，港澳研究再度受到各方重視。中山大學港澳珠江三角洲研究中心依託教育部人文社科重點研究基地資源，開展了多項重點主題的系列研究，出版了多個系列專著。2016 年，中山大學在港澳珠江三角洲研究中心的基礎上成立粵港澳發展研究院（下稱「研究院」），併入選為首批國家高端智庫試點單位。研究院按政治學、經濟學、社會學和法學四個學科組織研究團隊、擴充研究人員，招收培養碩士、博士和博士後研究人員。研究院在過去數十年的學術積累基礎上，向有關部門貢獻大量智庫報告，贏得學界聲望。從機構調整過程可以看到，中山大學的港澳研究主要受國家治理和地方發展需求推動和影響，其組織方式一直緊貼 1979 年以來港澳與內地關係的變化，呈現出明顯的時代政治特徵。中國內地其他高校或研究機構的港澳研究歷史變化也有相似之處，當國家和地方投入的研究增加時，研究機構和研究成果就會顯著增加，反之則會顯著減少。

二、研究成果與呈現

在「中國知網」搜索到的與港澳研究相關的社會科學類論文包括了眾多刊發於外文期刊中的論文。若僅以 CSSCI 和核心期刊為國內期刊檢索範圍檢索，則 1979 至今有論文近四萬篇，其中作者單位為中山大學的論文有兩千多篇。雖然總量上僅佔 5%，但以單所高校同一地區主題的論文發表量來看，中山大學應該是國內發表港澳研究主題論文最多的高校。

1. 形式多樣的研究成果

從論文發表的時間來看，如果說 20 世紀 80 年代港澳主題仍屬「冷門」話題，到 90 年代已經變成「熱門」話題，論文數量暴增七倍。雖然港澳回歸以後曾有幾年內地港澳研究資源投入較少，但整體上並未影響論文發表量。21 世紀頭兩個十年，港澳研究的論文發表量較上一年的增長幅度在 60%—80% 之間。2020 年至今的不足四年內，論文發表量已達到上個十年的 40%，未見出現媒體所預言的下降趨勢。

表 1 「中國知網」搜索的國內權威刊物發表的港澳研究論文數量[①]

	港澳	香港	澳門	總計
全國	3531	28023	5827	37381
中山大學	422	1261	453	2136

數據來源：「中國知網」學術期刊網絡版。

[①] 雖然使用完全相同搜索方式，但每次搜索所得數據都有一定差異，論文亦有部分重複，故表中數據僅作參考。文中其他來自「中國知網」的數據亦有相同問題。

　　從區域主題來看，全國以香港為主題的論文，是以港澳、澳門為主題的論文總和的三倍。但中山大學則相對平衡，香港主題論文只略多於其他兩類之和。由此可見，中山大學研究團隊對於香港和澳門兩個區域的知識積累和研究是相對平衡的。從論文內容來看，2000 年以前的論文以香港主題或者澳門主題為主，即以香港、澳門為單獨討論分析或評論對象。2000 年以後的論文以區域關係和區域比較為主，即以粵、港、澳兩地或三地的要素異同、相互關係為探討對象，如「香港的土地利用與土地政策」[①]「內地因素與香港現代國際貿易中心地位的形成」[②]「澳門法律本地化問題研究」[③]「澳門經濟增長的總需求分析（1982—1997 年）」[④]「香港：多種文化並存的社會」[⑤]「香港在近代中國政治中的特殊角色」[⑥]「後過渡期澳門社會治安問題研究」[⑦] 等。2010 年之後，關於區域化的討論漸成主流，如「論廣東與香港的經濟合作 —— 有關兩地資本流動與貿易關係的實證分析」[⑧]「香港與珠三角港口羣協作發展的前景」[⑨]「CEPA 對內地香港生產者服務貿易影響的理論分析」[⑩]

[①]　鄭天祥、梁雪蓮、朱劍如：《香港的土地利用與土地政策》，《熱帶地理》，1986 年第 1 期。

[②]　鄭佩玉：《「內地因素」與香港現代國際貿易中心地位的形成》，《中國軟科學》，1997 年第 4 期。

[③]　郭天武、朱雪梅：《澳門法律本地化問題研究》，《中山大學學報（社會科學版）》，1999 年第 2 期。

[④]　陳廣漢、李廣眾：《澳門經濟增長的總需求分析（1982—1997 年）》，《中山大學學報（社會科學版）》，1999 年第 6 期。

[⑤]　黎熙元：《香港：多種文化並存的社會》，《中山大學學報（社會科學版）》，1997 年第 3 期。

[⑥]　許錫揮：《香港在近代中國政治中的特殊角色》，《中山大學學報（社會科學版）》，1998 年第 4 期。

[⑦]　郭天武、朱雪梅：《後過渡期澳門社會治安問題研究》，《中山大學學報（社會科學版）》，1999 年第 3 期。

[⑧]　陳廣漢、李廣眾：《論廣東與香港的經濟合作 —— 有關兩地資本流動與貿易關係的實證分析》，《南方經濟》，2000 年第 3 期。

[⑨]　鄭天祥：《香港與珠三角港口群協作發展的前景》，《新經濟雜誌》，2005 年第 6 期。

[⑩]　陳廣漢、曾奕：《CEPA 對內地香港生產者服務貿易影響的理論分析》，《經濟學家》，2005 年第 2 期。

「僑匯券和外匯兌換券的社會經濟意義——兼論 1958—1995 年的粵港關係」① 等。同時，論文的分析討論角度也從宏觀結構分析轉向中觀因素、機制和不同效應分析等，提出討論問題的專業性和精細度也顯著提高，如「澳門賭權開放帶來的社會政治影響分析」②「香港與內地服務貿易分工現狀及其雙邊競爭力」③「ECFA 對兩岸三地的經濟、貿易和產業影響——基於全球貿易分析模型 GTAP 的分析」④「博弈、掙脫與民意——從『雙非』風波回望『莊豐源案』」⑤「從『executive』一詞看香港行政長官的法律地位」⑥「從巨型城市區域視角審視粵港澳大灣區空間結構」⑦ 等。

表 2　按時間劃分的中山大學論文數量

	1980—1989	1990—1999	2000—2009	2010—2019	2020—2023	總計
港澳	6	53	85	159	119	422
香港	39	276	383	431	132	1261
澳門	13	88	131	167	54	453
總計	58	417	599	757	305	2136

數據來源：中國知網學術期刊網絡版。

① 雷強、黎熙元：《僑匯券和外匯兌換券的社會經濟意義——兼論 1958—1995 年的粵港關係》，《廣東社會科學》，2008 年第 2 期。
② 關紅玲、雷強：《澳門賭權開放帶來的社會政治影響分析》，《學術研究》，2005 年第 12 期。
③ 關紅玲：《香港與內地服務貿易分工現狀及其雙邊競爭力》，《學術研究》，2011 年第 5 期。
④ 張光南、陳坤銘、楊書菲：《ECFA 對兩岸三地的經濟、貿易和產業影響——基於全球貿易分析模型 GTAP 的分析》，《經濟學（季刊）》，2012 年第 11 卷第 3 期。
⑤ 曹旭東：《博弈、掙脫與民意——從「雙非」風波回望「莊豐源案」》，《政治與法律》，2012 年第 6 期。
⑥ 張龑、葉一舟：《從「executive」一詞看香港行政長官的法律地位》，《港澳研究》，2016 年第 2 期。
⑦ 李郇、周金苗、黃耀福、黃玫瑜：《從巨型城市區域視角審視粵港澳大灣區空間結構》，《地理科學進展》，2018 年第 37 卷第 12 期。

關於港澳主題的研究著作出版量未有全國統計數據可查，無法確知全國港澳研究著作的出版情況。從中山大學圖書館的館藏圖書目錄中能夠查找到的以「中山大學」為作者署名單位的港澳研究著作有 167 本。由於中山大學館藏數目檢索系統不能精確匹配查找要求，檢索得到的中山大學港澳研究著作出版數量只是個大約數。

中山大學粵港澳發展研究院（包括其前身港澳研究所和港澳珠江三角洲研究中心）發表論文的數量整體上約佔中山大學總發表量的兩成，並在 2020—2023 年間佔比出現比較顯著的下降。相對來説，粵港澳發展研究院的研究著作出版顯然成績更好，在中山大學的港澳主題著作出版總量中佔比超過六成。重要的研究系列著作有：教育部哲學社會科學研究基地重大項目成果叢書 30 部、港澳研究文叢 15 部、粵港澳區域合作研究文叢 11 部、新時期港澳珠區域經濟合作與發展叢書 6 部、藍皮書系列 5 部、《當代港澳研究》（以書代刊）64 輯。

除了公開發表的論文和著作以外，還有一類極其重要且數量很大的研究成果未能公開呈現出來。如前所述，自 1983 年港澳研究所成立以後，研究團隊經常參與或者受委託完成政府有關部門要求的實地調查與研究分析項目，每年提交政策諮詢報告通常都以數十篇計，其中《港澳情況通訊》是持續編制的系列性報告，其中有編輯性的作品，也有原創性的作品。2016 年成立粵港澳發展研究院以後，向國家有關部門提交指定或者自選論題的諮詢報告成為研究團隊需要優先完成的工作任務，每年提交的諮詢報告量大增至超過百篇。粵港澳發展研究院向有關政府部門和研究單位發佈的報告系列有《港澳情況通訊》（1992—2017 已發佈 125 期）、《粵港澳研究專報》（2016 年至 2023 年 9 月已發佈 839 期）、《粵港澳研究觀點摘報》（2016 年至 2023 年 9 月

已發佈 68 期）、《港澳社情輿情動態》（2016 年至 2023 年 9 月已發佈
623 期）和《全球灣區動態》（10 期）。

表 3　按時間劃分的粵港澳研究院研究課題與成果數量

	1980—1989	1990—1999	2000—2009	2010—2019	2020—2023	總計
論文	8	94	109	185	43	439
著作（不包括期刊）	3	5	30	46	18	102
研究課題	0	2	74	153	135	364
諮詢報告						1661

數據來源：論文數據來自「中國知網」學術期刊網絡版，其他數據來自作者翻查相關文本記錄統計。

2. 具有重要地位的研究成果

中山大學的港澳研究在 1983 年重啟以後一直未有間斷，產生了不少具有重要學界地位和影響力的研究成果。

在歷史研究領域，傳承歷史學系前輩開啟的澳門研究傳統，《澳門歷史文化》[①]《澳門通史》[②]《二十世紀澳門漁民研究》[③] 等著作在地方史研究獨樹一幟。《香港跨世紀的滄桑》[④] 是內地學者撰寫的第一本香港簡史，首次以史料論證了香港在 1842 年以來的中國近現代史中一直被賦予中國大陸與海外國家之間溝通的中介地位和角色，這個中介角色是歷史性和總體性的。該著作 2015 年由廣東人民出版社改版為《香港簡史》[⑤]。

---

① 章文欽：《澳門歷史文化》，中華書局，1999 年。
② 黃啟臣：《澳門通史》，廣東教育出版社，1999 年。
③ 朱德新、孟慶順、周運源：《二十世紀澳門漁民研究》，中國檔案出版社，2002 年。
④ 許錫揮、陳麗君、朱德新：《香港跨世紀的滄桑》，廣東人民出版社，1995 年。
⑤ 許錫揮、陳麗君、朱德新：《香港簡史（1840—1997）》，廣東人民出版社，2015 年。

　　在經濟研究領域，《現代香港經濟》[①] 和《香港經濟教程》[②] 是全國最早兩部關於香港經濟的概論類著作，系統論述了香港具有國際金融、貿易、航運、信息和旅遊五大經濟中心功能。上述著作的作者同時在中山大學經濟系開設香港經濟課程，也是全國首個關於港澳的地方經濟課程。[③] 這些體系式專業論述對相關話語具引導作用，而在當時即使香港本地學界亦乏善足陳。《粵港澳經濟關係走向研究》[④] 以研究者的內部視界提出粵港澳經濟關係特徵與性質的轉變 —— 從「前店後廠」走向「統一市場」、從「製造業」走向「服務業」、從「自發合作」走向「自覺合作」，被學界沿用為粵港澳區域經濟關係發展階段的總結性陳述。

　　在法律和政治領域，《香港法教程》[⑤]、《澳門法律概論》[⑥] 和《內地與香港法律體系的衝突與協調》[⑦] 是國內同類主題中最早的一批法學研究著作，主要介紹香港、澳門的法律體系特點，在「一國兩制」背景下討論內地與香港的法律差異及合作問題。《香港政黨與良性政治：憲制與法律的視角》[⑧] 是國內最早從憲法和法律制度的角度對香港政黨行為的影響因素進行探討，並對良性政治建構提出規範路徑的跨學科著作。《香港人的價值觀念研究》[⑨] 以「一國兩制」的立場回應香港一些學者提出的香港核心價值論題並探討生成爭論的原因，學界在此之前尚未見關於香港價值觀體系的完整討論。

---

①　鄭德良：《現代香港經濟》，中國財政經濟出版社，1982 年。
②　甘長求：《香港經濟教程》，中山大學出版社，1989 年。
③　參見甘長求：《我所經歷的港澳研究》，《當代港澳研究》，2013 年第 4 期。
④　陳廣漢：《粵港澳經濟關係走向研究》，廣東人民出版社，2006 年。
⑤　李啟欣主編：《香港法教程》，中山大學出版社，1991 年。
⑥　楊賢坤主編：《澳門法律概論》，中山大學出版社，1994 年。
⑦　王仲興、郭天武主編：《內地與港澳法律體系的衝突與協調》，中山大學出版社，2009 年。
⑧　曹旭東：《香港政黨與良性政治：憲制與法律的視角》，三聯書店（香港）有限公司，2016 年。
⑨　陳麗君：《香港人價值觀念研究》，社會科學文獻出版社，2011 年。

在社會文化研究領域，《夢想與現實：香港的社會階層與社會流動》①是第一部使用調查數據來研究分析香港社會分層的著作。該著作指出，香港中產階層縮小、社會兩極化趨勢逐漸突顯，並探討全球化進程中地方社會的結構變化，預見了社會衝突浮現，成為學界推薦的專題著作。《權力的生成》②是關於香港市區重建的民族志，被譽為建立於扎實田野工作之上、又具有對權力理論進行創新性探討的著作。《蝶變 —— 澳門博彩業田野敘事》③是國內唯一一部以民族志方法、全景式呈現圍繞博彩業所生成之澳門社會生態結構與文化的著作。《省港澳大眾文化與都市變遷》④通過粵港澳三地的文化關係演變來呈現和分析三個城市的經濟政治關係演變，因其論述思路獨特而受學界讚賞。

《粵港澳關係叢書》作為中山大學課題組承擔的廣東省社會科學「九五」重大課題的研究成果，於 2001 年出版了《粵港澳法律關係》⑤《粵港澳社會關係》⑥《粵港澳文化關係》⑦《粵港澳經濟關係》⑧四卷，其中法律、社會、文化關係三卷分別是國內同類主題的首部研究著作。

三、研究特點

中山大學及其粵港澳發展研究的港澳研究在國內各界評價中 40 年

① 黎熙元：《夢想與現實：香港的社會階層與社會流動》，北京大學出版社，2008 年。
② 夏循祥：《權力的生成》，社會科學文獻出版社，2017 年。
③ 劉昭瑞、霍志釗：《蝶變 —— 澳門博彩業田野敘事》，商務印書館，2017 年。
④ 程美寶、黃素娟主編：《省港澳大眾文化與都市變遷》，社會科學文獻出版社，2017 年。
⑤ 程信和主編：《粵港澳法律關係》，中山大學出版社，2001 年。
⑥ 李偉民主編：《粵港澳社會關係》，中山大學出版社，2001 年。
⑦ 許錫揮、李萍主編：《粵港澳文化關係》，中山大學出版社，2001 年。
⑧ 鄭天祥主編、李郇副主編：《粵港澳經濟關係》，中山大學出版社，2001 年。

來保持重要地位和聲望，原因在於其研究具有幾個鮮明的特點。

1. 奠基性研究開啟前沿論題

由於地域相鄰、地方文化同源、經濟社會有一定程度的相互影響，中山大學研究團隊對港澳主題具有格外靈感的感知能力，能夠在各界或者大眾媒體關注之前就展開研究，不但在國內不斷開啟學界新論題，其研究成果和資料積累對於相關主題研究也具有奠基意義。20世紀80年代的港澳研究多屬於地方政策性研究。中山大學港澳研究中心在1995年申報並獲選為教育部「八五」重大研究項目的《九七後香港經濟社會研究》，是全國第一項由國家資助的港澳研究項目。其後，港澳研究中心以《九七後香港經濟社會追蹤研究》為題申報並再次獲選為教育部「九五」重大研究項目。可以説，這兩個重大項目標誌着港澳研究進入國內學術研究範圍，引領了國內學界的港澳研究，也為中山大學港澳研究中心入選教育部人文社科重點研究基地奠定了基礎。2003年以後，國家社科基金開始資助港澳研究項目。具有奠基意義的研究還有「區域經濟合作研究」「區際法律衝突與協調研究」「港澳社會分層與社會流動研究」「非營利組織與社區服務研究」「港澳政治與選舉制度研究」「港澳居民的身份認同與國家認同研究」等。重大研究團隊還進行過多項具有政策前瞻性的研究，如「粵港澳基礎設施合作與協調」「澳門賭權開放與監管」「香港國際金融中心運作」「跨境貿易負面清單」「跨境人口流動與管理」「港澳選舉制度改革」「香港國家安全立法」等。這些研究成為後來政策討論和制定的基礎，有些研究團隊成員後來還直接參與到政策制定的過程當中。

2. 實證研究累積真知識

實證研究是中山大學港澳研究的主要特色，相關研究團隊一直秉持這樣的學術要求，在每一項研究都貫徹實地調查，力求掌握第一手數據，追蹤更新資料等研究方法，並且堅持把主要研究經費都投入到資料收集當中。中山大學港澳研究團隊組織過「珠三角港澳資企業調查」、每年兩次的「香港居民民意調查」和「澳門居民民意調查」等調查項目。中山大學粵港澳發展研究院還藏有 CO129、FCO40 等重要歷史文獻檔案，經過多年積累，研究院的資料中心已經成為國內港澳數據和歷史文件資料最豐富全面的特藏館。中山大學港澳研究團隊的項目、論文、乃至諮詢報告都自覺基於調研所得的實證資料分析完成，即使是德育研究和法學研究這些不一定需要實證資料支撐的研究，團隊也會經常前往港澳調研以掌握實際情況。正是這種學術堅持使中山大學的港澳研究不僅能生產大量短平快的成果，且這些成果往往能夠作為後續研究的基礎。中山大學港澳研究形成的諮詢報告也得到有關部門重視、採用和讚揚，對政策制定有所貢獻。中山大學港澳研究的學界聲望亦由此而來。

3. 多學科研究形成跨學科視角

中山大學的港澳研究一直以來都是多個學科的共同主題。港澳研究團隊自開始組建時已經注意吸納來自不同學科的成員，1991 年機構擴大之後更加注重相關學科佈局。當前，中山大學粵港澳發展研究院設有經濟學、法學、社會學、政治學四個學科的研究團隊和博士、博士後招生方向。從研究成果來看，40 年間研究成果的學科構成從三個

學科擴展到五個，在經濟、社會、地理的基礎上增加了政治和法律。經濟學在研究人員和研究成果數量方面一直保持比較明顯的優勢，而這個優勢也和中山大學所在的珠江三角洲和粵港澳大灣區的區域發展重點與政策需求相契合。2010 年以前，政治和法律兩個學科方向的港澳主題討論比較零星，2010 年以後研究論文顯著增加。2000 年以後，港澳研究團隊共完成國家社會科學基金重大項目 4 個，教育部人文社科重點研究基地重大項目 24 個，這些重大項目都是多學科參與的研究。每當重大理論論題或者現實論題出現，中山大學港澳研究研究團隊都會進行多學科集體研討，確立整體框架，再循不同學科思路細化分析，這種研究訓練使研究人員逐漸培養出跨學科視角。多學科集體研討方式自研究團隊組成之初已經形成[①]，2016 年粵港澳發展研究院建立之後經常需要就重大熱點主題撰寫政策諮詢報告，亦一直沿用這種集體研討方式，使研究報告也具備跨學科視角，更加切合政策需求。

表 4　按內容大類劃分的各時期粵港澳發展研究院論文與著作數量（不包括研究課題）

	1980—1989	1990—1999	2000—2009	2010—2019	2020—2022	總計
經濟	5	78	109	112	28	332
社會	5	4	13	56	6	84
政治	0	12	10	31	10	63
法律	0	2	6	21	16	45
歷史	0	2	1	9	0	12
地理	1	1	0	2	1	5

---

① 　參見鄭佩玉：《我在港澳研究所的二三事》，《當代港澳研究》，2013 年第 4 期。

4. 學術導向和需求導向相結合的政策研究

正如前面已經多次提及，自 1980 年以來，中山大學的港澳研究就具有比較鮮明的政策研究特色。從港澳研究所到粵港澳發展研究院的 40 年間，政策研究、服務於政府諮政需求是中山大學港澳研究工作的主要組成部分。表 3 所顯示的課題數據統計並不完全，整個中山大學曾經承擔的、完成的港澳研究課題應該更多，尤其是 2016 年以前已經結項的課題。即使就現有數據而論，自 2000 年以來，中山大學所承擔課題數量與公開發表研究成果的數量相差不大，其中有相當部分研究成果實際上體現為研究報告或者政策諮詢報告。表 3 數據也顯示出，諮詢報告在數量上遠遠多於其他類別的研究成果。然而，這些課題並非都是短平快的項目，它們實際上由學術導向研究和需求導向研究兩類研究項目構成：需求導向的研究目標是回答相關政府部門提出的問題，這類問題通常緊扣形勢變化和公眾輿論熱點；學術導向的研究則不同，其目標是積累一個研究領域的基礎知識並籍此進行理論探索，前面提過的教育部人文社科重點研究基地重大項目和國家社科基金重大項目都屬於這類學術導向的研究，其他完成課題當中還有相當數量的國家社會基金、教育部人文社科基金一般項目也屬於這類研究。香港與澳門作為經濟自由和國際化的先行地區，香港作為全球城市，都為國內的理論研究提供市場經濟、外向經濟、投票政治和全球化的社會經濟後果及其治理等理論論題的探索提供一個近距離觀察地點、可與世界上其他城市比較的個案、以及從一個地方性知識對普通理論的反思。更重要的是，可以透過這些對普通理論的反思和實踐經驗來建立中國的理論體系和理論模式。中山大學的研究團隊一直並行兩類研

究，並且從中發現優秀的需求導向研究必須依靠深厚的學術導向研究基礎才能形成。需求導向的研究通常要求就特定主題陳述詳細資料、分析其結構或因素、提出政策建議，研究團隊往往需要定時提前策劃一些相關主題並預先調研以積累資料和知識。粵港澳發展研究院承擔的研究課題當中有近三成是機構自行策劃的，這些先行的調查研究有助於保障按時按質完成政府指定的主題研究。

四、未來展望

中山大學的港澳研究和其他高校之不同之處在於，它有一個 40 年來持續存在的機構組織（即使名稱多次改變）和一支總體上不斷壯大的研究團隊。港澳研究作為學科理論的實證基礎研究而存在理據充分，但專門研究組織機構獨立存在的必要性，卻一直以來都受到質疑，尤其是當政府支持和需求減少的時候。這些質疑的理由來自高校的組織設置是按學科教研體系來建構的，多學科組合和跨學科研究總是邊緣性的，即便有時它會被冠以很新潮的名義。從港澳研究所到粵港澳發展研究院這 40 年之間，這個獨立的研究機構曾經數度陷入研究支持很少、被要求解散的困境，每一次都依靠它的研究成果及其影響力而化解之。這個獨立研究機構能夠在校內組建研究人員網絡、持續推動主題研究並產生數量可觀、主題全面的研究成果，積累了豐富的資料，培養出具備全面港澳地方知識、深刻理解該區域社會的研究人員，及時對接和回應國家需求，並籍此證明機構獨立存在的必要性。從這一點來講，中山大學的港澳研究團隊可謂守真志滿，因為相信這個主題研究的意義而堅持下來。即使如此，研究團隊仍然需要有整體的策略

和個人的策略來對付各種指標化的績效管理要求。國內現行績效管理制度對研究機構和教育機構的績效指標要求不同，而今日中山大學粵港澳發展研究院則兼具這兩種機構性質，因而也要符合兩種不同的績效評估。隨着兩套績效指標越來越精細完善，未來通過評估會越來越困難，這對年青一代研究人員而言是巨大的挑戰。未來，中山大學港澳研究的走向不但取決於粵港澳這一區域的發展變化，也取決於研究團隊和機構怎樣選擇和協調高校的學術要求和政府的政策諮詢要求。

Staying true and ambitious, forging ahead

40 years of Hong Kong and Macao studies at Sun Yat-sen University

Li Xiyuan; Liang Yuxiang

Abstract: Due to historical regional relationships and the needs of national governance and local development after the Reform and Opening-up, Sun Yat-sen University had already carried out academic research on Hong Kong and Macao as early as the 1950s and 1960s. A research institution focusing on Hong Kong and Macao was established as the Institute of Hong Kong and Macao Studies at Sun Yat-sen University in 1983, then it gradually developed into the current Institute of Guangdong, Hong Kong and Macao Development Studies, which has a history of 40 years. During this period, the number of Hong Kong and Macao research topics undertaken by SYSU scholars accelerated, producing a variety of research results such as academic papers, research works, and policy advisory reports, which occupies an important position in the fields of history, economy, sotiety, culture, law, and politics of Hong Kong and Macao studies, forming distinctive characteristics such as developing cutting-edge topics through foundational research, accumulating real knowledge through empirical research, forming an interdisciplinary perspective through multi-disciplinary research, carring out policy research that combines academic orientation and demand orientation. The above factors have enabled the Hong Kong and Macao research of Sun Yat-sen University and its Institute of Guangdong, Hong Kong and Macao Development Studies to maintain an important position and reputation in the evaluations of all walks of life in China for 40 years.

Keywords: Hong Kong; Macao; Hong Kong and Macao studies; Sun Yat-sen University

港澳經濟

粵港澳大灣區經濟高質量發展中的香港角色

陳廣漢[*]

摘　要：粵港澳大灣區肩負推進中國經濟高質量發展和高水平開放的重要使命。本文着眼大灣區高質量發展的重大需求和香港獨特優勢，從城市功能、對外開放、產業分工和科技創新等方面分析了香港在大灣區高質量發展和高水平開放中扮演的角色，以及全面深化香港與大灣區內地城市合作的思路。

關鍵詞：粵港澳大灣區　高質量發展　對外開放　香港角色

中國經濟正邁向創新驅動和高質量發展的新階段，粵港澳大灣區建設作為國家發展戰略，在推動中國經濟高質量發展中擔負重要使命，也為香港經濟發展提供了新機遇。着眼國家和灣區所需，發揮自身所長，香港能夠在大灣區建設中發揮不可替代的作用，為大灣區高質量發展做出獨特貢獻，同時為香港發展注入新動能、拓展新空間、開創新局面。

---

　*　陳廣漢，中山大學港澳珠三角研究中心、粵港澳發展研究院，教授。

一、灣區高質量發展所需，香港所長

香港與珠三角經濟發展的自身需求是兩地經濟合作與一體化發展的內在動力，內地的市場開放程度決定經濟整合與一體化的廣度與深度，兩地比較優勢的變化影響着區域經濟合作和一體化發展的形態。[①] 上述影響香港與珠三角經貿關係的三個變量都是隨着各自經濟發展階段的時空演進而變化，並出現不同組合，使兩地經貿關係的發展呈現出階段性的特徵。[②]

（一）大灣區高質量發展的需求

1. 進一步深化改革，不斷完善高質量發展的體制機制。堅持把全面深化改革作為推進中國式現代化的根本動力。廣東特別是珠三角是中國改革開放的先行區，是中國經濟市場化程度最高的地區之一。通過體制創新不斷完善社會主義市場經濟體制仍然是促進當今中國經濟高質量發展的最大紅利。大灣區要在構建經濟高質量發展的體制機制方面走在全國前列、發揮示範引領作用。結合國際經貿關係發展的趨勢和國內發展的需要，優化營商環境，構建全國統一大市場，深化要素市場化改革，建設高標準市場體系。大灣區高質量發展需要進一步完善產權保護、市場准入、公平競爭、社會信用等市場經濟基礎制度，不斷完善市場化法治化國際化營商環境，使各種所有制經濟能夠依法平等使用生產要素、公平參與市場競爭、同等收到法律保護，為

---

① 陳廣漢，《論中國內地與港澳地區經貿關係的演進與轉變》，學術研究，2006 年第 2 期。
② 陳廣漢，劉洋，《從「前店後廠」到粵港澳大灣區》，國際經貿探索，2018 年第 11 期。

高質量發展提供制度保障。

2. 進一步擴大對外開放,構建有利於高質量發展的新格局。大灣區是中國經濟對外開放程度最高的地區,國家要求大灣區提升對外開放水平,增強暢通國內大循環和聯通國內國際雙循環的功能,打造新時期中國對外開放的門戶樞紐,構建雙循環發展新格局。一方面人工智能、數字經濟為代表的新一輪科技變革需要進一步深化科技、產業和經濟的國際分工,另一方面在貿易保護主義和意識形態主導的產業「脫鉤斷鏈」和科技「小院高牆」盛行,我國對外開放面臨新的挑戰。推進國際經濟合作,維護全球多邊開放經貿體制符合科技和產業進步的要求和世界各國的利益。中共二十大報告指出:「穩步擴大規則、規制、管理、標準等制度型開放。推動貨物貿易優化升級,創新服務貿易發展機制,發展數字貿易,加快建設貿易強國。」[①] 推進制度型開放是具有高度外向型經濟特徵的大灣區高質量發展的內在需要和面臨的重要課題。

3. 提升科技自立自強能力,構建現代化產業體系。高質量發展必須堅持科技是第一生產力、人才是第一資源、創新是第一動力理念,提升科技自立自強能力,構建現代化產業體系。大灣區的產業發展面臨核心技術和關鍵環節的「卡脖子」問題,要破解「脫鉤斷鏈」的產業圍堵和「小院高牆」的科技封鎖,從根本上講需要提升科技自立自強能力,在重要科技領域和產業鏈的關鍵環節實現突破,實現關鍵核心技術自主可控,推動大灣區製造業向高端化、智能化、綠色化發展,

---

① 習近平:高舉中國特色社會主義偉大旗幟,為全面建設社會主義現代化國家而團結奮鬥——在中國共產黨第二十次全國代表大會上的報告,2022 年 10 月 16 日。

加快人工智能、數字技術為代表的新一輪信息科技與現代服務業和先進製造業深度融合，打造國際科技創新中心和高端產業策源地。

4. 促進區域經濟均衡發展，實現共同富裕。區域發展不平衡是影響廣東發展後勁、制約高質量發展的突出問題。珠三角也存在東岸與西岸、城市與鄉村發展的比平衡現象。需要以城市羣、都市圈為依託構建大中小城市協調發展格局，促進大灣區東西兩岸均衡發展，增強大灣區經濟輻射作用，帶動沿海經濟帶和北部生態保護區的發展。堅持以人民為中心的發展思想，提高大灣區民眾生活便利水平和生活質量，為港澳居民在內地學習、就業、創業、生活提供更加便利的條件，建設生態安全、環境優美、社會安定、文化繁榮的美麗灣區。

（二）香港的獨特優勢和作用

1. 普通法維繫的自由競爭市場經濟體制。私人產權及其自主運用是香港資本主義市場的基礎，自由競爭是香港經濟的靈魂，普通法制度維繫的市場規則和自由開放營商環境是基本特徵，維護法治的核心價值是制度有效運行的保障。香港回歸後自由市場經濟體制得到國際社會的認可。香港經濟「自由開放雄冠全球，營商環境世界一流」[①]。在改革開放和建設社會主義市場體制中，香港發揮了示範作用，廣東特別是珠三角從香港學習和借鑒了不少運用和管理市場經濟和參與國際經貿合作的經驗和方法。在廣東及珠三角進一步完善市場經濟體制的改革中，香港仍然具有示範效應。

---

① 習近平：在慶祝香港回歸祖國 25 周年大會暨香港特別行政區第六屆政府就職典禮上的講話。

2. 以「自由港」為特徵的高度開放的營商環境。香港具有貿易、投資、資金進出、航運、出入境和信息資訊流動的自由，形成了高度開放的自由港體制。改革開放以來，香港在內地經濟發展中一直發揮「引進來」和「走出去」雙向開放平台的功能，香港是國際投資和貿易進入內地以及內地貿易、投資和企業「走出去」重要橋樑。近年來內地「走出去」的資金也有 50% 以上是通過香港進行的。廣東和珠三角一直將香港作為改善營商環境的參照系，珠三角成為國內市場經濟比較發達、對外開放程度高的地區，得益於香港發揮的特殊作用。香港在大灣區構建暢通國內大循環和聯通國內國際雙循環的格局中，可以發揮獨特作用。

3. 具有國際競爭力的現代服務業和國際化商業網絡。香港是跨國公司亞太區總部聚集地，專業服務實力雄厚，國際金融、貿易中心角色和國際航運與航空樞紐作用獨特，各種專業服務包括金融、商貿、管理、會計、法律、諮詢等具有世界一流水平，國際商業網絡發達，擁有按國際慣例運作的專業服務人才、知識和經驗。香港現代服務業的優勢可以在大灣區現代產業體系建設和高質量發展中發揮的獨特作用。

4. 在人才培養和基礎性研究方面的優勢和潛力。香港具有國際化的高等教育、良好的科研條件、比較規範的科研管理體制和英語學術交流和研究的環境，有利吸引國際科研人才，聚集高端創新要素，服務大灣區國際科技創新中心建設。將香港人才培養和科研優勢與珠三角的產業和內地的人才優勢結合起來，打通香港與內地科技創新要素合理流動的障礙，構建跨境的區域協同創新體制和激勵機制，攜手打造大灣區國際科技創新中心。

（三）堅持「一國之本，善用兩制之利」

制度的多樣性和互補性是粵港澳大灣區最大的特徵。在「一國兩制」的背景下，儘量降低制度差異導致的成本，增加制度互補帶來的收益，追求制度多樣性和互補性條件的收益最大化和成本最小化是粵港澳大灣區建設始終要追求的目標。「一國」原則可以為香港產品、服務、技術、人才、標準更便利進入大灣區的內地創造了有利條件。將資本主義的香港建設好發展好，更有利於發展「兩制」的互補優勢，使香港在國家發展中將繼續扮演不可替代的作用。

大灣區高質量發展的內在需求，為香港優勢發揮提供了用武之地。發揮香港所長，促進大灣區高質量發展，有利於提升香港作為大灣區核心城市的地位和作用，為香港發展注入新動能、拓展新空間，創造發展新機遇，破解香港發展面臨的一些難題，加快香港「八大中心」[1]建設，全面提升香港國際經濟地位和服務國家高質量發展功能。

二、發揮核心城市作用，提升大灣區發展引擎的功能

香港是大灣區的核心城市之一，與廣州、深圳一起構成大灣區經濟發展的三大核心引擎。香港可以通過推動與深圳經濟一體化發展，全面深化與廣佛都市圈的合作，對接珠三角西岸城市羣和粵西沿海經濟帶，提升大灣區世界級城市羣建設中發揮核心城市和發展引擎的功能。

---

[1] 指國際金融中心、國際航運中心、國際商貿中心、亞太地區國際法律及解決爭議服務中心、國際航空樞紐中心、國際創新科技中心、區域知識產權貿易中心、中外文化藝術交流中心。

（一）推動香港與深圳經濟一體化發展，強化港深極點帶動作用

香港與深圳地緣相連，經濟和產業相依，人員往來密切，構成大灣區城市羣的重要一極和核心引擎，以深港的協同發展輻射帶動大灣區世界級城市羣建設。

1. 跨境基礎設施高效聯通。適應科技創新產業和現代服務業發展以及社會融合發展的需要，全面改造和提升深港口岸的設施和功能，實現兩地公共交通建立無縫、便捷的跨境通關模式，創新貨物監管方式，提高通關效率，促進深港跨境人流、物流、資金、信息、科技等要素便捷高效流動。

2. 加快規則銜接機制對接。以前海深合區和河套港深國際科技創新中心為重點，進一步擴大香港與深圳在金融、會計、法律、建築、醫療、設計等領域規則銜接機制對接，專業人才資格互認。構建安全、有序的信息和數據的跨境流動體制機制。探索數字貿易和數字貨幣規則，促進數字經濟發展。打造一體化技術市場，促進創新要素跨境自由流動。以人為本推動兩地在社會民生、公共服務的緊密合作。

3. 促進產業協同發展。以科技產業與現代服務業為重點，以前海深合區、港深國際創新中心、香港新田科技城為依託，重點發展人工智能、健康醫療、金融科技、智慧城市、物聯網、新能源、新材料高科產業等香港具有研發優勢的產業以及金融、貿易、法律等高端現代服務業，加快香港北部都會區建設，打造香港國際科技創新中心，為香港經濟注入新動能。

4. 超前規劃和精心打造「三灣一河」跨境經濟帶和優質生活示範

區。隨着香港北部都會區的發展，深港跨境地區的經濟、社會、文化和人員的往來會更加密切。香港和深圳兩地的政府和智庫提出了跨境經濟區建設的一些構想。深港兩地要以人為本，從經濟、社會、文化和生態綜合視角，對跨境的深圳灣、前海灣、大鵬灣和深圳河進行超前規劃，精心打造充滿活力的「三灣一河」跨境經濟帶和大灣區優質生活圈的樣本工程與示範區。

（二）全面深化與廣佛都市圈的合作，為大灣區發展注入更強動能

廣佛是粵港澳世界級城市羣的重要一極和核心引擎之一。廣州是我國華南地區的政治、經濟、商貿、文化中心和交通樞紐，佛山製造業基礎雄厚，工業體系健全，製造業配套能力完善。廣佛同城化發展是香港經濟進入內地的重要橋樑和合作夥伴。廣佛與香港人文和社會交往源遠流長，經貿關係密切。

1. 結合香港「再工業化」，推進廣佛都市圈港資企業轉型升級。截止 2019 年廣佛港資製造業共有 2432 家，其中廣州 775 家，佛山 1657 家。廣佛港資服務業有 8207 家，其中廣州 6671 家，佛山 1536 家。從港資企業在廣佛都市圈的區位分佈看，上述數據表明港資製造業企業在佛山比重佔優，而服務業企業在廣州佔優，與廣佛之間產業分工十分契合。推動區域合作，加快港資製造業向智能化、數字化轉型升級。結合香港「再工業化」發展戰略，發揮香港在工業設計、管理和市場開拓方面的優勢，在產業鏈上下游分工合作，推進香港本地高增值工業發展。在產業鏈縱向上延伸服務環節，增加服務環節的價值，

在產業鏈橫向上拓展價值活動，培養核心增值環節，共同打造具有國際競爭力的產業鏈。

2. 拓展香港現代服務業腹地，構建香港服務進入內地的橋樑。香港傳統優勢服務業例如金融、商貿、法律、會計、企業諮詢等行業，在廣佛都市圈具有廣闊的市場，從上面的數據可以看出廣佛都市圈的香港服務業企業已經顯著的超過製造業。廣州也是成為香港服務業進入華南和泛珠三角地區的橋樑。隨着數字經濟、人工智能和新能源技術的發展和廣泛應用，大力發展數字技術、信息傳輸、軟件和信息技術服務等科技服務業將成為香港服務業在大灣區發展的新增長點。

3. 以南沙為支點，打造創新驅動的產學研一體化合作新模式。香港的大學和科研機構在南沙深耕多年。香港科技大學港（廣州）通過跨學科融合來推進科技創新和人才培養，使培養的學生能成為行業的領導者。深化穗港科技合作，發揮港科大科技和人才優勢，建設產學研一體化的創新體制和模式，共同把南沙打造成大灣區科技創新創業的高地。

（三）推進「明日大嶼山」發展計劃，對接珠三角西岸城市羣和粵西沿海經濟帶

大灣區規劃綱將澳門和珠海定義為大灣區發展的第三個極點。香港深化與珠海、中山和江門的合作，契合「明日大嶼山」規劃，推動國際資本和現代服務業向珠、中、江城市羣擴散，促進珠三角西岸城市羣與大嶼山建設的互動，輻射帶動珠江西岸產業發展，為珠江西岸與東岸的平衡發展作出貢獻。

1. 發揮港珠澳大橋連接珠三角西岸城市的作用，推動「明日大嶼山」建設。「明日大嶼山」計劃不僅拓展香港城市發展新空間，推動香港第三個核心商業區建設，更有利於推動香港與大灣區西岸城市羣的融合發展，輻射和帶動粵西沿海經濟帶。一定要優化和創新港珠澳大橋的通關模式，發揮香港口岸人工島的地利優勢，發展一站式旅遊體驗中心、醫療保健旅遊等產業，配合香港「明日大嶼山」和國際機場的「航天城」建設，使港珠澳大橋真正成為連接珠三角西岸城市和粵西沿海經濟帶的橋樑和紐帶，增強香港對珠三角西岸的經濟輻射和帶動作用。

2. 加強香港與珠三角西岸城市產業和經貿合作，促進大灣區均衡發展。發揮香港優勢，將國際資金、現代服務業引進珠江西岸城市，將珠海和橫琴、中山翠亨新區和江門大廣海灣打造成對接港澳以及國際服務業轉移的重要延伸地，繼續深化與珠海在空港和航空產業發展方面的合作。推動產業梯度轉移，推進珠三角西岸城市產業和經濟帶發展。

三、深度融入三大深度合作區，
打造高水平對外開放門戶樞紐

香港與內地經濟融合程度主要取決於內地市場的開放程度。中共二十大報告提出要推進高水平對外開放，穩步擴大規則、規制、管理、標準等制度型開放，維護多元穩定的國際經濟格局和經貿關係。前海、南沙和橫琴是大灣區內地城市與港澳體制機制對接的先行區，肩負着在制度型開放中發揮探索和示範作用的責任和使命。適應國際

經貿規則發展和新一輪科技革命和產業變革下的趨勢和需要,將商品和要素流動型開放與制度型開放緊密結合,與香港和澳門攜手打造我國新時期高水平對外開放門戶樞紐,這是中央賦予大灣區建設的重要使命。制度型開放將推動內地對外開放進入一個新階段,為破解大灣區合作中的體制機制的障礙提供了機遇,香港在內地制度型開放中能發揮重要作用。

(一) 破解服務貿易中「大門」和「小門」難題

以制度型開放降低大灣區合作的制度性障礙。內地與香港服務業運行規則、管理體制存在較大差異,CEPA(《內地與港澳關於建立更緊密經貿關係的安排》)實施過程中存在着「大門開了,小門不開」的問題。「大門」主要是服務貿易開放的邊境管理政策和措施,主要屬於商品和要素流動型開放的範疇,「小門」主要是境內服務業標準和行業管理體制和機制,涉及內地制度型開放的眾多領域。因此通過制度型開放的改革和體制創新,可以解決「大門開了小門不開」的問題。

1. 重點在服務業職業資格、服務標準、認證認可、檢驗檢測、行業管理等領域推進改革,深化與港澳標準對接。可充分利用深圳前海、廣州南沙、珠海橫琴三個深度合作區「先行先試」的政策優勢,率先探索與港澳規則制度對接,重點推進對港澳金融、法律、醫療、建築等服務業實質性開放,允許符合條件的服務貿易港資企業在大灣區內自由開展相關服務貿易業務。在三大合作區內開展港澳專業人才標準對接和資格互認,爭取擴大自然人流動的便利化政策,降低專業人才跨境執業成本。

2. 制定實施開放程度更高的粵港澳跨境服務貿易負面清單。在前海、南沙和橫琴三大深度合作區內率先探索制定實施更精簡、開放程度更高的粵港澳跨境服務貿易負面清單，取消或進一步放寬對港澳投資者的資質要求、持股比例、行業准入等限制。逐步推動現有外商投資准入負面清單與跨境服務貿易負面清單合併，實現大灣區內服務業投資與跨境服務貿易的一體化管理。

（二）探索對外開放的新領域和新規則

1. 探索與構建人工智能、物聯網和數字技術條件下對外開放新規則。在大灣區自貿區內率先對標《數字經濟夥伴關係協定》（DEPA）[①]、《全面與進步跨太平洋夥伴關係協定》（CPTPP）協議，聚焦數字經濟規則創新。發揮香港開放性高、法制健全的優勢，建立國際數據中心，推進粵港澳數據合作試驗區建設，探索開展跨境數據庫服務，構建安全、有序的信息和數據的跨境流動體制機制。對標 DEPA 網絡安全相關條款，探索制定網絡安全、數據隱私保護等重點領域規則，建立數據保護能力認證等數據安全管理機制。在大灣區內率先開展數字貿易統計和測度試點，嘗試構建一套明確標準的數字貿易測度解決方案，為國家構建數字貿易規則提供「灣區方案」。

2. 對標高標準投資貿易協議，提升經濟對外開放的廣度和深度。在產業政策、勞工權益、知識產權保護、市場准入、退出（破產）等

[①] 《數字經濟夥伴關係協定》（Digital Economy Partnership Agreement，DEPA）由新加坡、智利、新西蘭三國於 2020 年 6 月 12 日簽署，是旨在加強三國間數字貿易合作並建立相關規範的數字貿易協定，也是全球第一個關於數字經濟的重要規則安排。我國於 2021 年 11 月 1 日正式申請加入 DEPA。

方面，對接國際經貿和投資發展協議的新規則，探索在貿易投資自由便利方面爭取更大力度開放，為一切商業主體創造公平競爭投資、貿易和經驗的環境，深度參與綠色低碳、數字經濟等國際合作。

率先在前海、南沙和橫琴三個深度合作區內推進人民幣資本項目可兌換，推進人民幣國際化。以香港為示範完善信息數據、信用體系、知識產權保護等方面標準，在大灣區內率先打造一體化技術市場，促進創新要素跨境自由流動。支持香港爭取儘早加入 RCEP，推動香港在「一帶一路」建設和 RCEP 區域一體化合作中發揮更大的作用，共同開拓「一帶一路」沿線國家和東盟市場。

四、提升香港現代服務業優勢，構建現代化產業體系

現代服務業是香港經濟優勢，也是大灣區內地城市產業結構轉型升級發展的重要方向。香港服務業在大灣區服務業產業鏈中位於高端位置，香港服務業進入內地不僅加快內地服務業發展，而且可在大灣區構建以香港現代服務業主導的服務業分工格局，拓展香港服務的經濟腹地，提升香港現代服務業的國際競爭力和影響力。重點推動香港與珠三角在金融、貿易、法律、航運與航空等領域的合作和產業分工，建設大灣區創新驅動的現代服務業與製造業協同發展的產業體系。

（一）提升香港國際金融中心功能與地位，推進大灣區金融互聯互通

1. 提升香港全球離岸人民幣業務樞紐地位，進一步鞏固香港國

際金融中心功能。香港擁有全球最大的離岸人民幣資金池，處理全球約 75% 的離岸人民幣支付款額。推動香港持續做大離岸人民幣資金池，開發更多離岸人民幣、大宗商品及其他風險管理工具，探索推進數字人民幣的跨境應用，成為人民幣國際化的橋樑。進一步擴大大灣區內人民幣跨境使用規模和範圍，配合支持大灣區內地企業、金融機構和財政部門在香港發行人民幣債券。推動大灣區資本項目創新政策落地，開展跨境雙向人民幣貸款、本外幣資金池等業務，發展融資租賃、私募股權、互聯網金融、商業保理等新型金融業態。

2. 不斷充實和完善大灣區在岸、離岸資金流動閉環管道與監管體制，促進香港與灣區內地城市的資金流動和金融市場互聯互通。以前海、南沙和前海三個深度合作區為重點，構建風險可控的在岸與離岸資金流動的閉環管道的資金流動體制，為大灣區企業提供便捷可靠的境外融資、法律與專業服務，助企業利用國際資金擴展業務，做大做強，走向世界。香港是世界一流的財富和風險管理中心，應該成為大灣區以至全亞洲的首選資產及財富管理樞紐。優化粵港澳大灣區「跨境理財通」，放寬內地投資者的標準。擴大香港與內地居民和機構進行跨境投資的空間，穩步擴大兩地居民投資對方金融產品的渠道。推動粵港澳大灣區跨境資產交易、基金、保險產品等金融產品互買、互賣、互認，不斷豐富投資產品和投資渠道，推動建立資金和產品互動互通機制。按照相關規定推動大灣區內的銀行機構開展跨境人民幣拆借、人民幣即遠期外匯交易業務以及與人民幣相關衍生品業務、理財產品交叉代理銷售業務。

3. 提升金融服務科技創新和實體經濟的能力，大力發展科技金融、綠色金融、數字經濟，打造國際風投創投集聚區，推進大灣區科

技產業發展。香港全力打造大灣區綠色金融中心，已成功發行接近 100 億美元等值的政府綠色債券，將繼續推動綠色金融人才培訓、標準釐定、碳市場機遇等多方面的工作，助力大灣區綠色發展。港交所通過不斷修改和完善上市規則，支持特專科技行業的企業在香港上市融資。

第一、支持香港建立國際綠色科技及金融中心，創新並豐富綠色金融產品，推進綠色項目投融資和綠色認證的國際標準銜接。推動粵港澳大灣區綠色金融產品互聯互通，通過開展跨境綠色項目融資，引導國際資金加快投資大灣區內地的綠色金融資產，助力大灣區實現向綠色經濟轉型的目標。

第二、加速推動香港數字經濟發展，優化數字基礎設施建設，加快推進人工智能超算中心建設和新一代互聯網[①]生態圈發展。推動企業向數字化、智能化轉型升級，鼓勵數字經濟相關產業與內地開展業務合作。以數字經濟推動跨境金融開放，打造以數字人民幣為主的數字資產交易平台。

第三、吸引大型基金、國際資管機構、知名風投創投機構以及私募證券投資機構入駐，促進創新資本跨境流動，打造大灣區國際風投創投集聚區，支持大灣區國際科技創新中心建設。

4. 發揮金融便民惠民利民的功能，加快推動大灣區金融便利化。進一步完善港澳居民在大灣區內地開戶、支付、匯兌和理財便利化措施，推動跨境電子支付。完善股票和債券市場互聯互通機制，提高深港通的交易額度規模，擴大深港通合資格證券的範圍。推動大灣區金

---

① 新一代互聯網簡稱 Web3.0，也被稱為「去中心化的互聯網」。Web3 利用數字技術和區塊鏈技術來構建一個去中心化的網絡，使得用戶可以直接進行點對點的交互和交易，而不需要中心化的機構或第三方。

融基建和結算清算系統融合發展，藉助科技手段，實現支付系統銜接。加強跨境金融監管協作，逐步構建大灣區金融監管共同規則。

（二）推動香港國際貿易和航運業向高端化和高增值發展，構建大灣區國際貿易和港口發展的分工體系

大灣區經濟外向型程度高，產業的國際分工密切，產品具有較強的國際競爭力，國際貿易蓬勃發展，港口和航運業發達。國際貿易是支撐大灣區經濟高質量發展的重要引擎，是構建大灣區對外開放門戶的重要內容。香港可以發揮自由港優勢，鞏固提升香港國際航運、貿易中心地位，發展新興高增值業務。

1. 建設現代化智慧港口，發展香港船舶註冊處的服務和覆蓋面高增值特色航運、貿易業務，推動香港從傳統國際航運貿易中心向數字化轉型。加快人工智能、大數據等新興技術與航運業深度融合，推動港口航運自動化、數字化轉型，實現港口提效降本，鞏固香港港口航運的競爭力。結合香港金融、法律仲裁等優勢，深度發展船舶註冊、船舶融資、海事保險、海事仲裁等高增值航運服務。進一步拓展香港船舶註冊的覆蓋範圍，提升香港在海事爭議解決及仲裁方面的國際地位，打造全球領先的高增值海運貿易服務中心。拓展新興貿易領域，重點推進數字貿易、技術貿易、文化貿易等貿易新業態的發展，充分利用香港金融、貿易物流等優勢，與大灣區協同發展跨境電商業務，打造國際知識產權貿易中心。

2. 整合大灣區航運資源，進一步提升航運和貿易服務競爭力，拓展香港航運貿易的發展空間。參與大灣區國際貿易組合港建設，促進

大灣區內水陸空多式聯運，完善大灣區港口資源要素合理分配，加強香港與內地港口的航線資源優勢和堆場、貨源地優勢互補，逐步完善粵港澳大灣區郵輪航線網絡體系。積極拓展業務空間範圍，對內充分利用港珠澳大橋連通功能，吸引珠三角西岸、粵西和西南地區貨物從陸路運往香港。搶抓《區域全面經濟夥伴關係協定》（RCEP）[①] 的發展機遇期，加強合作與東盟國家經貿合作，在東盟國家佈局設立更多航運服務企業分支機構，拉動海運貿易量。

（三）推進與大灣區機場和航空產業合作，加快香港國際航空樞紐建設

1. 鞏固提升香港國際航空樞紐地位，構建高效的國際航空運輸網絡，增強面向全球的通達能力和資源配置能力，推動建設世界級機場羣。發揮香港的航權優勢，開闢國際航線，增強與珠海金灣機場等大灣區內地機場的業務合作，開展國際聯程轉運，推動機場羣資源整合互補。探索粵港澳在航運支付結算、融資、租賃、保險、法律服務等方面的服務規則對接。依託香港機場和金融、物流優勢，推進香港國際機場的「航天城」建設，帶動大灣區發展高增值空運、飛機租賃、航空融資、航空培訓等業務，以臨空經濟帶動產業升級，推動大灣區臨空經濟產業發展。

2. 深化與珠海航空和機場合作，打造港珠高端航空產業園。通過「珠海—香港航班」提供無縫服務，搭乘港珠澳大橋的中國內地旅客可

---

① RCEP 是當前全球最大經濟體量的區域性貿易協定，區域內貿易額 10.4 萬億美元，均佔到全球總量的 30% 左右。

以方便地通過香港國際機場抵達世界各地的目的地，而香港國際機場的旅客也可以通過珠海機場前往內地城市。加快推進與珠海發展航空產業的合作，共同開發高端航空產業園，合作建立飛機維修、改裝和配置中心、飛機零部件生產和分銷中心、飛機工程培訓和專業研究中心以及其他項目。

3. 借鑒香港—東莞國際空港中心建設的經驗[①]，在珠海保稅區和珠海洪灣建設香港—珠海國際空港中心，創新港珠澳大橋通過模式，發揮大橋的功能，打通香港與粵西和大西南的物流通道，拓展香港國際航空樞紐對珠三角西岸、粵西沿海經濟帶的輻射能力。

（四）建設亞太國際法律及其爭端解決服務中心，提升亞太區總部經濟優勢，打造大灣區企業國際化經營基地

1. 支持香港建設亞太區國際法律及爭議解決服務中心助力企業「走出去」。利用香港優質法律服務為大灣區科技企業尤其是中小型科技企業「走出去」遇到的專利權爭端、技術貿易摩擦、海外維權提供法律保障，為企業境外投資提供「一站式」爭議解決服務，解決各類商貿和投資等跨境及國際爭議。

2. 建立粵港澳大灣區統一的商事糾紛解決機制，推動規則銜接，優化大灣區營商環境。建設粵港澳大灣區國際仲裁中心，加強香港與珠三角法律協作，探索制定統一仲裁規則，促進粵港澳大灣區三地的

---

① 東莞—香港國際空港中心建設創新案例。該項目創新性地將香港機場貨站出口集拼、安檢、打板，以及進口拆板、理貨等核心功能前移至深圳前海、東莞港等大灣區內地綜合保稅區，實現了跨境安檢前置。

規則銜接和機制對接。促進大灣區國際法律服務和糾紛解決機制的健全，進一步大灣區營商環境。

3. 鞏固香港亞太地區總部聚集區優勢，打造大灣區優質企業國際化經營的平台和橋樑。香港擁有發達的國際商業網絡、具有國際競爭力的現代服務業、國際化投融資體制和營商環境、簡單低稅制和廉潔政府，是大灣區企業開展國際化經營的理想平台。香港和國家要為內地駐港企業的管理人才的往來和工作提供便利條件。

五、發揮高等教育和基礎研究優勢，共建國際科技創新中心

《粵港澳大灣區規劃綱要》要求「推動香港、澳門融入國家創新體系、發揮更重要的作用」。香港在人才培養、科研基礎和科研環境方面都具有明顯優勢，在建設大灣區國際科技創新中心中可發揮重要作用。

（一）集聚全球高端創新資源，增強原始創新能力

1. 利用香港作為引入境外高端創新資源、科技服務資源的窗口。在美國持續加強對我國的科技封鎖背景下，香港在對接全球科技創新體系、吸引世界優秀人才方面，具有比大灣區內地城市更為優越的條件，是國家創新體系不可或缺的重要資源。依託香港高校具有國際化的研究環境和與國際接軌的行業標準和法律制度，集聚國際高端創新要素，服務大灣區國際科技創新中心建設和高科技產業發展。香港還可以發揮商業平台和法律及知識產權制度的優勢，協助國際創新公司

進入亞洲特別是中國內地市場，或協助內地創新公司走向國際，承擔起引進來和走出去的雙向交流作用。

2. 進一步強化香港高等教育與基礎研究的優勢，提升科學研究能力，打造知識創造中心。香港目前已經擁有五所世界 100 強的高校、40 多位兩院院士、16 所國家重點實驗室夥伴實驗室，6 所國家工程技術研究中心香港分中心。香港的高校在生物醫學、信息技術、人工智能、金融與大數據、新材料、海洋科技、環境與可持續發展等領域具有高水平的學術成果和科研實力。香港可以加大政府與民間在研發方面的資金投入，面前國家戰略需求，佈局前沿交叉研究平台，建設世界一流研究型大學和研究機構，增強原始創新能力。香港大學、香港中文大學、香港科技大學、香港城市大學等 7 所香港高校已在珠三角設立了分校，進一步推進香港與珠三角合作辦學，推動內地與國際的學術交流和科研合作，為大灣區建設儲備人才。

（二）完善跨境科技產業協同模式，構建開放型區域協調創新共同體

1. 推動香港「0-1」原始創新與大灣區「1-100」成果轉化協同發展。針對香港科技成果轉化弱，產業基礎和技術人才不足的短板，構建「香港研發＋珠三角轉化＋內地和國際市場」的科技產業協同發展模式，形成「基礎研究－應用研究－成果轉化－產品製造和市場化拓展」的全鏈條式發展。推動大灣區東岸廣深港科技創新走廊和西岸廣珠澳科技創新走廊建設，以珠三角九市國家科技園為依託，建設環大灣區產業科技創新帶，推動香港與內地在科技合作、轉化、推廣等方面的合

作與應用，提高香港科技成果的轉化效率。

2. 加快港深國際科技創新中心建設和香港北部科技產業發展。以科技產業與現代服務業為重點，以港深國際創新中心、香港新田科技城和深圳前海深合區為依託，重點發展人工智能、健康醫療、金融科技、智慧城市、物聯網、新能源、新材料高科產業等香港具有研發優勢的產業以及金融、貿易、法律等高端現代服務業，加快香港北部都會區建設，孵化一批獨角獸企業，打造香港國際科技創新中心，推動香港「再工業化」。

3. 創新科研合作的體制機制。推動粵港澳科研機構聯合組織實施一批科技創新項目，共同開展關鍵核心技術攻關，破解關鍵技術和產品的「瓶頸」和「卡脖子」環節。強化基礎研究、應用研發及產業化的聯動發展，完善知識產權信息公共服務。充分利用好香港知識產權保護、交易和仲裁方面的優勢與經驗，打破區域壁壘，在香港建設在粵港澳大灣區知識產權交易中心，提升大灣區內科技成果轉化效率。

Hong Kong's Role in the High Quality Development of the Economy of the Guangdong-Hong Kong-Macao Greater Bay Area

Chen Guanghan

Abstract: The Guangdong-Hong Kong-Macao Greater Bay Area shoulders the important mission of promoting China's high-quality economic development and high-level opening-up. Focusing on the major needs of the high-quality development of the Greater Bay Area and the unique advantages of Hong Kong, this paper analyzes the role of Hong Kong in the high-quality development and high-level opening up of the Greater Bay Area from the aspects of urban functions, opening up to the outside world, industrial division of labor and scientific and technological innovation, as well as the ideas of comprehensively deepening the cooperation between Hong Kong and mainland cities in the Greater Bay Area.

Keywords: Guangdong-Hong Kong-Macao Greater Bay Area; high-quality development; opening up; Hong Kong's role

香港國際金融中心地位的認知、面對的挑戰及策略方向

謝國梁 *

摘　要：本文通過輻射範圍、市場規模和創新能力等多方面比較香港與其他國際著名金融中心的表現，從而闡述香港國際金融中心的類型、地位、特點，及面對的挑戰，並就香港國際金融中心未來發展策略展開探討。文章指出，鞏固提升香港國際金融與商務中心的地位是一項重中之重的工作。香港需要因應自身的定位，把握好能主動應對地緣政治複雜環境的平衡點，堅定維護法治、自由開放的金融制度、和諧包容、對工商界友好的商業文化，以及便利、高效及廉潔的營商環境；抓住地緣政治變化的機遇，多做有利於國際投資者扎根香港，增強對香港長期投資信心的事情，更好發揮文化多元及國際聯繫緊密的優勢，更好充當中國與西方企業經貿往來和友好交流的橋樑。

---

* 謝國梁，是香港中文大學劉佐德全球經濟及金融研究所名譽高級研究員、《香港地方志 ·
金融卷》主編。
本文僅代表作者個人意見，並不必然反映與作者相關各機構的觀點。

關鍵詞：香港金融中心　地緣政治　金融發展策略

一、對香港金融中心的認知

金融中心魅力四射，它集聚了眾多跨國機構、高級人才、大量國際資金及各類實時信息，執經濟活動之牛耳。一般而言，金融中心所在地也是一個人均生產總值和人均收入頗高的地方。

（一）金融中心類別

金融中心是一個綜合性概念。每個金融中心都有自身的發展歷程、獨到特色及運作模式，同時也擁有可類比的共同特點。世界上現有金融中心的類別，從體制機制看，一類為政府主導型，即由政府認定並主導其發展，如上海、紐約、東京；一類為市場主導型，即主要由市場力量為其發展導向，如香港、倫敦、悉尼。從融資結構看，一類是由資本市場（股市、債市、基金）主導，如美國；一類是由銀行業主導，如德國。

金融中心還可以從功能及地域的角度衡量，從功能角度，可分為功能性金融中心及記賬金融中心[①]；從地域及服務範圍角度，可分為全球性國際金融中心、區域性國際金融中心、本國或國家金融中心、區域金融中心；此外，還可以從業務線的角度將一些具有鮮明專業特色

---

①　記賬金融中心，是離岸金融中心一個種類，它是一個主要為國際市場的金融交易提供轉賬，登記客戶資金及資產，但並無借貸、金融交易等實質性業務的場所。記賬金融中心是一個獨立的司法區，往往以極低稅率、甚至無稅吸引商業機構前往註冊，為註冊機構提供避稅及規避監管的便利。

的金融中心與一般的金融中心區分開來。

但從地域及服務範圍的角度去衡量、辨識一個金融中心的功能及地位，是一個較綜合、較有可比性的方法。以此為角度，當今世界的金融中心大致上可被劃分為以下五大類型：

全球性國際金融中心（Global financial centre）。屬於最高層次的金融中心，這類金融中心的主要特點是服務範圍覆蓋全球，金融市場規模大，種類齊全，人才集中，是金融產品與服務的創新中心，定價中心，扮演主導全球金融市場發展的角色。市場普遍公認，目前只有紐約和倫敦屬於全球性國際金融中心。

區域性國際金融中心（Regional international financial centre）。其服務範圍跨越至少兩個以上司法區域（jurisdictions），但未能覆蓋全球；有很高程度的國際資金、機構與人才的參與，但市場規模稍遜、種類也沒那麼齊全；具備一定金融創新及產品定價能力，但影響力主要局限於某一區域範圍，並非全球性的市場領導者。目前這類金融中心包括東京、法蘭克福、巴黎、蘇黎世、新加坡、悉尼等等。

本國或國家金融中心（National financial centre）。主要為本國經濟發展服務；金融市場規模可以很大，也可以很小，主要與本國的經濟規模掛鉤。這類金融中心基本上每個國家都可以有一個或者多個，較典型的有上海、多倫多、漢城、馬德里、都柏林（Dublin）、吉隆坡、印度的孟買、南非的約翰內斯堡（Johannesburg）等。

區域金融中心（Regional financial centre）。主要為一個國家內的某一區域提供金融服務。我國的深圳、英國的愛丁堡、加拿大的蒙特利亞（Montreal）、美國的休斯敦等均屬於這類金融中心。

專業金融中心（Niche financial centre）。指的是在某一金融領域處

於全球領先地位的金融中心，如瑞士蘇黎世的私人銀行、芝加哥的金融與商品期貨等均處於全球領先地位，是這類業務的全球營運中心。

從現實中看，上述不同層次和角色的金融中心是可以兼容並蓄的，如倫敦既為全球、歐洲地區提供金融服務、也為英國及英格蘭地區提供金融服務，而且亦是全球最大的外匯交易中心（外匯交易量佔全球比重接近四成）及最主要的再保險業務營運中心，因此倫敦是一個同時扮演全球性、區域性、本國與地區多重角色的金融中心，同時又是一個有專業強項的國際金融中心。相比之下，東京和新加坡金融服務的主要腹地是日本本國和東南亞地區。東京並沒有特別突出的專業領域，新加坡的能源交易在全球則佔有重要地位，因此，東京和新加坡屬於區域性國際金融中心、國家金融中心，新加坡還具有亞太區大宗商品交易中心的地位。

一個金融中心形成與發展的基礎性條件是：資金進出自由、人才進出自由、信息流通自由。這些似乎並非十分複雜，但一個難以解開的謎思是世界上有眾多城市想成為國際金融中心，但只有為數不多的城市能夠建成這一功能。根據聯合國資料，至 2016 年，世界上擁有 50 萬常住人口的城市合共有 1063，但綜合過去 16 年英國倫敦 Z/Yen 集團發佈的全球金融中心指數（GFCI 1）的評估①，目前全球有金融中心功能的主要城市只有約 30 個，分別為：紐約、倫敦、香港、新加坡、舊金山、上海、芝加哥、東京、波士頓、首爾、巴黎、北京、悉尼、多倫多、蘇黎世、深圳、洛杉磯、迪拜、法蘭克福、阿姆斯特丹、華

---

① 2007 年 3 月，英國倫敦 Z/Yen 集團發佈了第一期全球金融中心指數（GFCI 1），之後每年更新發佈兩次評比結果。至 2023 年 9 月，該指數已發佈 34 期。

盛頓、盧森堡、日內瓦、哥本哈根、柏林、愛丁堡、廣州、墨爾本、亞特蘭大、吉隆坡等。

而目前的研究仍然難以回答為什麼有的地方能成為全球性金融中心，有的地方只能成為區域金融中心，有的地方不能成為金融中心。

（二）香港是哪一類金融中心

早在上世紀初，香港在轉口貿易帶動下逐漸形成了可提供銀行及證券交易等服務的區域性金融中心功能。第二次世界大戰結束後，內地隨即爆發內戰，一大批主要來自上海的人才、資金和金融機構進入香港，進一步提升了香港作為區域金融中心的功能。上世紀八十年代內地改革開放，特別是 2001 年內地參入世界貿易組織後經濟和對外貿易高速增長帶動了巨大的金融服務需求，香港得到了直接為國家提供離岸金融服務的機會，金融業獲得全面及巨大的發展動力，金融中心的融資功能持續快速提升，特別是新股融資（IPO）表現尤其突出，對外輻射力不斷增強。根據香港交易所的數據，從 1993—2022 的三十年期間內地企業[①]在香港股市的集資總額（包括首次公開招股集資及上市後集資）達 81,757 億港元，年均集資額 2725 億港元，佔期間香港股本市場融資總額的 67%。期間，主板市場紅籌 +H 股公司於 2006—2015 十年期間的集資總額為 29,027 億港元，年均集資額接近 3000 億港元，為最活躍時期。2009—2019 期間，得益於大量內地企業以香港作為離

[①] 內地企業指：H 股公司、紅籌公司及內地民營企業。「H 股公司」是指在中國內地註冊成立並由內地政府機構或個人控制的公司。「紅籌公司」是指在中國內地以外地區註冊成立並由內地政府機構控制的公司。「內地民營企業」是指在中國內地以外地區註冊成立並由內地個人控制的公司。

岸集資基地，香港交易所的新股集資額分別在 2009 年、2010 及 2011 年、2015、2016、2018 及 2019 超越紐約交易所，位居全球榜首。

總體而言，過去三十年香港金融業發展快速，國際金融中心地位顯著提升，各類國際性研究與評比顯示，香港這一小型開放的經濟體已逐漸躋身成為當今世界少數幾個最主要的國際金融與商務中心。

表 1　內地企業在香港股市主板融資最活躍時期　　（單位：百萬港幣）

年份	主板市場集資總額	其中紅籌股集資額	其中 H 股集資額	紅籌 ＋H 股集資額
2006	516,025	303,823	50,768	354,591
2007	571,078	85,725	114,974	200,699
2008	418,187	34,107	223,800	257,907
2009	637,734	121,727	78,009	199,736
2010	845,486	290,877	55,415	346,292
2011	482,834	89,187	60,778	149,965
2012	300,231	40,014	123,671	163,685
2013	369,822	66,318	135,622	201,940
2014	929,399	364,896	193,438	558,334
2015	1,086,993	144,770	324,847	469,617

數據來源：香港交易所。

儘管發展快速，但從地域及服務範圍衡量、香港仍然屬於一個區域性國際金融心中，大致上與東京、新加坡、法蘭克福、巴黎、悉尼等金融中心處於同一類羣組。倫敦金融城歷次發表的全球金融中心指數，也大致上把香港置於區域性國際金融中心的位置。

香港與倫敦、紐約兩大全球性金融中心比較主要存在三方面差距：一是金融服務的國際輻射面較窄；二是金融市場規模較小、種類也不齊全；三是金融創新功能較弱。

表 2　香港新股集資表現　　　　　　　（單位：十億美元）

年份	新股集資額	新公司上市數目	全球排名
2009	32.0	73	1
2010	58.0	113	1
2011	33.5	101	1
2012	11.6	64	4
2013	21.8	110	3
2014	30.0	122	2
2015	33.9	138	1
2016	25.2	126	1
2017	16.4	174	3
2018	36.6	218	1
2019	40.1	183	1
2020	51.3	154	2
2021	40.9	92	4
2022	13.4	76	4

數據來源：香港交易所。

從金融服務範圍看，（1）香港金融服務未能覆蓋全球，金融服務的主要腹地在內地市場及部分東南亞地區，市場國際化與多元化程度與倫敦、紐約比較仍有較大距離；（2）經濟體積小，貨幣的全球性結算功能與投資功能弱。根據國際清算銀行（BIS）2022 年 4 月的調查，港幣每日交易量佔全球外匯交易總量 1.73%，與其他主要貨幣交易量比重相差甚遠，其中美元的比重 87.6%、歐元 31.3%，日元 21.6%、英鎊 12.8%。港幣交易量佔比也不如瑞士法朗的 4.73%、新西蘭元的 2.06% 及新加坡元的 1.79%；（3）欠缺可以領導全球的優勢金融業務。瑞士因

擁有全球領先的私人銀行與資產管理業務，其貨幣與金融服務在全球的滲透力便比其他規模相當的經濟體強。

從市場規模與種類看，香港的股票、外匯、債券、黃金、保險、銀行存貸款、期貨與衍生產品等主要金融市場規模與全球性金融中心比較仍有較大距離。以最近三年的數據衡量，香港股市市值徘徊在全球第 5─7 位之間，屬於第二檔次市場（市值在 4─7 萬億美元），與第一檔次紐約的規模（市值超過 10 萬億美元）仍有很大差距。2023 年 6 月底香港股市市值只有紐交所市值的 17%。

外匯市場是世界上流動性最好的金融市場。BIS 的調查顯示，2022 年 4 月香港外匯市場每日交易額為 6944 億美元，比 2019 年同期上升 9.8%，佔全球外匯市場平均每日交易量 7.5 萬億美元的 9.2%，排名第四位，比倫敦市場交易額 36.7%、紐約市場的 17.9% 仍有較大距離。

銀行業方面，從國際銀行的密集度看，香港一般被認為是全球三大主要銀行中心之一，全球首 100 大銀行中，有逾 70 家在香港營業，超過 29 家跨國銀行在港設置地區總部。但從業務規模看，香港銀行業的存貸款總額遠低於美國、英國及日本。而香港的債券市場弱小（債券發行額及未償還餘額低於全球總量的 0.2%），至今欠缺商品現貨與期貨市場則一直是金融市場體系的缺陷。

香港的金融創新功能與兩大全球性金融中心也不在一個層次。目前國際金融創新主要集中在兩大領域，一是金融衍生產品的開發；二是金融資產證券化。衍生產品的開發主要集中在貨幣市場（即外匯與利率）及股票市場（股票期貨與期權）；金融資產證券化的創新空間主要在以各類金融債務（Financial debt）作為支持資產的二級債務市場，如

CDO、MBS、ABS^① 等債務衍生產品。除股票產品由交易所主導外，這類金融產品開發主要集中在歐美大型金融機構，這些機構主要以倫敦及紐約為基地，香港在此鏈條中主要擔當亞太區分銷中心的角色。香港要進行自主性金融創新遇到的主要瓶頸是：本地需求不足、債務市場不夠發達、以及欠缺植根本地的大型金融機構。

但要看到的是，在一些影響金融中心發展的關鍵環節，如法律制度與監管制度、人才吸引力、營商環境及基礎設施等方面，香港與兩大全球性金融中心比較並不遜色，個別要素甚至有一定優勢。

香港的金融制度深受英國影響，是亞洲市區一個最接近英美體制的金融中心。香港的法律制度源於普通法系，具有法律上沒說不能做的事情基本上都可以做的特點。這種市場環境應該說是很有利於金融機構從事經營創新的。

在 IMD 主持的世界競爭力評比中，香港在監管制度是否配合市場發展需要的得分經常高於倫敦及紐約；在基礎設施、生活的便利性與工作效率方面也往往勝過紐約及倫敦，名列全球第一。在人才方面，香港的本地金融人才培養能力雖然不及英美西方發達國家，但勝在有良好的工作機會，個人所得稅低、實際收入高，加上有一套開放及運作成熟的引進海外人才政策，香港對金融專業與管理人才一直具有較強的吸引力，是目前全球三大金融與專業人才最集中的國際都市。此外，香港是目前全球最大的離岸人民幣業務中心，隨着人民幣國際使用提升，人民幣業務將成為香港特別突出的專業優勢。

---

① CDO、MBS、ABS 分別指：Collateralized debt obligation（CDO）、Mortgage-backed security（MBS）、Asset-backed security（ABS）。它們是金融資產證券化的主要產品。

二、香港國際金融及商務中心的表現

（一）國際認可程度

香港是一個全球服務業主導程度最高的小型開放經濟體，經濟及金融市場與全球緊密連接，是世界一個重要的國際金融中心。由於歷史原因，香港的體制機制及做事規則深受西方文化影響，熟悉西方的處事邏輯，經濟貿易及金融市場運作以西方主導的國際規則為基礎，是東方與西方經貿往來、規則對接一個重要支點。美國《時代》周刊在 2008 年 1 月出版的一篇專題報導中以「紐倫港」（Nylonkong）概念[①]，認定香港與紐約、倫敦是當今連接全球經濟金融、推動全球經濟一體化運作的三個最重要的國際都市。

長期以來，香港的經濟競爭力、國際金融中心地位、營商環境、創新能力、社會廉潔度、及法治水平在由西方機構主導的各項國際評比中均有突出表現，被視為亞洲地區的標杆。以下是近期香港在國際評比中的表現：

加拿大智庫菲沙研究所（Fraser Institute）發表的《世界經濟自由度 2023 年度報告》，香港名列第二，首次失去該項評比自 1996 年推出以來全球自由經濟榜首位置。

瑞士洛桑國際管理發展學院（IMD）《2023 年世界競爭力年報》，香港競爭力在全球 63 個經濟體中排名第 7 位，亞洲第 3 位，首次被台灣地區超越。（香港先後在 2011、2012、2016 及 2017 年在該項評比中

---

① MICHAEL ELLIOTT，"A Tale of Three Cities"，Time，Jan. 17, 2008.

名列全球榜首，排名較差年份是 2002 年的 13 位、2000 年的第 10 位）

英國 Z/Yen 集團與中國（深圳）綜合開發研究院於 2023 年 9 月聯合發佈的第 34 期《全球金融中心指數》報告，香港金融中心全球排名第四位。（香港在該項指數推出以來的歷次評比中大部分位於全球第三，亞洲第一的位置）

世界銀行發佈的《2020 年營商環境報告》，香港的營商便利度在全球 190 個經濟體中排名第三位（香港在該項評比中徘徊於 2—6 位之間）。而香港在經濟學人智庫（EIU）2023 年 4 月發表的「營商環境排名」中名列全球第 7。新加坡名列榜首。

世界知識產權組織公佈的《全球創新指數 2022》，香港科技創新能力全球排名第 14 位。

透明國際（Transparency International）發表的「2022 年清廉指數」（CORRUPTION PERCEPTIONS INDEX 2022），香港的廉潔程度在全球 180 個國家/地區中排名第 12 位，亞洲第二（香港在 1995 年該項指數推出以來排名處於全球第 11—12 的位置）。

世界正義工程的《2022 年法治指數》（The World Justice Project Rule of Law Index，WJP），香港的法治水平在 140 個國家中排名第 22 位，新加坡排名 17 位，美國排名 26 位。（香港 2021 年的排名為第 19 位，2018—2020 期間排名第 16 名）

總體上看，近期香港在上述國際評比的表現，與排名最好的年份比較均有所下降。香港的各項排名，之前與新加坡互有前後，如今基本上落後於新加坡，但仍然處於國際前列位置，顯示香港的經濟金融、及作為法治社會的國際地位在西方主導的國際認可度依然穩固靠前。

（二）近期表現

香港金融業從 1997 年亞洲金融危機的調整中逐步復甦後，銀行、證券、基金、保險、資產管理、人民幣等各項業務得到全面發展，本地金融機構更加重視合規及穩健經營，大幅提升了風險緩衝能力，較好抵禦了 2008 年由美國次級房地產貸款問題引發的全球性金融危機。但反映香港金融及商務中心發展的主要指標大致上在 2021 年（有的數據在 2019 年）達到一個高峰。

2021 年的數據及與 2000 年比較，香港銀行業資產達 26.4 萬億（港元，下同），增長 4 倍，客戶存款達 15.2 萬億，增長 3.3 倍；股市市值達 42.3 萬億，增長 8.7 倍，2009—2019 年期間香港的新股集資額有 7 年為全球第一；銀行及基金管理的資產總額 35.6 萬億，增長 24 倍，成為亞洲最大的國際基金管理中心；債市規模也有特別顯着的增長，未到期港元債務總額從 2000 年的 4719.2 億元增長至 2021 年的 23,568.0 億元，增長 4 倍，新發行港元債務工具從 2000 年的 4559.5 億元增至 2021 年的 43,339.7 億元，增長 8.5 倍。2016—2021 年香港連續六年成為全球安排亞洲區國際債券發行最具規模的市場。截至 2021 年底香港的人民幣存款（包括存款證）額為 9450 億元人民幣，保持作為全球最大離岸人民幣資金池的地位；2022 年香港吸納的直接外來投資達 1177 億美元，全球排第四位，排名僅次於美國（2851 億美元）、中國內地（1891 億美元）及新加坡（1412 億美元）。外商對中國直接投資及中資對外投資高達 65% 經過香港進行，香港作為中國對外投資、國際資本投資中國橋樑的地位穩固。

香港從 2022 年下半年開始推動疫後複常，投資與消費隨之恢復

增長，2023 年後經濟及消費出現復甦勢頭，本地生產總值扭轉跌勢，1—3 季度按年實質增長 2.8%，從過去四年低迷的水平顯著反彈；失業率降至 3% 以下。但值得注意的是香港的主要金融數據從 2019 年或者 2021 年高峰呈現下行趨勢，特點如下：

1. 樓市交易量價齊跌。香港中原城市領先指數（CCL）2022 年錄得 15% 跌幅。2023 年首季度樓市交易一度活躍，但動力及置業信心不濟，第二季度後交易量及價格再現調整壓力。

2. 股市疲弱，市值及新股融資額收縮。2021 年 2 月份以來香港股市市值隨股價下跌而收縮。恆生指數於 2022 年 10 月底低見 14,863 點，創 13 年新低。2023 年底恆指收市低見 17,047 點，比 2021 年底（23,397 點）跌 27%，比 2021 年 2 月 19 日高點（30,644 點）下跌 44%，為連續第四年下跌。

（1）市值收縮。統計數據顯示，香港股市市值於 2021 年 2 月 19 日升至 57 萬億港元，創歷史高點，以 2021 年 6 月底收市價計算市值超越日本，全球排名第 5 位。隨着恆指從 2021 年 2 月份的高點回落，2022 年下行壓力加大，股市市值隨之大幅回落。2023 年底恆指主板收市價市值 30.99 萬億港元，與 2021 年 2 月 19 日高點 57.3 萬億元比較，港股主板市值縮減 46%，大約回落至 2018 年中的水平。香港股市市值在世界證券交易所排名降至全球第 7 位，亞洲第四位，低於上海交易所、東京交易所及深圳交易所。

此外，香港創業板市場（GEM）的表現也引人關注。該指數於 2003 年 3 月推出後呈現連續漲勢，指數最高時超過 1000 點，2005—2015 年間徘徊在 800 點，其後該指數持續下跌，至 2022 年底的累計跌

幅超過九成。2023 年以來又累計下跌三成，於年底跌至僅有 20 點，近乎「歸零」。

表 3　香港股市市價總值（主板）　　　　　單位：百萬港元

年份	市值	年份	市值
1997/06/27	4,270,565	2021/12/31	42,272,766
2015/12/31	24,425,555	2022/02/28	40,791,734
2016/01/21	20,592,012	2022/03/31	38,840,840
2017/01/03	24,545,059	2022/04/29	37,560,041
2018/01/02	34,332,031	2022/05/30	37,096,739
2019/01/02	28,922,252	2022/06/30	38,970,450
2020/01/02	38,562,629	2022/07/29	35,795,798
2020/02/28	36,100,417	2022/09/30	30,742,612
2020/05/29	33,888,814	2022/10/31	26,316,638
2020/07/30	40,443,271	2022/12/30	35,581,729
2020/11/27	46,513,485	2023/03/31	36,815,341
2021/01/25	53,938,068	2023/04/28	35,773,037
2021/02/19	57,327,336	2023/12/29	30,985,468

數據來源：香港交易所。

（2）新股集資額大幅減少。香港交易所新股集資額於 2009—2019 年期間的其中七年取得全球第一的好成績，2021 年後發展勢頭出現逆轉，年內新股上市數量（92 支）、集資額（3189 億港元或 41 億美元），分別比 2020 年減少 34% 及 17%，但同年全球 IPO 錄得近 20 年來最活躍表現，新股上市數量和集資額比 2020 年分別上升 64% 和 67%。

表 4　世界證券交易所市值排名

2023 年 6 月底			2021 年 6 月底		
交易所	世界排名	市值（10 億美元）	交易所	世界排名	市值（10 億美元）
美國（紐約泛歐交易所集團）	1	24,840.0	美國（紐約泛歐交易所集團）	1	24,895.7
美國（納斯達克）	2	21,241.9	美國（納斯達克）	2	22,111.6
中國（上海）	3	6804.5	中國（上海）	3	7616.8
歐洲（泛歐交易所集團）	4	6652.9	歐洲（泛歐交易所集團）	4	7066.4
日本（日交所）	5	5844.0	中國（香港）	5	6805.8
中國（深圳）	6	4678.2	日本（日交所）	6	6685.5
中國（香港）	7	4322.3	中國（深圳）	7	5759.9
印度	8	3296.5	英國（倫敦交易所集團）	8	3710.0
英國（倫敦交易所集團）	9	3833.0	加拿大（多倫多）	9	3160.6
加拿大（多倫多）	10	2967.1	印度	10	3067.9
沙特阿拉伯	11	2926.2	沙特阿拉伯	11	2595.1
德國（證券及衍生工具交易所）	12	2163.0	德國（證券及衍生工具交易所）	12	2574.1
瑞士	13	1962.9	韓國	13	2417.8
北歐（納斯達克）	14	1914.4		14	

數據來源：全球證券交易所聯會。

　　2022 年，香港交易所新股上市業務進一步轉差，期內上市新股 76 支、集資額 134 億美元（1046 億港元），分別比 2021 年下·降 21% 及近 70%，全球排名降至第四位。值得留意的是，同期內，上海交易所和深圳交易所的新股集資額分別達 565 億美元和 311 億美元，全球排名第一和第二位。年內香港新股集資額只有上海的 23%、深

圳的 43%。

2023 年上半年，香港交易所新股集資表現更差。期內上市新股只有 31 支，集資額 178 億港元（或 22 億美元），全球排名降至第七位。而同期內上海交易所和深圳交易所的新股集資額分別為 192 億美元和 128 億美元，排名保持全球第一和第二位。香港新股集資額只有上海的 11.5%、深圳的 17.2%。

表 5　香港新股集資

年份	新股集資額（十億美元）	新公司上市數目	集資額全球排名
2009	32.0	73	1
2010	58.0	113	1
2011	33.5	101	1
2012	11.6	64	4
2013	21.8	110	3
2014	30.0	122	2
2015	33.9	138	1
2016	25.2	126	1
2017	16.4	174	3
2018	36.6	218	1
2019	40.1	183	1
2020	51.3	154	2
2021	40.9	92	4
2022	13.4	76	4
2023 上半年	2.2	31	7

數據源：香港交易所。

表 6　全球新股集資領先的交易所（2023 上半年）

排名	交易所	新股集資額（10 億美元）
1	上海交易所	19.2
2	深圳交易所	12.8
3	紐約交易所	7.1
4	迪拜交易所	3.9
5	納斯達克交易所	2.9
6	印度交易所	2.8
7	香港交易所	2.2（178 億港元）

表 7　全球新股集資領先的交易所（2022 年）

Rank	Stock exchange	IPO proceeds（in billion U.S. dollars）
1	上海交易所	56.5
2	深圳交易所	31.1
3	韓國交易所	12.9
4	香港交易所	12.7
5	沙特阿拉伯交易所	9.8
6	法蘭克福	8.7

Source: Worldwide; HKExnews; Dealogic; 2022.

由於中小上市公司交易不活躍，基本失去再融資能力，近年來香港交易所上市公司停牌退市的數量有上升趨勢，據報導 2023 年上半年便有 12 家上市公司提出私有化建議[1]。

需要指出的是，2022 年以來資本市場表現遜色是全球性現象，用主要的國際性指數衡量，香港的表現與國際市場基本同步。例如，2022 年；恆生指數跌幅 15%，全球主要市場指數的按年變動分別是：MSCI 世界指數跌 18%；MSCI 亞洲指數跌 19%；富時發達市場亞太總

---

[1]　見《港股退市成風 科企撐場》，東方日報 2023 年 7 月 27 日。

回報指數跌 14%；上證綜合指數跌 15%；深圳綜合指數跌 22%；彭博全球綜合債券指數跌 16%。

3. 資產管理業務疲弱，其中以私人銀行業務跌幅較大 [①]。多年來，香港的資產及財富管理業務規模一直穩步增長，2011—2021 期間這類資產總額從 9.04 萬億港元增至 35.55 萬億，累計增長 2.9 倍，年均增長率 14.7%。但資管業務高增長勢頭在過去三年出現停滯，根據香港證監會（HKSFC）2023 年 8 月發表的《2022 年資產及財富管理活動調查》，截至 2022 年底香港基金與銀行管理的各類資產總值為 305,410 億元，比 2021 年同期下降 14.1%，比 2020 年同期也下降 12.6%（詳細資料見下表）。

表 8　香港基金和銀行管理的各類資產與財富管理業務規模

年份	10 億港元	年份	10 億港元
2000	1485	2012	12587
2001	1625	2013	16007
2002	1635	2014	17682
2003	2947	2015	17393
2004	3618	2016	18293
2005	4526	2017	24270
2006	6154	2018	23955
2007	9631	2019	28769
2008	5850	2020	34931
2009	8507	2021	35550
2010	10091	2022	30541
2011	9038	2023	—

資料來源：香港證監會。

---

① （1）資產及財富管理業務資產包括：資產管理、基金顧問業務、私人銀行及私人財富管理業務。
（2）2017 年以前的數字只計算基金管理業務合計資產。

表 9　私人銀行及私人財富管理業務資產總額

年份	亿港元
2017	78,120
2018	76,240
2019	90,580
2020	113,160
2021	105,830
2022	89,650

數據源：香港證監會。

2017 年以來，香港基金及銀行管理的各類基金及資產中，表現較差的是私人財富管理。2022 年私人銀行及私人財富管理業務資產總額為 89,650 億港元，比 2021 年的 105,830 億億港元下降 15.3%，比 2020 年的 113,160 億跌幅達 20.8%。數據顯示香港私人銀行管理的財富資產跌回三年前水平。

4. 銀行業保持穩定。在主要經濟指標、股市樓市均表現疲弱的情況下，香港銀行業存款保持溫和增長。2023 年 10 月底的存款總額增至 15,793 億元的歷史高點。2019—2023 年 10 月底期間的存款增幅雖然大幅放慢（從 2011—2021 期間的年均增長率 7.2% 放慢至 3.3%），但可説明目前存放在香港市場的資金保持穩定，即香港並未因為股市疲弱而出現資金外流。

5. 地區總部數量減少。根據政府統計處業務展望統計組 2022 年 11 月發佈的資料，近幾年香港地區總部狀況呈現幾個特點：（1）地區總數目於 2018 年達到高峰；（2）2022 年數目比 2018 年減少 119 家或 7.8%。地區總部就業人數減少 6000 人或 3%；（3）截至 2022 年七國集

表 10　香港銀行業認可機構客戶存款　　　　（百萬港元）

期末數字	各類貨幣存款總額	比上年同期增長
2023 年 10 月	15,793,008	3.6%
2022 年 12 月	15,439,140	1.6%
2021 年 12 月	15,186,220	3.6%
2020 年 12 月	14,513,615	5.4%
2019 年 12 月	13,771,586	2.9%
2018 年 12 月	13,386,381	5.0%
2017 年 12 月	12,752,488	8.7%
2016 年 12 月	11,727,300	9.1%
2015 年 12 月	10,749,749	6.7%
2014 年 12 月	10,073,135	9.7%
2013 年 12 月	9,180,062	10.7%
2012 年 12 月	8,296,434	9.3%
2011 年 12 月	7,591,260	10.6%
2010 年 12 月	6,862,265	7.5%
2000 年 12 月	3,527,847	8.5%

數據來源：香港金融管理局。

團[1] 在香港設立的地區總部數目合計 818 家，佔總量 58%，比 2018 減少 111 家或 7.3%，佔整體減少數量的 93%；期間美資（比 2018 年）減 50 家或 17.2%，日資（比 2018 年）減 32 家或 13.1%，法資減 16 家或 16.7%，英資減 7 家或 5%，澳大利亞減 8 家或 22.9%。（3）2022 年中資企業數目達 251 家，比 2017 增加 97 家或 63%，首次超越美資。

---

[1] 七國集團（G7）成員國包括美國、德國、英國、法國、日本、意大利、加拿大，另外歐盟以非正式成員身份參與該組織的活動。G7 並非基於國際條約設立，也沒有常設祕書處或辦公室，主席國每年由成員國輪流擔任，通過定期會晤和磋商，商討國際經濟和政治問題。

表 11　香港地區總部數目

母公司所在的國家/地區　年份	美國	中國內地	日本	英國	法國	德國	瑞士	意大利	新加坡	澳大利亞	荷蘭	台灣	加拿大	瑞典	韓國	駐港地區總部數目
2017	283	154	233	122	81	87	55	39	45	35	27	19	19	27	7	1413
2018	290	197	244	137	92	98	54	39	46	35	28	22	21	29	8	1530
2019	278	216	232	141	96	97	55	40	47	35	26	26	22	30	10	1541
2020	282	238	226	131	94	94	53	46	46	29	28	28	23	24	13	1504
2021	254	252	210	138	89	87	55	45	45	28	27	24	23	23	15	1457
2022（括號內為佔總數比）	240 (17%)	251 (17.8%)	212 (15%)	134 (9.5%)	80 (5.7%)	92 (6.5%)	54	36	49	27	28	24	24	-	17	1411

數據來源：政府統計處業務展望統計組，發佈日期：2022 年 11 月 24 日。

（三）主要影響因素

上述數據顯示，過去三年香港國際金融及商務中心的表現出現下滑，究其原因主要有以下幾方面。

首先是社會動盪。2019 年 2 月，香港特區政府宣佈啟動修訂《逃犯條例》法律程序，引發社會動亂。局勢直至 2020 年 7 月 1 日《中華人民共和國香港特別行政區維護國家安全法》（簡稱《國安法》）頒佈實施才得到控制。《國安法》實施對快速平息香港社會動盪發揮了關鍵性的作用，與此同時，也有市場人士認為此舉改變了香港原有的法律環境和社會生態，影響了香港市場的可預測性以及國際投資者繼續以香港為亞太營運基地的信心。

從實際情況看，《國安法》於 2020 年中出台後，社會即時恢復穩定，香港的主要金融、經濟數據均在 2021 年創下新高，說明市場對香

港實施《國安法》的反應是正面的。

近年香港金融市場的調整主要還是受到外圍環境及外部因素的影響，包括：

1. 中美關係。中美緊張關係呈現長期化趨勢，受到對地緣政治風險判斷的影響，部分歐美基金調整資產組合，撤離 A 股和港股市場。美國試圖遏制中國發展的言行衝擊了香港作為中西方經貿橋樑的傳統角色，成了影響香港作為西方七國集團企業亞太地區總部基地近期表現的底層因素。

一個具體例子，是 2020 年美國政府以香港實施《國安法》為藉口，單方面宣佈終止香港獨立關稅區地位。美國從法律上不再視香港為獨立關稅區、不再給予香港有別於內地的特殊地位和待遇，涉及的一項具體措施是從 2000 年 11 月 9 日起對香港實施「產地來源標記新規定」。按新規定，香港出口到美國市場貨品的產地來源標記不能像過去那樣用「香港製造」、而要用「中國製造」。從操作層面看，據業界放映，有關規定迫使在港跨國經營企業不得不更多利用其他平台與美國市場往來，對香港作為中美經貿往來營運平台的功能構成了長遠負面影響。截至 2022 年，合共 1411 家以香港為地區總部的跨國企業中經營進出口貿易、批發及零售業務的企業有 704 家，佔比 50%。

2. 疫情。因應全球疫情蔓延，香港自 2020 年 3 月 25 日起禁止曾在海外地區逗留的非香港居民入境香港。2020 年 12 月 25 日，將曾在中國內地以外地區逗留的抵港人士，在指定檢疫酒店強制檢疫天數提高至 21 天。[①] 長達三年的疫情管控令香港陷入「閉關鎖港」狀態，對旅

---

① 香港特區政府 2022 年 5 月 1 日解除禁止非香港居民入境；2022 年 9 月 26 日將檢疫措施改為「0+3」。

遊消費、投資信心造成較大衝擊，是經濟陷入蕭條較直接的原因。目前香港經濟及消費正在從疫情的低谷反彈，但仍需要一定時間去調適疫後出現的新因素、新環境，把握未來發展的新方向、新機遇。

3. 國際國內經濟表現。通脹引發加息，多家內地大型房地產企業陷入財務困境，波及香港市場對房地產及銀行業前景的信心。西方對俄石油禁運引發能源及多種原物料價格上漲，帶動全球性通脹大幅攀升。美聯儲於 2022 年 3 月 17 日啟動加息，至 2023 年 9 月份已加息 11 次，累計加息幅度達 525 個基點，聯邦基金利率升至 5.25% — 5.5% 區間，為 22 年來的最高水平。加息壓力加重了房地產企業的財務負擔、削弱置業負擔能力，市場普遍相信，香港房地產調整壓力仍大。

4. 俄烏戰爭。俄羅斯對烏克蘭採取特別軍事行動，受到西方嚴厲制裁，引起金融市場對地緣政治風險的擔心。

這些因素對香港經濟金融發展的影響，有的是周期性的，如加息，市場環境轉變後可恢復，無須擔心；有些影響會否是結構性的，如香港的國際橋樑角色，目前難以確定，主要是地緣政治因素的未來發展複雜多變。

三、香港金融及商務中心發展面對的挑戰

展望未來，香港經濟、航空運輸及旅遊消費在疫情管控解除之後已逐漸恢復，預期 2023 年經濟將有超過 3% 的增長，為 2021 年除外的過去 5 年最好表現。與此同時，香港經季節性調整的失業率 2023 年 9 月至 11 月降至 2.9%，預計可持續降至充分就業水平。但也要看到，香港近期的經濟反彈有低基數原因，就業需求主要來自低技能、低增值

行業，未來的經濟發展，特別是國際金融及商務中心的發展仍面對諸多挑戰，包括：

（一）地緣政治的壓力

由於歷史原因，香港國際金融中心基本上是以英美規則為制度基礎、以中國內地及部分東南亞市場為腹地，並在中國內地與西方七國集團經貿及投資往來中扮演重要中介角色而運行及發展的。從供求角度看，香港金融服務需求，特別是企業融資需求，主要來自中國內地，金融資產的投資方或資金的供應方主要來自西方金融機構，其中有超過七成的資金來自七國集團。過去四十年香港得益於國家改革開放的機遇，金融中心發展動力強勁，抵禦了 1998 年來勢兇猛的亞洲金融風暴，如今遇到的問題主要源於地緣政治。目前香港面對的國際環境複雜性前所未見，但較本質的問題是美國把香港作為中美戰略博弈一粒棋子，令香港要繼續發揮中西方經貿往來橋樑的傳統功能受到前所未有的挑戰。香港金融中心是否有足夠能量承受由此引發的壓力和變數，這是一個需要理清、尚未理清的重大戰略課題。

（二）國際融資服務空間受擠壓

過去兩年的數據顯示香港資本市場為企業籌集國際資金的金額在大幅下滑，這是一個涉及香港融資功能的大問題。長期以來香港金融市場與美英日等全球主要金融市場高度連通，國際資金來源高度依賴以美國為首的西方市場。在新的地緣政治環境下，香港一方面受到西方的打壓，與西方市場的緊密聯繫有所弱化，與此同時，按目前的金

融法規及監管，香港需要遵守包括英美提出的制裁名單在內的相關規定，難以自由自在地拓展涉及地緣政治的新市場、新業務，如為中外企業拓展俄羅斯、伊朗等市場提供金融與專業服務。這種「國際空間受擠壓」的處境，不利於香港發揮背靠祖國、連通世界、服務企業的優勢。

（三）面臨其他國際金融中心的挑戰

國際金融中心之間從來就有不同程度的競爭。環顧全球，當今世界在地理上或者業務上與香港國際金融中心有較緊密關係的可數上海、新加坡、東京、紐約及倫敦五大金融城市。

具體看，香港與紐倫兩大國際金融中心在資金、信息、市場、機構及人才流動方面高度連通，時差上香港金融市場交易與紐約和倫敦具有承上啟下關係，香港金融市場波動與紐倫存在一定的同步或者互為影響關係，但因市場腹地差異，香港與紐倫之間並非是一種此消彼長的競爭關係。

香港與東京主要是區位臨近，長期以來，特別是在上世紀八十、九十年代日本的金融機構一直把香港作為一個記賬、投資及管理其亞太業務的重要基地。高峰時的 1995 年香港的日資認可銀行機構達 95 家 ①，數量在外資銀行機構中最多。但香港的金融機構前往日本設立分支機構及投資經營的數量相對有限。可見，香港曾經充當過東京國際

---

① 香港金融管理局 1996 年年報統計顯示，1995 年香港共有 95 家日資認可機構包括持牌銀行 46 家、有限制牌照銀行 12 家、接受存款公司 37 家。

金融中心向亞太地區延伸的平台，與東京從來不是競爭關係。

香港與上海都是主要服務中國經濟、中國企業及個人的金融中心，市場腹地有較大重疊，但由於金融制度具有顯著差異，因此滬港金融中心並非同質、功能上互補性高，彼此在市場規模上存在一定競爭，但這種競爭並非替代性競爭。

香港和新加坡金融中心有較高同構性，長期以來在各金融領域都有一定程度的競爭。近些年，香港與新加坡在外匯交易、財富管理、私人銀行等領域的競爭有所加劇。

香港與新加坡都擁有作為國際金融中心發展的必要條件，司法制度、政府管治及效率、金融監管水平、金融自由度、稅制及稅率等關鍵要素類似或者接近。但一般認為，香港在區位、市場腹地上有優勢。香港地處亞太區中心，與中國內地接壤，是國際資本進入中國市場的重要門戶，國際市場網絡發達，金融服務腹地廣闊，資本市場和銀行離岸業務規模大、實力強。新加坡地處馬來半島南端，毗鄰馬六甲海峽南口，較有優勢服務處於高增長階段的東南亞和南亞市場；擁有亞洲時區領先的貨幣與石油交易市場。新加坡社會長期穩定，其司法制度、保密性似乎令投資者有更強的信心，近年來在私募基金（private equity）及私人銀行業務領域表現出色，越來越成為各類國際基金的重要運營基地。新加坡在當前複雜的地緣政治環境下也展現了其可游刃於中西方之間，特別是中美之間的能力。

事實上，在國際金融產業鏈的分工上，近幾年一些國際金融機構出於政治及司法制度的考慮已傾向把數據中心、私人銀行的亞太區總部、資產賬戶管理與產品製造放在新加坡，把客戶拓展、產品分銷及

金融交易放在香港，形成「港主市場拓展及下單交易，新主賬戶管理與產品製造」的分工態勢。按此模式發展下去，新加坡可形成亞太區一個金融創新基地。金融創新及金融資產定價權是一個國際金融中心發展的制高點，新加坡在這兩方面的發展似乎已佔了一些優勢。

此外，近年來新加坡經濟及市場表現一直優於香港。2019—2022新加坡 GDP 年均增長率 2.0%，香港是負增長 1.4%。同時，新加坡也錄得顯著的資金和人才流入，樓市需求暢旺，樓價攀升；香港的表現基本相反。

值得進一步思考的問題是，近幾年新加坡發展頗快、人氣財氣均旺，是一個短期的階段性現象，還是一個長期趨勢？從內部和外部因素看，目前的地緣政治形勢仍有利於新加坡維持經濟及金融保持良好的發展勢頭，其經濟水平、金融中心規模仍有進一步提升的潛力。

但評估香港與新加坡的長遠發展前景，始終要回到基本因素。不管國際環境如何變化，香港作為中國內地對接海外市場的橋樑功能，具有其他地區，包括新加坡，不可複製的優勢。香港始終擁有作為亞太區國際資金樞紐和融資基地的優越綜合條件，這有利於維持其作為亞洲時區首要國際金融中心的地位。此外，由於地理位置和市場腹地兩大關鍵性因素的差異，香港與新加坡的經濟功能及金融中心地位各有各的發展空間與強項，是一個長期的格局。亞太區是未來全球最具經濟活力的地區，經濟體量將越來越大，區域的發展需要港新兩地更加開放包容，發揮各自優勢，提供優質服務。因此，港新兩個國際金融中心在競爭的同時也會有交流、合作和相互促進的一面，不是一種誰取代誰的關係。

表 12　香港與新加坡經濟表現

年份	新加坡 GDP				香港 GDP			
	GDP 總量（億美元）	增長率（%）	人均 GDP（美元）	增長率（%）	GDP 總量（億美元）	增長率（%）	人均 GDP（美元）	增長率（%）
2022	4663.0	3.6	82,794	6.6	3634.0	−3.5	49,464	—
2021	3969.9	7.61	72,794	19.87	3681.4	6.3	49,613	7.72
2020	3453.0	−4.14	60,729	−7.75	3448.8	−6.50	46,101	−4.66
2019	3754.7	1.10	65,831	−1.54	3630.5	−1.68	48,356	−0.37
2018	3770.0	3.66	66,859	9.34	3617.3	2.85	48,538	5.15
2017	3431.9	4.66	61,151	7.55	3412.7	3.80	46,160	5.55

資料來源：香港特區政府統計處、Department of Statistics Singapore。

四、策略方向

在經濟全球化逆流汹湧，中美經貿摩擦具有長期化趨勢、一股國際勢力蓄意打壓中國經濟和企業發展的複雜環境下，香港國際金融中心在國家經濟金融發展中的獨特性和重要性將更加突出。金融是經濟循環和企業發展的血液。未來，內地的科技創新與經濟發展需要持續得到多元化及國際化的金融服務支撐，企業，特別是在粵港澳大灣區營運的科創企業將比以往更需要香港提供國際化的融資、法律與專業服務，助企業利用國際資金擴展業務，做大做強，走向世界。

鞏固提升香港國際金融與商務中心、中資企業境外融資及營運基地的功能與地位，直接關係到香港是否有優勢在國家新時期發展中發揮新作用，做出新貢獻，是否有能力繼續為中國經濟發展、中資企業拓展國際市場、取得國際融資提供專業服務，因此、是香港未來發展

一項重中之重的工作。這裏提出幾點建議。

（一）香港需發揮獨特優勢，把握應對地緣政治環境的平衡點

香港需要因應自身的定位[①]，並且要發揮「背靠祖國、聯通世界」的獨特優勢，把握好能主動應對地緣政治複雜環境的平衡點。香港應對地緣政治變化的平衡點在於得到「國家充分信任、西方基本接受」。按照「一國兩制」方針、《基本法》的有關規定，1997 年回歸後香港按港人治港、高度自治模式運作，繼續實行原有的資本主義制度，但中央政府在一國框架下對香港擁有全面管治權。因此，中央政府對香港高度信任有利於香港特別行政區政府更好地按「高度自治」方針管治香港，處理香港事務；與此同時，香港要發揮其聯通世界，特別是作為中國與西方經貿往來、文化交流橋樑的優勢，香港的法律制度與規則需要與西方保持基本銜接、工作及社會生活環境得到西方企業的基本接受。

基於這一邏輯，香港可從四個方面着手應對地緣政治風險：（1）理清政治與經濟工作的關係，把由地緣政治引發的國際糾紛或者事件交

---

① 2021 年 3 月頒佈實施的《中華人民共和國國民經濟和社會發展第十四個五年規劃和 2035 年遠景目標綱要》（簡稱《十四五規劃綱要》）第六十一章提出：支持香港提升國際金融、航運、貿易中心和國際航空樞紐地位，強化全球離岸人民幣業務樞紐、國際資產管理中心及風險管理中心功能。支持香港建設國際創新科技中心、亞太區國際法律及解決爭議服務中心、區域知識產權貿易中心，支持香港服務業向高端高增值方向發展，支持香港發展中外文化藝術交流中心。香港特區政府將有關表述歸納為「十四五」規劃確立香港為八個重點領域的發展中心（即「八大中心」），包括國際金融中心、國際創新科技中心、中外文化藝術交流中心、國際貿易中心、國際航運中心、國際航空樞紐、亞太區國際法律及爭議解決服務中心，以及區域知識產權貿易中心。

由國家處理，特區政府的管治團隊不再直接回應少數蓄意挑事的西方政客言論，放眼國際，把發展經濟，改善民生，增強經濟硬實力作為管治好香港的核心要務；（2）特區政府的各項政策措施應充分兼顧不同資本背景的經營與發展需要，致力維護一個和諧包容、對工商界友好的商業文化，以及便利、高效及廉潔的營商環境，更好充當中國和西方企業經貿往來和友好交流的橋樑；（3）在中美關係持續緊張情況下，香港應更好發揮文化多元及國際聯繫緊密的優勢，與西方跨國企業、金融機構加強溝通，消除誤解，保持經貿與投資往來正常化；穩定國際企業繼續以香港為亞太主要營運基地，增強國際基金對投資香港，特別是投資香港上市公司資產的信心，以增強香港股市流動性及集資能力；（4）特區政府官員及工商界領袖透過「走出去、請進來」，多做有利於國際投資者扎根香港，增強對香港長期投資信心的事情。

（二）堅定維護香港法治，保持香港現行的金融制度和文化特色

作為國際金融與商貿中心，香港需要與經濟、金融發達國家，特別是西方七國集團保持正常的經貿往來關係。但現階段，在地緣政治干擾下，香港與西方國家和企業經貿關係如何發展，主動權不在香港一邊。古希臘斯多葛派（Stoicism）哲人的智慧認為：有些事情是我們能控制的，有些則不是，因此我們要把關注點放在能控制的事情上[①]。

---

① 此概念為斯多葛學派的「控制二分法」（Dichotomy of Control），它被人們視為是一個有效解決複雜問題的思維框架。

在鞏固國際金融與商貿中心地位方面，最關鍵的因素而且是香港自身可掌控的因素是：維護好現行的金融制度與文化特色，這可具體歸納為「三個自由」、「五個單獨」，加上一個文化多樣性，即 3+5+1。三個自由是：國際資金流動和進出自由、信息自由、人員往來和出入境自由；五個單獨是：單獨關稅區、屬於普通法系的單獨司法區、單獨的財政及貨幣金融體系、單獨稅制、單獨出入境管制。這些要素是香港抵禦制裁、回應國際勢力對香港「去功能化」企圖最有力的措施，是香港保持國際金融中心高效運作最重要的制度性基礎。只要堅定維護現行的金融制度，香港便可任憑風浪起，穩坐釣魚船，從容面對目前的低潮，在地緣政治回歸理性後快速恢復，繼續且更好地發揮高水平的國際金融與商務中心功能。

另外，保持香港文化多樣性特色也是重要因素。香港作為東西方文化交融地已有超過百年歷史，中英文雙語教育並行，是國際和亞太區人員往來、文化交流的重要樞紐。香港是全球其中一個最安全、富裕和繁榮的地區，擁有美麗的自然風光、世界級中西方風格建築、講求效率的商業文明和生活節奏、滲透着中西文化底蘊的國際級烹調與美食；既有充滿創新創意及時尚摩登的潮流，也有傳統樸素、人情味濃厚的習俗。這些在百年特殊環境中形成和沉澱下來的多樣性文化，相當獨特，已成為香港國際金融中心吸引和留住各類高端人才的文化元素。

（三）抓住地緣政治變化的機遇，拓展新業務、新市場

事實上，地緣政治風險上升的環境，也可以有新的發展機會。近

幾年，面對地緣政治環境的變化，國際資金投資佈局呈現兩大特點：一是國際投資者採取「中國＋1」策略應對貿易和供應鏈不穩定，即在東南亞如印尼、越南、泰國、或南亞如印度、或南美如墨西哥，多建一個據點，作為備胎或者補充，以平衡風險，而非從中國撤離，放棄中國市場；二是大多數高資產淨值者選擇在香港和新加坡兩地都設立運營據點，如家族辦公室，而非二選一。投資者在港新兩個據點的功能靈活切換，以平衡風險和投資機會。

從操作層面看，近幾年新加坡憑藉其與中西方的傳統聯繫，積極主動地應對地緣政治風險，並在多方面取得良好的發展機會；而在地緣政治風險上升的環境下，香港企業面對逆流，但憑藉其熟悉國際及內地市場的優勢，以及香港自由及高效率的市場機制，也拓展了一些新的業務，例如，香港的金融、貿易及物流機構已在協助國際客戶把業務及資產作全球化佈局、以建立最佳投資風險組合中扮演重要的中介。

近年的地緣政治變化，帶給香港一個很大機遇是人民幣國際業務。

香港人民幣離岸市場，以中國銀行（香港）為清算行，在離岸人民幣市場擁有先進及獨立的人民幣實時支付結算系統（RTGS）。該系統與中國人民銀行開發的支付系統（CNAPS）、人民幣跨境支付系統（CIPS）一起為全球離岸人民幣市場運作提供基礎設施。經過近二十年的發展，香港人民幣離岸市場擁有功能完善、技術系統成熟的清算機制，已有眾多境內外結算行和商業銀行參與，已成為全球最大的離岸人民幣業務中心。香港有實力因應市場需求，充當離岸人民幣產品創新與、大額交易及匯兌、資金融通的國際樞紐。

地緣政治環境變化給中國「一帶一路」戰略向西亞、中東、南

美及非洲地區縱深發展提供了新的機遇，沿線國家以人民幣作為石油交易、礦產資源交易、項目投融資計價、支付及結算貨幣的意願在增加、人民幣的國際使用呈現出新的廣闊前景。

值得指出的是，有看法認為，在新的地緣政治環境下，既然香港面對西方的打壓，其金融市場、法律法規及監管框架能不能不再按西方主導的規則運作。如能擺脫此束縛，香港便可以自由自在地拓展被西方國家打壓、被英美制裁的國家如俄羅斯、伊朗等的市場與業務，擺脫目前「國際空間受壓擠」的處境。從制度條件及發展優勢看，香港金融中心的功能要做這樣大的調整，缺乏可行性和可操作性，也不符合長遠利益。

此外，香港具有較好基礎及較大潛力打造成為一個全球最大和最國際化的黃金現貨與期貨市場（目前有此地位的市場是倫敦），並在此基礎上發展大宗商品現貨和期貨交易市場。事實上，建立商品期貨市場及推動債市發展一直是香港完善國際金融體系不可或缺的重要環節。有研究指出，香港可以以石油期貨作為建立商品期貨市場的起點及龍頭。從條件看，石油是我國最重要的戰略性進出口物資之一，隨着進口量的上升，中國需要有相應的對國際石油價格走勢的影響力，香港建立一個國際性的石油期貨交易所，可以配合國家發展需要，相信具有較大發展空間。

（四）增強風險意識，維護金融穩定

首先，要把穩定港元匯率放在首要位置，這是金融市場穩定的「壓艙石」。實施了正好 40 年的聯繫匯率制度，在 1983 年至今的歷次全球

或者區域金融動盪中，對香港金融市場抵禦各類國際投機力量衝擊起到了定海神針的作用。在可預見的將來，實施與美元掛鈎的聯繫匯率制度，仍然是穩定港元匯率一個最佳的制度性安排，應堅定維護。

其次，作為小型開放、內需市場小、對外依存度高、高度依賴金融服務業的經濟體，香港經濟具有結構支撐力弱、信心較飄浮的問題，審慎的財政政策、低債務槓桿及金融監管是維護投資信心和金融市場穩定的基礎，需要長期堅守。

最後，值得一提的是，特區政府正在積極推動虛擬金融發展，有把香港打造成為國際虛擬資產交易中心的抱負。這無疑是香港金融業多元化發展一個亮點。虛擬金融處在起步階段，具有發展潛力和創新空間，但這類金融業務的運作和市場活動有別於傳統金融，特別是虛擬資產交易是一種難以找到真實資產價值評估基準、有較強賭性及隨機性的金融活動，這對於具有眾多非專業個體投資者參與的零售市場具有特別大的風險。因此，虛擬金融市場發展需要有一個操作規範、可防範欺詐、管控風險的監管作配合，才能行穩致遠。

總體而言，面對國家新時期的快速發展及長遠需要，香港應因應自身的定位和優勢，更有智慧地應對地緣政治風險帶來的挑戰，鞏固與西方市場的緊密聯繫，推動金融市場的多元化與專業化發展；堅定維護自由開放、廉潔規範的營商環境；透過與內地深化市場互聯互通的機制安排，加強滬港金融合作及粵港澳大灣區經濟一體化發展；把握好國際金融創新與監管發展趨勢，在綠色金融發展中起推動和示範作用；積極為「一帶一路」國際合作提供資金融通、風險組合等專業服務，扮演新興市場與發達國家制度對接、金融及商務往來一個重要的國際平台。

參考文獻：

習近平，《在慶祝香港回歸祖國二十五周年大會暨香港特別行政區第六屆政府就職典禮上的講話》，2022 年 7 月 1 日。

丁薛祥，《香港第八屆「一帶一路」高峰論壇開幕式主旨演講》，2023 年 9 月 13 日。

中華人民共和國國民經濟和社會發展第十四個五年規劃和 2035 年遠景目標綱要（簡稱十四五規劃），2021 年 3 月。

中共中央、國務院印發，粵港澳大灣區發展規劃綱要，2019 年 2 月。

中國人民銀行宏觀審慎管理局，2022 年人民幣國際化報告，2022 年 9 月。

香港特區政府財庫局，有關香港虛擬資產發展的政策宣言，2022 年 10 月。

英國倫敦 Z/Yen 集團，全球金融中心指數（GFCI）1—34 期。

謝國梁，一帶一路的發展機遇及香港的角色，香港總商會會刊第七期稿件，2015。

謝國梁，香港在國家未來經濟發展中的新角色，《紫荊》雜誌專稿，2018 年 9 月號。

謝國梁，百家爭鳴中的中國方案及全球化趨勢關注點，文匯報專欄稿件上下，2018 年。

謝國梁，從瑞士經驗看香港私人銀行業的發展前景，《國際金融研究》，2004 年 4 月。

謝國梁，香港經濟轉型出路 —— 發展成東方的瑞士，香港大公報，2004 年 1 月 10 日。

謝國梁，國家政策方向與香港的機遇，香港信貸保險局半年刊專稿，2017 年。

謝國梁，香港將成為中國內地金融產品創新前沿，《紫荊》雜誌專稿，2006 年 7 月。

謝國梁，一帶一路策略探索，香港工業總會會刊稿件，2014。

謝國梁，國際金融監管模式改革及香港金融監管面對的課題，香港中文大學劉佐德全球經濟及金融研究所工作論文，2023 年 7 月。

謝國梁，粵港關係深厚 總能同舟破浪前行，星島日報專欄《香港故事》專稿，

2022 年 3 月 7 日。

謝國梁，細數香港金融中心十年，中山大學《香港回歸十周年的回顧與展望學術研討會專題文章》，2007 年 6 月 15 日。

謝國梁，對強化香港金融中心地位的幾點思考，人民大學書報數據中心——海外財政與金融 2006 年第 9 期。

謝國梁，香港獨特優勢，金融中心難取代，香港經濟日報，2009 年 4 月 2 日。

謝國梁，人民幣國際化前景及香港人民幣離岸市場發展問題，香港信報財經月刊，2010 年 5 月。

謝國梁，香港離岸人民幣市場展望，中國改革，2010 年第 7 期。

謝國梁，滬港組合建亞洲金融中心，香港大公報，2009 年 6 月

Perceptions of Hong Kong's Status as an International Financial Centre, Challenges Ahead and Strategic Directions

Xie Guoliang

Abstract: This article discusses the type, status, characteristics, and challenges of Hong Kong's international financial center through international comparison and the performance of various financial sectors, and discusses the future development strategies of Hong Kong's international financial center. The article points out that consolidating and enhancing Hong Kong's status as an international financial and business center is a top priority. Hong Kong needs to adapt to its own positioning, grasp the balance point that can proactively respond to the complex geopolitical environment, firmly safeguard the rule of law, a free and open financial system, a harmonious and inclusive business culture that is friendly to the business community, and convenient, efficient and clean business Environment; Seize the opportunity of geopolitical changes, do more things that will help international investors take root in Hong Kong, enhance their confidence in long-term investment in Hong Kong, better leverage the advantages of cultural diversity and close international connections, and better serve as a bridge for economic, trade and friendly exchanges between Chinese and Western enterprises.

Keywords: Hong Kong financial center; geopolitics; financial development strategy

關於香港與深圳兩制雙城互動演化發展的進一步探討

王緝憲 *

摘　要：香港和深圳先後以英國殖民統治下的中國門戶港和中國改革開放後的經濟特區的方式出現，形成了兩個陸路相鄰、但在社會、經濟、政治制度上截然不同的特大城市。無論過程或後果如何，它都是世界上獨一無二的城市發展奇觀。我曾在 2023 年 7 月出版專著，從演化經濟地理學的角度，對兩座城市如何相互作用和演變形成今天的奇觀進行了相對詳細的分析。重要的是，這個兩制雙城的互動演變仍在繼續，與整個粵港澳大灣區的互動也越來越多。為此，本文將進一步反思和解釋我新發表的作品中涉及的幾個核心問題。其中一個關鍵概念是「比較環境（CE）」。本文先解釋了香港和深圳的共同演化的特徵：頭 30 年是互補和依賴的，最近又轉向了不同的軌跡。因此，我進而討論了這種先趨同後分化趨勢的深層根源，並指

---

*　王緝憲，大灣區香港中心研究總監，博士 / 教授。

出，保持差異化的發展而不是一體化，恐怕是雙城雙贏的唯一出路，雖然差異化內容可以有很多種。

關鍵詞：香港　深圳　兩制雙城　差異化發展

1. 港深兩地與內地差異化發展的根源來自「比較環境」

1841 年開始英國將香港做成一個殖民化、貿易為本的城市，和 1979 年中國改革開放後在鄧小平、李先念等國家領導決策在深圳設市並成立國家級的經濟特區，其共同特點是由國家層面決定在一個特定地點，實行一個與周邊城市和地區有明顯不同的社會經濟制度。而深圳經濟特區之所以在深圳，又正是因為為了國家整體嘗試實現改革開放，需要把 130 多年前在這裏設立的香港利用好。因此，認真回顧這段歷史，特別是為什麼深圳可以在短短的四十年內崛起成為一個世界級大都市，便不難得出一個結論：兩個城市的比鄰而起，反映的是演化經濟地理學中的「路徑依賴」和「地點依賴」，而且是在一個非常特殊的情況下產生的，那就是由上級（國家）政府在特定的地點和歷史時刻，建立起了兩個制度上與眾不同的城市。這兩個「比較環境」，是後來經濟發展成功的前提。

然而，只有從地理學中的空間尺度角度思考才能注意到，這裏發生的路徑依賴和地點依賴，還涉及另外兩個地理尺度上的「比較環境」設定。一個是國家層面本身的特定制度及其演變。另一個是城市／特區內部的環境差異。在國家層面，如果 1949 年中國不是選擇跟從蘇聯建設該國定義的社會主義國家，那麼就不會出現 1978 年的改革開放，也就不會出現一個與內地所有其他地方都不同、先行先試地施行市場

化經濟制度的深圳特區。類似地，英國政府根據當時本國實施的最有利於商貿活動的法律體制，形成了一個特定的比較環境，讓香港從一開始就走上了「普通法」為本的一套重商、市場主導型的發展道路，雖然當時轉運鴉片到廣州以外的中國南部沿海城市是香港起步初因。在城市內部這個尺度上，深圳從一開始就有特區的「關內關外」之別，這就是「比較環境」之別。而香港也因為港英政府認為港島和九龍是「割讓」的，而新界是租來的，因此在投資和規劃上長期以維多利亞港灣為中心，集中投資和建設港島和九龍地區中與海外聯繫最便捷的區域。這是產生香港自身尺度上的比較環境和社會經濟發展之空間差異的根本原因。

在 1978 年後的 45 年間，多地理層次上的「制度比較環境級差」，除了最初的設計，無論是深圳還是香港，都得到了中央政府的特殊支持：深圳獲得「計劃單列城市」和「沿海開放城市」的稅務優惠地位；香港獲得以「基本法」體現的「一國兩制五十年不變」承諾，不僅確保了其在 1997 年回歸後的法律、經濟、社會制度基本不變，同時，香港特區政府在經濟決策上的獨立性和行政級別上（省級）的地位等方面，都有別於任何廣東省的城市。這一切都導致了「市場行為」在香港和深圳都比內地其他城市更活躍：生產要素特別是資本和人才的選擇性地向這裏流動，包括內資和外資，形成強大的經濟和社會發展動力。

生產要素在深港雙城這裏組合成發展動力，最終能否成功，要看它們是否可以成為全球化經濟和中國發展的關鍵環節。這一點需要不僅需要理解港深各自的角色，同時也需要分析兩個城市之間的互動演化的關係。本人在剛剛完成的著作（王緝憲，2023）中有一個圖表，

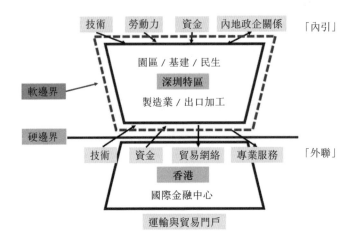

圖 1　深圳發展的動力結構：「內引外聯」的主要關係及香港在其中的作用示意圖

資料來源：王緝憲，2023，圖 4-2。

解釋深圳市成立以後「內引外聯」的基本特徵，以及香港在深圳這個架構和功能形成中自己的角色。

簡而言之，深圳以中國供應和全球化需求為本的崛起，不僅依靠了「比較環境」和路徑依賴帶來的要素聚集，還依靠了這兩個城市特定比較環境之間以及它們各自對外的兼容性。香港作為以普通法建立的有利於國際貿易的體制，兼容了國際市場的各種標準和要求，包括要素流動的效率和企業及政府的誠信。深圳則不僅兼容了內地的法律，更兼容了中國內地各種行政體制、投資渠道、人才流動等方面的規範。同時，中央政府在深圳（特別是當年袁庚主政時期的蛇口工業區）實行後來被稱之為「先行先試」的模式，讓深圳盡可能地同時兼容以香港為範本的市場經濟系統。這種兼容性和比較環境，可以說是一個硬幣的兩面，缺一不可，因為它們必須同時存在才能讓這個兩制雙城形成的特殊區域成為聯動互補發展的成功案例。

2.港深深度互補的同時走上不同發展方向的 必然性和根本原因

比較環境的差異是深港兩地形成過去幾十年高度互補發展的必要條件，但還不是充分條件。充分條件是深圳的發展對香港帶來的需求，以及深圳發展對香港的需求，因為有差異並不確保會對對方有需求。比如，香港與深圳一個重要差異，是有多個世界範圍排名很高的高等院校，特別是其中有不少是社會科學方面的學科世界領先。然而，深圳在這方面需求很弱，這一點與深圳自身發展的特點和社會發展階段以至於整個社會的政治制度和學術氛圍有關。

從演化經濟地理角度，更值得關注的是這種相互需求或者說互補性的變動，因為它折射出兩個城市各自形成的發展方向及其原因，並可能從而分析出兩個城市今後的新關係。本人在演化分析中注意到，可以將深圳和香港的互動互補作用分為三個時期。第一個時期是 1980 年到大約 1995 年。這個時期是媒體報導和學術研究最多的港深互動時期，因為從 1984 年左右開始，大量的香港企業家和資本進入深圳和珠江三角洲的其他城市比如東莞和佛山。由於獲得低廉的場地租金、勞工成本和政府對於加工出口產業的補貼，到 1995 年左右，香港本土製造業大規模北上，製造業佔香港整體經濟結構的比重大跌至不到 3%（目前不到 1%）。而同一個時期內，深圳迅速成為出口加工產品的製造中心的同時，其港口基本上仍是支線港。本人曾經估算過，當時每年超過 400 萬標箱的集裝箱經陸路運往香港葵涌碼頭這個當時華南唯一國際樞紐大港，然後海運到歐美市場。而負責尋找海外市場的也是香港和台灣的企業。「前店後廠」就是對港深這種互補情形的形象描述。

第二個時期是 1996 年到大約 2010 年。與第一個 15 年相比，這第二個
15 年，深港的互補關係出現了很多重要變化。第一是對外運輸。隨着
香港碼頭經營商在鹽田港和蛇口地區的投資，深圳對香港港口的依賴
明顯下降。第二，更多的中國本土的國企和民企在深圳成長起來，港
資企業比重下降，貢獻也相對越來越小。第三，香港成為中國發展的
融資基地，其中也包括越來越多的深圳公司通過在香港上市集資，獲
得比內地融資成本低得多的信貸，這支持了深圳發展所需。這個故事
的另一方面，就是香港在這個時期的金融及其他專業服務特別是廠商
服務和保險業務得到了迅速擴張。很少報導和分析注意到，這一時期
香港的經濟增長速度超過了其 1950 年代到 1980 年代工業化成就的「亞

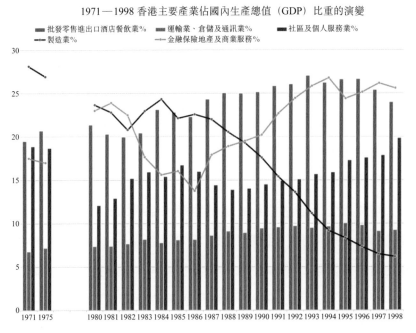

圖 2　香港工業化過程中後期（1971—1985）及進入後工業化的結構變化

資料來源：王緝憲，2023，圖 3-2。

洲四小龍」時期，可謂至今香港經濟最繁榮的時期。

也就是説，香港成功地轉型為國際金融服務＋對外貿易中心與深圳崛起為中國最重要的電子消費品製造中心，是一個互補和平行高速發展的過程。

第三個時期是 2010 年至今。這個時期，從城市社會經濟發展階段和對外經濟關係兩個方面，香港和深圳都出現了影響長遠的漸變。首先必須指出，雖然深圳不論是城市化（城市非農業人口的迅速增長），還是工業化（製造業比重上升），都超常規的迅速增長，但按照實際常住人口計算的人均收入為尺度計算，其社會經濟發展程度至今仍與香港差距不小。從香港角度看，經過上一個階段金融及專業服務行業佔經濟的比重大幅上升和在中國國內大量的投資形成巨大的離岸貿易帶來的回報以後，香港社會的富裕程度已經進入發達城市水平，同時貧富懸殊更嚴重了。除了貧富懸殊和社會整體收入水平高以外，香港在 2021 年已經進入超高齡社會，即 60 歲以上的人佔了總人口的 20% 以上。人口平均年齡已經達到 46.1 歲（對比深圳的 31 歲）。因此，可以説，香港和深圳在產業結構、年齡結構、經濟發展水平、社會財富分配這四個社會整體發展指標上處在完全不同的兩個階段和層面。

2008 年的國際金融風暴，以及後來出現的加工業的大規模向東南亞和中國內地省份轉移，分別衝擊了當時的香港和深圳。香港社會的高齡化和收入嚴重兩極化，加上房地產租金昂貴和升職機會不足兩方面都使得上述問題更突出，導致香港進入了一個尋找辦法，解決社會新矛盾的階段。焦距到這個時期的政府管治，涉及了選舉制度等一系列敏感的政治問題，最終轉為政治風暴，在 2019 年進入了「一國兩制」2.0 階段。該場政治風暴和後來的新冠疫情衝擊，在某種程度上淡化了

表 1　深圳香港兩地在政治、經濟、社會、文化方面的主要特徵

	香港	深圳
政治與管治制度	儘管 2018 年以後實施了「國家安全法」，「一國兩制」仍繼續，即按照「基本法」延續之前 20 多年的管治架構和特首選舉方式。與內地城市包括深圳在內最大的本質差別在於「普通法」基礎上的法律制度、信息自由、資金流動自由和更接近歐美國家的多項社會制度	政治體制與內地其他城市相同，從外部派任「第一把手」的機率高。延續中央政府給予的「深圳經濟特區」特殊管治環境，即在很多方面可以實施「先行先試」，保留了當年特區的「實驗室」性質。在政府架構方面有多級財政
經濟結構	已經完全轉型為服務業為主的城市，包括金融、房地產、旅遊、物流等，製造業僅僅佔 GDP 的不到 1%。金融中心崛起後，國際貿易樞紐和交通樞紐仍然是經濟的核心內容	製造業人口眾多，比重大，從貼牌出口加工業轉型為高增值的本地品牌製造業；同時內地市場比重增加，服務業也有明顯提升。與內地其他城市的經濟聯繫強大
社會特徵	(1) 超高齡化（平均年齡 46 歲，年齡超過 60 歲者佔總人口 20%+） (2) 後工業化社會導致從業者基本上都從事各種服務行業 (3) 從移民城市變為熟人城市 (4) 有獨立的人口和移民管理政策，包括對與內地往來跨境人員進出的差異化管理 (5) 存在大量歷史遺留的問題，比如「丁屋」帶來的不公平。	(1) 最年輕城市（設市 43 年，人口平均年齡 31 歲） (2) 處在工業化社會的中後期 (3) 中國最新和最大的移民城市（1800 萬人口的 84% 為新移民） (4) 與內地類似而又不同的戶籍制度 (5) 60% 以上的人口住在「城中村」，而且主要是新移民和勞動人口。「關內」與「關外」的發展差別大
文化特徵	大部分學校實行某種程度的中英雙語教育，特區官方語言也是雙語，各種文化和公共設施及其使用也努力體現中西文化交匯。不少中小學有宗教涉足管理，體現西方宗教系統之深遠影響。華人比例雖然在 90% 以上，英國統治期間留下的文化和生活方式仍然處處可見	唯一一個社會上不講廣東話的廣東省城市，折射出本地文化特殊性和與廣東其他地方不同的省內外社會網絡關係。2000 年後大力發展高等教育的同時，年齡特徵導致互聯網文化影響大，體現在生活、職業、產品、服務各個方面

香港進入後工業化富裕社會的種種其他問題。從經濟演化角度看，香港內部以普通法為本的市場經濟制度並沒有改變，但因為國際形勢出現了「friend-shoring」（友岸貿易）這種美國或中國的歸邊式供應鏈發展趨勢，香港的金融市場和貿易渠道這些本來與國際社會完全銜接的核心競爭力受到了挑戰。同時，2020 年以後因為新冠疫情暴露出的護老院問題，也讓港人甚至外部世界清楚看到高齡社會必須面對的現實問題。

　　與此完全不同的是深圳發展路徑的變化。過去的 15 年，深圳在經濟向高新技術產品生產的轉型獲得很大的成功，而且這不僅僅是市場的力量，政府的手也一直有某種程度的參與，主要是主動選擇推進某些有比較完整供應鏈和關鍵企業的行業的「騰籠換鳥」或者升級換代。雖然由於政府參與的過程並不透明，市場又是「無形之手」，我們無法分辨兩者的具體作用，但是，有一點值得注意，即 2008 年以來的 15 年，深圳在國家層面沒有提出「內外雙循環」之前，其製造業就已經轉向以內地市場為主，雖然其電商出口業務在中國城市中名列前茅，並很大程度依賴香港機場的航空運輸。不過，雖然使用「香港通道」，深圳企業打開海外市場的「路數」已經主要依賴自己，因為香港企業對新產品的貢獻非常有限，而 40 年來深圳堅持從「山寨」和貼牌中脫穎而出到自有品牌，誕生了一批有創新能力的本土企業。除了可能受惠於從香港獲得的信息、資金和那裏培養出的科技人才，在技術和市場兩個方面，他們不再依賴香港遷移來的、但缺乏創新基因的傳統出口加工企業。

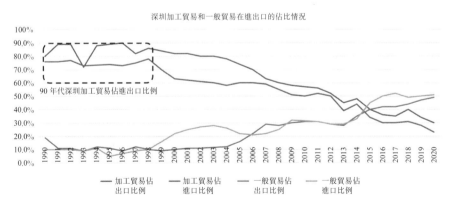

圖 3　本世紀以來深圳對外加工貿易額比重下降明顯

資料來源：王緝憲，2023，圖 4-4。

3. 多元、包容和嵌入式協同，
是打開大灣區多贏局面的必由之路

上一節兩個城市的差異化的演化進程，反映出兩個城市雖然都有與眾不同的「比較環境」，但隨着時間的推演，「路徑依賴」的作用開始發揮作用：從內地體制轉型而來的深圳，吸收香港「重商」和市場導向的一面之後，以其本來就有的各種內地網絡，華麗轉身開拓內地市場。而香港因為服務業為主的超高齡社會，重啟製造業，必須考慮人力資源和本地市場。而更重要的方面，是如何面對富足但公平性不足的種種社會甚至政治問題。香港在 2018—2019 年發生的事情，並不能都歸結為政治上和意識形態的問題，而是香港走到了一個很高的社會發展階段時，而 1997 年之後這 25 年，這個特別行政區的管治體系，完全跟不上這個社會對其的要求。當時那種特首制，實際上是一個「集權小政府」形態。國安法之後，也就是「一國兩制」2.0 版本出現後，正在形成一個集權的「中政府」，這是一個重要變革。我們假設，這種變革不會動搖「一國兩制」，但它仍將在很大程度上影響今後香港發展的模式。與此相反，深圳作為中國甚至世界城市化最快的地方，仍然保持 84% 的人口為新移民，面對的是如何建立一個充滿活力和特定製造業的持續競爭力的同時，儘快完善城市設施和服務。更有意義的，也許是在深圳變成「熟人社會」之前，建立起完善的社會法規和行為法則。不過說到底，目前政府和社會整體仍然是以經濟發展為第一驅動力的思維，這一點 40 多年來沒有本質變化。

如何在這種新的管治體制和外部形勢（這裏沒有篇幅展開）劇烈波動下，促成這兩個相鄰城市形成雙贏，並為大灣區的發展帶來正面啟示呢？

我們假設，兩個城市目前的發展方向對其自己而言是合理的，但有明顯的差異。那麼，在支持和維護「一國兩制」這個中央政府對香港的國策的前提下以及存在人口結構和經濟發展水平的巨大差異下，最重要的就是鼓勵多元思維和文化，提高社會內的包容度和城市間的兼容度，這樣才可能各得其所。

包容度指的是文化和思想層面，而兼容度指的是制度和法規方面。本人在近作（王緝憲，2023，第九章）中解釋深圳與香港在政府管理體制方面的巨大差異，並注意到兩者在包括政府架構方面一直在調整，以便兩個城市之間以及城市與上級政府之間在體制上的配合。在我個人以為，在社會和實際生活層面提高兼容度會對兩地人員、信息、資金和物資的交往和流動帶來更實質的影響，而到目前為止，這四個生產要素的跨境流動是非常不平衡的（參見王緝憲，2023，第八章）。目前已經通過企業實施的便利兩地交往的案例包括在香港使用「支付寶」和「微信支付」系統、在深圳使用 MTR 的「八達通」卡等。但一直沒有多少改變的是人員的不對等跨境流動。未來如果調整政策，出現「跨境通勤」，將對香港北部都會區的戰略規劃帶來極大好處。

然而，必須指出，這種通過兼容對方的各種系統的作法，是一種有競爭性的選擇過程，我稱之為「嵌入」（embedding）方式。它有利於基於市場需求的改變，並優化雙方合作和協同發展的環境。但是，這不是「一體化」，而是「融合」的方式之一。一體化是指合二為一，即較大程度上管理或者管治的統一化和內部化（internalization）。融合（integration）則是一個定義更泛的詞，因為它只要求通過某種融入的方式達到「合」的效果，但並不限制「合」的形式。因此，融合不僅可能有多種不同方式共存的情況下處理同一件事，比如在香港的個人消

費，可以用本地或者境外的國際通行信用卡，也可以用特定銀行的手機支付系統，如滙豐銀行的「PayMe」，還可以用內地的支付寶或者微信支付。這就是通過內地支付系統嵌入香港市場實現了多支付方式多跨境融合。如果這個消費方式「一體化」，就是指其變成了一家獨大的壟斷系統。但在城市發展、區域發展和產業政策的很多內地政府文件或者相關研究和傳媒報導中，「一體化」已經成為了不需要解釋的最優發展方向。例如，因為上有「強鏈、補鏈」的政府文件，一些大型企業考慮將自己不擅長的某些部件的生產內部化。也有諮詢公司向深圳政府建議，在深圳成立新公司，將香港機場歸屬深圳機場管理，以便更好發揮深圳機場的作用。這種假定「一體化」必然帶來正面效益的思維，無疑是對社會經濟發展的一個錯誤認知。它的提倡者並不了解論證已久的「交易費用理論」的基本觀點。

不僅在理解和處理港深兩個制度不同、發展階段不同、社會結構不同的城市的關係上需要否定「一體化」必然正確的思維，在大灣區範圍同樣適用。發展差異巨大的九個城市和兩個特別行政區的進一步協調發展，必然要建基於它們的稟賦和制度的差異。以最需要合作和協同的減低碳排放行動為例，整個區域需要制定時間翻推式的共同目標，但每個城市都需要根據自己的情況，制定特定的行動方案。這種協同行動，恰恰不是通過管理體制或者管治方式一體化可以做到的。

4. 人員交流是多制共存之大灣區成功合作的最重要環節

從香港與深圳互動演進的過程中發現，多社會制度共存的進化方式，除了上述嵌入式的制度的系統兼容和標準化以解決在金融（如前面

講到的支付系統跨境設置）、信息（如容許企業在註冊後實現兩地間完整的內部信息流通）和物質（如統一過境貨運車輛和物品的檢驗尺度）外，最重要的是放寬人員交流的範圍和增加交流量。信息網絡化社會最大的負面效果就是超高比例無意或者刻意製造的虛假信息傳播，及其導致的各種誤解。這種影響在有信息篩選的地域之間最大。消除這種負面影響的一個最有效的手段，就是增加人員交流。

人員交流大致可以分為三類：第一類是旅遊，第二類是專業對口的訪問或調研，第三類是通勤或中短期的異地工作或學習。遊客雖然走馬觀花，只會到有限並且通常是商業化程度高的地點，但仍然有機會在一定程度上親眼看到所訪問城市的實際情況。第二類是與訪問者工作直接相關的訪問，比如深圳或香港政府中層公務員到對方城市的短期培訓和交流。他們有機會直接了解對方相應部門的運作和效果，甚至內部文化和氛圍。相比之下，第三類顯得更重要，因為這些跨境通勤或者中短期停留的員工或者學生有機會深入了解對方城市的方方面面。他們所帶回對方城市的信息，無論是正面的還是負面的，都相對更準確，可以更有效的消除信息篩選帶來的負作用。

5. 結語

近幾年國際形勢的演變，很有可能改變香港在世界上的角色和深圳在中國的角色。儘管如此，從演化經濟地理學的角度，路徑依賴和比較環境（即對特定地點和特定制度的依賴）仍然會繼續起重要作用。因此，我觀察到這兩個城市正在走上越來越不同的發展道路。這一點，體現了各自制度環境背後的 DNA，即基本社會制度和經濟制度的

要求與制約。同時，我的分析也說明，兩者對對方的需求雖然在不斷變化，但仍然強烈，因為兩個緊鄰在不同制度環境下所產生的各自優勢，有很強的互補性。這意味着如果期望今後保持一個雙制度下共贏的局面，本文強調的嵌入式融合和加強人員多方面和深層次的交流，形成跨境兼容的運作系統和思想包容的文化格局，以產生更有效的城市和區域管治和促成更多元化的發展機會，變得更為重要。相信這種思維，即臨近城市各展所長地形成自己的「生態位」(niche)（希瑟‧海英，布雷特‧韋恩斯坦，2023，第一章），而不是抹平環境差異的「一體化」，對大灣區形成多贏局面一樣適用。

最後，一個地方演化中的生態位，可能會出現突變，例如 1979 年深圳從無到有，是由外部因素使然。如果中美關係的地緣政治影響下最終形成世界兩分局面，並導致香港必須選擇留在其中一個系統中的話，將削弱「一國兩制」的作用，不利於其中西橋樑功能。這不是我們期望見到的突變，但從演化經濟地理角度看，並非不可能。反之，幫助國家進一步擴大對外聯繫，例如成為中國與東盟之間的電商貿易樞紐，再如成為數字人民幣國際交易中心，則是香港的角色升級換代，對國家、地區和自身都是積極的拓展型演化。

參考文獻：

王緝憲，《世界級大都會 —— 港深雙城的演化經濟地理學》，香港，商務印書館，2023。

希瑟‧海英，布雷特‧韋恩斯坦，《二十一世紀的進化論》，北京，中國紡織工業出版社，2023。

Further Study on the Evolutionary Development of the Two systems twin cities between Hong Kong and Shenzhen

Wang Jixian

Abstract: Hong Kong and Shenzhen successively appeared in the form of some special administrative regions, forming two land-adjacent megalopolises with completely different social, economic, and political systems. Regardless of the process or consequences, it is a unique urban development spectacle in the world. My monograph published in July 2023 provides a relatively detailed analysis from a perspective of evolutionary economic geography, about how the two cities interacted and evolved to form the spectacle they are today. More importantly, the co-evolution of the megalopolises continues, together with more interactions with the entire Guangdong-Hong Kong-Macao Greater Bay Area（GBA）, where Hong Kong and Shenzhen are located and playing key roles. To tap with this, this article will further reflect on and interpret several core issues involved in my newly published work. One of the key concepts is comparative environment（CE）. Noting that the co-evolution of the two land-adjacent megalopolises first became complementary and depend on each other, and recently have turned into different trajectories to the future, I discuss the possible main causes for such a convergent-then-divergent trend. I argue at the end, if the future development path could be planned, the role differentiation between Hong Kong and Shenzhen probably the only way that would benefit both, even if the contents of such differentiation may vary.

Keywords: Hong Kong; Shenzhen; Two systems twin cities; differentiated development

回歸以來香港經濟發展動力與產業結構的變動特點、問題與對策

李小瑛　譚穎 *

摘　要：香港回歸以來，經濟整體運行良好，本文採用 1997—2020 年香港經濟數據，定量測度了香港的全要素生產率，對經濟增長情況進行了分解核算。研究發現，從動力機制來看，香港從主要依靠生產率進步驅動經濟向依靠資本投入驅動經濟轉變；從產業結構來看，製造業空心化和服務業單一化特點突出，產業內部壟斷程度加深，成本高企與經濟金融化對科技創新發展產生明顯擠出效應；從經濟績效來看，伴隨着經濟服務化和集中度上升，整體經濟中要素分配格局發生變化，勞動收入份額呈現下降趨勢，資本收入份額相對上升，壟斷利潤加劇了財富不均。值得注意的是，經濟增長依賴資本投入和產業空心化加劇了經濟的波動性和不確定性，經濟的結構性矛盾加劇社會民生問題，而且香港對外超級連絡人功能發揮和對

* 李小瑛，中山大學港澳珠三角研究中心、粵港澳發展研究院副院長、副教授；譚穎，廣東金融學院講師。

內與珠三角產業聯繫面臨雙重挑戰。因此，建議未來發展中以國際科技創新中心建設為重點，促進經濟向創新驅動轉型，以服務業多元化發展為支撐，推動產業結構優化，以大灣區內產業要素自由流動為主要抓手，促進香港與珠三角地區產業協同互補。

關鍵詞：香港　經濟增長　資本驅動　全要素生產率

香港回歸 25 周年以來，宏觀經濟整體運行良好，呈現出穩中有升發展態勢，並成功實現了產業從工業化向服務業為主的轉型。近年來，香港正在積極探索從服務經濟向創新驅動為主導的第三次經濟轉型，整體經濟在發展動力、產業結構和社會效應等方面出現了結構性變化新特點（馮邦彥，2015）。因此，本文嘗試從經濟發展動力和產業結構變動角度進行分析，測算回歸以來資本、勞動和全要素生產率對香港經濟增長的貢獻份額，從要素投入和要素回報角度分析產業結構變化趨勢和存在的問題，為香港經濟未來高質量發展和產業轉型發展提供理論依據。

一、回歸以來香港經濟的經濟發展動力與產業結構演變

（一）總體發展特點

經濟整體運行良好，呈現穩中有升的發展態勢。香港回歸以來，GDP 從 1997 年的 13,730.8 億港元上升到 2021 年的 28,616.2 億港元，年平均增速 4.34%。從經濟增速上可以看出，香港經濟易受到外部衝擊

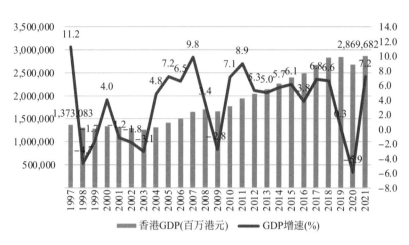

圖 1　1997—2021 年香港經濟發展情況

數據來源：香港特別行政區政府統計處資料，https://www.censtatd.gov.hk/sc/web_table.html?id=31。

的影響，例如，在亞洲金融危機（1997 年）、非典疫情（2003 年）、國際金融危機（2008 年）和新冠疫情（2020 年）等對經濟增長產生較大的負面影響。在中央的關懷和內地的大力支持下，香港成功抵禦了多次外部衝擊，經濟規模呈現出不斷擴大的趨勢。2019 年以來，受「修例風波」、中美貿易戰和新冠疫情等多種因素的影響，香港整體經濟增長速度放緩，隨着疫情趨穩，2021 年以來香港經濟保持快速復甦。在香港總體經濟發展水平較高，是全球最富有的地區之一，根據 IMF（國際貨幣基金）的統計，2021 年香港人均 GDP38.65 萬港元，全球排名第 24 位。

（二）生產要素投入與經濟貢獻

發展經濟學的理論認為經濟增長的源泉主要是勞動、資本等生產要素的投入和技術進步，而且技術進步是經濟增長最重要、最可持續

的驅動力（Solow，1956）。Young（1995）對亞洲四小龍（香港、新加坡、韓國、台灣）1966—1990年的經濟增長進行分解，發現這些國家或者地區的產出快速增長，但是，全要素生產率增長率卻很低，經濟增長主要依賴於資源擴張而不是效率提升。Krugman（1994）也進行了類似的研究，「東亞奇跡」的經濟高增長是依靠勞動和資本要素投入的經濟增長模式，由於要素的報酬具有遞減的規律，長期來看，依賴高要素投入的高速增長不具有可持續性。

為了分析回歸以來香港經濟增長的動力，本文採用索洛經濟增長模型（Solow，1957）對1997—2021年香港的經濟增長進行分解。模型具體設定如下：

假設香港經濟的總量生產函數為：

$$Y_t = F（K, L） = AK_t^\alpha L_t^\beta \tag{1}$$

其中，生產要素為K（資本）L（勞動），α，β分別是資本和勞動的產出彈性，假定生產函數的規模報酬不變，有。A是全要素生產率（Total Factor Productivity，簡稱TFP），衡量了全要素生產率衡量了經濟產出增長率超出勞動和資本要素投入增長率的部分，反映了技術進步、生產創新和制度進步等對經濟增長的影響。

取對數後，公式（1）改寫為：

$$lnY_t = lnA + \alpha lnK_t + （1-\alpha） lnL_t \tag{2}$$

對時間t求導後可以得到經濟增長分解公式：

$$g_Y = g_A + \alpha g_K + （1-\alpha） g_L \tag{3}$$

其中g_Y，g_K，g_L，分別是產出、資本和勞動的增長率，g_A表示全要素生產率的變化率。從上式可以看出，經濟增長的變化分解為了資本、勞動的貢獻和全要素生產率的貢獻。

本文採用了 1997—2021 年香港的經濟數據進行定量測算，其中，產出增長用香港本地生產總值（GDP）進行衡量，採用 1997 年的價格指數進行了平減處理；勞動投入採用了每年就業人數進行衡量。資本存量採用了永續盤存法進行估算，當年資本存量等於上年資本存量扣除折舊後加上當年的資本增量，即：

$$K_t = (1-\delta) K_{t-1}+I_t \qquad (4)$$

其中，I_t 表示 t 期固定資本形成額，δ 表示資本存量折舊率，參考以往文獻的慣例，將設定為 5%。回歸以來，香港勞動、資本增長率變化如下圖 2 所示。可以看出資本保持的較高的比例，年均增速達 4.91%。

此外，資本投入具有順周期性和依靠外來資本的特點。第一，資本投入和資本對經濟增長的貢獻都呈現順周期的特點。外部經濟相對平穩時期，資本投入高速增長，例如，在 2010—2012 年間香港固定資本形成總額年平均增長率高達 15.1%。而在金融危機、非典疫情等外部經濟動盪期，固定資本形成總額呈負向增長，對經濟增長的貢獻也呈負向變動趨勢。第二，香港是全球的第三大外來直接投資目的地，

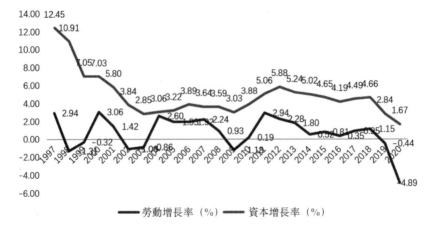

圖 2　1997—2020 年香港勞動和資本要素投入變化

2020 年年底，香港外來直接投資總存量 158,835 億港元，相當於 2020 年 GDP 的 591%，2022 年間外來直接投資流量為 9111 億港元，相當於 2020 年 GDP 的三分之一。從投資的直接來源地看，英屬維爾京羣島和中國內地是最大的兩個香港外來直接投資來源地，在 2020 年佔比分別為 31.6% 及 27.1%。外來投資主要是從事投資及控股、地產、專業及商用服務和金融業，在 2020 年佔比分別為 65.2% 及 18.7%。

根據公式（2）採用回歸模型測算出資本、勞動的產出彈性，將其帶入公式（3）後可求出，經濟增長分解的結果如下圖 3 所示。

從經濟增長分解的結果可以看出，回歸以來香港從主要依靠生產率進步驅動經濟向增加資本投入驅動經濟轉化。在 2012 年以前，香港經濟中生產率提高驅動經濟增長的作用更強，在 2012 年之後其經濟增長的驅動主要依靠資本投入，勞動對經濟貢獻度相對平穩，但在 2004 年之後勞動對經濟貢獻度呈現下滑趨勢，勞動投入對經濟的平均貢獻度約為 14%。

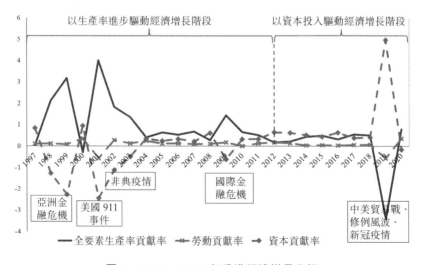

圖 3　1997—2020 年香港經濟增長分解

此外，本文還測算了香港的勞動收入份額和資本收入份額，其變化情況如下圖 4 所示。勞動收入份額是指勞動收入佔總產出的比重，反映了在初次分配中收入在資本和勞動兩大生產要素之間分配情況。從圖中可以看到，在 1997—2001 年，香港的勞動收入份額出現了明顯的提升，勞動收入份額和資本收入份額的差距在逐步縮小，但是 2001—2007 年間勞動收入份額下滑，資本收入份額顯著提升，此後兩者間的差距大概在 20% 左右。雖然全球其他國家也都出現了勞動收入份額下降的趨勢，但是和其他發達經濟體相比，香港的勞動收入份額相對更低，美國、英國、日本和法國等發達經濟體的勞動收入份額也出現了不同程度的下滑，但是，勞動收入份額還是在 60% 以上的水平（Autor et al.，2017）。已有的許多文獻研究發現，勞動收入份額下降會導致收入差距擴大，激化經濟和社會的矛盾，並降低社會總需求，影響經濟高質量發展。

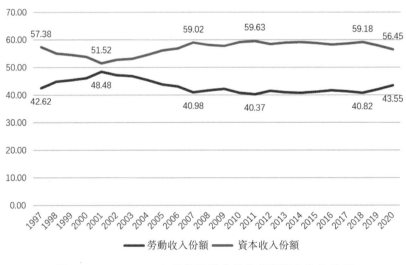

圖 4　1997—2020 年香港勞動收入份額與資本收入份額

（三）產業結構變化趨勢

第一，整體經濟向服務業轉型，製造業持續萎縮，經濟虛擬化程度上升。伴隨着資本要素持續的投入和資本收入份額的上升，可以看到產業結構中資本密集型產業比較上升（朱蘭等，2022）。製造業增加值佔 GDP 的比重從 2000 年的 4.8% 下降到 2020 年的 1.0%。整體經濟形成了貿易及物流業、金融業、專業服務和旅遊業四大支柱產業，2020 年服務業對 GDP 的貢獻率高達 93.5%，四大支柱產業對 GDP 的貢獻率為 55.1%。服務業呈現單一化趨勢，金融業、房地產的比重不斷攀升，2022 年金融業增加值佔 GDP 的比重上升到 23.3%。房地產業佔 GDP 的比重約為 10%，如再加上為房地產業服務的建築業、物業維護等服務業，則廣義上的房地產業佔比高達 20%。服務業中勞動密集型的行業相對下降，例如，貿易及物流業、旅遊業等產業規模下降，貿易及物流的增加值佔 GDP 的比重從 2005 年的頂峰 28.5% 下降到 2020 年的 19.8%。伴隨着經濟虛擬化程度上升，整體經濟中要素分配格局發生變化，勞動收入份額呈現下降趨勢，資本收入份額相對上升。

第二，受資本積累和擴張加速和政府反壟斷管制較弱等因素影響，產業內壟斷程度較高。一方面，隨着資本積累，產業內壟斷程度加深。例如，供電市場由港燈和中華電力兩家供應商壟斷，燃氣市場由中華煤氣一家企業壟斷，零售業中百佳和惠康兩家企業分別佔有 33.1% 及 39.8% 市場份額，港口物流業中和記黃埔擁有香港 24 個停泊港中的 14 個泊位。壟斷利潤加劇了財富不均，根據福布斯富豪榜統計，2021 年香港前十大富豪總家產佔香港 GDP 的 35%。另一方面，

港府對經濟干預程度較少，香港反壟斷法出台較晚，香港《競爭條例》一直到 2015 年底才開始實施。在缺乏外部干預，資本主義經濟加速從自由競爭向壟斷轉變，進一步固化了財團的社會壟斷格局。

第三，創新經濟尚未完全轉型，成本高企與經濟金融化對科技創新發展產生明顯擠出效應。一方面，創新科技產業規模偏小，帶動經濟發展的動力不足（鍾韻和賀莎，2017）。從要素貢獻上看，在 2012 年後，反映技術和創新對經濟貢獻度的全要素生產率對香港經濟的拉動作用開始低於資本的作用。從產業經濟上看，香港整體產業向金融和房地產集聚，科技創新產業發展相對較慢。2020 年創新及科技創新產業增加值為 243.83 億港元，佔 GDP 的比重僅為 0.91%。香港創新科技產業主要集中在產業鏈的上游，缺少將科研成果進行商品化和產業化的能力和創新生態環境。香港的科技人才規模偏小。2020 年香港研發人員總數為 3.6 萬，而深圳全時研發人員總數為 42.9 萬，約為香港研發人員總數的 12 倍。和國際小型經濟體相比，以色列、新加坡每百萬人口中的科研人員數量均都超過 6000 人，但是香港不足 5000 人。

另一方面，較高的房價和租金水平為企業經營帶來了極大的商業成本負擔，對研發創新產生顯著的擠出效應。由於產業發展慣性，加上房價高企導致創新、創業成本較高，使得科技創新產業發展空間受到較大限制。在 2022 年全球城市房價最貴地區排名中，香港位居第一，連續 12 年蟬聯全球最難負擔房價城市。香港城市核心商業區的寫字樓租金是舊金山灣區和東京灣區租金水平的 2—3 倍。此外，香港科研投入偏低是影響創新能力的重要因素，2020 年香港研發支出佔 GDP 的比重為 0.99%，遠低於一般發達國家 2.5% 左右的水平。

二、香港經濟增長存在的問題與挑戰

第一，香港經濟對資本投入的依賴增強和產業空心化特點加劇了經濟波動性和不確定性。香港是高度開放的城市經濟體系，外部經濟衝擊成為影響經濟增長的重要因素。一方面，資本要素投入的順周期性顯著放大外部衝擊效應，加劇經濟系統的不穩定性。企業投資、國際資本流動都與經濟周期性變化高度同步，在經濟放緩和外部負面衝擊時，放大市場悲觀預期，導致經濟大幅震盪。另一方面，香港金融資本對外聯繫緊密且外部依存度較高。例如，在證券業務方面，2019年港股投資者中外地投資者的交易佔市場總成交額的 43%，外地投資者構成中亞洲的投資者比重為 42%，歐洲投資者佔比約 29%，美國投資者佔比為 24%。在銀行業方面，香港銀行業共有 164 家持牌銀行機構，從所屬區域和國別看，香港註冊 31 家，台灣註冊 19 家，內地註冊 14 家，其他國家和地區註冊 131 家。在資產及財富管理業務方面，2020 年香港資金淨流入 20350 億港元，非香港投資者佔所管理資產的 64%，其中北美洲（22%）和歐洲（11%）是資金的最主要來源。香港作為國際金融中心和貿易中心主要承擔的是資本來往中國與世界其他地方的連接通道，很容易受到全球投資者對中國投資與貿易變化的影響，特別是在中美博弈的背景下，風險加劇。

第二，經濟的結構性矛盾加劇社會民生問題。製造業空心化、服務業單一化和產業壟斷等結構性矛盾，導致香港社會民生問題突出。經濟結構向金融業集聚的過程加劇了行業間的收入差距，相對貧困問題突出。2020 年貧困率達到了 12 年來的新高，貧窮人口 165.3 萬人，大約每 4 人中有 1 人生活在貧窮線下。經濟和產業結構

相對固化導致社會流動尤其是跨階層之間的流動停滯，年輕一代創新發展的空間和上升途徑有限。高房價和公共住房短缺使得住房問題嚴重，有超過 22.6 萬人生活條件惡劣，每個家庭平均需要等待 5.9 年申請到公租房。產業結構的不合理和社會配套制度缺失等問題，使得普通民眾未能公平地享有經濟發展的成果，獲得感缺失。而且在經濟趨緩時矛盾進一步凸現，加劇政治衝突的風險，影響港澳居民的國家認同。

第三，香港對外超級連絡人功能發揮和對內與珠三角產業聯繫都面臨挑戰。一方面，逆全球化形勢和全球產業鏈調整趨勢對香港國際金融中心、貿易中心和國際科創中心功能發揮產生較大衝擊。新冠疫情下發達國家相繼調整產業佈局，全球產業鏈調整引發的新的分工格局，影響到香港超級連絡人的角色與功能。另一方面，香港與珠三角產業關聯度有弱化趨勢，港澳服務未完全嵌入珠三角製造業發展鏈條。粵港澳三地以往香港與內地「前店後廠」的模式，兩地之間關聯度相對較高，但隨着香港經濟虛擬化程度提升和粵港澳服務業自由化水平還有待提高等多重因素影響，導致港澳服務業未完全融入珠三角製造業產業鏈條。

結論與政策建議

通過對回歸以來香港經濟發展的動力和產業結構演變進行分析可以發現，香港經濟在動力機制、產業結構和社會效應等方面出現結構性變化新特點：一是，從動力機制來看，香港從主要依靠生產率進步

驅動經濟向依靠資本投入驅動經濟轉化；二是，從產業結構來看，製造業空心化和服務業單一化特點突出，產業內部壟斷程度加深，成本高企與經濟金融化對科技創新發展產生明顯擠出效應；三是，從經濟績效來看，伴隨着經濟服務化和集中度上升，整體經濟中要素分配格局發生變化，勞動收入份額呈現下降趨勢，資本收入份額相對上升，壟斷利潤加劇了財富不均。香港回歸以來的經濟結構性變化引發系列內部的經濟社會問題，同時也帶來區域合作的新挑戰：首先從香港內部來看，經濟依賴資本投入、製造業空心化和服務業單一化加劇了經濟的波動性和不確定性，而經濟結構性矛盾加劇了社會民生問題；其次從區域合作來看，香港對外超級連絡人功能發揮和對內與珠三角產業聯繫面臨雙重挑戰。

基於以上研究發現，本文建議，首先，推動國際科技創新中心建設，促進經濟向創新驅動轉型。集聚全球高端要素，構建國際創新樞紐。進一步增進建設國際科技創新中心，推進服務經濟向創新經濟轉型的共識。香港作為國際化城市，擁有領先全球的營商環境和國際金融中心，與國際接軌的行業標準、商業體系和法律制度。香港可以吸引國際高端人才、研究機構、企業總部集聚，構建國際化創新樞紐，為粵港澳大灣區科技創新資源國際化發展創造條件。充分發揮國際金融中心的優勢，推動科技金融服務發展，為科創企業提供多元融資渠道。完善協同創新機制，推動科技成果轉化。香港狹小本地市場和比較單一產業結構不利於科研成果的轉化和應用。粵港澳大灣區近 7000 萬人口，GDP 超過 12 萬億元人民幣，為香港發展創科產業提供了龐大的市場。通過大灣區的合作協同將香港在創新方面的優勢與珠三角的

產業和內地的市場結合起來，彌補香港科研成果轉化不足的弱勢，以更高的效率、更低的成本支持香港的創新成果轉化，提升香港的科技創新能力。

其次，推動服務業多元化發展，增強服務業的競爭力。鞏固金融、貿易、航運等傳統產業和優勢地位。結合產業數字化、智能化發展方向，推動金融、貿易、航運等傳統產業優化升級。在 CEPA 合作框架下，推進服務貿易自由化，在結構優化中提升經濟增長新動力。推動貿易、航運等行業向高端方向發展。在服務貿易合作中推動新技術、新產業和新業態的成長，實現產業結構不斷優化和經濟持續增長。培育新興服務產業，加大力度幫扶小微企業發展。扶持與推進新興產業及高增值行業的發展，培育醫療服務、教育服務、檢測和認證、創新科技、文化創意等優勢產業發展。強化政府反壟斷的力度，維護市場公平競爭，為小微企業、低下階層的生存發展提供基礎環境，在當前新冠疫情衝擊下，通過稅收減免和補貼、培訓等多種方式加大對小微企業的扶持力度。

最後，推動大灣區內要素自由流動，促進香港與珠三角地區產業協同互補。推進香港再工業化發展，在工業 4.0 的背景下，利用香港在科研、設計和知識產權保護的優勢，結合產業發展趨勢，重點推進生物醫藥、人工智能、數字經濟、新材料等產業的發展。參考內地、新加坡等製造業轉型的做法，制定明確、定量的產業發展目標，基於產業發展需要制定基建設施配套、專業人才培養、財政支持等相關政策。依託北部都會區的發展，為再工業化產業發展提供空間。探索珠三角製造＋香港服務的分工合作模式。加快推進粵港澳大

灣區建設，促進香港和珠三角人流、物流、資金流、信息流等要素安全便捷流動，提升區域一體化的進程。鼓勵港資企業開拓內地市場，參與國內大循環建設，充分發展珠三角與香港的比較優勢，探索珠三角製造＋香港服務的分工體系，攜手打造離岸「再工業化」的新空間新模式。

參考文獻：

馮邦彥，香港產業結構第三次轉型：構建「1+3」產業體系 [J]，港澳研究，2015（04）：38-46+95。

鍾韻、賀莎，回歸以來香港產業結構升級對經濟增長的影響研究 [J]，港澳研究，2017（02）：44-51+95。

朱蘭、邱爽、吳紫薇，發展思路、產業結構變遷與經濟增長：以新加坡和中國香港為例 [J]，當代財經，2022（03）：3-15。

Autor, D., Dorn, D., Katz, L. F., Patterson, C., & Reenen, J. V. . The fall of the labor share and the rise of superstar firms [J]. Quarterly Journal of Economics, 2017, 135（1482）.

Krugman, P . The Myth of Asia's Miracle [J].Foreign Affairs, 1994, 78（6）: 62-78.

Solow, R. A Contribution to the Theory of Economic Growth [J]. Quarterly Journal of Economics. 1956, 70（1）: 65-94.

Solow, R. Technical Change and the Aggregate Production Fuction [J]. The Review of Economics and Statistics.1957, 39（3）: 312-320.

Young, A. The Tyranny of Numbers: Confronting the Statistical Realities of the East Asian Growth Experience. The Quarterly Journal of Economics, 1995, 110（3）: 641-680.

Characteristics of Changes in the Dynamics of Hong Kong's Economic Development and Industrial Structure since the Handover, Problems and Solutions

Li Xiaoying, Tan Ying

Abstract: Since the return of Hong Kong, its economy has run smoothly. This article uses Hong Kong's data from 1997 to 2020 to quantitatively measure Hong Kong's Total Factor Productivity (TFP), and the economic growth has been decomposed and calculated. Evidence shows that Hong Kong has transformed from productivity-driven to investment-driven economic growth; from the perspective of industrial structure, the fast fall of the manufacturing industry and polarization of the service industry are prominent and monopolization deepens. Labor share drops, and the capital share rises, which increases the risk of economic turbulence. Moreover, this unhealthy industry structure will further exaggerate social problems, and further challenge the functions of super connection agents and the role of the Pearl River Delta. The advice is that build high-tech centers, transform the economic structure, improve the free flow of factors, and enhance the cooperation between the Pearl River Delta and Hong Kong.

Keywords: Hong Kong; economic growth; capital driven; total factor productivity

港澳社會

香港作為一個全球城市：
社會結構上的轉變與挑戰

呂大樂　余昊昕 *

摘　要：全球城市的研究主要圍繞三個題目發展起來：第一，世界各個城市在全球經濟中的位置，再而界定哪些城市屬於哪個層次的全球城市；第二，個別全球城市的功能，並且嘗試了解它何以能夠擠身全球城市之列，中間透過怎樣的過程取得這樣的地位；第三，成為全球城市之後的社會後果，特別是移民的生活狀況與收入分佈兩極化的現象。在過去有關第三個題目的討論，多集中於收入兩極化的方面，較少了解全球城市的社會結構。本文嘗試運用 2021 年人口普查的數據，針對上述第三個主題探討香港作為一個全球城市的社會構成，不過討論重點有所調整，由過去已經有很多討論的兩極化問題改為探討全球城市裏中產階級的處境，以深化對全球城市社會結構的了解。

關鍵詞：全球城市　社會結構　中產階級　外來專業及經理　競爭強度上升

---

* 呂大樂，香港教育大學的香港研究學院總監、客席研究講座教授；余昊昕，香港教育大學博士研究生。

　　香港作為一個自由港、全球城市，跟世界經濟有着密切的聯繫，而它過去的經濟成就及未來發展的重點方向，也離不開這個全球性的面向。所以，香港作為一個全球城市這個課題是一個特別有意思的話題。本文延續作者對這個題目的關注，探討相關文獻中的其中一個主題，就是香港作為一個全球城市在其社會結構上正經歷怎樣的轉變，及因此而引伸的社會含義。

　　全球城市的研究中，一直圍繞着三個主題：第一，世界各個城市在全球經濟中的位置，以及跟全球經濟的核心活動的連系，從而界定哪些城市屬於哪個層次的全球城市。這類研究的焦點放在勾畫出全球城市的分層結構，將不同城市的重要位置呈現出來。第二，按個別城市的功能，並且嘗試了解它何以能夠擠身於全球城市之列，以解釋如何取得它們作為全球城市的位置。第三，成為全球城市的社會後果，特別是移民工人的生活狀況和城市人口的收入分佈之兩極化的現象。[①]本文針對的是第三個主題，不過討論重點有所調整，由過去已經有很多討論的兩極化問題，改為探討全球城市裏中產階級的處境，以深化我們對全球城市的社會結構的了解。

一、全球城市的社會結構

　　正如前面所提到，過去有關全球城市研究中第三個題目的討論，多集中於社會的兩極化這個議題上，而較少全面地了解全球城市的社

---

① 參見 Chiu. Stephen W.K., and Lui, Tai-lok, Hong Kong: Becoming a Chinese Global City, London: Routledge, 2009, pp.1-14.

會結構。這個現象其實並不太難理解，因為以往有關社會結構、階級結構的討論與研究，基本上是以國家為分析單位，鮮有嘗試將焦點移近到城市的層面。而且要分析一個城市的社會結構、階級結構也確實有一定的難度，因為城市跟周邊地區必定會有所聯繫，尤其在資源和人力方面，因流動性強而難以將討論與分析的範圍，局限在一個固定的城市的地理空間裏面。於是，我們經常聽到的是中國的、日本的、英國的階級結構，而較少讀到關於廣州的、東京的、倫敦的階級結構的研究成果。不過，一些研究仍是對個別全球城市的社會結構感到好奇：就以英國倫敦為例，究竟它的社會結構是否走向中產階級化，便有過一些研究和辯論。[①]

事實上，回到全球城市研究的開端，有關研究已經注意到全球城市是高端專業、商業服務的集中地，所以它的社會結構的一個重要組成部份，就是高工資的專業人士和經理人員。不過，以往研究更關心的是，正因為全球城市存在一批專業人士和經理人員，於是同時也有數目不少的低工資勞工替前者提供個人服務，而這些個人服務的勞工多數是移民工、婦女勞工，其工資偏低，而且缺乏保障。基於以上觀察，相關的研究對全球城市的社會結構是否呈現兩極化的現象特別感興趣，而有關的討論一直因有新的實證資料及發現而持續辯論。

[①] 關於倫敦的社會結構的辯論，可參考 Hamnett Chris, "The changing occupational class composition of London", *City*, Vol.19, no.2-3, 2015, pp.239-246; Hamnett Chris, "The changing social structure of global cities: Professionalisation, proletarianization or polarisation", *Urban Studies*, Vol.58, no.5, 2021, pp.1050-1066; Davidson, Mark, and Wyly Elvin, "Class-ifying London: Questioning social division and space claims in the post-industrial metropolis", *City*, Vol.16, no.4, 2012, pp.395-421; Davidson, Mark, and Wyly Elvin, "Same, but different: Within London's 'static' class structure and the missing antagonism", *City*, Vol.19, no.2-3, 2015, pp.247-257.

不過，由於討論偏重於收入的不平等，以及低下層在經濟發達的全球城市裏的苦況，對於原來的分析中支持着核心經濟活動的專業人士和經理人員，反而未有給與應有的關注。其背後的原因可能是相關研究認為全球城市本身乃是開放的經濟體，只要它們繼續作為跨國公司管理世界性及區域層次上經濟活動的總部，同時又是提供各種「生產性的服務」（producer services）的集中地，相關的企業、機構便自然會由當地或從世界各地招來人才，令全球城市繼續蓬勃發展。在這樣的假設的基礎上，對處於全球城市階級結構頂部的專業人士和經理人員，研究的興趣便相對不如了解收入不平等、兩極化等題目了。

不過，假如我們換轉另一個角度，從那些仍努力嘗試爬上全球城市分層結構上更高位置的城市來考慮問題，則它們作為全球城市的社會結構上層有沒有持續擴大？由哪些人來出任高薪的要職？這些問題既有學術研究價值，同時又有政策意義。對那些城市政府而言，它們爭取自己的城市成為全球城市，並非以服務跨國資本為最終目標，而是希望從中能惠及當地社會，提供就業和社會結構中高層位置的機會。因此，了解整個城市社會結構的變化，便是一個很實在的問題。

正如前面略為提到，對於整個全球城市的社會結構（尤其是由專業人士和經理人員所組成的部份）的討論與研究，比想像和期望中的少。在相關的研究當中，其中一條研究路徑便是高技術移民和外籍僱員。[1] 理論上兩者並無必然關係，不過在現實之中，由於在全球城市提

---

[1]　參見 Beaverstock, Jonathan V, "Transnational elites in the city: British highly-skilled inter-company transferees in New York City's financial district", *Journal of Ethnic and Migration Studies*, Vol.31, no.2, 2005, pp.245-268; Findlay, A.M. et al, "Skilled international migration and the global city: A study of expatriates in Hong Kong", *Transactions of the Institute of British Geographers*, Vol.21, no.1,1996, pp.49-61.

供高端服務的公司多屬跨國企業，他們的高層當中不少屬外籍僱員，享受高工資和優厚的福利補貼。因為是高端人才是全球招聘，不論僱員國籍唯才是用，這是可以理解的。不過，市政府關心這些工種的本地化程度，為本地人才提供機會，也是很合理的期望。如是，全球城市的高端勞動市場的組成，是一個關注點。

而另一條研究路徑是全球城市社會結構的特徵。圍繞着倫敦的辯論，牽涉到如何理解它的社會結構的轉變，而如果有轉變的話，其趨勢又是如何？在此我們不打算詳細介紹相關的辯論，但認為關於整體趨勢究竟是走向專業化還是兩極化，這倒是一個很好的提問，讓我們更深入地了解全球城市的社會結構及其轉變。

二、香港：轉變中的社會結構

香港作為一個全球城市既穩固地建立在它長期累積的國際聯繫之上，也受惠於國家經濟的快速發展，尤其是上世紀九十年代以來內地進行的開放改革，不單加快了香港轉向一個服務業為主體的經濟，同時也大大擴充了它的經濟活動規模，令香港通過它的全球聯繫，在財經金融、專業服務、商業服務等各方面均有顯著的發展。

表 1 顯示了在 1991 至 2021 年年間香港經濟活躍人口職業分佈的轉變，當中有兩點跟我們討論的主題相關：第一，香港的中產階級（廣義的界定為以從事經理及行政人員、專業、輔助專業的人士）在整個社會結構所佔的比例有所增加，由 1991 年的 23.2% 到 2021 年的 39.9%。當然，是否所有輔助專業人員都適合歸類為中產階級是有爭議的。如果暫時將輔助專業人員放在一旁而將關注點集中在經理和專業

人員的話，則中產階級的百分比由 1991 年的 12.9% 增長至 2021 年的 20.9%。換言之，即使採用這個較為狹窄的中產定義，這個階層於期間仍有令人矚目的增長。這樣的增長幅度是否可以稱得上是大轉型，相信不同的研究會有不一樣的結論，然而大致上仍可以說是存在一種中產階級化的趨勢。而在走向中產階級化的過程中，跟生產活動相關的職業（如工藝及有關人員、機台及機器操作員、裝配員）顯著收縮，由 1991 年的 28.2% 下降至 2021 年的 10.0%，這個轉變反映了自上世紀八十年代中發生的去工業化和工廠北移。

表 1　香港的職業結構，1991—2021 年　　　　　　　　（百分比）

職業 \ 年份	1991*	2001*	2011^	2016^	2021^
經理 +	9.2	10.7	10.3	10.3	9.7
專業人員	3.7	5.5	9.0	9.8	11.2
輔助專業人員	10.3	15.3	17.4	18.2	19.0
文書支持人員	15.9	16.3	15.6	14.2	13.7
服務及銷售人員	13.2	15.0	18.4	19.4	18.2
工藝及有關人員	14.7	9.9	7.3	5.6	5.7
機台及機器操作員、裝配員	13.5	7.3	5.1	4.4	4.3
非技術人員	18.5	19.5	16.7	18.1	18.2
其他	1.0	0.4	0.1	0.1	0.1
總數	100.0	99.9	99.9	100.1	100.1

數據源：統計處 https://www.censtatd.gov.hk，多年人口普查數據。

註：* 按 1988 年國際的職業標準分類整理；^ 按 2021 年普查所採用的分類處理；+1991 及 2001 年的分類為經理及行政人員，跟 2001 年之後有所不同。

不過，表 1 也顯示出香港的非技術人員一直佔近兩成（16.7%—19.5%）的比例。一個全球城市的中產家庭需要各種個人服務，其中包括聘用家庭傭工。香港的情況是主要來自菲律賓、印度尼西亞的家庭

備工協助數以十萬計的家庭處理家務，包括照顧老人和幼兒。表 2 的
數據進一步表明非技術人員在實際數量上未有減少，在 2011—2021
的十年間增加了七萬五千人。所以，香港作為一個全球城市，它的社
會結構雖有中產化趨勢，但卻未能減少在結構底層的非技術人員。基
於香港的特殊處境，它沒有辦法像其他全球城市般於空間分佈上將低
下階層遷離出城市的範圍。在這個城市裏，低下階層繼續維持着一定
的比例。

表 2　香港的不同職業於人數上的轉變，1991—2021 年

職業 \ 年份	1991*	2001*	2011^	2021^	2011—2021
經理 +	249,247	349,637	366,537	356,320	−10,217
專業人員	99,331	179,825	320,767	412,999	92,232
輔助專業人員	279,909	498,671	617,327	698,462	81,135
文書支持人員	431,651	529,992	553,573	502,599	−50,974
服務及銷售人員	359,319	488,961	653,490	668,831	15,341
工藝及有關人員	397,992	321,000	259,898	208,755	−51,143
機台及機器操作員、裝配員	365,826	238,666	180,795	157,870	−22,925
非技術人員	503,832	635,393	592,832	668,724	75,892
其他	27,996	10,561	2,562	6,735	4,173
總數	2,715,103	3,252,706	3,547,781	3,681,295	133,514

數據源：統計處 https://www.censtatd.gov.hk，多年人口普查數據。

註：* 按 1988 年國際的職業標準分類整理；^ 按 2021 年普查所採用的分類處理；+1991 及 2001 年的分
　　類為經理及行政人員，跟 2001 年之後有所不同。

三、社會結構的變化：替代？還是競爭強度的上升？

過去有關全球城市社會結構的討論，其局限在於過於關注社會兩

極化的假設。無可否認，那是一個重要的議題，在響應學術的探討之餘亦有一份對民生福祉的關心。然而假如我們就停留在這樣的探索範圍，則很容易會忽略了其他同樣重要的議題。[①] 前面簡短的討論指出，香港作為一個全球城市有中產階級化的趨勢，但同時它的底層（尤其是非技術人員）卻未有任何收縮的跡象。這樣的一個社會結構圖案明顯地反映出社會經濟差距的存在，其他可供參考的統計數字亦確認收入不平等依然是這個城市的嚴重社會問題，[②] 不過整個轉變又不能完全以兩極分化來表達。

表 2 的數據提醒我們，香港在中產階級化的同時，亦會因為經濟產業結構的變化而出現經理人員有所減少的現象（2011—2021 年間人數下降了一萬多人）。在香港所見得到的中產階級化，主要是由專業人員和輔導專業人員的增長所驅動，而愈來愈多工商機構採用靈活彈性組織及管理，減少了中層管理人員的職位，令中產階級的職業有加有減。

同時，非技術人員繼續在城市人口中佔有一定的比例，並且到了 2021 年增加至六十六萬多人，但其增長亦非逐年遞增，而是有上有落（見表 2）。要更深入解一個全球城市的社會結構，我們需要將整合的統計數據分拆開來，按提出的問題作出更深一層的分析。基於這樣的考慮，我們向香港特區政府統計處索取之前未有公開發表的人口普查數據，以便更深入了解在從事經理、專業和輔助專業工作的人士當中，

---

① 關於兩極化作者曾經作過分析，參見 Chiu. Stephen W.K., and Lui, Tai-lok, "Testing the global city-social polarisation thesis: Hong Kong since the 1990s", *Urban Studies*, Vol.41, no.10, 2004, pp.1863-1888.

② 立法會改革扶貧政策和策略小組委員會，精準扶貧策略，立法會 CB（2）349/2023（01）號文件，2023 年 4 月 28 日。

不同出生地（香港本地出生、內地新來港人士和其他地方新來港人士）者的就業狀況。我們感到好奇的問題是，很多人期望香港繼續鞏固其作為全球城市的地位，因為這樣可以為市民，尤其是年輕人提供晉身經理、專業和輔助專業的機會。但實際情況如否如此，是一個實證問題，需要從統計數據中尋找答案。

可以想像，當我們觀察到全球城市的社會結構出現轉變時（無論是中產階級化，還是結構的底層由婦女勞工和移民工所組成），當地的政府官員和民眾都會想知道長期在該城市生活的市民如何在發展過程中受惠。過去相關的研究較少提出這類提問，相信是因為全球城市乃是開放的經濟體，恆常地需要吸引來自世界各地的人才，以配合各種跨地域管理工作、專業服務的需要。可是，每個城市都需要響應它們當地的市民的要求，希望經濟發展也能給他們帶來機會，過更好的生活。

圖 1 交代了 2001—2021 年間在香港出生的居民的職業分佈，可以發現經理這職業的比例頗為穩定，一直在 11% 左右；取得專業職位的人士由 2001 年的 7.0% 上升至 2021 年的 13.6%；至於輔助專業，在 2021 年佔比位 23.0%。在本地出生的人口中間，能夠取得廣義中產職位的比例在 2001 年為 38%，於二十年間上升至 2021 的 47.9%。一方面，本地出生人口能夠成為中產階級的比例持續上升。但另一方面，除了經理職業之外，本地人在專業和輔助專業兩個職業中的佔比則由約八成降至到約七成五。嚴格來說，以上統計數字未足以顯示本地出生的中產階級已被外來人才所替代，但明顯地他們的處境已有所改變，2006 年以前的上升趨勢已被逆轉，本地人要晉身中產的競爭過程已較以往激烈。

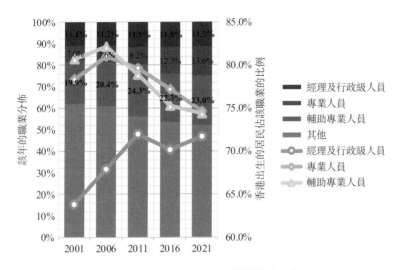

圖1　香港出生的居民的職業分佈及他們佔該職業的百分比：2001—2021

數據源：香港特區政府統計處。

　　他們所面對的競爭部分來自內地新來港人士。2006—2011年的統計數字顯示，內地新來港人士的組成開始發生變化。以前內地新來港人士的既定形象是屬於家庭團聚背景，教育水平不高，但隨後通過婚姻來港，又或者外派來港工作人士的社經背景、工作崗位以至人數均發生了轉變。2001年內地新來港人士中只有一成多擔任中產職業的工作，到2021年已接近四成（見圖2）。由於他們在人數上難與本地出生的人口相比，所以就算有顯著的增長，其佔經理、專業、輔助專業各職業的百分比還只在2%上下。從這個角度來看，他們在中產職位的勞動市場裏只佔一個很少的比例，很難說已經構成取代本地人才的情況。呼應前面所講，情況更適合形容為逐漸可以令本地人感受到競爭已經存在。

　　至於來自其他地方的居民，他們的組成長期有別於本地勞動人口，同時也明顯地跟內地新來港人士有所不同。他們數量不多，但在2021年時八成從事中產職位（見圖3），其構成主要是少數的外籍專才，

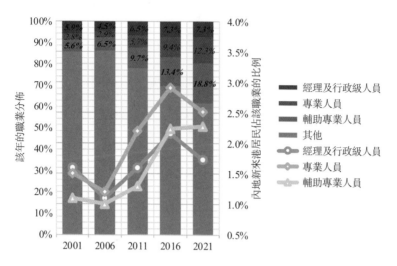

圖 2　內地新來港居民的職業分佈及他們佔該職業的百分比：2001—2021

數據源：香港特區政府統計處。

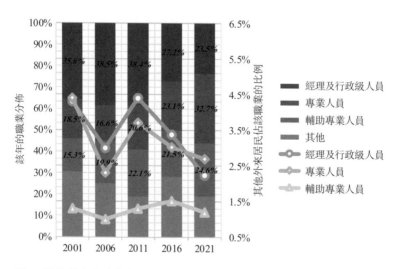

圖 3　其他外來的香港居民的職業分佈及他們佔該職業的百分比：2001—2021（不包括外來家庭傭工）

數據源：香港特區政府統計處

由企業及其他機構主動從外國招聘到港。這部分人屬於穿梭於世界各個全球城市的高層管理及專業人員，得到較好的薪酬、待遇是意料之內。而對很多全球城市而言，能否從世界各地吸引專才到來支持高端專業及商業服務，往往被視為該城市發展的指標。這些外來的經理、專業人員的存在可以說是所有全球城市的特徵之一，考慮的問題主要倒不是他們佔多少比例（圖3顯示在經理、專業、輔助專業三個職業的比例均低於2001年的水平），而是在發展過程之中，本地的專才是否逐漸也能夠扮演他們的角色，協助城市繼續發揮全球或區域管理、營運的功能。

企業及其他機構招攬這些外來專才到港，無論是出任經理還是專業或輔助專業，他們的月收入普遍高於本地出生的和內地新近來港的僱員（見圖4—6）。而大致上除經理之外，最高收入的是外地新來港人士，本地僱員次之，而內地新來港的僱員收入則相對較低。值得留意的是，回應前面提及的一點，儘管外地新來港專才的待遇一直較其他人優厚，但差距已逐漸收窄。與此同時，2006年起內地新來港經理的每月工資中位數已超過香港本地經理，而本地人士能保持優勢的職業則是在專業和及輔助專業方面。

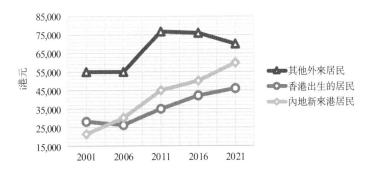

圖4　不同背景的經理及行政人員的每月收入中位數：2001—2021

數據源：香港特區政府統計處。

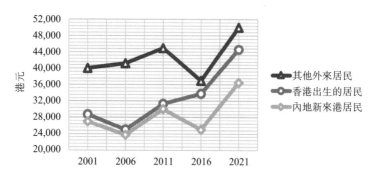

圖 5　不同背景的專業人員的每月收入中位數：2001—2021

數據源：香港特區政府統計處。

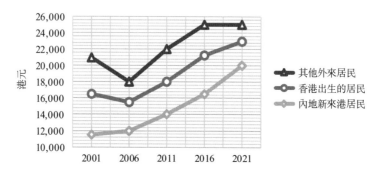

圖 6　不同背景的輔助專業人員的每月收入中位數：2001—2021

數據源：香港特區政府統計處。

　　為了更深入了解不同職業當中是否存在內部差異，我們再向統計處索取按年齡（35 歲或以下、36 歲或以上）劃分同一職業內的兩個年齡羣。這個劃分的方法或嫌粗略，但大致上可呈現出處於事業發展初期（大概是工作經驗未到 15 年）和較成熟階段（大概是工作經驗滿 15 年或擁有更多經驗）的兩類人士，以幫助我們了解不同年齡羣所身處的處境差異。在經理人員方面，前面較概括的討論基本上足以說明整體和不同年齡羣的情況，在此不再贅述。

　　在前面我們曾經交代過不同背景專業人士的每月收入中位數，從

整合的數字來看，香港出生的專業人士跟內地新來港者比較，在 2011
之後似乎便有了明顯的優勢（見圖 5）。可是，當我們將他們分拆為兩
個年齡羣的時候，情況便不一樣了。對較年輕的專業人士而言，內地
新來港人士的收入早在 2006 年已趕過了本地出生者，到 2016 年則出現
扭轉，而到了 2021 年兩者基本沒有太大的差異。至於年齡在 36 歲或以
上的專業人士，內地新來港者的月收入要到 2011 年才超過本地出生的
專業人士，而之後兩者的每月收入中位數已很接近（見圖 7—8）。我

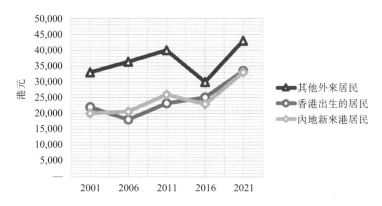

圖 7　35 歲或以下專業人員的每月收入中位數：2001—2021
數據源：香港特區政府統計處。

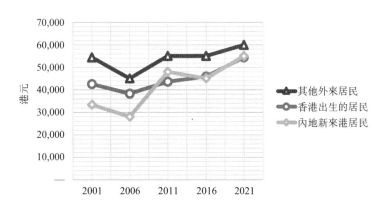

圖 8　36 歲或以上專業人員的每月收入中位數：2001—2021
數據源：香港特區政府統計處。

們未有足夠的數據來解釋以上情況，但可以想像，隨着內地經濟在開放改革後進一步加速發展，香港所提供的專業、商業服務除建立在專業訓練之外，亦需要具備對國情的了解。香港所需要的外來專才不再局限於傳統的海外專業及管理人員，而是也包括在香港或其他國家受訓的內地專才。他們選擇來港工作各有不同的考慮，而合理的工資、待遇應該是其中之一項誘因。

輔助專業的情況略有不同。一方面跟前面所講有點相似，年輕的本地出生的輔助專業人士到 2006 年便發現他們的每月收入中位數大致上跟內地新來港人士相約。另一方面，在 36 歲或以上的輔助專業人士之中，本地出生的人士則一直保持優勢（見圖 9—10）。內地新來港的輔助專業人士只要能夠取得相關的學歷、資格，基本上所能獲得的薪酬和待遇跟本地輔助專業人士沒有差異。當然，這並不表示內地新來港的輔助專業人士與本地出生的輔助專業人士在客觀條件上要取得所需資歷沒有分別，但入職後的待遇則可能差異不大。至於後者，較年長的新來港人士未必具備完全相等的學歷和資格，以至入職後的收入可能會稍遜於本地出生人士。

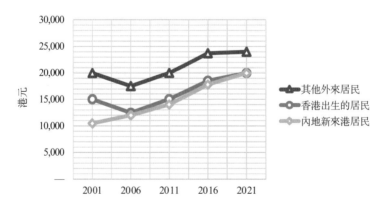

圖 9　35 歲或以下輔助專業人員的每月收入中位數：2001—2021

數據源：香港特區政府統計處。

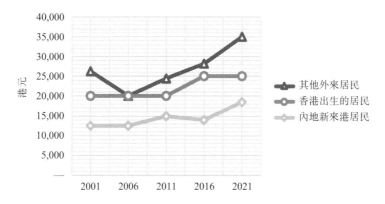

圖 10　36 歲或以上輔助專業人員的每月收入中位數：2001 — 2021

數據源：香港特區政府統計處。

　　總結以上基於人口統計資料的觀察，我們暫時仍未有看見本地出生的經理、專業及輔助專業人士大規模被外來專才（無論是內地來港或來自其他國家）所替代。在數量上，非本地專才只佔少數。在收入上，外來經理、專業及輔助專業人士的待遇仍顯著地優於本地及內地來港的專才。而本地與內地新來港專才間的競爭則有所強化，內地新來港專才在數量上並不多，但薪酬和待遇已逐漸跟本地專才看齊。

討論

　　香港作為一個全球城市，它的經濟活動不可避免地要保持對外開放，在資本流通方面如此，在人才勞動市場方面亦如是。要繼續成為跨國投資的管控中心，以及高端專業和商業服務的集中地，香港需要凝聚世界各地的專才。香港所需要的人才是因應經濟功能與相關活動而有所變化，在這個意義上，香港如何從外與內兩方面去不斷豐富其人才庫，乃是長期且十分重要的工作。不過，任何城市的政府都需要在維持長期的競爭力之餘，也要考慮如何為本地居民提供就業和社會

流動的機會。怎樣在創造高端職位的同時，又能夠讓本地居民，尤其是年輕專才也獲得這些職位的機會，這是一個需要處理的問題。

從一個較長的歷史角度來看，今天在香港所見到，本地出生的專才佔經理、專業及輔助專業這三個中產階級職業七成以上的百分比，是一個發展過程的結果。曾幾何時，外籍專才佔據一個較高的比例，而在社會經濟發展過程中出現了本地化的現象，其實可以視為一種替代。在香港轉型成為一個全球城市的過程中，同時又可以有大量本地專才承接各種高端的專業和商業服務，這不單只創造了中產階級的職位，也讓本地居民有機會享受相關的發展成果。當下的問題是往後的發展是否可以帶來同樣的機會？如何讓本地居民分享這些機會？

但正如前面所提及，香港作為一個全球城市必須開放它的人才市場，按經濟發展而吸納海外專才，而同時也需要培訓本地人才。從某個角度來看，本地專才亦難免要面對因競爭而有可能被替代的問題。更積極地面對這項挑戰，是不斷強化香港作為一個全球城市的競爭優勢，並且拓展各種專業和商業服務，例如香港在資產管理業方面近年就保持持續增長（見表 3）。

表 3　資產管理業發展狀況：2005—2020

年份	資產管理業公司數目	就業人數	人均增加價值（萬港元）	佔本地生產總值（以要素成本計）
2005	189	3,583	226	0.86%
2008	380	6,732	258	1.28%
2011	551	7,796	215	1.02%
2017	640	9,425	220	1.00%
2020	753	10,263	250	1.25%

數據源：香港特區政府統計處 https://www.censtatd.gov.hk/en/EIndexbySubject.html?pcode=FA100086&scode=570.

註：人均增值以資產管理業及從銀行的資產管理業務所得合計。

從表 3 可見，資產管理業在 2005—2020 年間，無論在公司的數目還是就業人數均有顯著增長。在人均增加價值及對本地生產總值貢獻方面，成績是否可以更進一步，這是可以討論的。要鞏固及持續發展香港為一個全球城市，就必須繼續找到新的發展動力。不過，當我們的關注轉到香港「總部經濟」（headquarters economy）的發展狀況時，則不難發現，擺在面前還有多種挑戰。[①] 圖 11 展示了 1991—2022 年間有香港境外母公司的駐港公司數目，如果將地區總部、地區辦事處和當地辦事處三者一併考慮，那似乎發展狀態良好。可是，當地辦事處只負責香港事務，它們的增長很大程度反映出內地企業和機構更多業務在香港進行而已，而地區辦事處的功能亦只限於協調區內業務運作，未真正算得上是「總部經濟」的核心。「總部經濟」的重要部份在於地區總部的營運。圖 11 的統計數目顯示，駐港的地區總部由 1991 年的 602 間增長至 2019 年高峰的 1541 間，但往後三年均錄得下跌，到 2022 年只有 1411 間。同樣重要的是，從圖 11 可以發現，香港地區總部的增長早在 2006 年左右已到達一個瓶頸，再無一種跳躍式的發展。而香港要保持它的全球城市地位，其中一件重要的工作是維持作為跨國公司在區域內營運指揮的中心。明顯地，香港目前的表現是略為停滯不前，有待改善。而需要改善的不不僅是增加地區總部的數目，同樣重要的是活躍和多元的國際聯繫。

我們要指出的問題是，作為全球城市的香港不容自滿、怠慢，必須不斷嘗試在轉變的世界經濟中，以其競爭力來尋找發展的空間。香

---

① 有關討論參見 Lui, Tai-lok, "Still in command and control? Hong Kong's headquarters economy in the changing global and regional context", *Asia Pacific Business Review*, Vol.28, no.5, 2022, pp.641-659。

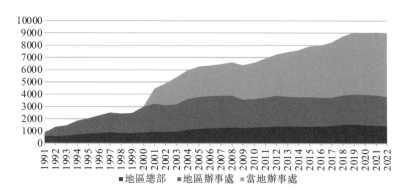

圖 11　有境外母公司的駐港公司：1991 — 2022

數據源：香港特區政府統計處 https://www.censtatd.gov.hk/en/search.html?prod_type=all.

港需要這些空間來創造更多高端服務的工種和就業機會，這些機會將繼續推動社會結構的中產階級化，而同樣重要的是這樣才可以滿足本地專才的期望，在一個活躍的就業環境裏與來自內地及世界各地的專才共建一個活力十足的全球城市。

Hong Kong as a Global City: Changes in Its Social Structure and the Emerging Challenges

Tai-lok Lui, Haoxin Yu

Abstract: Global city research evolves around three key topics: a) the location of cities in the world economy and a classification of these cities into different tiers of global cities; b) the identification of the functions of individual cities and an analysis how these cities are able to attain their positions in the global urban hierarchy; and c) the social consequences of becoming global cities, especially issues concerning the conditions of the migrants and the phenomenon of income polarization. Previous studies related to the third topic focus on the question of social polarization, and few attempts were made to examine a global city's changing social structure. Drawing upon statistical data of the 2021 Census, the authors try to analyse Hong Kong's social structure. Instead of focusing on the issue of polarization, they examine the situation of the middle class and offer a depiction of broader structural social changes.

Keywords: Global city; social structure; the middle class; non-local professionals and managers; intensification of competition

經典同化或自我選擇？

—— 香港高學歷內地移民的中央—地方政治信任分析

鍾華 林家宏 顧雨璇 [①]

摘 要：以往的移民研究忽略了受過高等教育的移民及其在移民接受社會中的政治融入。本研究運用經典同化理論和自我選擇理論來理解由中國內地來港的高學歷移民的政治信任，包括他們對本地（移民接受社會）和中央（移民輸出社會）政府的信任。基於對香港受過高等教育的內地移民的大規模調查，分析結果顯示居港高學歷內地移民大部分較為信任中央政府，也相對信任香港特區政府。上述兩個移民理論都獲得了部分實證支持，由內地來港的高學歷移民的政治信任受其移民後的政治接觸和移民前的政治態度影響。

關鍵詞：經典同化 自我選擇 政治信任 高學歷移民

2020 年，全球國際移民人數達到 2.81 億。在過去二十年中，國際

---

* 鍾華，香港中文大學副教授；林家宏（通訊作者），香港大學博士研究生；顧雨璇，香港中文大學博士研究生。

移民的存量估計增加了 1.08 億。^① 不斷增加的國際移民人口正在極大地重塑接收國社會，在某些情況下可能會導致政治動盪。在此背景下，之前的許多研究都試圖了解移民的存在對本地人政治觀點的影響。^② 然而，關於移民羣體本身的政治取態的研究卻很少。^③ 此外，該領域的學者大多忽視了高技能或高學歷移民。高技能移民和高學歷移民這兩個學術概念常常被交替使用，但它們可以統一被定義為接受過高等教育的移民。^④ 正如 Riemsdijk 等人所説，學者們似乎假定這類移民有足夠的能力和資源在移民接受社會安居樂業，而事實並非總是如此。^⑤

與其他類型的移民類似，受過高等教育的移民通常通過社會、經濟、文化、法律和政治等多種機制融入移民接受地。過往研究關注了高學歷移民的法律權利或地位^⑥ 以及抵達移民接受地之後的社會、生態

① United Nations Department of Economic and Social Affairs, 2020, International migration 2020 highlights. Available at: https://www.un.org/development/desa/pd/sites/www.un.org.development.desa.pd/files/undesa_pd_2020_international_migration_highlights.pdf.

② Abrajano MA, Hajnal Z and Hassell HJ, "Media framing and partisan identity: The case of immigration coverage and white macro partisanship", *Journal of Race, Ethnicity, and Politics*, Vol.2, no.1, 2017, pp.5-34; Fong E and Guo H, "Immigrant integration and their negative sentiments toward recent immigrants: The case of Hong Kong", *Asian and Pacific Migration Journal*, Vol.27, no.2, 2018, pp.166-189.

③ Maxwell R, "Evaluating migrant integration: Political attitudes across generations in Europe", *International Migration Review*, Vol.44, no.1, 2010, pp.25-52; Maxwell R, "The geographic context of political attitudes among migrant-origin individuals in Europe", *World Politics*, Vol.65, no.1, 2010, pp.116-155.

④ Kerr SP, Kerr W, Özden Ç, et al., "High-skilled migration and agglomeration", *Annual Review of Economics*, Vol.9, 2017, pp.201-234.

⑤ Riemsdijk M, Basford S and Burnham A, "Socio-cultural incorporation of skilled migrants at work: Employer and migrant perspectives", *International Migration*, Vol.54, no.3, 2016, pp.20-34.

⑥ Lan PC, "White privilege, language capital and cultural ghettoization: Western high-skilled migrants in Taiwan", *Journal of Ethnic and Migration Studies*, Vol.37, no.10, 2011, pp.1669-1693.

和文化適應。[①] 但對高學歷移民的政治融入，即他們在移民接受地的政治態度以及政治行為的同化仍然知之甚少。

有關美國、加拿大和西歐移民政治融入的文獻[②] 已經初步顯示，與家鄉的聯繫、家庭成員的所在地和公民身份，以及移民接受地的政治資源可能會影響高學歷移民的政治融入程度。也就是說，高學歷移民的政治融入可能與他們在家鄉社會的聯繫以及在移民接受社會的社會嵌入（如獲取資源和信息的能力）有關。也有研究表明，移民對移民接受地政府的態度可能更正面，因為他們自己通過行使自己的能動性做出了移民的決定。[③]

本研究運用經典的同化（與移民接受地逐漸同化）和自我選擇（實踐自己的移民能動性）理論來分析受過高等教育的內地移民在香港的政治融入情況。研究重點分析如下問題：（1）這類受過高等教育的內地移民對香港當地（移民接受社會）和中央（移民輸出社會）政府的政治信任程度；（2）與他們的政治信任有關的潛在社會因素，包括他們在香港本地的同化程度和他們的移民目的。香港是一個極具移民研究價

---

① Colakoglu S, Yunlu DG and Arman G, "High-skilled female immigrants: Career strategies and experiences", *Journal of Global Mobility*, Vol.6, no.3/4, 2018, pp.258-284; Holbrow HJ and Nagayoshi K, "Economic integration of skilled migrants in Japan: The role of employment practices", *International Migration Review*, Vol.52, no.2, 2018, pp.458-486.

② Gidengil E and Stolle D, "The role of social networks in immigrant women's political incorporation", *International Migration Review*, Vol.43, no.4, 2009, pp.727-763; Mollenkopf J and Hochschild J, "Immigrant political incorporation: Comparing success in the United States and Western Europe", *Ethnic and Racial Studies*, Vol.33, no.1, 2010, pp.19-38; Pantoja AD, "Transnational ties and immigrant political incorporation: The case of Dominicans in Washington Heights, New York.", *International Migration*, Vol.43, no.4, 2005, pp.123-146.

③ Wong SHW, Ma N and Lam WM, "Migrants and democratization: The political economy of Chinese immigrants in Hong Kong", *Contemporary Chinese Political Economy and Strategic Relations: An International Journal*, Vol.2, no.2, 2016, pp.909-940.

值的社會，原因包括以下兩個方面。首先，作為亞洲主要的金融中心，香港政府一直致力於吸引全球人才，以維持後殖民時代香港的經濟增長和人力資本存量。[①] 考慮到以往關於高學歷移民的研究主要在西方背景下進行，在香港收集的數據將有助於系統地了解亞洲大都市中的高學歷移民。其次，截至 2019 年，香港已通過各種計劃招聘了超過 17.5 萬名人才移民，其中一半以上來自中國內地。[②] 由於內地移民和香港本地人都是華裔，因此將重點放在受過高等教育的內地移民上，可以最大限度地減少種族或民族因素在分析中可能產生的混雜影響。本文的數據分析主要基於 2018 年 9 月至 2020 年 5 月期間對香港高學歷內地移民進行的一項大規模調查（n=2884），具體的文獻理論和研究方法下文將展開介紹。

一、文獻綜述和理論考慮

1. 香港的高學歷內地移民

　　大量中國內地高學歷人才移居香港主要受益於香港的各項吸引人才政策。為了維持後殖民時代香港的經濟增長和人力資本存量，香港政府推出了一系列的特殊入境計劃，以吸引全球人才來港工作和定居，[③] 這些計劃包括 2003 年推出的「輸入內地人才計劃」（ASMTP）和

---

① Fong E, Li JX and Chan CCS, "Mainland migrants in Hong Kong", in Lui TL, Chiu SWK and Yep R, Routledge Handbook of Contemporary Hong Kong. London: Routledge, 2018.

② Hong Kong Government, 2020, The fact: Immigration. Available at: https://www.gov.hk/en/about/abouthk/factsheets/docs/immigration.pdf.

③ Fong E, Li JX and Chan CCS, "Mainland migrants in Hong Kong", in Lui TL, Chiu SWK and Yep R, Routledge Handbook of Contemporary Hong Kong. London: Routledge, 2018.

「資本投資者入境計劃」（CIES），以及 2006 年推出的「優秀人才入境計劃」（QMAS）。截至 2019 年底，通過這些管道招聘的移民超過 17.5 萬人，其中一半以上來自中國內地。[1] 自 2008 年起，香港政府也放寬了本地簽證政策，即「非本地畢業生入境安排」（IANG），鼓勵在香港本地大學完成學業的留學生畢業後留港發展。非本地畢業生入境安排一直是內地學生來港工作和定居的熱門渠道。2015 年，在 10269 名 IANG 簽證獲得者中，超過 90% 來自中國內地。[2]

　　隨着越來越多受過高等教育的中國內地移民來到香港，他們的情況逐漸受到學界的關注。之前的研究主要探索他們在香港的生活適應程度，比如他們應對不同文化和生活方式差異的策略，[3] 他們與家鄉親友維持社會聯繫的方式、[4] 留學生從香港本地大學到本地工作的過渡，[5] 以及他們在香港本地社會排斥內地移民的情緒下所面臨的歧視。[6] 目前對這部分高學歷內地移民的政治態度和政治實踐知之甚少。

[1] Hong Kong Government, 2020, The fact: Immigration. Available at: https://www.gov.hk/en/about/abouthk/factsheets/docs/immigration.pdf.

[2] Fong E, Li JX and Chan CCS, "Mainland migrants in Hong Kong", in Lui TL, Chiu SWK and Yep R, Routledge Handbook of Contemporary Hong Kong. London: Routledge, 2018.

[3] Chan KB and Chan W, "Hong Kong's professional immigrants from mainland China and their strategies of adaptation", *Studies on Hong Kong and Macao*, no.1, 2010, pp.146-165; Wang L, "Career match and social adaptation: Social integration of mainland professional immigrants in Hong Kong"', *Youth Studies*, no.2, 2016, pp.86-93.

[4] Peng Y, "Student migration and polymedia: mainland Chinese students'communication media use in Hong Kong", *Journal of Ethnic and Migration Studies*, Vol.42, no.14, 2016, pp.2395-2412.

[5] Peng Y, "From migrant student to migrant employee: Three models of the school-to-work transition of mainland Chinese in Hong Kong", *Population, Space and Place*, Vol.26, no.4, 2019, pp.1-11.

[6] Xu CL, "When the Hong Kong dream meets the anti-mainlandisation discourse: mainland Chinese students in Hong Kong", *Journal of Current Chinese Affairs*, Vol.44, no.3, 2015, pp.pp.15-47.

2. 關於高學歷移民的研究

有關高學歷移民的現有文獻主要集中在兩個方面，即移民接受社會在吸引高學歷移民方面的政策，以及這些政策對移民輸出社會和高學歷移民融入移民接受地的影響。

此前的研究大多從政策角度比較和評估了不同國家吸引全球人才的措施。[1] 發達國家為維持經濟增長和人力資本存量或應對人口老齡化而積極爭奪人才，但這些政策也引發了人們的擔憂，即發展中國家高學歷移民的大規模遷出可能會加劇收入不平等和降低公共服務的提供品質等，從而對移民輸出地的社會發展產生負面影響。[2] 其他學者則對「人才外流」論提出質疑，認為高學歷移民可能是一種知識轉移。這一類高學歷移民有可能會返回家鄉，為移民輸出地做出更多貢獻。[3]

除了與政策相關的討論外，有關高學歷移民的研究還考察了他們

---

[1] Cerna L, "Attracting high-skilled immigrants: Policies in comparative perspective", *International Migration*, Vol.52, no.3, 2014, pp.69-84; Czaika M and Parsons CR, "The gravity of high-skilled migration policies", *Demography*, Vol.54, 2017, pp.603-630; Hugo G, "Skilled migration in Australia: Policy and practice", *Asian and Pacific Migration Journal*, Vol.23, no.4, 2014, pp.375-396; Koslowski R, "Selective migration policy models and changing realities of implementation", *International Migration*, Vol.52, no.3, 2014, pp.26-39.

[2] Uprety D, "Does skilled migration cause income inequality in the source country?", *International Migration*, Vol.58, no.4, 2019, pp.85-100; Uprety D, "Skilled migration and health outcomes in developing countries", *International Journal of Health Economics and Management*, Vol.19, no.1, 2019, pp.1-14.

[3] Klagge B and Klein-Hitpaß K, "High-skilled return migration and knowledge-based development in Poland", *European Planning Studies*, Vol.18, no.10, 2010, pp.1631-1651; Siar SV, "Skilled migration, knowledge transfer and development: The case of the highly skilled Filipino migrants in New Zealand and Australia", *Journal of Current Southeast Asian Affairs*, Vol.30, no.3, 2011, pp.61-94.

在移民接受社會的生活經歷，如職業選擇和技能轉移[①]、社會文化適應[②]以及移民接受地民眾對他們的態度[③]。研究結果表明，雖然受過高等教育的移民是「跨國資本家階層」或「跨國精英」的成員，但他們也不能避免融入問題。他們也面臨着各種挑戰，例如技能與職業之間的不匹配[④]和社會排斥[⑤]。迄今為止，關於高學歷移民的研究一直側重於他們的社會經濟和社會文化融入，很難找到關於高學歷移民作為政治參與者的研究。

3. 移民的政治融入

移民政治融入的定義是有價值取向的，並且一直存在爭議。[⑥]一般而言，它指的是「（移民）成為主流政治辯論、實踐和決策的一部分的過程」，並關注移民的政治態度、知識和行為是否「與本地出生的人

[①] Chiswick BR and Taengnoi S, "Occupational choice of high skilled immigrants in the United States", *International Migration*, Vol.45, no.5, 2007, pp.3-34; Haley MR and Taengnoi S, "The skill transferability of high-skilled US immigrants", Applied Economics Letters, Vol.18, no.7, 2011, pp.633-636.

[②] Geurts N, Davids T and Spierings N, "The lived experience of an integration paradox: Why high-skilled migrants from Turkey experience little national belonging in the Netherlands", *Journal of Ethnic and Migration Studies*, Vol.47, no.1, 2021, pp.69-87; Riemsdijk M, Basford S and Burnham A, "Socio-cultural incorporation of skilled migrants at work: Employer and migrant perspectives", *International Migration*, Vol.54, no.3, 2016, pp.20-34.

[③] Facchini G and Mayda AM, "Individual attitudes towards skilled migration: An empirical analysis across countries", *The World Economy*, Vol.35, no.2, 2012, pp.183-196.

[④] Lo L, Li W and Yu W, "Highly-skilled migration from China and India to Canada and the United States", *International Migration*, Vol.57, no.3, 2017, pp.317-333.

[⑤] Jaskulowski K and Pawlak M, "Migration and lived experiences of racism: The case of high-skilled migrants in Wrocław, Poland", *International Migration Review*, Vol.54, no.2, 2020, pp.447-470.

[⑥] Pantoja AD, "Transnational ties and immigrant political incorporation: The case of Dominicans in Washington Heights, New York.", *International Migration*, Vol.43, no.4, 2005, pp.123-146.

相當」的問題。[①] 了解移民的政治融入情況非常重要，這不僅是因為以前的研究忽視了這一點，還因為這對移民接受社會的長期穩定至關重要。過往關於當地人對移民態度的研究顯示，移民可能面臨政治敵意的風險，而這種風險可能導致社會動盪。[②] 由於移民的法律地位所帶來的限制以及他們在移民接受社會佔有的資源較少，他們在移民後享有的傳統政治權力或代表權往往有限。[③]

先前的研究已經發現了一系列可能影響移民政治融入的個人特徵，比如移民本人的跨國社會網絡、社會經濟地位、語言能力，以及在移民接受地的逗留時間。[④] 一些學者比較了不同移民接受地的政治制度和移民歷史，研究結果顯示移民接受社會的制度性排斥和歧視削弱了移民的政治融入。[⑤] 學者們還關注移民輸出社會之間的差異。例如，在澳大利亞，來自威權社會的移民在政治上更為保守；[⑥] 在加拿大，來

---

① Bloemraad I, Becoming a Citizen: Incorporating Immigrants and Refugees in the United States and Canada, Berkeley: University of California Press, 2006, p.6.

② Da Silva Rebelo M J, Fernández M, & Achotegui, J, "Mistrust, anger, and hostility in refugees, asylum seekers, and immigrants: A systematic review", *Canadian Psychology/ Psychologie Canadienne*, Vol.59, no.3, 2018, pp.239-251.

③ Guma T and Dafydd Jones R, "'Where are wegoing to go now?'" European Union migrants'experiences of hostility, anxiety, and (non-) belonging during Brexit", *Population, Space and Place e*, Vol.25, no.1, 2019, e2198.

④ Bueker CS, "Political incorporation among immigrants from ten areas of origin: The persistence of source country effects", *International Migration Review*, Vol.39, no.1, 2005, pp.103-140; Gidengil E and Stolle D, "The role of social networks in immigrant women's political incorporation", *International Migration Review*, Vol.43, no.4, 2009, pp.727-763.

⑤ Bloemraad I, "Becoming a citizen in the United States and Canada: Structured mobilization and immigrant political incorporation", *Social Forces*, Vol.85, no.2, 2006, pp.667-695; Mollenkopf J and Hochschild J, "Immigrant political incorporation: Comparing success in the United States and Western Europe", *Ethnic and Racial Studies*, Vol.33, no.1, 2010, pp.19-38.

⑥ Bilodeau A, "Immigrants' voice through protest politics in Canada and Australia: Assessing the impact of pre-migration political repression", *Journal of Ethnic and Migration Studies*, Vol.34, no.6, 2008, pp.975-1002.

自拉丁美洲、亞洲和中東的移民的選舉投票率較低，而來自非洲的移民則投票率較高。[①] 但是現有文獻幾乎忽略了高學歷移民的政治融入，因此對上述因素是否對高學歷移民的政治態度和行為產生類似影響知之甚少。

4. 對政府的信任程度

由於對高學歷移民作為政治行動者的認識不足，本研究聚焦於高學歷移民的政治融入情況，重點關注政治融入的態度方面，即高學歷移民的「政治信任」。政治信任通常指的是個人對各種政治體制的反應能力和效率的信心。[②] 為數不多的關於移民政治信任的研究主要分析移民從移民接受地政府獲得的支持，[③] 這些研究似乎預設移民離開自己的家鄉至少部分是因為對家鄉政府的不滿。

高學歷移民與移民輸出社會其實一直保持着密切聯繫。隨着科技的發展，這種聯繫通過各種現代通訊技術得到顯著加強。[④] 過往研究表

---

① Jedwab J, "Immigrants wanted: Employment issues and immigrant destinations in Montréal and the rest of Quebec", *Our diverse cities*, no.2, 2006, pp.154-157.

② Delhey J, Newton K and Welzel C, "How general is trust in 'most people'? Solving the radius of trust problem", *American Sociological Review*, Vol.76, no.5, 2011, pp.786-807.

③ Maxwell R, "Evaluating migrant integration: Political attitudes across generations in Europe", *International Migration Review*, Vol.44, no.1, 2010, pp.25-52; Maxwell R, "Trust in government among British Muslims: The importance of migration status", *Political Behavior*, Vol.32, no.1, 2010, pp.89-109; Maxwell R, "The geographic context of political attitudes among migrant-origin individuals in Europe", *World Politics*, Vol.65, no.1, 2013, pp.116-155.

④ Malhotra P and Ling R, "Agency within contextual constraints: Mobile phone use among female live-out domestic workers in Delhi", *Information Technologies and International Development*, Vol.16, 2020, pp.32-46.

明，部分高學歷移民會不斷向家鄉的家人和好友匯款，[1] 而另一部分高學歷移民則會在之後回到家鄉社會，並將在外學到的技能和知識貢獻給原籍地。[2]

本研究希望了解高學歷移民對輸出地政府和接收地政府的信任程度。對在港內地移民而言，輸出地和接收地政府分別指中央政府和香港地方政府。為了理解移民的政治信任，學者們傾向於採用經典同化和自我選擇效應作為解釋。下文將結合理論論據和香港的具體社會背景，提出兩個主要假設。

5. 經典同化理論

經典同化理論派別的學者[3] 傾向於直線融入論。他們認為，無論移民的背景如何，他們最終都會放棄自己在移民輸出社會的原有特徵，學習和採用移民輸入地大多數人的生活方式。隨着時間的推移，移民會逐漸改自己的價值觀、態度和行為，變得更接近當地人。[4]

如果將這一概念延伸到移民對政府的信任方面，可以推斷，移民對家鄉政府和移民接受地政府的信任程度將與接受地大多數人口的態

---

[1] Gibson J and McKenzie D, "Eight questions about brain drain", *Journal of Economic Perspectives*, Vol.25, no.3, 2011, pp.107-128; Uprety D and Sylwester K, "The effect of remittances upon skilled emigration: An empirical study", *Journal of Economic Development*, Vol.42, no.2, 2017, pp.1-15.

[2] Chen Q, Globalization and Transnational Academic Mobility: The Experiences of Chinese Academic Returnees. Singapore: Springer, 2017; Jacobs E, "Work visas and return migration: How migration policy shapes global talent", *Journal of Ethnic and Migration Studies*, 2022, pp.1647-1668.

[3] Park RE, Race and Culture, Glencoe: Free Press, 2015.

[4] Gordon MM, Assimilation in American Life: The Role of Race, Religion, and National Origin., NY: Oxford University Press, 1964.

度相似。換句話説，如果移民接受地當地居民傾向於對他們的政府持負面態度，移民在同化過程中也將產生相同水平的政治信任。邁克爾遜根據 1989 年至 1990 年間拉丁裔全國政治調查的數據，發現經典同化理論得到了實證上的支持：隨着與美國主流文化接觸的增加，墨西哥裔美國人對美國政府更加持批判態度，意即他們逐漸融入了美國本地人的這種文化。[①] 在香港，近期的調查（如 2020 年香港中文大學傳播與民意調查中心、2021 年香港亞太研究所和 2021 年香港民意研究所收集的數據）均顯示，本地居民對本地（香港）和中央（中國內地）政府的滿意度均較低。近年來，中國內地與香港之間的緊張局勢不斷加劇，可以部分解釋香港本地人的政治取態變化。[②] 根據經典同化理論，隨着內地高學歷移民在香港逗留時間的延長，他們會逐漸與香港本地人融合，從而形成類似的政治觀念。

假設 1：與香港同化程度較高的內地移民（如在港逗留時間較長、粵語説得較流利）對香港政府和中央政府的信任度較低。

6. 自我選擇理論

另一派移民領域的學者更強調移民的自我選擇性。Maxwell 發現，移民可能對移民接受地的政治體制具有高度信任。[③] 學者們進一步從自

① Michelson MR, "The corrosive effect of acculturation: How Mexican Americans lose political trust", Social Science Quarterly, Vol.84, no.4, 2003, pp.918-933.

② Wang P, Joosse P and Cho LL, "The evolution of protest policing in a hybrid regime", The British Journal of Criminology, Vol.160, no.6, 2020, pp.1523-1546.

③ Maxwell R, "Evaluating migrant integration: Political attitudes across generations in Europe", International Migration Review, Vol.44, no.1, 2010, pp.25-52; Maxwell R, "Trust in government among British Muslims: The importance of migration status", Political Behavior, Vol.32, no.1, 2010, pp.89-109; Maxwell R, "The geographic context of political attitudes among migrant-origin individuals in Europe", World Politics, Vol.65, no.1, 2013, pp.116-155.

我選擇的角度闡明了移民對移民接受地相對積極的政治態度，即移民是一種自我選擇。[1] 人們決定移民的主要原因是他們所感知到的利益。部分移民認為移民接受地比們原來的社會更好（「參照系」），包括政府治理水平。[2] 還有一些人移民的主要原因是為了尋找經濟或教育機會。他們在遷移之前至少已經接受了移民接受社會的政治現狀。[3] 雖然第一代移民在移民接受地可能會面臨巨大困難，但他們可能會對當地政府持高度寬容態度，並將困難視為必要的代價，因為移民是他們的個人選擇，而且他們已經為可能出現的挑戰做好了準備。[4]

這種自我選擇的理論解釋有助於理解為什麼移民即使在移民後可能會有負面經歷，但仍可能對移民接受地政府有相對積極的評價和信任。基於自我選擇解釋，有理由預測如果內地高學歷移民是出於對中國內地社會的不滿而移民香港（「參照系」），那麼他們對香港政府的信任程度可能會更高，而對中央政府的信任程度可能會更低；但如果他們主要是為了事業或職業發展而移民香港，可能對兩地政府都存在一定的寬容度。

假設 2.1：如果內地移民來港的目的與政治期望有關，他們更有可能信任當地政府而不信任中央政府。

---

[1] Wong SHW, Ma N and Lam WM, "Migrants and democratization: The political economy of Chinese immigrants in Hong Kong", *Contemporary Chinese Political Economy and Strategic Relations: An International Journal*, Vol.2, no.2, 2016, pp.909-940.

[2] Röder A and Mühlau P, "Low expectations or different evaluations: What explains immigrants'high levels of trust in host-country institutions?", *Journal of Ethnic and Migration Studies*, Vol.38, no.5, 2012, pp.777-792.

[3] Wong SHW, Ma N and Lam WM, "Migrants and democratization: The political economy of Chinese immigrants in Hong Kong", *Contemporary Chinese Political Economy and Strategic Relations: An International Journal*, Vol.2, no.2, 2016, pp.909-940.

[4] Maxwell R, "Trust in government among British Muslims: The importance of migration status", *Political Behavior*, Vol.32, no.1, 2010, pp.89-109.

假設 2.2：如果內地移民移居香港的目的與經濟或教育機會有關，他們更有可能既信任地方政府也信任中央政府。

二、數據來源與研究方法

本文的數據來自 2018 年 12 月至 2020 年 5 月期間進行的大規模調查。該調查的受訪者為年齡介乎 19 至 50 歲的在港高學歷內地移民。研究團隊通過受訪者驅動抽樣法（Respondent Driven Sampling, RDS）招募在中國內地出生、16 歲前在中國內地居住、且從事香港政府統計處界定的三大類技術職業（即經理、專業人員及輔助專業人員）的人士。考慮到調查的重點是高學歷人羣，本研究只納入了至少完成大學教育的受訪者的數據，這類受訪者約佔樣本的 96%（n=2884 個）。

RDS 是一種基於網絡的抽樣方法，[1] 旨在對難以接觸到的人羣進行概率抽樣。本研究採用這種方法來招募受訪者主要有三個原因。首先，18 至 50 歲受過高等教育的移民在香港人口中所佔比例不到 10%；[2] 第二，香港在職人士的工作時間往往較長，難有空餘時間參與調查；第三，香港住宅大樓多為封閉式，保安人員拒絕外部人士與居民接觸。鑒於以上困難，本研究選擇 RDS 方法招募受訪者參與問卷調查。

研究人員從可接觸到的 40 名核心受訪者開始收集數據並逐漸擴

---

[1]　Heckathorn DD, "Respondent-driven sampling: A new approach to the study of hidden populations", Social Problems, Vol.44, no.2, 1997, pp.174-199.

[2]　Census and Statistics Department, 2017, 2016 population by-census: Main results, Available at: https://www.bycensus2016.gov.hk/data/16bc-main-results.pdf.

大樣本。本研究對這些核心受訪者進行了精心挑選，以使樣本儘可能
具有多樣性。採用 RDS 方法，每個受訪者都被分配了有限的再推薦配
額，以儘量減少樣本之間的依賴性，同時讓每個樣本的「種子」傳播
得更遠。多種檢驗方法已經證明本調查數據在關鍵的人口特徵方面達
到了科學標準。

1. 相關變量

因變量。對香港政府的信任程度是根據「你對香港政府有多信任」
（1= 完全沒有，4= 非常信任）這條問題來測量的。對中央政府的信任
程度，則以「你對中華人民共和國中央政府有多信任」（1= 完全沒有，
4= 非常信任）來測量。

自變量。經典同化的指標有三個，分別是來港年數、對香港的歸
屬感和語言同化程度。來港年數是一個連續變量。對香港的歸屬感是
通過詢問受訪者在多大程度上同意以下五項陳述來反映的：「香港是我
有歸屬感的地方」「我對香港有責任感」「我關心香港」「香港讓我有安
全感」和「我對香港有自豪感」（五項量表，α=0.775）。粵語是香港的
主要語言，因此，語言同化是通過詢問受訪者對自己説粵語流利程度
的自我評價（1= 完全不流利，5= 非常流利）來衡量的。

自我選擇效應通過三項指標來衡量，這些指標與受訪者從中國內
地移居香港的原因有關，即經濟考慮、政治期望和教育考慮。在經濟
考慮方面，受訪者被問及是否因為香港的以下五項因素而移民：「良好
的社會管理制度」「良好的法律制度」「良好的社會福利制度」「良好
的經濟發展」及「優質的醫療服務」（0= 不是，1= 是，α=0.776）。

在有關政治期望的測量中，受訪者被問及他們移民香港是否因為以下三個因素：「言論自由」「信仰自由」和「新聞自由」（0= 否，1= 是，α=0.728）。關於教育因素，受訪者被問及移民香港是否因為「香港先進的教育資源」（0= 否，1= 是）。

控制變量。在回歸模型中還使用了性別、年齡、教育水平和個人月收入等主要社會人口學控制變量。性別是二元變量（0= 女性，1= 男性）；年齡是連續變量；教育水平包括以下類別：學士學位、碩士學位和博士學位；月收入包括以下幾類：低於 20,000 港元，20,000—49,999 港元，50,000—79,999 港元，80,000—119,999 港元，120,000—139,999 港元，140,000—169,999 港元、170,000—199,999 港元和200,000 港元或以上。

2. 統計分析

本研究使用 Stata15 進行了數據分析。我們首先報告了各研究變量的描述性統計結果，然後採用加權最小二乘法模型來估計，在控制與個人特徵相關的變量的情況下，高學歷移民的政治信任是否與經典同化和自我選擇相關的變量有顯著關聯，分析中刪除了缺失值。我們也在回歸中增加了二次項模型以進一步檢驗經典同化理論的線性增長。值得注意的是，通過 RDS 方法收集的數據非常複雜，因為 RDS 依賴於社會網絡聯繫。擁有更多社會網絡的個人被招募的可能性更大。因此，有必要對數據進行加權。我們採用 RDS-II 估計器 [1] 為每個受訪者

---

① Volz E and Heckathorn DD, "Probability based estimation theory for respondent driven sampling", *Journal of Official Statistics*, Vol.24, no.1, 2008, pp.79-97.

生成單一權重，在所有模型中，受訪者均使用 RDS-II 權重對結果進行加權。

三、分析結果

1. 描述性統計

表 1 列出了所有研究變量的樣本平均值、標準偏差、最小值和最大值。在 1 至 4 分的範圍內，受訪者對香港地方政府信任程度的平均值為 2.543（標準偏差 =0.767），而對中國中央政府信任程度的平均值為 2.893（標準偏差 =0.734）。

表 1　描述性統計（*N*=2458）

變數	最小值	最大值	平均值	標準偏差
對香港政府的信任程度	1	4	2.546	.769
對中央政府的信任程度	1	4	2.895	.735
來港年數	0	37	6.323	3.856
對香港的歸屬感	1	5	3.407	.661
粵語掌握水平	1	5	3.182	1.357
經濟考慮	0	5	1.678	1.663
政治期望	0	3	.806	1.037
教育考慮	0	1	.463	.499
男性	0	1	34.2%	
年齡	19	68	29.997	5.156
教育程度	1	3	1.916	.538
月收入	1	8	2.223	1.381

在與傳統同化有關的變量方面，受訪者移民後在香港的平均居留時間為 6.243 年（標準偏差 =3.713），居留時長在 0 至 37 年之間。在 1 至 5 分的範圍內，受訪者對香港的歸屬感平均為 3.403（標準偏差 =0.660），粵語掌握程度平均值為 3.164（SD=1.357）。

在與自我選擇相關的變量中，在 0 至 5 分的分數範圍內，受訪者經濟考慮的平均水平為 1.678（標準偏差 =1.661）。在 0 至 3 分的分數範圍內，受訪者政治期望的平均值為 0.813（標準偏差 =1.038）。總樣本中，出於教育考慮從內地移民到香港的受訪者佔 46.3%。

表 2　不同年齡組及教育程度的自我報告信任程度

年齡	%19—29	%30—50	OR	CI
	（n=1374）	（n=1029）		
對香港政府的信任程度	54.51	53.45	0.96	0.81—1.13
對中央政府的信任程度	74.02	76.97	1.17	0.97—1.42
教育程度	% 本科	% 研究生	OR	CI
	（n=411）	（n=1992）		
對香港政府的信任程度	51.34	54.62	1.14	0.92—1.41
對中央政府的信任程度	74.21	75.50	1.07	0.84—1.37

從控制變量來看，34.6% 的受訪者為男性。約 80% 的受訪者擁有碩士及以上學位。他們的平均年齡為 29.892 歲（標準偏差 =5.011），年齡介於 19 歲至 50 歲之間。他們的平均收入接近 20,000—49,999 港元（平均 =2.223，標準偏差 =1.366）。相關矩陣分析未發現任何兩個獨立測量指針之間存在多重共線性。在表 2 中我們進行了不同代際和學歷水平的政治信任度簡單對比，結果表明超過 70% 的內地移民，無

論是年輕移民（19—29 歲）還是中年移民（30—50 歲），對中央政府都是較信任（合併了 3 比較信任和 4 非常信任）；而 50% 以上的年輕和中年內地高學歷移民，對香港本地政府也較信任（合併了 3 比較信任和 4 非常信任）。學歷水平方面也未顯示組間差異。

2. 同化和自我選擇的影響

表 3 列出了經典同化和自我選擇對高學歷移民政治信任影響的加權最小二乘法回歸模型的估計值。模型 1 反映了受訪者對香港地方政府信任度的影響，模型 2 反映對中國中央政府的信任。這些模型包含共同的解釋變量，以便進行比較。模型 1a 和 2a 考察了在控制社會人口變量的情況下，經典同化和自我選擇的線性影響。在同化效應方面，模型 1a 中，來港年數（$b=-0.013$，$p<0.1$）和粵語流利程度（$b=-0.037$，$p<0.05$）與受訪者對香港政府較低的信任程度顯著相關；然而，對香港的歸屬感（$b=0.254$，$p<0.01$）與受訪者對香港政府的信任度呈顯著正相關。模型 2a 則顯示，對香港的歸屬感（$b=-0.109$，$p<0.05$）和流利粵語（$b=-0.024$，$p<0.1$）與受訪者對中央政府的信任度呈顯著負相關。在自我選擇效應方面，基於經濟考慮而移居香港的受訪者對本港（$b=0.043$，$p<0.05$）及中央（$b=0.038$，$p<0.01$）政府的信任程度均顯著上升；相反，因政治期望而移居香港的被訪者對本港（$b=-0.180$，$p<0.01$）及中央（$b=-0.250$，$p<0.01$）政府的信任程度均顯著下降；因教育因素而移居香港的受訪者對本地政府的信任程度較高（$b=0.131$，$p<0.05$，而與受訪者對中央政府的信任程度無顯著關聯。在模型 1b 和 2b 中，我們添加了三個同化指標的二次項。在加入二次

表 3　加權最小二乘模型

自變量	對香港政府的信任程度		對中央政府的信任程度	
	模型 1a	模型 1b	模型 2a	模型 2b
同化				
來港年數	−0.013* (0.007)	−0.016* (0.008)	−0.009 (−1.086)	−0.006 (−0.525)
來港年數二次項		0.000 (0.001)		−0.001 (−0.630)
對香港的歸屬感	0.254*** (0.061)	0.227*** (0.046)	−0.109** (−2.238)	−0.080 (−1.675)
對香港的歸屬感二次項		−0.047 (0.044)		0.067** (2.238)
粵語掌握水平	−0.037** (0.017)	−0.046** (0.019)	−0.024* (−1.814)	−0.030*** (−2.814)
粵語掌握水平二次項		−0.032** (0.015)		−0.005 (−0.224)
自我選擇				
經濟考慮	0.043** (0.019)	0.043** (0.020)	0.038*** (3.194)	0.035*** (3.166)
政治期望	−0.180*** (0.020)	−0.178*** (0.021)	−0.250*** (−7.300)	−0.255*** (−7.466)
教育考慮	0.131** (0.048)	0.131** (0.051)	0.020 (0.356)	0.027 (0.471)
個人特徵相關變量				
男性	0.142*** (0.032)	0.148*** (0.031)	0.099*** (2.896)	0.098*** (2.879)
年齡	−0.003 (0.006)	−0.002 (0.006)	0.006 (0.824)	0.006 (0.900)
教育程度	−0.029 (0.036)	−0.020 (0.034)	0.018 (0.520)	0.013 (0.353)
月收入	0.021 (0.019)	0.021 (0.016)	0.032* (1.992)	0.027 (1.654)
常量	1.936*** (0.224)	2.124*** (0.212)	3.192*** (20.705)	3.094*** (19.856)
N	2403			
R^2	0.105	0.112	0.137	0.142
AIC	5173.02	5159.72	4989.24	4982.22

註：括號內為聚類穩健標準偏差，使用 RDS-II 權重加權，*$p<0.1$,**$p<0.05$,***$p<0.01$。

項後，所有自我選擇相關變量與受訪者對本港及中央政府的信任程度
的關聯無明顯變化。模型 1b 顯示，受訪者的粵語流利程度與其對本港
政府的信任程度呈倒 U 形（如圖 1）；模型 2b 則顯示，受訪者對香港
的歸屬感與其對中央政府的信任程度呈 U 形（如圖 2）。

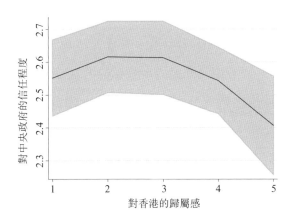

圖 1　粵語流利程度與受訪者對本港政府的信任程度

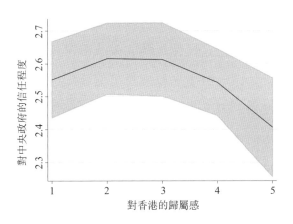

圖 2　香港的歸屬感與受訪者對本港政府的信任程度

四、討論和結論

過往移民研究對高學歷移民較為忽視，特別是對此類高學歷移民的政治態度和實踐，以及他們的政治行為和觀點背後的社會機制知之甚少。在本研究中，我們主要運用經典同化和自我選擇理論來理解在港高學歷內地移民的政治信任。這包括他們對香港本地政府（他們的移民接受地）和中國內地中央政府（移民輸出地）的政治信任。本研究分析基於一項針對香港高學歷內地移民的大規模研究調查。

總體上，描述性數據分析顯示在港的大部分高學歷內地移民對中央政府是較為信任的（超過 70%），對本地政府也基本信任（超過 50%）。一方面，這可能意味着在港內地高學歷移民的高度同質化，香港政府制定的各種人才引進計劃可能比較吸引具有某些方面特長的內地人才，比如學術界和金融界人才，而不是吸引內地持有不同政治意見的高學歷獲得者。另一方面，這樣的數據結果可能也與本次調查所處的宏觀政治社會背景有關。2019 年香港的大規模政治示威不僅帶來社會不穩定和眾多暴力事件，而且加劇了本地社會對內地移民的負面情緒，高學歷內地移民在這種社會政治背景下，有可能為了保護自身權益，更傾向於對中央政府付出信任，也更不贊同香港本地的反政府政治派別。未來學界可以再次進行類似移民調查，同本次調查結果進行不同歷史時期的對比。也希望學者們可以設計一項對高學歷移民的長期追蹤調查，引入生命歷程理論的角度，探討高學歷移民在移民接受地的重大人生經歷是否對他們的政治態度有短期和長期的影響。

根據經典的直線同化理論，假設 1 預測，同化程度較高的高學歷

移民對地方政府和中央政府的信任度都較低。就居住年限而言，我們的模型支持這一假設：在香港居住年限越長的高學歷移民對香港政府和中央政府的信任度越低。也就是説，與很多本地人一樣，受過高等教育的居港內地移民可能會對兩地政府持有負面的政治態度，因為居留年限的增加可能會導致他們接觸到更多關於地方和中央政府表現的負面報導和評論。[①] 未來研究需要調查香港本地居民的政治信任並詳細分析其內部異質性，將其結果與高學歷內地移民的政治態度進行嚴謹的對比，進一步理解移民居住年限的同化影響（比如，高學歷移民通常與哪一部分本地居民同化）。

加入二次項進行分析以後，粵語流利程度和地方歸屬感這兩方面都部分拒絕了經典同化理論的線性假設，反而呈現出非線性的關係。如果高學歷內地移民對香港本地有更強的歸屬感，他們往往會被當地社會（包括既有機構）更多地吸引，從而對當地政府表現出更多的信任（線性增長）。但在對中央政府的信任方面，較弱或者較強的香港歸屬感都可能增強高學歷內地移民對中央政府的信任，呈現出一種 U 型關係。這可能可以從中央和香港的特殊關係去理解：如果高學歷內地移民對香港有較弱的歸屬感，他們可能更關注內地社會也對中央政府更有包容度，對香港政府的工作則不關心也不了解；如果高學歷內地移民對香港有較強的歸屬感，部分説明他們對香港政府的工作表現也相對滿意，而香港政府和中央政府在政治大方向上是一致的，他們對中央政府的信任度也相應較高。與此相反，粵語流利程度與中央政府

---

① Ai M and Zhang N, "Strong-tie discussion, political trust and political participation: A comparative study of mainland China, Hong Kong and Taiwan", *International Communication Gazette*, Vol.83, no.5, 2021, pp.497-516.

信任度線性負相關,支持了直線同化理論解釋;但是粵語流利程度與對香港政府的信任呈現出一種倒 U 型關係,粵語較差和粵語特別好的高學歷內地移民對香港政府的信任度較低。與歸屬感類似,可能粵語較差的高學歷內地移民與內地的情感聯繫更強,對香港政府的工作不關心不了解,導致了較低的信任度。而粵語熟練的高學歷內地移民對香港政府可能非常了解,也更有機會接觸到香港政府的負面消息,這種對本地社會的深刻理解降低了他們對移民接受地的理想化印象。未來學界可以對不同粵語水平和不同歸屬感的高學歷內地移民進行深度訪談,進一步分析他們對中央和地方政府的看法是如何形成的。

與自我選擇理論(假設 2.1 和 2.2)部分一致的是,如果內地高學歷移民主要是出於經濟考慮而移居香港,那麼他們對兩地政府的信任度都會較高;而如果他們是出於政治考慮而移居香港,那麼他們對中央政府的信任度就會降低。根據之前關於「參照系」的論證解釋,[①]受政治期望驅動的高學歷內地移民傾向於認為移民接受地在政治治理方面優於他們原來所在的社會。然而,與我們的預期相反,研究結果表明,對香港政治制度有正面印象的移民對當地政府的信任度較低。這可能與他們移民後的具體經歷有關。已有研究指出,與本地社會福利項目的互動可能會影響移民對政府的態度[②]以及對移民接受地的普遍信任。[③]同樣,受過高等教育的內地移民在香港的親身經歷以及他們與

① Röder A and Mühlau P, "Low expectations or different evaluations: What explains immigrants'high levels of trust in host-country institutions?", *Journal of Ethnic and Migration Studies*, Vol.38, no.5, 2012, pp.777-792.

② Soss J, "Lessons of welfare: Policy design, political learning, and political action", *American Political Science Review*, Vol.93, no.2, 1999, pp.363-380.

③ Rothstein B and Uslaner EM, "All for all: Equality, corruption, and social trust", *World Politics*, Vol.58, no.1, 2005, pp.41-72.

當地機構的互動可能會改變他們之前對當地政府的正面印象，降低他們對當地政府的信任度（一種「祛魅」的過程）。他們的「參照系」也可能在移民後發生變化（例如，將香港與其他發達社會進行比較），因為在全球範圍內，各國都在競相吸引這批高學歷移民。[①] 我們可以通過收集縱向數據，對高學歷內地移民中這種流動的「參照系」進行更多研究。

經典同化理論認為，接受移民接受地的價值觀是一個線性過程，而自我選擇理論則考慮到移民的能動性和選擇權。這兩種理論都可能忽視不同移民羣體的不同經歷，而這些經歷可能會重塑移民的同化過程並影響他們的選擇。總之，本研究發現居港高學歷內地移民的政治信任與香港本地社會和中國內地社會的總體政治局勢、移民的目的、移民自身的經歷以及他們在移民接受地採取的適應策略有關。我們在這項研究中展現的非線性同化結果以及對移民自我能動性的肯定，某種程度上反駁了經典同化理論，支持了碎片化同化理論：即移民並非與移民接受地的主流社羣直線同化，他們的同化對象和同化過程可能多種多樣，移民本身的同化偏好或決定可能根據其移民前與移民後的經歷而發生變化。[②]

---

① Czaika M and Parsons CR, "The gravity of high-skilled migration policies", *Demography*, Vol.54, 2017, pp.603-630; Hugo G, "Skilled migration in Australia: Policy and practice", *Asian and Pacific Migration Journal*, Vol.23, no.4, 2014, pp.375-396.

② Portes A and Zhou M, "The new second generation: Segmented assimilation and its variants", *The ANNALS of the American Academy of Political and Social Science*, Vol.530, no.1, 1993, pp.74-96.

Classic Assimilation or Self-selection?

An Analysis of the Central-Local Political Trust among Highly Educated Mainland Migrants in Hong Kong

Hua Zhong, Ka Wang Kelvin Lam, Gloria Yuxuan Gu

Abstract: Prior research on immigration has overlooked highly educated migrants and their political incorporation into host societies. This study applies both classic assimilation and self-selection theories to understand the political trust of highly educated migrants from Mainland China in Hong Kong, including their trust in both the local (host society) and central (home society) governments. Drawing on a large-sample survey of highly educated migrants in Hong Kong (n = 2884), our analysis shows that the majority of highly educated Mainland migrants place more trust in the central government of Mainland China but also have relative trust in the local government of Hong Kong. Our results show partial support for both theories: the political trust of highly educated Mainland migrants in Hong Kong may be shaped by both their pre-migration political attitudes and post-migration political exposure.

Keywords: Classic assimilation; self-selection; political trust; highly educated migrants; Mainland China; Hong Kong

香港適齡勞動人口到
大灣區內地城市的遷移意願

——基於香港本地居民與內地移民後代的比較

賴映彤　方偉晶＊

摘　要： 在粵港澳大灣區發展的背景下，區域間的人員流動成為社會各界廣泛關注的議題之一。本文探討了適齡勞動香港居民到大灣區內地城市工作和發展的意願，並檢驗了對當地的城市看法所起的中介作用。由於香港人口中有相當比例的內地移民，本文結合移民研究相關理論，重點討論香港本地人子女和內地移民後代在遷移意願上的區別，並根據個人及父母出生地的不同進一步區分內地移民後代，分析不同移民世代遷移意願的差異。

關鍵詞： 粵港澳大灣區　香港居民　遷移意願　移民世代

＊　賴映彤，香港理工大學應用社會科學系研究助理教授；方偉晶，香港大學社會學講座教授，社會科學院的副院長（教學），人口研究中心創始主任。本文受到香港特別行政區政府政策創新與統籌辦事處「策略性公共政策研究資助計劃」（編號：S2018.A4.009.18S）的支持。

一　引言

2019 年 2 月，中共中央、國務院印發《粵港澳大灣區發展規劃綱要》，提出「進一步密切內地與港澳交流合作，為港澳經濟社會發展以及港澳同胞到內地發展提供更多機會」。這一規劃旨在深化粵港澳合作，探索「有利於人才、資本、信息、技術等創新要素跨境流動和區域融通等政策舉措」，建設人才高地，加強多元文化交流融合。從人力資源的角度來看，香港人口受高等教育比例在大灣區中最高，在 2016 年香港近三分之一的人口接受過高等教育，而這一數字在廣東和澳門為 13.83% 和 25.4%；香港還擁有多所高水平的國際一流大學，英語語言使用較為普遍，能夠為大灣區的產業發展提供豐富的國際化人才儲備。[1] 在這一背景下，本文利用近期收集的「香港居民的工作和生活狀況調查」數據，探究 18—50 歲適齡勞動的香港永久性居民（包括在香港出生或在內地出生但 12 歲之前遷移到香港定居的香港居民）到粵港澳大灣區內地城市工作和發展的意願。

香港作為移民城市，其人口構成相當大一部分是內地移民及後代，尤其是來自鄰近廣東地區的移民。[2] 粵港兩地地緣相近、文化同源、語言相通，人們交流聯繫頻繁。根據香港 2016 年中期人口統計報告，在 734 萬香港居民中，92.9% 的人口是中國籍香港永久居民，31% 的人口在中國內地、澳門或台灣出生，大約 74.9% 在香港的內地移民來自廣東省。[3] 這意味着我們在研究過程中需要考慮到這一特殊的人口

---

[1]　參見陳廣漢：《粵港澳大灣區發展報告（2018），中國人民大學出版社，2018 年。

[2]　Zhou M, "Educational Assortative Mating in Hong Kong: 1981—2011", Chinese Sociological Review, Vol.48, no.1, 2016, pp.33-63.

[3]　葉華：《出生地、教育獲得地與香港居民的職業收入》，《當代港澳研究》2014 年第 4 期。

構成：在香港本地土生土長的居民和來自內地的移民後代到大灣區內地城市的發展意願是否存在區別？由於可能具備同時掌握兩地社會語言文化的優勢，內地移民後代是否會更願意到大灣區內地城市工作和生活？

　　本文探討來自內地的移民後代到大灣區內地城市的發展意願有着重要的理論意義。近年來，越來越多的移民研究學者開始關注移民後代的再遷移，尤其是向父母原居地的遷移，比如 Christou 研究在美國的希臘移民二代的回流[①]、Wessendorf[②] 關注在瑞士出生的意大利移民二代的回流。這些移民二代回流現象挑戰了經典移民融入理論的預測，指出遷移並非一次性的、單向的流動，移民後代在融入當地社會後也有可能再回到父母原居地。[③] 這些研究以定性分析為主，挖掘了許多影響移民二代回流的因素，但缺乏定量分析對不同遷移模式的描繪。本研究將根據近期收集到的大型問卷調查數據，通過探討內地移民後代到大灣區內地城市的發展意願，了解其與香港本地居民遷移意願的區別，即研究移民二代回到父母原居地社會的可能性。由於香港與內地之間不存在種族的不同，所以在分析過程中我們可以排除過往移民研究強調的由於種族因素帶來的影響，聚焦經濟社會文化因素的作用。

①　Christou A, "American Dreams and European Nightmares: Experiences and Polemics of Second-Generation Greek-American Returning Migrants", *Journal of Ethnic and Migration Studies*, Vol.32, no.5, 2006, pp.831-45.

②　Wessendorf S, "'Roots Migrants': Transnationalism and 'return' among Second-Generation Italians in Switzerland", *Journal of Ethnic and Migration Studies*, Vol.33, no.7, 2007, pp.1083-1102.

③　Jeffery L, and Murison J, "The Temporal, Social, Spatial, and Legal Dimensions of Return and Onward Migration", *Population, Space and Place*, Vol.17, no.2 2011, pp.131-39; Levitt P and Waters MC, The Changing Face of Home: The Transnational Lives of the Second Generation, New York: Russell Sage Foundation, 2002.

同時，雖然過往不少香港研究關注內地移民後代與本地居民的區別，但他們多數都將內地移民後代看作一個同質性羣體，很少研究進一步説明內地移民及後代內部的差別，分析他們在香港社會融入情況的差異性。而已有研究表明，在研究移民後代時有必要就個人出生地或父母出生地展開區分。[①] 因此，本研究將通過聚焦內地移民的異質性，探討在他們實現結構性融入（擁有永久性居民身份）的前提下，自己出生地和父母出生地不同是否會影響他們到大灣區內地城市發展的意願。對這些問題的探討可以豐富文獻中對移民後代再遷移的研究。

值得注意的是，本研究關注的是香港永久居民到大灣區內地城市的遷移意願而非實際的遷移行為。雖然研究表明遷移意願並不一定能完美預測後來發生的真實的遷移行為，但它作為一種心理判斷，展現了人們如何理解他們與流入地和流出地的關係，這在關於移民後代的研究中十分重要。[②] 過往文獻指出，對遷移意願的探討可以幫助我們理解人們在遷移初期是如何產生遷移的決定，以及這一決定如何被個人和家庭層面的因素所影響。[③] 而在涉及移民後代的研究中，需要在流入地和流出地兩個場域中同時考慮以上因素。在後面的分析中，我們將主要關注個人出生地和父母出生地兩個因素對香港永久性居民到大灣

---

① Ramakrishnan S K, "Second-Generation Immigrants? The '2.5 Generation' in the United States", *Social Science Quarterly*, Vol.85, no.2, 2004, pp.380-99; Rumbaut RG, "The Coming of the Second Generation: Immigration and Ethnic Mobility in Southern California", *Annals of the American Academy of Political and Social Science*, Vol.620, No.1, 2008, pp.196-236.

② Caron L, "An Intergenerational Perspective on (Re) Migration: Return and Onward Mobility Intentions across Immigrant Generations", *International Migration Review*, Vol.51, no.3, 2020, pp.820-52.

③ Piotrowski M and Tong, Y, "Straddling Two Geographic Regions: The Impact of Place of Origin and Destination on Return Migration Intentions in China", *Population, Space and Place*, Vol.19, no.3, 2013, pp.329-49.

區內地城市的遷移意願的影響，探討內地移民後代與香港本地居民到大灣區內地城市工作和發展意願的差別，並討論研究結果帶來相應的政策啟示，為促進大灣區人員交往交流提供建議。

二　文獻背景與假設

移民後代的再遷移日益受到移民研究領域的關注，尤其是移民後代回到父母原居地的流動，其模式和影響因素被越來越多的研究所討論。[①] 在本研究中，我們將借鑒移民融入和遷移相關理論，系統性地探討本地居民和移民後代到大灣區內地城市工作和發展意願的不同，尤其關注那些有內地背景的移民後代，進一步找出這一羣體內部可能存在的區別。

首先，在移民研究中，出生地通常被作為一個重要的變量來區分本地人和移民羣體，並基於此討論移民的融入程度，比如研究本地人與移民之間的收入差距、教育回報的不同等。[②] 而在關注移民後代的研究中，有研究者根據移民後代的出生地進一步區分了在流入地本地出生的移民後代（即第 2 代移民），和在父母原居地出生、但在兒童時期就跟隨父母遷移至流入地的移民後代（即第 1.5 代移民），以此探究移

① Jeffery L, and Murison J, "The Temporal, Social, Spatial, and Legal Dimensions of Return and Onward Migration", *Population, Space and Place*, Vol.17, no.2 2011, pp.131-39
② Borjas GJ, "Assimilation and Changes in Cohort Quality Revisited: What Happened to Immigrant Earnings in the 1980s?", *Journal of Labor Economics*, Vol.13, no.2, 1995, pp.201-45; Lam KC and Liu PW, "Earnings Divergence of Immigrants", *Journal of Labor Economics*, Vol.20, no.1, 2002, pp.86-104.

民後代羣體內部的差異，比如他們社會化過程的不同。[①]

父母出生地也是影響移民後代融入情況的一個重要因素。比如波特斯和周敏提出的分層同化（segmented assimilation）理論就指出移民父母在他們子女的融入過程中所起的重要作用。[②] 例如，在語言的運用上，有的移民父母可能會有意地培養子女的雙語能力，他們在家裏與子女用母語溝通，要求子女在家庭之外如學校、社區才能使用流入地的官方語言。[③] 然而，很多研究只關注父母雙方都是移民的後代和本地後代的不同，較少有研究討論那些父母只有一方是移民、另一方是本地人的後代在融入情況上有什麼區別。[④] 例如，就身份認同來說，對跨種族通婚家庭的子女的種族認同的研究指出，在這些通婚家庭中成長的孩子的身份認同呈現出流動性，[⑤] 原因可能是因為來自不同地方的父母在子女的培養過程中，在處理文化差異的問題上可能更加靈活和

[①] Kasinitz P, Waters MC, Mollenkopf JH, and Anil M, "Transnationalism and the Children of Immigrants in Contemporary New York", in P. Levitt and M. C. Waters, The Changing Face of Home: The Transnational Lives of the Second Generation, New York: Russell Sage Foundation, 2002, pp.96-122; Rumbaut RG, "Assimilation and Its Discontents: Between Rhetoric and Reality", *International Migration Review*, Vol.31, no.4, 1997, pp.923-60; Rumbaut RG, "Immigration, Incorporation, and Generational Cohorts in Historical Contexts", in K. W. Schaie and G. H. Elder, Historical Influences on Lives and Aging, New York: Springer Publishing, 2005, pp. 43-88; Rumbaut RG, "The Coming of the Second Generation: Immigration and Ethnic Mobility in Southern California", *Annals of the American Academy of Political and Social Science*, Vol.620, no.1, 1997, pp. 196-236.

[②] Portes A and Zhou M, "The New Second Generation: Segmented Assimilation and Its Variants", *The Annals of the American Academy of Political and Social Science*, Vol.530, no.1, 1993, pp.74-96.

[③] Portes A and Rumbaut RG, Legacies: The Story of the Immigrant Second Generation. Berkeley and Los Angeles, California: University of California Press, 2001.

[④] Ramakrishnan S K, "Second-Generation Immigrants? The '2.5 Generation' in the United States", *Social Science Quarterly*, Vol.85, no.2, 2004, pp.380-99.

[⑤] Alba R and Nee V, Remaking the American Mainstream: Assimilation and Contemporary Immigration, Cambridge: Harvard University Press, 2003.

包容。[1]

鑒於上述差別，我們提出移民後代出生地和他們父母的出生地可能會影響他們再遷移的意願。結合這兩個因素，我們將研究對象區分為如下的不同世代類型：

表 1　不同世代類型的界定

		根據文獻的定義	父母出生地	構建的世代標籤
受訪者出生地	香港	香港本地後代	父母來自香港	本地人子女
		內地移民第 2 代	父母一方來自內地	單內地父母第 2 代
			父母雙方來自內地	雙內地父母第 2 代
	內地	內地移民第 1.5 代	父母一方來自內地	單內地父母第 1.5 代
			父母雙方來自內地	雙內地父母第 1.5 代

基於這些世代類型，我們將探究他們到大灣區內地城市工作和發展意願的差別。由於我們關注的重點是內地移民背景對遷移意願的影響，所以我們將以本地人子女作為參考世代，具體討論其他世代在大灣區內地城市遷移意願上相對於香港本地人子女有何不同。

很多關於移民後代融入的研究指出，在考慮父母背景的不同之後，在流入地本地出生的第 2 代移民和本地同輩羣體之間相似性依然很高，這可能是因為第 2 代移民在流入地出生和成長，並且在流入地完成社會化過程，他們在學校、日常交往等情境中長時間受到當地的語言規範和文化觀念的影響。[2] 這一點在香港的內地移民第 2 代身上也

---

[1]　Qian Z, "Options: Racial/Ethnic Identification of Children of Intermarried Couples", *Social Science Quarterly*, Vol.85, no.3, 2004, pp.746-66.

[2]　Alba R and Nee V, Remaking the American Mainstream: Assimilation and Contemporary Immigration, Cambridge: Harvard University Press, 2003; Schleicher A, "Where Immigrant Students Succeed: A Comparative Review of Performance and Engagement in PISA 2003", *Intercultural Education*, Vol.17, no.5, 2006, pp.507-516.

有體現，已有證據表明他們在香港的社會經濟融入程度很高，甚至在有些方面比香港本地後代表現更好。比如就學習成績來說，2003 年一項對 15 歲香港青少年學習情況的研究表明，在香港出生的內地移民第 2 代與香港本地人子女相比，儘管他們的父母受教育程度較低、擁有的家庭資源較少，但由於他們對教育和工作期望更高、學習動力更足，所以學習成績不差於本地人子女，甚至表現得更好。[1] 由此，對於這些完全融入香港社會的內地移民第 2 代來說，因為在香港出生，他們很少在內地長時間生活的經歷，缺少內地社會的經驗，這導致對於他們來說，對內地還是缺乏熟悉和了解。[2] 所以在表達到大灣區內地城市的遷移意願時，與同樣不在內地出生的香港本地人子女相比較，他們的遷移意願間可能沒有顯著區別。

假設 1：在香港出生的世代，無論他們的父母都在香港出生、父母只有一方在香港出生，或是父母都在內地出生，他們在遷移大灣區內地城市的意願上沒有顯著區別（即在到大灣區內地城市工作和發展的意願上，本地人子女＝單內地父母第 2 代＝雙內地父母第 2 代）。

而移民研究也指出，相對於那些在本地出生的第 2 代移民，那些在外地出生、跟隨父母遷移的第 1.5 代移民因有過在父母原居地的成長經歷，他們可能先學會流出地的語言、養成流出地的習慣，與流出地

---

①   Xu D and Wu X, "The Rise of the Second Generation: Aspirations, Motivations and Academic Success of Chinese Immigrants' Children in Hong Kong", *Journal of Ethnic and Migration Studies*, Vol.43, no.7, 2017, pp.1164-89.

②   Erdal MB and Ezzati R, "'Where Are You from' or 'When Did You Come'? Temporal Dimensions in Migrants' Reflections about Settlement and Return", *Ethnic and Racial Studies*, Vol.38, no.7, 2015, pp.1202-17.

的人事物產生聯結，[①] 這些可能會促使他們在之後回到流出地發展。

首先，由於移民的身份，他們在流入地的融入過程中可能面臨某些移民制度的限制，也需要面對語言障礙、居住隔離、工作歧視等的挑戰，這使得他們融入主流社會、實現社會流動變得困難。[②] 於是，在面對流入地社會不同排斥因素所帶來的推力時，他們可能會回流到父母的原居地尋找工作機會和身份認同。[③]

然而，過往針對在香港的不同內地移民後代的研究發現，那些內地出生、兒童時期移居香港的內地移民在香港的社會經濟融入程度也很高。比如，有研究基於 1996 年香港中期人口普查數據分析發現，10 歲之前移居香港的內地移民和本地居民之間不存在職業隔離，原因可能是因為這些移民在香港接受教育，隨後參加工作，不存在因學歷獲得地不同而帶來的教育和工作經驗回報率不同的問題；[④] 同時，也有基於 2011 年香港社會動態追蹤調查的研究也發現，12 歲之前移居香港的內地移民的職業獲得和香港本地居民之間沒有顯著性差別。[⑤] 由此我們

[①] Rumbaut RG, "The Coming of the Second Generation: Immigration and Ethnic Mobility in Southern California", *Annals of the American Academy of Political and Social Science*, Vol.620, No.1, 2008, pp.196-236.

[②] Rumbaut RG, "Immigration, Incorporation, and Generational Cohorts in Historical Contexts", in K. W. Schaie and G. H. Elder, Historical Influences on Lives and Aging, New York: Springer Publishing, 2005, pp. 43-88.

[③] Caron L, "An Intergenerational Perspective on (Re) Migration: Return and Onward Mobility Intentions across Immigrant Generations", *International Migration Review*, Vol.54, no.3, 2020, pp.820-52.

[④] Liu PW, Zhang J and Chong SC, "Occupational Segregation and Wage Differentials between Natives and Immigrants: Evidence from Hong Kong", *Journal of Development Economics*, Vol.73, no.1, 2004, pp.-413.

[⑤] Zhang Z and Ye H, "Mode of Migration, Age at Arrival, and Occupational Attainment of Immigrants from Mainland China to Hong Kong", *Chinese Sociological Review*, Vol.50, no.1, 2018, pp.83-112.

推斷，在內地出生、香港長大可能不會影響內地移民後代在香港社會的融入，從而不會使得他們因融入問題產生回流父母原居地的意願。

除了面對融入流入地社會的推力，隨遷子女在父母原居地社會的成長經歷也可能形成流出地社會的拉力，影響他們的回流意願。有關注已經回到父母原居地的移民後代的定性研究發現，對於這些移民後代來說，過往在父母原居地的童年經歷可能會讓他們在流動過程中產生思鄉之情，使得他們想要回到父母的原居地發展。[①] 在我們的研究中，探討隨父母移居香港的內地移民第 1.5 代的再遷移意願問題的關鍵可能在於，他們如何認識他們與內地社會的關聯。例如，他們對內地社會的看法就是其中一個重要的表現形式，而這些看法可能很大程度受到他們父母出生地的影響。

雖然移民子女回流到父母原居地的現象十分少見，但已有一些研究注意到這一羣體，指出移民子女的回流意願往往是其父母回流意願的延伸。[②] 當移民父母想要在未來回到原居地發展時，他們會有意在遷移過程中保持與原居地的聯繫、持續接收原居地的新聞和信息、在家庭中維持原居地語言的運用，以便有朝一日在流入地實現流動目標後回到原居地發展。

然而，在我們研究的羣體當中，對於那些父母雙方都來自內地的

---

① Wessendorf S, "'Roots Migrants': Transnationalism and 'return' among Second-Generation Italians in Switzerland", *Journal of Ethnic and Migration Studies*, Vol.33, no.7, 2007, pp.1083-1102.

② Erdal MB and Ezzati R, "'Where Are You from' or 'When Did You Come'? Temporal Dimensions in Migrants' Reflections about Settlement and Return", *Ethnic and Racial Studies*, Vol.38, no.7, 2015, pp.1202-17; King R and Christou A, "Cultural Geographies of Counter-diasporic Migration: Perspectives from the Study of Second-generation 'Returnees' to Greece", *Population, Space, and Place*, Vol.16, no.2, 2010, pp.103-119.

移民後代來說，全家從內地遷移到香港可能意味着他們家庭已經下定決心離開內地，在香港定居和發展。這樣一來，自流入香港之後，他們會更積極融入本地社會，日常交往中以本地人居多，更關注香港的資訊，與內地聯繫的需求減少。有研究指出，移民後代和流出地的聯繫相對於第 1 代移民來說顯著減少。[①] 由於回流存在不確定性和風險，缺少當地的信息和資源不利於移民後代產生回流的意願。所以，相對於沒有這種內地遷移背景的香港本地人子女，舉家遷移離開內地到香港發展的第 1.5 代移民可能更不願意回到內地發展。

假設 2：相對於香港本地人子女來說，那些父母都來自內地且在內地出生的移民後代更不願意到大灣區內地城市發展（即在到大灣區內地城市工作和發展的意願上，雙內地父母第 1.5 代＜本地人子女）。

不過，對於那些父母其中一方是香港人、另外一方是內地人且在內地出生並在小時候移民香港的第 1.5 代來說，雖然他們也有在內地成長的經歷，但由於父母其中一方是香港人，他們在融入過程中會更容易了解香港本地社會的語言、文化和資訊，身份認同上也更容易被本地人接納，並不一定會遭受和那些父母雙方都是內地移民的第 1.5 代相同的融入挑戰，也並不一定會與內地社會產生分離。[②] 同時，由於香港與內地婚姻本身帶來的不同社會文化語境，在這種家庭下成長的後代可能接觸並學習到兩種不同的語言文化和生活方式，同時建立兩個社

① Reynolds T, "Transnational Family Relationships, Social Networks and Return Migration among British-Caribbean Young People", *Ethnic and Racial Studies*, Vol.33, no.5, 2010, pp.797- 815.

② Tegunimataka A, "The Intergenerational Effects of Intermarriage", *Journal of International Migration and Integration*, Vol.22, no.1, 2021, pp.311-32.

會的聯繫，[①] 這有助於他們提高對內地的認識、利用內地的資源，這些可能會影響到他們的再遷移意願。這樣一來，對於這些父母只有一方來自內地且在內地出生的後代，由於對內地社會的熟悉，在了解到大灣區內地城市的發展機會時，他們可能會更願意到那裏工作和發展。

假設 3：相對於香港本地人子女來說，那些父母都來自內地且在內地出生的移民後代更願意到大灣區內地城市發展（即在到大灣區內地城市工作和發展的意願上，單內地父母第 1.5 代 > 本地人子女）。

三　數據、變量與方法

（一）數據

本研究數據來自於 2020 年「香港居民的工作和生活狀況調查」，該調查採用受訪者驅動抽樣（respondent-driven sampling，RDS）的方法，訪問了 3500 名 18—50 歲適齡勞動的香港永久性居民，訪問對象還符合以下其中一個條件：(1) 在香港出生；或 (2) 不在香港出生但 12 歲之前移民到香港。由於訪問對象的特殊要求，我們無法利用已有數據建立抽樣框，RDS 抽樣方法幫助我們克服了接觸目標受訪者的困難。在抽樣初期，我們選擇了 56 位訪問對象作為「種子」（seed），剩下的樣本通過被訪者推薦的方式進行收集，每一位被訪者會以收到物質獎勵的方式被請求推薦符合目標羣體要求的 2 名成員參與調查，經過七輪邀請後，我們獲得了 3500 個樣本。經過檢驗，所有變量達到了

---

① Levitt P, "Roots and Routes: Understanding the Lives of the Second Generation Transnationally", *Journal of Ethnic and Migration Studies*, Vol.35, no.7, 2009, pp.1225-42.

均衡，最終樣本的構成穩定，並與開始的種子相互獨立。[①] 由於數據採用了 RDS 抽樣，在分析過程中我們加入了 RDS 方法推論獲得的權重（RDS II weights）以研究總體特徵。

由於本研究主要探討內地移民背景對大灣區內地城市遷移意願的影響，所以我們排除了那些受訪者或其父母在香港或內地以外地方出生的樣本（43 個樣本，佔總體 1.2%）。此外，由於在分析中我們主要關注教育及工作情況對遷移意願的影響，所以我們也排除了學生樣本（215 個樣本，佔總體 6.1%）和無薪家庭幫工樣本（10 個樣本，佔總體 0.3%），最後樣本總量為 3232。

（二）變量

1. 因變量

遷移意願　本研究的因變量來自於調查問卷中的問題「你近五年到大灣區內地城市工作和發展的意願多大？」，答案包括「非常大」「很大」「一般」「很小」「非常小」。在分析中我們將「非常大」和「很大」的答案合併為「很大」一類，將「很小」和「非常小」的答案合併為「很小」一類，且將取值的順序按意願從小到大進行轉換，將變量重新賦值別為「很小」＝1，「一般」＝2，「很大」＝3。

2. 自變量

本研究主要探討在香港的不同內地世代類型到大灣區內地城市發展的意向。在調查問卷中，我們詢問了受訪者的出生地以及他們父母

---

① Heckathorn DD, "Respondent-Driven Sampling: A New Approach to the Study of Hidden Populations", *Social Problems*, Vol.44, no.2, 1997, pp.174-199; 劉林平、范長煜、王婭：《被訪者驅動抽樣在農民工調查中的應用：實踐與評估》，《社會學研究》2015 年第 2 期。

的出生地,根據這兩個信息,我們按照表 1 所示的不同的受訪者及其父母出生地的情況,構建了我們研究的核心自變量「世代類型」:

世代類型 根據受訪者及其父母的出生地信息劃分為 5 類(如表 1 所示):「本地人子女」「單內地父母第 2 代」「雙內地父母第 2 代」「單內地父母第 1.5 代」「雙內地父母第 1.5 代」,分析以「本地人子女」為參照組。

同時,我們在分析中也關注其他推拉因素對受訪者到大灣區內地城市遷移意願的影響,包括語言能力、人力資本和社會資本,相關的變量如下:

掌握流利粵語 根據受訪者是否能掌握流利粵語賦值「能」= 1,「不能」= 0。

掌握流利英語 根據受訪者是否能掌握流利英語賦值「能」= 1,「不能」= 0。

掌握流利普通話 根據受訪者是否能掌握流利普通話賦值「能」= 1,「不能」= 0。

大學學位或以上 描述受訪者的教育程度,根據受訪者是否受過大學學位或以上教育賦值「是」= 1,「不是」= 0。

從事經理、行政或專業工作 描述受訪者的工作情況,根據受訪者是否從事經理、行政或專業工作賦值「是」= 1,「不是」= 0。

常使用普通話跟同事交流 反映受訪者的社會資本,根據受訪者在工作中是否最常使用普通話跟同事交流賦值「是」= 1,「不是」= 0。

有家人在內地居住/工作/在學 反映受訪者的社會資本,根據受訪者是否有家人(包括父母親、配偶、配偶父母、子女、親兄弟姐妹)在內地居住/工作/在學賦值「是」= 1,「不是」= 0。

在內地可以得到幫助的朋友／熟人個數 反映受訪者的社會資本，為問卷中「在內地城市，你有多少關係密切，可以得到他們支援和幫助的朋友／熟人？」該問題的答案，為連續變量。

此外，本研究還涉及對影響到大灣區內地城市遷移意願機制的探討。我們認為，對大灣區內地城市的看法可能是其中一個重要的中介變量。在問卷中，受訪者被問及對大灣區內地城市 15 個不同特徵的看法，選項包括「非常不同意」「不同意」「中立」「同意」「非常同意」，分別賦值 1—5。通過對這 15 個城市特徵進行因子分析我們得到 3 個**城市看法因子**，根據相關指標分別命名為「**因子 1 生活條件**」、「**因子 2 城市管理**」、「**因子 3 公共服務**」（詳情見表 2）。

表 2　對大灣區內地城市看法測量指標及旋轉因子載荷矩陣

城市特徵指標	因子 1 生活條件	因子 2 城市管理	因子 3 公共服務
便利的生活配套	0.6793	0.3475	0.3932
發展空間／機遇大	0.6774	0.3245	0.3340
多元的文化和生活方式	0.6580	0.3643	0.3938
良好的居住環境	0.6474	0.3734	0.3718
安全的食物	0.3385	0.6467	0.4580
健康的政治環境	0.4013	0.6444	0.4359
優質的醫療服務	0.3612	0.5984	0.5077
市場自由度高	0.4718	0.5842	0.3850
低稅率	0.5198	0.5567	0.3186
高昂的居住成本	0.3879	0.5321	0.2524
完善的社會福利條件	0.4399	0.3867	0.6240
完善的教育條件	0.4188	0.4163	0.6115
有序的社會管理	0.4425	0.3903	0.5974
完善的經濟發展	0.5304	0.3588	0.5839
健全的法治	0.3340	0.5210	0.5790

3. 控制變量

年齡　受訪者年齡，為連續變量。

年齡二次方　受訪者年齡的二次方項，考察年齡與不同遷移意願比值的非線性關係。

女性　受訪者性別，為二分類虛擬變量，其中「女性」＝ 1，「男性」＝ 0。

婚姻狀況　根據受訪者婚姻狀況劃分為 4 類：「單身」「有固定伴侶但未婚」「已婚」「離婚或喪偶」。

有子女　根據受訪者是否有孩子賦值「有」＝ 1，「沒有」＝ 0。

家庭月收入　按照受訪者家庭月收入劃分為 5 類，即「少於 30,000 港幣」「30,000—39,999 港幣」「40,000—49,999 港幣」「50,000—59,999 港幣」「60,000 港幣以上」。

主要變量的描述統計見表 3。

（三）統計模型

本研究實證分析部分首先採用 Mlogit 回歸模型對不同世代類型對到大灣區內地城市的發展意向的影響進行分析，在分析過程中我們加入了權重 RDS II weights。雖然我們的自變量遷移意願為定序變量，但是由於平行性檢驗結果表明不滿足 Ologit 回歸所需的比例優勢假定，所以在分析中我們採用的是 Mlogit 回歸。分析包括兩個模型，模型 1 考察核心自變量世代類型對遷移意願的影響，模型 2 在模型 1 的基礎上加入其他自變量和控制變量，對比語言能力、人力資本和社會資本對遷移意願的影響。然後，在模型 2 的基礎上，我們採用廣義結構方

程模型檢驗城市看法因子是否在不同世代類型對到大灣區內地城市的發展意向的影響中起中介作用（即模型3）。

四　分析結果

（一）　對所有變量的描述性統計

表 3　根據世代類型區分的由 RDS 推論獲得的總體特徵（*N*=3232）

核心自變量：世代類型	本地人子女		單內地父母第 2 代		雙內地父母第 2 代		單內地父母第 1.5 代		雙內地父母第 1.5 代		總體	
佔總體比例	(57.46%)		(10.28%)		(11.15%)		(11.31%)		(9.79%)		(100.00%)	
	%	均值	%	均值	%	均值	%	均值	%	均值	%	均值
自變量												
近五年到大灣區內地城市工作和發展的意願有多大？												
很小	67.61		69.77		72.37		45.37		81.94		67.25	
一般	23.85		22.91		24.14		32.18		14.46		23.81	
很大	8.54		7.32		3.49		22.45		3.60		8.94	
語言能力												
掌握流利粵語		0.95		0.95		0.91		0.97		0.96		0.95
掌握流利英語		0.34		0.30		0.30		0.24		0.21		0.31
掌握流利普通話		0.39		0.38		0.34		0.56		0.53		0.42
人力資本												
有學士或以上學位		0.41		0.39		0.45		0.32		0.29		0.39
從事經理、行政或專業工作		0.20		0.19		0.19		0.18		0.13		0.19
社會資本												
常使用普通話跟同事交流		0.09		0.11		0.05		0.20		0.03		0.09

續表

核心自變量： 世代類型	本地人 子女	單內地 父母第 2 代	雙內地 父母第 2 代	單內地父母 第 1.5 代	雙內地父母 第 1.5 代	總體
有家人在內地居住 / 工作 / 在學	0.08	0.19	0.16	0.20	0.16	0.12
在內地可以得到他 們幫助的朋友/ 熟 人個數	0.23	0.52	1.02	0.45	0.43	0.39
城市看法因子						
因子 1 生活條件	0.00	0.04	−0.02	0.18	−0.21	0.00
因子 2 城市管理	0.01	0.01	−0.07	0.15	−0.13	0.00
因子 3 公共服務	0.01	0.06	−0.17	0.18	−0.14	0.00
控制變量						
年齡	36.52	37.91	37.53	36.80	37.23	36.87
性別						
男性	43.36	46.28	40.82	58.98	54.74	46.26
女性	56.64	53.72	59.18	41.02	45.26	53.74
婚姻狀況						
單身	30.53	23.33	27.21	25.56	29.60	28.77
有固定伴侶但未婚	14.50	14.42	12.18	10.47	7.91	13.13
已婚	50.59	56.75	57.54	60.02	58.77	53.87
離婚或喪偶	4.38	5.51	3.07	3.96	3.72	4.24
有小孩	0.43	0.50	0.54	0.49	0.58	0.47
家庭月收入						
少於 30,000 港幣	20.60	24.09	22.46	21.80	17.31	20.98
30,000—39,999 港 幣	23.09	23.65	20.10	27.30	26.68	23.64
40,000—49,999 港 幣	27.32	21.44	22.90	22.24	28.61	25.77
50,000—59,999 港 幣	16.43	13.62	19.45	17.24	14.30	16.36
60,000 港幣以上	12.56	17.21	15.09	11.43	13.10	13.24

　　表 3 展現了由 RDS 推論獲得的所有變量的總體特徵，並對不同世代類型的變量分佈進行了考察。首先，對於核心自變量世代類型，結果顯示本地人子女佔總體的 57.46%，每一類內地移民世代佔總體的 10% 左右。對於遷移意願這一自變量，從總體來看，有 8.94% 的香港永久居民表示有很大意願在近五年到大灣區內地城市工作和發展，而 23.81% 和 67.25% 的人分別表示遷移意願「一般」或「很小」，這表現了香港永久居民對大灣區的發展前景仍持保留態度。接着，對世代類型進一步細分後發現，本地人子女與單內地父母第 2 代的遷移意願情況大致相同，其分佈接近總體分佈，比如他們當中分別有 8.54% 和 7.32% 的人表示有很大意願在近五年到大灣區內地城市發展；而單內地父母第 1.5 代的遷移意願明顯比本地人子女要高，他們當中有 22.45% 的人表示有很大意願遷移大灣區內地城市；但對於那些父母雙方都來自內地的人，無論他們在香港出生還是在內地出生，其遷移意願都比本地人子女要低，其中雙內地父母第 2 代中只有 3.49% 表示在近五年內願意到大灣區內地城市發展，這個比例在雙內地父母第 1.5 代中只有 3.60%。

　　從語言能力來看，在內地出生的世代粵語及普通話流利的比例比在香港出生的世代大，其中單內地父母第 1.5 代能夠掌握流利粵語和普通話的比例最高，分別有 97% 和 56% 的人能夠掌握流利粵語和普通話，對應的比例在本地人子女中是 95% 和 39%，這顯示了單內地父母第 1.5 代較強的「粵語—普通話」雙語能力；然而在內地出生的世代英語流利的比例不如在香港出生的世代多，前者為 21%—24%，後者為 30% 以上。

　　就人力資本而言，單內地父母第 2 代擁有學士或以上學歷的比例

和本地人子女差不多，大概為 40%，而雙內地父母第 2 代的這個比例甚至比本地人子女要高，為 45%，這與已有研究[1]的發現相一致，即雙內地父母第 2 代比本地人子女的學習情況更好，其中一個解釋原因是移民家庭對教育的期望值更高。然而我們看到，對於在內地出生的單內地父母第 1.5 代和雙內地父母第 1.5 代來說，無論他們的父母背景如何，其獲得學士或以上學歷的比例為 32% 和 29%，均比在香港出生的世代低。

就職業發展來看，在香港出生的世代從事經理、行政或專業工作的比例比在內地出生的世代更高，這和受教育水平呈現出來的區別相一致。那些受教育程度越高的世代成為經理、行政或專業人員的比例越高，這表明不同世代從事高技術工作的情況可能受到他們受教育水平的影響。然而我們也發現，儘管單內地父母第 1.5 代的受教育水平與香港出生的世代相比相對較低，但他們從事高技術工作的比例卻和香港出生的世代大致相同，前者是 18%，後者是 19%—20%，這可能與單內地父母第 1.5 代家庭擁有能夠幫助職業發展的資源有關，這一結果對在內地出生的移民後代在香港的職業發展提供了新發現。

關於社會資本，我們發現不同世代的內地移民後代的工作可能存在差別。具體來說，單內地父母第 1.5 代在工作場所中使用普通話交流的情況更頻繁，有 20% 的人表示經常用普通話和同事交流，這暗示他們在工作中可能涉及到更多和內地市場相關的業務，更了解內地的情況；而對於雙內地父母第 2 代和雙內地父母第 1.5 代來說，雖然他們的

---

[1]　Xu D and Wu X, "The Rise of the Second Generation: Aspirations, Motivations and Academic Success of Chinese Immigrants' Children in Hong Kong", *Journal of Ethnic and Migration Studies*, Vol.43, no.7, 2017, pp.1164-89.

父母都來自內地，但研究結果發現相比於本地人子女，他們更少使用普通話與同事進行溝通，當中分別只有 5% 和 3% 的人表示會常用普通話交流，而這個比例在本地人子女中為 9%。這表明雙內地父母第 2 代和雙內地父母第 1.5 代在工作中可能更主動選擇那些以香港本地市場或國際市場為導向的公司，同事以本地人或外國人為主，因此和同事交流會用粵語、英語而非普通話。另外有父母來自內地的世代與本地人子女相比，在內地擁有更多的社會關係，比如有家人在內地居住、工作或求學，在內地可以得到幫助的朋友或熟人個數也更多。

而對於「城市看法因子」這一中介變量，結果顯示不同世代對於大灣區內地城市的觀感存在差異，相對於本地人子女（看法因子得分基本為 0）來說，雙內地父母第 2 代和第 1.5 代對大灣區內地城市的生活條件、城市管理和公共福利方面認可度較低（看法因子得分均為負值）；相反，單內地父母第 1.5 代對大灣區內地城市的觀感普遍更好（看法因子得分均明顯大於 0），這可能會影響他們在到大灣區內地城市的遷移意願上有不同表現。

（二）不同世代對遷移意願影響的回歸模型結果

為了探究不同世代對近五年到大灣區內地城市工作和發展意願的影響，我們採用 Mlogit 回歸模型對這兩個變量進行了分析，結果如表 4 模型 1 所示（參照組為「很小意願」到大灣區內地城市發展）。首先，當選擇「一般意願」時，模型結果支持我們的假設，即在香港出生的世代之間在到大灣區內地城市發展意願上（包括本地人子女、單內地父母第 2 代、雙內地父母第 2 代）沒有差別，但在內地出生的單內地

表4　世代類型、語言能力、人力資本和社會資本對近五年到大灣區內地城市工作和發展意願的影響 Mlogit 主要回歸係數（*N*=3232）

自變量	因變量：近五年到大灣區內地城市工作和發展的意願有多大？（參照組：很小意願）			
	模型 1		模型 2	
	一般意願 oddsratio	很大意願 oddsratio	一般意願 oddsratio	很大意願 oddsratio
世代類型（參照組：本地人子女）				
單內地父母第 2 代	0.931	0.830	0.831	0.622
雙內地父母第 2 代	0.945	0.382**	0.858	0.260***
單內地父母第 1.5 代	2.011***	3.917***	1.861***	2.920***
雙內地父母第 1.5 代	0.500***	0.348***	0.490***	0.305***
語言能力				
掌握流利粵語			0.500***	1.823
掌握流利英語			0.789	0.583**
掌握流利普通話			0.965	1.178
人力資本				
大學學位或以上			0.935	0.94
從事經理、行政或專業工作			1.433**	1.179
社會資本				
常使用普通話跟同事交流			1.805***	3.663***
有家人在內地居住／工作／在學			1.291	1.548
在內地可以得到幫助的朋友／熟人個數			1.159**	1.268***
是否加入控制變量	否		是	

註：*p<0.1,**p<0.05,***p<0.01；控制變量包括年齡、年齡二次方、性別、婚姻狀況、有無子女、家庭月收入。控制變量和常數項係數未在表中展示。

父母第 1.5 代和雙內地父母第 1.5 代與本地人子女之間則存在顯著差異，並且表現各異。其中，單內地父母第 1.5 代的遷移意願大於本地人子女，而雙內地父母第 1.5 代的遷移意願小於本地人子女。具體而言，單內地父母第 1.5 代表明其有一般意願到大灣區內地城市發展（相對於表明只有很小意願到大灣區內地城市發展）的發生比是本地人子女的兩倍；這個發生比在雙內地父母第 1.5 代中只有本地人子女的一半。這些差異在選擇遷移意願「很大」的情況時也存在，單內地父母第 1.5 代相比於本地人子女更願意遷移，而雙內地父母第 1.5 代比本地人子女更不願意遷移。此外，雙內地父母第 2 代和本地人子女的遷移意願也在此時出現了顯著差別，相較於本地人子女而言，雙內地父母第 2 代更不會有「很大意願」在近五年到大灣區內地城市工作和發展。也就是說，對於那些父母雙方都來自內地的受訪者，無論他們的出生地是香港還是內地，與本地人子女相比他們都更不願意到大灣區內地城市發展，這暗示父母出生地在較大遷移可能性的選擇上影響力更大。

為了讓結果進一步可視化，我們繪製了模型 1 預測的不同世代類型近五年來到大灣區內地城市發展意願的邊際值，結果見圖 1。

如圖 1 所示，內地移民第 2 代與本地人子女的遷移意願情況基本相似，但那些父母雙方都來自內地的後代更少表示有「很大意願」到大灣區內地城市發展（見圖中三角所示）；雙內地父母第 1.5 代相比起上述三個世代更不願意到大灣區內地城市發展，而單內地父母第 1.5 代的遷移意願與其他四個世代明顯不同，表現了極大的遷移意願。比如對於不同世代類型選擇有「很大意願」遷移的概率來說，單內地父母第 2 代、雙內地父母第 2 代和雙內地父母第 1.5 代都比本地人子女的概率低，而單內地父母第 1.5 代的概率比本地人子女的概率高。

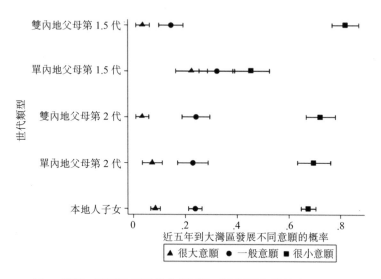

圖 1　模型 1 預測的不同世代類型的到大灣區內地城市發展的意願

　　根據這一初步結果，我們在模型 1 的基礎上繼續加入語言能力、人力資本及社會資本對受訪者近五年到大灣區內地城市工作和發展意向的影響，結果如表 4 模型 2 所示。首先，加入上述變量後，不同世代類型對遷移意願的作用保持顯著且方向不變：相較於本地人子女來說，單內地父母第 2 代沒有明顯區別，單內地父母第 1.5 代的遷移意願較大，雙內地父母第 1.5 代的遷移意願較小，而雙內地父母第 2 代在表示「一般意願」時沒有明顯區別，但表示有「很大意願」遷移大灣區內地城市的可能性較小。就語言能力而言，掌握流利粵語更不願意表示有「一般意願」在近五年遷移大灣區內地城市工作和發展，掌握流利英語更不願意表示有「很大意願」在近五年遷移大灣區內地城市工作和發展，普通話能力則與遷移意願沒有顯著的相關關係，這暗示了不同語言在兩地勞動力市場競爭優勢的差別。從受教育程度來看，受過大學及以上教育與遷移意願不相關；而就工作情況而言，從事

經理、行政或專業工作的高技術人才更願意到大灣區內地城市發展。在社會資本方面，研究結果發現如果在工作場所中經常使用普通話與同事交流，那麼受訪者越願意到大灣區內地城市發展；同時，當在內地可以求助的朋友或熟人越多，受訪者也越有可能到大灣區內地城市工作和發展，這暗示和目的地相關的社會資本，比如獲得工作信息和生活幫助，可以幫助減少遷移過程的成本和風險，增加香港居民遷移的可能性。

（三）對大灣區內地城市看法的中介效應

表 5　世代類型、語言能力、人力資本、社會資本、城市看法因子與近五年到大灣區內地城市工作和發展意願的中介效應分析（*N*=3232）

回歸	模型 3				
	1	2	3	4	
	因子 1 生活條件	因子 2 城市管理	因子 3 公共服務	近五年到大灣區內地城市工作和發展的意願（參照組：很小意願）	
因變量				一般意願 odds ratio	很大意願 odds ratio
世代類型（參照組：本地人子女）					
單內地父母第 2 代	0.977	0.952	0.946	0.832	0.872
雙內地父母第 2 代	0.984	0.957	0.882***	1.011	0.669
單內地父母第 1.5 代	1.075	1.141**	1.136**	1.345*	2.513***
雙內地父母第 1.5 代	0.790***	0.895**	0.876**	0.857	0.701
語言能力					
掌握流利粵語	1.093	0.883**	1.021	0.445***	1.114
掌握流利英語	0.949	1.019	1.032	0.721***	0.675**
掌握流利普通話	0.917**	0.831***	0.964	1.282**	1.672***

續表

回歸	模型 3			
	1	2	3	4
	因子 1 生活條件	因子 2 城市管理	因子 3 公共服務	近五年到大灣區內地城市工作和發展的意願（參照組：很小意願）
人力資本				
大學學位或以上	1.032	0.984	0.958	1.088	1.068
從事經理、行政或專業工作	1.081*	1.007	1.053	1.245	1.236
社會資本				
常使用普通話跟同事交流	1.114**	1.218***	1.176***	1.586***	2.430***
有家人在內地居住／工作／在學	1.328***	1.064	1.053	1.113	1.743**
在內地可以得到幫助的朋友／熟人個數	1.009	1.007	1.016*	1.101***	1.123***
城市看法因子				
因子 1 生活條件				1.106*	1.393***
因子 2 城市管理				1.477***	1.710***
因子 3 公共服務				1.450***	1.705***
是否加入控制變量	是	是	是	是	

註：*p<0.1,**p<0.05,***p<0.01；控制變量包括年齡、年齡二次方、性別、婚姻狀況、有無子女、家庭月收入。控制變量和常數項係數未在表中展示。

　　為了進一步探討世代類型對被訪者近五年到大灣區內內地城市工作和發展的影響機制，我們在模型 2 的基礎上加入 3 個城市看法因子檢驗其可能發揮的中介效應，結果如表 5 的模型 3 所示。分析發現，3 個城市看法因子對到大灣區內地城市工作和發展意願都有顯著影響，對大灣區內地城市生活條件、城市管理和公共服務認可度越高，到當地發展的意願越強。同時，結果驗證了城市看法因子（尤其是公共服

務因子）的中介效應：在加入城市看法因子作為中介變量後，雙內地父母第 2 代和第 1.5 代對遷移意願的直接影響不再顯著，而是間接通過城市看法因子影響遷移意願。其中我們發現，雙內地父母第 2 代的低遷移意願主要原因在於他們對大灣區內地城市的公共服務的認可度較低；雙內地父母第 1.5 代的低遷移意願除了對當地公共服務質量的顧慮，還有對當地生活條件的顧慮；而對於具有高遷移意願的單內地父母第 1.5 代來說，他們對大灣區內地城市的公共服務以及城市管理方面的觀感顯著更好，這解釋了他們為什麼更願意到當地發展。

五　結論與討論

在粵港澳大灣區發展的背景下，區域間的人員流動，包括香港居民到大灣區內地城市的遷移，成為社會各界廣泛關注的議題之一。香港人口中包含相當數量的內地移民及後代，這為探究移民後代的再遷移提供了理想的研究對象。本文利用近期通過 RDS 抽樣收集到的香港永久居民工作和生活狀況調查數據，結合移民研究相關理論，提出將個人出生地不同、父母出生地不同的內地移民後代區分為不同內地移民世代，並嘗試回答以下問題：內地移民後代與香港本地居民在到大灣區內地城市工作和發展意願上是否存在區別？同時，因為移民世代的不同，內地移民後代內部是否也有遷移意願的差別？

我們的研究結果發現，從總體來看，目前香港永久居民到大灣區內地城市遷移的意願不高，但也有大約 9% 的人表示有很大意願在近五年到大灣區內地城市工作和發展。進一步區分世代類型後，結果顯示遷移意願在不同的世代中表現不同。具體來說，在香港出生的內地移

民第 2 代和本地人子女之間在一般的遷移意願上沒有區別,這説明在本地出生和成長的內地移民後代與本地後代相似性較高;但在表示有強烈的遷移意願(即有很大意願到大灣區內地城市發展)的比較上,那些父母雙方都來自內地的、在香港本地出生的後代(即雙內地父母第 2 代)更不願意回到大灣區內地城市發展(假設 1 隻得到部分證明)。再者,在內地出生且父母雙方都來自內地(即雙內地父母第 1.5 代)與不同程度的遷移意願都呈負相關關係(假設 2 得到證明)。這兩點表明,對於那些父母雙方都來自內地的移民後代來説,他們更不願意表示有很大意願到大灣區內地城市發展,這暗示了一種定居傾向(settlement orientation),即當他們的父母從內地來到香港並且他們也在香港獲得永久居民身份、實現結構性融入後,他們可能會更專注在本地社會發展,更不願意回到大灣區內地城市工作和生活。

相反,結果顯示在內地出生且父母只有一方來自內地(即單內地父母第 1.5 代)與遷移意願呈正相關,他們更願意到大灣區內地城市工作和發展(假設 3 得到證明),這表明他們對遷移大灣區內地城市可能存在不一樣的理解。在研究中我們發現,這一世代的粵語和普通話流利程度在不同世代中的比例最高,明顯有較多的人在工作中使用普通話與同事交流,也有更多的人有家人在內地生活,這都暗示了他們與內地社會和文化保持着密切聯繫。對於這些父母有一方是本地人、另一方是移民的家庭來説,父母聯姻意味着流入地和流出地社會之間的聯結而非對流出地社會的切割,在這些家庭成長的後代更容易接觸到兩種不同的語言文化,了解不同社會的信息和資源。研究發現,他們對大灣區內地城市的觀感相對於其他世代來説更好,同時在內地出生也使得他們對內地社會有更多依戀。在這種情況下,在了解到大灣區

內地城市的發展機遇時，這些後代可能會更願意到那裏工作和發展。

以上結果對移民後代研究具有理論意義。首先，我們的研究結果和移民文獻中關於出生地對移民後代影響的預測相吻合，如同過往針對移民後代的研究所預期的那樣，本地出生的移民第 2 代和本地人後代之間在語言能力、人力資本甚至再遷移意願上差異較小，但他們和隨父母遷移的第 1.5 代之間存在明顯差異。更重要的是，我們的研究證明了進一步依據父母出生地區分不同出生地移民後代的重要性，尤其對於非本地出生的移民後代來說，父母雙方都是移民或者父母只有一方是移民、另一方是本地人對他們教育狀況、工作經歷、和原居地認知與交往情況，以及遷移父母原居地的意願作用不同，這提醒將來的研究在討論移民後代的表現時，除了考慮他們的出生地，也應該留意不同父母出生地可能帶來的影響，注意移民後代的表現可能因不同的父母背景存在異質性。

其次，研究結果幫助我們進一步理解移民後代的再遷移意願。我們的研究表明，內地移民後代的再遷移意願可能是父母再遷移意願的延伸，比如對於那些父母雙方都來自內地的後代，由於父母都從內地遷移到香港，並做出了使自己的子女成為香港永久居民的決策，這在一定程度上表達他們定居香港的決心，這樣一種定居的念頭會通過社會化過程灌輸到子女的身上，使得子女更主動融入香港社會，並在過程中逐漸遠離原居地社會，對原居地社會認可度不高，導致他們更不願意回到大灣區內地城市發展。近期有研究指出，與回流遷移相比，移民後代更願意繼續遷移（onward migration），[1] 所以當他們考慮進一

---

① Caron L, "An Intergenerational Perspective on (Re) Migration: Return and Onward Mobility Intentions across Immigrant Generations", *International Migration Review*, Vol.51, no.3, 2020, pp.820-52; Monti A, "Re-Emigration of Foreign-Born Residents from Sweden: 1990－2015", *Population, Space and Place*, Vol.26, no.2, 2020, pp.1-15.

步流動時，可能會利用在自己和父母在流入地積累的資源選擇新的地方遷移，而不是回到父母的原居地。未來的研究可以繼續探討不同目的地對不同類型移民後代再遷移的影響。

然而，本研究也存在局限性。由於數據樣本的限制，我們只能探討內地移民後代（包括在香港出生或者在內地出生、12 歲前遷移香港的內地移民後代）與香港本地人子女在遷移大灣區內地城市意願上的區別，雖然在分析中我們可以假定由於他們都在香港完成主要的社會化過程（比如教育獲得和職業選擇），不存在因教育和工作經驗回報率不同所帶來的問題，同時他們在遷移內地時也面臨着香港身份帶來的不便，但我們無法説明其他內地移民與香港本地居民在遷移大灣區內地城市意願上的區別。比如，在 12 歲之後才遷移香港、在香港完成中學或大學教育的內地移民，和成年後才來到香港工作的內地移民，以及那些通過「單程證」來到香港與家人團聚的內地婦女和成年子女，這些內地移民可能在社會融入和與內地的聯繫上和我們討論的從小在香港成長的內地移民後代表現不同。未來的研究可以關注這些羣體與本地居民的區別，進一步探討內地移民背景對再遷移意願影響的複雜性。

雖然帶有上述的不足，本研究還是可以為政策制定提供一定的實證參考，帶來政策啟示。首先，根據研究結果，我們發現目前香港永久居民到大灣區內地城市工作和發展仍持保留和觀望態度，同時有內地背景（比如父母來自內地、掌握流利普通話）並不一定會增加香港永久居民的流動意願。而本研究的中介效應模型結果發現，香港永久居民對大灣區內地城市發展的看法，尤其是對公共服務提供方面的滿意程度（比如對當地社會福利條件、教育條件、社會管理的認可度）

不高，明顯影響了他們到大灣區內地城市的流動意願。這表明目前香港民眾對到大灣區內地城市工作和發展仍存在顧慮：一方面，香港與中國內地公共服務系統的區別可能是影響香港居民到大灣區內地城市發展的重要因素；但另一方面，雖然國家已出台一系列政策便利港澳居民在內地享有公共服務，然而大多數香港居民可能對相關政策以及對大灣區整體發展規劃的了解不足，影響了他們到大灣區內地城市的發展意願，這需要相關部門提供更多正向的資訊。本研究也發現在香港社會中，那些父母一方來自香港、一方來自內地的第 1.5 代移民表示有強烈意願到大灣區內地城市發展，這可能與他們已經把握自身的內地背景，在工作中從事與內地市場相關的業務，更了解內地的情況相關。這一發現表明，兩地政府在企業和行業層面支持香港與大灣區內地城市之間的市場業務發展，對促進區域間的人員流動有所幫助。兩地政府應該考慮為出入境提供便利，增加其他香港居民到大灣區內地城市的交流和考察活動，為他們提供熟悉大灣區創業就業政策、接觸相關資源和項目、了解市場文化差異的機會，減少他們由於不熟悉內地市場所帶來的嘗試成本和創業就業風險，增加他們對大灣區未來發展前景的積極預期。尤其是對於其他在香港的內地移民後代，兩地政府可以依靠同鄉會等平台，促進他們與內地的交往交流，了解內地背景能夠帶來的在大灣區內地城市發展的優勢，進而增加他們到大灣區內地城市發展的意願。

Migration Intention of Hong Kong Working-age Population to Mainland Cities in Greater Bay Area

A Comparison Between Local Residents and Mainland Immigrant Generations

Yingtong Lai, Eric Fong

Abstract: In the context of the development of the Guangdong-Hong Kong-Macau Greater Bay Area, the migration flow within the area has received considerable public attention. This study explores the intention of working-age residents to move from Hong Kong to mainland cities in the area, and it examines the extent to which perceptions of these mainland cities serve as a mediator. Considering the large proportion of mainland immigrants in the Hong Kong population, our study draws from relevant migration literature and compares the intention to move between them and local people. In particular, the study will look into the heterogeneity in migration intention among mainland immigrant generations with different parentage.

Keywords: Guangdong-Hong Kong-Macau Greater Bay Area; Hong Kong residents; migration intention; immigrant generations

港澳政治與法律

香港政治研究的發展概況與學科貢獻

霍偉東　黃偉棋 *

摘 要：由於香港獨特的地位和政治發展歷程，香港政治研究成為中國研究獨特的子領域，回歸前香港政治研究已經出現具有一定影響力的學術成果。本研究通過文本分析方法，對回歸以來以香港政治研究的中英文政治學學術論文的發表情況進行梳理。研究發現，中英文核心期刊的學術發表數量呈現明顯差異，一方面兩者具有不同的趨勢和高峰，另一方面兩個陣地分別由內地和香港學者深耕，互通情況較少。雖然兩者主題都走向多元化和精細化，但是需要增強學科對話和區域比較。本文針對學術期刊建設和研究人才培養提出相應的政策建議。

關鍵詞：香港政治　一國兩制　文本分析　學科貢獻

---

* 霍偉東：中山大學粵港澳發展研究院（港澳珠江三角洲研究中心）博士後研究員，政治學博士；黃偉棋：澳門大學澳門研究中心研究助理，政治學博士。黃偉棋為本文通訊作者。

　　1997 年 7 月 1 日，中國政府恢復對香港行使主權。在「一國兩制」、「港人治港」、高度自治方針的有效落實下，保持了香港原有的社會、經濟制度和生活方式不變，香港依然是國際金融中心和中西文化交融地。香港實現平穩過渡的同時，在回歸前後經歷了一系列重大的政治變化和改革，讓香港政治研究成為中國研究中獨特的子領域。香港政治研究作為政治學學科研究與國別區域研究的結合，面對三個問題：第一，其與學科研究的一般主題有何種關係；第二，其經驗能否與其他區域國別研究的發現進行比較和對話；第三，其為政治學理論提供何種貢獻。若要進行解答，必須要對香港政治研究的發展脈絡進行系統性梳理，特別是以香港政治發展史上最重要的時間節點——香港回歸為區分，總結各個時間段香港政治研究的主題、特徵與學術貢獻。

　　雖然學術界已有一些著作對回歸以前的相關研究進行梳理，但是還沒有文章對回歸以後特別是 2008 年以後的學術研究進行系統的總結與歸納。因此本文以香港政治研究的學術論文為研究對象，首先簡要概括回歸以前的香港政治研究的學術文獻；然後運用文本分析方法，重點分析香港回歸以來中英文學術期刊的香港政治研究新進展；最後進行總結，為其他學科與區域國別相結合的學術研究提供經驗反思和未來方向。

一、回歸以前的香港政治研究

　　回歸以前大部分時間英國對香港實行典型的殖民統治，主要採取非民主的總督制。雖然港督擁有相當集中的權力，但是需要調和英資利益和管理超過九成的華人人口。因此，早期香港政治研究主要從總結英國在香港實行的殖民統治的制度運行機制為重點。

金耀基最早通過「行政吸納政治」（Administrative Absorption of Politics）概念，解釋了港英政府基於委任制度和榮譽制度的精英吸納機制。一方面，華人精英和社團領袖被吸納進入決策中心的周邊機構任職，如行政局、立法局、市政局和諮詢委員會機構等；另一方面，他們被授予太平紳士和勳銜等榮譽，充當港英政府與華人社會溝通的橋樑。港英政府以此實現政治整合和香港的政治穩定[①] 由於此時期香港沒有普及性質的選舉和政黨政治，以港督為首的官僚集團能夠相對自主進行政治和行政決策，此種管治模式亦被學術界成為「官僚政體[②]」（Bureaucratic Polity）和「純粹行政政體[③]」（Pure Administrative State）。

政治發展理論認為現代化容易帶來政治不穩定[④]，然而香港在 20 世紀 70 年代出現快速的工業化和城市化，社會卻保持基本穩定，學者將研究興趣投向香港民眾的政治社會心理之中。劉兆佳分析，二戰後大批難民逃至香港，決定了香港「難民社會」的格局。他們抱持「借來的時間，借來的空間」的想法對香港缺乏認同，導致華人社會與官僚體系的接觸甚少。在此背景下，華人社會傾向通過私人網絡解決生活和經濟問題，這種原子化和非政治化的特徵使得華人社會沒有形成較大的政治參與力量，形成「低度整合的社會政治體系」（Minimally Integrated Social-Political System）[⑤]。當然，也有研究指出金耀基和劉

---

① 金耀基：《中國政治與文化（增訂版）》，香港：牛津大學出版社，2013 年，第 229-254 頁。

② Lau, S.-k. *Society and Politics in Hong Kong*. Hong Kong:The Chinese University of Hong Kong Press. 1982, pp. 25-66.

③ Harris P.B. *Hong Kong: A study in bureaucracy and politics*. London:Macmillan. 1988, pp. 182-184.

④ Huntington S.P. *Political order in changing societies*. New Haven and London:Yale University Press. 2006, pp. 32-58.

⑤ Lau, S.-k. *Society and Politics in Hong Kong*. Hong Kong:The Chinese University of Hong Kong Press. 1982, pp. 157-182.

兆佳誇大殖民統治香港社會的穩定性[①]，認為華人社會也有隱性政治的存在[②]。

在回歸前的過渡時期，英國加速推進「政制改革」，企圖作為所謂「光榮撤退」部署的一部分延續英國對香港回歸後的政治影響[③]，為此及後的研究聚焦在政治制度嬗變下政治行為和心理的改變。首先，學者一直觀察選舉制度的變化帶來的政治效應，選舉上「九一直選」實行雙議席雙票制所帶來的「聯票效應」[④]，行政立法關係上 1995 年的政制改革導致立法局和其中政黨的政策影響力大增，從「極少權力」走向「邊緣性」（marginal）議會[⑤]。其次，香港民眾在此時期轉變為「專注的旁觀者」（Attentive Spectators），儘管政治參與水平仍然很低但是政治活動有所增加，集體行動送逐漸增多，呈現高度認知和低度參與並存的特徵[⑥]。再次，香港社會的「旁觀」與政治團體的「湧現」的巨大差別結合多種因素，政黨政治在香港低度發展，政黨的羣眾基礎薄弱缺乏動員能力[⑦]。

伴隨政制改革、政治行為和心理討論的基礎上，學者進一步探討

[①] Lau, S.-k. *Social Development and Political Change in Hong Kong*. Hong Kong:The Chinese University of Hong Kong Press. 2000, pp. 309-354.

[②] Ngo T.-W. *Hong Kong's History: State and Society under Colonial Rule*. London:Routledge. 1999, pp. 1-12.

[③] 國務院新聞辦公室：《「一國兩制」下香港的民主發展》，北京：人民出版社，2022 年，第 6-7 頁。

[④] 鄭宇碩、雷競璇：《香港政治與選舉》，香港：牛津大學出版社，1995 年，第 287-294 頁。

[⑤] Sing, M. *Hong Kong Government & Politics*. Oxford: Oxford University Press. 2003, pp. 93-149.

[⑥] Lau, S.-k., and Kuan H.-c. "The attentive spectators: Political participation of the Hong Kong Chinese". Journal of Northeast Asian Studies, Vol. 14, Issue. 1, 1995, pp. 3-24.

[⑦] Sing M. "Economic development, civil society and democratization in Hong Kong". Journal of Contemporary Asia, Vol. 26, Issue. 4, 1996, pp. 482-504.

政治裂隙（Political Cleavage）在香港的形成和特點。張炳良和雷競璇認為，過渡期的政治發展和銜接問題帶來的主要政治分歧是最求更大程度的民主化還是謀求維持有效管治的對立[①]。劉兆佳和關信基進一步認為，由於政黨起源於香港回歸的討論當中，奠基時刻（foundation moment）的因素令一般政團難以用社會和階級分歧來動員民眾參與政治[②]。

總體來看，回歸以前的香港政治研究具有以下幾個特徵：第一，研究以學術著作形式為主，學術論文較少；第二，香港本地學者佔大多數，中國內地學者多為出版情況介紹性質的著作；第三，這一階段的學術作品以描述性為主，着重描述回歸前殖民統治的特徵和香港政治發展的變化，但是沒有將廣泛應用於比較政治研究的概念進行對比和檢驗[③]。回歸前的香港政治研究仍屬於單一區域研究的範疇，與政治學學科研究的聯結尚不緊密。然而，部分作品提出了具有高度概括性的學術概念，在幫助學術界了解港英政府的政治和行政機制、香港民眾的政治行為和心理變化、政制改革帶來的政治裂隙變化等產生了無可替代的作用。

二、回歸以來的香港政治研究

本文研究的主要目標是總結回歸以來香港政治研究的中英文政治

---

① 鄭宇碩：《過渡期的香港》，香港：三聯書局，1989 年，第 462-487 頁。

② Lau, S.-K., and Kuan H.-c. "Partial democratization, 'foundation moment' and political parties in Hong Kong". The China Quarterly, Vol. 163, 2000, pp. 705-720.

③ Sing, M. *Hong Kong Government & Politics*. Oxford: Oxford University Press, 2003, pp. xvi - xxxvii.

學學術論文的發表情況，展示以香港為案例的學術發表在香港回歸以後的發展趨勢和主題特徵，並以此為基礎討論其在國別區域研究和政治學研究中的學科貢獻。

（一）研究設計

1. 資料來源

目前，中文社會科學引文索引（CSSCI）和社會科學引文索引（SSCI）是用來檢索中文和英文人文社會科學領域的論文收錄和被引用情況最主要的數據庫。CSSCI 自 1998 年起一直推動着中國人文和社會科學成果的發展和海內外交流[①]，SSCI 作為國際學術界的交流和對話平台，中國學者在其中發表學術文章，把中國特色的人文社科研究帶到世界，實現展現中國學者在學術研究上的成就[②]。上述相關索引已被多種不同類別的學術論文使用，並透過文獻計量分析[③]、可視化分析[④]和知識圖譜[⑤]等不同方法，分析及提煉有關學科在學術界整體的發展情況[⑥]，

---

① 鄒志仁：《中文社會科學引文索引（CSSCI）之研製、意義與功能》，《南京大學學報（哲學．人文科學．社會科學版）》2000 年第 4 期。

② 姚雲、康瑜：《中國教育科研成果如何走向世界 —— 基於對 SSCI 數據庫分析的啟示》，《比較教育研究》2007 年第 1 期。何小清：《建國以來我國人文社會科學學術研究國際化發展學科分析 —— 基於 SSCI、A&HCI（1956~2006）的定量分析》，《東岳論叢》2008 年第 3 期。華薇娜、劉艷華：《中國高校人文社會科學走向世界的歷史進程 —— 基於 SSCI 和 A&HCI 的數據調研與分析》，《中國高教研究》2009 年第 12 期。

③ 潘黎、王素：《近十年來教育研究的熱點領域和前沿主題 —— 基於八種教育期刊 2000—2009 年刊載文獻關鍵詞共現知識圖譜的計量分析》，《教育研究》2011 年第 2 期。

④ 曹樹金、吳育冰、韋景竹、馬翠嫦：《知識圖譜研究的脈絡、流派與趨勢 —— 基於 SSCI 與 CSSCI 期刊論文的計量與可視化》，《中國圖書館學報》2015 年第 5 期。

⑤ 姜春林、杜維濱、李江波：《經濟學研究熱點領域知識圖譜：共詞分析視角》，《情報雜誌》2008 年第 9 期。

⑥ 毛蘊詩、張偉濤、魏姝羽：《企業轉型升級：中國管理研究的前沿領域 —— 基於 SSCI 和 CSSCI（2002—2013 年）的文獻研究》，《學術研究》2015 年第 1 期。

了解學科研究現況的全貌並找出前沿問題，針對性地對不同領域進行理論探討與構建。

因此，本研究把 CSSCI、SSCI 的論文定義為香港政治研究的中英文核心期刊，透過中國知網（CNKI）和科睿唯安（Web of Science）的核心合集（Core Collection，WoSCC）數據庫，搜索 CSSCI 和 SSCI 中以「香港」和「Hong Kong」作為標題的學術期刊論文，文獻發表的時間範圍限定在 1997 年 7 月 1 日到 2021 年 12 月 31 日。本研究為了控制所搜索到的論文都在政治學範疇之中，分別對兩個數據庫的文獻分類目錄進行篩選。其中，CNKI 數據庫只選擇社會科學 I 輯下的「政治學」及「中國政治」兩個分類，WoSCC 數據庫只選擇政治科學（Political Science）分類，並根據上述學術文獻篩選規則，排除非學術論文的資料，如社論、書評等。本研究最後在 CNKI 數據庫收集到 357 篇中文學術論文 [①]，WoSCC 數據庫收集到 129 篇英文學術論文 [②]，所有數據均收集於 2022 年 4 月 28 日。

2. 研究方法

本研究以文本分析（Text Analysis）作為主要研究方法。文本分析主要用於描述文本的內容結構和挖掘文本背後的內涵，已廣泛應用於

[①] 根據搜索規則，CNKI 數據庫原始數據共有 395 篇文獻，其中已經包括 CSSCI 輯刊《當代港澳研究》的 58 篇文章。本研究的研究對象為學術論文，原始數據導出後經過人工篩選將其中的 38 篇如書評等非學術論文形式的文獻刪除，最後納入分析的是 357 篇學術論文。另外，由於現時 CNKI 數據庫的時間跨度限制，357 篇中文學術論文的時間範圍為 1998 年至 2021 年。

[②] 根據搜索規則，WoSCC 數據庫原始數據共有 129 篇文獻，在只選取期刊論文「Article」類型的情況下，在人工篩選後並未發現非學術論文形式的文獻，因此全部數據納入分析。另外，由於現時 WoSCC 數據庫可供搜索的時間跨度限制，129 篇中文學術論文的時間範圍為 2002 年至 2021 年。

政治學、公共管理等相關學科[①]，人文、社科類的研究中主要使用詞頻統計、情感分析和可視化等多個方面[②]，具體可應用於政策文本、政府申報項目的詞頻分析，在歸納提煉後得出一定的規律，再進行解讀性分析[③]。

本研究使用 R 語言作為研究工具。首先，作者將數據進行編碼、分類等預處理；然後，對發表的時間趨勢、期刊分佈、作者及單位進行描述性統計，對比中英文發表的基本情況差異；接着，使用 R 語言中的文本處理相關程序包，對摘要文本進行分詞、刪除停用詞等文本整潔工作。在獲得整潔的文本數據後，運用 widyr 包和 bibliometrix 包分別對中英文期刊文章的摘要進行分析，從而比較中英文核心期刊中以香港為案例的政治學學術文獻在研究主題上的異同，並對結果進行可視化呈現。

（二）發展概況：描述性統計

1. 發文時間趨勢

本研究首先對香港為案例的政治學中英文學術發表的時間趨勢進行概括。圖 1 顯示，從 1998 年開始，中文核心期刊的發表數量經歷「降—升—降」三個階段，並且出現 1998 年和 2015 年兩個發表高峰期。第一個高峰源於回歸初期學術界熱衷探索「一國兩制」的制度特

---

① 黃萃、呂立遠：《文本分析方法在公共管理與公共政策研究中的應用》，《公共管理評論》2020 年第 4 期。

② 陸宇傑、許鑫、郭金龍：《文本挖掘在人文社會科學研究中的典型應用述評》，《圖書情報工作》2012 年第 8 期。

③ 陳錚、李丹：《PPP 政策變遷與政策學習模式：1980 至 2015 年 PPP 中央政策文本分析》，《中國行政管理》2017 年第 2 期。吳建南、馬亮、楊宇謙：《中國地方政府創新的動因、特徵與績效 —— 基於「中國地方政府創新獎」的多案例文本分析》，《管理世界》2007 年第 8 期。

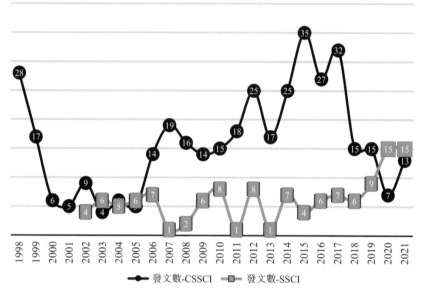

圖 1　香港為案例的政治學學術期刊論文發表數量

色，第二個高峰主要是「違法佔中」後學術界對身份認同和社會運動政治後果的投入增加。

　　英文核心期刊呈現出不同的發展趨勢，主要特徵表現為「常穩突增」。從 2002 年到 2019 年，香港政治研究的英文學術文章一直穩定在 10 篇以內。但是，「修例風波」為香港政治研究帶來新的關注，SSCI 發表數量在 2020 年和 2021 年突增至 15 篇，超過了 CSSCI 的發表數量，連帶政治學文章佔整個社會科學領域的比例也重新超過 5%，達至 2007 年以來的高位。

2. 發文作者情況

　　香港研究的作者主要以香港本地學者和廣東高校學者為主，大部分學者都是獨立發表。表 1 分別展示了學者在 CSSCI 和 SSCI 期刊中發表香港政治學研究的學術論文情況。在中文核心期刊中，發表數量在 4

篇及以上的作者有 12 位，其中有 8 位來自位於廣東省的三所高校，但是發文數最多的是中國人民大學的齊鵬飛。在英文核心期刊中，發表數量在 3 篇及以上的作者共有 12 位，其中發表量最大的是香港中文大學的李立峰；這些學者中，除了一位是香港教育大學的外籍學者，其他均為香港本地的學者。此主題學術論文中，65.27%（233 篇）的中文論文和 62.79%（81 篇）的英文論文為獨立作者發表，採用 3 人及以上合作形式的中文論文比例（4.20%）遠低於英文論文（13.95%）。

表 1　香港為案例的政治學學術期刊中作者發文情況

CSSCI 期刊			SSCI 期刊		
作者	任職單位	發文數	作者	任職機構	發文數
齊鵬飛	中國人民大學	9	李立峰	香港中文大學	14
劉祖雲	中山大學	7	成名	香港科技大學	5
陳麗君	中山大學	7	袁煒熙	香港嶺南大學	5
徐海波	深圳大學	6	陳韜文	香港中文大學	4
張定淮	深圳大學	5	鄭煒	香港浸會大學	4
汪永成	深圳大學	5	馬岳	香港中文大學	4
沈本秋	廣州大學	5	黃鶴回	香港理工大學	4
馮慶想	中山大學	4	鄭宇碩	香港城市大學	3
郝詩楠	上海外國語大學	4	方志恆	香港教育大學	3
郭永虎	吉林大學	4	Darryl S.L. Jarvis	香港教育大學	3
夏循祥	中山大學	4	李詠怡	香港大學	3
黎熙元	中山大學	4	李肇佑	香港教育大學	3

　　雖然兩地學者發表具有明顯的聚集性，但是兩個學術羣體也一直在進行交流。由於教育培育體系和職稱考核方式不同，中國內地和中

國香港的學者分別集中在中文和英文學術期刊進行發表，這屬於正常情況。同時，兩個學術羣體也在努力相互交流與探索。在中文核心期刊中，共有 31 名中國香港各類型機構任職的學者曾發表相關論文 30 篇（包括獨作和合作論文），其中包括《當代港澳研究》、《公共行政評論》和《政治學研究》等港澳研究和政治學研究的重要刊物。在英文核心期刊中，中國內地高校學者在英文核心期刊發表較少，目前只有 3 位學者曾經發表相關論文，分別是中山大學的夏瑛、沈飛和廣州大學的彭銘剛。

3. 發表期刊特徵

中英文期刊在香港政治學研究的發表特徵上具有明顯的差異。中文期刊存有兩本港澳議題的專門期刊，分別是中山大學粵港澳發展研究院主辦的《當代港澳研究》和全國港澳研究會主辦的《港澳研究》。中國內地的學者主要以這兩本期刊作為港澳研究主題學術論文發表的主要平台，香港政治研究的學術論文有 16.25%（58 篇）發表在這兩本期刊上。在其他期刊中，綜合性刊物發表相關論文的數量較少，學科性和專門性期刊的發表較多。表 2 顯示，政治學和行政管理兩大學科頂級中文期刊對香港研究有所關注，曾分別刊發相關論文 5 篇和 12 篇；歷史議題專門期刊刊發相關論文 8 篇，但是主要集中在 2010 年以前；青年議題的專門期刊在 2010 年及後更為關心香港政治議題，刊發相關論文數量從 1 篇上升至 12 篇。

英文核心期刊並沒有港澳議題的專門期刊，學者發表的期刊類別整體上較為分散，大部分論文發表的期刊級別不高。表 3 顯示，發表相關論文數量前兩位的期刊並非主流政治學或中國研究發表的主要陣地，排名前列的期刊主要為學科議題為主的專門期刊，散發在公眾輿論、社會運動和選舉研究等領域的期刊上。

表 2　香港政治研究的學術論文在中文核心期刊的發表情況

期刊類別	發表期刊	2010 年以前	2010 年及後	總計
港澳議題專門期刊	當代港澳研究 *	2	49	51
	港澳研究 **	0	7	7
綜合性、學科性和專門性期刊	中國行政管理	10	2	12
	廣東社會科學	8	1	9
	當代中國史研究	6	2	8
	深圳大學學報（人文社會科學版）	1	7	8
	中國青年研究	1	7	8
	新視野	1	6	7
	學術研究	3	3	6
	當代青年研究	0	5	5
	毛澤東思想研究	5	0	5
	探索與爭鳴	0	5	5
	政治學研究	2	3	5

說明：*《當代港澳研究》從 2009 年開始收錄進入 CSSCI 輯刊目錄，而 2020—2021 年並沒出版，因此此處的統計數據只包含 2009—2019 年的數據。

　　**《港澳研究》從 2021 年開始收錄進入 CSSCI 來源期刊擴展版目錄，因此此處的統計數據只包含 2021 年的數據。其他期刊的統計方式與此刊相同。

（三）研究主題的結構特徵

當前文本為基礎的社會科學研究主要採用以詮釋為導向、以結構為導向以及兩者並重的文本探索方法[①]。本文選取詮釋與結構共用的分析方法，前文已經對 CSSCI 和 SSCI 期刊的發展概況進行描述性概括，

[①] 胡安寧：《以文本為基礎的社會科學研究：從內容分析到算法模型》，《學術論壇》2022 年第 1 期。

接下來運用計算機輔助技術對以香港政治研究的摘要文本進行分析，同時結合可視化手段挖掘和呈現研究主題的結構特徵。

表 3　香港政治研究的學術論文在英文核心期刊的發表數量排名前列的期刊

期刊英文名	刊文數
ISSUES & STUDIES	11
JAPANESE JOURNAL OF POLITICAL SCIENCE	10
INTERNATIONAL JOURNAL OF PUBLIC OPINION RESEARCH	8
COMMUNIST AND POST-COMMUNIST STUDIES	6
POLICY AND SOCIETY	6
JOURNAL OF DEMOCRACY	5
POLICY AND POLITICS	5
SOCIAL MOVEMENT STUDIES	5
ELECTORAL STUDIES	5
JOURNAL OF CHINESE POLITICAL SCIENCE	4
DEMOCRATIZATION	4

1. 摘要關鍵詞的特徵提取

關鍵詞提取的主要任務是從論文摘要的文本提取少量表徵其內容和主題的關鍵詞，主流研究主要通過 TF-IDF 算法進行關鍵詞抽取[1]。TF-IDF 算法指的是文本詞頻（TF, Term Frequency）和逆文檔頻率（IDF, Inverse Document Frequency），其計算邏輯是詞語的重要性與它在文件中出現的次數成正比，但同時會隨着它在語料庫出現的頻率成反比。

---

[1]　Xu, W., and Wen Y.-k. "A Chinese keyword extraction algorithm based on TFIDF method". Information Studies: Theory & Application, Vol. 31, Issue. 2, 2008, pp. 298-302.

因此，如果某個詞或者短語在一個文檔中出現多次，但是在其他文檔很少出現，就可以認為這個詞或短語具有區分性，能夠對某個文檔進行表徵。根據 TF-IDF 值的計算方法，當一個詞在文檔頻率越高並且新鮮度高，即普遍度低時其 TF-IDF 值越高。TF-IDF 值能夠兼顧詞頻與詞彙新鮮度，能在過濾一些常見詞的同時保留能提供更多信息的重要詞。

本文分別以 CSSCI 和 SSCI 學術論文的摘要文本作為中文和英文語料庫，抽取和描述論文摘要的關鍵詞特徵，表 4 則展示兩個語料庫中 TF-IDF 值最高的十個詞彙。CSSCI 文獻最高兩個詞語源自《美國—香港政策法》[①] 和移動政務 [②] 的研究，而 SSCI 文獻最高的兩個詞語則分別代表電台談話類節目 [③] 和 LGBT+ 羣體人際接觸 [④] 的研究。無論是中文還是英文期刊，TF-IDF 值排名前列的詞彙實際上是香港研究和政治學領域的「冷門詞彙」。雖然這些詞彙代表的文獻並非研究政治學的主流議題，但是能夠擴展研究主題的新穎性和獨特性，甚至推動政治學與其他學科的交融。從表 4 可見，即使英文文獻數量較少，但是其涉及的議題卻能更好與傳播學、社會學和人類學相關聯；相比之下，中文文獻的冷門研究更加貼近政治學的主流議題，擴展範圍也傾向關注香港的反腐經驗和美國的影響。

---

① 潘銳：《論美國政府的香港政策——《美國—香港政策法》研究》，《國際商務研究》2001 年第 1 期。

② 周頂、張毅、張玉婷：《香港移動政務模式研究》，《情報理論與實踐》2011 年第 12 期。

③ Lee, F.L.F.“Radio phone-in talk shows as politically significant infotainment in Hong Kong”. Harvard International Journal of Press/Politics, Vol. 7, Issue. 4, 2002, pp.57-79.

④ Lau, H., Charles Q.L., and Kelley L.“Public opinion in Hong Kong about gays and lesbians: The impact of interpersonal and imagined contact”. International Journal of Public Opinion Research, Vol. 26, Issue. 3, 2014, pp.301-322.

表 4　CSSCI 和 SSCI 文獻中 TF-IDF 值最高的十個詞彙

CSSCI 文章編號	詞語	TF-IDF	SSCI 文章編號	詞語	TF-IDF	詞語文意
255	該法	0.9619	39	talk	0.6005	談話類節目
158	政務	0.8657	86	contact	0.6005	人際接觸
246	高官問責制	0.8496	125	csr	0.5338	企業 社會責任
246	成效	0.7973	86	gay	0.5147	LGBT+ 羣體
167	殘障	0.7922	79	climate	0.5111	氣候變化 與氣候政策
230	治理	0.7877	72	diaspora	0.4687	海外港人
127	反腐	0.7567	97	reform	0.4659	政制改革
69	腐敗	0.7535	39	radio	0.4504	廣播電台
274	自治權	0.6996	56	ambivalence	0.4405	矛盾情緒
43	商會	0.6954	9	box	0.4367	投票箱

　　本研究同時統計兩個語料庫中 TF-IDF 值前十位出現次數最高的十個詞彙，用於展示中英文期刊中熱度最高的詞彙。CSSCI 期刊的熱點為經驗借鑒、身份認同和政治發展議題。其中，「服務」一詞出現次數最多，這些文章重點關注香港的社會服務體系，涉及香港少數族裔、私營安老企業、民間商會組織等的服務工作特徵，希望汲取經驗為內地社會服務體制的建設與完善提供有益借鑒。SSCI 期刊的熱點仍然坐落在政治學的經典議題之中，選舉和社會運動是其中的重點議題，香港與中國內地和台灣地區的互動也備受關注。

2. 摘要詞彙的相關性和共現網絡

　　文獻詞彙共現分析法是廣泛用於文本知識挖掘的一種文本定量分析方法。這一方法認為一篇文獻中的主題詞或關鍵詞集中反映了其語義內涵，而兩兩主題詞同時出現的頻數就反映了語義內涵之間的關聯

表 5　CSSCI 和 SSCI 文獻中 TF-IDF 值前十位出現次數最高的十個詞彙

CSSCI 文章詞彙	文章 TF-IDF 值 前十位出現次數	SSCI 文章詞彙	文章 TF-IDF 值 前十位出現次數
服務	22	electoral	7
認同	19	opposition	7
青年	15	taiwan	7
美國	13	beijing	6
行政	13	collective	6
制度	12	mobilization	6
政治	12	chinese	5
治理	11	education	5
選舉	11	media	5
主導	10	citizenship	4

性。因此，該方法基於文獻集合中的共詞頻數構建詞彙共現矩陣，接着通過分類或可視化方法揭示某一領域文獻的研究熱點和主題分佈，為該領域的後續研究提供參考[①]。

　　本研究使用 R 語言的 widyr 包分別計算中英文詞對的成對相關性（本文稱「相關係數」，又稱係數）。係數計算的是詞語 X 和 Y 共同出現或共同不出現的可能性。其計算方式如下所示：

	單詞 Y 出現	單詞 Y 不出現	合計	
單詞 X 出現	n_{11}	n_{10}	n_c	$\varphi = \dfrac{n_{11}n_{00} - n_{10}n_{01}}{\sqrt{n_a n_b n_c n_d}}$
單詞 X 不出現	n_{01}	n_{00}	n_d	
合計	n_a	n_b	n	

---

① 　李磊、劉繼、張竑魁：《基於共現分析的網絡輿情話題發現及態勢演化研究》，《情報科學》2016 年第 1 期。

　　接著，本文使用 gephi 軟件對 widyr 包計算的詞對相關係數進行可視化和單詞聚簇，圖 2 和圖 3 分別是 CSSCI 和 SSCI 文獻的摘要詞彙相關性網絡圖。為了兩類文獻網絡圖的可比性和可視性，圖 2 和圖 3 的左邊網絡共同展示相關係數達至 0.1 及以上的詞彙對，右邊網絡分別展示相關係數大於 0.2 和 0.3 的詞彙對 [1]。

表 6　CSSCI 和 SSCI 文獻中詞彙相關係數排名前十位的詞對

CSSCI 詞彙 1	CSSCI 詞彙 2	相關係數	SSCI 詞彙 1	SSCI 詞彙 2	相關係數
繁榮	穩定	0.6297	kong	hong	1.0000
行政	主導	0.5918	legislative	council	0.7846
發揮	作用	0.5357	country	systems	0.6806
國家	認同	0.4132	anti	extradition	0.6528
主導	體制	0.4009	administrative	region	0.6303
行政	體制	0.3668	electoral	election	0.6281
香港特別行政區	基本法	0.3474	pro	democracy	0.5848
政府	服務	0.3414	regimes	authoritarian	0.5695
借鑒	經驗	0.3288	legislative	elections	0.5159
完善	制度	0.3200	movement	protest	0.4994

　　基於圖 2、圖 3 的結果，可基本觀察到中文核心期刊的發表主題主要關注回歸後政治、經濟和文化等多方面的長期發展、服務型政府的構建、法律制度的完善和國家認同等領域，體現「一國兩制」的制度目標、特色和基本元素。英文核心期刊的發表主題則主要關注立法會選舉、政黨、社會運動與抗爭政治等學科研究的熱門領域，聚焦學科性問題的「香港故事」。中英文核心期刊上的發表主題呈現出各自對不同議題的關注方向。

---

[1]　CSSCI 和 SSCI 的詞彙對相關係數分別選取 0.2 和 0.3 作為篩選門檻，主要基於兩者在這兩個門檻下網絡節點和邊數量最為接近，可以提供最具可比性的可視化結果。

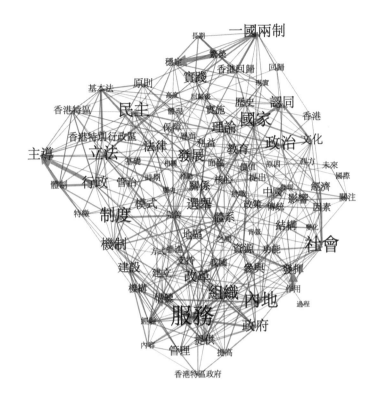

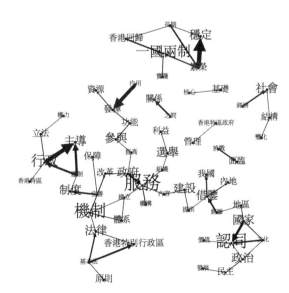

圖 2　CSSCI 文獻詞對相關性網絡圖

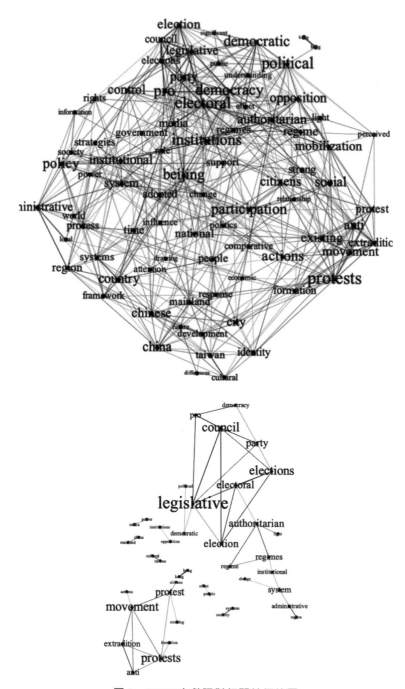

圖 3　SSCI 文獻詞對相關性網絡圖

三、結果與討論

經過上述的一系列分析，本研究梳理了回歸前後香港政治研究的學術發展特點，並總結出以下幾個核心發現：

第一，中文發表數量波折變動，英文發表表現出「常穩突增」情況，兩者發表高峰存在「錯位」。前者研究熱潮出現在回歸初期和「違法佔中」之後，後者湧現在「修例風波」之後。第二，中文港澳研究專門期刊出現，投入香港政治研究領域的學者人數明顯增加。內地與香港本地學者分別深耕中、英文核心期刊，兩個學術羣體的文章多見於專門領域的期刊之中，綜合性期刊較少。第三，中、英文學術文章都呈現主題多元化和精細化特徵。香港政治研究的學術主題在回歸前聚焦在管治特徵、社會心態和政治發展，轉變為中文發表關注「一國兩制」的制度目標、特色和基本元素，英文發表主要與選舉、社會運動等熱門學科問題相關聯，但是中、英文成果表現某種程度的「斷層」。

過往在港澳研究領域，一般認為香港本地學者並不關注香港本地研究。然而本研究的分析結果顯示，在回歸後香港本地學者一直透過英文核心期刊發表來關注香港政治學研究。隨着近年香港形勢的變化，香港本地學者不僅越發關注香港的政治問題，而且已經佔領了國際學術界中香港政治研究的「制高點」。然而，回歸以後的學術研究並沒有提出嶄新、高度概括性質的學術概念和研究發現，也沒有文章對舊有理論提出有效的修正或挑戰，在理論發展上仍有較大進步的空間。

香港曾經經濟局勢動盪變化的時期，中國共產黨和國家依照憲法和基本法有效實施對特別行政區的全面管治權，實現了香港局勢由亂到治的重大轉折。為了推動香港政治研究的全新發展，本文以上述研

究發現為基礎提出以下的政策建議：

第一，強化香港政治研究的學科傾向和對話，引導相關研究增加跨區域比較的內容和分析。香港政治研究的中英文成果出現「斷層」，主要由於「香港」的定位問題：中文學術發表強調香港作為主體，更多呈現區域研究中香港的獨特性；英文學術發表則多以香港作為案例，強調香港對於政治學經典理論的驗證和發展。未來研究需要相互借鑒和融合，並且同時加強其他區域經驗的比較和對話，使得香港政治研究的成果實現從內涵到外延的提升。

第二，推進和實現港澳議題專門期刊在中英文核心期刊上的長遠發展戰略。現時，中文核心期刊只有《港澳研究》、《當代港澳研究》兩個期刊，發表周期和刊文數量受到主客觀因素影響並不穩定。英文核心期刊則完全沒有港澳議題的專門期刊。兩種情況都十分不利於青年學者加入、深耕港澳研究領域。這種接受港澳議題的期刊少、學者多、限制多的「供需不平衡」問題，也主要體現於英文核心期刊中缺乏內地學者的身邊，導致了港澳研究領域在公眾知識普及、國際輿論影響和價值理論倡導方面都處於「話語不平衡」的弱勢地位。只有先解決「供需不平衡」現狀，才能進一步解決「話語不平衡」的問題，重新佔領港澳問題國際學術話語高地。

第三，長遠佈局港澳研究人才培養，建立港澳學術重大、關鍵領域的人才梯隊。習近平總書記在二十大報告再次莊嚴宣告，「一國兩制」是中國特色社會主義的偉大創舉，是香港、澳門回歸後保持長期繁榮穩定的最佳制度安排，必須長期堅持。當前，國家正在積極推動粵港澳大灣區的建設與發展，未來仍然並迫切需要大量在政治、經濟、社會文化和對外關係等重點領域的學術人才為國家的戰略發展提供決策支援。

Hong Kong Politics Studies: Overview and Discipline Contribution

Huo Weidong, Wong Waikei

Abstract: Due to Hong Kong's unique status and the history of political development, Hong Kong politics studies has become a unique sub-field of China Studies, before the handover, Hong Kong politics studies has already produced influential academic results. Our study using text analysis to compare the published academic articles in both Chinese and English of Hong Kong politics studies after the handover. Result shows that there have the obvious differences in the published number between Chinese and English academic article, first, they have different trends and peaks between two types of article, second, those two types of article are deeply developed by Chinese Mainland and Hong Kong scholars respectively with less Communications. Although both types of article are moving toward diversification and refinement, it still need to enhance disciplinary implication and regional comparison. Also our study proposed policy recommendations for the construction of academic journal and development of academic talents.

Keywords: Hong Kong Politics; One Country Two System; Text Analysis; Discipline Contribution

香港特別行政區立法會質詢研究
（1998—2021）

—— 質詢規模與議題結構

夏瑛　吳松 *

摘　要： 質詢是回歸後香港立法會議員經常使用的履職方式之一。香港議員質詢積極性如何？議員們主要關注哪些議題？通過分析 1998—2021 年共 14482 份香港議員質詢文件，本研究試圖回答這些問題。研究發現：其一，就質詢規模而言，議員質詢總量、議員個人年均質詢量以及議員最經常使用的補充質詢數量呈下降趨勢；但是，功能組別議員在最近兩屆立法會內的質詢頻率有明顯提升。其二，就質詢主題而言，議員對法治類議題的關注度最高，其次是經濟發展和住房問題；教育和弱勢羣體社會保障問題得到的關注度最低。另外，從六屆趨勢來看，議員質詢越來越集中於單個議題，對議題多樣性和廣泛性的照顧不足。

關鍵詞： 質詢　議員　立法會　質詢規模　質詢議題　香港

---

* 夏瑛，中山大學政治與公共事務管理學院，中山大學粵港澳發展研究院；吳松，中山大學粵港澳發展研究院。

一、引　言

質詢是現代議會中議員表達民意、監督政府的重要工具[①]。通過質詢，議員可向政府詢問政策細節，要求政府公開更多信息；也可敦促政府就民眾關心的問題儘快採取行動；或直接對政府決策提出批評意見，加強對政府的問責[②]。不少研究均已指出，質詢對於優化政策議程設置[③]、推動政務信息公開[④]、保障公民知情權[⑤]等方面都有積極作用。

在香港，質詢也是立法會議員經常使用的履職工具之一。香港立法會《議事規則》E 部 22（1）條規定：「任何議員均可就政府的工作向政府提出質詢，要求提供有關該事的資料，或要求政府就該事採取行動。」從回歸後第一屆立法會到第六屆立法會，香港立法會議員共向政府提出 14482 項質詢[⑥]，平均每年近 630 項[⑦]。相比在議會內投票表決這樣的既定程序性行為，質詢依賴於議員個體主動提出，因此它更

---

① Rozenberg, O & Martin, S, The Roles and Function of Parliamentary Questions, London: Routledge, 2012.

② 諾曼·邁因納斯：《香港的政府與政治》，伍秀珊和羅紹熙譯，上海：上海翻譯出版公司，1986 年。

③ Guinaudeau, I & Costa, O, "Issue Politicization in the European Parliament. An Analysis of Parliamentary Questions for Oral Answer（2004—19），" JCMS: Journal of Common Market Studies, Vol. 60, No. 3（2022），pp.507-525.

④ van der Pas, D J, van der Brug, W & Vliegenthart, R, "Political Parallelism in Media and Political Agenda-Setting," Political Communication, Vol. 34, No. 4（2017），pp.491-510.

⑤ Wolkenstein, F & Wratil, C, "Multidimensional Representation," American Journal of Political Science, Vol. 65, No. 4（2020），pp.862-876.

⑥ 從香港立法會網站爬取的原始數據中，共有 14615 項，包括口頭質詢和書面質詢。數據清洗、剔除重複值後，質詢數據庫樣本為 14482。

⑦ 除了第一屆立法會的第一個立法年度從 1998 年 7 月 1 日開始及第六屆立法會最後一個立法年度延後至 2021 年 12 月 31 日結束外，其他屆次的年度均為前一年的 10 月 1 日開始，第二年的 9 月 30 日任期結束。為方便計算，文中處理為六屆立法會共 23 個立法年度。

能體現議員對民意的汲取和表達能力 [①]。此外，質詢內容本身也在一定程度上反映出特定時期社會大眾普遍關注的問題。

　　質詢的上述特徵讓它成為學者們觀察議員履職積極性和社會熱點議題變遷的重要窗口 [②]。但是，在香港研究範疇中，有關議員質詢的研究並不多見。學界關注更多的是香港的選舉政治 [③] 以及議員在議會內的投票行為 [④]。由於回歸後的香港選舉政治和政黨政治在很長一段時間內被主要黨派在政治意識形態上的分歧 [⑤] 所主導，學界有關議員履職行為的研究——包括為數不多的議員質詢行為研究，也時常圍繞着政治意識形態分歧展開 [⑥]。這方面最為典型的研究發現認為「建制派」和「反

[①] Cox, G W & McCubbins, M D, Legislative Leviathan: Party Government in the House, Berkeley: University of California Press, 1993. McCubbins, M D & Cox, G W, Setting the Agenda: Responsible Party Government in the U.S. House of Representatives, Cambridge: Cambridge University Press, 2005.

[②] Kolpinskaya, E, "Substantive Religious Representation in the UK Parliament: Examining Parliamentary Questions for Written Answers, 1997–2012," Parliamentary Affairs, Vol. 70, No. 1 (2017), pp.111-131. Malesky, E & Schuler, P, "Nodding or Needling: Analyzing Delegate Responsiveness in an Authoritarian Parliament," American Political Science Review, Vol. 104, No. 3 (2010), pp.482-502.

[③] Ma, N, "The Rise of "Anti-China" Sentiments in Hong Kong and the 2012 Legislative Council Elections," China Review, Vol. 15, No. 1 (2015), pp.39-66. Ma, N & Choy, C, "The Impact of Electoral Rule Change on Party Campaign Strategy: Hong Kong as a Case Study," Party Politics, Vol. 9, No. 3 (2003), pp.347-367.

[④] Jang, J, "Another Dynamics of Contention in Hong Kong Dimensionality in Roll Call Voting in the 6th Term Legislative Council, 2016-2020," Contemporary Chinese Political Economy and Strategic Relations: An International Journal, Vol. 6, No. 3 (2020), pp.1207-1227. Wang, Y & Peng, M, "Party Unity After Elections: A Study of the Roll-Call Votes in Hong Kong's Legislative Council," Politics, Vol. 36, No. 2 (2016), pp.169-179.

[⑤] Siu-Kai, L & Hsin-chi, K, "Partial Democratization, "Foundation Moment" and Political Parties in Hong Kong," The China Quarterly, Vol. 163, No.1 (2000), pp.705-720. Wong, S H, Electoral Politics in Post-1997 Hong Kong-Protest, Patronage, and the Media, Springer, 2015.

[⑥] Wang, Y & Peng, M, "Party Unity After Elections: A Study of the Roll-Call Votes in Hong Kong's Legislative Council," Politics, Vol. 36, No. 2 (2016), pp.169-179. 趙子樂和申明浩：《香港立法會議員投票規律量化研究》，《港澳研究》2019 年第 2 期，第 30-43 頁。

對派」的分野主導了議員在議會的投票和質詢行為。

不過，也有少量研究挑戰上述主流觀點。張晉赫（2018）對香港議員履職行為的研究就發現，除政治議題外，議員對本地經濟問題也表現出極大的興趣[①]。另一項關於澳門立法會質詢的研究則認為議員在議會內所關注的議題並不明顯呈現出某種穩定偏好，而是隨社會熱點問題的變化而變化[②]。

考慮到議員質詢對我們了解民意特徵和政府政策偏好的重要性，以及現有研究在理解質詢主題上的分歧，學界有必要對這一研究議題進行更為系統深入的研究。鑒於此，本研究整理了回歸以來六屆立法會共 14482 項質詢的文本資料，通過無監督的機器學習方法對質詢文本進行主題分析，由此呈現每一屆立法會議員質詢的議題特徵，以及議員質詢主題在歷屆立法會中的歷時變化。我們試圖通過這樣的探索性研究對回歸以來香港議員質詢的議題構成和歷時變化作一個較為系統的呈現，為未來探尋質詢議題背後更深層次的政治與社會因素奠定一定的基礎。

二、回歸後香港立法會質詢的整體情況

香港立法機關的議員在回歸前甚少使用質詢權力。根據學者的統計，在 20 世紀 60 年代以前，香港立法局平均每年向政府發起的質詢

[①] Jang, J, "Beyond the China Factor: Policy Representation on Economic Issues in the Legislative Council of Hong Kong (1998–2012)," Journal of Global and Area Studies (JGA), Vol. 2, No. 1 (2018), pp.65-78.

[②] 蔡永君、何偉鴻和陳建新：《澳門立法會議員利益表達與公共政策參與的探析 —— 一個書面質詢的視角》，《公共管理與政策評論》2013 年第 4 期，第 78-88 頁。

不足兩件[①]。「六六」「六七」事件之後,議員質詢開始活躍起來。從 1968 年開始到 70 年代末,議員每年質詢的數目快速增長;在最活躍的年份,質詢案可達近 300 件[②]。儘管如此,整體而言,港英時期的議員使用質詢權履職的積極性十分有限。這種情況在回歸後出現了質的變化。根據香港《基本法》規定,質詢是立法會議員監督政府的重要權力,回覆質詢則是特區政府的法定義務。從 1998 年 7 月 1 日香港特別行政區第一屆立法會開始運作,到 2021 年 12 月 31 日第六屆立法會任期結束,六屆立法會 390 名議員(每屆單獨計數)共向政府提出 14482 項質詢案,平均每年約 630 項。議員在議會內使用質詢的頻率遠遠高於回歸前。

(一) 六屆立法會質詢的總量與均值

根據《基本法》規定,香港特區立法會的常規任期為每屆四年。第一屆立法會由於要接續 1996 年成立的臨時立法會而僅任職兩年;第六屆立法會則因新冠疫情延任一年,至 2021 年 12 月 31 日才結束。表 1 列舉了 1998—2021 年香港回歸後六屆立法會的質詢數量。若僅從總量來看,質詢呈逐年上升趨勢;但若考慮每屆立法會的任期和議員數量,則議員質詢的整體積極性呈下降趨勢。

[①] Miners, N & Tang, J T H, The Government and Politics of Hong Kong, Hong Kong: Oxford University Press, 1998

[②] 諾曼·邁因納斯:《香港的政府與政治》,上海:上海翻譯出版公司,1986 年。

表 1　香港特別行政區六屆立法會質詢數量概覽

屆次	會議年度	議員人數	質詢數量	本屆總數	年均質詢	年人均質詢
第 1 屆	1998—1999	60	791	1394	697	11.6
	1999—2000		603			
第 2 屆	2000—2001	60	610	2426	606.5	10.1
	2001—2002		589			
	2002—2003		615			
	2003—2004		612			
第 3 屆	2004—2005	60	609	2482	620.5	10.3
	2005—2006		598			
	2006—2007		637			
	2007—2008		638			
第 4 屆	2008—2009	60	597	2527	631.8	10.5
	2009—2010		620			
	2010—2011		650			
	2011—2012		660			
第 5 屆	2012—2013	70	618	2587	646.8	9.2
	2013—2014		654			
	2014—2015		644			
	2015—2016		671			
第 6 屆	2016—2017	70	563	3066	613.2	8.8
	2017—2018		649			
	2018—2019		542			
	2019—2020		526			
	2020—2021		786			

資料來源：作者根據香港立法會質詢數據庫自製。

註：表中的質詢僅包括口頭質詢和書面質詢，不包括議員在立法會周三大會上當場提出的補充質詢。有關三種質詢方式的區別見下文。

第一屆立法會雖然僅兩年任期，但是議員的年均質詢數 698 件為

六屆立法會之首。另外，議員每年的平均質詢數量約 12 件，同樣也是六屆立法會中最高的。從 2000 年第二屆立法會啟動至 2012 年第四屆立法會結束，議員的年人均質詢數量呈微弱上升的趨勢。然後，這種上升趨勢止於第四屆立法會。從第五屆立法會開始，隨着政制改革的推進，議員規模從原來的 60 人增加至 70 人，分區直選和功能界別各增 5 個議席。然而，議員規模的擴大並未帶來議員質詢積極性的提高。相反，第五屆立法會的整體質詢積極性相較上一屆有了明顯的下降。議員每年提出質詢的數量從第四屆的 10.5 件下降到第五屆的 9.2 件。這種下降趨勢一直延續到第六屆立法會，在第六屆立法會不同尋常的五年任期內，每位議員的年平均質詢數量繼續下降到 8.8 件。

（二）口頭質詢、書面質詢和補充質詢

根據立法會《議事規則》和《內務守則》的相關規定，議員可採取口頭或書面兩種形式向政府提出質詢，政府官員也可以口頭或書面兩種方式回覆質詢。無論是作口頭還是書面質詢，議員都須事先將質詢問題告知政府。對於口頭質詢，政府在立法會會議開始之前，可事先準備好答覆材料，並在會議中宣讀材料，答覆質詢。立法會《議事規則》和《內務規則》對每次立法會會議中議員作口頭和書面質詢的數量有明確限制。從 2013 年 3 月開始，在有議案辯論的情況下，議員在單次立法會會議期間作口頭質詢的次數不得多於 6 項（如無議會辯論，則口頭質詢限額為 10 項）；書面質詢的限額則由之前的 14 項放寬到 16 項；單次會議質詢總數一般不超 22 項。另外，每名議員每週最

多進行一項口頭質詢和一項書面質詢，或兩項書面質詢。

就要求口頭答覆的質詢，原質詢的議員可在官員作答後繼續對其作補充質詢，要求官員對尚不清晰的事實提供更多解釋和信息。提出補充質詢前，議員無須提前告知政府相關質詢內容；這是補充質詢不同於前述兩種質詢形式的核心特徵。另外，會議中的任何議員都可以對其他議員提出的口頭質詢進行補充質詢。因此，在三種主要質詢形式中，補充質詢最能體現議員在議會中質詢的主動性，也更考驗政府對相關質詢問題的把握能力和應對能力。

從歷年的質詢情況來看，補充質詢是議員最積極使用的質詢方式，其次是有預告的口頭質詢，使用頻率最低的質詢方式是書面質詢。圖 1 呈現了 1998—2021 年六屆立法會中三種質詢形式的使用情況。其中有幾個特徵顯而易見。

首先，從質詢總量來看，議員質詢的積極性總體呈下降趨勢。第一屆立法會的第一個立法年度是二十三個立法年度中質詢總量最多的，也是唯一一個質詢量超過兩千件的年度。第六屆最後一次立法年度的質詢量較前一年有明顯增加，這一方面是因為議員任期延長到了 12 月 31 日而不是常規的 9 月 30 日才結束，另一方面是受新冠疫情的持續影響，增加的質詢大多和疫情以及政府防疫政策相關。

其次，三種質詢形式中，補充質詢的數量大大高於口頭質詢和書面質詢；六屆立法會中議員共提出兩萬多項補充質詢。其次是書面質詢，共一萬多件。議員最少使用的質詢方式是口頭質詢，其總量僅 3576 項。一個可能的原因是議事規則對立法會單次會議中的口頭和書面質詢數量有限額規定。如上文所述，視當次立法會會議有無辯論而定，口頭質詢限額為 6（有辯論）或 10 項（無辯論），而相應的書面

質詢數量不得超過 16 或 12 項。由於現有議事規則對補充質詢的數量沒有限額規定而只對質詢時間有一個整體性的限時規定，這促使議員壓縮口頭質詢的數量和時間，留更多時間給能讓議員自由發揮的補充質詢。

最後，雖然補充質詢的數量始終高於口頭和書面兩種質詢形式，但在這二十多年中其下降的趨勢也最為明顯。相比之下，口頭質詢在六屆立法會中的數量始終保持在比較平緩的狀態，每年在 150 項上下浮動。書面質詢倒是在第五屆立法會任期內呈現出輕微上升趨勢，但在第六屆立法會又明顯下降，並在 2019—2020 年立法年度出現二十三年來的最低值。

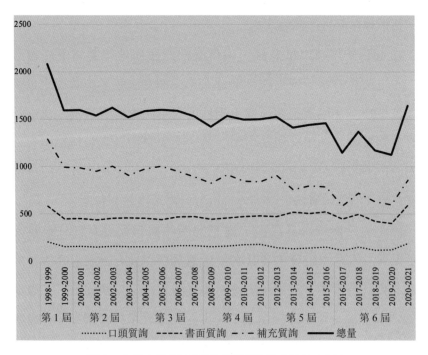

圖 1　六屆立法會不同形式質詢數量（單位：項）

資料來源：作者根據香港立法會質詢數據庫自製。

（三）不同類別議員的質詢數量

除了質詢形式的差異，不同類別議員的質詢行為也存在一定的差異。在我們所研究的六屆立法會中，議員依產生方式的不同可分為三類：一類由選舉委員會選舉產生，一類由功能界別選舉產生，最後一類由地區直接選舉產生。第一和第二屆立法會由分區直選、功能團體以及選舉委員會三個類別的議員組成；第三至第六屆則僅有分區直選和功能團體兩個類別。

過去不少研究傾向於認為直選界別的議員的履職行為較功能組別的更為積極[①]。就六屆立法會的質詢總數而言，我們的數據也支持這樣的判斷，即由地區直選議員提出的質詢佔六屆質詢總量的 54.54%，就數量而言，高於功能界別和選舉委員會議員的質詢數。

不過，從最近兩屆立法會的情況來看，直選界別議員的質詢數量有明顯下降的趨勢；與此同時，功能界別議員的質詢數量卻在穩步上升。從第六屆立法會的情況來看，直選界別和功能界別議員在質詢數量方面的差距已十分微小。在 2020—2021 立法年度，功能界別議員的質詢數量自回歸以來第二次超過地區直選議員質詢數。若最近十年的趨勢能夠延續，則功能界別議員的質詢積極性可能在未來高於直選議員。

另外，在三種選舉形式中，選舉委員會雖僅在第一和第二屆立法會中存在，但是該類別議員的質詢數量始終是所有議員中最少的。不過，這和選舉委員會議員在兩屆立法會中所佔人數較少有直接關係。2022 年 1 月 1 日開始運作的第七屆立法會又重新增加選舉委員會這一

---

① 馬嶽：《港式法團主義》，香港：香港城市大學出版社，2013 年，第 172 頁。

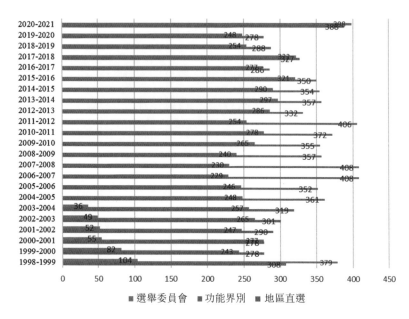

圖 2　六屆立法會中不同類別議員的質詢數量（單位：項）

資料來源：作者根據香港立法會質詢數據庫自製。

界別。不過，新一屆立法會選舉委員會議員的產生方式和構成人數都和第一和第二屆立法會有顯著區別。在新的立法會格局下，三個類別的議員如何履職以及誰更積極履職則是學界未來需關注的焦點。

三、議員質詢主題分佈及歷時變化

議員質詢的主題在不同時期不同。

（一）根據質詢對象所定義的質詢議題分類

根據答覆質詢的政府官員及所屬部門，我們把議員提出的質詢分

為「政治」、「經濟」、「民生」和「混合」這四類議題領域。

如表 2 所示，我們將答覆部門來自律政司、政務司、保安局、公務員事務局、政制與內地事務局等部門的質詢定義為政治類質詢；這類質詢的內容一般涉及政治、法治、內地事務等領域。經濟類質詢的答覆官員主要來自財政司、財經事務局、發展局、創新及科技局等，他們答覆的質詢主要涉及經濟、財政、創新科技等領域。民生類質詢的答覆官員主要來自房屋局、環境局、教育局、勞工及福利局等，他們答覆的議員質詢主要涉及環保、住房、教育、社保等領域。混合類質詢主要指那些同時有多個部門答覆，且詢問內容涉及多個政策領域的質詢。若從答覆官員所屬的政府部門來看，混合類質詢涉及更多民生和經濟方面的議題。

表 2　根據答覆官員所屬部門職能分類的質詢主題

主題	涉及司局
政治類	律政司、政務司 保安局、公務員事務局、政制及內地事務局、政制事務局
經濟類	財政司 財經事務及庫務局、財經事務局、創新及科技局、發展局、工商及科技局、工商局、工務局、規劃地政局、經濟局、經濟事務局、庫務局、商務及經濟局、資訊科技及廣播局
民生類	房屋局、環境局、環境食物局、教育局、勞工及福利局、民政事務局、食物及衛生局、衛生福利及食物局、衛生福利局
混合類	房屋及規劃地政局、規劃環境及地政局、環境運輸及工務局、教育統籌局、經濟及勞工局、運輸及房屋局

資料來源：作者根據香港立法會質詢數據庫自製。

圖 3 呈現了六屆立法會中議員質詢主題的構成與變化。整體而言，民生和經濟類議題是歷屆立法會質詢的重點，政治類議題的佔比明顯偏低，但呈現微弱上升的趨勢。

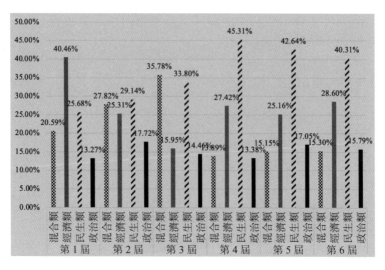

圖 3　六屆香港立法會質詢主題分類統計

資料來源：作者根據香港立法會質詢數據庫自製。

首先，對民生問題的質詢是歷屆立法會質詢的重點。這類質詢佔六屆質詢總量的三成左右。從六屆議會質詢的整體趨勢來看，民生類議題的質詢量呈明顯上升態勢。從第四屆立法會開始，對該類議題的質詢都超過了同期質詢總量的 40%，明顯高於其他議題的質詢。如果納入混合類議題中大量有關民生問題的質詢，則議員對民生問題的關注度比表 3 所呈現的情況更高。

其次，經濟問題是各屆立法會關注的第二大議題。經濟類質詢佔六屆質詢總量的 26% 左右。其中，第一屆立法會對經濟議題的質詢度最高，對該議題的質詢佔了總質詢量的四成左右，成為六屆立法會中對經濟議題最為關注的一屆。這一高關注度可能與 1998 年亞洲金融危機對香港帶來重大負面影響有關。在後續的五屆立法會中，經濟類質詢比較穩定地成為議員們在民生議題之外的第二大關注議題。

表 3　基於 LDA 主題模型的質詢主題詞表

主題序號	聚類主題詞	自定義主題
1	食物 廢物 檢測 環保 設施 食品 產品 測試 污水 口罩 食水 水域 環保署 水質 污染	環保
2	單位 房屋 用地 樓宇 設施 住宅 物業 私人 公屋 業主 居民 規劃 面積 房委會	住房
3	市民 警方 檢控 活動 資料 條例 法例 定罪 牌照 非法 警務人員 調查 政府部門 規管 罪行	法治
4	委員會 行政長官 工作 諮詢 公眾 意見 政策 機構 立法會 議員 基本法 團體 委任 制度 區議會 行政	政治
5	醫管局 病人 醫療 藥物 管理局 公立醫院 醫生 護士 醫護人員 衛生署 急症室 病牀 專科 職系 精神科	醫療
6	學校 學生 資助 課程 教育局 教育 教師 培訓 學年 院校 中學 小學 大學 評估 家長	教育
7	長者 兒童 家庭 津貼 個案 殘疾 輪候 住戶 資助 院舍 資格 綜援 公屋 人口 失業	社保
8	內地 基金 評估 公司 經濟 企業 銀行 國家 科技 投資 旅遊業 稅務 貸款 投資者 交易	經濟
9	車輛 巴士 港鐵 乘客 司機 運輸 道路 泊車 小巴 的士 路線 行人 私家車 時段 隧道	交通

最後，政治類質詢在歷屆立法會質詢中所佔的比重都是最低的，維持在 15% 左右的比重。

（二）基於質詢文本的質詢議題分類

為了對質詢議題作更細緻的分類，我們利用無監督的機器學習方法對六屆立法會中 14482 項口頭和書面質詢、共約五百萬字的質詢文本作了主題聚類分析。我們使用的主題聚類方法是 LDA 主題模型（Latent Dirichlet Allocation）。這一方法可讓計算機自動從給定的大量文本中找出最能反映文本主題的詞彙集。研究者可基於這些詞彙集的含義判斷相關文本的核心主題。

在本研究中，LDA 主題模型從質詢文本中自動識別出九類主題，每類主題對應一個詞彙集。我們從每個主題的詞彙集中選取 15 個具有代表性的詞彙呈現在表 3 中。根據這些詞彙集，我們對 9 個主題作了界定。以第一個主題為例，表示該主題的詞彙包括「食物、廢物、檢測、環保、設施、食品、產品、測試、污水、口罩、食水、水域、環保署、水質、污染」。這些詞彙都與環境問題相關，我們因此將這一主題定義為「環境」類質詢議題。依此類推，我們分別將剩餘 8 個主題界定為「住房」、「法治」、「政治」、「醫療」、「教育」、「社保」、「經濟」和「交通」。

與上一部分基於質詢對象所作的「民生」、「經濟」、「政治」和「混合」四分類，LDA 主題模型給出的質詢主題分配更為細緻。它尤其將「民生」大類進一步細分為住房、醫療、教育、社保、交通以及環保這六小類；並把法治議題從上一部分的「政治」大類中單列出來。

在識別出 9 類質詢主題的基礎上，LDA 主題模型自動給出每一項質詢文本在各個主題的得分（得分越高意味着越可能屬於該類主題）。在此基礎上，我們選擇得分最高的主題作為該項質詢隸屬的主題。這樣，通過這一方法利用計算機手段對所有質詢條目進行了自動歸類。圖 4 呈現了六屆立法會中 9 類質詢議題的整體構成。以下幾個特徵值得留意。

其一，法治是議員質詢最多的議題。在六屆立法會中，共有 2111 項質詢圍繞法治展開。從表 3 中可見「法治」主題對應的核心詞彙，包括「市民、警方、檢控、活動、資料、條例、法例、定罪、牌照、非法、警務人員、調查、政府部門、規管、罪行」。這些詞彙比較集中地反應香港法治的兩個突出方面：一是政府尤其是警方對游行、靜坐

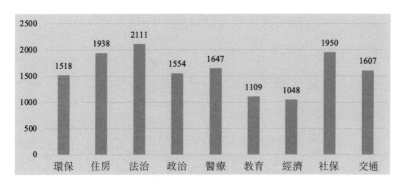

圖 4　六屆立法會質詢主題構成

資料來源：作者根據 LDA 主題模型分析結果自製。

等社會公眾活動的規管情況，突出表現在「警方、檢控、活動、定罪、調查」等詞彙；二是政府對相關行業的法律規管，比如政府對廣播業、金融業和銀行業的主要監管手段就是給這些行業的成員發放或取消相關牌照。主題詞彙中的「牌照」和「規管」最能體現政府在這方面的職能。

其二，經濟和住房議題緊隨「法治」議題，是議員關注的另外兩大質詢議題，它們在六屆立法會中的總量都將近 2000 項。經濟議題是 9 類質詢主題中唯一與國家及地方政策及發展動態密切相關的議題。通過提出經濟類質詢，議員關心在國家重大政策及地方發展態勢相關的金融、投資、貿易以及旅遊業相關的經濟議題。在住房問題上，議員質詢的重點在政府用地規劃、公屋供給及使用以及各種類型房屋單位的物業糾紛問題。

其三，醫療、交通、環境和政治類議題的數量相近且均低於上述幾類議題的質詢數。醫療問題主要集中在政府對公共醫療服務和資源的供給，以及對醫療行業的規管（管制）。交通問題集中於公共交通服務（巴士、港鐵等）和交通擁堵問題。環境問題集中於食品安全和水

污染問題。政治議題相對分散，議員關心的問題包括政府公共政策過程的民主程序（如公共諮詢的質量）、特區政府落實《基本法》的情況，以及香港代議機關（包括立法會和區議會）的運作情況等。有關政制改革的問題在議員質詢中並不佔多數。

其四，教育和社保類質詢所佔比例最少，兩者都不到質詢總量的一成。教育問題主要涉及政府對教育的資助政策、教師培訓以及課程管理等方面。社保類議題在這裏主要指對弱勢羣體的社會保障議題，而非一般意義上的包括養老、教育、醫療等多個議題的大社保概念。在這裏，社保議題所關注的弱勢羣體包括老年人、未成年人、殘疾人、失業人羣及低收入人羣。社保類議題佔比最低從某一側面反映香港議員對弱勢羣體的關注不足。

（三）質詢議題的集中度分析

在了解質詢主題構成的基礎上，我們試圖分析每一屆立法會及各個立法年度中議員質詢議題的集中程度。所謂集中度，即質詢議題是否比較不成比例地聚焦在某個或為數不多的某幾個主題上。為此，我們計算了每個立法年度中各個質詢主題所佔年度質詢總數比例的方差。方差越大表示該年度內圍繞不同議題展開的質詢數量的差距越大，方差越小則表示議員在不同議題上的質詢數量相近。換句話説，方差值越大說明質詢議題比較不成比例地集中在某個議題上；而方差數值小則表示議員的質詢主題比較分散。

圖 5 顯示了六屆立法會質詢主題集中度的趨勢圖。從圖中我們可以看到歷年質詢主題的方差值呈明顯的上升趨勢，這意味着，從整體

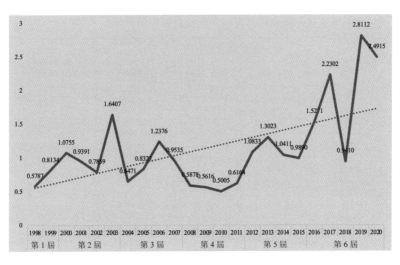

圖 5　六屆香港立法會質詢主題集中度趨勢圖

註：為了便於觀察小數點後的差異，所有方差值都乘以了 1000。小數點保留 4 位。

上而言，議員在立法會的質詢主題越來越集中於單個或為數不多的某幾個議題之上。圖中方差值明顯高的幾個年度分別是第二屆立法會期間的 2003 年和第六屆立法會中的 2017 年及 2019 年。

　　我們進一步計算了六屆立法會每個立法年度內質詢數量最多的前兩類議題和質詢數量最少的兩類議題（如表 4 所示）。對應圖 5 所顯示的方差高值的三個年度，可以看到，在 2003 年，法治和政治類的質詢佔了該年度質詢總量的三成以上；質詢數量居倒數第一和第二位的「教育」和「社保」議題的總和不及「法治」和「政治」議題的任何一種。2003 年，因特區政府試圖推行《基本法》「二十三條」立法，香港發生回歸以來第一次大規模的公眾游行抗議活動。立法會質詢在「法治」和「政治」兩個議題上的集中程度反映出議員對這一公共事件極高的關注程度。2017 年的質詢主要集中在「法治」和「住房」兩個領域，兩者的質詢數約佔該年度質詢總量的 33%。到 2019 年，單個議題質詢量該

表 4　單個立法年度內議員質詢最多及最少的四類議題（1998—2021）

屆次	年度	質詢數最高的議題		質詢數最少的議題	
第一屆	1998	經濟（14.79%）	交通（13.91%）	醫療（8.72%）	社保（7.21%）
	1999	交通（14.43%）	法治（13.76%）	教育（8.79%）	社保（5.47%）
第二屆	2000	法治（17.21%）	經濟（14.10%）	教育（7.54%）	社保（7.05%）
	2001	住房（14.43%）	經濟（13.92%）	教育（8.15%）	社保（5.94%）
	2002	法治（14.80%）	住房（13.50%）	教育（7.97%）	社保（6.02%）
	2003	法治（17.81%）	政治（14.71%）	教育（7.68%）	社保（4.08%）
第三屆	2004	醫療（15.27%）	經濟（12.32%）	社保（7.22%）	教育（7.06%）
	2005	法治（14.72%）	醫療（13.55%）	社保（7.19%）	教育（6.02%）
	2006	法治（17.43%）	醫療（13.81%）	社保（8.32%）	教育（5.34%）
	2007	法治（18.18%）	醫療（12.38%）	經濟（8.62%）	社保（7.99%）
第四屆	2008	經濟（15.24%）	社保（12.90%）	教育（8.38%）	政治（7.54%）
	2009	經濟（14.68%）	住房（13.87%）	社保（9.19%）	教育（7.42%）
	2010	住房（14.00%）	交通（13.23%）	社保（9.69%）	教育（6.46%）
	2011	政治（14.70%）	住房（14.24%）	社保（8.48%）	教育（7.42%）
第五屆	2012	住房（18.28%）	法治（14.08%）	環保（8.74%）	教育（7.93%）
	2013	法治（14.98%）	住房（14.68%）	教育（7.19%）	社保（5.66%）
	2014	法治（18.01%）	住房（13.20%）	教育（8.39%）	社保（7.14%）
	2015	法治（14.90%）	住房（14.75%）	教育（8.05%）	社保（5.22%）
第六屆	2016	法治（17.05%）	住房（15.81%）	社保（6.93%）	教育（5.86%）
	2017	法治（18.49%）	住房（16.33%）	教育（6.01%）	政治（5.86%）
	2018	住房（16.24%）	經濟（14.02%）	社保（7.75%）	教育（6.83%）
	2019	法治（21.67%）	經濟（16.92%）	社保（6.08%）	教育（5.89%）
	2020	經濟（23.16%）	住房（12.85%）	環保（7.51%）	教育（5.73%）

資料來源：作者根據香港立法會質詢數據庫自製。

年度質詢總量 20% 的情況首次出現；議員對「法治」議題的質詢佔總體的 21.67%。這種單個議題集中質詢的情況到 2020 年更為突出。在該

年度，議員有關「經濟」問題的質詢數量超過了該年度整體的 23%。議員質詢議題的集中程度一方面可能反映了相應時期社會焦點問題的突出程度，但另一方面也可能表示議員越來越不能在議會中反映社會羣體的差異化和多樣性，對政府工作的監督和督促也越來越局限在為數不多的某個或某些議題上。從這種角度而言，質詢集中度高可能與議員在立法機關的民意代表性之間存在一定的張力。另外不能忽視的一個問題是，在各屆立法會的各個立法年度中，「教育」和「社保」議題的質詢常年都是最少質詢和次少質詢的議題。

四、結語

本研究對 1998—2021 年香港特別行政區第一至第六屆立法會共 14482 份議員質詢文件作了初步的整理和分析。我們關注兩個主要問題：香港議員質詢的積極性如何？經歷六屆立法會的發展，議員質詢的議題呈現怎樣的特徵，這些特徵是否隨時間的推移而發生變化？

我們的分析發現，從六屆立法會的整體情況來看，議員質詢的積極性呈下滑趨勢；這主要體現在議員質詢總量、議員個人年均質詢量以及議員最經常使用的補充質詢數量這幾個具體指標上。與整體下降趨勢不同的是，功能組別議員在最近兩屆立法會內的質詢積極性有明顯提升；到第六屆立法會的最後一個立法年度，功能組別議員提出的質詢數量已基本與直選議員的質詢數量相持平。就質詢主題而言，議員對法治類議題的關注度最高，其次是經濟發展和住房問題；教育和弱勢羣體社會保障問題得到的關注度最低。另外，從六屆立法會的發展趨勢來看，議員質詢越來越集中於單個議題，這在一定程度上反映

議員對不同類型議題的照顧能力不足。在未來的履職實踐中，議員有必要更廣泛地汲取不同羣體的民意訴求，從更多樣化的角度監督政府施政。

Legislative Questioning in Post-handover Hong Kong （1998—2021）

Frequencies and Issues

Xia Ying, Wu Song

Abstract: Questioning is one of the major ways for Members of the Legislative Council of Hong Kong to discharge their duties after the reunification. How active are Members of the Legislative Council in asking questions? What are their major concerns? This study attempts to answer these questions by analyzing a total of 14,482 question papers raised by Members of the Legislative Council of Hong Kong between 1998 and 2021. The study finds that, firstly, in terms of the scale of questions, the total number of questions asked by Legislative Council Members, the average number of questions asked per year, and the most frequently asked supplementary questions have all been on a downward trend; however, there was a significant increase in the number of questions asked by Functional Constituency Members over the past two Legislative Sessions. Secondly, in terms of the themes of questions, the issue of the rule of law has attracted the most attention, followed by economic development and housing issues, while education and social security for the disadvantaged have attracted the least number of questions. Moreover, judging from the trend over the six terms of the Legislative Council, Members' questions have increasingly focused on particular topics, with insufficient attention paid to the diversity and breadth of the topics.

Keywords: questioning; members of Legislative Council; scale of questions; issues of questions; Hong Kong

香港《個人資料（私隱）條例》保護對象辨析

曹旭東　桑栩 *

摘　要：大數據時代，伴隨數據朝着資產化方向發展，區分數據、個人信息與隱私的必要性進一步突顯。對香港《個人資料（私隱）條例》保護對象的辨析，是大數據時代香港參與國際和國內個人信息協同保護與跨境傳輸的基本前提。本文通過考察條例中「資訊」（information）、「資料」（data）、「個人資料」（personal data）以及「私隱」（privacy）概念的內涵及其關係發現，香港法上的「個人資料」與我國內地的「個人信息」在形式和內容層面並不存在實質性差異，但二者的外延並不相同；香港雖在條例名稱和緒言中凸出強調「私隱」，但其並不屬於「大隱私權」保護模式；同時香港立法和司法實踐實際上將條例聚焦於規制個人資料的「收集、持有、處理和使用」。

關鍵詞：個人資料　個人信息　隱私　個人資料（私隱）條例

一、問題的提出

在大數據時代，大數據的出現和數據經濟的興起，推動「數據」（data）朝着資產化和財產化方向發展，有關「個人信息」和「數據資產」的利益關係變得越來越複雜。[①] 除此之外，傳統個人隱私權保護問題亦牽涉其中。由此導致數據、信息與隱私在當下的權利話語中處於混亂無序的狀況，引發法律規制的難題，[②] 從而使得大數據時代區分數據（data）、個人信息（personal information）與隱私（privacy）的必要性進一步突顯。

與此同時，目前國際層面個人信息保護的統一規則尚未確立。綜觀全球個人信息保護立法，形成了以歐盟和美國為代表的個人信息保護的兩種模式。在個人信息保護的法律政策方面，無論是概念稱謂選擇，還是權利基礎界定，歐盟和美國的立法都存在很大分歧。其中亦涉及數據、信息與隱私的關係問題，具體表現為：以美國為代表的加拿大和澳大利亞國等國均以「隱私法」（Privacy Act）保護「個人信息」（personal information），將個人信息納入隱私權保護體系；而以《一般數據保護條例》（以下簡稱「GDPR」）的通過為標誌，歐盟已完成由混同隱私與個人數據保護向區分隱私與個人數據保護的立場轉變，「GDPR」以「個人數據受保護權」（their right to the protection of personal data）而非「隱私權」作為個人數據（personal data）保護的最主要基礎。[③]

---

① 參見龍衞球：《數據新型財產權構建及其體系研究》，載《政法論壇》2017 年第 4 期，第 63 頁。
② 參見申衞星：《數字權利體系再造：邁向隱私、信息與數據的差序格局》，載《政法論壇》2022 年第 3 期，第 89 頁。
③ 參見歐盟《一般數據保護條例》第 1 條。

而我國內地立法亦採取了明確區分隱私權、個人信息和數據的立場。2020 年，《中華人民共和國民法典》（以下簡稱《民法典》）正式公佈，其在第一篇第五章「民事權利」中對隱私權、個人信息和數據予以分別規定。[①] 隨後，我國又分別通過了「規範數據處理活動，保障數據安全」的《中華人民共和國數據安全法》（以下簡稱《數據安全法》）和「保護個人信息權益，規範個人信息處理活動」的《中華人民共和國個人信息保護法》（以下簡稱《個人信息保護法》），在明確區分數據和個人信息的基礎上，對「數據處理」和「個人信息的處理」採取了差異化的規制立場和手段。

在上述時代變革和法律制度變革的背景下，闡明香港《個人資料（私隱）條例》（以下簡稱《個人資料條例》）中「資訊」（information）、「資料」（data）、「個人資料」（personal data）、「私隱」（privacy）[②] 等概念的內涵及其關係，明晰香港個人資料保護的對象及範圍，是香港在大數據時代參與國際國內隱私協同保護、個人信息流通與數據跨境傳輸的基本前提。據此，本文主要從以下兩個方面對《個人資料條例》的保護對象進行辨析：其一，理清香港法上現有的「資訊」、「資料」與「個人資料」概念之間的關係，並在此基礎上，考察香港法上是否存在與內地的「個人信息」和「數據」相對應的概念。其二，理清香港法上個人資料保護與隱私保護的關係，澄清香港是否採取個人資料的「大隱私權」保護模式，並以此為基礎辨析《個人資料條例》的最終立法目標究竟是保護個人「私隱」還是保障「個人資料」不被濫用。

[①] 參見《民法典》第一篇第五章第 110 條、第 111 條、第 127 條。

[②] 香港法上將「information」譯作資訊，「data」譯作資料，「personal data」譯作個人資料，「privacy」譯作私隱。

二、香港法上「資訊」、「資料」與「個人資料」的 內涵及其關係

（一）信息（information）和數據（data）的關係

目前理論界對於信息（information）與數據（data）的關係問題，尚未達成共識。持「區分理論」的學者認為，數據側重於客觀形式，而信息側重於主觀內容。[①] 例如，對於信息，有學者認為「個人信息的表現和存在方式是多種多樣的，並不一定表現為個人資料，沒有物化成個人資料的信息大量存在，比如一個人自然表現出的個人屬性。」[②] 另有學者指出，當我們提到「信息」一詞時，所指的不是信息的載體，而是信息所表達的內容甚至這些內容對信息接受者的影響，因此信息的內容可以是不確定、不完整甚至不真實的。[③] 以上論述均強調「信息」的內容性。而對於數據，有觀點認為「在數字環境中，數據可被理解為可通過特定設備讀取的二進制比特集合」[④]，還有意見認為「網絡時代對數據概念的狹義理解是數字化記錄，更強調能被設備自動化的處理。」[⑤] 以上對「數據」概念的理解則更強調形式層面的要求。

而對信息和數據的關係持「等同理論」的學者則指出：「從比較法上來看，最初一些立法大多採用個人資料的概念，而現在越來越多的立法則採用個人信息的概念，實際上個人信息概念已經替代了個人資

---

① 參見齊愛民：《私法視野下的信息》，重慶大學出版社 2012 年版，第 105 頁。
② 齊愛民：《論個人資料》，載《法學》2003 年第 8 期，第 81 頁。
③ 參見謝遠揚：《信息論視角下個人信息的價值 —— 兼對隱私權保護模式的檢討》，載《清華法學》2015 年第 3 期，第 98 頁。
④ 李振華、王同益等：《數據治理》，中共中央黨校出版社 2021 年版，第 5 頁。
⑤ 李愛君：《數據權利屬性與法律特徵》，載《東方法學》2018 年第 3 期，第 66 頁。

料；另一方面，在許多國家法律上，這兩個概念是通用的，往往利用這兩個概念進行交叉解釋。」[①] 從立法上看，歐盟 1995 年《數據保護指令》作為個人信息保護的早期立法成果符合上述「等同理論」的特徵。指令第 2 條將「個人數據」（personnaldata）界定為「任何與已識別或可識別自然人（數據主體）相關的信息（infomation）」，即是利用信息和數據做交叉解釋。然而，值得注意的是受歐盟立法影響頗深的香港，卻在信息（infomation）和數據（data）的關係問題上，作出了明顯有別於前者的取向。

（二）香港法上的資訊（information）與資料（data）的內涵及其關係

關於信息（infomation）和數據（data）的關係問題，不論是香港特區還是我國內地均採取了區分信息和數據的基本立場。如前所述，我國內地先後通過《數據安全法》和《個人信息保護法》，分別對「數據」和「個人信息」進行規定。而我國香港特區亦從立法之初即堅持「資訊」與「資料」的「區分理論」。

1994 年，香港法律改革委員會（以下簡稱法改會）發佈了《有關保障個人資料的法律改革報告書》（以下簡稱《94 年報告書》，其中特別指出：「保障資料法旨在規管表述個人資訊的資料，而非意圖將條文直接應用於該等資訊上。」[②] 對於資訊和資料的區別，法改會認為資料的核心特徵在於「記錄」，「受規管的個人資料通常在某程度上以永久

---

① 王利明：《人格權法研究》，中國人民大學出版社 2018 年版，第 621 頁。
② 香港法律改革委員會：《有關保障個人資料的法律改革》報告書，1994 年 8 月，第 81 頁。

形式被記錄下來」[①]。

1995 年，香港通過了保障個人資料的專門立法《個人資料條例》，正式從法律層面確認了資訊與資料的「區分理論」。不同於歐盟對信息和數據進行交叉解釋，香港《個人資料條例》在進行概念界定時保持了嚴格的一致性：「個人資料（personal data）指符合以下説明的任何資料（data）……」[②]。更重要的是，《個人資料條例》特別對「資料」進行了釋義，以闡明「資訊」與「資料」的之間的關係。《個人資料條例》第 2 條規定：「資料（data）指在任何文件中資訊的任何陳述（包括意見表達），並包括個人身份標識符」，對資料分別提出形式和內容兩個方面的要求。

1.「資料」的形式要求

《個人資料條例》在區分資訊與資料的基礎上，對「資料」提出了明確的形式要求，即要想構成香港法上的「資料」（data）必須滿足「記錄」的形式要求，[③] 且須記錄在符合定義的「文件」（document）[④] 中。因為《個人資料條例》中「文件」的範圍極其廣泛，因此是否具備「記錄」的形式要求，即是否擁有「載體」，構成「資訊」與「資料」的本質區別。

2.「資料」的內容要求

關於「資料」所包含的資訊的內容性質，法改會在《94 年報告書》

---

① 香港法律改革委員會：《有關保障個人資料的法律改革》報告書，1994 年 8 月，第 82 頁。
② 參見《個人資料（私隱）條例》2（1）。
③ See Zhu, Guobin, Personal Data（Privacy）Law in Hong Kong: A Practical Guide on Compliance, Wong, Stephen Kai-yi（Eds.）, City University of Hong Kong Press, 2016, p.8.
④ 《個人資料（私隱）條例》第 2 條規定，文件（document）除包括書面文件外，包括 ——（a）包含視覺影像以外的資料的紀錄碟、紀錄帶或其他器件，而所包含的資料能夠在有或沒有其他設備的輔助下，從該紀錄碟、紀錄帶或器件重現；及（b）包含視覺影像的膠捲、紀錄帶或其他器件，而所包含的影像能夠在有或沒有其他設備的輔助下，從該膠捲、紀錄帶或器件重現。

中，曾提出一種極為寬泛的主張，認為：「這些資料可屬事實陳述，也可屬判斷性質；既可能是真的，亦可能是假的。資料可以是關乎資料當事人的私生活（例如性生活習慣）或關乎其公共身份（例如國籍）。」[①] 而《個人資料條例》第 2 條對此僅表述為「資料」包涵「資訊的任何陳述（包括意見表達）」，將內容具主觀性的資料納入個人資料法的保障範圍，但並未明確規定資訊的真實性和私密性問題。

由此導致在《個人資料條例》實施的過程中，行政上訴委員會[②] 對資訊的內容要求，作出了不同於法改會的闡釋。行政上訴委員會在個案中對個人資料的保護範圍進行了限縮解釋，將有關個人的「虛假陳述」排除在《個人資料條例》的保護範疇之外。2001 年，行政上訴委員會在 KAM SEA HANG OSMAAN v. PRIVACY COMMISSIONER 一案中指出，《個人資料條例》第 2 條有關「個人資料」的定義「措辭非常明確，足以將對某人的任何捏造（fabrication）或謊言（lies）排除在外，條例保護的是個人資料（personal data）」而「謊言或捏造始終是謊言或捏造，永遠不能轉化為個人資料。」[③]

綜上，在香港任何「資訊」要想構成「資料」，必須滿足以上形式要求和內容要求（參見表 1）。值得注意的是，我國內地《數據安全法》第 3 條將「數據」界定為「任何以電子或者其他方式對信息的記錄」，與《個人資料條例》第 2 條「資料」的規定相類似，其均強調「數據」

① 香港法律改革委員會：《有關保障個人資料的法律改革》報告書，1994 年 8 月，第 80 頁。
② 行政上訴委員會是根據《行政上訴委員會條例》（香港法例第 442 章）在 1994 年 7 月成立的法定機構。行政上訴委員會負責就上訴人因為不服某些行政決定而提出的上訴，進行聆訊並作出裁決。在個人資料保護方面，行政上訴委員會負責聆訊就不滿個人資料私隱專員公署處理的投訴決定而提出的上訴，並作出裁決。
③ 參見行政上訴案件第 29/2001 號 KAM SEA HANG OSMAAN v. PRIVACY COMMISSIONER，第 6 段。

（資料）需具備「記錄」的形式要求，而對數據（資料）的儲存媒介，以及「數據」（資料）所包涵的信息（資訊）的內容，採取較為寬泛的標準。因此，香港《個人資料條例》中的「資料」概念，其實與我國內地法上「數據」概念具有一定的相似性。

表 1　香港法上「資訊」（information）與「資料」（data）的關係

（三）香港法上的「資料」（data）與「個人資料」（personaldata）的關係

《個人資料條例》中同時存在「資料」和「個人資料」的概念，二者是何關係？《個人資料（私隱）條例》第 2 條規定，個人資料（personaldata）指符合以下說明的任何「資料」——（a）直接或間接與一名在世的個人有關的；（b）從該資料直接或間接地確定有關的個人的身份是切實可行的；及（c）該資料的存在形式令予以查閱及處理均是切實可行的。可見，香港法上的「資料」要想構成「個人資料」，還需滿足以下內容和形式方面的要求。

第一，「資料」要想成為「個人資料」必須滿足「可以查閱及處理」的形式要求。從香港法上對「資料」和「個人資料」的定義可以推知：要想構成《個人資料條例》的保護對象，共需滿足三項形式要求：（1）

記錄，(2) 可以查閱，(3) 可以處理。其中，「記錄」的形式要求不存在例外情況，是區分個人資料保護和傳統隱私保護的重要界限。而香港立法之所以對「個人資料」特別提出可以查閱和可以處理的形式要求，主要是因為香港對「資料」的儲存媒介採取了寬泛的標準，將可自動化處理的資料和「人手處理記錄」一併納入其規制範圍。然而，考慮到「人手處理記錄」可能因為儲存雜亂，導致資料使用者根本無法找到該資料，從而給資料當事人帶來風險的可能性較小，於是《個人資料條例》將其主要的保障範圍設定為「可以查閱和可以處理的」的資料。[①] 同時規定了例外情況，《個人資料條例》規定，資料使用者的個人資料的保安義務應延伸適用於所有資料，包括「不能切實可行地予以查閱或處理的形式的資料」[②]。

第二，「資料」要想成為「個人資料」還必須滿足以下內容要求：1. 個人資料的主體僅限於自然人，並且《個人資料條例》僅保障在世人士的個人資料，並不適用於已故人士的個人資料。[③] 2.《個人資料條例》對「個人資料」設置了「相關性」＋「可識別」標準，資料的內容必須直接或間接與個人有關，並且從該資料直接或間接地確定有關的個人的身份應是切實可行的。由此可見，內容要求而非形式要求，才是區分「個人資料」與「資料」的關鍵標準，因為「就個人數據（資料）而言，其之所以具有經濟利益或者涉及人格利益，

① 參見香港法律改革委員會：《有關保障個人資料的法律改革》報告書，1994 年 8 月，第 87-91 頁。

② 參見《個人資料（私隱）條例》附表 1 保障資料原則：第 4 原則個人資料的保安。

③ See Zhu, Guobin, Personal Data (Privacy) Law in Hong Kong: A Practical Guide on Compliance, Wong, Stephen Kai-yi (Eds.), City University of Hong Kong Press, 2016, p.12.

就是因為包含着個人信息。沒有個人信息的數據（資料）不是個人數據（資料）」[1]

綜上，香港法上「個人資料」需滿足以下形式與內容方面的要求（參見表 2）。值得注意的是，我國內地《個人信息保護法》第 4 條第 1 款規定所謂「個人信息」是指「以電子或者其他方式記錄的與已識別或者可識別的自然人有關的各種信息，不包括匿名化處理後的信息。」同樣對法律的保護對象提出「記錄」的形式要求，以及「相關性」和「可識別」標準，並且從《個人信息保護法》的立法目的條款來看，受該法所保護的「個人信息」理應具備「可以處理」的形式要求。[2] 可見，香港法上的「個人資料」和我國內地的「個人信息」並不存在實質性差異。不過《個人信息保護法》和《個人資料條例》保護對象的外延和類型並不相同。例如，《個人信息保護法》為死者的個人信息提供適當保護，[3] 又如，《個人資料條例》並不區分一般資料和敏感資料，而《個人信息保護法》第 2 章第 2 節專門對「敏感個人信息」及其處理規則作出了規定。

表 2　香港「個人資料」需滿足的內容要求與形式要求

內容要求							形式要求		
自然人	在世的人	相關性	可識別	客觀性＼主觀性	真實性	公開性＼私密性	記錄	可查閱	可處理
√	√	√	√	√	?	√	√	√	√

---

① 參見程嘯：《論大數據時代的個人數據權利》，載《中國社會科學》2018 年第 3 期，第 105 頁。
② 《個人信息保護法》第 1 條規定：「為了⋯⋯規範個人信息處理活動⋯⋯制定本法。」因此，筆者認為《個人信息保護法》的保護對象應為可處理的個人信息是不言自明的。
③ 參見《個人信息保護法》第 49 條。

三、香港個人資料與隱私保護的關係澄清

（一）香港個人資料與隱私保護的界限模糊

由於香港《個人資料條例》在名稱和緒言中同時凸出「個人資料」（personal data）和「私隱」（privacy），導致《個人資料條例》的保護對象，特別是個人資料保護與隱私保護之間的界限模糊。

綜觀全球個人信息保護的立法實踐，大體形成了個人信息保護的兩種模式：「制定《個人信息保護法》的歐盟統一立法模式和將個人信息保護納入隱私權保護體系的美國分散立法模式。」[①] 以 2000 年《歐盟基本權利憲章》（以下簡稱《憲章》）的通過為標誌，歐盟正式確立以「個人數據保護權」（their right to the protection of personal data）為基礎的個人信息保護模式。《憲章》通過在第 7、8 條分別規定「尊重私人和家庭生活」與「保護個人數據」，明確將「個人數據保護」從「私生活保護」中獨立出來。在此基礎上，2016 年歐盟「GDPR」變更其立法目的為：「保護個人基本權利與自由，尤其是個人數據受保護權。」以「個人數據受保護權」取代舊有的「隱私權」表述，進一步彰顯了其區分隱私和個人數據保護的基本立場。與之相反，美國在立法和學理層面均不存在對隱私和個人信息的明確界分。在立法上，「1974 年《美國隱私法》以隱私權保護為基礎，通過隱私權對個人信息加以保護。」[②] 美國學者亦認為「個人信息本質上是一種隱私，隱私就是我們對自己

---

① 參見胡文濤：《我國個人敏感信息界定之構想》，載《中國法學》2018 年第 5 期，第 240 頁。
② 參加王利明：《論個人信息權在人格權法中的地位》，載《蘇州大學學報（哲學社會科學版）》2012 年第 6 期，第 72 頁。

所有的信息的控制。」[1]

如果以上述兩種模式為模板對照香港可以發現，香港《個人資料條例》具有一定的模糊性，其兼具目前比較法上形成的個人信息保護的兩種模式的特徵。一方面，香港制定了專門的「個人資料法」，統一適用於公私領域；而另一方面，《個人資料條例》不僅在名稱中特別註明「私隱」（privacy），而且其緒言宣稱「本條例旨在在個人資料方面保障個人的私隱，並就附帶事宜及相關事宜訂定條文。」[2] 其表述高度類似於加拿大 1985 年《隱私法》和澳大利亞 1988 年《隱私法》在「大隱私權」保護模式下確立的立法目的。[3]

由此引發了學界和實務界對於《個人資料條例》的保護對象，以及香港個人資料保護與私隱保護關係的不同看法。有意見認為：「《個人資料條例》主要目的是為了保障市民的個人資料不會被人誤用或濫用。」[4] 不同意見則認為，條例的目的在於保障私隱，是從個人資料的保護進而實現私隱保護這一根本目的。[5] 還有學者從個人資料保護與隱私權的關係出發，認為《個人資料條例》採納了起源於美國的「隱私權客體說」[6]，將個人資料納入隱私權進行保護。《個人資料條例》的保護對象究竟為何？香港是否採取了類似於美國的「大隱私權」模式？在

---

[1] See Daniel J. Solove & Paul M.Schwartz, Information Privacy Law, Wolters Kluwer, 2009,p.2.

[2] 參見《個人資料（私隱）條例》，1996 年第 34 號法律公告。

[3] 參見加拿大 1985 年《隱私法》第 2 條：「本法之目的是擴大加拿大現行法律的範圍，這些法律保護個人在政府機構掌握的個人信息方面的隱私，並為個人提供獲取這些信息的權利。」參見澳大利亞 1988 年《隱私法》前言：「本法為保護個人隱私和相關目的而制定。」

[4] 香港個人資料私隱專員公署：《認識個人資料保障》，香港個人資料私隱專員公署 2002 年版，轉引自謝琳：「香港資料處理者的個人資料保護責任問題研究。」載《當代港澳研究》2013 年第 3 期，第 12 頁。

[5] 參見姚岳絨：《憲法視野中的個人信息保護》，法律出版社 2012 年版，第 281 頁。

[6] 參見齊愛民：《個人信息保護法研究》，載《河北法學》2008 年第 4 期，第 16 頁。

回答上述問題之前，必須先釐清香港個人資料保護與私隱保護的關係。

（二）香港個人資料保護不屬於「大隱私權」保護模式

「隱私是一個具有高度主觀性的術語，其內涵會隨着時、空的變化而改變」[①]，要釐清香港個人資料保護與隱私保護的關係，明確香港是否採取了類似美國的「大隱私權」保護模式，首先需要對香港隱私權法律制度的發展狀況進行考察，以評估香港隱私權法律制度是否具有足夠的制度空間以容納「個人資料」保護。

作為以隱私權為基礎保護個人信息的先行者，「美國法採納的是大隱私權的概念」[②]，有學者曾如此評價美國的隱私權法律制度：「美國法上的隱私權，通過數以百計的法院判例而不斷擴充，以致足以將四種除了與『獨處權』一詞緊密相連，而在其他方面幾乎沒有任何共性的利益涵蓋於內。」[③] 與之形成鮮明對比的是，時至今日香港依然不具有一般性的「隱私權」。[④] 在制定法層面，早在 1989 年，律政司及首席大法官即將有關「私隱」的課題交予法改會研究。法改會隨後發表了一系列有關香港本地「私隱」立法的報告書，範圍涵蓋資料私隱、處所私隱、通訊私隱以及人身私隱等，然而，由於受到英國隱私法律文化

---

① Colin J. Bennett, Regulating privacy, Cornell University Press, 1992, p.13.

② 王利明：《論個人信息權的法律保護 —— 以個人信息權與隱私權的界分為中心》，載《中國檢察官》2013 年第 21 期，第 63 頁。

③ 美國著名侵權法學者 William Prosser 從 1890 年以來美國各級法院數以百計的隱私侵權判例中總結認為，美國隱私侵權法保護四種完全不同的隱私利益：①侵擾他人居所安寧、安靜或侵入他人私人事務；②公開他人令人難堪的私人事實；③公開醜化他人形象；④擅自使用他人的姓名和肖像。See William L. Prosser, Privacy, California Law Review, Vol.48, p.383-389.（1960）.

④ See Doreen Weisenhaus, Hong Kong media law: a guide for journalists and media professionals, Hong Kong University Press, 2014, p.101.

影響，香港的「私隱」立法進程可謂相當緩慢（參見表 3）。而在普通法層面，香港法院不承認侵犯隱私作為普通法下的侵權行為，受侵犯的隱私利益只能藉助其他訴訟因由間接獲得保護。[①]

表 3　香港「私隱」保護的立法進程

序號	時間 [②]	課題名稱	研究內容＼範圍	最新立法情況
①	1993 年 3 月	有關保障個人資料的法律改革	有關個人的資料及意見被任何人或團體取得、收集、紀錄、儲存、披露或傳送；	《個人資料（私隱）條例》（1995 年 8 月通過）
②	1996 年 4 月	規管祕密監察	私人處所被別人以電子或其他方法侵擾；	《截取通訊及監察條例》（2006 年 8 月通過）
③	1996 年 4 月	規管截取通訊的活動	通訊（無論是以口語或書面形式進行）被人截取	
④	1998 年 5 月	纏擾行為	一個人如做出一連串的行為（例如探訪、致電、尾隨或注視等），而這一連串的行為對另一人造成騷擾	暫未立法
⑤	1999 年 8 月	侵犯私隱的民事責任	以侵擾另一人的獨處或隔離境況的方式侵犯私隱，以及以公開披露私人事實的方式侵犯私隱	暫未立法
⑥	1999 年 8 月	傳播媒介的侵犯私隱行為	新聞媒體侵犯個人私隱的情況	暫未立法

其次，香港將「公共領域的個人資料」納入個人資料的保障範圍，使得香港的「個人資料」在外延和範圍上已明顯超出「私隱」的範疇。詳言之，在美國「公私的區別對於隱私法是至關重要的」。[③] 此種公、私劃分理念一脈相承至個人信息保護，使得美國法下的「個人」信息的規範內涵，具有與「公共的」、「公開的」相對的「私人的」、「私密的」

---

① 張鴻霞、鄭寧：《網絡環境下隱私權的法律保護研究》，中國政法大學出版社 2013 年版，第 131 頁。

② 表中時間為香港法律改革委員會（私隱問題小組委員會）發佈諮詢文件的時間。

③ ［美］阿麗塔‧L.艾倫、理查德‧C.托克音頓：《美國隱私法：學說、判例與立法》，馮建妹、石宏等編譯，中國民主法制出版社 2004 年版，第 2 頁。

信息的涵義。因此，在美國「只有私密的、未公開的個人信息才能受到隱私權保護，如果個人信息已經是合法公開的，則不屬於隱私，不能受到信息隱私權的保護」。[①] 而香港已明確將公共領域的個人資料納入個人資料的保障範圍。如前所述，香港法改會在《94 年報告書》中即秉持「個人資料既可以是私密的、也可以是公開的信息」的觀點。同時。《個人資料條例》雖未對公開的個人資料予以明確規定，但是，2013 年 8 月香港個人資料私隱專員（以下簡稱私隱專員）發佈了《使用從公共領域取得的個人資料指引》[②]，明確指出：處於公共領域的個人資料 ——「透過不同途徑，諸如公共登記冊、公共搜尋器或公共名冊等，可以從公共領域查閱及取得他人的個人資料」同樣受到條例的保障。[③]

綜上，結合香港隱私權法律制度的發展狀況與香港「個人資料」的保障範圍來看，香港法上並不存在足以涵蓋「個人資料」保護的「大隱私權」。因此，筆者認為，《個人資料條例》雖然具有「隱私權保護模式」的立法外觀，但其實質上並不屬於「大隱私權」保護模式。

四、《個人資料條例》的保護對象辨析

在闡明了香港「個人資料」的內涵，以及釐清了香港個人資料保

---

① 程嘯：《論公開的個人信息處理的法律規制》，載《中國法學》2022 年第 3 期，第 83 頁。
② 為《個人資料（私隱）條例》的實施，香港專門設立了個人資料私隱專員的職位，個人資料私隱專員由香港行政長官委任，其職能及權力包括，(b) 促進及協助代表資料使用者的團體為第 12 條的施行擬備實務守則，以在遵守本條例條文（尤其是各保障資料原則）方面提供指引。參見《個人資料（私隱）條例》第 2 (1)、5、8 條。
③ 參見香港個人資料私隱專員公署：《使用從公共領域取得的個人資料指引》，第 1 頁。

護與隱私保護的關係的基礎上，這一部分筆者將對《個人資料條例》
的保護對象進行辨析。

實踐中香港在《個人資料條例》的保護對象及範圍判定方面確
立了何種原則？《個人資料條例》究竟是為了保障個人資料不被濫
用，還是通過保護個人資料來保護個人隱私？以下筆者對香港司法
與立法實踐中有關《個人資料條例》保護對象的不同理解進行概述
與評析。

（一）對《個人資料條例》保護對象的不同理解

1. 司法實踐中對《個人資料條例》保護對象的不同理解

1999 年，在針對私隱專員決定的司法覆核第一案「東周刊訴私隱
專員案」[1]（以下簡稱東周刊案）中，各方就「該案是否屬於《個人資料
條例》的規制範疇」觀點各異（參見表 4）[2]。在該案中，投訴人及私隱
專員均認為，該案中的照片構成投訴人的個人「資料」，[3] 而東周刊未採
取適當的措施保護投訴人的「隱私」，[4] 因此，投訴人根據《個人資料條
例》向私隱專員提出投訴，私隱專員亦依據《個人資料條例》做出了
決定。

---

[1] 在東周刊案中，投訴人以東周刊擅自拍攝並刊登其照片為由，向香港私隱專員提出投訴，
後該案司法覆核至香港高等法院上訴法庭。

[2] 因為各方就「該案是否屬《個人資料條例》的規制範疇」的意見，與其就「該案中的照片
是否構成投訴人的「個人資料」的意見緊密相關，因此，筆者在此同時列舉，以直觀呈現
各方就二者關係的理解。

[3] See Eastweek Publisher Limited & Another v. Privacy Commissioner for Personal
Data, HCAL 98/98, p17.

[4] See Eastweek Publisher Limited & Another v. Privacy Commissioner for Personal
Data, HCAL 98/98, p5.

表 4　東周刊案各方意見匯總

爭議	投訴人	東周刊	私隱專員	原訟庭法官 Brian Keith	上訴庭法官 R.A.V. Ribeiro
①是否屬於個人資料	√	×	√	×	√
②是否屬於《個人資料條例》的規制範疇	√	×	√	×	×

　　在司法覆核中，高等法院原訟庭法官 Brian Keith 提出了不同觀點，其認為「在本案中投訴人真正要投訴的是雜誌刊登她照片的行為對她的隱私的侵犯，而不是雜誌不公平地收集有關她的資料（該照片）」[①]。據此，Brian Keith 對該案中的照片是否構成投訴人的「資料」，以及《個人資料條例》的規定能否適用於本案提出了質疑。而東周刊方在上訴時亦辯稱，該照片並不屬於個人資料；[②] 本案的情況不屬於《個人資料條例》的適用範圍，因為「條例的主要目的是規管個人資料的收集和使用，而不是為侵犯私隱的行為提供救濟」[③] 意圖以超越職權範圍為由，推翻私隱專員對此案作出的決定。

　　最終，高等法院上訴法庭法官 R.A.V. Ribeiro 對該案作出裁決。在判決意見中，R.A.V. Ribeiro 首先確認了，該照片毫無疑問屬於投訴人的「個人資料」。[④] 其次，R.A.V. Ribeiro 肯認了東周刊的行為可能對

[①]　See Eastweek Publisher Limited & Another v. Privacy Commissioner for Personal Data,HCAL 98/98, p17.

[②]　See Eastweek Publisher Limited & Another v. Privacy Commissioner for Personal Data,CACV 331/1999, p18.

[③]　Eastweek Publisher Limited & Another v. Privacy Commissioner for Personal Data,CACV 331/1999, p26.

[④]　See Eastweek Publisher Limited & Another v. Privacy Commissioner for Personal Data,CACV 331/1999, p18.

投訴人「個人隱私領域造成不公平和不恰當的侵犯」[1]。在此基礎上，R.A.V. Ribeiro 指出東周刊的行為雖然可能侵犯「私隱」，但卻並不屬於「收集」個人資料的行為[2]，因此無法適用《個人資料條例》第 4 條及附表 1 保障資料原則中第 1 原則「收集個人資料的目的及方式」的相關規定。[3] 最後，R.A.V. Ribeiro 以《個人資料條例》並無條文可適用於該案為由，判定該案不屬於《個人資料條例》保障範疇。

2. 立法實踐中對《個人資料條例》保護對象的不同理解

立法實踐中，同樣存在對《個人資料條例》保護對象及範圍的不同理解。在 2012 年《個人資料條例》修訂的過程中，針對直接促銷活動對個人隱私的嚴重滋擾，香港政治及內地事務局對規管直接促銷提出以下立法建議：「（a）提高在《私隱條例》第 34（1）（b）i）條下直接促銷活動中不當使用個人資料的行為的罰則；（b）修訂《私隱條例》第 34 條，規定資料使用者在使用從任何來源取得的個人資料作直接促銷用途前，須取得資料當事人明確同意，方可使用其個人資料，即」接受機制「建議；及（c）設立全港適用的拒收直接促銷電話中央登記冊。」[4] 其中，（c）項立法建議涉及對《個人資料條例》保護對象的不同理解。

---

[1] See Eastweek Publisher Limited & Another v. Privacy Commissioner for Personal Data,CACV 331/1999, p20.

[2] 高等法院上訴法庭法官 R.A.V. Ribeiro 指出，所謂「收集」個人資料，是指資料使用者對一名已辨識其身份或欲辨識其身份的個人的資料進行彙編。收集行為必須針對「特定個人」，然而在本案中，東周刊在拍攝直至發佈該照片時並不知悉也不欲知悉投訴人的身份。See Eastweek Publisher Limited & Another v. Privacy Commissioner for Personal Data,CACV 331/1999, p10-11.

[3] See Eastweek Publisher Limited & Another v. Privacy Commissioner for Personal Data,CACV 331/1999, p14.

[4] 檢討《個人資料（私隱）條例》的公眾諮詢報告，第 6 頁。

針對建議（c），反對意見指出，「設立全港適用的拒收直接促銷電話中央登記冊」已超越《個人資料條例》的保障範圍。其理由是，根據電訊管理局在 2008 年及 2009 年進行的兩個調查，目前約一半人對人直接促銷電話不涉及「利用」接收一方的個人資料。[①] 因此「如引入措施以處理人對人促銷電話造成的不便，有關措施應涵蓋所有該等電話，以避免對有關使用是否涉及個人資料而引致混淆和爭辯。這超越了保障個人資料私隱及《私隱條例》的範圍」。[②] 該意見最終獲得採納。

（二）《個人資料條例》保護對象評析

為了「保持香港作為國際商貿中心的地位」[③]，保證來源於其他司法管轄區的個人資料能夠自由流入香港，香港在制定《個人資料條例》時，大量借鑒了當時西方國家和國際組織的相關立法。尤其是在個人資料與隱私的關係方面，香港法改會 94 年《報告書》全盤接納了澳大利亞法律委員會在 1983 年報告書中的觀點，將「資訊私隱」作為四種「隱私權益」之一[④]，並將個人資料納入隱私權予以保護。在此立法背景下，《個人資料條例》緒言在規定其立法目的及對象時，受澳大利亞、加拿大等國「隱私法」的影響，宣稱「條例旨在在個人資料方面保障個人的私隱」。

---

① 調查顯示，約一半的人對人直接促銷電話，並不涉及識別「特定個人」。參見香港立法會資訊科技及廣播事務委員會：《人對人促銷電話》，2009 年 11 月 9 日，第 4 頁。
② 檢討《個人資料（私隱）條例》的公眾諮詢報告，第 11 頁。
③ 參見《個人資料（私隱）條例》，香港個人資料私隱專員公署網站，https://www.pcpd.org.hk/sc_chi/data_privacy_law/ordinance_at_a_Glance/ordinance.html#1，最後訪問時間：2023 年 8 月 18 日。
④ 參見香港法律改革委員會：《有關保障個人資料的法律改革》報告書，1994 年 8 月，第 2 頁。

然而，條例並未對何謂「個人資料私隱」作出釋義。同時，如前所述香港的隱私權制度未能得到充分發展，有學者指出：「香港的隱私權制度發展，就『私隱』所主要關注的是個人資料的使用。所有由私隱問題小組委員會提出的建議，無論是關於保障個人資料、截取通訊、監視或監聽、侵入他人獨處或與外界隔離的境況、公開披露私人資料、或傳媒侵犯私隱等，全都是圍繞個人資料這個概念而作出。」《個人資料條例》成為香港現行隱私權法律體系最重要的組成部分。由此導致具體實踐中，香港各界在擴張個人資料保護範圍以實現一般隱私保護功能和限制個人資料保護範圍以促進對個人信息的合理利用之間「進退兩難」。進而依據不同的立場選擇，衍生出對《個人資料條例》的保護對象及範圍判定的不同原則。

關於《個人資料條例》的保護對象，主張「擴張個人資料保護範圍」的意見認為，《個人資料條例》所謂保護「個人資料私隱」，即只要同時具備「個人資料」要件與侵犯「私隱」要件，就應屬於《個人資料條例》的規制範疇。例如，上述東周刊案中的投訴人和私隱專員，以及 2012 年修例中有關「在《個人資料條例》下設立拒收直接促銷電話中央登記冊」的立法建議，均以這一原則為依據，劃定《個人資料條例》的保護範圍。對此，筆者認為，上述意見實質上混淆個人資料保護與傳統隱私保護。誠然，「侵害個人資料的行為常常會導致與侵害個人隱私的法律競合」[①]，然而越來越多的意見指出，有必要區分個人資料保護和隱私保護。隨着信息技術的飛速發展和數據分析技術的廣泛應

---

① 齊愛民：《論個人資料》，載《法學》2003 年第 8 期，第 85 頁。

用，數據保護成為一個獨立的領域，不同於傳統的隱私權保護，[①] 個人信息保護與隱私保護的聯繫僅具有偶然性、非充分和必要性[②]，區分二者的關鍵在於是否存在對個人信息實質意義上的「收集、持有、處理和使用」，下文「限制個人資料保護範圍」的意見集中體現了這一觀點。

另外，值得特別指出的是，在東周刊案中，高等法院原訟庭法官 Brian Keith 以及東周刊方實際上已經察覺「該案就《個人資料條例》的規制範圍、私隱專員的權力以及保障個人資料與保障私隱之間的界線，提出了重要的問題」[③]，然而受困於上述「個人資料」＋「私隱」＝「個人資料私隱」判定原則，只能通過限縮「個人資料」概念，來將該案排除在《個人資料條例》的規制範圍之外。

關於《個人資料條例》的保護對象，主張「限制個人資料保護範圍」的意見認為，要想構成《個人資料條例》的保護對象，除了需具備「個人資料」外，還必須構成對「個人資料」實質意義上的「收集、持有、處理和使用」，而非簡單「利用」。例如，東周刊案中 R.A.V. Ribeiro 的判決意見以及 2012 年修例中的反對意見，即是通過增加是否構成對「個人資料」的實質「收集」和「使用」的檢驗步驟，揭示了保障資料原則中的「收集、持有、處理和使用」等概念，對於《個人資料條例》的保護對象和規制範疇界定的重要意義：大數據時代，個人信息保護

[①] See Valentin M.Pfisterer,The Right to Privacy-A Fundamental Right in Search of its Identity:Uncovering the CJEU's Flawed Concept of the Right to Privacy,German Law Journal,Vol.20,p.722（2019）.

[②] 參見王錫鋅：《個人信息保護國家義務展開》，載《中國法學》2021 年第 1 期，第 152 頁。

[③] See Eastweek Publisher Limited & Another v. Privacy Commissioner for Personal Data,HCAL 98/98, p17.

主要應對的是個人信息在數據「處理」活動中所面臨的複雜風險，[①] 而不是簡單利用個人信息侵害個人隱私，個人信息保護與傳統的隱私保護具有截然不同的任務。因此不能將二者混為一談。

綜上，筆者認為，從立法上看，香港《個人資料條例》對其保護對象的界定，呈現為一種「割裂」的狀態：一方面，條例緒言凸出強調條例「旨在保護私隱」；另一方面，《個人資料條例》第4條及附表1保障資料原則等規定，則僅聚焦「個人資料」以及個人資料的「收集、持有、處理和使用」，並且香港對「個人資料」的界定也不涉及任何「私隱」要素。由此導致香港實務界對於《個人資料條例》究竟是為了保障個人資料不被濫用，還是通過保護個人資料來保護個人隱私，作出不同理解和闡釋。通過上文對香港立法實踐與司法實踐的梳理可以發現，目前香港實質上已突破了《個人資料條例》緒言所確立的在個人資料方面保障個人的「私隱」的理念，而將《個人資料條例》聚焦於規範個人資料的「收集、持有、處理和使用」。

五、結語

大數據時代，明確香港《個人資料條例》的保護對象及範圍，是香港參與國際國內個人信息協同保護與跨境傳輸的基本前提。通過對《個人資料條例》中「資訊」（information）、「資料」（data）、「個人資料」（personal data）以及「私隱」（privacy）概念的內涵及其關係的考察，

---

① 參見韓旭至：《個人信息概念的法教義學分析 —— 以《網絡安全法》第76條第5款為中心》，載《重慶大學學報（社會科學版）》2018年第2期，第162頁。

可以發現香港《個人資料條例》中的「資料」概念與我國《數據安全法》上的「數據」概念具有一定的相似性。而香港法上的「個人資料」與我國內地的「個人信息」在形式和內容層面並不存在實質性差異，但是二者的外延並不相同。除此之外，香港雖在《個人資料條例》的名稱和緒言中凸出強調「私隱」，但是香港法上並不存在足以包涵「個人資料」保護的「大隱私權」概念，若將香港現有的模糊的「私隱」概念引入「個人資料」保護，則會給香港個人資料的保護對象及範圍界定帶來混亂。目前香港的立法和司法實踐實質上已突破了在個人資料方面保障個人「私隱」的理念，而將《個人資料條例》的保護對象聚焦於規範個人資料的「收集、持有、處理和使用」。

Analysis of the Protection Objects of the Personal Data（Privacy）Ordinance in Hong Kong

Cao Xudong, Sang Xu

Abstract: In the era of big data, along with the "assetization" of data, the need to distinguish between data, personal information and privacy is further highlighted.The analysis of the protection objects of the Personal Data（Privacy）Ordinance is a fundamental prerequisite for Hong Kong's involvement in the protection and transfer of personal data in the era of big data.This article examines the connotations and relationships of the concepts of "information", "data", "personal data", and "privacy" in the Ordinance. It is found that there are no substantial differences in form and content between "personal data" in Hong Kong law and "personal information" in mainland China, but their extensions are not the same; Although Hong Kong emphasizes "privacy" in the title and introduction of the Ordinance, it does not belong to the "privacy" protection model; In addition, Hong Kong's legislation and judicial practice actually focus on regulating the "collection, possession, processing, and use" of personal data.

Keywords: Personal data; Personal information; Privacy; Personal Data（Privacy）Ordinance

當代港澳研究

STUDIES ON HONG KONG AND MACAO

何俊志　黎熙元／主編

曹旭東／執行主編

資助　教育部人文社會科學重點研究基地

主辦　中山大學港澳珠江三角洲研究中心
　　　中山大學粵港澳發展研究院

中華書局

2020年第1－2輯

目　錄
CONTENTS

港澳教育

港澳法律

基本法專題

基本法專題導語

曹旭東

　　作為「一國兩制」實踐的載體，香港基本法被鄧小平稱之為「創造性的傑作」。2020 年是香港基本法頒佈 30 週年，在此重要時刻，回顧基本法的成功實踐經驗，探討其中的疑難理論問題具有重要意義。本專題論文簡介如下：(1) 曹旭東和黃文婷討論了中央全面管治權中的核心權力 —— 中央監督權的實質性規範內涵。(2) 梁美芬探討了「一國兩制」下政治體制中的兩個重要概念：行政主導和三權制衡。(3) 朱國斌結合廣受關注的「禁蒙面法」一審判決對香港在新憲制秩序下的司法權和司法獨立進行深度解析。(4) 黃明濤和楊雨晨系統研究了香港法律體系中一種重要的成文法形式 —— 規例，對其制定主體、實體內容和立法程序加以解析。(5) 黃哲對特別行政區法律備案審查制度的功能價值進行了闡述，在此基礎上分析了制度配置中存在的問題，並提出了完善路徑。上述論文涉及的主題均具有重要的理論和實踐價值，在此對諸位作者的慷慨支持表示感謝。

論中央監督權的規範內涵

曹旭東　黃文婷[*]

摘　要：監督權應在較狹窄的意義上界定，以獲得實質性規範內涵。儘管特區內部的自我監督在日常中發揮着作用，但中央監督權對特區而言具有最高權威性，具有關鍵性影響。在「一國兩制」下，中央監督權是明確的，必須堅持以實定法為準則，具體規範內涵包括行政長官監督權、立法監督權及國安委監督權。中央對行政長官、特區立法的監督，一方面以高度自治為原則，保障特區的自治空間，另一方面需要進一步完善監督機制，保證基本法的正確實施。在國家安全事項上高度自治權條款被憲法的中央統一領導條款所填補，中央對國安委的監督依照內地上下級的監督模式進行。

關鍵詞：中央監督權　行政長官監督權　立法監督權　國安委監督權

---

* 曹旭東，中山大學港澳珠江三角洲研究中心/粵港澳發展研究院教授，法學院雙聘教授；黃文婷，武漢大學法學院博士後。
項目信息：教育部人文社會科學重點研究基地重大項目：「一國兩制」基礎理論創新與制度體系發展研究（編號：22JJD820033）。

　　中央監督權源起於中央全面管治權的提出，首次在 2014 年發佈的《「一國兩制」在香港特別行政區的實踐》白皮書（以下簡稱「白皮書」）中出現。依據白皮書，「中央擁有對香港特別行政區的全面管治權，既包括中央直接行使的權力，也包括授權香港特別行政區依法實行高度自治。對於香港特別行政區的高度自治權，中央具有監督權力。」除此之外白皮書中明確提及監督權的還有 1 處，另外提及監督的有 4 處。例如，(1) 全國人大常委會擁有對香港特別行政區立法機關制定的法律的監督權。(2) 國家領導人出席行政長官和政府主要官員就職典禮並監督他們宣誓。(3) 行政長官必須就執行基本法向中央和特別行政區負責。這是體現國家主權的需要，確保治港者主體效忠國家，並使其接受中央政府和香港社會的監督。(4) 全國人大常委會依法行使基本法解釋權是維護「一國兩制」和香港法治的應有之義，既是對特別行政區執行基本法的監督，也是對特別行政區實行高度自治的保障。①

　　在「一國兩制」、特別行政區制度以及中央與地方關係的語境之中，何謂中央監督權？這個問題換一個角度就是，中央監督權作為一個政治概念提出後，如何在法律規範上得到更為清晰的內涵界定？對此，我們有必要回答，中央監督權是一個抽象的、全面的監督權，還是具體的、明確的監督權？此問題在「一國兩制」框架下顯得尤為重要。假設是明確的、具體的權力，應該依據什麼原則確定這個權力的內涵是什麼或包括哪幾個子權力？

---

①　另有一處是「監督 CEPA 的執行並解決執行過程中的問題」，與本文主題無關，在此不贅。

一、中央監督權：抽象的還是具體的？

授權者有權監督被授權者似乎是自然成立的邏輯。如張榮順所説，按照公法上的授權理論，授權者對被授權者的權力行使，具有監督的權力，世界上從來不存在不受監督的授權。[①] 然而如何監督在理論模式上卻可以有不同的種類，概括來説包括：外部監督、內部監督以及二者並存。外部監督是指授權者對被授權者的監督；內部監督是指被授權者自我內部監督。依賴被授權者的內部監督是容易被忽視的模式，通常會認為監督的主體應當是或只能是授權者，但實際上並不盡然。單一制國家之下，中央對地方有監督權，但這種監督權也不是排他性的，地方內部也有自我監督機制。這意味着授權者可以直接外部監督，甚至也可以放棄監督權，僅依靠被授權者內部監督，還可以同時允許外部監督和內部監督的存在。

外部監督和內部監督並存的模式中，需要考慮的是誰佔關鍵地位？從內地來看，《憲法》第 3 條規定，「中央和地方的國家機構職權的劃分，遵循在中央的統一領導下，充分發揮地方的主動性、積極性的原則。」此規定賦予了中央對地方的凌駕性和絕對權威。因此在規範層面，中央對地方的監督權實際上高於地方的內部自我監督權。從政治實踐來看，更是如此，中央監督比地方內部監督更為有力和有效。具體到特別行政區而言，中央監督同樣具有最高權威性，發揮着關鍵性影響。不過在「一國兩制」下，不能簡單地將內地的中央與地方關係的思維用於特區。究其原因在於，兩部《基本法》第 2 條規定，全

---

① 張榮順：《一國兩制認知須正本清源》，《香港商報》，2014 年 8 月 28 日第 A02 版。

國人民代表大會授權香港、澳門特別行政區依照本法的規定實行高度自治，享有行政管理權、立法權、獨立的司法權和終審權。高度自治權條款替代了中央統一領導條款[①]，是處理中央與特別行政區關係的核心原則。在單一制體制下，中央政府權力下放之後，特區政府和人民雖然在法律上不存在對抗中央政府的權力，但是中央政府必須嚴格依法行使權力，遵守自己通過法律對地方人民所作的莊嚴承諾。[②]我們可以在內地的單一制模式之下說，中央對地方擁有全面的、抽象的監督權，這種監督權是不需要具體列舉的；但如果認為中央對特區的監督權也是抽象的、全面的、不需要列舉的，將會影響高度自治的制度內涵。高度自治權必然內涵着內部自我監督，基本法也為行政、立法、司法之間的監督制衡提供了充分機制。高度自治原則的存在，要求中央的外部監督具有明確的界限。從這個意義上說，白皮書的用語「對於香港特別行政區的高度自治權，中央具有監督權力」，監督權力之前並沒有「全面」修飾，是嚴謹的。

由此看來，在「一國兩制」制度安排下，中央權力存在模式不再是抽象的。抽象權力具有籠統性和不明確性，容易混淆外部監督和內部監督的界限。在普通的央地關係之下，中央可以依據抽象的監督權進而對地方擁有無限的監督權力，但在特別行政區制度中，中央的監督權只能是明確的、具體的。中央監督權需要通過具體的法律規範加以承載，抽象的監督權存在於法律理論層面，為具體監督權提供權力

---

① 曹旭東：《憲法在香港特別行政區的適用：理論回顧與實踐反思》，《政治與法律》2018 年第 1 期。

② 程潔：《中央管治權與特區高度自治——以基本法規定的授權關係為框架》，《法學》2007 年第 8 期。

依據。中央要對特區進行監督，必須要在有關實定法上找到直接的權
力規範依據，即必須堅持以實定法為準則。實定法有關於中央監督特
區的規範，是授權也是限權，授予中央監督特區的具體權力，同時也
禁止超越具體法律規範的監督。當然，具體的中央監督權並不會影響
其權威地位。中央的監督權一旦出場，必然發揮着關鍵性作用，產生
的法律效力更高，不容挑戰。

二、中央監督權的具體權力：實定法原則

堅持實定法準則確定中央監督權的具體權力，首先需要確定的是
從哪幾部實定法中尋找。憲法和基本法共同構成特區的憲制基礎，這
是共識。但是如何確定憲法與基本法的關係，是需要進一步說明的問
題。本文同意基本法是憲法特別法的觀點[①]，憲法規範在特區的適用主
要以基本法的方式展示，只有當窮盡基本法[②]或憲法未被基本法替代的
情況下，憲法規範才可以直接適用於特區。憲法中有關中央機構對地
方機構的領導和監督規範被基本法中「中央與特別行政區關係」的有
關規範[③]替代。因此，基本法中有關中央與特區關係的條款[④]是尋找中
央監督權的基礎內容。除了基本法本身的條文之外，列入基本法附件
三的全國性法律也可能涉及到中央與特區關係的內容。以香港為例，

---

① 陳端洪：《論港澳基本法的憲法性質》，《中外法學》2020 年第 1 期。
② 葉海波：《基本法窮盡主義 —— 兼論人大涉港「決定」的地位》，載朱國斌編著：《「一地兩檢」與人大常委會的權力》，香港城市大學出版社 2020 年版，第 9 章，第 115-133 頁。
③ 有關規定包括但並不限於基本法第二章。
④ 並不限於《基本法》第二章的內容。

目前列入基本法附件三的有 14 部全國性法律[①]，在這 14 部法律中《中華人民共和國香港特別行政區駐軍法》（以下簡稱「駐軍法」）和《中華人民共和國香港特別行政區維護國家安全法》（以下簡稱「《香港國安法》」）涉及中央機構與特區機構之間的關係。《駐軍法》涉及香港駐軍與香港特別行政區政府的關係，以及香港駐軍人員的司法管轄等問題，但香港駐軍與特區政府之間不存在監督關係，因此本法中並無中央監督權的內容。《香港國安法》中則明確規定了有關中央人民政府對香港國家安全委員會監督的內容，是中央監督權權力內涵的直接法律淵源之一。綜上，中央監督權的具體權力內容需要依據《基本法》和《香港國安法》[②]確定。

有學者認為中央監督權的外延體現在以下方面：（1）聽取行政長官述職報告（慣例）；（2）財政預算決算備案（《香港基本法》第 48 條、《澳門基本法》第 50 條）；（3）任命行政長官和主要官員（《香港基本法》第 48 條、《澳門基本法》第 50 條）；（4）立法機關制定法律的備案與發回（《基本法》第 17 條）；（5）法官任命的備案（《香港基本法》第 90 條、《澳門基本法》第 87—88 條）；（6）在外國設立經貿機構的備案（《香港基本法》第 156 條、《澳門基本法》第 141 條）；（7）督促特區制定維護國家安全立法（《基本法》第 23 條）；（8）基本法解釋（《香

---

① 具體如下：《關於中華人民共和國國都、紀年、國歌、國旗的決議》《關於中華人民共和國國慶日的決議》《中華人民共和國政府關於領海的聲明》《中華人民共和國國籍法》《中華人民共和國外交特權與豁免條例》《中華人民共和國國旗法》《中華人民共和國領事特權與豁免條例》《中華人民共和國國徽法》《中華人民共和國領海及毗連區法》《中華人民共和國香港特別行政區駐軍法》《中華人民共和國專屬經濟區和大陸架法》《中華人民共和國外國中央銀行財產司法強制措施豁免法》《中華人民共和國國歌法》《中華人民共和國香港特別行政區維護國家安全法》。

② 澳門雖然目前尚未有《澳門特別行政區國家安全法》，但是筆者相信，按照慣例必然會制定。

港基本法》第 158 條、《澳門基本法》第 143 條）；（9）決定政改（《香港基本法》附件一、附件二、2004 年解釋、《澳門基本法》附件二）。[①]

本文將在比較狹窄的意義上理解監督權。狹義的概念能夠比較精準地確定監督權的範圍，清楚地區分監督權與其他權力的差別，以獲得實質性規範內涵。正如有學者指出，監督權是一個主體行使權力對另一個主體行使的權力進行監督，是在兩個主體之間形成的權力關係。[②] 監督權意味着他律，是監督主體對被監督者的行為或不作為進行監督，監督主體不能干涉或者代替被監督者進行決策，本質是監察問題並督促被監督者解決問題（軟監督）或直接糾正錯誤（硬監督）。從規範結構上看，前提是 B 有某個行為或不作為，A 監督 B，並且 A 具備督促 B 改正或直接糾正的權力。上述若干純粹備案的權力，不符合監督權的規範結構，中央無法根據上述有關條款對備案的實體內容直接採取撤銷或發回等行動，因此不是真正的監督權；任命權和政改決定權本質上是批准權，而非監督權。此外，具有監督效果的其他獨立的中央權力如免職權、基本法解釋權等屬於廣義的監督權，區別於本文狹義的監督權，將留待下文進行闡述。本文認為中央具體監督權力的實定法淵源包括：（1）《香港基本法》第 43 條第 2 款，《澳門基本法》第 45 條第 2 款；（2）《香港國安法》第 11 條；（3）《基本法》第 17 條第 2、3 款；（4）《香港國安法》第 12 條。下面三部分研究中央對行政

[①] 參見魏淑君，張小帥：《論「一國兩制」下中央對港澳特區的全面管治權》，《中國浦東幹部學院學報》2016 年第 6 期；許昌：《中央對特別行政區直接行使的權力的分類研究》，《港澳研究》2016 年第 3 期；周庭：《中央監督權的正當性、範圍與行使的法治化建議》，《港澳研究》2016 年第 3 期；浦海龍、冷鐵勛：《港澳基本法中的備案制度及其完善探析》，《一國兩制」研究》2015 年第 1 期；董立坤：《中央管治權與香港特區高度自治權的關係》，法律出版社，2014 年，第 60-66 頁。

[②] 駱偉建：《論行政立法關係中的監督權》，《「一國兩制」研究》2014 年第 1 期。

長官、立法以及香港國家安全委員會監督權的具體規範內涵，並討論中央對特區制定國家安全立法的監督權問題。

三、中央對行政長官監督權的規範內涵

中央對行政管理權的監督主要體現在中央對特區行政長官的監督權（以下簡稱「行政長官監督權」）上，這是基於行政長官在政治體制中的地位、性質而決定的。基本法下行政長官具有雙重性質，行使特區的代表權和政府的行政權的雙重權力。一方面，基本法規定行政長官的性質，即是特別行政區的首長，代表特別行政區，對中央人民政府和特別行政區負責。行政長官首先是特區的首長，這是我國單一制的特點所決定的。任何國家的中央和地方之間必須具備「權力連接點」，以實現國家統一。[①] 基於此，中央需要能夠代表地方的「權力連接點」得以維持領導與被領導關係，保證國家主權，行政長官便應運而生。另一方面，行政長官領導特別行政區政府，是特別行政區政府的首長，體現出行政長官的行政權，且處於行政管理權的核心。特別行政區的法律地位和行政長官的地位，決定了行政長官必須對中央人民政府負責。[②] 正因如此，基本法規定了行政長官監督權，然而該監督權不可避免地會對特區行政管理權產生影響。因此，行政長官監督權有幾個問題值得討論：一是如何理解行政長官監督權；二是行政長官監督權是否包含任免權、指令權；三是行政長官監督權應當如何建構機

---

① 王英津：《香港特別行政區政治體制分析》，廣東高等教育出版社，2018 年，第 261 頁。
② 王叔文：《香港特別行政區基本法導論》，中共中央黨校出版社，1997 年，第 215 頁。

制。以上問題緊密相連，構成行政長官監督權的關鍵問題，其核心是中央給予特區多大的自治空間。

（一）行政長官監督權的構造

1、行政長官監督權的實定法依據及解讀

相信沒有人會否認中央政府對行政長官有監督權，但我們在基本法文本中卻無法直接找到中央監督行政長官的字眼。與監督關係最緊密的是《香港基本法》第 43 條第 2 款、《澳門基本法》第 45 條第 2 款，內容是：行政長官依照本法規定對中央人民政府和特別行政區負責。這裏的兩個關鍵問題是：（1）「對中央負責」意味着什麼？（2）「負責」的範圍多大？

基本法中有兩類負責，一類是擁有某項職權的負責，例如《基本法》第 13 條規定，中央人民政府負責特區的外交事務，這裏對應的英文是 be responsible for，說明外交權歸屬中央；另一類負責是問責式負責，通常的表達方式是「對⋯⋯負責」，例如，《香港基本法》第 43 條第 2 款、第 64 條，《澳門基本法》第 45 條第 2 款、第 65 條都屬於此類，對應的英文都是 be accountable to，行政長官對中央負責意味着中央對其有問責權力。中央政府對行政長官的監督權便是來自於問責權，問責的範圍相比監督更廣，問責除了包括監督外，還包括免職、撤職。

負責範圍的大小可以分為有限模式、限定模式和寬泛模式。《香港基本法》第 64 條、《澳門基本法》第 65 條都屬於有限模式，即法律明確列出了負責的內容；寬泛模式直接表明兩個主體之間的負責問責

關係，法律沒有任何限制；限定模式是指法律對負責內容作出限制性描述，但又未直接規定具體內容，《香港基本法》第 43 條第 2 款、《澳門基本法》第 45 條第 2 款屬於此類。條文內容沒有規定負責的具體內容，但是要根據本法的規定負責。因此，中央如果對行政長官監督問責，需要結合基本法中的具體規定。「依照本法的規定」使「負責」有了具體的含義和內容。[①]

「依照本法的規定」顯然不是本法的任何規定，而是涉及中央政府與行政長官關係的有關規定。按照此標準判斷，行政長官對中央人民政府負責的主要職權是：（1）執行基本法和適用於特別行政區的全國性法律；（2）財政預算、決算報中央人民政府備案；（3）提請中央人民政府任免主要官員；（4）執行中央人民政府就本法規定的有關事務發出的指令；（5）代表香港特別行政區政府處理中央授權的對外事務和其他事務。其中，負責執行基本法，在行政長官的各項職權當中具有突出的重要地位，具有總括性。行政長官的其他各項職權，都與這一職權具有密切的聯繫，有的甚至是從這一職權派生出來的，或者是以實現這一職權為直接或間接目的的。[②]因而，監督行政長官執行基本法，成為行政長官監督權的主要內容。雖然行政長官監督權表面是對人的監督，但更主要的監督方式是通過對行政長官所做的事進行，屬於一種對事的監督機制。

《香港國安法》第 11 條規定：「香港特別行政區行政長官應當就香港特別行政區維護國家安全事務向中央人民政府負責，並就香港特別

---

① 蕭蔚雲：《香港基本法》，北京大學出版社，2003 年，第 396-397 頁。

② 王叔文：《香港特別行政區基本法導論》，中共中央黨校出版社，1997 年，第 222-223 頁。

行政區履行維護國家安全職責的情況提交年度報告。如中央人民政府提出要求，行政長官應當就維護國家安全特定事項及時提交報告。」本條在基本法之外明確增加了行政長官向中央政府負責的具體事項——維護國家安全，因此中央可以在維護國家安全的事項上對行政長官進行問責性監督，要求其提交年度報告或特定問題報告。

進一步看，對於特區自治範圍內的、不涉及中央政府與行政長官關係的事務，中央是否進行監督？就行政長官執行基本法的職權而言，中央對此具有監督權，但就保障高度自治權而言，中央原則上應依賴於特區內部監督。當然，這並不意味着中央放棄了監督權，中央仍然保留監督權，只是對行政長官處理特區自治範圍內的事務不進行主動監督，但可以通過聽取行政長官對執行《基本法》情況的報告的方式進行被動監督。特別行政區行政長官向中央政府的述職，其內容可以比較詳盡（使中央政府充分了解情況，心中有數），但中央政府對特別行政區自我管轄的事務一般不宜直接作出具體指示，以兌現基本法保障特別行政區「高度自治」的規定。[①]

2、監督主體的權限

與監督的範圍一樣，監督者的權限同樣需要有法律依據。中央政府如果認為行政長官錯誤或者不當地履行基本法職權應當如何處理呢？第一原則應當看有關條款的具體規定，當有關職權條款沒有具體處理規定時，需要遵循第二原則，從問責條款中解釋中央政府的處理權限。本文認為，問責性監督可以有兩個層面的權限，一是軟監督或

[①] 馬嶺：《特別行政區長官述職之探討》，載劉兆興主編：《比較法在中國（2009 年卷）》，社會科學文獻出版社，2009 年，第 138 頁。

政治監督，即通過問詢、提出意見、建議的方式督促被監督者履職，通常是內部的，也可以是公開的，被監督者有責任和義務及時反饋，但軟監督不能完全要求被監督者一定按照監督主體的建議去改進，監督主體也不能夠改變被監督者的決策；二是硬監督，即採取法律的強硬手段改變、撤銷或否定被監督者的行為或不作為。硬監督一般伴隨着改變或撤銷被監督者的政策、命令、法律、判決等法律後果，具有強制性權力。軟監督權力程度較輕，是任何一項問責監督權的必要內涵；硬監督由於能夠直接產生法律效果，需要結合具體事項分析。針對所有有監督權的事項，中央政府均可以採取軟監督的方式進行監督。硬監督權卻可能因為事項不同而分為程序硬監督權和實體硬監督權。例如，財政預算的備案問題，中央政府可以在程序上監督行政長官是否將財政預算提請備案，但對財政預算的內容如果不滿意，中央政府沒有撤銷權或更改權只能進行軟監督；行政長官處理中央授權的外交事務，中央政府如果認為不妥當可以進行軟監督，也可以對有關事務行使硬監督權。再如，對執行基本法的監督，目前主要通過行政長官述職報告方式進行，中央政府可以進行軟監督，或程序上的硬監督即要求行政長官述職，但實體的硬監督則不妥當。

3、被監督主體是否包括主要官員[①]

有學者指出，按照基本法中央對行政長官具有監督權，那麼由中

---

① 《香港基本法》第 48 條第 5 款：「香港特別行政區行政長官行使下列職權：提名並報請中央人民政府任命下列主要官員：各司司長、副司長，各局局長，廉政專員，審計署署長，警務處處長，入境事務處處長，海關關長；建議中央人民政府免除上述官員職務。」《澳門基本法》第 50 條第 6 款：「澳門特別行政區行政長官行使下列職權：提名並報請中央人民政府任命下列主要官員：各司司長、廉政專員、審計長、警察部門主要負責人和海關主要負責人；建議中央人民政府免除上述官員職務。」

央任命並向中央負責的特區主要官員也要接受中央的監督和指導。[①] 這值得商榷。第一，《香港基本法》第 43 條第 2 款、《澳門基本法》第 45 條第 2 款是中央對行政長官監督權的直接依據，而該條款並沒有把主要官員納入監督權的義務主體範圍。依據實定法準則，監督權的內容不能隨意擴大，應當按照法律的具體規定來。第二，任免權並不等於監督權，中央擁有對主要官員的任免權並不一定意味着中央必須對其進行監督，可以交由行政長官進行監督，允許特區內部監督。第三，從體系解釋上看，對主要官員的監督依靠特區內部監督。一方面，提請中央人民政府任免主要官員的條文位於《香港基本法》第 48 條、《澳門基本法》第 50 條行政長官的職權之中，該條第 1 款首先規定行政長官領導香港特別行政區政府，因此，主要官員對行政長官負責是毋庸置疑的。另一方面，提請中央人民政府任免主要官員是行政長官的職權，而該項職權依據《香港基本法》第 43 條、《澳門基本法》第 45 條同時也是行政長官對中央負責的內容。行政長官的提名權與建議權和中央人民政府的任免權構成一個權力束，共同完成香港特區政府主要官員的任免過程。[②] 換言之，中央的任免權對行政長官提請中央人民政府任免主要官員的權力起到監督作用，中央監督的是行政長官，而非主要官員。主要官員不實行雙重領導制，其監督由行政長官進行，中央通過直接監督行政長官可達至間接監督主要官員的效果，但不能因此得出中央監督主要官員的結論。行政長官監督主要官員正是特區高

---

① 參見夏正林、王勝坤：《中央對香港特別行政區監督權若干問題研究》，《國家行政學院學報》2017 年第 3 期；劉兆佳：《中央對特區主要官員的實質任免權和監督權將成為新常態》，《港澳研究》2015 年第 2 期。

② 魏淑君、張小帥：《論「一國兩制」下中央對港澳特區的全面管治權》，《中國浦東幹部學院學報》2016 年第 10 期。

度自治權的體現，中央應保障這種自治空間。

（二）行政長官監督權與任免權、指令權的區別

基本法在第四章第一節中還規定了中央對行政長官的任免權、指令權，那麼行政長官監督權是否包含上述權力？這關係到監督權的範圍。對此的答案是否定的。究其原因在於，儘管任免權、指令權具有監督的效果，與監督權具有相似性，但無法滿足監督權的構成要件，而成為區別於監督權的其他獨立權力。

首先，對行政長官監督權的理解應當區別於中央對行政長官的任命權、免職權。中央的任命權依據《香港基本法》第 15、45 條以及《澳門基本法》第 15、47 條，是一種實質任命行政長官的權力，權力行使主體是中央人民政府，意指國務院。任命權與監督權最關鍵的區別在於，任命權的實質是批准權，在任命權下行政長官不具有利用被授予的權力實施具有法律效力行為的權力。當然，任命權雖然不是監督權的內容，但是卻是行使監督權的前提，有任命才有監督。任命是事先任命，監督則是任後監督。任命權對應的是免職權[①]，免職權是由國務院行使的實質免職權力。免職權與監督權最大的差別在於，免職權下中央並不需要行使督促行政長官改正或者直接糾正的權力，而是直接免除行政長官的職位。同樣地，免職權不是監督權的內容，但中央可以將監督權與免職權相結合，將免職權作為行使監督權後的不利

[①] 儘管《香港基本法》沒有明確規定中央對香港行政長官具有免職權，但根據基本法第 73 條第 9 項立法會對行政長官的彈劾案報請中央人民政府決定，可推出中央對行政長官有免職權。《澳門基本法》第 15 條明確規定，中央人民政府依照本法有關規定任免澳門特別行政區行政長官、政府主要官員和檢察長。

法律後果之一，使監督權有免職權作為後盾更具有威懾力。一言以蔽之，三者的關係可簡述為，中央先任命行政長官，然後對其行為進行監督，監督之後決定是否免職。

其次，行政長官監督權與指令權也各不相同。指令權依據的是《香港基本法》第 48 條第 8 款、《澳門基本法》第 50 條第 12 款中的「執行中央人民政府就本法規定的有關事務發出的指令」。中央行政指令權條款旨在規範一種中央與地方的關係，這一關係的主體主要是行政機關之間。就本法規定有關事務的理解，「本法規定」顯然不是基本法的任何規定，而是涉及中央人民政府與行政長官關係的相關規定[①]，而「有關事務」應當是屬於行政長官職權範圍內的事務。在實踐中，中央政府曾經向香港特區發出公函，請行政長官就依法禁止「香港民族黨」運作等有關情況向中央人民政府提交報告。通過明確向特首下達指令和要求，以公函的形式將指令權制度化，體現出中央的指令權。指令權與監督權的最主要區別在於，指令權下行政長官利用被授予的權力實施具有法律效力的行為尚未發生，而監督權下該行為是正在發生或已經發生。指令權針對的是未來的工作事項，監督權是對已有的工作進行監督。

最後，由於行政長官監督權、中央任命權與免職權、中央指令權分別存在差異，將這幾項權力分別作為一項獨立的運行機制更為恰當。獨立且完善的權力運行程序和機制有益於各項權力運行的規範化、細緻化，明確各種法律效力，有助於保障特區的自治空間。

---

① 楊曉楠：《中央在特別行政區發出行政指令權：理論基礎與制度建構》，《社會科學》2018 年第 9 期。

表 1　行政長官監督權與中央任命權、免職權、指令權的比較

比較	權力行使情況	行政長官監督權	任命權	免職權	指令權
異	權力行使頻率	年度述職、重大事項報告	幾年一次	尚未出現	目前行使一次
	權力行使內容	主要監督行政長官是否負責執行基本法和適用於特區的全國性法律	任命行政長官	免除行政長官職務	中央人民政府就涉及中央人民政府與行政長官關係且屬於行政長官職權範圍內的事務向行政長官發出指令
	權力行使對象	事後工作內容，行政長官實施某個行為或不作為	事前任命，行政長官不具有實施相應行為的權力	事後免職，行政長官被免除職務	未來的工作事項，行政長官尚未實施相應的行為
	相互間關係	擁有任免權、指令權的一方必然也是具有監督權的一方			
同	權力行使主體均為中央人民政府，屬於行政內部關係，不受制於司法審查，權力的行使具有主動性、單向性、實質性				

（三）行政長官監督權該如何建構機制

　　儘管基本法沒有明文規定行政長官應如何對中央負責，但回歸後中央與行政長官之間建立了述職報告的憲法慣例，作為行政長官監督權的運行機制。自第一任行政長官述職後，述職的例行程序逐步確立。述職內容主要包括特區在經濟、社會和政治方面的最新情況、特區政府的工作，以及特區政府希望爭取中央政府支持的事項等。[1] 除此之外，中央還建立重大事項報告制度[2] 監督行政長官。但這些制度仍需

---

[1]　香港政府新聞公報：《立法會五題：行政長官的述職安排》，訪問網址：https://www.info.gov.hk/gia/general/201503/18/P201503180464.htm. 訪問時間，2020 年 8 月 5 日。

[2]　目前行政長官報告制度體現在國家安全事項上。《全國人民代表大會關於建立健全香港特別行政區維護國家安全的法律制度和執行機制的決定》第五條規定，香港特別行政區行政長官應當就香港特別行政區履行維護國家安全職責、開展國家安全教育、依法禁止危害國家安全的行為和活動等情況，定期向中央人民政府提交報告；《中華人民共和國香港特別行政區維護國家安全法》第 11 條規定，香港特別行政區行政長官應當就香港特別行政區維護國家安全事務向中央人民政府負責，並就香港特別行政區履行維護國家安全職責的情況提交年度報告。如中央人民政府提出要求，行政長官應當就維護國家安全特定事項及時提交報告。

要進一步完善。中央監督權是一種監督性質的國家權力，在構建相關的監督機制時，要考慮到監督權的方式和限度，不能干涉，更不能替代被監督者權力的行使。[①]因而建構行政長官監督權的機制要以確定監督權的範圍和邊界為重要內容，採用先軟後硬的原則進行監督。主要有兩個方面，一是對目前述職制度進行制度化和細緻化，二是構建除述職制度之外的其他監督配套措施。

一方面，在推進述職制度的規範化方面，應貫徹以下規則。其一，明確述職依據和完善述職主體。即依據《香港基本法》第43條第2款、《澳門基本法》第45條第2款，由行政長官向中央述職，不包括主要官員。其二，明確監督標準，以是否執行基本法為標準。中央無須對特區地方事務進行事無巨細的監督，中央對行政長官的監督應當是圍繞基本法的實施情況而進行。行政長官和特區政府在基本法的權限範圍內，在行政管理權內進行獨立決策，並承擔相應的責任。中央對行政長官的上述工作進行全面監督和問責，須由行政長官向中央述職。由此可知，行政長官監督權不是干預行政管理權，而是監督行政長官的工作是否按基本法的要求進行。其三，明確監督內容。雖然中央監督行政長官執行基本法，但中央原則上決不是對行政長官的所有決策都進行監督。對於行政管理權內行政長官管理自治事務，中央不進行主動監督，通過行政長官向中央述職進行被動監督，以了解情況。中央主要是對行政管理權內的非地方事務進行監督，即涉及中央管理的事務或中央和特別行政區關係的事務由中央監督行政長官，比

---

① 夏正林、王勝坤：《中央對香港特別行政區監督權若干問題研究》，《國家行政學院學報》2017年第3期。

如香港的國家安全立法情況、港澳融入國家發展大局等。這既符合監督權的實定法準則,也符合「一國兩制」的精神。其四,述職報告、內容、期限、程序等制度規範化。將現有的慣例成文化,並在慣例的基礎上對有關述職的規定加以完善。

另一方面,在現有述職制度的基礎上,構建其他配套機制加強對行政長官的實質監督。述職制度更多的是體現特區對中央的負責,中央還可以採取主動監督的方式,確立監督機制,從程序和實體上加強硬監督權。當軟監督難以產生效果,監督主體才通過硬監督的方式加以改正。例如,考慮建立有效的工作考核機制,將考核結果作為對行政長官獎懲的依據。再如,可以建立問責制度,堅持客觀過錯標準,對特區行政長官違反基本法行為或者不作為、不稱職的行為進行追責,明確免職的依據、程序等。

四、中央對特區立法監督權的規範內涵

據《全國人民代表大會常務委員會法制工作委員會關於 2019 年備案審查工作情況的報告》指出,十三屆全國人大以來,香港特別行政區報送備案的本地法律 43 件,澳門特別行政區報送備案的本地法律 36 件。經初步審查,沒有發現需要將有關法律發回的情形。[①] 這是全國人大常委會法工委首次在備案審查工作報告當中匯報香港、澳門的備案審查工作。在此之前,白皮書公佈,截至 2013 年,全國人大常委會收

① 中國人大網:《全國人民代表大會常務委員會法制工作委員會關於 2019 年備案審查工作情況的報告》,訪問網址:http://www.npc.gov.cn/npc/c30834/201912/24cac1938ec44552b285f0708f78c944.shtml. 訪問時間,2020 年 4 月 27 日。

到香港特別行政區報請備案的法律共 570 件，據估計同期澳門特區報請備案的法律有 300 餘件。[①]這表明特區立法機關積極履行法律報備義務，全國人大常委會積極行使對法律備案審查的權力，全國人大常委會的立法監督權在切實運行。基本法第 17 條規定了中央對特區的立法監督權（以下簡稱「立法監督權」）的構造，但仍存在模糊的地方，需要進一步明確才能劃定其界限。此外，依據基本法，香港法院的基本法審查權、全國人大常委會的基本法解釋權都起到監督特區立法的效果，其是否屬於監督權的範疇？與立法監督權的區別何在，值得深入探討。

（一）立法監督權的構造

立法監督權，是指全國人大常委會審查特區立法機關制定的法律是否違反基本法的監督活動，直接依據表現在兩部基本法第 17 條第 2、3 款中。以《香港基本法》為例，其內容如下：

香港特別行政區的立法機關制定的法律須報全國人民代表大會常務委員會備案。備案不影響該法律的生效。

全國人民代表大會常務委員會在徵詢其所屬的香港特別行政區基本法委員會後，如認為香港特別行政區立法機關制定的任何法律不符合本法關於中央管理的事務及中央和香港特別行政區的關係的條款，可將有關法律發回，但不作修改。經全國人民代表大會常務委員會發回的法律立即失效。該法律的失效，除香港特別行政區的法律另有規定外，無溯及力。

---

① 許昌：《中央對特別行政區直接行使的權力的分類研究》，《港澳研究》2016 年第 3 期。

依據第 2 款，立法監督權的權力主體是全國人大常委會，審查對象和範圍是特區立法機關制定的法律，這是一種對事的監督機制。法律應當是狹義的含義，即經過立法會通過並經行政長官簽署的條例，實踐中也是採用此定義，突顯中央監督權的自我限權，意在保障高度自治權。全國人大常委會的監督權是對特區立法的監督，監督的是立法是否超越特區自治範圍內的事務，而非對特區立法機關的監督，因而對特區立法機關內部運行不進行監督。[①] 備案本身不屬於監督權，不產生法律後果，但其作為審查的前置程序，與審查結合即具備監督的功能，體現在時刻督促特區立法機關在制定法律時恪守注意義務，使其合乎基本法。

依據第 3 款，全國人大常委會徵詢特別行政區基本法委員會的意見有助於中央全面準確行使監督權。「本法」即基本法，是全國人大常委會行使立法監督權的審查標準和判斷基準，是以全國人大常委會進行的是合法性審查。基本法第 11 條[②]確定基本法在特區的憲制性地位，為了維護基本法的最高法律地位，基本法自身建構了依據基本法特定條款審查特區立法的法律機制，[③]這成為中央立法監督權的間接依據。但在這裏，立法監督權被限定在基本法關於中央管理的事務及中央和特區關係的條款之中，除此之外的條款不由全國人大常委會進行

[①] 例如郭榮鏗等立法會議員在內務委員會選舉主席中的拉布行為，依據實定法原則，全國人大常委會、國務院不對此進行監督。中聯辦、港澳辦就此事的發言並非監督權的行使，而是機構的意見表達，不具有法律效力，屬於輿論監督。

[②] 根據憲法第 31 條，特別行政區的制度和政策，包括社會、經濟制度，有關保障居民的基本權利和自由的制度，行政管理、立法和司法方面的制度，以及有關政策，均以本法的規定為依據。特別行政區立法機關制定的任何法律，均不得同本法相牴觸。

[③] 胡錦光、劉海林：《論全國人大常委會對特區立法的備案審查權》，中共中央黨校（國家行政學院學報）2019 年第 3 期。

審查，交由特區內部監督。可將有關法律發回，表面上顯現出中央在決定是否發回法律上具有一定的裁量權。但是結合基本法第 11 條「特區立法機關制定的法律均不得與基本法相牴觸」進行體系解釋，可知全國人大常委會應當將有關法律發回，沒有自由裁量權。最後，不作修改地發回是審查後的法律後果，發回即失效，表明全國人大常委會的監督權限是一種硬監督權。這種發回使其無效的機制，其效果大致等同於我國憲法第 67 條規定的全國人大常委會對省、自治區和直轄市國家權力機關所制定的地方性法規的撤銷。[①] 該條款體現了全國人大常委會的監督權力，監督以審查為手段，同時意在表明全國人大常委會對報送備案的立法擁有「實質性的審查權」[②]。迄今為止，尚未出現發回法律使之無效的情況，説明中央政府實行最大限度的自我克制，以使其干預最小化、特別行政區的自治權最大化 [③]。

（二）立法監督權與香港法院基本法審查權、全國人大常委會基本法解釋權的區別

根據基本法第 11 條自身構建的限制特區行使高度自治權的法治原則，香港實踐中發展出兩種對特區立法機關立法是否符合基本法的審查權，即立法監督權以及香港法院的違反基本法審查權（以下稱「基本法審查權」[④]）。香港法院具有的裁定特區立法與基本法相牴觸而無效的審查權實質屬於監督權，是作為監督基本法實施的主要途徑之一。

---

① 王禹：《論恢復行使主權》，人民出版社，2016 年，第 197-198 頁。
② 冷鐵勛：《論特別行政區法律的備案審查制度》，《政治與法律》2014 年第 1 期。
③ 陳弘毅：《法理學的世界（第二版）》，中國政法大學出版社，2013 年，第 343 頁。
④ 基本法審查權這一部分討論的是香港法院的基本法審查權。

基本法審查權與立法監督權都是監督權，且兩者在對立法是否符合基本法關於中央[①] 管理的事務和中央與特區關係的條款上均具有解釋權，屬於硬監督權。縱然基本法第 11 條成為立法監督權和基本法審查權的根本依據，但兩者卻是完全不同性質的權力，最大區別在於，前者是中央對特區的監督，是縱向權力制約，後者屬於特區內部監督，是高度自治權之間的橫向權力制約。因此，立法監督權是主權在特區的法律表現，體現中央對特區的全面管治；而基本法審查權是特區高度自治權的體現。除此之外，兩者還存在以下區別。

第一，立法監督權的直接依據是基本法第 17 條第 2、3 款，而基本法審查權是由基本法條文的間接作用及普通法的司法傳統推定而來。第二，立法監督權是全國人大常委會依職權主動進行審查，對應的義務主體應當是特區立法機關，而基本法審查權則是特區法院依當事人的申請被動審查，提請主體可以是自然人、法人及政府。第三，在審查對象上，立法監督權審查的是特區立法機關制定的法律，而基本法審查權的審查對象非常廣泛，囊括特區立法、香港行政機關的附屬立法、政策或規制、法院的普通法規則、重要公權力主體做出的涉基本法的決定或行為[②]。第四，在審查內容上，立法監督權的權力被限縮到監督法律是否符合基本法關於中央管理的事務和中央與特區關係的條款，而基本法審查權更主要的是對特區高度自治範圍內的條款進

---

① 採用體系解釋，基本法第 158 條規定的，對本法關於中央人民政府管理的事務或中央和香港特別行政區關係的條款中的「中央人民政府」應當是相對於地方的中央，「中央人民政府管理的事務」應當指的是中央管理的事務，不限於國務院的管理事務。這與基本法第 17 條中的「本法關於中央管理的事務及中央和香港特別行政區的關係」是相一致的。

② 曹旭東：《香港特區終審法院基本法審查的司法哲學（1997—2017）》，《法學評論》2020 年第 3 期。

行審查。第五，中央對特區法律進行抽象性的原則審查，具有溢出效力，及於特區整體；而法院則是在具體的個案中審查法律，一旦認為法律違反基本法，審查效力及於該案，當然由於香港判例法的緣故審查會對後續案件產生影響，但司法的效力並不必然及於立法和行政機關，因而並不具有整體性。第六，中央的監督權是縱向的監督，對於特區具有終局性，而基本法審查權不具有終局性。特區法院的基本法審查權來源於基本法解釋權，因此首先必須受到其對基本法解釋權限度的限制。[①] 在關於中央管理的事務以及中央與特區的關係的事項上不具有終局性，究其原因在於在法院之上還有全國人大常委會基本法解釋權的存在。

表 2　立法監督權與基本法審查權的比較

比較	權力行使情況	立法監督權	基本法審查權
異	權力行使法律依據	基本法第 17 條第 2、3 款	基本法第 8、11、18、19、158 條
	權力行使方式	全國人大常委會主動審查	特區法院被動審查
	權力行使對象	特區立法機關制定的法律	特區立法、香港行政機關的附屬立法、政策或規制、法院的普通法規則、重要公權力主體做出的涉基本法的決定或行為
	權力行使內容	監督法律是否符合基本法關於中央管理的事務和中央與特區關係的條款	主要對特區高度自治範圍內的條款進行審查，也可以對基本法的其他條款解釋
	權力行使效力	抽象性的原則審查，效力及於特區整體	審查效力及於該案，並不必然及於立法和行政機關，因而並不具有整體性
	權力行使機制	縱向監督機制	橫向制約機制
同	權力行使內容為審查特區立法機關立法是否符合基本法；在對立法是否符合基本法關於中央管理的事務和中央與特區關係的條款上均具有解釋權；屬於硬監督權		

① 胡錦光：《論香港基本法審查權及其界限》，《武漢大學學報（哲學社會科學版）》2017 年第 6 期。

此外，同為全國人大常委會行使的、同樣涉及法律的立法監督權與基本法解釋權既有相似之處。依據《香港基本法》第 158 條、《澳門基本法》第 143 條，全國人大常委會擁有基本法解釋權。立法監督權與基本法解釋權的相同點在於，權力行使主體一致，都屬於中央行使的權力；權力來源具有明確的法律依據；權力行使內容均涉及判斷特區立法是否符合基本法中關於中央管理的事務或中央和特別行政區關係的條款。基本法解釋權具有監督的效果，那麼從權力性質上看，是否屬於狹義的監督權呢？這要從基本法解釋權構成要件上進一步分析。面對特區立法，全國人大常委會可以行使解釋權去解釋基本法，其權力行使是直接闡明基本法進而影響特區立法，並非監察和督促特區行使立法權，因此不屬於監督權。面對司法機關，全國人大常委會行使的解釋權實質上是代替了司法機關的解釋權，而不是督促司法機關修正其解釋，並且全國人大常委會的釋法不具有溯及力，無法糾正釋法前法院作出的判決，因而並非監督權。因此，儘管基本法解釋權與立法監督權具有相似性，但屬於不同的權力類型。當然，基本法解釋權可以通過解釋權去糾正特區機構對基本法的錯誤理解，影響未來的基本法適用，在這層意味上具有監督的效果，屬於廣義的監督權。

若進一步論及兩種權力的關係，一方面，立法監督權的開展與實施以基本法解釋權為邏輯前提。當發生違反基本法事件需要進行立法監督之際，全國人大常委會首先要對基本法進行解釋，尤其是在判斷關於中央管理事務或中央與特區關係的條款上作出解釋，並在解釋的基礎上闡明特區立法違反基本法之處，才能實現立法監督。解釋權條款為立法監督權提供了權力依據。全國人大常委會僅有解釋權無法實

現監督，但與立法監督權結合便具有監督的效力。另一方面，行使基本法解釋權的結果並非一定是監督特區立法。究其原因在於，全國人大常委會行使解釋權呈現三種不同的面向，一是與立法監督權相結合實現對特區立法權的監督，二是對特區法院基本法解釋權的修正，三是其他方面，比如對政改、宣誓問題的解釋。尤其對終審法院解釋權的修正，表明全國人大常委會享有基本法解釋的最終決定權，是中央管治權在司法權上的體現與象徵，明顯區別於立法監督權。

綜上所述，立法監督權、基本法審查權、基本法解釋權雖然在某些部分具有交叉，但權力性質、行使主體、內容、方式、權力義務主體等相互區別，構成獨立的權力運行狀態，理應加以區分。只有明確相近的權力模式，才能清楚劃定立法監督權的界限。

表 3　立法監督權與基本法解釋權的比較

比較	權力運行情況	立法監督權	基本法解釋權
異	權力行使方式	直接監督	直接解釋
	權力行使性質	立法權監督	司法權解釋
	兩者的關係	立法監督權的開展與實施以基本法解釋權為邏輯前提；行使基本法解釋權的結果並非一定是監督特區立法	
同	權力行使主體均為全國人大常委會；都屬於中央行使的權力；權力來源具有明確的法律依據；權力行使內容為判斷立法是否符合基本法中關於中央管理的事務或中央和特別行政區關係的條款		

（三）立法監督權界限的明確及其構建

目前，特區法律的備案審查參照適用《法規、司法解釋備案審查工作辦法》（以下簡稱「《辦法》」）。《辦法》規定了備案、審查、處理、反饋與公開、報告等一系列程序，但《辦法》不能解決「一國兩制」

實踐中的特有問題，有學者認為應出台單獨的《特別行政區立法備案審查工作辦法》，[①]本文贊同此觀點。出台單獨的工作辦法需要注意以下幾點：

第一，明確報備的主體、期限以及程序。進一步完善全國人大常委會與立法會的聯繫機制。目前，港澳特區立法機關通過的法律，是由特區行政長官向全國人大常委會報送備案。[②]然而立法監督權的關鍵應當是特區立法會與全國人大常委會的聯繫，因此未來應該構建兩者的聯繫機制。可以考慮由立法會在法律生效後一定期限內報送備案，參照《立法法》和《辦法》[③]，特區立法會應當在法律公佈後 30 日內報備；規定特區立法機關報備法律時應附上相關說明材料，尤其是在涉及非自治條款時作出解釋說明；在執行機制上規定立法會不提交法律的後果，以進一步確保立法會向全國人大常委會履職。第二，明確審查的主體、期限以及程序。條款是否符合基本法關於中央管理的事務及中央和香港特別行政區的關係應當由監督主體進行判斷，即全國人大常委會在特區遞交說明的基礎上進行認定，但在此之前應當徵詢基本法委員會的意見；具體的審查工作由全國人大常委會法工委進行[④]，法工委自身應當有一套完整的工作流程；同時完善法工委與徵詢機構

---

① 李崢：《論中央對特區立法備案審查制度的完善路徑》，《港澳研究》2022 年第 4 期。

② 馬耀添、王禹：《論港澳基本法中的備案制度》，載北京大學憲法與行政法研究中心編著：《憲法與港澳基本法理論與實踐研究》，北京大學出版社，2004 年，第 238 頁。

③ 《立法法》第 98 條：行政法規、地方性法規、自治條例和單行條例、規章應當在公佈後的三十日內依照下列規定報有關機關備案。《辦法》第 9 條：法規、司法解釋應當自公佈之日起三十日內報送全國人大常委會備案。

④ 實踐中，我國的備案審查工作由全國人大常委會法工委進行。對於特區，法制工作委員會具體承擔對兩個特別行政區法律的備案審查工作職責，並建立健全徵詢香港、澳門兩個基本法委員會意見的工作機制。見《全國人民代表大會常務委員會法制工作委員會關於 2019 年備案審查工作情況的報告》。

基本法委員會的溝通機制。第三，全國人大常委會對備案法律的處理也應當規範化和公開化。尤其是出現與基本法相牴觸的情況，需要向社會公佈牴觸的具體內容及判定原因，並明確是否應當發回、如何發回的程序、發回失效後的修改等。第四，有關事務既涉及中央又涉及特區的，應納入監督範圍，如香港對基本法23條的立法。第五，以憲法和基本法為審查標準，其審查順序為從基本法到憲法。先以基本法作為審查的基本框架，基本法有明確規定的或者是基本法的條款替代了憲法規定的，適用基本法，而後才以憲法進行判定。第六，法律解釋以立法原意解釋為優先。這一點不同於香港法院以法律文本優先的解釋方法。

五、中央對特區國安委監督權的規範內涵

國家安全立法屬於中央事權，但在「一國兩制」的制度安排下，中央在基本法中以「二次授權」的方式授予香港就維護國家安全進行立法的權力。香港首先應當承擔維護國家安全立法的憲制性責任。但這並不意味着國家安全不再是中央管理的事項，中央仍保留關於維護國家安全相關權力的所有權和使用權，在這樣的前提下，國家安全立法才作為「二次授權」的產物成為特區高度自治權範圍內的事項。國家安全事項在基本法之下具有復合的屬性，這也是為何中央在香港遲遲未能立法的情況下進行立法的理由。因此，《香港國安法》的頒佈是填補基本法第23條的漏洞，作為全國性法律列入附件三，是對基本法的補充。《香港國安法》第12條規定，香港特別行政區設立維護國家安全委員會，負責香港特別行政區維護國家安全事務，承擔維護國家

安全的主要責任，並接受中央人民政府的監督和問責。這一制度安排符合基本法之下國家安全事項的復合屬性，中央人民政府作為授權主體，有權對國安委工作進行監督和問責。此時，中央對特區國安委監督權（以下簡稱「國安委監督權」）的行使應當是依照內地上下級的監督模式，對國安委日常工作進行監督。究其原因在於，在中央事權國家安全的範圍內，《香港國安法》填補基本法第 23 條空缺，憲法的中央統一領導條款填補高度自治權條款，因而中央人民政府與國安委屬於領導與被領導、監督與被監督的關係，中央享有絕對的權威。

國安委監督權的監督主體是中央人民政府，即國務院。監督對像是國安委，其組成人員包括行政長官、祕書長、政務司司長、財政司司長、律政司司長、保安局局長、警務處處長、警務處維護國家安全部門負責人、入境事務處處長、海關關長和行政長官辦公室主任。換言之，中央監督的是由行政長官及上述官員所組成的作為整體的國安委機構，並非監督組成人員。監督的內容是國安委是否依法履行維護國家安全的職責，監督的模式是對國安委的工作進行日常監督。監督的後果是問責，明確問責制有助於加強中央的監督，體現中央的權威性。此外，《香港國安法》明確規定，駐港國安公署與國安委建立協調機制，監督、指導香港維護國家安全工作。而國安公署是中央人民政府的派出機構，國安委與駐港國安公署的協調是中央監督權的體現。綜上所述，這一監督模式不同於中央以往對香港的監督，未來應進一步構建中央監督、指導國安委的聯繫和執行機制。

另一方面，《全國人民代表大會關於建立健全香港特別行政區維護國家安全的法律制度和執行機制的決定》（以下簡稱「決定」）第 3 條明確規定維護國家主權、統一和領土完整是香港特別行政區的憲制責

任。這一憲制責任隨後在《香港國安法》第 3 條第 2 款[①]中再次得到確認。所謂憲制責任是指憲制中的主體履行憲法和法律規定的責任維護憲制中確立的政治關係的秩序,防止、制止和糾正破壞憲制秩序的行為。[②] 其包含以下含義:一是憲制確定責任,即憲制主體的責任一定是由憲法或憲制性法律明確規定的、履行責任的職權也一定是由憲法或憲制性法律明文規定的;二是責任保障憲制,即責任的目的在於維護憲制,因而憲制主體應當對憲法和憲制性法律負責,否則將破壞憲制秩序,進而這種負責是問責式負責。特區的憲制責任是一種有限模式,《決定》明確了香港的憲制責任,就是明確特區行政長官及政府、立法機關、司法機關應當對憲法和基本法負責,就基本法 23 條進行立法。而依據憲法第 61 條第 2 款,全國人大作為監督憲法實施的國家機關,有權監督香港履行憲法和基本法規定的維護國家主權、統一和領土完整的憲制責任。中央的監督也是一種具體、明確的監督,只對特區國家安全立法進行監督,這也體現在《決定》和《香港國安法》之中。

《決定》和《香港國安法》都規定香港特別行政區應當儘早完成香港特別行政區基本法規定的維護國家安全立法,「應當儘早完成」突出中央對香港完成國家安全立法的督促和要求。當然這種監督權屬於一種軟監督,那麼在中央進行督促而特區仍未履行的情況下,中央是否具有強監督權去糾正不作為呢?按照現有規定,中央可以要求行政長官發起有關立法程序,但無權命令立法會或立法會議員通過有關立法。

---

① 香港特別行政區負有維護國家安全的憲制責任,應當履行維護國家安全的職責。

② 駱偉建:《論特別行政區實施基本法的憲制責任 —— 以澳門特別行政區基本法實踐為視角》,《港澳研究》2019 年第 1 期。

六、結語

中央監督權的規範內涵是具體的、明確的，依據實定法準則，中央監督權包括行政長官監督權、立法監督權以及國安委監督權。中央監督權的實質在於如何協調高度自治權，核心問題是監督權的範圍和邊界。因此深入探討中央監督權的具體規範內涵具有重要的意義，這有助於明晰監督權的內部限度以及監督權與其他權力之間的界限。行政長官監督權與中央任免權、指令權有所區別，其行使應以高度自治為原則，以保障特區政府的自治空間，因而目前更多表現的是一種軟監督。立法監督權與香港法院基本法審查權同屬於硬監督模式，共同構成特區立法的復合監督制度，而這過程離不開基本法解釋權的行使。國安委監督權的行使則不同於前兩種監督權，而是依照內地的上下級監督模式進行。未來，應進一步完善中央監督權的配套機制，以使權力運行更具規範性、合理性和科學性。

On the Normative Connotation of the Supervision Power of the Central Government

Cao Xudong, Huang Wenting

Abstract: Supervision Power（SP）should be defined in a narrower sense to obtain substantive normative connotations. Although the self-supervision within the Special Administrative Region（SAR）plays a role in daily work, the Supervision Power of Central Government（SPCG）is the highest authority for the SAR. SPCG should be clear and must adhere to the positive law. The specific normative connotation of SPCG includes the supervisory power over the Chief Executive（CE）, the Laws enacted by the Legislature of the SAR（LL）and the National Security Committee（NSC）. SPCG over CE and LL shall be based on the principle of High Degree of Autonomy to guarantee the space for SAR. The supervision mechanism needs to be further improved to ensure the proper implementation of the Basic Law. However, in terms of national security affairs, the High Degree of Autonomy clause has been filled in by the constitution's central government unified leadership clause, and the central government's supervision power over the National Security Committee is carried out in accordance with the supervision mode in Mainland.

Keywords: Supervision Power of the Central Government（SPCG）; SPCG over CE; SPCG over LL; SPCG over NSC

「一國兩制」下的行政主導與三權制衡 *

梁美芬 **

摘　要：本文比較回歸前後的香港行政立法司法的關係，如何在「一國兩制」的憲法基礎下，三權發揮分工、制衡及互相監督。文章以剪布案及宣誓案作比較，提示在三權各司其職、權力互相制約下，法院在哪種情況下可干預立法會的決定，哪種情況下不可以；若屬立法會內部運作事務，法院無權介入；但若立法會決定涉基本法及憲制的運作，法院則有權介入。文章指出了香港在「一國兩制」下三權運作的特色，同時中央作為主權國享有最終話語權。

關鍵詞：行政主導　三權制約　司法監督　剪布案與宣誓案　中央話語權

＊　本文更新自梁美芬：《香港基本法：理論到實踐》，中國法律出版社有限公司，2015 年，第 11 章；梁美芬：《基本法之下立法、司法與行政的制衡》，《時代法學》2007 年第 6 期；梁美芬：《「基本法」框架下的三權制衡──香港「拉布」案中法律爭議之解析》，《中國法律評論》第 2014 年第 4 期。

＊＊　梁美芬，女，全國人民代表大會常務委員會香港基本法委員會港方委員，香港基本法教育委員會會長，香港城市大學法律學院副教授，現任香港立法會議員。研究領域為中國法律、香港基本法，中國內地、香港及台灣的法律衝突。

一、背景

近年香港出現了關於三權分立的爭論，有人甚至說如果沒有三權分立，香港就沒有「一國兩制」。本文將會比較香港回歸前後三權制衡的情況及近年發生的剪布案與宣誓案，通過討論「一國兩制」下三權之間的運作，以釐清社會上的一些誤解。

香港被英國統治了 155 年，在這段「借來的歷史，借來的時間」[①]中，香港的政制並不開放。英治時期的政治體制可以被稱為由英國政府直接控制和指導之下的港督獨裁專政制度。因此，港督的安排完全是由英國政府決定。法律中也沒有規定任何機制是關於港督犯嚴重錯誤時，應該如何辭退他。當時的立法局和行政局只是充當了諮詢機構的角色。從法律上講，英治時間期的香港只受兩個憲政文件的規範：即《英皇制誥》和《皇室訓令》。在《英皇制誥》中，港督的權力幾乎是至高無上的。立法會和行政會議除了是諮詢主體以外，其成員也都是由港督任命的。立法會無論如何都不可能對港督決策進行否定。[②]

例如，當年的港督衞奕信（Sir David Wilson）是個了解中國文化，備受香港人接納的港督，但他來港上任後不久，英國首相撒切爾夫人被逼下台。隨着新任首相約翰·梅傑的上任，衞奕信在港人毫不知情的情況下遭調職，換來的是弄到香港「翻天覆地」、社會撕裂的末代港督彭定康。回歸前，港督的任期和去留完全是英國的絕對權力，香港人無從過問。

不過，英國政府還是認識到港人大部分是中國人，由英國人管治

---

① Richard Huges, Borrowed Place, *Borrowed time*: *Hong Kong and its many faces*, UK: Andre Deutsch Limited, 1976, pp.13-14.

② 梁美芬：《香港基本法：理論到實踐》，中國法律出版社有限公司，2015 年，第 221 頁。

的香港政府若繼續以高壓統治，必會再導致如 1966 年和 1967 年那樣
的政治反抗。於是香港政府採取了總督懷柔政策及以「自我約束」原
則來管治香港。殖民政府不僅要遵守明文規定的法律，也要遵守「憲
法慣例」[①]，例如總督幾乎不能拒簽立法會三讀通過的法案。這一體制
是單方面的，行政立法之間沒有任何制衡。回歸前，港督根據英國的
意願來做決定，他實際也是英國的公務員。香港人民即使非常不滿意
某個總督，也並沒有任何機制可以制衡。歷史表明，就港督的更換而
言，英國國內政治形勢的變化比香港人民的意見重要得多[②]。直到上世
紀 90 年代，港督仍是行政局及立法局主席，集行政、立法權於一身，
而司法機構的終審權則設在倫敦樞密院，香港並沒有自己的終審權。

二、基本法的立法原意：行政主導、三權制衡

所謂三權分立，主要由法國政治哲學家孟德斯鳩提出，即行政、
立法、司法各盡其職，互不重疊，主要為了發揮三權互相制約、互相
制衡的功能[③]。除了美國以外的世界各國都沒有實行三權分立制度，
香港人比較熟識的英國實行的是行政主導，司法獨立，行政立法不分
家[④]。正因如此，當年中英談判時，衞奕信向中國推薦的制度就是行政

---

① 梁美芬：《香港基本法：理論到實踐》，中國法律出版社有限公司，2015 年版，第 222 頁。
② 梁美芬：《香港基本法：理論到實踐》，中國法律出版社有限公司，2015 年版，第 222 頁。
③ Charles Louis de Secondat, Baron de La Brède et de Montesquieu 在其著作《Spirit of Law》(1748)，James Madison 在其著作《Separation of powers》(1788)，John Locke 在其著作《Separation of Powers and the Dissolution of Government》(1690) 都倡議三權分立。
④ 英國的政府內閣全部都是國會成員，以發揮行政主導角色，見 https://www.parliament.uk/about/mps-and-lords/principal/government-opposition/, https://publications.parliament.uk/pa/cm201011/cmselect/cmpolcon/writev/842/m2.htm.

主導、司法獨立，行政立法不分家，這個方向也是後來寫入香港基本法的三權分工、互相制衡的基礎，其原意是繼續維持有效的行政主導政府，但由立法和司法發揮制衡作用。

鄧小平於 1987 年見香港基本法草委會時説：「還想講點基本法的起草問題。過去我曾經講過，基本法不宜太細。香港的制度也不能完全西化，不能照搬西方的一套。香港現在就不是實行英國的制度，美國的制度，這樣也過了一個半世紀了。現在如果完全照搬，比如搞三權分立，搞英美的議會制度，並以此來判斷是否民主，恐怕不適宜。對這個問題，請大家坐到一塊深思熟慮地想一下。關於民主，我們大陸講社會主義民主，和資產階級民主的概念不同。西方民主就是三權分立，多黨競選，等等。我們並不反對西方國家這樣搞，但是我們中國大陸不搞多黨競選，不搞三權分立、兩院制。我們實行的就是全國人民代表大會一院制，這最符合中國實際。如果政策正確，方向正確，這種體制益處很大，很有助於國家的興旺發達，避免很多牽扯。」[1]鄧小平清楚指出，香港不實行西方式的三權分立，並提到衞奕信向他表示以循序漸進的形式進行政制改革等比較務實可行的思路。

鄧小平先生這番話是向中華人民共和國香港特別行政區基本法（《基本法》）起草委員會委員説的，反映了中國政府的立場，亦反映了基本法的立法原意。鄧小平明確了香港不實行三權分立，但接納了香港回歸後可以有一套讓三權分工、互相制衡的建議。從《基本法》的不同條文可見，香港基本法仍然提供了一個非常有效的三權互相制衡制度。例如，回歸前，香港沒有終審權，終審的權力在英國樞密院。

---

[1]　1987 年 4 月 16 日鄧小平先生會見香港特別行政區基本法起草委員會委員時的講話。

《基本法》則授予回歸後的香港享有終審權，並讓香港有自己的終審法院，繼續實行普通法。在「一國兩制」的設計下，在特區自治範圍內，香港法院享有終審權及獲授權解釋《基本法》的權力。但在涉中央與地方關係及主權等中央責任範圍，特區法院必須在終審判決前先尋求全國人大常委會的解釋。全國人大常委會保留對《基本法》的最終解釋權，但終審權則授予香港法院①。回歸後，挑戰行政機構的決定的司法復核案件多達 248 宗②，有關《基本法》的司法復核不下 90 宗③，當中不少轟動全港，充分體現了司法機構對行政機構權力的制約④。至於立法機構對行政機構的制約也是有目共睹，回歸後的立法會有權否決政府的重大法案及財政預算案，以及彈劾行政長官等，其制約行政機構的權力非常大，這都是回歸前的香港政治制度所缺乏的。因此，從特區自治範圍內的角度，香港三權分工、互相制衡是指三權互相不從屬對方，各盡其職，有效制衡。從制度的設計而言，香港特區政府是個行政主導政府，例如《基本法》第七十四條提到，凡涉公共開支、政府政策、政治制度等只可由政府或有行政長官書面同意方能在立法會提出。第七十四條是規範行政主導的重要條文，《基本法》並沒有「三權分立」或「行政主導」這兩個描述。但香港不實行西方的三權分立制度，而是「一國兩制」下的行政主導的三權制衡制度，這在基本法的行文及不同條文的規定都有所表現，而這亦呼應了 1987 年鄧小平先

---

① 　見《基本法》第 2 條及第 158 條。

② 　https://www.doj.gov.hk.

③ 　https://www.doj.gov.hk.

④ 　例如 1999 年吳嘉玲案（FACV No. 14 of 1998）、2011 年 Vallejos Evangeline Banao 案（FACV No. 19 of 2012）、2013 年孔允明案（FACV No. 2 of 2013）、2015 年 Hysan Development Company Ltd and ors v.s. Town Planning Board（FACV No.21 of 2015）等。

生會見香港基本法起草委員時的指示及原意。

三、三權各司其職、互相制衡

（一）行政、立法、司法的權力

1. 行政機構的行政權：

根據《基本法》，香港的行政長官是香港最高首長，領導香港政府，負責執行《基本法》，簽署立法會通過的法案，公佈法律，決定政府政策和發佈行政命令，提名並報請中央人民政府任命政府主要官員，建議中央人民政府免除主要官員的職務，任免各級法院法官和公職人員，執行中央政府發出的指令，代表中央政府處理對外事務等。[①]

2. 立法機構的立法權：

香港的立法會與香港政府分工配合，亦相互制約。香港的立法會享有批准權[②]、監督權[③]。立法會享有立法權，批准政府的財政預算案，監督政府的施政，授權市民投訴等[④]。

3. 司法獨立：

《基本法》規定行政立法互相配合與制約，司法獨立[⑤]。香港特別行

---

① 《基本法》第四十八條。
② 《基本法》第二款。
③ 《基本法》第五款。
④ 《基本法》第八款。
⑤ 王叔文主編，《香港特別行政區基本法導論》，中國民主法治出版社、中共中央黨校出版社，2006 年，第 301 頁。

政區實行高度自治享有獨立的司法權和終審權[①]。行使司法權（包括終審權）的機關是司法機關[②]，法官獨立是指司法機構審案完全獨立，但若在解釋基本法有關特區自治範圍之外的條文時，全國人大常委會享有最後解釋權[③]。

（二）投票機制確保行政主導

《基本法》附件二還為立法會規定了一個獨特的投票機制，確保了在重要政策上，政府的行政主導權。根據附件二的第二部份第二款規定，政府提出的法案要求只需要出席會議議員的簡單多數票通過，而由立法會議員提出的私人法案，包括議員對政府法案的修訂案則需要功能組別選舉產生的議員和分區直接選舉、選舉委員會產生的議員兩部份出席會議議員分別以簡單多數票通過。[④]

在分組投票下，政府提出的法案明顯比議員提出的私人法案容易通過，因此一項議員個人提出的法案，有機會即使得到在席大多數議員的投票支持，也可能不獲通過。這是明顯為確保行政主導的政治體制而設，亦確保了由工商專業界別主導的功能組別的把關權力。[⑤]

---

① 王叔文主編，《香港特別行政區基本法導論》，中國民主法治出版社、中共中央黨校出版社，2006 年，第 301 頁。
② 王叔文主編，《香港特別行政區基本法導論》，中國民主法治出版社、中共中央黨校出版社，2006 年，第 301 頁。
③ 《基本法》第一百八十五條。
④ 梁美芬：《香港基本法：理論到實踐》，中國法律出版社有限公司，2015 年，第 225-226 頁。
⑤ 香港現時共有 29 個功能界別，共 35 席，包括：鄉議局，漁農界，保險界，航運交通界，教育界，法律界，會計界，醫學界，衛生服務界，工程界，建築、測量、規劃及園境界，勞工界（3 席），社會福利界，地產及建造界，旅遊界商界（第一），商界（第二），工業界（第一），工業界（第二），金融界，金融服務界，體育、演藝、文化及出版界，進出口界，紡織及製衣界，批發及零售界，信息科技界，飲食界，區議會（第一）及區議會（第二）（5 席）組成。制訂基本法時參考了英國的上議院，其成員由英女皇委任的。香港立法會的功能界別由界別選舉產生。

香港回歸後，由於這些限制條款，極少數議員提出的私人法案能在立法會中獲得足夠的支持。我們可以看到，一項由議員個人提出的法案，除了受到前述《基本法》第七十四條的規限外，即使在其他範圍，想要在這樣的制度下獲得立法會的支持，它必須非常受歡迎。相比之下，政府提出的法案如財政預算或別的重要法案，只需要簡單多數便可通過。

香港回歸以來實行行政主導、三權分工與互相制衡的制度[1]。香港在三權分工、互相制衡的這個制度設計中曾參考過西方不同國家的模式，但並無完全採納。最重要的是，香港作為中國的特別行政區，「三權分立、互相制衡」的制度必須在「一國兩制」的體制下運作，《基本法》亦充分反映了這個特色。

（三）行政立法之間的有效制衡[2]

與回歸前相比，最有力的行政立法之間的制衡莫過於《基本法》第五十條[3]及第 52 條[4]。監於以上條款，有兩種情況行政長官可以解散立法會：

---

[1] 王叔文主編，《香港特別行政區基本法導論》，中國民主法治出版社、中共中央黨校出版社，2006 年，第 210 頁。

[2] 本部分更新自梁美芬：《香港基本法：理論到實踐》，中國法律出版社有限公司，2015 年，第 223-224 頁。

[3] 《基本法》第五十條：「香港特別行政區行政長官如拒絕簽署立法會再次通過的法案或立法會拒絕通過政府提出的財政預算案或其他重要法案，經協商仍不能取得一致意見，行政長官可解散立法會。行政長官在解散立法會前，須徵詢行政會議的意見。行政長官在其一任任期內只能解散立法會一次。」

[4] 《基本法》第五十二條規定：「香港特別行政區行政長官如有下列情況之一者必須辭職：（一）因嚴重疾病或其他原因無力履行職務；（二）因兩次拒絕簽署立法會通過的法案而解散立法會，重選的立法會仍以全體議員三分之二多數通過所爭議的原案，而行政長官仍拒絕簽署；（三）因立法會拒絕通過財政預算案或其他重要法案而解散立法會，重選的立法會繼續拒絕通過所爭議的原案。」

（一）當行政長官拒絕簽署立法會再次通過的法案；

（二）立法會拒絕通過政府提出的財政預算案或其他重要法案。

兩者不同之處在於後者只要求立法會的一次拒絕就足夠①，該條款強調「經協商仍不能取得一致意見」的程序，這暗示了當第五十條規定的兩種情況出現時，行政長官在決定解散立法會前，還必須滿足法律程序上的要求，即行政長官須嘗試進行協商。另外，還有一個程序要求就是「行政長官在解散立法會前，須徵詢行政會議的意見」②。行政長官可以運用他的酌情權去決定是否能解散立法會，規定的字眼是「可」，因此是否解散立法會最終決定權掌握在行政長官手中。無論如何，行政長官在他的任期內只能解散立法會一次。2005 年及 2015 年，兩任行政長官曾蔭權及梁振英提出的政改方案均未能獲得立法會通過，但他們為免重大政治風險，並沒有行使解散立法會的權力③。雖然在具體運作以至解散立法會的問題上，行政長官被授予的酌情權看起來很大，但當其決定這樣做的時候也要承受巨大的政治風險。因為，第五十二條很明顯是對行政長官權力的制衡，整個制度的設計相信參考了一些西方的做法。④

根據第五十二條第二項和第三項，行政長官在決定解散立法會的同時也承擔了被逼辭職的政治風險⑤。第一種情形是，新成立的立法會仍然堅持以三分之二多數通過最初的法案。這種情況下，行政長官必須簽署法案，否則他就被逼辭職。當然，行政長官對是否簽署該法案

---

① 梁美芬：《香港基本法：理論到實踐》，中國法律出版社有限公司，2015 年，第 223-224 頁。

② 梁美芬：《香港基本法：理論到實踐》，中國法律出版社有限公司，2015 年，第 223-224 頁。

③ 梁美芬：《香港基本法：理論到實踐》，中國法律出版社有限公司，2015 年，第 223-224 頁。

④ 梁美芬：《香港基本法：理論到實踐》，中國法律出版社有限公司，2015 年，第 223 頁。

⑤ 梁美芬：《香港基本法：理論到實踐》，中國法律出版社有限公司，2015 年，第 224 頁。

有最終決定權，但有時他可能別無選擇。例如，當行政長官和立法會在限制行政長官權力等方面確實存在嚴重分歧時，行政長官將很難簽署這一特殊法案，在這種情況下，其可能再拒絕簽署重選的立法會通過的法案因而被逼辭職。第二種情形對行政長官來說可能更加困難，那就是新成立的立法會拒絕通過財政預算案或其他重要法案。如果出現這種情況，行政長官沒有最終發言權，只能辭職。[①]

從這些條款我們可以看出，立法會和行政長官之間的權力制衡是非常明顯的。所以，在分配公共資源和制約政府權力體系中，立法會的組成對於這兩個條款的執行仍然是一個決定性因素。因此，立法會若與行政長官完全不能合作，立法會要面對被解散的風險，議員在立法會解散後再重選未必能選上。[②]

而行政長官則要面對一旦行使最後尚方寶劍 —— 解散立法會，他是否能夠確保重選的立法會的絕大多數是關鍵。否則，他就有被逼辭職的政治風險。這是《基本法》規定行政、立法機關互相制衡的關鍵。而《基本法》第五十條及第五十二條第二項及第三項所涉及機制的出現完全是因為政治因素，在行政、立法關係出現僵局下生效而不需要行政長官有任何行為上的失當或失職，這實際上是威力龐大的制衡機制。[③]

1. 特權條例的行使與制約

除了立法和行政的制衡外，第七十三條第十項還規定了立法會對政府的其他制約。根據第七十三條第十項，立法會可以傳召有關人士

---

① 梁美芬：《香港基本法：理論到實踐》，中國法律出版社有限公司，2015 年，第 224-225 頁。
② 梁美芬：《香港基本法：理論到實踐》，中國法律出版社有限公司，2015 年，第 225 頁。
③ 梁美芬：《香港基本法：理論到實踐》，中國法律出版社有限公司，2015 年，第 227 頁。

在聽證會上出席作供和提供證據。立法會的這項權力包括傳召政府官員。1998 年，前入境事務處處長梁銘彥向立法會申訴香港回歸前政府在他的案件中不合理開除他的職務。在那次聽證會上，當時的布政司陳方安生亦必須到立法會前提供證據。回歸後，立法會亦就梁展文、沙士、雷曼、細仙股事件等使用權力及特權條例下的權力傳召政府官員到立法會作證[①]。然而，《基本法》第四十八條第十一項為行政長官拒絕立法會的上述要求提供了法律依據。回歸後，行政長官可以不允許重要官員在立法會作證的保留權力比回歸前港督的權力要大。根據《立法會（權力及特權）條例》中第十四條[②]，港督只能因為安全、軍事或與英國政府有關的事項上拒絕官員到立法會作證。與殖民時期的港督相比，行政長官可以因為公共利益原因而不允許其官員到立法會作證。公共利益的定義比安全、軍事和英國管理的定義寬泛，因此行政長官對立法會說「不」的酌情權也比以前的港督大。值得注意的是，這一條款只是提及行政長官有權力拒絕其官員到立法會作證，並未規

---

① 根據《立法會（權力及特權）條例》，任何人就任何證人即將在立法會或任何委員會席前提出的任何證據而襲擊、騷擾、阻止、威脅、騷擾或以任何方式不當地影響該證人即屬犯罪，可處罰款 $10000 及監禁 12 個月。歷年引用權力及特權法調查事件：1993 年 11 月：調查廉政公署前執行處副處長徐家傑被解僱事件。1996 年 9 月：調查人民入境事務處前處長梁銘彥被要求提早退休及相關事宜。1998 年 7 月：調查香港國際機場自 1998 年 7 月 6 日開始運作時所出現的問題原委及相關事宜。2001 年 2 月：調查公營房屋建築問題，包括居屋短樁醜聞，圓洲角短樁案。2003 年 10 月：調查政府與醫院管理局對沙士疫情的處理手法。2008 年 11 月：調查雷曼迷債事件，研訊至今仍未結束。2008 年 12 月：調查前房屋及規劃地政局常任秘書長梁展文獲批受聘新世界集團一事。2012 年 3 月：調查特首候選人梁振英在擔任西九比賽評審時是否涉及利益衝突。

② 根據《立法會（權力及特權）條例》第 14 條，「除在總督同意下行事的公職人員外，任何人不得在立法局或任何委員會席前就有關的信息互通（a）作證；或（b）出示任何文據、簿冊、紀錄或文件，而該信息互通是與以下各項有關的（i）任何海、陸、空軍事宜或與香港保安有關的任何其他事宜；或（ii）聯合王國的女皇政府所負的責任。」

定他是否同樣有權拒絕自己參加立法會的聽證要求[①]。前基本法起草委員蕭蔚雲教授認為，根據《基本法》第六十四條，立法會無權對政府官員提不信任案的動議[②]。而律政司司長亦曾表示立法會並沒有權力傳召特首，並認為立法會對特首行使傳召權是違憲的。

2. 對行政長官的彈劾

除上述外，《基本法》允許更大的制衡機制，在行政長官出現重大失誤時彈劾行政長官。這個彈劾機制的設定在回歸前是無法想像的。立法會議員可以聯同四分之一的議員提出請求，指控行政長官違反法律或玩忽職守。如果他拒絕辭職，立法會將在議員提出的調查動議通過後，授命終審法院首席大法官組織並主持一個獨立調查委員會。如果調查委員會認為有足夠的證據證明立法會的指控，立法會將以三分之二的多數票通過彈劾的請求，上報給中央人民政府予以裁決[③]。這是立法會監督行政長官的另一有力手段，但必須指出，行政長官在此情況下是否被免職，最終決定權在中央人民政府，這表明中央人民政府才是行政長官的直轄上級決策者。[④]

[①]　梁美芬：《香港基本法：理論到實踐》，中國法律出版社有限公司，2015年，第228頁。

[②]　2004年1月19日蕭蔚雲教授在《一國兩制研討會》的發言。另見1998年，在胡仙案中，前律政司司長梁愛詩因沒有檢控胡仙而檢控了其他工作人員，被立法會議員提出不信任動議，當時的立法會主席范徐麗泰決定容許就有關的不信任動議在立法會進行辯論，動議最後沒有通過。6年後，在一法律研討會上，蕭蔚雲教授公開表示他不同意范徐麗泰主席當年的決定，並認為有關決定與《基本法》第六十四條的立法原意相違背。蕭蔚雲教授認為《基本法》第六十四條規定特區政府向立法會負責的事項只有四個範圍，使用的是「：」。《基本法》第六十四條並沒有賦予立法會向政府官員提出不信任動議的權力。因此，他認為立法會主席容許議員向官員提出不信任動議超出第六十四條的四個範圍，是不符合《基本法》的。

[③]　《基本法》第七十三條第九項。

[④]　梁美芬：《香港基本法：理論到實踐》，中國法律出版社有限公司，2015年，第229頁。

四、司法的角色與權力的制約

（一）對司法部門的監督

回歸後，香港的法官任命制度基本沿用回歸前的制度[①]，亦容許委任外國法官參與審訊[②]。雖然香港特別行政區法官的任期為終身制，其還是可能因為無力履行職責或行為不當而被辭退。行政長官是根據終審法院首席法官任命的不少於三名當地法官組成的審議庭的建議，予以免職[③]。但若受查的是終審法院大法官，即香港特別行政區終審法院的首席大法官可能因不能履行職責或行為不當而被法庭調查以至辭退的話，根據《基本法》規定的程序，這個審議庭由行政長官建議成立，並任命不少於五名本地法官組成[④]。就這個問題，立法會的司法及法律事務委員會曾經作出討論，「不少於五名本地法官」可否指除了五名本地法官以外，還包括不是法官的有公信力人士，以避免「法官查法官」或「下級法官查上級法官」的指責。對上述問題，立法會未有定論[⑤]。

從這些相互聯繫的條款中我們可以看到，《基本法》規定，行政、立法、司法可以相互制衡。在回歸前的港英政府中，這種制衡是不存在的。

（二）司法的角色：剪布案及宣誓案

由於回歸後香港繼續實行普通法[⑥]，很多有關三權之間關係的重要

[①] 《基本法》第八十八條。
[②] 《基本法》第八十二條。
[③] 《基本法》第八十九條第一款。
[④] 《基本法》第八十九條第二款。
[⑤] 見 2014 年 6 月 24 日香港立法會司法及法律事務委員會的討論。
[⑥] 《基本法》第八條。

原則仍然是透過法院裁決來釐清。特別是行政、立法、司法之間的關係，往往透過不同的司法復核案件作出最後定論，除非涉中央與地方關係或涉重大憲制問題，全國人大常委會才予行使中國憲法第六十七條及《基本法》第一百五十八條的權力解釋《基本法》。

本文選擇剪布案 ① 及宣誓案 ② 作為討論香港回歸以來行政、立法及司法三權如何運作及互相挑戰的經典案例。

1. 剪布案：剪布屬立法會內部事務

（1）背景

剪布案是有史以來有立法會議員通過司法復核挑戰立法會主席根據《議事規則》行使的終止議員辯論的權力（「剪布權」）。事由是因為有議員要以無聊重複無意義的方式去拖長議事程序，即俗稱「拉布」，以拖垮一些政府法案或立法會會議的進行 ③。

2010 年香港政府提出政制改革方案，五位反對派議員未完成任期中途辭職，利用五區補選發起「公投」，引起牽連風波 ④。由於《基本法》沒有授權特區政府進行「公投」的權力，這種「五區總辭」只是玩弄

---

① 梁國雄訴立法會主席（FACV1/2014）（「剪布案」）。「剪布」是立法會主席終止冗長無聊的立法會辯論決定的俗稱。

② 行政長官及律政司告梁頌恆及游蕙禎宣誓案的高等法院原訟法庭判決書（HCAL 185/2016）（「梁游宣誓案」）。

③ 所謂「拉布」（filibuster），據維基百科的解釋即「冗長演說、冗長辯論，是議員在議會利用議事程序，延遲或押後其反對的議案的表決。這些行動包括用拖延動議、特地缺席令到不夠法定人數開會、陳述一些超長或沒有意義的演說」。在台灣，此短語被戲謔地翻譯為「費力把事拉」。

④ 梁美芬：《香港基本法：理論到實踐》，中國法律出版社有限公司，2015 年，第 232 頁。《民建聯認為立法會補選是鬧劇，決定不參加》，中國評論新聞網，2010 年 2 月 2 日。（http://hk.crntt.com/doc/1012/1/8/3/101218350.html?coluid=7&kindid=0&docid=101218350）

立法會條例的漏洞,並不符合《基本法》[①]。香港社會普遍認為反對派議員故意辭職是浪費公帑[②],一場鬧劇[③]。

為防止「濫用」《立法會條例》隨便辭職浪費公帑的行為,政府提出《立法會條例修訂》,建議辭職的議員六個月內不能再行參選。然而,在 2012 年 5 月 2 日該草案進行二讀時,兩位屬於激進反對派的立法會議員提出多達 1232 項及 74 項或內容相似、重複鎖碎無聊或咬文嚼字的修訂(俗稱「拉布」),時任立法會主席曾鈺成先生有見此類糾纏沒完沒了,故根據立法會《議事規則》第 92 條直接終止辯論(俗稱「剪布」)[④]。

(2)立法會主席行使「剪布權」

《議事規則》第 92 條規定:「對於本議事規則內未有作出規定的事宜,立法會所須遵循的方式及程序由立法會主席決定;如立法會主席認為適合,可參照其他立法機關的慣例及程序處理。」[⑤]「拉布」議員梁國雄不滿曾鈺成主席所作出的「剪布」決定,並申請司法復核。梁國

---

① 梁美芬:《香港基本法:理論到實踐》,中國法律出版社有限公司,2015 年,第 232 頁。《立法會補選五名辭職議員全部當選重返議會》,商業電台,2010 年 5 月 17 日。(http://www.881903.com/Page/ZH-TW/newsdetail.aspx?itemid=230448&csid=261_341)

② 梁美芬:《香港基本法:理論到實踐》,中國法律出版社有限公司,2015 年,第 232 頁。關昭《一億五千萬扶貧好過!》,大公報,2010 年 2 月 6 日。(http://202.55.1.83/news/10/02/06/LT3-1212387.htm)

③ 梁美芬:《香港基本法:理論到實踐》,中國法律出版社有限公司,2015 年,第 232 頁。梁美芬 2010 年有關泛民五名議員總辭的意見:(見頭條新聞 2010-01-22 梁美芬擬提私人草案阻請辭:https://hd.stheadline.com/news_topic/nt_content.asp?sid=3007&nt=np)。

④ 梁美芬:《香港基本法:理論到實踐》,中國法律出版社有限公司,2015 年,第 232 頁。梁國雄訴香港特別行政區立法會主席 Leung Kwok Hung v The President of the Legislative Council of the Hong Kong Special Administrative Region, FACV1/2014,第 1—8 段。立法會《議事規則》第 92 條規定:「對於本議事規則內未有作出規定的事宜,立法會所須遵從的方式及程序由立法會主席決定;如立法會主席認為適合,可參照其他立法機關的慣例及程序處理。」

⑤ 梁美芬:《香港基本法:理論到實踐》,中國法律出版社有限公司,2015 年,第 233 頁。香港立法會網頁。(http://www.legco.gov.hk/general/chinese/procedur/content/partn.htm#92)

雄認為「剪布」乃阻止他作為立法會議員進行立法辯論的違憲行為。在原訟庭，林文瀚法官駁回此觀點並指出，曾鈺成先生應引用《基本法》第七十二條而非只援引《議事規則》行使其作為立法會主席的權利，在考慮到第七十三條第一段[①]及《基本法》第七十五條第二段[②]，立法會議事規則由立法會自行規定，立法會主席根據議程，《基本法》第七十二條有權決定認為法庭不應對立法會議事進行干預[③]。議員發言時間足夠及發言是否有相關性等乃立法會主席主持會議的憲制權力。於是判梁國雄議員敗訴，亦不認為「剪布」決定違憲[④]。

梁國雄對此不服上訴，其代表大律師稱，「剪布」有損梁國雄作為立法會中的一員在《基本法》第七十三條第一段和第七十五條第二段中賦予制定、修訂、推翻法律的合法權力，而且他認為「剪布」乃是未載於第七十五條第二段而由主席自行製造的新規則，梁的代表律師認為當立法會在立法過程中違憲時法院有權作出干預，他並要求法院宣判在「剪布」後立法會所作的修訂無效[⑤]。

（3）法院不干預議會內部事務

上訴法院張舉能大法官對梁的律師的說法亦不認同。張舉能大法官指出，《基本法》第七十三條所指的立法角色是以立法會整體而不是梁國雄議員一人而言，法官並採納加拿大案例 Canada（House of

---

① 香港特別行政區立法會行使下列職權：（一）根據本法規定並依照法定程序制定、修改和廢除法律。

② 立法會議事規則由立法會自行制定，但不得與本法相牴觸。

③ 梁美芬：《香港基本法：理論到實踐》，中國法律出版社有限公司，2015 年，第 233 頁。《基本法》第七十二條是這樣規定的：香港特別行政區立法會主席行使下列職權：（一）主持會議；（二）決定議程，政府提出的議案須優先列入議程；（三）決定開會時間。

④ 梁國雄訴香港特別行政區立法會主席 Leung Kwok Hung v The President of the Legislative Council of the Hong Kong Special Administrative Region, FACV1/2014，第 9—11 段。

⑤ 同上，第 12—17 段。

Commons）v Vaid [2005] 1 SCR 667，指出議會主席對於議員發言問題作出決定乃議會的內部事務（internal affairs of the House）。

法院不干預議會內部事務。判詞的第 24 段是這樣說的：「只有三種情況下，法院才可考慮介入立法會的事情。即（1）立法會的相關決定屬於基本法規定，屬於法院審視的憲法規定。（2）立法會的決定侵犯基本法保護的個人的權利（individual constitutional right）。（3）立法會引用的議事規則被指違反基本法」①。當解釋《基本法》時，「法院傾向不干涉議會特權，當法律字眼不清晰時，法庭會選擇不作干預」②。張舉能法官更指出衡量立法會在《基本法》中的權力須全盤考慮《基本法》第七十二至七十五條相關條文，他指出主持會議及《立法會議事規則》所規定的其他職權均是《基本法》第七十二條第一及第六段授予主席的權力，而第七十三條第一段的「法律程序」須跟從議事規則，《基本法》第七十四條指出立法會議員提出法律草案時須依照法律程序，第七十五條指出《立法會議事規則》由立法會自行制定。總括而言，有關議事程序乃由立法會自行決定，《基本法》並無要求或授權法院對此屬內部事務的法律程序進行干涉③。對於梁的律師所指「剪布」乃主席在第七十五條第二段自行製造的新規則，法院並不接納，並重申此乃屬立法會對議事規則執行的內部事務，法院亦無權置喙④，裁定梁國雄敗訴。

---

① 同上第 24 段。
② 同上，第 25 段。英文原文：「However, as a matter of interpretation of the Basic Law, a court would lean against an interpretation displacing parliamentary privilege, and any real ambiguity would be resolved in favour of nonintervention.」
③ 同上，第 47—58 段。
④ 同上，第 65—68 段。

2. 宣誓超出立法會內部事務

（1）背景

2016 年 10 月 12 日，第六屆立法會議員就職典禮期間，有多名候任議員偏離了立法會要求的宣誓內容及儀式[①]進行宣誓，其中梁頌恆及游蕙貞更以非常冒犯的方式，侮辱中華人民共和國及其人民。梁游以「Geena」（支那）發音形容「China」，又以英文粗口的發音去形容「Republic」[②]，其他如羅冠聰、劉小麗、梁國雄及姚松炎宣誓時，亦有偏離。例如，劉小麗以龜速慢讀宣誓、羅冠聰加插印度甘地的「絕不效忠殘殺人民的政權來宣誓」、梁國雄在宣讀誓詞前後增加內容、姚松炎在誓詞中添加其他字句。梁游不獲立法會祕書長或立法會主席給予第二次宣誓的機會，其餘人士均獲第二次宣誓機會。[③]梁游於 2016 年 10 月 19 日欲衝進立法會宣誓不果，喪失就任議員資格；羅、梁、劉、姚四人雖獲第二次宣誓機會，獲准參加立法會會議，但在律政司司法復核立法會主席批准他們第二次宣誓的決定勝訴之後，四人亦喪失議員資格。[④]

（2）立法會是否有權批准再宣誓

立法會祕書於 2016 年 10 月 12 日批准多名偏離立法會要求的宣誓內容及形式宣誓的候任人士第二次機會宣誓，而立法會主席則分別於

---

① 立法會的宣誓內容：本人謹以至誠，據實聲明及確認，本人就任中華人民共和國香港特別行政區立法會議員，定當擁護《中華人民共和國香港特別行政區基本法》，效忠中華人民共和國香港特別行政區，盡忠職守，遵守法律，廉潔奉公，為香港特別行政區服務。

② People's Republic of China 就是中華人民共和國的英文。

③ 其中姚松炎及劉小麗分別在 2016 年 10 月 19 日及 2016 年 11 月 2 日獲立法會主席再給予宣誓機會。

④ 原訟法庭就行政長官及律政司長對立法會主席、立法會祕書、羅冠聰、梁國雄、劉小麗及姚松炎提起的法律程序的判決（HCAL 223-226/2016; 及 HCMP 3378、3379、3381 及 3382/2016）。

2016 年 10 月 19 日及 11 月 2 日批准了姚松炎及劉小麗的第二次宣誓。立法會主席的決定遭律政司司法復核。

律政司堅持宣誓一旦無效，有關人士根據《基本法》第一百零四條及《宣誓及聲明條例》已即時喪失資格，立法會祕書長及主席並沒有權批准他們第二次宣誓機會。而執法權應由律政司進行並由法院裁決，立法會主席成為答辯人之一。梁游則對立法會主席拒絕他們第二次宣誓的機會進行司法復核。因此，案件成為釐清立法會與行政機構的權力在議員宣誓問題上的重要案例。

（3）重大憲制問題法院可介入

與剪布案[①]不同，在宣誓案[②]中，法庭認為法庭有憲制角色介入立法會的宣誓爭議；因為一名立法會議員的宣誓是否有效並非只是立法會內部事務，而涉及《基本法》第一百零四條及《宣誓及聲明條例》第二十一條的執法問題。例如，法庭認為有關立法會內部事務的議事規則包括如何開會的情況法庭完全尊重立法會主席的決定，但涉及一位議員是否拒絕、侮辱、冒犯根據《基本法》第一百零四條則超出立法會主席主持會議的權力，而是屬於法院應審視有關憲法及基本法的規定，屬於法院在前述剪布案法院說明法院可以介入的三個範圍之一[③]。

在宣誓案中，梁游認為根據《基本法》第七十七條，他們在立法會的發言，不受法律追究。他們聲稱宣誓是發言的一種，因此他們可以選擇他們的方式及內容宣誓[④]。但法院認為宣誓行為並不等如議員

---

① 2012 年梁國雄案（CACV 123/2012）。
② 2016 年行政長官及律政司告梁頌恆及游蕙禎宣誓案的高等法院原訟法庭判決書（HCAL 185/2016）。
③ 見梁國雄訴立法會主席（CACV 123/2012）第 24 段。
④ 梁游宣誓案。

在會議上的發言；議員在就職時的宣誓行為必須符合《宣誓及聲明條例》第二十一條以及《基本法》第一百零四條的法定要求，其內容及形式必須完全與法定格式及內容一致。早於 2004 年梁國雄訴立法會祕書長一案中[1]，大法官 Hartmann 就說明在立法會議員就職宣誓，每位成員必須與其他所有成員宣誓一樣的內容[2]。一致的宣誓反映立法機構的誠信[3]，宣誓乃嚴肅的聲稱，聲稱（declaration）不是一段承諾，乃負有法律責任。因此，法院拒絕梁國雄的司法復核許可，判立法會祕書長勝訴。早在該案中，律政司已介入作為案件 intervener，認為案件涉及《基本法》第一百零四條的憲法執行及《宣誓及聲明條例》的執法問題，是律政司的角色。而在梁游案中，梁游在立法會宣誓過程中作出侮辱中華人民共和國及中國人民的行為，明顯違反了《基本法》第一百零四條及《宣誓及聲明條例》第二十一條，就在那時開始，他們已經作出「拒絕」（decline）或「忽略」（neglect）有關宣誓的要求。根據《條例》第二十一條，即時被取消資格或喪失就任立法會議員的資格[4]。就《基本法》第一百零四條及《條例》的執法應交由律政司處理。因此，事件超出立法會的內部事務，律政司認為立法會主席並無權作出給予二人重新宣誓的決定。立法會主席不同意，亦成為訴訟一方答辯人。

---

[1] Leung Kwok Hung v.s. Secretariat of Legislative Council 2004（HCAL 112/2004）第 28, 29 段。

[2] 同上第 28 段，「That uniform liability is, in my judgment, only manageable in a rational way if there is uniformity in the form of the oaths. Each member knows to what he has sworn and to what all other members have sworn. Common standards are set, common public expectation created」。

[3] 同上見第 29 段「That a uniform oath is required to ensure the integrity of a legislature is long recognised」。

[4] 《宣誓及聲明條例》第二十一條：不遵從的後果：如任何人獲妥為邀請作出本部規定其須作出的某項誓言後，拒絕或忽略作出該項誓言（a）該人若已就任，則必須離任，及（b）該人若未就任，則須被取消其就任資格。

最後原訟庭判律政司得值。梁游上訴，上訴庭支持原訟庭裁決，梁游敗訴，失去就任立法會議員資格。案件值得注意的地方乃全國人大常委會在原訟判決未作出之前頒佈了全國人大常委會就《基本法》第一百零四條的解釋，解釋説明：「宣誓必須在法律規定的監誓人面前進行。監誓人負有確保宣誓合法進行的責任，對符合本解釋和香港特別行政區法律規定的宣誓，應確定為有效宣誓；對不符合本解釋和香港特別行政區法律規定的宣誓，應確定為無效宣誓，並不得重新安排宣誓。」[①] 並重申「宣誓人拒絕宣誓，即喪失就任該條所列相應公職的資格。宣誓人故意宣讀與法定誓言不一致的誓言或者以任何不真誠、不莊重的方式宣誓，也屬於拒絕宣誓，所作宣誓無效，宣誓人即喪失就任該條所列相應公職的資格。」[②] 而原訟庭法官在作出裁決時除了考慮有關第一百零四條的人大釋法外，亦特別指出，即使沒有釋法，根據普通法，他也會作出同樣結論。可以看出，中國法律與普通法在宣誓的莊嚴性要求上同樣嚴格，而有關釋法內容與未有釋法時，即 2004 年 Hartmann 大法官以普通法判梁國雄宣誓案的判詞亦有不謀而合之處。梁游案後，還有羅冠聰等四人的宣誓亦被法庭基於類似理由，裁定無效，相繼喪失議員資格[③]。

3. 剪布案及宣誓案的重要意義

「拉布」令立法行政機關瀕臨破裂[④]。立法會的《議事規則》是立法

---

① 2016 年 11 月 7 日全國人民代表大會常務委員會就《基本法》第一百零四條解釋第二段第四款。

② 同上第二段第三款。

③ 原訟法庭就行政長官及律政司司長對立法會主席、立法會秘書、羅冠聰、梁國雄、劉小麗及姚松炎提起的法律程序的判決（HCAL 223-226/2016 及 HCMP 3378、3379、3381 及 3382/2016）。

④ 梁美芬：《「拉布」並非憲制權利》，《明報》，2013 年 5 月 23 日。

會運作的規則，其地位按法律階梯低於香港《基本法》。但回歸以來，立法會一向依據《議事規則》行事，由立法會主席作為「球證」一樣對議會的規則進行裁定。

「拉布」形成的具體原因在於《議事規則》第 38（1）（a）款規定：「議員在全體委員會上可就一項議題發言多於一次」，但由於發言次數不受限制，「拉布」便可持久進行。「拉布」政治手段在近幾年的立法會被一些激進反對議員頻繁使用，實際上是要利用「拉布」拖垮討論、癱瘓立法會和政府。

法院亦明確表示，在不清晰的情況下，法院會尊重立法會主席行使的酌情權（去主持會議 Duty to preside）[①]。主席剪布的權力亦適用於

---

① 根據立法會 CROP25/12—13 檔《關於處理法案的擬議修正案及全體委員會討論的議事規則及行事方式》第 11 頁第 35 段（http://www.legco.gov.hk/yr15-16/chinese/procedur/papers/rp_c.htm），在處理「拉布」的具體措施上，立法會祕書處在相關諮詢檔中指出，英國、加拿大、美國、澳洲採用了一種叫「時間編配議案（Allocation of Time Motion）」（加拿大的稱謂）（參見立法會 CROP25/12—13 檔《關於處理法案的擬議修正案及全體委員會討論的議事規則及行事方式》第 11 頁第 35 段（http://www.legco.gov.hk/yr15-16/chinese/procedur/papers/rp_c.htm）。在英國被稱作「法例編訂審議程序議案（Programme Motion）」的機制（同上，第 9 頁，第 26 段）。該議案通常由部長（Minister of Crown）提出，其內容主要是對日後某項待審議法案的議事程序及各個階段的時間做出概覽。若該議案獲得全體議員過半數通過，則在規限的時間用罄後，法案必須付諸表決（同上，第 11 頁，第 34 段）。在澳洲，是由部長動議一項毋須辯論、即刻表決的議案，宣佈某項法案屬緊急法案。如議案獲通過，部長可再動議一項議案，指明終止審議的具體日期或每個審議階段獲編配的固定時數（同上，第 14 頁，第 45 段）。

與「時間編配議案」相比，還有一種名為「結束決議案」（Closure Motion）的機制。與前者不同的是，該種議案是可由議員而非部長提出（英國、澳洲由議員提出，加拿大由部長提出）（同上，第 8 頁，第 24 段；第 13 頁，第 44 段；第 11 頁，第 34 段）。具體運作方式為，當一名議員在法案審議階段動議議案或修正案時，另一名議員（部長）可動議一項議案，即「結束決議案」，要求立即結束辯論。該議案不容辯論、修改，除非議長或主席認為此種做法侵犯了少數派的權利，否則須立即付諸表決。若該「實時表決議案」獲全體議員半數通過，該議案所針對的待議法案會在給予一定的辯論時限後，付諸表決。（同上，第 8 頁，第 24 段）。該項機制經常被形容為「腰斬決議案」（guillotine motion）。（同上，第 9 頁，第 26 段）。參見厄斯金梅編著的《議會行事方式》（第 24 版），第 468 頁。

財委會[①]。剪布案後主席維持議會秩序的權力得以確立。在 2020 年 5 月，立法會主席梁君彥亦行使其權力，終止反對派議員以拖延內會選舉主席的拉布行為[②]。

侮辱宣誓等如冒犯中華人民共和國及其香港特別行政區。宣誓案的重大意義在於確立了立法會議員在立法會議事廳內的行為並不是為所欲為，以「言論、自由」及《立法會權力及特權條例作》為一切違法行為的擋箭牌。無論是鄭松泰倒國旗案，游蕙貞等人撞擊立法會保安人員案[③]還是梁游宣誓案，均說明《立法會權力及特權條例》保障的是議員發言的內容，例如議員不能因為發言內容而被告誹謗，議員的發言只能受立法會主席判決為冒犯要求收回，主席就是唯一「球證」。但《特權條例》的保障並不延申至打人、衝擊、阻撓議員運作以及撞擊保安等違法行為。而宣誓更是有法律效力的公開承諾，誓言的形式、內容均不能違反基本法的要求，亦不能被冒犯。不然則屬於執法範圍（law enforcement），超出議會內部事務，亦不屬於立法程序（law-making），因此律政司及法院均可介入。

這兩個案例充分說明了「一國兩制」下的三權：行政、立法、司法的相互制衡，是非常有效的設計。因此，絕對不能說因為香港並不實行西方的三權分立就等如沒有法治及「一國兩制」，這種說法並不符合《基本法》的清晰規定。香港雖然不實行西方的三權分立制度，但卻有三權互相制衡的有效機制。

---

① 見黃毓民訴吳亮星案（HCAL 78/2014）。

② 見 https://read01.com/oA6eM6z.html#.X6oRWmgzaUk，與及梁美芬對反對派癱瘓內會的意見：（明報 2020 年 1 月 16 日 https://bit.ly/36kjQye）、（香港 01 2020 年 1 月 10 日 https://bit.ly/32ww2uJ）、（獨立媒體 https://www.inmediahk.net/node/1069864）。

③ ESCC 1139/2017，KCCC2035/2017。

五、「一國兩制」下中央的話語權

《基本法》充分體現了三權互相制衡的細密規定，同時亦在三權之上清楚顯示特別行政區的行政、立法、司法在涉及中央地方關係及主權的事情上，中央保留了作為主權國的最終話語權。例如，在立法權方面，《基本法》第二條列明香港特別行政區享有立法權、行政管理權、獨立的司法權與終審權。《基本法》第十七條第三款則列明在涉及中央與地方關係的法例，若違反《基本法》，則全國人大常委會有發還權。第四十八條第八款則列明中央人民政府對行政長官有指令權。第一百五十八條第一及第三款均列明全國人大常委會保留對《基本法》的最後解釋權。

《基本法》明確規定行政、立法及司法的三權分工，互相制衡要在「一國兩制」基礎下進行。香港特別行政區並沒有實行美國式的三權分立，而是奉行行政主導。現時出現的立法會亂象如拉布、癱瘓均已偏離《基本法》的立法原意，必須糾正。

結語：三權制衡必須在「一國兩制」下運作

在三權制衡下，法院享有終審權，行政長官實行行政主導，立法會發揮監督作用。並不存在「沒有三權分立就沒有法治」一說，需要明確的是，香港的三權制衡必須在「一國兩制」的基礎下實行。

香港的反對派不惜擾亂立法會的運作，以達至癱瘓香港的政治目的，後又發展到沉迷「35+」[①]，這並不是真正議政，而是不顧一切，拉

[①] 「35+」乃要泛民在現時立法會 70 席中取得超過 35 席多數，從而否決所有財政預算案及重要法案，以癱瘓香港所有公共服務，從而癱瘓香港。

倒所有政府撥款，令所有香港公共服務癱瘓。這種行徑並非法治下的權力制衡，完全違反了「一國兩制」與《基本法》的基本方針政策。香港立法會一旦出現如此亂象，中央一定行使前述保留的權力[①]，以確保香港的繁榮穩定，令香港恢復正常運作。回歸後 23 年，中央頒佈「港區國安法」[②]，透過附件三適用香港，同時要求香港社會正本清原，準確地描述「一國兩制」下的三權分工、行政主導、互相制衡的機制。香港社會必須正確認識《基本法》。如上述討論「三權分立」並不適合用予描述「一國兩制」下《基本法》規定的行政主導與三權制衡，但不採用「三權分立」的政治描述不等於香港不存在法治或三權互助制衡機制。恰恰相反，《基本法》的主體條文自 1990 年頒佈後從未修改[③]，三權分工、權力互相制衡的機制並無改變，一直行之有效，香港市民應以珍惜。

---

① 見鄧小平先生於 1987 年 4 月 16 日見香港基本法起草委員會委員時說：「切不要以為香港的事情全由香港人來管，中央一點都不管，就萬事大吉了。這是不行的。這種想法不實際。中央確實是不干預特別行政區的具體事務的，也不需要干預。但是，特別行政區是不是也會發生危害國家根本利益的事情呢？難道就不會出現嗎？那個時候，北京過問不過問？難道香港就不會出現損害香港根本利益的事情？能夠設想香港就沒有干擾，沒有破壞力量嗎？我看沒有這種自我安慰的根據。如果中央把什麼權力都放棄了，就可能會出現一些混亂，損害香港的利益。所以，保持中央的某些權力，對香港有利無害。大家可以冷靜地想想，香港有時候會不會出現非北京出頭就不能解決的問題呢？過去香港遇到問題總還有個英國出頭嘛！總有一些事情沒有中央出頭你們是難以解決的。中央的政策是不損害香港的利益，也希望香港不會出現損害國家利益和香港利益的事情。」

② 《中華人民共和國香港特別行政區維護國家安全法》於 2020 年 6 月 30 日由全國人民代表大會常務委員會通過，同日以全國性法律形式納入《香港特別行政區基本法》附件三中，在香港特別行政區公佈實施。

③ 回歸以來，只有附件一及附件二曾因為 2010 年的政制改革作出修改；而附件三的全國性法律亦有增減，由六條增至十三條。但《基本法》主體條文即第一條至一百八十條從未修改。有關行政主導與制衡的條文亦從未修改。

The Executive Dominance and the Balances of three Powers under "One Country, Two Systems"

Priscilla Leung Mei-fun

Abstract: This article discusses the system of checks and balances of the legislative, executive and judicial branches under the Basic Law of the Hong Kong Special Administrative Region（"Basic Law"）. The author emphasizes that the system in Hong Kong under One Country Two Systems is very unique . No other system in the world is similar to the system of Hong Kong; however, under the Basic Law, there provides effective mechanisms for the Legislature and Judiciary to serve as checks and balances upon the power of an executive-led government. The system in Hong Kong absorbs some good practice of western countries as well as preserving the most significant characteristic of One Country Two Systems. While providing an effective systems on checks and balances, China as the sovereign country reserves the final say on any act conducted by the three branches which may deviate from the legislative intent of the Basic Law, in particular, when the conduct touches on the Central-local matters or Central People's Government responsibilities. As Hong Kong continues to practice common law after the handover, many of the significant principles regarding the Basic Law are laid down by different important judgements. In terms of checks and balances between amongst the three powers, the author quoted two significant cases as references to elaborate how the judiciary is asserting its power to check the power invoked by the legislature. The two cases are the "filibustering" case in 2012 and the case of the Legislative Council Oath scandal in 2016. The observation from the two cases is that; when the case fall into the internal matter of the Legislative Council like the filibustering case, the judiciary shall respect the legislature;

yet, if the case relates to constitutional matter, the judiciary has the duty to adjudicate like in the case of the Legislative Council Oath. And, for the first time the division of power and the scope of the checks of the powers between the judiciary and legislature have been clarified after these two cases.

Keywords: Executive-Led; Checks and Balances; "Filibustering" Case; Case of the Legislative Council Oath; the Central Government's Final Say

香港特別行政區法律的合基本法審查

朱國斌 *

摘　要:「合基本法審查」與「合憲性審查」兩種不同的表述方式，反映了內地與香港對香港法院審查權的性質、界限及「司法獨立」內涵的理解差異。本文以「禁蒙面法」案為切入點，通過分析申請人的理據及法院觀點，可以發現法官宣佈立法違「憲」，是出於對權力分立、司法獨立的片面、生硬理解，未能充分考慮立法原意及立法背景，未能正確認識司法與行政的關係。同時，令人遺憾的是，政府律師忽視了從司法謙抑的視角來觀察、討論此案，司法權應在何種情形下表現出對行政權的謙抑和尊重，本應成為支持政府行為的重要依據。對於香港法院的司法審查權，普通法下的香港法院應具有這項權力，否則司法制度無法運作。但是，這種司法審查權行使的範圍及界限值得我們去深入研究探討。

關鍵詞：合憲性審查　合基本法審查　司法審查權的界限　司法謙抑

---

*　朱國斌，香港城市大學法律學院教授、法學博士；香港城市大學法律學院公法與人權論壇主任，香港城市大學公共事務與法律研究中心副主任。

一、導言

「香港特別行政區法律的合基本法審查」，若放在香港語境之下，法官和法學與政治學學者更傾向於用「違憲審查」，也有論者寫為「合憲性審查」（即英文 constitutional review，或者說 review of constitutionality of law）。表述不同反映出內地和香港在學術上和理解上存在一定差別，挑起了我們求知的好奇心和進行理論探討的興趣。筆者將從最近高等法院原訴法庭判決的「郭榮鏗訴行政長官」[①]一案展開，這個案件既涉及香港的「憲法」（廣義的憲法）的內容以及基本法審查，還涉及法院對基本法的解釋方法，同時也涉及司法復核（judicial review）的基本理據。筆者從分析這個案件的基本案情出發，再進一步討論：香港到底有沒有違反基本法審查的權力；若有，審查應該怎樣進行，審查的界限在哪，以及如何處理與中國憲法秩序的關係。

二、「禁蒙面法」司法復核的案情及推理

「郭榮鏗訴行政長官」案即「禁蒙面法」案，共有二十四個申請人，於 2019 年 10 月 31 日開庭，11 月 18 日判決，後政府上訴。2020 年 1 月 9 號上訴審開庭，4 月 9 日頒下判決。目前案件仍在等待終審判決。

[①] *Kwok Wing Hang and others v. Chief Executive in Council and Another*, HCAL2945/2019, [2019] HKCFI 2820，18 Nov. 2019. Visit at: https://www.hklii.hk/eng/hk/cases/hkcfi/2019/2820.html. 後來，高等法院上訴庭接受上訴，並於 2020 年 4 月 9 日頒下長達 154 頁的判決書。*Kwok Wing Hang and others v. Chief Executive in Council and Another*, CACV541，542 & 583、2019，[2020] HKCA 192, 9 April 2020. 目前本案已經上訴到終審法院。

本案關涉法律的合憲性與合法性 ——《緊急情況規例條例》(Emergency Regulations Ordinance，香港法例第 241 章；俗稱「緊急法」) 的合憲性與《禁止蒙面規例》(Prohibition on Face Covering Regulation，俗稱「禁蒙面法」) 的合法性問題。這裏的「憲」是指基本法，合憲性主要指緊急法的合憲 (基本法) 性，合法性是指禁蒙面法的合法性。於是這就導致了法院對兩個不同位階的法律的審查：一個是上述緊急法，一個是上述禁蒙面法。

在判決書中，申請一方一共提出了六個理據。申請方的第一個理據是緊急法是不合憲的 (unconstitutional)，此即「立法權授權或下放的理據」(delegation of legislative power ground)，認為立法權授權也就是緊急法的授權是違憲的。[1] 第二個理據基於對緊急法的繼續討論，認為緊急法是舊法，在 1991 年《香港人權法案條例》公佈之時，就應該受《人權法案條例》第 2 節、第 3 節的制約影響而自動失效。這就是默示撤銷理據 (implied repeal ground)，儘管當時沒有法律明確規定，緊急法因人權法的頒佈而無效，但是根據《人權法案條例》的相關章節，它被認為是自動失去效力。[2] 第三個理據是「法定理據」(prescribed by law ground)，這不是實體上的合法性理據，而是程序法理據。[3] 第四個理據是行政法上常用的理據，即越權無效理據 (ultra vires)，法庭稱之為「合法性原則理據」(principle of legality ground)。[4] 第五個和第六個理據是針對禁蒙面法中的兩節。根據第五個理據，禁蒙面法第 3 節

---

①   Op. cit. 1, para. 11 at M-B.
②   Ibid., at C-G.
③   Ibid., at H-K.
④   Ibid., at L-O.

不符合比例原則，即「第 3 節比例原則理據」（section 3 proportionality ground）。第六個理據與禁蒙面法第 5 節相關，即「第 5 節比例原則理據或叫不合比例原則理據」（section 5 proportionality ground）。[①]

1922 年通過的這個緊急法是在省港大罷工期間制定的，中間經過四次修改，一共適用十次，最後一次適用是在 1967 年處理「六七暴動」案。在回歸之前，緊急法並沒有被總督會同行政局撤銷。在判決書中，法官除分析介紹一些相關具體問題之外，對於六個理據分別展開長篇大論的分述。判決書前面討論的是合憲性審查問題，後面討論的是合法性審查問題。在討論合法性審查的問題時，法官層層剝筍，逐步展開。法官首先關注的是禁止蒙面規例（禁蒙面法）的訂立是否有正當理由、正當目的的（legitimate aims）。這是關鍵的第一步。第二步，討論規例和現在發生的事情、發生的狀況以及行政會議的決定之間有沒有合理的連接/關聯（rational connection），進而判斷政府決策是否講事實和有依據。第三步和第四步則是辨明政府的規例是否達到了這樣一個標準——是不是不在合理的必要區間內（no more than reasonable necessary）以及是不是合理平衡（and reasonable balance）；也就是說，政府的附屬立法（相當於內地的行政法規）是不是符合這兩個進一步的要求。這四個步驟一路推演下來，法官做出了相應的判斷。

法官分別分析各理據及其適用如下：第一，就第一個理據而言，法院認為緊急法和基本法不配套、不兼容（incompatible），[②]不符合基本法，因而是違憲的。法官用的詞是 unconstitutionality（不合憲性）。

---

① Ibid., at P-D.
② Ibid., para. 97, at N-G.

第二，申請方認為緊急法在 1991 年由於《人權法案條例》的通過而自動失效了、自動被撤銷了，這個觀點沒有被法官認同。[1] 第三，法院沒有接受申請方律師認為緊急法本身沒有滿足「法定理據」(prescribed by law) 的觀點。第四，法院認為，討論禁蒙面法不能適用一種寬泛的解讀方法，從而給行政機關太多權力。最後，關於第五、第六理據，即 disproportionality（不合比例）理據，法院認為禁蒙面法所採用的這種比較嚴厲 (harsh) 的減損人權的措施是不符合《人權法案條例》的。根據條例的規定，特別是根據基本法第 39 條所引入的《公民權利與政治權利國際公約》(ICCPR)，禁蒙面法的措施太過嚴厲，與現在的情況和實際需要不對稱、不成比例。用英國的一個通俗、形象而又著名的説法來説，你不必用一個蒸汽錘來砸一個小核桃。(「You must not use a steam hammer to crack a nut，if a nutcracker would do.」[2])

三、緊急法立法與行政立法權力關係

若依從內地嚴格的憲法學訓練和理論，首先法官的立論是有問題的，他們使用了「constitutionality」（合憲性）一詞，並表述為「review of constitutionality」即合憲性審查。香港法院用的是「憲法」這個詞，但我們眼中要理解為基本法，所謂的合憲性審查即合基本法審查。香港法院法官已經形成這樣一個看法：在 1997 年第一個憲法性案件「馬

---

[1] Ibid., para.109.
[2] *R v Goldstein* [1983] 1 W.L.R. 151, per Lord Diplock at p. 155.

維騉」案[1] 和 1999 年「吳嘉玲」案[2] 中，兩個法院（上訴法院和終審法院）均認為，基本法是「一個全國性法律同時也是地區的憲法」（a piece of national law and the constitution of the Region）。從那之後，「地區的憲法」成為廣為接受的基本法定義。這種認識和我們官方的觀點是不一致的，但是在香港學者心目中，基本法在香港的地位是「supreme」和「thehighest」，是最高的。對此，筆者認為我們看問題要有相對性，如果我們把憲法當作一個純粹的組織法（organic law）和一個法律權威來理解的話，說基本法是香港地區的「憲法」的話也沒什麼太錯，因為這也沒有從主觀上去否認在基本法上面還有一個全國性的憲法。在這一點上，2014 年中央人民政府發佈的《「一國兩制」在香港特別行政區的實踐》白皮書（「《香港白皮書》」）做了一個很好的嫁接，它認為中國憲法和香港基本法共同構成香港的憲制基礎，[3] 從而使香港基本法與中國憲法之間的緊張關係得到了緩和舒展。

在這份判決書中，我們經常讀到一個詞「constitutional order」，即憲制秩序或憲法秩序。法官每一次使用它的時候都有特定的意義。比如，法官在本案中明確堅持權力分立的觀點，認為根據基本法，香港的立法機關是立法會，前面用的修飾詞是「the」，也就是唯一的意思，其意圖是否定行政長官會同行政會議（Chief Executive in Council，CEIC）擁有立法權（legislative power）。法官認為，行政長官會同行政會議實際上是剝奪了或者是分享了憲法與基本法規定的、建立在權力分立基礎上的立法會的權力。法院對第一個理據的認識過於生硬、

---

① *HKSAR v Ma Wai Kwan David & Ors*, [1997] 2 HKC 315.

② *Ng Ka Ling (an Infant) v. Director of Immigration*, [1999] 1 HKC 291.

③ http://www.scio.gov.cn/tt/Document/1372801/1372801.htm.

剛性。這個理據堅持絕對的權力分立制度，並且認為立法會的權力不能被行政會議所分享。同時，法院完全沒有考慮緊急法本身的立法原意，緊急法也就是緊急狀態（emergency）之下的立法事實與狀態，是一種處於非正常狀態下的立法，本來就是屬於一種例外情況。在一般的情況之下，行政權是不能夠侵蝕立法權的，但在特殊情況下，特別是在有條件的情況下，是可以實際行使部分立法權的，上述條件例如行政權必須在立法時預先確定法例的有效期限，即行政權在行使緊急狀態立法權時明確法例的有效性是固定的，期限一到須得以新的法律來取代舊的法律，或者延長緊急法的適用期。但是在本案中法官完全採納了申請人律師團的意見，而根本沒有考慮政府關於緊急法是一個特別情況即特例的法律意見。

法官利用緊急法文本為自己的結論辯護。緊急法立法在兩種狀態下發生，一個是「public danger」，即公眾危險／公共安全，另外一個是「emergency」，即緊急狀態／事態。如果政府正式宣佈「emergency」狀態，並且推出禁蒙面法，那法官可能無理由禁止，因為這符合人權減損的特殊情況，香港人權法案和國際人權條約之間透過基本法第 39 條發生了一種嫁接和勾連，在這種情況下就不存在違反人權法的問題，自然也就不存在越權無效的問題。但是，行政長官會同行政會議用九個小時制定出來禁蒙面法，選用了「public danger」這個相對來說危險程度比較低的理由，這樣一來就不符合比例原則，也就是所謂的大炮打蚊子了。法官後來大量引用國際人權公約和相關的案例來說明所謂的「emergency」是指關涉到一個國家的人的生命安全的特殊時期（即 life of nation），此時正常的法律都應該被擱置，暫時不適用，這是正常的。然而在法官看來，這並不符合香港當時的情況。所以政府的禁

蒙面法因違憲越權而無效。當然法官也考慮到社會輿論，做了兩次延長生效的時間，但是並沒有改變判決書的基本理據。

就權力分立問題來講，司法權與立法權、行政權之間的界限當然應該清楚。但目前國際上有這樣一個實踐趨勢，司法權應該適當表現出謙抑態度。[①] 司法權在必要的時候，甚至在適當的時候，應表現出對行政權的謙抑或尊重。這是一個國際趨勢，至少從上個世紀 70 年代以來確實是這樣的。關於司法謙抑，最著名的兩個判例分別來自美國和加拿大，這兩個判例/先例在普通法世界有大而深遠的影響。但在本案中，香港政府律師從未提出過司法謙抑這個問題，即司法權面對行政權應該採取什麼態度。在香港政府律師的辯詞中，更是完全沒有提到上述兩個案件，完全局限在他們所了解的英國和澳大利亞的普通法之中。這就使得香港政府律師在辯論時候表現差強人意。筆者認為至少法官的謙抑態度是我們認識這個案例和問題的一個視角。

四、新憲制秩序之下的司法權與司法獨立

香港市民、香港法律人士對香港法律制度和憲法制度的認識經歷了一個認知過程。他們突出強調司法獨立，進而言之，他們強調權力分立。然而基本法設立的政治體制是一種行政主導制。按照時任中聯辦主任張曉明先生的話來說，行政長官的權力具有「凌駕性」。在此筆者不想以「凌駕性」來簡單化對這個問題的理解，而是認為行政長官從

---

① 這就是我最近主編出版的那本書的主題。即：*Deference to the Administration in Judicial Review: Comparative Perspectives*, Springer, Dec 2019.

職權到功能具有主動性和領導作用，在現實政治生活中能起到主導作用。終審法院首席大法官李國能先生到馬道立先生在香港年度法律開幕式上始終強調司法獨立，單獨挑出「司法獨立」來描述政治制度會給人感覺司法權將自己絕對地排斥在兩權（行政權、立法權）之外。李國能大法官在判詞或演講中描述司法權時用詞是「絕對的」（absolute），並且他還喜歡用一個詞「constitutional」，即「憲法的」，如他強調香港法院有「憲法職責或角色」（constitutional duty/role）去行使某些權力；他強調這一切來自「新憲制秩序」（new constitutional order）。自佳日思（Yash Ghai）教授提出新憲制秩序之後，[①] 香港社會各界包括內地學界都擁抱這個詞。在本文討論的禁蒙面法案件中，法官把「吳嘉玲」案中宣示的新憲制秩序又重述一遍。他們想區分 1997 之前香港立法局的立法權與 1997 年後香港特別行政區立法會的立法權，認為二者在不同憲制語境下不可簡單比較。法官這樣做是為了表明特別行政區今天的行政權是不能侵蝕立法權的。他們認為，在回歸以前，總督會同行政局（Governor in Council）可以做出那麼多直接立法或者具有法律意義的政治文件，是因為在回歸以前舊的憲制秩序下。而回歸以後，基本法賦予了立法機關這樣的地位和這麼多權力。立法會是唯一的立法機關，也就是想說，這個權力是不可分享的。這個邏輯推理與李國能大法官在「吳嘉玲」案中的推理線路是一致的，大法官在批評上訴庭首席法官陳兆愷時也是如此認為。

陳兆愷法官在「馬維騉」一案的判詞中寫到：[②] 就像在過往的（指

---

① 參見：Yash Ghai, *Hong Kong's New Constitutional Order: The Resumption of Chinese Sovereignty and the Basic Law*, 2nd ed., Hong Kong University Press, 1999.

② 這裏涉及我們討論的審查權問題，在此轉述而非直接引用。

回歸前）議會制下一樣，香港法院是不能挑戰其他權力的。回歸以來，我們法院可以依據基本法挑戰行政行為和立法行為，但是法院不可以挑戰主權者（sovereign）的任何決定或行為。陳兆愷法官一方面明確了權力分立，另一方面也排除掉了全國人大及其常委會即主權者行為的可訴性。這是一個非常中規中矩的、符合我們對基本法下垂直權力關係與平行權力分立關係的理解的法律觀點。但是，李國能大法官卻認為陳兆愷法官的觀點有誤。他認為陳兆愷法官說的是「舊制度」（old regime）下的秩序，現在回歸了，情況發生了根本變化，法院不僅能挑戰立法會的行為，甚至可以挑戰全國人大常委會的決定（decisions）。這就走得太遠了，當然是錯誤的。但是，這個判斷反映了李國能大法官思維裏很強烈的、根深蒂固的權力分立思想。

以上情況反映了香港法官對司法獨立的理解。很多法律專業人士堅持認為，司法獨立是絕對的，不受另外兩權挑戰。在他們眼中，判決依據「只有法律」（only the law）。然而，2001 年「莊豐源」案之後，香港的行政訴訟數量大幅飆升，從每年 200 件左右上升到每年三千餘件，案件量（case load）之大令人震驚。2002 年，高等法院原訴庭和上訴庭共下達 4662 份判決。[①] 這時香港法院不得不重新思考這個重要的理論與實踐問題，這就是司法政治化問題。一方面，他們始終認同權力分立；另一方面，他們又捲入大量「有政治爭議的」（politically contentious）話題中去。後來，兩個首席大法官都公開宣佈，政治的問題歸政治解決，法律的問題歸法院解決。這樣一來，司法復核的案

---

① 參見「在立法會會議上陳淑莊議員的提問和署理民政事務局局長陳積志的書面答覆」（立法會文件：立法會十七題「有關司法覆核案件的統計資料」附件二），https://sc.isd.gov.hk/TuniS/www.info.gov.hk/gia/general/201802/28/P2018022800341.htm?fontSize=1.

件數量回落到每年 200 件左右的正常狀況。最近幾年來，數量又有些
上升。

關於「司法人員的角色」(judicial role) 問題，嚴格地講，法官不
應該涉入政治，但在實際操作中法官多多少少主動或被動涉入政治。
這裏是否存在一個界限？到現在為止，也沒有一種所謂公認的觀點，
就連司法政治學領域的教父美國教授夏皮羅 (Shapiro) 的著作裏也沒
有給出標準答案。李國能大法官和馬道立大法官都喜歡講「不偏不倚」
(impartial)，但我們很難完全相信這一點。李國能大法官說司法機關
或者法院是且必須被人看到它是不偏不倚的 (這裏借用了英國人關於
正義的表達方式)。這的確是一個基本規則。關於政治與法律關係，法
官肯定是有一個不顯現的 (invisible) 政治角色的。但法官可以或者能
夠涉入現實政治多少，在一般的普通法國家，或者是在權力分立的國
家，它還是有一個界限的。在大陸法國家如法國，法官可能有更多政
治性的涉入，尤其在「政治上敏感」(politically sensitive) 案件中法官
多多少少會涉入或被迫捲入。這是繞不開的現實和話題。

五、香港法院擁有美國式的司法管轄權

關於香港法院的審查權，應以基本法對司法權的設置為依據。基
本法的條文並沒有對司法權預置條件。正因如此，法官在禁蒙面法案
件中理直氣壯地宣稱：我們有獨立的司法權和終審權；僅遵循過往制
度對法院的限制。[①]。在「剛果」案中，包致金 (Kemal Bokhary) 大法

---

① 參見基本法第 19 條。

官發表的個人意見（儘管不是主流意見）談到「絕對豁免」（absolute immunity），並主張這是過往制度，所以香港法院對「剛果」案有終極審判權。

基本法是一部非常自由的法律，或者說是一部對香港有很強保護性（protective）的法律。其中第 82、84、85 條對香港的司法權及其行使實施了一種全方位的保護。關於司法權（judicial power），香港很少有人把它狹義理解為「power to adjudicate」，即審判權/裁判權，香港司法系統（the Judiciary）和法律專業人士（legal professionals）的理解傾向為全面的、遠大於「power to adjudicate」的範疇，他們認為香港法院享有的是全面、充分的、不加限制的司法權和管轄權。

而管轄權是「jurisdiction」，在這方面，香港法院實踐跟我們的認知是非常不一致的。翻看蕭蔚雲教授的著作，他認為香港法院是沒有違反基本法審查權的。董立坤教授的文章也充分印證了這一點。[①] 筆者倒不完全同意這個觀點，就算按照狹義的解釋方法，在普通法下法院仍然還是具有司法審查權的。若果你完全排除這個權力，實際上普通法司法制度就運作不起來。

司法審查權是「judicial review」，香港一般譯成「司法復核」。其實「judicial review」首先是一種英國制度和用法。到美國之後，才美國化了，美國化下的「review」有雙層意思：第一點，是廣義的，包括憲法意義上的「constitutional review」（該制度源於著名的 *Marbury v. Madison* 案，1803 年）；第二，是原本意義上的、英國制度下行政法意

---

① 董立坤、張淑鈿：《香港特別行政區法院的違反基本法審查權》，《法學研究》2010 年第 3 期。後來，有李樹忠、姚國建教授發文與之商榷。參見李樹忠、姚國建：《香港特區法院的違基審查權 —— 兼與董立坤、張淑鈿二位教授商榷》，《法學研究》2012 年第 3 期。

義上的「administrative review」（注意：它不是中國法意義上的行政復議）。實踐中，香港的司法復核是美國式/化的。

鍾士元爵士在他的回憶錄中指出，香港當初有人提出要設立議會制，想要給議會多一點的權力，從而限制行政長官的權力。但是很奇怪的是，草委會一致選擇了美國式的總統制，並且是在權力分立基礎之上的總統制，草委們為未來特區「選取了一個較為接近美國的政制模式」。[①] 如果真是這樣的話倒也有另一個好處，就是它會（部分地）支持了行政長官制。但是現在的問題是回歸以來，法院在所有的司法活動中，特別是在一些著名的案件裏（以「吳嘉玲」案為首），三番五次突出強調絕對的權力分立（separation of powers）制度，而基本沒有特別突出行政長官在憲法上的地位（status）。筆者個人認為，行政長官在憲法上是有特別的地位的（特別參見第 43 條和第 48 條），但是我們在判例中卻找不出理據來支持這一點。這是令人遺憾的。

狹義的司法審查只能審查法例或行為的「legality」，即合法性的問題。而廣義上的司法審查涉及到 constitutionality，即合憲性的問題。在香港，合憲性就必然涉及到違反基本法審查的問題。鑒於香港發展了廣泛的司法審查判例的現實情況，現在沒有人否認香港法院具有「judicial review」的權力，法官都同意並堅持法院享有違反基本法審查權，香港學界贊同這種主張。筆者不否認香港法院有權依據基本法審查立法會的法律或政府行政行為。筆者認為，只要把基本法作為最高法律來把握，就要確認它這樣一個憲制地位；只要認為香港還是一個普通法法域，那就得承認法院的司法審查權。

---

① 鍾士元：《香港回歸歷程：鍾士元回憶錄》，中文大學出版社，2001 年，第 123 頁。

本案（「禁蒙面法」案）目前還未完結，當事一方已經上訴到終審法院。高等法院原訴庭直接宣佈緊急法違反基本法，且直接宣佈相關條文無效，這是比較少見的。其實，法院在行使審查權時，也是在處理它和政府與行政權的關係。用首席大法官馬道立的話來說，法院既不應該採取一種對抗式的方法，也不應該採取一種依從的方法，行使司法權就是要「no fear no favor」（「不畏懼、不偏愛」）。法院也曾受到質疑，因法院經常挑戰行政機關、行政權，有人認為法院是有事沒事找政府麻煩（如「領匯案」、「皇后碼頭案」、「港珠澳大橋案」，等），干預政府運作，影響行政效率。對此馬道立大法官特別強調了「no favor」，認為法院沒有偏私。然而，目前香港法院的強勢形象不是一朝一日可以改變的。

最後，關於管轄權，我們迴避不了兩個案件，它們直接關涉違反基本法審查權的問題。第一個就是香港特區「憲法第一案」-「馬維騉」案（1997）。在這個案子中，上訴法院認為地區法院是沒有管轄權來質疑主權者的立法或行為的有效性的，沒有法律依據，也不存在先例，在回歸前的殖民地法院是不可想像的。香港法院是沒有權力挑戰全國人大及其常委會的決策和決議的，甚至是決策和決議後面的理由。筆者認為這個判決是合適的，法院確認他們擁有對本地立法行為和行政行為合法性的審查權，但是這一審查權不能越過了界限。在該案中，上訴庭在此做了一個很好的腳注，認為香港法院是沒有權力審查全國人大及其常委會的決策和決議的，但是它可以查證主權者行為的存在事實，以保證這個決策或決議確實做出了。查證它的存在並不等於質疑它的有效性和合憲性，也就是只要存在即為有效。這種判斷是符合香港憲制和政制現狀的，但是可惜後來它就被「吳嘉玲」案質疑和否定了。

在「吳嘉玲」一案中，終審法院法官一致認為地區法院有這種「constitutional duty」（「憲法義務」）來執行和解釋基本法，由此可以檢查和查證立法機關的立法和行政機關的行為，確認其是否符合基本法，如果不符合就可以宣佈其無效。他們認為這不是一個「discretion」（「自由裁量權」）的問題，而是一種「obligation」（「義務」），法院有這種義務去履行憲法職責——「check and balance」（「制衡」）。最後，終審法院還認為，地區法院有這種司法管轄權，並且有「義務」來宣佈全國人大的決定或決議因不符合基本法而無效。對於這種觀點，筆者認為香港法院走得太遠了，超出了管轄權的界限。然而，1999 年 6 月 26 日第一次全國人大常委會釋法時並沒有直截了當地糾正這一明顯的錯誤法律觀點，只是重新聲明瞭人大常委會關於基本法第 24 條意義的理解。這種「失誤」還有「莊豐源」案，全國人大方面當時雖不滿法院的判決，但是沒有去直接糾正終審法院對第 24 條的理解，從而使得第 24 條有關條款被終審法院重新解釋（interpreted）了一次。

六、小結

綜上，筆者直接或間接的回答了關於香港法院的基本法審查權的問題。筆者認為全面否定法院違反基本法審查權在法理上是於法無據的，在現實政治（real politics）中對「一國兩制」的運作也沒有好處。但是，明確審查權的制度性限定和界限是有必要的且具有可行性。與此同時，在研究法院的審查權時，我們要特別關注法院解釋基本法時運用的不同解釋方法，因為憲法/法律解釋方法對法院審查權的行使、法律推理及其判決效果具有直接意義。

Basic Law Review in Hong Kong Special Administrative Region

Zhu Guobin

Abstract: The different expressions of "Basic Law review" and "Constitutional review" in Hong Kong SAR reflect the different understanding of the nature and limits of the power of review and the connotation of "judicial independence" between Mainland and Hong Kong . Based on the case of "Dennis Kwok V. Chief Executive" , the author proposes that the judge declared the legislation unconstitutional because of his one-sided and rigid understanding of the separation of powers and the independence of judicature, did not fully consider the legislative intent and legislative background, failed to correctly understand the relationship between the judicature and administration. At the same time, it is regrettable that government lawyers neglect to observe and discuss the case from the perspective of judicial deference, which should be an important basis for supporting the government's action. As for the Judicial Review Power of Hong Kong courts, the author believes that the Hong Kong courts under common law should have this power, otherwise the judicial system can not operate. However, the scope and boundary of the exercise of judicial review power is worth our in-depth study and discussion.

Keywords: Constitutional review; Basic Law review; the limits of judicial review power; judicial deference

論香港特區法律體系中的規例

黃明濤　楊雨晨 *

摘　要：規例（regulation）是香港特別行政區的一種重要的成文法形式。根據香港基本法，回歸前的「香港原有法律」得到充分保留，其中的成文法規範主要有兩類：（1）條例；（2）根據條例制定的附屬法例——基本法條文之中使用了「附屬立法」、「附屬法規」這兩個概念，但香港的法律語言通稱為「附屬法例」。規例屬於附屬法例的一種。在制定主體方面，大多數規例的制定主體為「行政長官會同行政會議」（Chief Executive in Council），指的是「在徵詢行政會議的意見之後行事的行政長官」。在實體內容方面，規例的根本依據是授權制定該規例的「主體條例」（primary legislation），這些條例一般會列明規例的制定條件、針對事項、效力與罰則等；主體條例沒有規定之處，適用《釋義及通則條例》的規定。在立法程序方

---

* 黃明濤，武漢大學法學院副教授、法學博士；楊雨晨，武漢大學法學院碩士研究生。
項目信息：本文係國家社科基金青年項目「香港特區立法會憲制慣例研究」（16CFX016）的階段性成果。

面，規例須交由立法會審議，反映出特區立法機關對附屬法例的監督，程序上具體又分為「先訂後審」與「先審後訂」。

關鍵詞：香港基本法　規例　附屬法例　緊急法　行政長官會同行政會議

一、引　言

2020 年 4 月 9 日，香港高等法院上訴法庭就禁蒙面法司法復核案作出了二審判決 ——《緊急情況規例條例》（以下簡稱「緊急法」）並不違背基本法，《禁止蒙面規例》（以下簡稱「禁蒙面法」）在部分情形下也將繼續有效 —— 這推翻了原訟法庭的部分裁判，特區政府的主要上訴請求得到支持。實際上，對於前述兩法的合法性問題，不僅香港高等法院上訴法庭與原訟法庭間的看法相去甚遠，內地與香港的看法也存在憲制層面的差異，[①] 這一定程度上體現出兩地截然不同的法律制度之間由來已久的張力。

依法治理港澳是中國共產黨和國家對港澳工作的基本方針，也是「一國兩制」方針的要義，欲消除不同法律制度間的隔閡，必先增強雙方的相互了解。就禁蒙面法司法復核案而言，二審判決也並非這場法律爭論的終點，[②] 內地如想真正參與其中抒發己見，並努力與香港形成共識，必先充分理解香港本地的法律制度。因此，本文將從法律淵源

---

① 《全國人大常委會法工委發言人就香港法院有關司法覆核案判決發表談話》，載新華網 2019 年 11 月 19 日，http://www.xinhuanet.com/gangao/2019-11/19/c_1125246732.htm.

② 2020 年 7 月 10 日，香港高等法院上訴法庭作出裁決，准許了覆核申請人的上訴申請。因此，截止目前，禁蒙面法司法覆核案仍未走到司法程序的終點，尚待香港終審法院的審理。

的角度出發，以緊急法、禁蒙面法等條例、規例為例，全面介紹並審視「規例」這一香港特有的成文法形式在特區法律體系中的地位與特徵，以期增進內地理論界與實務部門對於香港憲制的理解。

二、基本法確立的香港特區法律淵源

香港特區與祖國內地的法律制度迥異。要弄清楚香港的規例是什麼，必須從香港特區的法律淵源談起。根據「一國兩制」，香港原有的法律制度不變，原有的司法制度也不變，[①] 這一方針得到了《中華人民共和國香港特別行政區基本法》（以下簡稱「基本法」）的確認。根據基本法第 8 條的規定，回歸前「香港原有法律」即為「普通法、衡平法、條例、附屬立法和習慣法」；[②] 結合基本法第 18 條，可知回歸後香港特區實行的法律可分為三類：（1）基本法；（2）全國性法律（限於基本法附件三列舉者）；（3）香港原有法律（按基本法第 8 條予以保留者）。[③] 由於在香港實行的全國性法律並不規範社會生活的主要方面，可以大致認為，香港特區在基本法框架下繼續保持原有的普通法傳統。[④]

---

① 許崇德：《鄧小平「一國兩制」理論的法律表現》，《浙江社會科學》1999 年第 3 期。

② 《基本法》第 8 條規定：「香港原有法律，即普通法、衡平法、條例、附屬立法和習慣法，除同本法相牴觸或經香港特別行政區的立法機關作出修改者外，予以保留。」

③ 除以上外，香港律政司認為，國際法也是香港法律淵源的一部分。儘管國際法無法直接適用於香港本地，但按照普通法的傳統，香港法院判案時可援引相關國際法，以幫助解釋本地法例。見《香港的法律制度》，載香港律政司官網，https://www.doj.gov.hk/sc/legal/index.html. 2020 年 3 月 5 日訪問。本文認為，該等國際法可以歸入香港原有法律的普通法之中，不必單獨成為一類淵源。

④ 2020 年 6 月 30 日，全國人大常委會通過了《中華人民共和國香港特別行政區維護國家安全法》並作出決定，將該法列入基本法附件三作為全國性法律在香港實施。但筆者認為，港區國安法在香港法律體系中的定位、對原有法律體系的影響，仍需通過進一步的法律實踐方可明確，本文暫不涉足於此。

從法律淵源的視角，這個普通法傳統包含了判例法（第 8 條中的「普通法、衡平法」）、成文法與習慣法三部分。對於成文法，香港特區習慣上稱之為「法例」（legislation）。法例均由香港本地訂立，又可分為條例（ordinance）與附屬法例（subsidiary legislation）兩部分。條例是香港成文法的基本形式。基本法規定，香港立法會負有制定、修改、廢除法律的職權。[①] 所有的條例均由立法會制定，並經行政長官簽署和公佈後方能生效。條例不得與基本法相牴觸，是基本法框架下規範香港特區社會生活的方方面面的主要法律淵源。如果説，制定條例來自於基本法的直接授權，那麼，制定附屬法例就來自於條例的授權。所謂附屬法例，是指根據或憑藉任何條例訂立並具有立法效力的文告、規則、規例、命令、決議、公告、法院規則、附例或其他文書。[②] 不難看出，附屬法例的規範內容更豐富，規範形式更多樣，小到律政司司長宣佈某項條例生效實施的法律公告，大到行政長官經條例授權、而就該條例的實施細節所訂立的規例，都可以被稱之為附屬法例。可以認為，條例與附屬法例「一主一輔」地構成了香港成文法的基本體系。

三、附屬法例：澄清基本法上的一個含混概念

以內地法律人的視角來看，香港法當中的「條例」是一個相對容易理解的概念。僅從字面上來講，內地對於「條例」一詞並不陌生，

---

① 《基本法》第 17 條第 1 款規定：「香港特別行政區享有立法權」；第 73 條規定：「香港特別行政區立法會行使下列職權：（一）根據本法規定並依照法定程序制定、修改和廢除法律……」

② 見香港《釋義及通則條例》第 3 條「附屬法例」一詞的解釋。

其被用於命名國務院制定的行政法規。[①] 不同之處在於，內地的「條例」
是行政法規這一級法律規範的具體名稱，而香港的「條例」則是指單
獨的一級法律規範——香港特區的條例由立法會制定，故而效力僅次
於基本法，這樣的地位類似於內地法律體制下「由全國人大及其常委
會制定的法律」。相較之下，「附屬法例」並非內地人所熟知的法律概
念，但如上所述，其佔據了香港成文法淵源中的重要地位。然而，首
先是基本法的條文措辭使得附屬法例的概念產生了一定的含混。

基本法中並無「附屬法例」的概念，而是在三個地方分別採用了
「附屬立法」、「附屬法規」兩種表述，具體規定如下：

（第一章 總則）

第 8 條 香港原有法律，即普通法、衡平法、條例、**附屬立法**和習
慣法……

（第四章 政治體制；第一節 行政長官）

第 56 條 香港特別行政區行政會議由行政長官主持。行政長官在作
出重要決策、向立法會提交法案、**制定附屬法規**和解散立法會前，須
徵詢行政會議的意見……

（第二節 行政機關）

第 62 條：香港特別行政區政府行使下列職權：……（五）擬定並
提出法案、議案、**附屬法規**……

作為香港特區的憲制性法律文件，基本法這一差異表述引出了不

[①]　國務院《行政法規制定程序條例》第 5 條第 1 款規定：「行政法規的名稱一般稱『條例』，
也可以稱『規定』、『辦法』等。」

少問題：第一、附屬立法與附屬法規是否為同一規範的不同表述，此二者與香港本地常用的「附屬法例」概念是何關係？第二、基本法確認附屬立法系香港原有法律，不違反基本法第 8 條則繼續有效；如果附屬法規與附屬立法有所區別，那麼附屬法規是否為香港特區創建之後的全新法律淵源，從而使得「附屬立法」與「附屬法規」兩類新舊規範並存？第三、從第 56 條可以推導出，行政長官有權制定附屬法規，而第 62 條規定特區政府有權「擬定並提出附屬法規」，那麼附屬法規的制定權究竟由哪一主體享有？

　　回答以上問題，較好的突破口是探究基本法第 8 條所規定的「香港原有法律」的含義。香港特區保留了大量港英政府時期的成文法，這些成文法大多經過修訂而至今繼續有效。舉例而言，1976 年香港訂立《學徒制度條例》，旨在規範僱傭學徒的行業活動，同年根據該條例訂立《學徒制度規例》，隨後又制定《學徒制度（指定行業）（綜合）令》，發佈了《學徒制度（學徒訓練期）公告》。前述「規例」、「令」、「公告」都是根據《學徒制度條例》的授權性條款而制定，且都是為了《學徒制度條例》的具體實施，具有地位上、內容上的「附屬性」。在香港成文法彙編《香港法例》的編排中，《學徒制度條例》被編為第 47 章，前述「規例」、「令」、「公告」分別被編為 47A、47B、47C，副標題都冠以「附屬法例」的名稱。這並非獨特現象，香港絕大多數的成文法規範都採取了類似的「條例＋附屬法例」的立法模式，且其中大量規範都制定於香港回歸以前，屬於「香港原有法律」。這也就說明了，在香港原有法律中，根據條例制定的附屬性法律規範，在基本法第 8 條之中被稱為「附屬立法」，而在香港本地被習慣地稱為「附屬法例」。同樣的道理，基本法另外條文所稱的「附屬法規」也並非一類

單獨的規範，基本法授權行政長官制定的附屬法規，在香港本土語境下，即是條例授權行政長官制定的附屬法例——要注意，基本法第56條、第62條並非完全獨立地新設了「附屬法規」立法權，而是以回歸前的香港原有法律體系為出發點的程序性或增補性的規定。因此，可以很明確地說，「附屬立法」是附屬法例，「附屬法規」也是附屬法例，都被香港地區原有的習慣概念「附屬法例」所涵蓋。

那麼，又當如何理解基本法規範上「附屬立法」與「附屬法規」之間的區別表述？不論內地或香港，人們都一貫將這兩個概念混用，而在全國人大常委會1990年公佈的基本法的英文本中，「附屬立法」與「附屬法規」均被譯為「subordinate legislation」，英文用語並無差異。[1]但基本法作為香港特區的核心憲制文件，其中文用語的差異應當被首先考量與尊重。全國人大常委會也在決定中強調「英文本中的用語的含義如果有與中文本有出入的，以中文本為準」，[2]因此，這一差異不得不察。筆者認為，中文用語差異有其特定背景與意義：根據港英政府時期的憲制文件《英王制誥》（Letters Patent）規定，港督在立法局的建議及同意下制定法律。[3]但就權力的實際運行而言，香港在港英政府時期實行港督集權制，港督集行政權與立法權於一身，立法局只是協助港督進行立法的機構，港督才是實質性的立法機關。[4]回歸後，立法

---

[1] 見《全國人民代表大會常務委員會關於〈中華人民共和國香港特別行政區基本法〉英文本的決定》，1990年6月28日第七屆全國人民代表大會常務委員會第十四次會議通過。

[2] 同前注。

[3] 香港《英王制誥》第7條規定：「總督在立法局的建議與同意下可以制定法律，以維護殖民地的和平、秩序與善政。」（The Governor, by and with the advice and consent of the Legislative Council, may make laws for the peace, order, and good governance of the Colony）

[4] 朱華澤：《香港特別行政區的立法權》，《中外法學》1996年第2期。

會成為實質性的立法機關，才真正、獨立地掌握立法權。在「香港特區的立法權性質已由行政立法突變為議會立法」的政制變革下，[①] 基本法將港督制定的、具有立法性質的附屬性規範稱為「附屬立法」，[②] 將回歸後行政長官基於轉授權制定的、具有行政立法色彩的附屬性規範稱為「附屬法規」。這種名稱上的區分，反映了基本法立法的字斟句酌，儘管，在某種程度上講，並無現時意義——因「附屬立法」已被吸納到香港現有的成文法體系中，與「附屬法規」融為一體。這種融合是通過香港法律的修改完成的，回歸前條例中授權港督制定附屬法例的權力，在回歸後由行政長官承受。當然，由於香港立法會成為實權的立法機關，行政長官制定附屬法規的權力受到了立法會的限制，較之港督的權力有較大限縮。申言之，無論是「附屬立法」抑或「附屬法規」，在當今香港，都指代根據條例授權而制定的（部分）附屬性規範，都可被習慣稱之為「附屬法例」。香港的法律語言常將附屬法例、附屬法規、附屬立法三個概念混同使用。香港《釋義及通則條例》第 3 條也將此三者解釋為同一類規範；[③] 如嚴格從基本法的視角審視之，該法的這一規定並不準確，儘管附屬立法、附屬法規都是附屬法例，卻不能等同於附屬法例，二者的範圍小於附屬法例。

---

① 引自姚魏：《論香港特別行政區立法權的性質與特徵》，《地方立法研究》2017 年第 5 期。

② 回歸前香港地方法的表現形式有兩種，一種是港督經立法局的建議和同意制定各種條例，另一種是由港督直接制定，或由政府有關部門或某些公司團體制定並經港督批准的各種章程、規劃和細則等規範性文件，統稱「附屬立法」。香港的「附屬立法」權實際上掌握在享有立法權的港督手中。見曾恕忠：《香港特別行政區行政長官享有立法權嗎？——與吳雪元同志商榷》，《港澳經濟》1996 年第 2 期。

③ 香港《釋義及通則條例》第 3 條規定：「附屬法例、附屬法規、附屬立法（subsidiary legislation, subordinate legislation）指根據或憑藉任何條例訂立並具有立法效力的文告、規則、規例、命令、決議、公告、法院規則、附例或其他文書。」

四、規例的要素與特徵 ── 以《禁止蒙面規例》為例

正如前述，文告、規則、規例、命令、決議、公告、法院規則等都可以被稱為附屬法例。其中，規例是附屬法例的主要形式，其主要地位體現在兩個方面：數量上，規例顯著多於其他附屬法例規範；內容上，規例作為對條例的執行與細化，具有突出的重要性與普遍的適用性。鑒於香港的規例眾多，難以枚舉，下文以《禁止蒙面規例》為切入點，結合其他具有代表性的規例，以作說明。

（一）規例的制定主體

規例依據條例的授權而制定，所依據的條例（以下稱「主體條例」）往往在條例的末尾處設置一條授權性條款，對制定規例的主體、針對事項、權限、罪行罰則等作出詳細規定。《緊急情況規例條例》規定「行政長官會同行政會議可訂立任何他認為合乎公眾利益的規例」。也即，「行政長官會同行政會議」是有權根據緊急法制定規例的主體，其也是大多數情況下獲授權制定規例的主體。

「行政長官會同行政會議」是香港的法律術語，其前身是「港督會同行政局」（Governor-in-Council），更遠可追溯到英國法中的「女皇會同樞密院」（Queen-in-Council）。基本法規定，行政長官是香港特區首長，行政會議是協助行政長官決策的機構，二者具有獨自的基本法地位。香港法律體系中「行政長官會同行政會議」通常作為一體性的概念使用，並不限於制定規例的情況，如行政長官會同行政會議作出某某決定，發佈某某命令。香港語境下也常使用「行會決定」一詞，其實是「行政長官會同行政會議決定」的簡稱。但行政長官與行政會議

是否具有「一體性的職權」，尚值得商榷。易言之，相關職權是否屬於行政長官與行政會議共同享有、因而必須共同行使？

問題的關鍵在於「會同」二字作何解釋，基本法並無直接規定。《釋義及通則條例》規定「行政長官會同行政會議（Chief Executive in Council）指在徵詢行政會議的意見後行事的行政長官」。① 如果照此理解，行政長官才是制定規例的有權主體，「會同行政會議」並非行政長官和行政會議一道行使職權，而僅僅是「經諮詢行政會議的意見」進而行使職權。基本法的規定也佐證了這一點，基本法第54條規定，行政會議是協助行政長官決策的機構，這意味着行政會議的功能僅限於協助行政長官決策，行政長官才最終擁有決策權，第56條進一步規定：

香港特別行政區行政會議由行政長官主持。行政長官在作出重要決策、向立法會提交法案、制定附屬法規和解散立法會前，須徵詢行政會議的意見，但人事任免、紀律制裁和緊急情況下採取的措施除外。行政長官如不採納行政會議多數成員的意見，應將具體理由記錄在案。

照此，制定附屬法規的權力專屬於行政長官。在程序上行政長官原則上應當徵詢行政會議意見，行政長官亦有權不採納行政會議的多數意見。條例授權「行政長官會同行政會議」制定規例，將「會同」理解為「行政長官徵詢行政會議意見」這一程序條件，是符合基本法原意的。「行政長官會同行政會議」是一體性的專門術語，但並不意味這是行使權力的主體，香港使用「行會決定」的簡稱存在誤導職權歸屬之嫌。前特首梁振英先生表達過類似看法，他認為，將Governor-in-Council譯為「總督會同行政局」是不恰當的，應當翻譯為「總督在行

---

① 見香港《釋義及通則條例》第3條有關「行政長官會同行政會議」一詞的解釋。

政局內」，這體現了，總督在行政局內行事時，總督擁有最大的權力。即便行政局的多數意見與港督相左，港督仍有權為之。如果我們不考慮立法會取代立法局所引發的憲制變遷，僅就特區時代的特首與行政會議的關係來看，梁振英的看法是有道理的，回歸前的權力結構在基本法中並未發生實質性的改變，「《基本法》將之簡化，規定如果行政會議大多數都不贊同行政長官的某個做法，行政長官仍然可以做，但是要將具體理由記錄在案。這改變更加體現到『港人治港、高度自治』。就憲制的規定上，九七前後在這一點上是沒有分別的。」[1]

在香港，大量的條例都以「行政長官會同行政會議」作為相關規例的制定主體，但這也並非制定規例的唯一選項。條例還可以授權其他政府官員或其他政府部門以制定相關規例。[2] 這也就回答了前文的第三個問題：如果我們從香港的法律實踐來理解基本法第 56 條、第 62 條的規定 —— 條例可以授權行政長官（會同行政會議）制定附屬法規，亦可授權其他政府官員、部門制定附屬法規 —— 制定附屬法規的確既是行政長官的職權，也是特區政府的職權（具體由特定官員或部門行使）。

（二）規例的制定條件與制定權限

制定條件，是指制定規例的前提條件（precondition），即，制定主體在符合規定的條件下方可訂立規例；制定權限，是指制定規例可針對哪些事項、採取何種措施，即，規例的權限範圍（legislative

---

[1] 劉廼強：《梁振英：行政會議的實際運作模式 —— 訪香港行政會議召集人梁振英》，載中國評論新聞網 2007 年 6 月 18 日，http://hk.crntt.com/doc/1003/9/1/2/100391232.html?coluid=149&kindid=5511&docid=100391232&mdate=1127225911.

[2] 例如香港《性別歧視條例》第 89 條授權政治及內地事務局局長（政府官員）可訂立規例；《護士註冊條例》第 27 條授權護士管理局（政府部門）可訂立規例。

competency）。

　　緊急法第 2 條第 1 款規定，行政長官會同行政會議在「認為屬於緊急情況或危害公共安全的情況時」可訂立「任何他認為合乎公眾利益的規例」。「緊急情況或危害公共安全」都是難以界定的概念，因此規例的制定，依賴於行政長官的主觀判斷，具有較大的裁量空間。第 2 款緊接着規定了制定權限，其範圍非常之廣泛，可以對出版物、通訊、水陸空交通、貿易、生產製造等諸多方面設置管制措施，更有權對私人財產採取管制、沒收等處置，甚至還可強制要求特定人進行特定的工作或提供服務。需要特別注意的是，第 2 款就制定權限進行了列舉式的規定，但這種列舉並不構成權力的邊界，因為第 2 款特別強調須尊重第 1 款的「一般性原則」，也即行政長官會同行政會議「可訂立任何他認為合乎公眾利益的規例」。

　　這樣過於主觀的制定條件、缺乏限制的制定權限，在香港法例中實則比較少見，這與《緊急情況規例條例》的立法背景有密切關聯。《緊急情況規例條例》是港英政府於 1922 年為應對香港海員大罷工所制定，幾經修訂，授權判處的刑罰愈發嚴厲，一度在 1949 年給予最高可設置死刑罰則的授權（後香港廢除死刑）。可能正是意識到緊急法給港督會同行政局創設了過於武斷、不受約束的權力，1970 年後港英政府就不再動用緊急法，到了 1995 年，港督撤銷了以往根據緊急法制定的所有規例，緊急法（及據其制定的規例）就完全地進入「沉睡狀態」。[①] 回顧香港歷史，啟用緊急法往往是為了應對暴動、罷工及自然災

---

① 　見禁蒙面法司法覆核案判決，KWOK WING HANG AND OTHERS v. CHIEF EXECUTIVE IN COUNCIL AND ANOTHER，HCAL2945/2019。主筆法官在判決的 C 部分「The Emergency Regulations Ordinance」詳細介紹了緊急法的立法及實施歷史。

害、流行病等情形，其產生的土壤是英國殖民者維持香港殖民統治穩定的需要。這種原本由港督掌握的缺乏法律監督的立法權力，隨香港的回歸而過渡到特區政府繼續適用。當然，這樣的緊急立法權也曾多次遭受司法挑戰──最近一次便是禁蒙面法司法復核案：復核申請人認為，緊急法如此寬泛的授權，勢必導致行政長官可以創設性地制定法律規範（而非對主體條例的細化與執行），這實質上將專屬於立法會的「一般立法權」（general legislative power）轉授給行政長官，這與基本法規定的「立法會是香港特別行政區的立法機關」相矛盾。與一審判決不同，二審並不認可這一訴由。二審法官認為，所謂的授權過於寬泛，不過是緊急立法的性質使然，即，必須給予行政長官足夠的權限以應對各種可能的突發緊急情況，也沒有哪一主體比行政長官更適合作出判斷。寬泛的授權也並不等於轉授一般立法權，如果置於香港憲制的整體框架下來看，行政長官制定的緊急立法仍處於立法會審議程序的控制之下，也尚需接受法院司法審查的檢視。[①]

　　與緊急法相反的是，大部分的香港條例並不會規定特別的制定條件，主體條例往往規定為「行政長官會同行政會議有權制定⋯⋯」而不會限制在一定的條件下方可制定規例，即便存在前置條件也不會設置過多限制。這是因為大部分條例都有制定規例的需要。特區政府認為，大量使用附屬法例是鑒於：（1）轉授立法權可節省立法機關的時間；（2）如果法律規則繁複而富技術性，則交由專業人士制定為宜；（3）對於有必要經常更新而需要具彈性的規則，行政機關能更快地制定或

---

① 見禁蒙面法司法覆核案二審判決，LEUNG KWOK HUNG v. SECRETARY FOR JUSTICE，[2020] HKCA 192。

修訂；（4）遇緊急情況時，行政機關能夠更快處置。[①] 轉授權並不意味條例缺乏對制定規例的限制，條例一般對制定規例的事項（制定權限）進行列舉式規定，「行政長官可就以下若干事項制定規例……」這樣的列舉規定是封閉式的授權，意味着制定規例所針對的事項不得超出條例授權的範圍。簡言之，不加限制的制定條件與封閉列舉的制定權限，是條例授權制定規例的通常情形。

（三）規例的效力及罪行罰則

規例的效力問題不會在主體條例中被特別提及。一方面，規例作為附屬法例，其效力低於條例是顯而易見的，條例的授權條文措辭一般為「依據本條例……」，也保證了規例的效力處在主體條例的控制範圍內；另一方面，作為「法例之法」的《釋義及通則條例》明確規定「附屬法例不得與任何條例的條文互相矛盾」。[②]

但《禁止蒙面規例》的效力卻遠勝一般規例。這是因為緊急法一方面授予行政長官會同行政會議不加限制的規例制定權，另外一方面又通過各項規定使得這一緊急立法權獲得難以匹敵的效力：（1）根據緊急法訂立的任何規例，即便與任何成文法則相牴觸，都不影響其效力。（2）所制定的規例可以修訂、暫停實施任何成文法則；（3）任何成文法則未經修訂、暫停實施，與所訂立的規例相牴觸的部分，自動無效；（4）所訂立的規例持續有效，直至行政長官會同行政會議作出廢止命令。

[①] 見《研究與立法會修訂附屬法例的權力有關的事宜小組委員會報告》，香港立法會 CB（2）975/11-12 號文件附錄 I。

[②] 香港《釋義及通則條例》第 28 條第（1）（b）項規定：「附屬法例不得與任何條例的條文互相矛盾。」

　　前述所稱的「成文法則」，按一般理解指的是由條例、附屬法例構成的香港成文法。但由此引出的風險問題是，基本法、以及在香港特區實施的全國性法律，這些原本處於香港普通法傳統之外的成文法，是否也構成緊急法規定的「成文法則」？另外，緊急法作為條例也當然包含在成文法則中，根據緊急法制定的規例，其效力反而可以高於緊急法本身？在筆者看來，這樣的規定難逃違背基本法理的嫌疑。最後，我們又當如何理解緊急法與《釋義及通則條例》之間的矛盾？這又涉及到香港兩部條例的效力位階問題。在禁蒙面法司法復核案中，一審法庭認為這種矛盾屬於緊急法的瑕疵。①

　　條例有權規定違反條例的特定條款即為犯罪，亦可授權規例設定罪行罰則，一般表述為「根據本條訂立的任何規例，可訂定違反規例內的指明條文，即屬犯罪，並可訂明此等罪行的罰則……」當然，並非所有規例都有懲罰犯罪的必要，因此部分條例也不會授權規例規定罪行。② 但與此略有矛盾的是，《釋義及通則條例》規定附屬法例（不論主體條例是否授權）都有權規定罪行。③ 按照筆者對香港規例的檢索研究，規例實際上是否規定罪行，還是取決於主體條例是否授權。

　　規例可設定的刑罰上限，一般由主體條例明確規定。《禁止蒙面規例》規定在特定情形下使用蒙面物品即屬於罪行，可判處第 4 級罰款及

---

① 見禁蒙面法司法覆核案一審判決第 67 段，KWOK WING HANG AND OTHERS v. CHIEF EXECUTIVE IN COUNCIL AND ANOTHER，HCAL2945/2019。
② 例如，香港《僱傭條例》《退休金規例》《領港條例》《法律援助條例》就並未授權相應的規例設定任何罪行。
③ 香港《釋義及通則條例》第 28 條第（1）項規定：「凡條例授予權力給任何人訂立附屬法例，以下條文即適用於有關附屬法例：……(e) 附屬法例可訂定凡違反或觸犯該附屬法例者，即屬犯罪，經簡易程序定罪後，可判處罰款或監禁，或判處罰款兼監禁；罰款額及監禁期可在該附屬法例內指定，但以罰款不超過 $5,000，監禁不超過 6 個月為限……」

監禁一年的刑罰——緊急法授權的刑罰上限卻遠不止如此，緊急法授權規例可就任何罪行，規定任何刑罰與制裁（包括強制性終身監禁）；並且，即便根據緊急法制定的規例並未規定罪行，一旦違反該規例也可以處以 5000 港幣的罰款或 2 年的監禁。同樣與之矛盾的是，《釋義及通則條例》將附屬法例可設刑罰的上限規定為「罰款不超過 $5000，監禁不超過 6 個月」。也即，緊急法在罪行罰則上的授權也突破了《釋義及通則條例》的一般性規定。

（四）規例的制定依據以及《釋義與通則條例》的地位

行文至此，有必要總結一番緊急法與《釋義及通則條例》的多處模糊與矛盾之處：(1)《釋義及通則條例》規定所有附屬法例不得與條例相矛盾，緊急法授權規例即便與任何成文法則相悖仍具效力；(2)《釋義及通則條例》規定附屬法例有權設定罪行及罰則，但香港部分條例卻並未作出這樣的授權，依據這些條例制定的規例是否可以設定罪與罰，尚無定論；(3)《釋義及通則條例》對附屬法例設定的刑罰上限有明確規定，緊急法與《禁止蒙面規例》均突破了這一規定。實際上，不僅緊急法，《工廠及工業經營條例》《進出口條例》《電訊條例》等條例對規例的授權也突破了《釋義及通則條例》規定的刑罰上限。[①]

《釋義及通則條例》素有「法例之法」之稱，其關於附屬法例的規定應當被視為一般性規定，適用於所有的附屬法例，但卻與部分條例

---

① 《工廠及工業經營條例》第 7 條第 (5) 項規定，規例「所規定的刑罰不得超逾罰款 $200,000 及監禁 12 個月」；《進出口條例》第 31 條第 (3) 項規定，規例「須處罰款不超過 $500,000 及監禁不超過 2 年」；《電訊條例》第 37 條第 (2) 項規定，規例「規定的任何罰則均不得超逾第 4 級罰款及監禁 12 個月」。

的授權規定出現矛盾，該如何理解這種矛盾？筆者認為，我們不能以看待內地《立法法》的思維去看待《釋義及通則條例》，這兩部法律的定位並不相同。

《立法法》為我國的立法活動提供了規範指引，法律法規的制定、修改與廢止均須遵循《立法法》。《立法法》的規範大多是強制性規範而非任意性規範，例如「對公民政治權利的剝奪、限制人身自由的強制措施和處罰只能由法律設定」、「被授權機關不得將被授予的權力轉授給其他機關」等等，其旨在為立法活動提供統一基準。而《釋義及通則條例》則繼承於普通法世界的傳統，英國早在 1850 年就制定了 Interpretation Act。這類釋義規則一般而言具有三類功能：借避免不必要的重複來縮短和簡化成文法律、鼓勵使用劃一的用語、確立詮釋規則來釐清法律效力。[①] 因此，《釋義及通則條例》的規範並不具有強制性，屬於增補與解釋性的規範，也即當香港法例本身並無規定或解釋說明時，才適用《釋義及通則條例》的規定。「如有關法例明文顯示或其文意默示有相反用意，則釋義法規對該法例的適用即受限制」。[②]《釋義及通則條例》第 2 條第（1）項規定「除非在本條例或其他條例、文書的內容出現用意相反之處，否則本條例的條文適用於本條例、其他現行的條例……」因此，其他條例關於制定規例的授權，可以突破《釋義及通則條例》的一般性限制規定，只有當主體條例並無規定時，才適用《釋義及通則條例》的規範。在香港 R v Li Bun & Others 一案中，

---

① 文偉彥、許行嘉等：《「法例之法」——香港〈釋義及通則條例〉概覽》，《中國法律》2010 年第 5 期。

② 文偉彥、許行嘉等：《「法例之法」——香港〈釋義及通則條例〉概覽》，《中國法律》2010 年第 5 期。

首席法官傾向認為，在某種程度上《釋義及通則條例》的某些規定可以被緊急法所廢止（從而應當遵循緊急法關於規例的規定）。[①]而在禁蒙面法司法復核案中，一審法院錯誤地認為緊急法與《釋義及通則條例》相牴觸係緊急法的瑕疵，這樣的論斷已為二審所糾正。

因此，本文認為，制定規例的根本依據是主體條例，主體條例沒有規定之處，則適用《釋義及通則條例》。

（五）規例的制定程序

《釋義及通則條例》對包括規例在內的附屬法例的制定程序作出了統一規定。具體而言，制定附屬法例的權力雖經條例轉授權給其他主體，但立法會仍保有審議的權力。在程序上，所有的附屬法例均需提交立法會「省覽」（即審議），又可分為「先訂立後審議」（negative vetting）、「先審議後訂立」（positive vetting）兩種程序。[②]

按照「先訂立後審議」的立法程序，當制定主體完成附屬法例的訂立後，需要在憲報刊登公示（「刊憲」），原則上附屬法例自刊憲之日起生效實施，也可另行規定附屬法例的生效日期，還可針對特定條文規定其生效與廢止日期。附屬法例刊憲後需要提交隨後的一次立法會會議審議，審議後的 28 日內立法會有權以決議的形式，對附屬法例進行無溯及力的「修訂」（包括廢除、增補、更改三種形式）。28 日的

---

① R v Li Bun & Others, [1957] HKLR 89.
② 「先訂立後審議」與「先審議後訂立」是香港的習慣用語，具體對應的法律規定分別是《釋義及通則條例》第 34 條：「所有附屬法例在憲報刊登後均須於隨後的一次立法會會議席上提交該會省覽……」與第 35 條：「凡條例訂定附屬法例須經立法會或其他主管當局批准……」

審議期限也並非死限，立法會尚有權將審議期限延展 21 日。「先審議後訂立」則是指某些附屬法例經制定主體訂立後，須經立法會或其他主管當局批准，方可生效實施的程序。至於訂立附屬法例應當適用何種程序，則須依據主體條例的規定。如果主體條例規定為附屬法例「須經立法會批准」，^①則適用「先審議後訂立」程序，如無特別規定，一般適用「先訂立後審議」程序。在少數情況下，某些附屬法例的制定並不適用這兩種程序，主體條例明文排除了立法會的審議。例如，《聯合國制裁條例》即明文規定不予適用《釋義及通則條例》第 34、35 條;《西區海底隧道條例》授權運輸署長增加隧道費，無須立法會批准，刊憲公告即生效，同時也強調不適用「先訂立後審議」的程序;《逃犯條例》授權行政長官就移交逃犯安排制定命令，其也需要「先訂立後審議」，但與《釋義及通則條例》第 34 條的一般程序卻略有不同，屬於主體條例訂立的特別程序。

　　無論先審或後審，立法會的審議程序都體現出立法會對附屬法例制定權的監督，這種監督的實施，必然引起立法會與政府間的張力。2010 年立法會就曾通過議案，以決議的形式廢除了行政長官制定的《2010 年郊野公園（指定）（綜合）（修訂）令》，進而引起立法會與政府關於特區立法機關對附屬法例的監督權限之爭。^②在該次爭論中，立法會傾向於認為其對於轉授權的立法具有完全的監督權。^③但在香港

---

① 例如，《進出口條例》第 31 條授權行政長官會同行政會議訂立規例，但同時也規定:「根據第（1）（aa）、（ab）、（ac）、（ad）或（ae）款訂立的任何規例，在獲得立法會通過決議作出批准之前，不得實施。」

② 葉海波:《香港特區立法權運行爭議的法理分析》，《政法學刊》2012 年第 6 期。

③ 參見《立法會主席就陳淑莊議員就廢除〈2010 年郊野公園（指定）（綜合）（修訂）令〉提出的擬議決議案的裁決》，載香港立法會官網，https://www.legco.gov.hk/general/chinese/procedur/companion/appendices/appendix_10-d-c.pdf. 2020 年 3 月 29 日訪問。

行政長官主導的政治體制之下，這種監督權的行使並不能一如立法會所設想的那般自由。該次爭論儘管以政府妥協告終，但關於立法會是否擁有對附屬法例完全的、最終的監督權力，尚未形成定論。立法會如試圖通過立法手段，明確其對行政長官的附屬法例制定權的監督權限，在基本法的框架之下，尚需要獲得行政長官的同意，[①] 亦殊為困難。在禁蒙面法訂立前後，緊急法的規定也引起了立法會是否擁有禁蒙面法廢除權的爭議，[②] 但立法會經審議並未決議廢除禁蒙面法，最終並未引起立法會監督行政長官附屬法例制定權的實質性矛盾。相信在不久的將來，香港有可能出現基於立法會對附屬法例的監督權而引發的司法復核案件。

五、結語

規例是香港特區法律體系中的重要組成部分。儘管香港以其普通法傳統而著稱，但正如世界上其他普通法國家或地區一樣，成文法的廣泛存在是既成事實，也是法律常識，而規例就是香港成文法體系中的重要一環，地位與功能類似於英國的授權立法（delegated legislation／

---

① 《基本法》第 74 條規定：「香港特別行政區立法會議員根據本法規定並依照法定程序提出法律草案，凡不涉及公共開支或政治體制或政府運作者，可由立法會議員個別或聯名提出。凡涉及政府政策者，在提出前必須得到行政長官的書面同意。」第 76 條規定：「香港特別行政區立法會通過的法案，須經行政長官簽署、公佈，方能生效。」

② 香港《緊急情況規例條例》第 2 條第（3）款規定：「根據本條條文訂立的任何規例，須持續有效至行政長官會同行政會議藉命令廢除為止。」這一規定在香港引起爭議，立法會被質疑是否有權廢除根據緊急法制定的禁蒙面法。從律政司長的表態來看，特區政府至少認可了立法會對禁蒙面法的審議權。見《鄭若驊：引緊急法立〈禁蒙面法〉程序合理》，載中國評論新聞網 2019 年 10 月 5 日，http://hk.crntt.com/doc/1055/6/1/1/105561179.html?coluid=176&kindid=11719&docid=105561179&mdate=1005163506.

secondary legislation），在稍遜一些的程度上，也大致可類比於我國內地的行政立法。

從立憲主義原理的視角來看，適用於行政立法的諸多理論，通常都可以用於理解、分析香港的規例。其存在不只是因為「保持原有制度基本不變」的政策需要，也符合了普遍性的行政立法的必要性。在特區時代的憲制框架下，對規例的監督，除了依賴於主體條例所作的第一手地詳盡授權（也是限定）之外，也可通過立法會審議與司法復核制度這兩種途徑來實現。一方面，內地理論界過多強調了「行政主導」的概念，而忽視了基本法對於港英體制的最大改造之一是在於立法會的地位，這就使得今時今日的規例與主體條例的關係趨向於一般立憲體制中的授權立法與議會立法的關係，而支撐規例訂立權的憲制原理，從回歸前的港督集權轉變為了典型的授權（行政）立法，因此，規例的合法性遭遇立法審議中的挑戰，是不應該意外的；另一方面，司法復核本就包含了對於授權立法的審查，這並非基本法的創意，毋寧是普通法世界的傳統，不過，基本法的確使得司法復核的審查基準得以擴充，於是才有了所謂「憲法意義上的司法復核」（judicial review of constitutionality），換句話說，對於類似《禁止蒙面規例》的司法審查，既可以挑戰其超越主體條例，也可以挑戰其違反基本法（憲制性法律）——如果考慮到《緊急情況規例條例》本身過於陳舊、嚴苛，其涉嫌牴觸基本法的膿毒早晚也會被戳破的。就此而言，我們同樣不必感到驚愕，反倒值得為香港特區法治傳統的堅韌而感到欣慰。

Regulations in the HKSAR legal system

Huang Mingtao, Yang Yuchen

Abstract: Regulation is an important form of statutory law in the Hong Kong Special Administrative Region. According to the Basic Law of Hong Kong, "The laws previously in force in Hong Kong" before the return of Hong Kong have been fully retained: (1) ordinances; (2) subsidiary Legislation made under ordinances-the concepts of "附屬立法" and "附屬法規", which was written in the Basic Law, are usually called as "附屬法例" (subsidiary legislation) in Hong Kong. Regulation is one form of subsidiary legislation. In terms of lawmakers, most regulations are made by the Chief Executive in Council, referring to the Chief Executive who ACTS after consulting the Executive Council. In terms of substantive contents, the fundamental basis of a regulation is the "primary legislation", i. e. the ordinance authorizing the enactment of the regulation. For the regulation to be made, the ordinance shall set out the preconditions, the subject matter to be addressed, the effectiveness and penalties, etc. Where there is no provision in the primary legislation, the provisions of the Interpretation and General Clauses Ordinance shall apply. In terms of the legislative procedures, regulations should be submitted to the Legislative Council for deliberation, which reflects the supervision by the legislature of the HKSAR. The procedures can be divided into two kinds: negative vetting and positive vetting.

Keywords: the Basic Law of Hong Kong; regulation; subsidiary legislation; Emergency Regulations Ordinance; Chief Executive in Council.

特別行政區法律備案審查的
制度檢視與完善[*]

黃喆[**]

摘　要：基於《香港基本法》第 17 條和《澳門基本法》第 17 條而確立的特別行政區法律備案審查制度，是中央對特別行政區立法監督的重要路徑，其行使效果關係到中央全面管治權與特區高度自治權有機統一的實現。對特別行政區法律備案審查的制度檢視表明，其存在審查權限配置存在不足、審查標準界定不清、審查程序亟待健全、審查效力缺乏明晰四大問題。相應地，有必要從科學配置審查權限、細化審查標準、規範審查程序、明晰審查效力四個方面着手，推動特別行政區法律備案審查制度完善。

關鍵詞：特別行政區法律　備案審查　制度檢視　制度完善

* 本文係教育部哲學社會科學研究重大課題攻關項目「粵港澳大灣區法律建設研究」（20JZD019）、教育部人文社會科學研究特別委託項目「特別行政區法律向全國人大常委會備案研究」（JBF201917）的階段性成果，受廣東外語外貿大學廣東省地方立法研究評估與諮詢服務基地課題資助。

** 黃喆，法學博士，廣東外語外貿大學法學院副教授、碩士生導師，廣東省地方立法研究評估與諮詢服務基地研究員。

一、問題的提出

中共十八大以來，中共中央站在戰略和全局的高度，堅持全面準確地貫徹執行「一國兩制」方針，健全中央依照憲法和基本法對特別行政區（以下簡稱「特區」）行使全面管治權的制度體系，不斷豐富發展「一國兩制」理論。與此同時，備案審查作為保障憲法法律實施、維護國家法制統一的憲法性制度逐步走向剛性並向縱深發展。在此雙重背景下，特區法律備案審查的功能日益重要。以備案審查為核心的立法監督，是中央對特區全面管治權的重要組成部分，其行使效果關係到中央全面管治權與特區高度自治權之間的平衡。2019 年，全國人大常委會法制工作委員會首次在其年度《備案審查工作情況報告》中公開特區法律備案審查情況。這不僅突顯了特區法律備案審查作為國家規範性文件備案審查的有機組成部分，也表明特區法律備案審查「既是國家主權的體現，也是維護國家法制統一的需要」。[①] 從特區法律備案審查制度形成來看，由於《香港基本法》起草期間正值內地備案制度發展成型時期，因而備案審查制度也被引入到《香港基本法》各個草案稿中，並依據最終通過的《香港基本法》第 17 條得以確立，此後《澳門基本法》第 17 條也對備案審查制度作出相應規定（以下將《香港基本法》《澳門基本法》統稱《基本法》）。可見，《基本法》第 17 條所確立的對特區立法機關制定的法律的立法備案審查制度，其實是上世紀 90 年代內地規範性法律文件備案審查制度在《基本法》中的延伸，[②]

---

① 王鍇：《特別行政區法律備案審查體現主權和法制統一》，《光明日報》2020 年 9 月 1 日。

② 參見張晉邦：《中央立法審查權與香港司法審查權的潛在衝突芻議——以香港基本法第 17 條發回權條款不確定性為視角》，《江漢大學學報（社會科學版）》2017 年第 3 期。

但彼時備案審查制度的完備性與現在不可同日而語。而且長期以來，無論是理論界還是實務界，更多聚焦於全國人大常委會對《基本法》的解釋制度、特區法院司法審查制度等問題研究，對特區法律備案審查制度仍缺乏足夠關注。從已有為數不多的特區法律備案審查相關研究來看，大都側重於對特區法律備案審查的法律屬性、法律依據、法理基礎等基本原理進行梳理和闡釋，但仍缺乏從制度構造層面對特區法律備案審查展開的系統研究，使得特區法律備案審查的制度問題並未得到較好解決。為此，本文嘗試立足制度構造的視角，通過對特區法律備案審查進行制度檢視，分析其現存問題並提出制度完善的方案。

二、特區法律備案審查的制度檢視

由於《基本法》第 17 條對特區法律備案審查的規定相對原則和籠統，且《基本法》自上世紀 90 年代初通過後至今未曾修改，使得特區法律備案審查隨着其實踐的逐步深入而日益表現出制度局限，並在審查權限配置、審查標準、審查程序、審查效力四個制度要素上集中突顯出來。

（一）審查權限配置存在不足

1. 全國人大常委會工作機構審查權限配置仍需優化

從有關《備案審查工作情況報告》來看，目前特區法律審查工作交由全國人大常委會法制工作委員會具體負責。但有別於內地法規、司法解釋等規範性文件審查，《基本法》第 17 條就特區法律審查建立了

「徵詢」機制，即全國人大常委會對特區法律的審查發回是「在徵詢其所屬的基本法委員會後」。因此，對特區法律審查中法制工作委員會與基本法委員會的權限分配仍須進一步明確。尤其是基本法委員會的徵詢意見對法制工作委員而言，是備案審查的根據還是參考等問題，亟需解決。這不僅有助於避免全國人大常委會工作機構之間權限不明甚至衝突，也有助於發揮不同工作機構的功能特點，形成優勢互補，分工配合完成特區法律審查工作，提高特區法律審查的實效。

2. 全國人大有關專門委員會的審查權限有待確認

基於《基本法》第 17 條第 3 款將審查主體限定為「全國人大常委會」，而專門委員會是全國人民代表大會的常設工作機構，因此，嚴格從機構設置和上述規定出發，專門委員會嚴格意義上不是全國人大常委會的機構，也沒有審查特區法律的權限。但一方面，從機構運作來看，在全國人民代表大會閉會期間，全國人大各專門委員會受全國人大常委會領導。由於全國人民代表大會會期較短，專門委員會事實上受全國人大常委會領導的時間更長。另一方面，從備案審查實踐來看，接受法規、司法解釋備案的主體同樣是全國人大常委會，但全國人大專門委員會也可以對備案的法規、司法解釋進行審查。而且，2018 年《憲法修正案》將「法律委員會」更名為「憲法和法律委員會」後，憲法和法律委員會在憲法監督和法律監督中的功能定位愈加突顯。《全國人大常委會關於全國人大憲法和法律委員會職責問題的決定》明確由憲法和法律委員會承擔法律委員會的職責，並強調「憲法和法律委員會在繼續承擔統一審議法律草案等工作的基礎上，增加推動憲法實施、開展憲法解釋、推進合憲性審查、加強憲法監督、配合憲法宣傳等工作職責」。在此背景下，有必要審視憲法和法律委員會之於特區法律的審查權限問題。

（二）審查標準界定不清

根據《基本法》第 17 條第 3 款，特區法律以「是否符合本法關於中央管理的事務及中央和香港特別行政區的關係的條款」作為審查標準。但從實踐來看，上述標準仍存在界定不清的問題。主要表現在以下兩個方面：

1. 審查領域的爭議性

根據《基本法》第 17 條第 3 款規定，特區法律的審查領域是「中央管理的事務」和「中央和特區的關係」。類似的表達也存在於《香港基本法》第 158 條和《澳門基本法》第 143 條，其規定如特區法院在審理案件時需要對本法關於中央人民政府管理的事務或中央和香港特區關係的條款進行解釋，而該條款的解釋又影響到案件的判決，在對該案件作出不可上訴的終局判決前，應由特區終審法院請全國人大常委會對有關條款作出解釋。可見，「中央管理的事務」和「中央和特區的關係」也是中央和特區行使解釋權的領域界分。

從《香港基本法》第 158 條的起草歷程來看，有關「中央管理的事務」與「中央和特區的關係」的表述在相應條款中從無到有並歷經多次修改，而且這兩個法律概念寫入《香港基本法》的過程始終伴隨着爭議。時至今日，由於兩個概念涉及中央事權和特區自治範圍的界限，準確界定「不僅需要結合第一章總則的內容，而且還需要結合基本法第二章、基本法其他章節的內容甚至於整個國家憲法秩序加以解讀」，[①] 再加之中央和特區對具體條款應屬「自治範圍之內或之外的條

款」，以及對「不確定歸屬的條款」存在立場分殊，[①] 使得圍繞兩個概念的爭議也依然沒有得到較好解決。這種爭議基於特區司法機關對個案的解釋需求而在《香港基本法》第 158 條的適用中突顯。

以「居港權」系列案件中的莊豐源案為例，[②] 代表答辯人的資深大律師李志喜女士陳詞說，第 24 條第 2 款第 1 項訂明瞭享有居留權的永久性居民的其中一個類別。因此，這項條款屬關於香港特區自治範圍內的條款而非「範圍之外的條款」。代表處長的資深大律師霍兆剛先生在陳詞時則提出，非法入境者、逾期居留者或在香港臨時居留的人，若非因為非法入境、逾期居留或在香港臨時居留，他們在香港所生的中國公民子女便會在內地出生，並受出境須經批准和父母其中一人須為永久性居民的規定限制。他們離開內地進入香港，對內地的出入境管制及治安（這屬中央人民政府管理的事務），以及對從內地前往香港的出入境事務（這關乎中央和特區關係）產生實質影響。因此，即使不涉及第 22 條第 4 款，僅第 24 條第 2 款第 3 項本身已屬「範圍之外的條款」。

基於特區法律的審查領域規定，類似的爭議也必然或至少潛在於對特區法律的審查之中。因此，有必要為界定「中央管理的事務」和「中央和特區的關係」提供可行方案。

2. 審查基準和範圍的模糊性

在審查基準方面，《基本法》第 17 條第 3 款規定全國人大常委會

---

① 參見胡錦光、劉海林：《論全國人大常委會對特區立法的備案審查權》，《中共中央黨校（國家行政學院）學報》2019 年第 3 期。

② 以下有關莊豐源案雙方大律師陳詞參見《入境事務處處長訴莊豐源》，FACV 26/2000，第 7.1 段。

可以發回「不符合本法關於中央管理的事務及中央和特區的關係的條款」的任何法律，可見是以「不符合」作為對特區法律的審查基準。但在立法意義上，「不符合」並非一個內涵確切的概念。《立法法》對有關規範性文件備案審查主要設立了「相牴觸」和「不一致」兩種審查基準。有觀點認為，特區法律既不能夠與《基本法》不一致，也不能與《基本法》相牴觸。前者要求特區法律不能夠超越法定權限，特別是基本法中沒有明確的內容，縮小、限制或者剝奪了中央的權力，或者擴大了特區的權力，延長了特區的權力期限，增加中央權力適用的條件等；後者則要求特區法律不能直接與基本法相牴觸。[①]

在審查範圍方面，有學者在論及內地政府規範性文件審查時指出，審查需要從合法性與合理性審查兩個方面入手，從而確保適當性。其中合法性的標準則在於審查是否不一致或相牴觸。不一致是對法律規範對統一調整對象有意作出了不同的規定，而該規定本身背離了立法者的意圖；相牴觸則是法律上的否定性評價，是與法律規範直接衝突的。合理性則是要符合法治觀念的合理性、相關實體規則的合理性、形式要件的合理性以及符合具體情況的合理性等。[②] 對此，有學者也主張將合理性審查引入特區法律的審查範圍，要求特區法律需要符合特區的政治體制，需要符合特區的憲制地位，需要符合法治的一般要求。[③]

儘管學界對特區法律審查基準和範圍已展開討論，但《基本法》

---

① 參見張強：《中央對澳門特區法律備案審查的機制探討》，《廣州大學學報（社會科學版）》2018 年第 7 期。

② 參見溫輝：《政府規範性文件備案審查制度研究》，《法學雜誌》2015 年第 1 期。

③ 參見張強：《中央對澳門特區法律備案審查的機制探討》，《廣州大學學報（社會科學版）》2018 年第 7 期。

規範及特區法律審查實踐卻未對此作出有效回應。特區法律的審查基準和範圍仍有待釐清。

（三）審查程序亟待健全

1. 審查啟動方式規則欠缺

2015 年《立法法》修改後，在 2000 年《立法法》僅規定被動審查的基礎上，增加了主動審查的規定，明確「有關的專門委員會和常務委員會工作機構可以對報送備案的規範性文件進行主動審查」，由此改變了「備案審查制度最初是將備案和審查分開的」[①] 狀況。全國人大常委會法制工作委員會《2020 年備案審查工作情況報告》在「開展主動審查和專項審查工作的情況」部分對特區法律備案審查作了專門匯報，指出「我們對香港、澳門特區報送備案的法律開展審查，尚未發現需要發回的情形」。可見，現階段對特區法律採取主動審查方式。但特區法律審查啟動方式是否包括被動審查？對此，由於《立法法》不屬於《基本法》附件三列明的在特區實施的全國性法律，其第 99 條第 3 款並不能作為特區法律被動審查的直接依據，而《基本法》第 17 條也沒有作出規定。

2. 審查及發回期限缺失

對於全國人大常委會接受備案後應在多長時間內進行審查，以及如審查認為存在發回的情形應在多長時間內發回特區立法機關，《基本法》均沒有明確規定。根據近年對特區法律審查情況的公開，由於未

---

① 　錢甯峰：《規範性文件備案審查制度：歷史、現實和趨勢》，《學海》2007 年第 6 期。

曾出現需要發回的情形，這一問題尚沒有引起實務界的重視。從規範性文件審查的共性規律來看，缺乏審查期限規定，不利於督促審查主體及時展開審查工作並提高審查效率。從特區法律審查的個性特點來看，根據《基本法》第 17 條規定，備案雖然不影響特區法律的生效，但該法律一旦被發回則立即失效。在此前提下，如果不對審查及發回期限作出規定，已報備的特區法律的審查期限不明，將易於導致新制定的法律施行後相當一段未知的期限內存在被發回而失效的可能，但特區立法機關對此缺乏合理的預期，難以為法律發回作出必要的準備，將不利於特區法律秩序的穩定，最終也將會有損全國人大常委會對特區法律進行審查的權威性。

（四）審查效力缺乏明晰

1. 發回效力範圍不明確

根據《基本法》第 17 條第 3 款，經全國人大常委會發回的法律立即失效。這是關於發回效力的直接規定。但這是否意味着特區法律一旦被發回，整部法律將全部失效，抑或僅是不符合《基本法》關於中央管理事務及中央和特區關係的條款的規定失效？由於現實中從未發生過特區法律被全國人大常委會發回的情形，特區法律的審查實踐並不能回答上述問題。因此，對於《基本法》第 17 條第 3 款中「發回的法律立即失效」，有必要作出更為精細的解讀，以使發回效力範圍更加明確。

2. 中央立法審查與特區司法審查的效力關係不清晰

以香港特區為例，從《香港基本法》的適用來看，《香港基本法》

第 17 條和第 158 條之間存在一定程度的緊張關係。而引發這一問題的原因是對特區法律合基本法審查的權限及效力不明。嚴格意義上，《香港基本法》僅在第 17 條規定全國人大常委會對特區法律享有合基本法審查權，並未規定香港法院享有此項權力。但香港法院依據第 158 條授權其解釋《香港基本法》的權力，在個案審理中行使了對特區法律的合基本法審查權。

在馬維錕案中，香港高等法院上訴庭認為，香港法院在履行職責時有權對其他行為是否符合主權者的立法和法令進行審查。[①] 這意味着賦予香港法院對立法機關制定的法律和行政機關行為作出合基本法審查的權力。在張麗華案中，香港法院首次對特區法律進行合基本法審查。[②] 在吳嘉玲案中，香港終審法院指出，「毫無疑問，香港法院有權審核特區立法機關所制定的法例或行政機關之行為是否符合《基本法》，倘若發現有牴觸《基本法》的情況出現，則法院有權裁定有關法例或行為無效」，[③] 以進一步明確香港法院的合基本法審查權。

這不僅引起了對香港法院能否享有合基本法審查權的爭議，也對中央立法審查的效力形成了事實上的衝擊。其理由在於，全國人大常委會至今從未行使過對特區法律的發回權，即意味着肯定了這些法律的合基本法性，但香港法院卻在個案審理中宣告特區法律違反《香港基本法》而無效，顯然作出了與中央立法審查相反的結論，極大地挑戰了中央立法審查的效力與權威。

---

① See HKSAR v. Ma Wai Kwan David and Others, CAQL 1/1997, para.57.
② 參見陳弘毅：《論香港特別行政區法院的違憲審查權》，《中外法學》1998 年第 5 期。
③ 《吳嘉玲吳丹丹訴入境事務處處長》，FACV 14/1998，第 61 段。

三、特區法律備案審查的制度完善

針對特區法律備案審查制度存在的四個方面問題，有必要通過科學配置審查權限、細化審查標準、規範審查程序、明晰審查效力逐一予以回應和解決，從而提升特區法律備案審查制度的精細化水平，增強其可操作性，並有效推動中央立法審查與特區司法審查之間的制度銜接和互動。

（一）科學配置審查權限

1. 明確全國人大常委會工作機構權限分配

法制工作委員會作為全國人大常委會負責規範性文件審查的工作機構，對特區法律的審查亦屬其職能範疇。同時，根據《基本法》第17條第3款規定，基本法委員會基於徵詢機制可以就特區法律審查向全國人大常委會提供意見。可見，有別於對內地規範性文件僅由法制工作委員會代表全國人大常委會進行審查，特區法律審查還存在基本法委員會的參與。因此，必須有效協調基本法委員會與法制工作委員會的職能，以提高全國人大常委會對特區法律審查的實效。而其中關鍵在於明確基本法委員會在特區法律審查中的權限。

結合《基本法》第17條第3款規定和基本法委員會職責，僅能了解基本法委員會就全國人大常委會徵詢提出意見。但基本法委員會所提供意見對審查結果產生何種效力卻沒有明確。從基本法委員會的組成來看，香港基本法委員會由12名委員組成，內地和香港委員各6人；澳門基本法委員會由10名委員組成，內地和澳門人士各5人。由於雙方委員知識背景、思維理念、代表立場等方面存在差異，相互博

弈很有可能是一種常態，因而並不易於形成一致意見。而且，基本法委員會的運行在於充分保障各方的參與權，並未要求通過民主機制形成多數意見。在此前提下，基本法委員會主要向全國人大常委會呈現委員的個體意見，而難以提供一個具有共識的「最終意見」，因而基本法委員會在徵詢中向全國人大常委會提供的意見不適宜作為法律審查的依據。

綜上，有必要明確將基本法委員會所提供意見定性為法律審查的參考，其功能在於使法制工作委員會充分了解內地和特區雙方委員對備案法律在合基本法性上的意見。但是否採納意見或採納哪一方的意見，則由法制工作委員會自行決定，從而落實基本法委員會和法制工作委員分別作為徵詢機構和審查機構的法律定位，優化兩者之間的職能關係，推動全國人大常委會內部形成對特區法律審查的機構銜接聯動。

2. 賦予憲法和法律委員會審查權限

一方面，憲法和法律委員會審查特區法律是其檢查監督法律實施情況的職責所在。根據《全國人民代表大會憲法和法律委員會工作規則》第 2 條規定，憲法和法律委員會職責包括檢查監督有關法律和有關法律問題決定的實施情況。特區法律的制定、備案等均以《基本法》為依據，其本質是特區立法機關實施《基本法》授予的立法權之過程和結果，是《基本法》實施情況的重要體現。因此，憲法和法律委員會有必要對特區法律進行審查，以實現對《基本法》實施情況的檢查監督。

另一方面，憲法和法律委員會審查特區法律是其加強憲法監督的應有之義。《全國人大常委會關於全國人大憲法和法律委員會職責問題的決定》明確憲法和法律委員會承擔加強憲法監督的職責。2021 年《全國人民代表大會組織法》修改也對此予以確認。基於《憲法》和《基

本法》共同構成特區的憲制基礎，[1]《憲法》中關於而有關國家主權、國防、外交、最高國家權力機關和最高國家行政機關等規定均適用於特區。[2] 對特區法律的審查並不僅僅是一種法律監督，在特定條件下也會延伸至憲法監督範疇。基於此，憲法和法律委員會實施憲法監督也存在對特區法律進行審查的必要。

基於此，有必要賦予憲法和法律委員會審查權限。而配置這一權限的關鍵在於處理好憲法和法律委員會與法制工作委員會的權限關係，以推動兩者職能體系的協調銜接，使兩者的審查工作相互配合、相輔相成。從憲法和法律委員會與法制工作委員會的基本職能出發，結合特區法律審查的特點，對兩者審查職能分工與配合設計如下：

審查職能分工上，可由法制工作委員會主要負責合法性審查，憲法和法律委員會主要負責合憲性審查。根據《基本法》第 17 條，對特區法律以合基本法審查為基礎。這屬於特區法律審查的常規領域，由法制工作委員會具體負責有助於實現備案和審查的銜接，便於審查工作的及時開展和跟進。而對特區法律的合憲性審查屬於其合基本法性審查的延伸，由憲法和法律委員會負責符合其「推進合憲性審查」的職責定位。

審查職能配合上，一方面，基於特區法律審查標準涉及中央事權的判斷，當法制工作委員會在合基本法審查時需要以憲法解釋完成此種判斷時，應提請憲法和法律委員會作出解釋。這也是憲法和法律委

---

[1] 《「一國兩制」在香港特別行政區的實踐》白皮書強調「憲法和香港基本法共同構成香港特別行政區的憲制基礎」。

[2] 參見蕭蔚雲：《論中華人民共和國憲法於香港特別行政區基本法的關係》，《北京大學學報（哲學社會科學版）》1990 年第 3 期。

員會履行其「開展憲法解釋」的工作職責要求。另一方面，參考《法規、司法解釋備案審查工作辦法》第 20 條規定，也不應排除法制工作委員會對特區法律作出合憲性審查。但有必要規定法制工作委員會應將審查情況反饋憲法和法律委員會，並會同憲法和法律委員會作出審查意見，從而減少重複審查以提高工作效率，也有助於避免出現不一致的審查意見而有損審查的權威性。

（二）細化審查標準

1. 構建審查領域認定機制

（1）確立審查領域認定規則

認定某一事項是否屬於發回權涉及的審查領域，是展開特區法律審查的重要前提。只有當該事項涉及中央管理的事務或中央和特區的關係，才需要全國人大常委會對其所屬的法律規定作出實質性審查並決定是否予以發回。但從前述對審查領域的討論來看，引發其爭議的關鍵原因在於對審查領域的認定仍有分歧。即，對於何謂涉及「中央管理的事務」或「中央和特區的關係」的事項，存在不同的認定規則。

同樣以莊豐源案為例，資深大律師霍兆剛先生的陳詞表明其採用了「實質影響」的認定規則。即考慮某一事項是否會對「中央管理的事務」或「中央和特區的關係」產生現實的影響，而並非是對該事項作形式上的類別考察。而且，應當關注的是此種影響是否存在，但與影響是否重大等程度問題無關，亦即霍先生陳詞所言「實在而非重大」[1]

---

[1] 《入境事務處處長訴莊豐源》，FACV 26/2000，第 7.1 段。

影響。但香港法院則指出，「依我等之見，第一百五十八條第三款不可能解釋為，訂明以事實來決定實施某條款所產生的實質影響，藉此作為驗證該條款是否屬『範圍之外的條款』的標準。參照第一百五十八條第三款的背景及目的來解釋該條款所用字句時，採用這樣的驗證標準是沒有理據的。」[①] 同時，香港法院認為，「第一百五十八條第三款集中述及有關條款時，規定本院須考慮條款的特性。所考慮的問題是，該條款是否具有涉及中央人民政府管理的事務或中央和特區關係的特性。」[②] 可見，香港法院主張以「條款特性」作為認定規則來判定某一事項及其所屬的法律條款是否涉及「中央管理的事務」或「中央和特區的關係」。

從特區法律審查的需求和定位來看，有必要以「實質影響」作為對審查領域的認定規則。一方面，特區法律審查以合基本法審查為基礎，但並不限於合法性審查而有可能延伸至合憲性審查，因此，對於備案法律規定的事項是否涉及中央管理的事務或中央和特區的關係，僅限於對《基本法》條款的規範分析並不一定能作出準確判斷。基於「實質影響」規則，不僅為在《基本法》之外訴諸《憲法》有關條款作為判斷依據理順了邏輯進路，也能夠避免此種判斷囿於形式層面，有助於防止審查的遺漏。這符合特區法律審查作為一種對立法的抽象審查而非對個案的司法審查之特點，也是確立《憲法》和《基本法》作為特區憲制基礎的必然選擇。

---

① 《入境事務處處長訴莊豐源》，FACV 26/2000，第 7.4 段。
② 《入境事務處處長訴莊豐源》，FACV 26/2000，第 7.4 段。

（2）擬定審查領域事項清單

為提高審查領域認定的可操作性性，在確立審查領域認定規則的前提下，如下表所示，可輔之以審查領域事項清單的建立，將《憲法》和《基本法》《駐軍法》《香港維護國家安全法》《全國人民代表大會關於完善香港特區選舉制度的決定》等法律、法律性決定所認定的涉及「中央管理的事務」或「中央和特區的關係」的事項類別及其典型例證予以列明，以減少對審查領域事項認定的重複爭議。

事項領域	事項類型	典型例證	依據
中央管理的事務	憲法解釋	對在特區適用的憲法條款的解釋	《憲法》第 67 條第 1 項
	國防	特區防務、駐軍等	《香港基本法》第 14 條第 1 款 《香港維護國家安全法》第 14 條第 2 款 《香港駐軍法》第 7 條 《澳門基本法》第 14 條第 1 款 《澳門駐軍法》第 8 條
	外交	國家豁免規則及政策	《憲法》第 89 條第 9 項 《香港基本法》第 13 條第 1、2 款 《澳門基本法》第 13 條第 1、2 款
中央和特區的關係	駐軍與特區政府的關係	涉及駐軍的政策和法案的意見徵求、軍事設施保護、軍事禁區劃定和安全維護、駐軍協助維持社會治安和救助災害等	《香港駐軍法》第 9—15 條 《澳門駐軍法》第 10—15 條
	特區行政官員任命	特區行政長官、行政機關主要官員等的產生、任期等	《香港基本法》第 15 條 《香港基本法》第 43—65 條 《全國人民代表大會關於完善香港特別行政區選舉制度的決定》 《澳門基本法》第 15 條
	特區立法會的產生辦法、表決程序等	對特區立法會的產生辦法和表決程序的修改、特區立法會議員資格確定等	《香港基本法》第 68 條第 3 款 《香港基本法》附件二 《全國人民代表大會關於完善香港特別行政區選舉制度的決定》 《澳門基本法》第 68 條第 3 款 《澳門基本法》附件二

續表

事項領域	事項類型	典型例證	依據
中央和特區的關係	決定宣佈戰爭狀態或決定特區進入緊急狀態	行政長官會同行政會議無權宣佈香港進入緊急狀態	《憲法》第 67 條第 19—21 項 《香港基本法》第 18 條第 4 款 《澳門基本法》第 18 條第 4 款
	特區居留權	特區居民在內地所生子女的特區居留權、出入境管理等	《香港基本法》第 24 條第 2 款第 1—3 項 《澳門基本法》第 24 條第 2 款第 1、2 項
	內地法律在特區適用	香港西九龍站實施「一地兩檢」	《內地與香港特別行政區關於在廣深港高鐵西九龍站設立口岸實施「一地兩檢」的合作安排》
	特區法律在內地適用	授權澳門管轄橫琴口岸澳方口岸區及相關延伸區	《全國人民代表大會常務委員會關於授權澳門特別行政區對橫琴口岸澳方口岸區及相關延伸區實施管轄的決定》

2. 明確審查基準和範圍

（1）釐清審查基準

對於作為審查基準的「不符合」之內涵，從《基本法》第 17 條第 3 款本身難以得到解答。但從《基本法》第 11 條「特區立法機關制定的任何法律，均不得同本法相牴觸」之規定可以推定，上述「不符合」意指「相牴觸」，而不包括「不一致」。

在立法意義上，「相牴觸」與「不一致」是兩個不同的概念，不應混淆。根據我國《立法法》第 92 條、第 94 條和第 95 條的規定，「不一致」適用於同一機關不同立法之間、一般規定與特別規定之間、新規定與舊規定或同位階立法之間的關係判斷。其旨在實現同位階或同一機關立法之間、一般法與特別法之間以及新法與舊法之間的銜接協調。但特區法律與《基本法》或其與《憲法》之間均屬於下位法與上位法的關係，對於兩者是否「相牴觸」之判斷，首先不應是「銜接協調」

之關係判斷，而主要包括以下兩個方面的判斷。一是「衝突性」判斷。「衝突」是顯性的矛盾關係，一般存在於下位法與上位法的具體規範之間，表現為一種「直接牴觸」。二是「違背性」判斷。「違背」屬於相對「隱性」的背離關係，其雖然不如「衝突」體現的矛盾明顯，但往往是下位法規定與上位法的原則、精神背道而馳或產生規避上位法之後果，從而表現為一種「間接牴觸」。[①]

對於特區法律是否與《基本法》關於中央管理的事務或中央和特區的關係的條款「相牴觸」，也應當從「衝突性」「違背性」兩個方面進行判斷。

（2）釐定審查範圍

第一，特區法律審查應當是一種廣義上的合法性審查。一方面，特區法律審查首先以合基本法審查作為基本內涵。根據《基本法》第17 條第 3 款，從法律適用的要求來看，特區法律審查應依據《基本法》相關條款予以判斷。另一方面，特區法律審查也有必要以合憲性審查作為必要延伸。這是由於「中央管理的事務」或「中央和特區的關係」相關問題往往涉及憲法規定，僅從《基本法》本身很可能難以作出準確判斷，因此不宜僵化地將特區法律備案審查局限於合基本法性審查。而且，將特區法律納入合憲性審查的框架，不僅能夠解決特區法律可能存在的違憲問題，也有助於將中央全面管治權的來源和範圍建立在《憲法》基礎之上，從而避免進入將中央全面管治權囿於《基本法》條款的誤解。

第二，特區法律審查不宜涉及合理性審查。對於合理性審查，

---

① 參見黃喆：《地方立法設定行政處罰的權限困境與出路》，《政治與法律》2019 年第 7 期。

雖然針對內地規範性文件審查的理論與實踐均有涉及，但不宜將其套用於特區法律審查。一方面，由於特區與內地存在的理念、制度等差異，審查機構在缺乏充分調研考察和評估的情況下，僅僅通過文本分析難以對其法律規定的合理性作出準確判斷，甚至會適得其反。另一方面，合理性審查相較於合法性審查體現出更大的自由裁量空間，因此，將合理性審查排除在特區法律審查之外，也有助於避免特區自治範圍內的事項被過度介入，以充分保障特區高度自治權。

（三）規範審查程序

1. 健全審查啟動方式

雖然對於能否以被動審查啟動特區法律審查程序，《基本法》沒有作出規定，實踐中對特區法律的審查也僅表現為主動審查而暫未出現被動審查，但從長遠來看，應當明確被動審查作為特區法律的審查方式。

一方面，被動審查與主動審查有機結合，能夠完善特區法律審查方式，提高審查效能。被動審查是《立法法》《監督法》均確認的規範性文件審查方式。從《立法法》修改過程來看，被動審查早於主動審查在其中得到明確規定。現行《立法法》確立了「被動審查 + 主動審查」的規範性文件審查機制。被動審查與主動審查互為補充，不僅有助於提高審查的效率，而且被動審查「由相關國家機關、組織和個人就法規實施過程中暴露出來的問題提請立法機關進行針對性的審查可能更有助於審查機關在審查中有的放矢，從而提升審查的效果」。[①]

---

① 陳道英：《全國人大常委會法規備案審查制度研究》，《政治與法律》2012 年第 7 期。

另一方面，特區法律存在被動審查的現實需求。對於主動審查未被發回的法律，並不意味着該法律絕對不存在任何問題。通過被動審查的引入，能夠有效解決相關主體對特區法律審查的需求。例如，近年來，澳門特區關於《土地法》就存在是否違反《澳門基本法》的爭議，也有人希望中央能對此展開審查，因為這關乎上千居民的財產權。[①] 可見，被動審查方式的引入是特區法律審查的實踐回應。

綜上，有必要賦予有關國家機關、組織或個人提出審查要求或建議來啟動特區法律審查程序。參考《立法法》第 99 條第 1、2 款規定，結合特區法律的特點，應當確定國務院、中央軍事委員會和特區政府為有權提出審查要求的主體。

在中央機關層面，確定以國務院、中央軍事委員會作為提出審查要求主體的原因在於，根據《基本法》《駐軍法》規定，特區直轄於中央人民政府，中央人民政府負責管理與特區有關的外交事務和防務，香港、澳門駐軍由中央軍事委員會領導。可見，中央管理的事務、中央和特區的關係主要在國務院、中央軍事委員會對特區的管理職能上得到直接體現。基於此，國務院、中央軍事委員會在行使管理職能過程中，易於發現特區法律可能存在的不符合中央管理的事務或中央和特區的關係的規定。因此，賦予國務院、中央軍事委員會提出審查要求的權力，既有助於保障國務院、中央軍事委員會行使對特區的管理職能，也能夠為全國人大常委會審查特區法律提供積極協助。

地方機關層面，確定以特區政府作為提出審查要求主體的原因

---

① 參見張強：《中央對澳門特區法律備案審查的機制探討》，《廣州大學學報（社會科學版）》2018 年第 7 期。

則在於，雖然特區法律須經行政長官簽署才能生效，從而形成對特區法律在實施前的先行審查，但這種文本審查往往難以發現一些隱藏在文字背後的合法性問題。而法律付諸實施後可能使這些隱藏問題暴露出來，因此有必要賦予特區政府向全國人大常委會提出審查要求的權力。這也有助於督促行政長官對其簽署的法律嚴格把關，避免其違反《基本法》。

除上述機關以外的國家機關、組織或個人，應確定為有權提出審查建議的主體。這既有助於保障各類主體對特區法律的立法監督建議權，也能夠將啟動審查程序的決定權保留於全國人大常委會，避免對特區法律被動審查方式的濫用。

2. 確定審查及發回期限

特區法律審查期限應當從以下兩個方面分別予以確定：

一是確定形式審查期限。從內地法規範性備案審查來看，審查主體首先會在一定期限內對報送備案的文件展開形式審查並進行驗收，如《法規、司法解釋備案審查工作辦法》第 13 條規定「常委會辦公廳應當自收到備案文件之日起十五日內進行形式審查」。對符合法定範圍和程序、備案文件齊全、符合格式標準和要求的，予以接收並通過全國人大常委會備案審查信息平台發送電子回執；對不符合法定範圍和程序、備案文件不齊全或者不符合格式標準和要求的，以電子指令形式予以退回並說明理由。特區法律審查也有必要設定形式審查及其期限，明確形式審查應當自接收備案之日起十五日內完成，對符合報送程序和標準、材料齊全的備案文件予以接收並回函；對不符合上述要求的備案文件予以退回並說明理由。

二是確定實質審查及發回期限。特區法律的發回是實質審查引發

的後果，因此確定發回期限，本質上即是確定實質審查期限。結合特區法律實質審查的各個環節，可參考《法規、司法解釋備案審查工作辦法》，規定特區法律實質審查原則上在審查程序啟動後三個月內完成。與此同時，由於《基本法》第 17 條第 3 款規定特區法律審查中全國人大常委會向基本法委員會的徵詢機制，因而有必要明確徵詢期間不計入審查期限，以保證徵詢的有效開展。而且，參考內地規範性文件審查的做法，當發現特區法律可能存在不符合審查標準的情形，審查機構可以函告報備機構在一個月內作出說明並反饋意見，期間不計入審查期限。但此非必經程序。無論是否經過函告和意見反饋，審查機構一旦認定備案法律不符合審查標準的，應當作出審查意見並立即發回。

（四）明晰審查效力

1. 限定發回效力範圍

針對全國人大常委會發回的效力範圍，宜將其限於不具有合基本法性或合憲性的條款而非整部法律。

一方面，這有助於平衡中央立法審查與特區高度自治的關係。《基本法》規定全國人大常委會對不符合審查標準的特區法律可以「發回」而不是採用內地法規審查中的「撤銷」，體現了在立法審查上對於特區高度自治的保障。這是由於，特區法律基於發回的失效源於《基本法》第 17 條第 3 款的程序規定，因而有別於撤銷作為全國人大常委會對法規效力的實體宣告。即，全國人大常委會對特區法律僅有權決定是否發回，但無權直接宣告其是否有效或作出修改。基於此，有必要限定發回效力範圍以體現對特區立法的充分尊重，因而無須對不屬於審查領域或符合審查標準的條款予以發回。

另一方面，這也有助於在特區法律發回中保障特區法治秩序穩定。雖然《基本法》第 17 條第 3 款規定發回失效的法律原則上無溯及力，但仍有可能造成特區法律秩序的不穩定。即，儘管這種對溯及力的規定能夠在個案層面依據原法律規定對已經發生的行為作出調整，但基於行為之間的牽連性，還是可能對整體社會關係產生影響。而且，根據上述規定，特區法律對另有規定的，被發回失效的法律還會具有溯及力，從而導致根據該法律業已形成的法律關係也隨之解除和失效。這將引發法律秩序的不穩定。這也表明，合理限定發回效力範圍是保障特區法律秩序的客觀需求。

2. 構建中央立法審查與特區司法審查的銜接互動機制

針對中央立法審查與香港法院司法審查存在的衝突問題，存在兩種基本的解決思路：第一種思路是明確禁止香港法院對特區法律進行合基本法性審查，從而通過對香港法院司法審查的權限限制來避免其與中央立法審查發生衝突的可能；第二種思路是促成中央立法審查與特區司法審查之間銜接互動關係，以改變當前兩者之間存在的衝突關係。兩相比較，第一種思路雖然直截了當，但卻未必是最適合的解決路徑。原因有二：一是香港法院在事實上已經行使合基本法性審查權 20 餘年，如果簡單地強令禁止其進行合基本法性審查，但《香港基本法》又沒有明確香港法院不享有此項權力，必然會引發香港法院乃至社會的反響甚至反彈，從而不利於香港憲制秩序的穩定。二是即便禁止香港法院進行合基本法審查，但基於司法個案的審查需求，香港法院在說理部分仍難免會對《香港基本法》的條款進行解釋。當相關解釋涉及特區法律時，香港法院經由解釋權的運用仍有可能在實際上形成對該法律的審查。倘若由此造成「禁而不止」的現象，勢必反過來

更有損於中央立法審查的權威。

因此，以第二種思路來解決中央立法審查與香港法院司法審查存在的衝突，不僅更加尊重香港法院司法審查的現實，也更為符合保障特區高度自治的需求。而且，藉助香港法院在個案審理中對特區法律進行適度的審查，更易於從特區法律實施引發的問題中判斷其是否符合《香港基本法》的要求，以發現一些隱藏性的違法甚至違憲問題。而它實現的關鍵在於構建中央立法審查與特區司法審查的銜接互動機制。一方面，應當允許香港法院可以根據審理需要對案件涉及的特區法律進行審查，若認為該法律符合《香港基本法》，可在判決中具體闡述其具備合基本法性的理由，並根據案件審理需要對該法律相關條款進行引用等。但另一方面，香港法院若認為該法律存在與《香港基本法》相牴觸的條款，則不能由其自行裁定該法律或其相關條款無效，而必須提請全國人大常委會對該法律或其相關條款進行合基本法性審查。如該審查結果會影響到案件判決，香港法院應當中止案件審理，直至全國人大常委會作出該法律的審查意見後，再決定該法律或其相關條款的具體適用情形，並據以對案件作出判決。由此，既有效發揮香港法院在合基本法審查方面的作用，也將對特區法律審查的最終裁決權力保留於全國人大常委會，保證了中央對特區法律審查的權威性。

四、結語

作為國家按照「一國兩制」方針對特區進行立法監督的憲制性安排，特區法律備案審查工作在中共十八大以來得到進一步推進。國務院新聞辦公室於 2014 年發表《「一國兩制」在香港特別行政區的實踐》

白皮書，首次公開 2013 年底前香港特區法律備案的數量。全國人大常委會法制工作委員會在其 2019 年《備案審查工作情況報告》明確，「多年來，全國人大常委會備案審查工作範圍一直包括香港、澳門兩個特別行政區立法機關制定的法律」；2020 年《備案審查工作情況報告》則強調，全國人大常委會通過加強對特別行政區法律的備案審查，保障「一國兩制」方針得到全面準確實施。但與此同時，特區法律備案審查制度的不足也亟待檢視和完善：在審查權限配置上，有待明確全國人大常委會工作機構權限分配，賦予憲法和法律委員會審查權限；在審查標準上，應當構建審查領域認定機制，明確審查基準和範圍；在審查程序上，必須健全審查啟動方式，確定審查及發回期限；在審查效力上，需要限定發回效力範圍，構建中央立法審查與特區司法審查的銜接互動機制。由此，進一步推動特區法律備案審查制度實踐，有效協調中央立法審查與特區司法審查的關係，以實現中央全面管治權與特區高度自治權有機統一。

On the Review and Improvement of the System of Filing and Review of the Legislation of the Special Administrative Region

Huang Zhe

Abstract: The system of filing and review of the legislation of the Special Administrative Region（SAR）established on the basis of Article 17 of the Basic Law of the Hong Kong SAR and Article 17 of the Basic Law of the Macao SAR is an important way for the central authorities to supervise the legislation of the SAR, of which effect is related to the organic unifying of the central authorities' overall jurisdiction and the high degree of autonomy of the SAR. The review of the system of filing and review of the legislation of the SAR shows that there are four main problems to consider: firstly, the allocation of review authority is inadequate; secondly, the review standard is indistinct; thirdly, the review procedure is incomplete; lastly, the review effectiveness is unclear. Accordingly, it is of great necessity to improve the system in these four aspects, namely, to allocate the review authority scientifically, specify the review standard, standardize the review procedure and to clarify the review authority, in order to optimize the system of filing and review of the legislation of the SAR.

Keywords: legislation of the Special Administrative Region (SAR); filing and review; the review of the system of filing and review; the improvement of the system of filing and review

港澳社會與政治

經濟融合與政治向心力

—— 經濟融合對香港青年國家歸屬感的影響機制研究

龐琴　譚松峰[*]

摘　要：經濟融合可以加強邊緣地區民眾的國家認同嗎？它通過哪些機制影響邊緣地區民眾在本土意識和國家認同之間的選擇和調適？對上述問題的回答為理解本土意識和國家認同之間的關係提供重要理論基礎，而兩者關係是當前政治學有關國家認同以及多民族國家的政治合法性研究中的核心議題。本研究通過調查約 500 名香港青年的國家歸屬感並進行實證分析後發現，在內地與香港經濟融合過程中，香港青年對「國家實力」和「兩地經濟融合的利益」兩個方面的認知顯著地影響他們的國家歸屬感。當他們認為內地的實力（包括絕對實力和相比於

* 龐琴，中山大學國際關係學院副教授，粵港澳研究院研究員。譚松峰，中山大學 2016 級本科生。本文獲得 2016 年教育部人文社會科學重點研究基地項目「港澳本土意識與青少年國家認同（16JJDGAT004）」；研究闡釋中共十九屆四中全會精神國家社科基金重大項目「增強香港、澳門同胞的國家意識和愛國精神研究」（20ZDA095）；教育部人文社會科學基地重大項目 2016 年：「香港民主發展與政治生態變化研究」（項目批准號 16JJDGAT005）資助。

香港的相對實力）越強，則其國家歸屬感越強；認為內地對香港的影響越正面或是兩地相互依賴程度越高，則其國家歸屬感也越強。更重要的是，研究發現上述影響機制在不同教育和收入水平的青年羣組中存在顯著差異。基於上述發現，我們提出相應的政策建議。

關鍵詞：國家認同　國家歸屬感　國家實力　經濟激勵　相互依賴

一、研究背景與意義

習近平強調，處理對香港工作的重點是「支持香港融入國家發展大局，增強香港同胞的國家意識和愛國精神，維護香港長期繁榮穩定」。[①] 香港民眾特別是香港青年的國家認同感，以及他們融入國家發展的意願是目前影響香港政治穩定和「一國兩制」健康發展的關鍵。基於此，深入研究香港和內地經濟融合如何影響香港民眾，特別是香港青年的國家認同感，具有重要的現實意義；此外，通過經濟融合（共同發展）帶動國家政治向心力的建設一直是中國對邊緣地區包括香港、台灣和澳門以及邊疆少數民族地區的根本性的政策，因此，本研究對於促進其他邊疆地區民眾的中華民族共同體意識也具有啟示意義。

從理論視角來說，香港居民的國家認同問題本質上是他們的本土

---

① 《習近平在十三屆全國人大一次會議的講話》，http://www.xinhuanet.com/politics/2018-03/20/c_1122563176.htm。

意識和國家認同之間是兼容抑或衝突的問題，[①] 兩者的關係是民族政治學有關國家認同以及多民族國家政權合法性研究中的核心議題。[②] 現有理論可以分為兩種基本範式：衝突論和共生論。[③] 衝突論認為由於本土意識（或者族羣認同等）這種對次一級國家單位的忠誠，主要來自個體的種族、社會文化和歷史傳統等紐帶，[④] 在多民族國家中，它往往與國家的目標和國民身份產生衝突，兩者之間存在張力，容易引發認同危機（identity crisis）。[⑤]20 世紀以來大大小小的民族主義浪潮，包括前南斯拉夫和前蘇聯由於內部高漲的民族認同造成國家分裂的現實，為衝突論提供現實支持。相反，共生論卻認為本土意識（或族羣認同）與國家認同處於不同層次，[⑥] 存在不同級序，且具有某些共同要素如共同的領土，同胞以及文化等，兩者功能可以實現互補，如族羣認同側

---

① 值得說明的是，香港居民不是一個族群（ethnic group），但是由於香港回歸以前與大陸相對隔絕的政治，經濟和社會生活使該地區民眾產生本土意識，即所謂「香港人」的觀念。

② 周平：《多民族國家的國家認同問題分析》，《政治學研究》，2013 年第 1 期；周平：《民族政治學知識體系的構建、特點及取向》，《政治學研究》，2019 年第 1 期。

③ 對兩者關係的綜述，可以參考：郝亞明：《國家認同與族群認同的共生：理論評述與探討》，《民族研究》，2017 年第 4 期；袁娥：《民族認同與國家認同研究述評》，《民族研究》，2011 年第 5 期。

④ Hastings Adrian, *The construction of nationhood: ethnicity, religion and nationalism*, Cambridge: Cambridge University Press, 1997; Herder Jenny, "Essay on the origin of language", in Frederick M. Barnard, ed., *Herder on social & political culture*, Cambridge: Cambridge University Press, 2010; Anthony Smith, *Nationalism and modernism: a critical survey of recent theories of nations and nationalism*, London: Routledge, 1998; Anthony Smith, *Myths and memories of the nation*, Oxford: Oxford University Press, 1999.

⑤ 衝突論有代表性的作品有：魯恂‧W. 派伊：《政治發展面面觀》，天津人民出版社，2009 年版；塞繆爾‧亨廷頓：《我們是誰？：美國國家特性面臨的挑戰》，新華出版社，2005 年版；Antony Smith, *The Ethnic Revival in the Modern World*, Cambridge: Cambridge University Press, 1981.

⑥ 費孝通：《論人類學與文化自覺》，華夏出版社，2004 年版；高永久，朱軍：《論多民族國家中的民族認同與國家認同》，《民族研究》，2010 年第 2 期。

重文化認同而國家認同側重政治認同，因此，兩者可以相互依存。[①]

　　上述理論為理解兩者關係提供基本的理論圖景，但存在以下問題：首先，現有理論偏重從靜態角度通過分析認同的客體來理解兩者關係，如兩者的構成要素（文化傳統以及政治權利）及其級序關係，而較少從動態的角度分析認同的本體對兩者的選擇和調適，如為什麼有些人對兩者做出排斥性的選擇，而有些人則可以同時具有兩種認同？[②]什麼因素促使個體改變原有的排斥性認同的策略並選擇相融性認同？認同是個體自身主動建構的，因而，對個體在多認同之間調適的心理動機和相關機制的研究有助於深入理解本土意識和國家認同之間的關係。第二，現有有關認同調適的研究主要關注政治權利和文化傳統的影響，較少從經濟角度探討經濟激勵如何影響個體的調適策略？第三，現有研究中通常將國家內部的族羣如本研究中的香港居民視為一個整體，較少分析該羣體內部的不同社會階層或者不同教育水平的羣體在兩種認同上的差異，包括他們在認同調適機制上的差異。第四，現有研究特別是國內相關文獻較少採用實證的研究方法。本研究採用跨學科的理論框架，通過實證數據探討香港與內地的經濟融合如何影響香港民眾的國家歸屬感？哪些因素促進他們選擇相融性的本土意識

① 相關研究可以參考：Zachary Elkins and John Sides, "Can Institutions Build Unity in Multiethnic States?" *American Political Science Review*, Vol.101, No.4, 2007; Philip Spencer and Howard Wollman, *Nations and nationalism: a reader*, Rutgers University Press, 2005；錢雪梅：《從認同的基本特性看族群認同與國家認同的關係》，《民族研究》，2006 年第 6 期；林尚立：《現代國家認同建構的政治邏輯》，《中國社會科學》，2013 年第 8 期。

② 國外已有學者展開對認同調適策略的研究，可以參考：John Widdup Berry, *Conceptual approaches to acculturation*, American Psychological Association, 2003；John Widdup Berry, "Immigration, acculturation, and adaptation", *Applied psychology*, Vol.46, No1, 1997; LaFromboise Teresa, Hardin LK Coleman, and Jennifer Gerton, "Psychological impact of biculturalism: Evidence and theory." *Psychological bulletin*, Vol.114, No.3, 1993.

和國家認同的調適策略？這些因素在不同的社會階層和受教育羣體中存在怎樣的差異？

二、問題的提出：回歸以來香港與內地的經濟融合　與香港民眾國家歸屬感

現有研究表明香港民眾自上世紀 70 年代以來逐漸發展出本土意識。[①] 回歸以來，兩地融合加速，香港民眾的國家認同感迅速上升。[②] 他們的本土意識與國家認同存在相互融合的基礎，如他們對內地有很強的民族文化認同感；他們看待中國歷史和世界歷史的角度和框架和內地基本一致。[③] 研究認為 2009 年以前大部分香港民眾發展出明顯的二元性認同（dual identity），即一種獨特的香港 - 中國人身份認同，融合本土意識和國家認同。[④] 不過，由於香港內部活躍的多元政治和文化力量使得香港民眾的國家歸屬感相對於內地民眾而言，存在多面性

[①] 黎熙元：《全球性、民族性與本土性 —— 香港學術界的後殖民批評與香港人文化認同的再建構》，《社會學研究》，2005 年第 4 期；Eric E.W. Ma and Anthony Y.H. Fung, "Re-sinicization, nationalism and the Hong Kong identity", in Clement So and Joseph Chan, ed., *Press and Politics in Hong Kong: Case Studies from 1967 to 1997*, Hong Kong: Chinese University Press, 1999, pp.497-528; Ngai Pun and Yee, L. M., ed., *Hong Kong Culture and Identity*, Oxford University, 2003.

[②] Kaman Lee Betty, "The HKSAR Government's PR Sense and Sensibility: Analysis of its SARS Crisis Management", *Asian Journal of Communication*, Vol.17, No.2, 2007.

[③] James H. Liu, "Social representations of history: preliminary notes on content and consequences around the Pacific Rim", *International Journal of Intercultural Relations*, Vol.23, No.2, 1999; Fu Ho-Ying, Sau-Lai Lee, Chi-Yue Chiu and Ying-Yi Hong, "Setting the frame of mind for social identity", *International Journal of intercultural relations*. Vol.23, No.2, 1999.

[④] Marilynn B. Brewer, "Multiple identities and identity transition: Implications for Hong Kong", *International Journal of Intercultural Relations*, Vol.23, No.2, 1999.

（amorphous）和混合性（hybrid）的特徵。[①]2009 年以來，由於香港本身的政治，經濟和社會結構的矛盾加劇，比如政黨制度的碎片化所帶來的政治極化（political polarization），[②] 以及部分本地政治利益集團的操控和介入，導致部分香港民眾的本土意識與國家認同存在某些政治表達上的衝突，成為建設香港居民國家歸屬感和愛國意識的阻礙。[③] 但現有研究香港的本土意識與國家認同的文獻裏，卻較少從經濟角度特別是香港與內地日益加強的經濟融合的角度來分析。

回歸以來，特別是 2003 年香港與內地簽署《關於建立更緊密經貿關係的安排》（簡稱 CEPA）以來，兩地的投資，貿易和消費關係迅速發展。如圖 1 所示，在 2003 年，來自內地的直接投資僅佔香港所有投資的 26.47%，而該比例在 2007 年和 2010 年增長到 41.06% 和 52.59%。兩地之間的貿易量迅猛增長，1997 年，香港與內地的貿易額（含進口、出口與轉口）是 18,395 億港元，該數值在 2003 年達到了 24,952 億，2017 年則達到了 63,627 億，佔據香港總貿易額的 77.28%。兩地經濟緊密融合的同時，兩地民眾各種經濟和社會交流頻繁。就內地到香港的旅遊而言，2003 年內地訪港旅客人次僅為 847 萬，2010 年達到 2268 萬人次，2018 年則達到 5103 萬人次，佔全部訪港旅客的 78.34%。2003 年，內地遊客在香港的總消費是 333 億港元，這一數值

① Siu F. Helen. "Remade in Hong Kong: Weaving into the Chinese cultural tapestry" in Tao Tao Liu and David Faure, ed., *Unity and Diversity: Local Cultures and identities in China*, Hong Kong university Press, 1996, pp.177-196.

② 馬岳：《香港政治：發展歷程與核心課題》，香港中文大學出版社，2010 版。

③ 強世功：《認真對待香港本土意識探索強化國家認同之道》，《中國黨政幹部論壇》，2014 年第 5 期；鄭宏泰、尹寶珊：《香港本土意識初探：身分認同的社經與政治視角》，《港澳研究》，2014 年第 3 期；張妙清、鄭宏泰、尹寶珊：《香港核心價值的變遷 —— 基於民意調查的分析》，《港澳研究》，2015 年第 1 期。

在 2010 和 2014 年分別達到 1129 和 2421 億港元，該數值雖然在之後的幾年裏有所下降，內地遊客在香港的各種經濟活動與交流保持十分密切的趨勢。

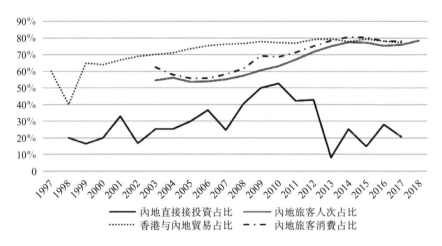

圖 1：香港與內地的經濟聯繫（1997—2018）

數據來源：香港政府統計處，香港統計月刊。https://www.censtatd.gov.hk/hkstat/sub/sp140. jsp?productCode=B1010002.（登陸時間：2019 年 2 月 25 日 9:30）

國家認同作為一種政治意識建構，除文化因素以外，與「權力」和「利益」認知緊密相關。一方面，香港與內地經濟的加速融合開始改變香港民眾對內地經濟實力，特別是香港與內地經濟實力對比的看法，從而引起民眾重新思考個人與國家，香港與內地的關係。另一方面，經濟融合對香港民眾的經濟利益產生明顯影響，改變他們對於香港融入內地的「利益計算」。如表 1 所示，香港主要行業的居民收入在扣除通貨膨脹因素後增長明顯，[①] 特別是金融，運輸和個人服務業，而

① 有關通貨膨脹指數，可以參考香港政府統計處《經濟概況及展望》年刊，https://www. censtatd.gov.hk/hkstat/sub/sp270_tc.jsp?productCode=B1060002.

這些產業與內地在港的投資，貿易和消費的增長存在密切的關係。[①] 那麼上述對「內地實力」和「兩地經濟融合的利益判斷」如何影響他們的國家歸屬感？

表 1　1997 年至 2018 年香港特定產業從業人員平均月收入

	1997	2003	2008	2010	2012	2014	2016	2018
批發、零售、進出口貿易	12,507	12,419	13,439	14,695	16,125	16,828	17,396	19,736
運輸服務業	13,062	12,841	14,165	14,945	16,587	18,116	19,575	21,714
金融、保險業	11,134	10,583	10,906	17,885	19,591	20,507	22,459	22,126
個人服務業	6,942	6,164	6,754	12,084	14,947	15,945	18,828	20,270
住宿、飲食服務	9,876	9,175	9,337	9,226	11,339	12,826	14,100	15,936
所有選定行業	11,113	10,795	11,600	11,565	13,581	14,354	15,447	16,786

註：選取了每年第三季度的平均工資數據。數據來源於香港政府統計處，工資及薪金總額按季統計報告。https://www.censtatd.gov.hk/hkstat/sub/sp210_tc.jsp?productCode=B1050009.（登陸時間：2019年 2 月 28 日 19:45）

三、理論框架：經濟融合與民眾的政治向心力 （國家歸屬感）

為了更好地說明本土意識與國家認同之間的關係，本研究採用「國家歸屬感」指代兩者之間統一的程度。國家歸屬感是指「在多族羣的國家中，個體對自己是否歸屬於這個國家的心理認知，」可以分為三種：(1)，「分離型國家歸屬感」，本土意識強但國家認同感低，兩者

---

① 俞肇熊、王坤：《CEPA 對香港和內地經濟的影響與發展前景》，《世界經濟研究》，2007年第 6 期。

相互排斥；(2)，「混合國家歸屬感」，同時具有本土意識和國家認同，兩者相互融合；(3)，「純粹國家歸屬感」，本土意識弱而國家認同高。

國家歸屬感與國家認同感的差異如下：國家認同作為「個體對他或她民族國家的認知和感情依附」，[①] 是一個多維度的概念，包括對國家政治，經濟，社會制度以及文化等多個方面的態度，[②] 而國家歸屬感則不討論具體的認知，僅僅涉及是否「歸屬」這個單維度的判斷。歸屬感本質上國家認同的一個部分，重點討論個體在多個所屬羣體中的認同選擇。

從經濟角度考察的國家歸屬感抽離了個體對於國家在文化和政治價值觀等方面的認同，主要涉及個體認為國家是否能夠滿足他/她的「利益訴求」。心理學的研究認為認同的產生來源於個體對於本體性安全的追尋。[③] 國家認同的產生來源於個體希望通過民族國家這一羣體獲得各種現實的利益，換言之，認同的選擇和建構本身是具有工具理性的（instrumental）。「國家認同乃是公民個體或羣體對各種方案計算和選擇的最終結果，這種『同意的計算』並非是外在的，而是內化於國家構建過程中的個人或集體行動。」[④] 因此，利益訴求的滿足在個體的國家歸屬感的建構和選擇策略中至關重要。具體地説，經濟融合通過兩種關鍵機制影響香港居民的國家歸屬感：第一，實力認知，即國家的實力如何，是否有能力滿足我的利益訴求？第二，利益認知，參與

① Anthony Smith, *National identity*, Reno: University of Nevada Press, 1993.
② 蕭濱：《兩種公民身份與國家認同的雙元結構》，《武漢大學學報（哲學社會科學版）》，2010 年第 1 期。
③ 安東尼·吉登斯：《社會的構成：結構化理論大綱》，北京三聯書店，1998 年版。
④ 詹姆斯·布坎南·戈登·塔洛克：《同意的計算 —— 立憲民主的邏輯基礎》，中國社會科學出版社，2000 年版；轉引自王卓君、何華玲：《全球化時代的國家認同：危機與重構》，《中國社會科學》，2013 年第 9 期。

國家（如經濟融合）是否能滿足我的利益訴求？那麼經濟融合過程中所引發的這兩個方面的認知如何影響民眾的國家歸屬感？

（一）國家實力認知和本體安全感

在經濟融合過程中，隨着迅速增長的各種經濟聯繫活動，個體對國家各方面實力定位逐漸清晰。這種定位強烈影響個體在本土意識和國家認同感中的選擇和調適。國家認同感是個體在一定的社會政治、經濟和文化結構下對外在環境的一種選擇性的接受。[1]這種選擇背後的動機主要是帶來集體歸屬感和安全感，並為他們的行為賦予意義。在個體主動建構認同感的過程中，對國家實力的認知將會對國家認同感產生顯著的影響，因為國家實力是安全感的來源。在現代社會中，國家實力特別是經濟實力越強，國家能夠提供的安全感就越強。與此同時，國家與次級集體之間的實力對比也會對國家歸屬感的選擇產生影響，當國家實力遠遠超過次級羣體時，在文化和政治因素不產生阻礙作用時，將會有利於國家認同的建構。

除了安全感，國家實力還可以為個體帶來榮譽感。社會認同理論認為認同的本質是進行自我歸類（self-categorization）。根據塔傑非（Tajfel）和特納（Turner）的發現，個體構建羣體認同感的過程中往往存在一種「有利於自我」的歸類過程，也就是傾向於將自己與優勢羣體聯繫起來，認為自己是該羣體的一員，其目的是帶來一種自我肯定

---

[1] Castells Manuel, "The Power of Identity", *Society and Culture*, Vol.2, No.3, 1997; Giddens Anthony, *Modernity and Self-identity: Self and Society in the Late Modern Age*, Stanford: Stanford University Press, 1991.

和提升。[①] 在與優勢羣體（比如強大的國家/有聲望的企業/頂尖名校）聯繫的過程中，個體容易產生對該羣體的強烈認同，並獲得除了物質安全感以外的另一種本體安全感。所以，個體傾向於將自己歸類為具有強大實力羣體中的一員。由此，我們得出以下假設：

假設 1：對國家的絕對實力評價越高，國家歸屬感越強（即混合和純粹國家歸屬感的概率上升）；

假設 2：對國家的相對實力評價越高，國家歸屬感越強（即混合和純粹國家歸屬感的概率上升）。

（二）經濟融合的利益激勵

經濟融合的利益認知包括對（1）「經濟相互依賴程度」和（2）「經濟影響性質」兩個方面的判斷。這裏的「相互依賴」是指彼此經濟上相互影響。[②]「經濟影響性質」指經濟融合對本地區政治，經濟和社會的影響總體是正面或負面。這兩個方面的認知通過經濟激勵的方式影響國家歸屬感。國家的凝聚力和國民對它的忠誠取決於國家保證個人福祉的能力。[③] 經濟激勵的實現與完善深刻影響民眾對國家的信心。[④] 經濟相互依賴的程度越高，「統一的市場」所帶來的經濟利益則越容易催生經濟領域「想像的共同體」，[⑤] 早期民族主義理論認為歐洲早期的經濟現

---

① Tajfel Henri and Turner John, "The social identity theory of intergroup behavior" in Worchel Stephen and Austin William, ed., *Psychology of Intergroup Relations*, IL: Nelson-Hall, 1986, pp. 7-24.

② 羅伯特‧基歐漢、約瑟夫‧奈：《權力與相互依賴》，第 4 頁，北京大學出版社，2002 年版。

③ 埃里‧凱杜里：《民族主義》，中央編譯出版社，2002 年版。

④ 金太軍、姚虎：《國家認同：全球化視野下的結構性分析》，《中國社會科學》，2014 年第 6 期。

⑤ Benedict Anderson, *Imagined communities: reflections on the origin and spread of nationalism*, London: Verso, 1997.

代化促進民族主義的產生。[1] 相互依賴所積累的經濟收益也可以成為抑制國家內部本土主義甚至分離主義行為的重要經濟成本。

經濟影響性質以相似的方式影響國家歸屬感。國際政治經濟學中新功能主義（neo-functionalism）理論認為經濟一體化促生觀念「溢出效應（ideational spill-over）」。[2] 厄恩斯特·哈斯（Ernst Haas）認為經濟的融合會在受影響國家的民眾，特別是精英（主要是利益集團和政黨）中產生一種觀念性的「溢出效應」。如果他們看到經濟的融合給自己帶來更多的經濟利益，他們就有動機去支持和擴大經濟融合，並對提供這些利益的國家產生認可，並產生忠誠感。[3] 相反，如果經濟融合沒有帶來利益，或者利益分配不公，個體所在的地區反而承受各種利益損失，理性個體將會改變他們對國家的忠誠感和歸屬感。由此，我們做出如下假設：

假設 3：認為內地對香港的影響越正面，國家歸屬感越強（即混合和純粹國家歸屬感的概率上升）。

假設 4：認為內地與香港的相互依賴程度越高，國家歸屬感越強（即混合和純粹國家歸屬感的概率上升）。

（三）相關機制在不同教育及社會階層羣體中的差異

新功能主義同時認為溢出效應的效果與民眾的社會特徵特別是教

---

[1] Hobbsbawn J. Eric, *Nations and nationalism since 1780*, Cambridge: Cambridge University Press, 1992; Gellner Ernest, *Nations and nationalism*, New York: Cornell University Press, 2008.

[2] Ben Rosamond, *Theories of European Integration*, New York: St. Martin's Press, 2000.

[3] Ernst Haas, *The Uniting of Europe: Political, Social, and Economic Forces, 1950—1957*, Stanford: Stanford University Press, 2004.

育和社會階層緊密相關。就教育而言，民眾自身的受教育程度越高，就越有利於產生觀念溢出效應。這是因為高等教育有助於民眾擺脫傳統的本土觀念的束縛，接受外來新鮮事物，避免用狹隘的眼光看待經濟融合活動；[①] 更高程度的教育使民眾容易獲得更廣泛的信息來思考國家實力的變化以及本土和國家之間的實力對比，並採取更加理性態度對待經濟融合所產生的摩擦，因此，無論是實力還是利益認知的影響對受教育程度更高的羣體可能會更加顯著。

社會階層這裏主要指個體職業和收入狀況。社會階層的調節作用相對複雜。一方面，對於實力認知，無論是絕對實力還是相對實力，都需要比較的對象和場合，即「他者」的存在。[②] 相對而言，高收入社會階層的工作和生活範圍更廣，具有更多的機會接觸跨國比較以及香港與內地的比較，因此，實力認知機制在這個羣體中應該會更加顯著。對於經濟激勵而言，有關經濟全球化的研究發現社會中受益階層往往容易產生對經濟合作方的認同，而利益受損階層產生往往產生本土保護政治需求，偏離對經濟合作方的認同。資本，商品和勞動力等經濟要素跨境流動使具有可移動的財產和技術的階層獲益，如資本家和專業人士以及高層管理者；而擁有不可移動財產如農場，非通用性技能，以及低技能階層則受損，社會兩極分化擴大。[③] 利益受損的中下階層如技術水平較低的產業工人，容易產生本土優先和本土保護的政

---

① Ernst B. Haas, "International Integration: The European and the Universal Process", *International Organization*, Vol.15, No.3, 1961, pp.366-392.

② 龐琴、蔣帆：《「他者」在香港青年大學生國家認同感中的作用——北京香港兩地大學生國家認同感的實證比較研究》，《中山大學學報（社會科學版）》，2015 年第 6 期。

③ Dani Rodrik, "Has globalization gone too far?" *Challenge*, Vol.41, No.2, 1998; Frieden Jeffry and Ronald Rogowski, "The impact of the international economy on national policies: An analytical overview", *Internationalization and domestic politics* Vol.15, No.2, 1996.

治訴求。[①] 現有關於香港與內地經濟合作的文獻表明香港高收入階層特別是金融和高級服務業以及部分低收入階層如提供較低層次旅遊服務和零售業部門在兩地的經濟融合中受益相對明顯，而中等收入階層則是收益較低。[②] 基於上述分析，我們得出以下假設：

假設 5：國家絕對實力，相對實力，相互依賴和影響性質對國家歸屬感的影響在不同的受教育人羣中存在顯著差異。總體來說，相關影響在受過更高教育的人羣中更加明顯。

假設 6：國家絕對實力，相對實力，相互依賴和影響性質對國家歸屬感的影響在不同的社會階層中存在顯著差異。總體來說，實力認知的影響在高收入人羣比在中低收入人羣中更明顯，而經濟利益的認知的影響在高收入和低收入人羣中比中等收入人羣中更明顯。

四、研究方法

（一）數據

本研究的數據來自於 2017 年 8 月中山大學與香港城市大學聯合項目組針對 520 名香港 18—35 歲的青年所展開的調查，樣本的年齡，性別和受教育程度等相關數據見表 1。課題組將研究主體聚焦於香港青年

[①] Swank Duane and Hans-Georg Betz, "Globalization, the welfare state and right-wing populism in Western Europe", *Socio-Economic Review*, Vol.1, No.2, 2003; Wouter van der Brug and Fennema Meindert, "Protest or mainstream? How the European anti-immigrant parties have developed into two separate groups by 1999", *European Journal of Political Research*, Vol.42, No.1, 2003.

[②] 劉誠：《從經濟視角辨析陸港矛盾》，《現代經濟探討》，2014 年第 12 期；呂大樂：《這麼近，那麼遠：機會結構之轉變與期望的落差》，《港澳研究》，2013 年第 1 期。

是因為他們是香港社會中國家歸屬感最為反覆和薄弱的羣體，這種針對「焦點羣體」的研究有利於上述理論關係研究的深入展開，同時也考慮到他們將在未來兩地經濟融合中發揮主要作用，具有重要的現實意義。在正式抽樣以前，課題組進行了一次小規模的預調研，分別選取了 30 名在校大學生和 32 名已就業的 18－35 歲青年完成問卷，進行深入訪談並獲取問卷反饋，調整了問卷中一些可能造成理解偏差的詞語和句子。正式調查在香港市區中包括九龍，港島和新界四個青年較為集中的地點進行，每位受訪者都獲得一定的現金券作為酬謝，大部分的受訪者都表示願意參與調查，最終有 520 名受訪者填寫匿名問卷，經過數據錄入和分析，獲得有效問卷 499 份。

（二）變量測量

1. 自變量

（1）絕對實力

國家的絕對實力是一個國家各種實力資源的總和。本研究對國家絕對實力的衡量是通過測量該國的實力在全世界範圍內的地位，具體地說，通過測量香港民眾對國家實力處於世界各國總體中地位的主觀評價，分為「上游、中上游、中等、中下游與下游」五個水平（分別賦值 5－1）。由於實力來源的多樣性，對絕對實力的衡量分類為五個方面：國際地位、政治發展水平、經濟實力、文化實力和軍事實力。該變量取值是由這五部分得分加總獲得。

（2）相對實力

該變量測量通過比較內地與香港在各方面實力對比，如「你認為

內地的經濟實力，與香港相比，如何？」（選擇項從「比香港強很多」到「比香港弱很多」，分別賦值 5—1）。與絕對實力類似，相對實力分為四個方面，包括政治發展水準、經濟實力、文化實力與社會公平。通過對這四個方面加總獲得相對實力取值。

（3）相互依賴

相互依賴水平分為兩維度，香港依賴內地的水平與內地依賴香港的水平，受訪者分別對這兩個維度的正面表述打分（1 為「十分不同意」—5 為「十分同意」）。該變量取值是由這兩部分得分加總獲得。

（4）影響性質

本研究將影響性質分為經濟、政治與社會三個方面，受訪者對內地對香港經濟/政治/社會的影響的正面表述從「十分同意」到「十分不同意」分為五個等級，該變量取值是由這三部分得分加總獲得。

2. 因變量

（1）國家歸屬感

問卷中，我們將國家歸屬感分為四種：——「香港人」，「香港的中國人」，「中國的香港人」，和「中國人」，要求受訪人進行單項選擇。由於選擇「香港的中國人」這類人羣的人數很少，在統計分析中，我們將「香港的中國人」和「中國人」視為「純粹型國家歸屬感」，「中國的香港人」視為「混合型國家歸屬感，將「香港人」視為「分離型國家歸屬感」。

3. 分組以及控制變量

（1）收入水平

每個受訪者回答他們的家庭月收入（港幣）共四個範圍：1=1.5 萬

以下，2=1.5 萬—2.2 萬，3=2.2 萬—5 萬，4=5 萬以上。在分析中，為了統計方便，我們將第一組與第二組合併獲得三組，合併後 1=「2.2萬以下」，2=「2.2 萬—5 萬」，3=「5 萬以上」。

（2）教育程度

教育程度分為副學士、學士、研究生和其他（副學士以下）共四類。

（3）性別

受訪者回答性別為男或女（1= 男，0= 女）。

（4）英語水平

受訪者被要求回答其英語的水平，其中 1=「不好」至 5=「非常好」。

（5）年齡

分為以下四個範圍，1=「18 歲及以下」，2=「19—22 歲」，3=「23—28 歲」，4=「29 歲以上」。

五、統計結果與發現

（一）變量的描述統計

表 2 報告了各個變量的均值、標準差、最大值以及最小值。

（二）邏輯回歸結果分析

為了驗證假設 1—6，本研究建立了 7 個多項邏輯回歸模型，分別考察絕對實力、相對實力、影響性質和相互依賴對國家歸屬感的作用，

表 2 各變量的描述統計

變量	平均值	標準差	最小值	最大值
國家歸屬感	1.66	0.80	1	4
內地的絕對實力	16.94	2.84	5	25
內地相對香港的相對實力	14.64	2.12	9	20
內地對香港影響的性質	7.63	2.37	3	15
內地與香港的相互依賴	5.46	1.35	2	10
家庭收入水平	2.53	0.96	1	4
受教育水平	1.99	0.44	1	4
性別	0.52	0.50	0	1
英語水平	3.64	0.84	1	5
年齡	1.85	0.58	1	4

以及通過分組回歸討論上述變量在不同教育和收入水平組的差異。所有模型的因變量均以分離型國家歸屬感作為基準組（國家歸屬感=1），主要考慮到該組的人數穩定，因此參數的標準差更小，結果更為可靠。模型1—5以嵌套模型的形式考察四個核心變量對香港民眾國家歸屬感的影響，並對經濟融合的利益認知的兩個方面（影響性質和相互依賴）的效果進行了拆解並分析其內部幾個子方面的作用。模型6和7分別以學歷和收入分組進行多項邏輯回歸。

1. 各核心變量的邏輯回歸結果

模型1考察了實力認知對國家歸屬感的影響（結果見表3）。結果表明在控制其他變量的條件下，當香港青年認為國家的絕對實力越強，相對於分離型國家歸屬感，他們選擇混合或純粹國家歸屬感的概率上升，從而假設1得證。國家絕對實力認知每提高一個單位，國家

歸屬感是混合型的可能性（odds，代表的是混合型與分離型國家歸屬感概率的比值）提高了 28%（$=e^{0.247}-1$），而純粹型國家歸屬感的概率提高了 40%（$=e^{0.339}-1$）；同樣，當他們對內地的相對實力評價越高，選擇混合或純粹國家歸屬感的概率也上升，假設 2 得證。兩者均顯著表明兩者並沒有重複的解釋作用。

模型 2 納入了影響性質進行考察，探究內地對香港的影響性質是否會顯著影響國家歸屬感（見表 3）。結果表明：當受訪青年認為內地影響越正面，混合和純粹國家歸屬感的概率上升，影響性質每提高一個單位，混合型和純粹型國家歸屬感相對於分離型的概率分別提高了 15% 和 81%，從而假設 3 得證。模型 3 將變量影響性質拆分成了經濟、政治、社會三方面，結果表明：對經濟、政治、社會影響性質的積極評價均能顯著提高國家歸屬感，隨着各領域的影響評價每提高一個單位，純粹型國家歸屬感的概率相對提高 78%、59% 和 117%（見表 3）。

表 3　各核心變量的邏輯回歸結果

變量	模型 1		模型 2		模型 3		模型 4		模型 5	
	混合型	純粹型	混合型	純粹型	混合型	純粹型	混合型	純粹型	混合型	純粹型
絕對實力	.244*** (.044)	.326*** (.069)	.231*** (.047)	.225** (.075)	.231*** (.048)	.219** (.077)	.215*** (.047)	.194* (.077)	.203*** (.048)	.143# (.080)
相對實力	.120* (.054)	.185* (.086)	.106# (.056)	.122 (.093)	.107# (.057)	.127 (.094)	.116* (.056)	.125 (.093)	.077 (.061)	−.002 (.103)
影響性質			.142* (.055)	.593*** (.092)			.098# (.057)	.540*** (.097)	.065 (.061)	.492*** (.100)
經濟影響					.169 (.133)	.576* (.289)				
政治影響					.137 (.144)	.464* (.207)				

續表

變量	模型 1		模型 2		模型 3		模型 4		模型 5	
	混合型	純粹型	混合型	純粹型	混合型	純粹型	混合型	純粹型	混合型	純粹型
社會影響					.120 (.159)	.773** (.252)				
相互依賴							.233* (.094)	.320# (.170)		
港需內地									.384** (.132)	.764*** (.227)
內地需港									.070 (.133)	−.180 (.239)
年齡	.497* (.213)	.537# (.314)	.534* (.213)	.579# (.346)	.537* (.213)	.569 (.349)	.530* (.213)	.600# (.351)	.534* (.213)	.604# (.361)
英語水平	−.118 (.136)	−.153 (.211)	−.126 (.138)	−.254 (.232)	−.130 (.140)	−.256 (.234)	−.137 (.139)	−.335 (.239)	−.104 (.141)	−.278 (.242)
性別	−.060 (.222)	−.182 (.343)	−.004 (.227)	−.184 (.377)	−.007 (.227)	−.179 (.377)	.023 (.229)	−.185 (.384)	.029 (.230)	−.158 (.390)
收入	.130 (.154)	.191 (.232)	.151 (.159)	.174 (.247)	.151 (.159)	.170 (.249)	.145 (.161)	.233 (.252)	.151 (.161)	.212 (.256)
教育水平	.055 (.324)	1.313* (.518)	−.038 (.348)	.734 (.520)	−.032 (.349)	.726 (.530)	−.009 (.350)	.755 (.522)	−.056 (.352)	.654 (.531)
常數項	−5.85*** (1.095)	−11.47*** (1.761)	−6.52*** (1.158)	−12.88*** (1.934)	−6.56*** (1.169)	−12.86*** (2.010)	−7.25*** (1.210)	−13.64*** (2.014)	−6.53*** (1.276)	−11.51*** (2.085)
偽 R2	0.099		0.160		0.161		0.170		0.181	

註：(1) 以 1＝分離型國家歸屬感為基準組；(2) ＊：$p < .05$；＊＊：$p < .01$；＊＊＊：$p < .001$；＃：$p < .10$
為邊緣顯著 (3) 括號內為標準誤

　　該模型中，可以發現經濟影響性質評價對混合型國家歸屬感組的影響參數並不顯著，但是不能簡單認為經濟影響性質對此類型的國家歸屬感沒有顯著的影響。我們選取了模型 3 中顯著變量的均值與經濟影響的隨機變量畫出了條件效應標繪圖，從圖 2 可以發現，隨着對內

地經濟影響性質評價的上升，混合型和純粹型國家歸屬感的概率都上升，而分離型國家歸屬感的概率下降。那為什麼只有純粹型國家歸屬感（實線）的變化在統計上是顯著的呢？我們推測這是由於因變量有三組，因此該變量對混合型國家歸屬感的效果可能存在兩個方面：第一，分離型國家歸屬感的概率降低使得混合型的概率提高；另一方面，混合型的概率也會降低，因為部分民眾可能會從混合型變為純粹型。因此，只要純粹型國家歸屬感的（相對）概率顯著上升且混合型國家歸屬感的相對概率有顯著或不顯著的正向變化趨勢，即可說明該變量對國家歸屬感存在正向影響，所以，可以認為內地對香港經濟影響性質可以顯著正面影響香港民眾的國家歸屬感。

模型 4 納入了相互依賴進行分析（見表 3）。結果表明：當受訪青

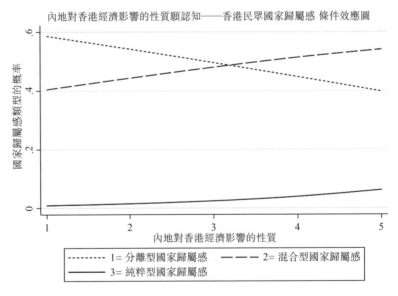

圖 2 香港民眾國家歸屬感 —— 內地對香港經濟影響性質認知條件效應標繪圖

年認為相互依賴程度越高，其國家歸屬感越強（混合和純粹國家歸屬感的概率相對上升），其中，相互依賴水平每提高一個單位，混合型和純粹型國家歸屬感的相對概率就分別提高 17% 和 63%，從而假設 4 得證。模型 5 進一步將相互依賴拆分為香港需要內地與內地需要香港，探究哪個方向的影響更為顯著（見表 3）。結果表明：認為香港對內地依賴程度高對國家歸屬感有顯著影響，程度每提高一個單位，混合和純粹國家歸屬感的概率分別相對提高 47% 和 115%，而「內地對香港依賴程度」則對國家歸屬感影響不顯著。另外，我們發現在將相互依賴拆分後，相對實力的參數均變為不顯著，一種解釋是：相對實力與相互依賴可能在解釋意義上存在某些重疊——內地的相對實力往往與香港對內地依賴存在某些內在聯繫，換句話說，對內地更強的依賴給予了內地更大的相對權力，而這部分與相對實力的影響重疊，導致相對實力不顯著。

2. 分組回歸統計結果

本部分將分析上述有關國家實力以及利益認知對國家歸屬感的影響機制在不同的教育和收入水平組別中的差異。

（1）不同受教育水平組別的邏輯回歸結果

為了簡化分類，我們將原本四組分為兩類，第一組為「副學士及其他學歷」、第二組為「本科及以上學歷」。通過比較，我們發現無論是絕對實力還是利益效應對於本科以及以上學歷組別的作用更為明顯（見表 4），就絕對實力和相互依賴來說，副學士及以下學歷組僅在「相互依賴」的變量上顯著，而本科及以上學歷組對「絕對實力」，「影響性質」和「相互依賴」都顯著；因此，假設 5 得到支持。

表 4　模型 6 —— 以受教育水平分組後的邏輯回歸結果

變量	副學士及其他學歷		本科及以上學歷	
	國家歸屬感 =2	國家歸屬感 =3	國家歸屬感 =2	國家歸屬感 =3
絕對實力	0.617 (0.349)	−0.074 (0.513)	0.216*** (0.049)	0.185* (0.084)
相對實力	−0.734 (0.407)	−1.059 (0.906)	0.100 (0.063)	0.048 (0.111)
影響性質	−0.259 (0.329)	1.836 (1.346)	0.132* (0.061)	0.545*** (0.102)
相互依賴	1.698* (0.721)	3.454 (1.844)	0.101 (0.097)	0.496** (0.170)
控制變量				
年齡	2.780* (1.384)	1.042 (2.412)	0.474* (0.215)	0.909* (0.361)
英語水平	3.008* (1.441)	−3.238 (3.014)	−0.128 (0.143)	0.027 (0.250)
收入	−0.548 (0.926)	−22.30 (2, 471)	0.190 (0.164)	0.433 (0.264)
常數項	−27.31* (10.97)	1.205 (2, 471)	−6.766*** (1.187)	−15.26*** (2.214)
偽 R 方	0.432		0.174	

註：(1) 以 1＝分離型國家歸屬感為基準組；(2*：$p < 0.05$；**：$p < 0.01$；***：$p < 0.001$；(3) 括號內為標準誤.

　　另外，我們發現對於副學士及其他學歷組來說，他們對內地相對實力認知可能會造成對國家歸屬感的負面效應，該係數（-.734, $p <$ 0.1）是邊緣顯著，即當他們認為內地的相對實力越強，更有可能選擇本土意識。這可能是相對實力差距擴大所造成的認同威脅（identity threat），[①] 換句話說，內地相對實力的提高對這部分受訪青年的本土自

---

① 有關認同威脅的相關研究，可以參考：Hornsey Matthew and Micheal Hogg, "Assimilation and diversity: An integrative model of subgroup relations." *Personality & Social Psychology Review*, Vol.4, No.2, 2000.

豪感產生「威脅」，他們可能一直具有某種「香港對內地的優越感」，內地的反超使他們產生了對內地的敵意，結果造成反向作用。

（2）不同收入組別的邏輯回歸結果

為了簡化分組，將原本問卷中的第 1 和 2 組合併，按照收入由低到高分為低、中、高收入階層，而後對各組分別進行多項邏輯回歸，結果見表 5：

表 5　模型 7 —— 以收入分組的邏輯回歸結果

變量	低收入階層		中收入階層		高收入階層	
	混合型	純粹型	混合型	純粹型	混合型	純粹型
絕對權力	0.325*** (0.078)	0.109 (0.124)	0.096 (0.078)	0.213 (0.158)	0.348* (0.148)	0.509 (0.280)
相對權力	0.006 (0.096)	−0.064 (0.156)	0.129 (0.092)	−0.159 (0.197)	0.224 (0.200)	0.819* (0.409)
影響性質	0.189 (0.101)	0.885*** (0.184)	0.003 (0.098)	0.352 (0.189)	0.111 (0.123)	0.578* (0.247)
相互依賴	0.091 (0.156)	0.495 (0.268)	0.298* (0.148)	0.602 (0.322)	−0.066 (0.271)	0.304 (0.413)
控制變量						
年齡	0.556 (0.380)	0.665 (0.586)	0.391 (0.308)	0.850 (0.683)	0.992 (0.675)	0.544 (0.950)
英語水平	−0.195 (0.231)	−0.662# (0.380)	−0.077 (0.211)	−0.189 (0.452)	0.358 (0.383)	1.803# (0.994)
性別	−0.056 (0.368)	−0.556 (0.637)	−0.103 (0.352)	−0.470 (0.742)	0.179 (0.684)	1.885 (1.296)
受教育水平	−0.409 (0.547)	−0.260 (0.773)	0.209 (0.575)	1.240 (1.040)	0.687 (1.056)	3.247# (1.734)
常數項	−7.354*** (1.778)	−11.78*** (2.935)	−5.141** (1.744)	−14.69*** (3.496)	−12.08** (4.635)	−37.46*** (11.17)
偽 R2	0.249		0.158		0.264	
個案數	196		179		69	

註：（1）以 1= 分離型國家歸屬感為基準組；（2）*：$p < 0.05$；**：$p < 0.01$；***：$p < 0.001$；（3）括號內為標準誤.

　　結果顯示，就實力認知而言，絕對實力和相對實力認知都對高收入階層的國家歸屬感產生明確影響：高收入組中混合型和純粹型的相對概率均受到絕對實力的顯著正面影響（兩個參數分別為 0.348，p < .05 和 0.509, p < .1, 其中純粹型是邊緣顯著）；而相對實力中純粹型的參數也顯著（0.819, p < .05）），結合前文在解釋圖 2 時所說的涉及因變量兩組中只有純粹型顯著的結論，可以認為相對實力也對高收入階層的國家歸屬感有顯著正面影響。換句話説，高收入階層對實力更加敏感，認為國家實力愈強其國家歸屬感愈強。正如理論部分所討論的，其原因可能是高收入羣體有更多與其他國家交流和比較的機會。另外，由於他們較高的經濟地位和資源獲取能力使其能夠將相對實力與相互依賴分開，導致了相對實力的顯著而相互依賴的不顯著。這一點在其他組別則沒有發現。

　　不過，與假設 6 不一致的是，絕對實力對低收入組別民眾的影響也非常顯著。絕對實力的增強顯著提高混合型國家歸屬感的相對概率：低收入香港民眾對大陸的絕對實力認知每提高一個單位，混合型國家歸屬感的相對概率就提高 38%（估計參數為 0.325），且在統計意義上非常顯著，但是對於純粹型國家歸屬感的概率則沒有顯著影響。為了更好地了解這不同的效果，我們對低收入組別的民眾中絕對實力對其國家歸屬感的效果描繪了條件效應標繪圖，原理與圖 2 相同。圖 3 表明，隨着低收入組民眾對內地絕對實力認知的提高，分離型（短段線）和混合型國家歸屬感（長段線）的概率分別下降和上升，但是純粹型國家歸屬感（實線）卻幾乎不變（對應參數也不顯著）。因此，從總體上來看，可以發現絕對實力主要影響低收入和高收入階層，其影響效果存在倒 U 型結果——即對中收入水平組沒有顯著影響，但是，對於

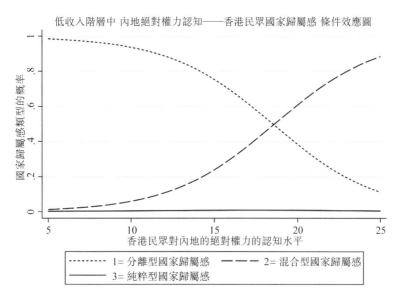

低收入階層中 內地絕對權力認知——香港民眾國家歸屬感 條件效應圖

圖 3　低收入群體中國家歸屬感 —— 內地絕對實力性質條件效應標繪圖

低收入階層的影響不同於高收入階層，表現為無法將低收入香港民眾轉換為純粹型國家歸屬感；而相對實力僅對高收入階層有顯著影響。因此，假設 6 有關權力部分得到部分實證支持。

就利益認知而言，內地影響性質主要作用於低收入和高收入階層，參數分別為 0.885，p < .001 和 0.578，p < .05，分別表示影響性質正面程度每提高一個單位，低、高收入階層的純粹型相對分離型的可能性分別相對提高 142% 和 78%。由此，假設 6 有關利益認知的部分得到部分支持。不過，對於相互依賴而言，兩地相互依賴水平對於高收入階層的國家歸屬感沒有顯著影響，這可能是由於高收入階層的資源來源廣泛，相對來說不受內地的約束，因此對相互依賴水平敏感度較低；對於低收入和中等階層有明顯影響（其中低收入階層的影響係數邊緣顯著），這可能是由於這兩個階層受到資源和條件限制，對相

互依賴更加敏感。

六、穩健性測試

為了檢驗上述統計分析結果的穩健性，我們更改了邏輯回歸方法，採用多項 probit 模型（MNP）重新對數據進行估計[1]，結果顯示：在核心變量的多項 probit 回歸中（模型 1—5，見附錄 1），各參數的顯著情況與原邏輯回歸的顯著情況高度一致，只是在一個控制變量（年齡）中顯著度有些許的變化，對結論沒有大的影響。在分組 probit 回歸中（模型 6—7，見附表 2 和附表 3），結果顯示如下輕微的變化：受教育水平分組中，低學歷組中相對實力在純粹組的參數依然是負數，但從邊緣顯著變為顯著，相互依賴變為顯著（1.353，p＜.05），高學歷組則只有絕對實力在純粹組的參數從顯著變為邊緣顯著（0.103，p＜.1）；收入分組中則是除了一個控制變量英語水平的顯著度有細微的變化外，其他結果均沒有發生重大的變化。

為了對結果的穩健性進行進一步檢驗，我們同時運用對控制變量的數量控制方法進行檢驗，考察的方程是前文中的多項邏輯回歸。本研究的控制變量共五個，分別為年齡、英語水平、性別、收入和受教

---

[1] logit 模型和 probit 模型是離散選擇問題中最常用的兩個模型。由於兩模型的區別在於對隨機誤差項分佈的不同假設（分別為 logistics 分佈和正態分佈），而兩個分佈本身較相像，因此兩模型的結果非常接近。而由於 logit 模型的運算和解讀較為簡便，以前有使用 logit 模型進行分析的習慣。但是 logit 模型雖然較為簡單，其假設「不相關選擇獨立」（Independence of Irrelevant Alternatives, IAA）的成立與否受到統計學界的挑戰，不過也有學者認為其影響不是很大。總而言之，在離散問題研究中使用兩個模型中的哪一個並沒有明確的標準和規定，現有的比較兩種模型效果的指標也並不理想。本文中，採用 logit 模型進行分析後使用 probit 模型進行穩健性檢驗的的目的就是用另一種方法進行再次檢驗，避免兩個模型因為某種被忽視的原因而偏離太遠。

育水平。在關於核心變量的回歸中，採用這五個控制變量的各種情況（共有 2^5=32 種情況），結果顯示：除了影響性質的顯著性水平有所變化，其他三個核心變量的顯著性在 32 種情況中都能保持在 0.05 以下，而且四個核心變量在所有情況中符號均是正的。

而對於分組回歸來說，對受教育水平分組有 8 種情況（三個控制變量，去除了受教育水平以及性別，去除性別是由於樣本數量的原因，若不除去無法收斂），收入分組則有 16 種情況（四個控制變量，去除了收入），結果顯示：受教育水平分組後，在 8 個情況中，除了低學歷組中相對權力有 1 個情況的顯著度水平不同以外，其他的情況都非常穩健。我們同時檢驗了低學歷組中相對權力的符號，發現在 8 個情況中，雖然只有一個情況中其是顯著的，但其符號都是負的，表明很可能存在「認同威脅」。在收入分組中的 16 個情況中，除了中收入組中的相互依賴與高收入組中的相對實力各有 2 個組的情況發生變化外，都表現出了高度的一致性，表明相關回歸結果穩健。

七、總結與啟示

族羣認同和國家認同之間的關係是政治學的核心理論之一，邊緣地區族羣的國家認同是現代國家合法性的重要基礎。經濟融合是否可以促進邊緣地區族羣的國家歸屬感？它主要通過哪些機制影響民眾在本土意識和國家認同之間的調適策略？對這些問題的回答為拓展現有理論提供重要基礎，因為它可以解釋究竟什麼因素導致兩種認同的融合或者國家認同的增長。與此同時，考慮到經濟融合是國家解決台灣

地區和邊疆少數民族地區民眾國家認同的重要政策方向，本研究的結果也具有重要的實踐價值。

本研究首先從理論論述經濟融合主要通過實力認知和利益認知兩種心理機制影響民眾的國家歸屬感，而且這兩種機制在不同的教育和收入水平羣體中存在差異。為了驗證理論，我們對 520 名香港青年進行調查並獲取相關數據，實證結果支持了實力和利益認知因素顯著地影響國家歸屬感的假設：認為內地的實力（絕對實力和相對實力）越強，則其國家歸屬感越強，即其國家歸屬感為「混合型」或「純粹型」的概率更高；認為內地對香港的影響性質越正面或是兩地相互依賴程度越高，則其國家歸屬感也越強。

我們進一步考察教育水平和收入水平對相關影響機制的調節作用，我們發現：教育水平較高的香港青年更容易受到實力和利益認知的影響；受教育水平較低的香港青年的敏感度則較低。就收入水平而言，實力認知因素包括相對實力和絕對實力對高收入階層青年的影響更明顯，不過，絕對實力認知對低收入階層同樣明顯；就利益認知而言，對影響性質的判斷則呈現倒 U 型結構，對高收入和低收入階層均有顯著影響，但對中等收入階層則影響不顯著；而相互依賴水平對中低收入階層有較為顯著影響。

基於此，我們提出如下的政策建議：首先，應該通過各種方式在香港青年中宣傳國家發展的各項成就以及經濟融合對本土經濟和其他方面發展的積極意義。第二，相關宣傳應該側重本科以上受教育羣體，同時兼顧較低教育羣體。第三，就國家對當地的積極影響而言，則應該重點考慮低收入和高收入兩個極端羣體，而進行兩地相互依賴的宣傳則應該放在中低收入青年羣體能夠實現更大的收益。

八、附錄

附表 1 核心變量的多項 probit 回歸結果

變量	模型 1 混合型	模型 1 純粹型	模型 2 混合型	模型 2 純粹型	模型 3 混合型	模型 3 純粹型	模型 4 混合型	模型 4 純粹型	模型 5 混合型	模型 5 純粹型
絕對權力	0.202*** (0.036)	0.238*** (0.048)	0.192*** (0.038)	0.160** (0.053)	0.192*** (0.039)	0.156** (0.054)	0.181*** (0.039)	0.117* (0.056)	0.166*** (0.039)	0.102# (0.056)
相對權力	0.099* (0.045)	0.126* (0.059)	0.088# (0.046)	0.081 (0.065)	0.090# (0.047)	0.087 (0.065)	0.057 (0.050)	−0.007 (0.072)	0.064 (0.051)	−0.004 (0.072)
影響性質			0.107* (0.044)	0.430*** (0.064)			0.081# (0.049)	0.389*** (0.068)	0.048 (0.050)	0.354*** (0.071)
經濟影響					0.138 (0.111)	0.397* (0.195)				
政治影響					0.103 (0.118)	0.332* (0.150)				
社會影響					0.082 (0.132)	0.575** (0.180)				
相互依賴							0.132# (0.078)	0.345** (0.114)		

續表

變量	模型 1 混合型	模型 1 純粹型	模型 2 混合型	模型 2 純粹型	模型 3 混合型	模型 3 純粹型	模型 4 混合型	模型 4 純粹型	模型 5 混合型	模型 5 純粹型
港需內地									0.320** (0.109)	0.546*** (0.157)
內地需港									0.0580 (0.110)	-0.121 (0.167)
年齡	0.400* (0.171)	0.453* (0.221)	0.432* (0.174)	0.436# (0.242)	0.434* (0.174)	0.432# (0.244)	0.435* (0.174)	0.444# (0.251)	0.434* (0.174)	0.443# (0.252)
英語水平	-0.099 (0.113)	-0.156 (0.148)	-0.100 (0.115)	-0.169 (0.163)	-0.106 (0.117)	-0.165 (0.164)	-0.071 (0.117)	-0.152 (0.167)	-0.084 (0.118)	-0.182 (0.171)
性別	-0.046 (0.184)	-0.194 (0.238)	-0.004 (0.188)	-0.113 (0.264)	-0.004 (0.188)	-0.100 (0.265)	0.002 (0.189)	-0.136 (0.271)	0.027 (0.190)	-0.086 (0.274)
收入	0.110 (0.128)	0.127 (0.162)	0.126 (0.132)	0.136 (0.177)	0.127 (0.132)	0.138 (0.177)	0.130 (0.132)	0.157 (0.181)	0.129 (0.133)	0.169 (0.182)
教育水平	0.038 (0.268)	0.703* (0.334)	-0.036 (0.283)	0.434 (0.363)	-0.024 (0.285)	0.434 (0.368)	-0.074 (0.286)	0.363 (0.371)	-0.058 (0.289)	0.375 (0.374)
常數項	-4.822*** (0.872)	-7.693*** (1.128)	-5.353*** (0.921)	-9.125*** (1.297)	-5.403*** (0.930)	-9.136*** (1.344)	-5.583*** (0.935)	-9.600*** (1.335)	-5.344*** (1.021)	-8.149*** (1.429)

註：(1) 以 1＝分離型國家歸屬感為基準組；(2) ＊：$p < 0.05$；＊＊：$p < 0.01$；＊＊＊：$p < 0.001$；# ：$p < 0.10$ 為邊緣顯著；(3) 括號內為標準誤.

附表 2　模型 6 —— 學歷水平分組的多項 probit 回歸結果

變量	本科以下學歷		本科及以上學歷	
	國家歸屬感 =2	國家歸屬感 =3	國家歸屬感 =2	國家歸屬感 =3
絕對權力	0.512 (0.276)	0.037 (0.252)	0.174*** (0.041)	0.103 (0.062)
相對權力	−0.621* (0.316)	−0.823 (0.466)	0.081 (0.053)	0.042 (0.080)
影響性質	−0.207 (0.273)	0.943 (0.527)	0.139** (0.053)	0.332*** (0.080)
相互依賴	1.457** (0.549)	1.353* (0.642)	0.056 (0.082)	0.308* (0.128)
控制變量				
年齡	2.435* (1.088)	0.171 (1.229)	0.288 (0.194)	0.457 (0.292)
英語水平	2.474* (1.163)	−1.635 (1.329)	−0.126 (0.120)	−0.031 (0.183)
收入			0.128 (0.139)	0.340# (0.199)
常數項	−23.74** (8.650)	−8.095 (5.956)	−5.297*** (0.969)	−9.235*** (1.525)

註：(1) 以 1= 分離型國家歸屬感為基準組；(2) *：p＜0.05；**：p＜0.01；***：p＜0.001；(3) 括號內為標準誤.

需要說明的是，在使用多項 probit 回歸時，由於低學歷組樣本比較少，因此我們減少了一個控制變量（收入），使得回歸得以收斂並得到結果，因此，在低學歷組中控制變量只有兩個，為年齡和英語水平。

附表 3　模型 7 —— 以收入分組的多項 probit 回歸結果

變量	低收入階層		中收入階層		高收入階層	
	混合型	純粹型	混合型	純粹型	混合型	純粹型
絕對權力	0.270*** (0.062)	0.095 (0.088)	0.079 (0.061)	0.123 (0.102)	0.304* (0.122)	0.412 (0.219)
相對權力	−0.004 (0.078)	−0.048 (0.116)	0.111 (0.077)	−0.093 (0.130)	0.191 (0.168)	0.644* (0.316)

續表

變量	低收入階層		中收入階層		高收入階層	
	混合型	純粹型	混合型	純粹型	混合型	純粹型
影響性質	0.145 (0.079)	0.626*** (0.128)	−0.006 (0.082)	0.218 (0.128)	0.087 −0.101	0.447* (0.185)
相互依賴	0.082 (0.126)	0.325 (0.193)	0.257* (0.125)	0.445* (0.220)	−0.057 (0.222)	0.230 (0.321)
控制變量						
年齡	0.441 (0.306)	0.506 (0.424)	0.322 (0.256)	0.581 (0.443)	0.830 (0.559)	0.488 (0.742)
英語水平	−0.142 (0.186)	−0.444 (0.275)	−0.060 (0.181)	−0.057 (0.299)	0.285 (0.322)	1.409 (0.771)
性別	−0.054 (0.303)	−0.322 (0.455)	−0.087 (0.296)	−0.308 (0.488)	0.154 (0.565)	1.500 (0.972)
受教育水平	−0.296 (0.442)	−0.182 (0.562)	0.170 (0.476)	1.012 (0.769)	0.501 (0.883)	2.426 (1.332)
常數項	−6.141*** (1.413)	−8.631*** (2.050)	−4.282** (1.424)	−10.32*** (2.388)	−10.11** (3.747)	−29.27*** (8.650)

註：(1) 以 1＝分離型國家歸屬感為基準組；(2) *：$p < 0.05$；**：$p < 0.01$；***：$p < 0.001$；(3) 括號內為標準誤.

Economic Integration and Political Attraction

An Empirical study on the mechanism of Mainland-Hong Kong economic integration on Hong Kong's youth's national identity

Pang Qin, Tan Songfeng

Abstract: Can economic integration strengthen the national identity of people in the margin area? How can it affect these people's adjustment between the local consciousness and the national identity? Answers to these questions provide important implications for further understanding of the relationship between local consciousness and national identity, a core issue in the existing research concerning national identity and political legitimacy in multi-ethnic countries. This study investigates the sense of national belonging (an aspect of national identity) from around five hundred Hong Kong youths and finds that as the mainland and Hong Kong accelerates its economic integration, Hong Kong youths' perceptions of "national strength" and "the benefits of economic integration" are positively correlated with their sense of national belonging. Those who perceive stronger national strength (including absolute strength and relative strength compared with Hong Kong), tend to hold stronger sense of national belonging; Those who see more positive impact of the mainland on Hong Kong or higher degree of mutual dependence between the two places, have stronger sense of national belonging. Such correlations, more importantly, are significant different among different youth groups with different education and income levels. Based on these findings, we put forward corresponding policy suggestions.

Keywords: national identity; sense of national belonging; national strength economic incentive; interdependence

語言議題在香港本土主義思潮中扮演的角色[*]

郭宇菲[**]

摘　要：近年來，語言與身份政治結合成為了香港本土主義思潮發展的一個新趨勢。本文以近兩年來香港主流媒體、網絡新聞媒體、社交媒體、相關團體圍繞語言的相關言論為窗口，對目前香港社會語言與身份政治結合的路徑與策略進行梳理和分析。研究發現，語言進入身份政治大致經歷三個階段：建構危機論述、成為內地與香港區格的標誌、成為「港獨」規劃的工具。這種現象不僅不利於香港民眾國家認同的確立，而且阻礙民眾提高普通話水平，還給「港獨」分子操縱民意以可乘之機，應通過多種渠道予以控制。

關鍵詞：語言　身份政治　認同　香港　媒體

---

* 本文為 2019 年度教育部人文社會科學研究一般項目「『一國兩制』實踐中香港語言規劃的反思與引導機制研究」；2018 年度省社科規劃學科共建項目「國家認同視角下的香港語言政策研究」的階段性成果。

** 郭宇菲，中山大學粵港澳發展研究院副教授。

　　身份政治（Identitypolitics，又譯「認同政治」）泛指特定羣體以性別、種族、文化、民族、宗教等身份標識為議題而進行的政治實踐。近年來，語言與身份政治相結合成為了香港本土主義思潮發展的新趨勢。港人對於語言議題的看法複雜而多樣。面對香港社會形形色色的語言意識形態，我們如何辨認哪些屬於身份政治的範疇？語言是在什麼情況下、被什麼人、通過哪些方式被運用到身份政治中？這一現象對香港社會的和平穩定發展帶來怎樣的影響？應當採取怎樣的應對措施？本文將通過研究回答這些問題。

一、身份政治的概念

　　「身份政治」這一概念起源於二十世紀 60 — 70 年代，最早被用於描述在歐美國家興起的反種族歧視、女權主義、同性戀維權等以身份標識為主題的新社會運動。在這些運動中，被邊緣化的社會羣體對所遭受的不公正待遇進行反抗，呼籲政府和民眾理解和尊重其羣體的獨特性，以改變主流社會賦予該羣體的負面形象，獲取更多權利空間。進入 21 世紀，新社會運動的形式日趨多樣化，「身份政治」的概念亦隨之拓寬，現已廣泛見諸於各類人文社科研究及媒體文章，用於描述多元文化主義、女權主義、民權運動、宗教原教旨主義、政治分離主義運動以及各種民族衝突現象，[①] 還被運用於分析一系列基於政治、文化或身份素材的政治動員行為。[②]

①　Bernstein, M., Identity Politics, *Annual Review of Sociology*, 2005, 31, p.47.
②　閻小駿：《當代政治學十講》. 中國社會科學出版社，2016 年，第 225 頁。

　　將人們日常生活中原本不屬於政治的領域變得政治化，是身份政治的重要特徵之一。[①] 儘管學界對於身份政治的定義和解讀視角各不相同，普遍認同的是，身份議題正在 21 世紀的政治圖景中佔據愈發重要的位置。伯恩斯坦認為，無論以何種理論視角解讀身份政治，這一概念至少在三個分析層面上與社會運動息息相關：第一，共同的集體身份是一切社會活動的動員基礎；第二，身份的表達可被當作政治策略運用到集體行動當中；第三，身份認同可被當成社會運動的目標本身，旨在讓社會承認某種被貶低的身份，或致力於解構某些固有的身份類別。[②]

　　關注新社會運動的學者卡斯特認為，在全球化與網絡化的時代背景下，可按照權力關係將集體身份認同分為合法性認同、抗拒性認同和規劃性認同三種不同類型。合法性認同「由社會中佔支配性地位的制度引入，以拓展及合理化它們對社會行動者的統治」。抵抗性認同是「由被排斥在統治邏輯之外的社會行動者所提出，他們因為自己的處境受到貶抑而築起抵抗的戰壕，並以不同或相反於既有社會體制的原則而生存」。規劃性認同是「行動者以一切他們可以利用的文化素材為基礎，為重新界定所在羣體的社會地位或謀求全面改造社會結構而構建的一種全新的認同」。[③] 當行動者的目標不再局限於防衛，而是謀求對自身地位及社會結構的重新規劃時，抵抗性認同便有機會轉化為規劃性

① Kauffman LA, The anti-politics of identity. *Socialist Review*, 1990, 20（1）, pp.67-80.

② Bernstein M., Celebration and suppression: the strategic uses of identity by the lesbian and gay movement. *American Journal of Sociology*, 1997, 103（3）, pp.531-565. Bernstein, M., Identity Politics, *Annual Review of Sociology*, 2005, 31, pp.47-74.

③ Castells, M., The Power of Identity, *The Information Age: Economy, Society and Culture*, 2010, *Volume II（5th edition）*. Oxford: Wiley-Blackwell, pp.6-8.

認同，還有可能進一步在社會制度當中佔據支配地位，成為合理化其支配地位的合法性認同。

語言向來被看作身份認同的重要組成部分。[1]18 世紀德意志哲學家赫爾德曾說過，「以共同的語言為基礎組成民族是人類最自然最系統的組合方式；語言是各個民族最神聖的屬性，也是它們彼此之間最重要的區別性特徵」[2]。這一論述從側面說明，語言既可以被作用於加強某個族羣的內部凝聚力，也可以作為族羣之間區分異己的工具。縱觀歷史，無論是 18 世紀因統一標準語而推動國家認同的德國、法國，還是 20 世紀初由民族語言復興而帶動獨立建國的愛爾蘭、以色列；無論是上世紀 90 年代因語言分離主義而加速解體的前南斯拉夫，還是現今仍以語言為獨立之藉口的加泰隆尼亞，語言一直在民族與國家的融合與分離中扮演重要角色。然而，由於語言問題沒有政治、經濟、民族問題來得明顯，且往往與歷史、文化、公民權利等概念交織纏繞在一起，在探討如何解決實際的社會問題時，往往容易成為被忽視的角落。至今，語言問題與身份政治結合的目標、路徑與影響機制，仍是一個有待深化研究的領域。

近年來，語言在香港有愈發明顯的政治化趨勢：特區政府在全港中小學推廣「以普通話教中文科」的語文計劃（以下簡稱「普教中」）在社會各界引發持久爭議，簡體字和繁體字的使用問題一再被披上政治外衣。2018 年 1 月份的浸會大學「佔領語言中心事件」再次把語言

---

[1] 塞穆爾・亨廷頓：《文明的衝突與社會秩序的重建（修訂版）》，周琪譯，新華出版社，2009 年。Anderson, B. *Imagined Communites: Reflections on the Origin and Spread of Nationalism.* Verso, 1991. Castells, M., The Power of Identity, *The Information Age: Economy, Society and Culture*, 2010, *Volume II（5th edition）*. Oxford: Wiley-Blackwell.

[2] 陳平：《語言民族主義：〈歐洲與中國〉》，《外語教學與研究》，2008 年第 40 卷第 1 期。

議題推上輿論的風口浪尖。本文以近兩年來香港主流媒體、網絡新聞媒體、社交媒體、相關團體圍繞語言的相關言論為窗口，對目前香港社會語言與身份政治結合的路徑與策略做出分析和梳理。

二、研究方法

本文的研究對象為 2016 年 1 月 1 日至 2018 年 5 月 8 日香港主流報刊媒體、獨立新聞媒體和社交媒體 Facebook 關於「普粵之爭」「簡繁之爭」「母語之爭」的相關言論。具體方法如下：

1）通過所在單位的粵港澳輿情數據庫，以「普教中」「母語」「繁體字」「簡體字」等關鍵字搜索近兩年來香港主流媒體及新興網絡媒體的相關新聞報道、評論文章及相關視頻資料；

2）通過粵港澳輿情數據庫，搜索社交媒體 facebook 同時包含「粵語」和「普通話」的熱帖。分三個時間段搜索：2016 年 1 月—2017 年 1 月；2017 年 1 月—2018 年 1 月：2018 年 1 月—5 月，取每個時間段排名前 20 的熱帖分析；

3）根據前兩項搜索，鎖定一些經常出現、具有代表性的組織和個人，再針對他們的背景資料、相關活動進行深度搜索。

我們主要採取批評話語分析 ① 與多模態話語分析 ② 相結合的方法的分析所收集的文本、視頻與音頻材料。經研究發現，當前香港社會，

---

① Fairclough, N., *Language and Power*. London ／ New York: Longman, 1989. Wodak, R., The Discourse-historical approach. In R. Wodak & M. Meyer（eds.）. *Methods of Critical Discourse Analysis*, London: Sage, 2001, pp. 63-93.

② Kress, G. & Leeuwen, Theo Van, *Multimodal Discourse: The Modes and Media of Contemporary Communication*. London: Arnold, 2003.

語言進入身份政治大致經歷三個階段：建構危機論述、成為內地與香港區格的標誌、成為「港獨」規劃的工具。這三個階段既相對獨立，又循序漸進，體現的不是嚴格的時間次序，而是語言經過不斷深化的意識形態加工而參與到政治實踐中的過程。之所以稱之為「階段」，是因為後一階段的發生必定以前一階段為基礎。

三、研究結果

第一階段：建構「危機」論述

建構並宣揚「受害者心理」，是身份政治的共性特徵之一。[①] 在我們收集的各種材料中，關於粵語遭打壓、粵語傳承有危機的論述幾乎是無處不在。

「母語」在香港是一個敏感話題，任何疑似否認粵語為港人母語的論述都會在媒體掀起一陣波瀾。以母語為議題的新聞和帖子主要圍繞兩件事：2016 年 1 月份，香港前財政司司長梁錦松在參加某公開活動時表示支持「普通話教中文科」的語文計劃，因為「並非每個香港人的母語都是粵語[②]」。以下簡稱「官員母語論」。另外一件事，2013 年，香港教育局在向小學派發的普通話課程配套教材中附了一篇大陸學者

---

① Heyes, Cressida, *Identity Politics*. In Edward N. Zalta（ed.）The Stanford Encyclopedia of Philosophy（Spring 2018 Edition）[C], URL＝〈https://plato.stanford.edu/archives/spr2018/entries/identity-politics〉. Brown, W., *States of Injury: Power and Freedom in Late Modernity*. Princeton: Princeton University Press, 1995.

② 原話：「【⋯】唔係個個母語都係廣東話。」

的文章作為參考資料，該文章作者寫了這樣一段話：「把『粵語』稱作『母語』，不是嚴格意義上的『母語』的含義。因為『母語』的『語』是『語種』，是指一種語言，而不是指一種語言的地域變體 —— 方言。」[1] 以下簡稱「教育局引用事件」。

從我們對主流媒體和社交媒體的討論分析看來，梁錦松的一句「並非人人粵語為母語」被普遍解讀為「否認粵語是母語」，遭到來自藝人、學者、公知、政客等人的一片聲討；「教育局引用事件」則被眾人視為當局否認粵語為港人母語、有意貶低粵語作為一門語言的地位，甚至被指懷有「不可告人的目的」。這些言辭辛辣的攻擊背後，不僅折射出說話者深重的文化焦慮，還反映出港人對母語概念的普遍存在的一種認識偏差：人們理所當然地把母語的概念局限於口語，而忽略了母語也包含書面語的形式 —— 香港人從小習得的書面語是現代標準漢語，其對應的口語形式正是普通話。[2] 因此，普通話本身也應被視為港人母語的一部分，將「用普通話教中文」看成是用外語教學，這個論點本身是站不住腳的。

「廣州」是另一個在危機論述中頻繁出現的詞語。一方面，香港媒體密切關注廣州的語言生活，尤其關注粵語在廣州青少年的使用情況，常將報道置於「粵語傳承有危機」「今日廣州，明日香港」的框架之中。另一方面，在討論香港的語言生活時，廣州也常作為類比對象：一些關於香港某些中小學及幼兒園疑似「禁說粵語」的報道，總會與 2010 年

---

[1] 宋欣橋 （2013）《淺論香港普通話教育的性質與發展》，可在香港教育局網站下載：https://www.edb.gov.hk/sc/curriculum-development/kla/chi-edu/resources/primary/pth/anthology-4.html.

[2] Li, David C.S., *Multilingual Hong Kong: Languages, Literacies and Identities*. Springer, 2017.

廣州的「撐粵語事件」聯繫到一起，表現出深切的焦慮和危機感。

除了惹爭議的話題和新聞，一些媒體人還以藝術創造的形式建構危機框架。曾獲 2016 年香港電影金像獎的本土主義電影《十年》，通過虛構 2025 年香港粵語邊緣化等故事製造受迫害幻想。雖然已經上映近 3 年，該影片至今依然作為思想動員的道具，在某些場合被反覆重播。例如，2017 年 7 月底，香港一家社區影院在 facebook 發帖，聲稱將舉辦抗 DQ 籌款活動 —— 免費重播《十年》，企圖再次運用語言等身份標識製造災難幻象，煽動觀眾情緒，為被 DQ 的極端本土主義分子博得同情與支持。

如何解釋香港人對於粵語與本土文化的危機感？吉登斯關於現代性如何影響個人身份認同的論述或許能提供部分答案。吉登斯認為，高度現代化社會中的「焦慮實質上就是恐懼，它通過無意識形成的情感緊張而喪失了恐懼的對象，表現的是『內在的危險』而不是內化的危險。我們應該把焦慮的本質理解為一種無意識組織起來的恐懼狀態。」[①]然而，我們發現，上述利用語言建構「危機」論述的例子，卻介乎於這種「無意識組織起來的恐懼狀態」和有意識地提高關注度、宣揚受害者心理的政治行為之間。雖然這一階段大多數的言行尚無清晰的政治目的和策略，卻為語言與身份政治的進一步結合提供了發酵的土壤。

第二階段：語言作為「內地與香港區格」的標誌

在語言與身份政治結合的第二階段，參與者來自各種不同的社會羣體：公知、學者、主流媒體、網絡羣組、社會組織、政治組織、社

---

① Giddens, A., *Modernity and Self-Identity*. Cambridge: Polity Press, 1991, p.44.

會組織，等等。他們通過誇大語言差異、製造族羣區格、反對簡體字與「普教中」計劃等策略，將粵語與繁體字塑造成一個「香港區別於大陸、並且優於大陸」的符號，企圖建構以抵抗大陸化為目標的防衛性認同（resistance identity）。

策略 1：誇大語言差異

將粵語和繁體字視為「華夏正宗中文」，將普通話和簡體字視為是「只有幾百年歷史」「胡人打仗帶過來的語言」，是香港人乃至廣東人一種普遍存在的語言意識形態。這種語言意識形態本身反映了明清以來嶺南文人的一種微妙的「中原認同」心理[①]：為了擺脫「蠻夷」「不開化」等負面標籤，嶺南文人在書寫歷史時總是極力證明粵人在血緣、文化及語言上與中原「同根同源」的關係。由於嶺南地區地勢偏遠和交通閉塞，粵語在歷史上較少與其他方言進行接觸，相較於北方官話而言，保留了更多的中古漢語特徵。於是，語言便成為粵人證明自己有文化且血統正宗的有利素材。這種意識形態發展到今天，便演化成為廣大粵語愛好者口中的「粵語才是正統中文」的偏見。

不過，在當代某些文人政客的言論中，粵語和繁體字的地位和價值被刻意誇大，而普通話和簡體字則遭到惡意貶損，已經超出了純粹的文化熱愛的範圍。正當「教育局引用事件」再次被炒作成熱點新聞時，香港著名公知陶傑在自己的 facebook 主頁轉發了一篇題為《普通話是漢語被胡人奴化後的語言》的文章，聲稱轉自「中國大陸官方網站」。事實上，該文出自一個網名為「聯合參謀學院 _」的個人之手，

---

① 程美寶：《地域文化與國家認同：晚晴以來「廣東文化」觀的形成》，三聯書店，2006 年版。
梁斯華：《廣州的母語：意識形態、歷史與現狀》，博士後出站報告（尚未出版），2018。

作者將北方方言與少數民族語言相互接觸、相互影響的歷史事實做了磨尖、削平和同化等謠言化處理①，炮製出一則歪曲中國語言歷史、刻意詆毀普通話所的謠言。這則顯而易見的謠言，卻被素有「香江第一才子」美譽的陶傑當作大陸官方認可的事實轉發，造成的影響可謂惡劣：短短兩個月內（2018 年 5 月 3 日—2018 年 7 月 23 日），這則原本被轉發了 191 次的謠言又被網民了轉發 1090 次。

凡是涉及粵語在香港的問題，在各大媒體和 facebook 的熱帖中都會見到 Ben Sir（歐陽偉豪）這個名字。這位前香港中文大學中文系講師，近年來通過在一檔電視節目中講授粵語粗口文化而迅速走紅。通過輕鬆搞笑的方式講解方言文化，寓教於樂，本是一件有益於傳承地域語言與文化的事情。然而，Ben Sir 關於語言生活的言論卻透露着其較為鮮明的政治傾向。他以粵語捍衛者自居，積極藉助社交媒體與香港各大媒體的採訪平台發表反對「普教中」與「簡體字」的主張。在他的論述框架中，普通話是香港人的「一門外語」，雖然出於實際目的需要學習，但絕不能讓普通話「登堂入室」「反客為主」②。他還特別強調，自己在大學上課堅持用粵語授課，絲毫不理會課堂上的大陸學生是否能聽懂③。這種言論帶着非常濃厚的排他性色彩。由於他的學者光環，加之非常善於藉助媒體發聲，Ben Sir 關於普粵關係的言論在香港輿論界備受推崇。

---

① 關於謠言的產生機制，詳見 Allport, G.& Postman, L., *The Psychology of Rumor*, New York: Henry Holt & Co, 1947.

② 詳見：《象牙塔外另一番風景 —— 歐陽偉豪》（2016，10-12），灼見名家，https://www.master-insight.com/ 象牙塔外另一番風景 —— 歐陽偉豪。

③ 《爆粗講師 Ben Sir 撐廣東話：趁它有生命力用爆佢》（2016，4-19），信報，http://lj.hkej.com/lj2017/artculture/article/id/1281991/ 爆粗講師 Ben+Sir 撐廣東話：趁它有生命力用爆佢 +Ben+Sir，歐陽偉豪，中文大學中國語言及文學系高級講師。

策略 2: 反對簡體字

簡體字與繁體字的爭論，始於 2016 年的媒體字幕之爭。2016 年 2 月 22 日，香港無線電視 J5 頻道在每晚的《普通話新聞報道》中，將字幕由繁體字改為簡體字，這一合情合理的行為，卻點燃了一些網民的無端怒火。「香港人 secrets」是一個以本土認同為基礎的 Facebook 網絡羣組，有超過 11 萬用戶關注，該組織在 2 月 22 日當晚即發出一份「戰鬥檄文」式的帖子，高呼這一行為「踐踏香港人尊嚴」，號召網民集體投訴。該貼以極富煽動性的語言，為粵語和繁體字貼上「華夏正宗」「香港傳統文化」「香港生活方式」等標籤，將普通話和簡體字對應為「大陸」和「共產黨」。電視台使用普通話字幕的行為被控訴為「助共為虐」「染紅香港」「違反《基本法》與五十年不變之承諾」。為爭取儘可能多的網民投訴，該羣組還在帖中附上事先擬好的投訴內容與投訴地址鏈接，網友只需點擊「複製黏貼」便可投訴。這種將語言差異投射至族羣矛盾的做法，令通訊事務管理局在一天之內收到逾萬個投訴，使「J5 簡體字事件」一時間成為國內外新聞報道的熱點。[①]

策略 3：阻撓「普教中」

自 2003 年起，香港語文教育及研究常務委員會（SCHOLAR）就將「用普通話教語文科」（簡稱「普教中」）定位香港語文教育的長遠目標。截止目前，超過 70% 的小學和 40% 的中學採用了「普教中」計劃。然而，隨着 2014 年前後本土主義勢力的崛起，開始受到愈發猛烈的攻擊。在一些「逢中必反」的極端本土主義分子眼中，「普教中」計

---

① 參見：《再度敏感 香港電視普通話新聞配簡體字幕》（2016, 2-23），BBC，見於 https://www.bbc.com/zhongwen/simp/china/2016/02/160223_hongkong_tvb_chinese。

劃是中共「赤化」香港在語言文字領域的表現，勢必以對抗甚至表演的方式進行反對。

「港語學」是最早開始關注「普教中」計劃的本土主義組織。該組織成立於 2013 年，在 Facebook 擁有超過 3 萬的關注者，自稱以「捍衛香港人學習及使用粵語、正體字的權力」和「傳承粵語承載的香港文化」為宗旨，以「恢復粵語教中文」與「推廣粵語書寫」為長遠目標。自 2013 年成立至今，該組織的主要活動就是通過各種手段阻撓「普教中」計劃進行：每年的香港「七一遊行」，該組織都參積極參與，並擺街站宣傳反「普教中」理念；2014 年初，曾發動網民寫信給教育局，指責教育局在官網刊登被他們視為貶低廣東話地位的文章，逼迫教育局道歉；2016 年，該組織曾逐一寫信詢問候選立法會議員對「普教中」的立場，企圖給立法會施壓。

雖然該組織標榜自己只過問語言文化類事務，但其行動背後的真實目的只有一個：反大陸化。為了這個「共同目標」，各類有極端本土主義傾向的社會組織（包括「港獨」組織）時常聯合起來阻撓「普教中」：2017 年，「港語學」與「香港眾志」、香港學聯等團體發表聯合聲明，反對支持「普教中」計劃的官員（蔡若蓮）出任教育局副局長。2018 年 1 月 17 日，浸會大學部分學生指控該校的普通話畢業資格豁免測試的評分標準不透明，竟發起長達 8 個小時的「佔領」語文中心事件，以粗俗的言語辱罵老師，造成極其惡劣的輿論影響。值得注意的是，該事件的主要策劃者與參與者正是「港語學」組織的召集人陳樂行。這一系列活動背後，體現出各類本土主義組織在「普教中」問題上的驚人的一致性：他們都將反對普通話視為反對大陸化的有機組成部分。

當各種社會團體以顯性方式對抗政府之時，香港的各大主流媒體

也以更加含蓄的方式表達它們反對「普教中」的立場。我們對 2016—
2018 年香港主流報刊與獨立媒體針對「普教中」計劃的文章進行分析，
得出的結論與高雪松等學者對相同議題的研究結果基本一致：無論是
主流媒體還是網絡媒體，反對普教中的文章佔壓倒性的大多數。正如
前人所言：「大多數報刊把普教中框架為文化上具侵略性、政治上立場
錯誤、教學法上問題層出、語言學上天然劣質」。[①] 通過對「普教中」議
題設置特定框架（frame setting），媒體將公眾意見以一邊倒的負面方
式來報道，支持普教中的觀點被淹沒在一片反對聲中，無法得到足夠
的發聲空間。

第三階段：語言作為「港獨」工具

在這一階段，分離主義分子開始利用民眾的焦慮與抗拒心理建構
規劃性認同（project identity）。無論是思想動員、理論捏造還是具體行
動，我們都可以看到分離主義分子利用語言議題操縱民眾政治想像的
清晰痕跡。

策略 1：語言用於政治動員

2017 年，香港 13 個大專院校與香港學聯在回歸 20 年之際聯名發
表題為《香港淪陷二十年之聲明：赤禍殘港二十年 抗擊外海奪主權》
的「聲明」，號召大家「抗擊外辱，光復香港」。全篇聲明用粵語口語
寫成，把中國描述成一個殖民者、侵略者。在這個「反殖民反侵略」
的荒謬邏輯之下，一切與大陸有關的東西都要被打倒。「普教中」計劃

---

① 邵青，高雪松：《中國香港「普教中」爭議下的平面媒體報道分析》，《語言政策與育言教育》
2016 年第 2 期。

與內地移民、國民教育、經濟依賴等各種社會問題混為一談，全被簡化為內地與香港矛盾，不由分說地扣上「中共赤化香港」「扼殺港人身份」等陰謀論的帽子。

類似的動員方式還可以在一些激進本土派組織身上看到。成立於2015年1月的「本土民主前線」是一個激進本土派組織，奉行所謂「以武抗暴」的鬥爭策略，在2015年反水貨客示威、2016年大年初二旺角騷亂等行動中扮演重要角色。語言雖不是他們行動的主要目標，卻是他們闡述自己「政治理念」的道具：該組織的宣稱，由於歷史、文化、語言等差異，香港人已成為一個「民族」、一個想像的共同體。雖然香港無可否認地受到中華文化傳統影響，但香港文化比大陸文化更優越。比如，香港所使用的正體字及粵語的歷史都比中國大陸的簡體字和普通話源遠流長。加上在英國人殖民百多年的歷史下，香港還建立優良的西方文明價值及體系……遂得出香港比大陸優越的結論[1]。這套荒誕不經的論述背後卻體現出規劃性認同構建的特點：為製造「本土認同」與「國家認同」的對立，行動者不惜拿出包括語言在內的一切文化資源作為論據，來支撐自己關於「香港特殊」的論點。

策略 2：語言用於「理論」構建

無論是陳雲的《香港城邦論》還是香港大學學生會刊物「學苑」推出的《香港民族論》，語言都已成為「港獨」理論的必備元素之一。前者以種族民族主義（ethnic nationalism）為理論根基，認為擁有自己獨特的語言與文化體系是建立「香港城邦」的必備條件之一。後者更

---

[1] 《新聞背景：誰是香港「本土民主前線」？》，2016-2-9，BBC，見於 https://www.bbc.com/zhongwen/simp/china/2015/10/151018_hongkong_localist。

傾向於公民民族主義主義（civic nationalism），認為構成「民族」的基礎應該是相同的政治價值觀而非血統、文化等種族因素。然而，當他們試圖為所謂的香港「民族」下定義時，語言這一種族因素仍舊被排到了第一位。根據《香港民族論》在序言中的定義，香港民族是「具有統一的語言、有清楚定義的地理範圍、共同的經濟生活、加上由拒共思潮衍生的共同心理特徵」。其中收錄的一篇文章——《香港人的背後是整個文化體系》，更宣稱「促成粵語成為民族語言，就成為了香港人重新結構香港民族的土壤」。

事實上，無論是何種形式的民族主義思潮，種族因素都不可能完全避免。作為建構民族主義的絕佳工具與載體，語言是各類「港獨」分子捏造理論的切入點之一。因此也就不難理解，為何某些信奉「公民民族主義」的「港獨派」「自決派」分子依然態度鮮明地反對用普通話教中文的語文計劃：在他們看來，「普教中」不利於讓香港民眾在意識形態上徹底「擺脫」中華民族的身份認同，換句話來說，不利於為他們謀求的「公投」與「民主自決」目標打下羣眾基礎。

策略 3：語言用於政治策略

除了利用語言議題捏造「港獨」理論，分離主義者通過人為製造語言區分的方法製造族羣區分：繼《香港民族論》之後，「學苑」又於 2017 年發表以《香港新文學運動》為題的期刊，聲稱要「破除『粵語不能入文』的迷思、將香港人講的語言正名為『香港話』」[①]。該期專欄

---

① 香港大學學生會學苑，2017-3-28，Facebook，見於 https://www.facebook.com/undgrad/posts/各位港大同學學苑二零一七年最終回香港新文學運動即將上架低迷慨霧氣持續籠罩社會義士身鎮桎梏茂盛慨年華已經洗盡及至兩場選舉促使曾經同途慨人倒戈相向滿眼都係令人為之黯/492752657515777。

的所有文章均用粵語口語寫成，第一篇文章 ——《香港新文學運動指引
芻議》為總領式文章。該文企圖抹去香港與嶺南地區文化上一脈相連
的歷史事實，宣稱香港粵語已不同於廣東話，香港文學也不屬於中國
文學，倡議將「將香港文學從中國文學中分開來」，並鼓勵更多人以所
謂「香港話」寫作。

　　另一種策略是以羅冠聰、黃之鋒等人為首成立「香港眾志」：在積
極阻撓「普教中」計劃與簡體字教學之餘，該組織還企圖通過傳播粵
語對新移民進行「反向認同」構建。該政黨在自己的網站上較為詳細
地列舉了十條政治綱領，其中的「人口政策」的第二大條即為「提供
移民廣東話課程，融入本地社區」，具體包括兩條行動倡議：第一，
資助開辦廣東話課程協助新移民語言融入；第二，要求特區政府將新
移民的語言基礎作為人口移入政策的參考指標。這些「政治綱領」雖
然只有寥寥數語，也僅停留在紙上談兵的階段，背後體現的邏輯卻值
得警醒：一定程度上，分離主義者受到「公民民族主義」影響，不再
滿足於「抵抗同化」，而開始探索如何利用各種本土文化資源「同化他
者」。語言是建構「想像共同體」的重要原材料之一。[①] 對本國語言的掌
握程度，是世界諸多國家接收外來移民的准入門檻之一，也是評判外
來移民是否有資格成為本國公民的重要標準。「香港眾志」將語言寫入
所謂的「人口政策」，顯然是以「民族國家」的身份自居而參考了這一
國際上的通用做法，企圖通過傳播本土語言等文化手段，逐漸培養新
移民對於「香港民族」的政治想像。

[①]　Anderson, B., *Imagined Communites: Reflections on the Origin and Spread of Nationalism*. Verso, 1991.

四、討論：特點與影響

第一，語言與身份政治結合的過程是香港社會集體心理圖景的一個縮影。一方面它體現了深藏於港人集體記憶中的受害者心態與弱者幻想：人們對政治權力高度敏感，即便在自身擁有絕對優勢的語言領域，也時刻擔心被同化與消滅，[①] 另一方面這種受害者心態又混雜着歷史帶來的優越感以及對內地一切事物的負面情緒：在他們眼中，粵語和繁體字才是「正統中文」，而「港式粵語」又因夾雜了大量英文詞而「高人一等」。普通話和簡體字不僅被某些人貼上「胡語」「殘體字」等侮辱性標籤，還經常被簡單對應為「內地」和「共產黨」。

第二，語言進入身份政治是一個循序漸進的過程，大致經歷了建構危機論述、成為內地與香港區格標誌、成為「港獨」規劃工具這三個階段。前一個階段不一定會導致下一個階段，但後者的發生必定建立在前者的基礎之上。第一階段的大量關於語言危機的論述，介於現代性壓力下吉登斯所言的「無意識組織起來的恐懼狀態」和以提高關注度為目的的政治行為之間，為進一步將語言看作「內地與香港區分」標誌的思想提供了發酵的土壤；第二階段中，行動者通過誇大普粵差異、抵制簡體字、反對「普教中」等策略，將語言區分與族羣區分建立對應關係，又為港獨分子建立語言與「香港民族」的對應關係提供了基礎。雖然目前大多數運用語言進行身份政治的行為仍以抵抗大陸化為目的，但已呈現出愈發與「港獨」謀劃相結合的趨勢。

---

① 閻小駿：《當代政治學十講》，中國社會科學出版社，2016 年，第 72 頁。

第三，民族組成的諸多要素中，位於核心的是宗教和語言 [①]，相對而論，語言又是更為外露、歷史也更為悠久的民族屬性。[②] 因此關於語言的話題總能激起社會各界的討論和參與。我們的分析結果顯示，不僅僅是分離主義分子，連香港媒體以及公知、藝人、學者等「意見領袖」都有意無意地成為了將語言問題政治化的主體。其中，公眾人物將自己對於語言的偏見與錯誤認知以一種「權威知識」的形式擴散到整個公共輿論空間，在某種程度上比分離主義者更能左右民眾的語言態度，無形中加重了整個香港社會對於普通話教育、簡體字認讀等問題的固有偏見。在身份政治的影響下，語言的工具性被削弱，象徵性卻被無限放大，這不僅影響香港民眾學習普通話的熱情，也從客觀上阻礙了「普教中」計劃的有效實施。長期來講，不利於香港民眾「兩文三語」語言水平的提高與國家認同的確立。

第四，集體身份認同是複雜的、多元的、充滿流動性的。因此，身份政治既是一種充權（empowerment）的手段，也是行動者透過行動把自己「確定」為某種身份的過程。雖說每個人都有權去「選擇」自己的身份，但身份政治的操縱者卻善於通過意識形態的洗腦，讓人們在不知不覺中接受某種「賦予」的身份，並為配合這個身份做出「適宜」的表演。縱觀世界歷史，語言向來不是導致分離主義運動的主要原因，卻是分離主義者用以製造族羣區格與加速分裂的助推器。無論是上世紀 60—90 年代的魁北克獨立運動、十多年前的前南斯拉夫解體，抑或是如今族羣隔閡依然嚴重的比利時、時刻想從西班牙分離出

---

① 塞繆爾·亨廷頓：《文明的衝突與社會秩序的重建（修訂版）》，周琪譯，新華出版社，2009 年，第 59 頁。
② 陳平：《語言民族主義：〈歐洲與中國〉》，《外語教學與研究》2008 年第 40 卷第 1 期

去的加泰隆尼亞，分離主義者無不利用語言議題操縱民意，使地域認同凌駕於國家認同之上。而過於寬鬆的語言政策、失控的媒體輿論、不夠充分的通用語教育，這些都在無形給分離主義者以可乘之機。因此，我們應該充分意識到研究與監管香港語言政策、語言生活及語言意識形態的必要性與緊迫性。

Language and identity politics in Hong Kong's right-wing localism

Guo Yufei

Abstract: Following the rise of localism and pro-autonomism in recent years, language issues have been increasingly politicalized in today's Hong Kong society. This paper examines the process where language is increasingly attached to identity politics in Hong Kong, based on a study of influential discursive practices in the mass and social media. The result shows a pattern of three phases, i. e., the (re) production of victimhood mentality, the projection of language difference onto group distinction, and the manipulation of linguistic resources for secessionist projects. The fact that language is increasingly associated with right-wing identity politics will do no good to the improvement of people's national belonging in Hong Kong. Moreover, it hinders people's motivation to improve their language competence in Putonghua and leaves pro-independence activists many chances to manipulate public opinions using language matters.

Keywords: language; identity politics; identification; Hong Kong; media

行政為何吸納不了政治：文獻回顧與評論

郭小敏 *

摘　要：「行政吸納政治」是對香港政治體制最有影響力的概
括。諮詢委員會制度作為行政吸納政治的重要載體，在回歸前
後卻帶來了極為不同的政治結果。行政吸納政治有效運作的條
件在於以構建政權合法性為主要目的、以選擇性吸納為運作基
礎、以選擇性諮詢為關鍵手段、以控制制度環境為運作保障。隨
着香港政治社會生態的變化，依託諮詢委員會制度來調解政府與
社會關係的策略開始失效，其背後的深層次原因可以歸納為政體
特性論、制度缺陷論、精英消解論和社會激進論。為了應對行政
吸納不了政治的困境，調適性改革和漸進性開放是諮詢委員會制
度未來發展的路徑轉向。不過，在「一國兩制」的制度框架和新
的時代背景下，如何重塑諮詢委員會的職能和角色，使行政吸
納政治持續發揮作用，是值得關注和追蹤研究的議題。

關鍵詞：行政吸納政治　諮詢政治　諮詢委員會　國家－社會關係

---

*　郭小敏，中山大學港澳珠江三角洲研究中心、中山大學粵港澳發展研究院博士生，研究方
　　向：港澳政治、地方治理。

引言

「行政吸納政治」是對港英時期香港政治體制最有影響力的概括。區別於「仁慈獨裁制」「諮詢性政府」（government by discussion）「無政黨的行政國家」（administrative no-party state）「非政治化的政治體制」「行政絕對主義」（administrative absolution）等對香港政治形態的描述，行政吸納政治強調制度化、體制化的精英整合和政治參與過程及模式。具體而言，行政吸納政治包含精英吸納和大眾吸納兩個層面。一方面，政府將社會中精英或精英團體所代表的政治力量，吸收進入政策決策機構，獲致某一層次的精英整合的過程。另一方面，隨着 1966 年至 1967 年社會運動的發生和蔓延，港英政府開始通過諮詢機構區域化、多元化部署，如建立不同類型的諮詢委員會、地區管理委員會、互助委員會、業主立案發團等，進行面向基層和草根的「吸納」，以維持和鞏固政權統治[①]。其中，作為行政吸納政治的重要載體，諮詢委員會制度的運作模式無疑具有十分重要的理論和現實意義。

諮詢委員會制度源於英國，在英美及其他西方民主國家中作為民主的補充而備受關注，在香港則是作為民主的替代而被廣泛討論。1974 年，時任布政司兼財政司夏鼎基説：「根本上，香港政制就是基於諮詢與（公民）准許的政府。」香港的諮詢委員會指的是由政府任命的法定和非法定機構，目的是提供政策建議或履行法律和行政責任。關於港英時期香港政治發展的討論普遍認同，諮詢委員會制度作為港英政權的重要支柱之一，在調解國家與社會關係中起着重要作用。諮詢委員

---

① King A. Y: "Administrative Absorption of Politics in Hong Kong: Emphasis on the Grass Roots Level", Asian Survey, vol. 15, no. 5, 1975. pp. 422-439.

會制度獨特功能在於，在非民主背景下創造「人民政府」和「協商民主」的印象，從而解決港英政府由於政權性質而引發的正當性問題[①]。其有效性建立在商業精英和專業精英的中介作用之上，他們之中的代表被委任為各類諮詢委員會的成員[②]。在社會動盪時期捍衛政權，成功調解和消弭政府與社會之間的衝突，比如 1922 年香港海員大罷工、1925 年省港大罷工等。

同時，香港回歸後諮詢委員會制度的運作也是學界關注和研究的重要議題。1997 年以後，港英時期的諮詢委員會制度及其運作方式均保持不變，但整個諮詢體系在實踐中不斷擴大。香港的諮詢及法定機構數量從 1962 年的 67 個，到回歸時 284 個，再增加至 2022 年的 515 個，商界精英仍然擁有多數席位。但是，回歸前後的諮詢委員會制度卻帶來了極為不同的政治結果。縱觀現有文獻可以發現，除了少數涉及諮詢委員會制度的文獻對諮詢委員會在回歸後的運作模式進行觀察，多數研究對於香港特區政府時期行政吸納政治的失效仍缺乏系統分析和把握，尤其是近五年來，在政府與社會關係日趨緊張甚至引

①   Miners, N. J: The Government and Politics of Hong Kong, 5th ed, Hong Kong: Oxford University Press, 1998, p. 188+204.

②   多個研究均提出相同或相似的觀點，如：Fong B C H. State-society conflicts under Hong Kong's hybrid regime: Governing coalition building and civil society challenges[J]. Asian Survey, 2013, 53（5）：854-882. Davies S N G. The changing nature of representation in Hong Kong politics[J]. Hong Kong: The Challenge of Transformation, Hong Kong: Centre of Asian Studies, University of Hong Kong, 1989: 36-76. Cheung A B L, Wong P C W. Who advised the Hong Kong government? The politics of absorption before and after 1997[J]. Asian Survey, 2004, 44（6）：874-894. Cheung A B L. Executive-Led Governance or Executive Power 'Hollowed-Out'—The Political Quagmire of Hong Kong[J]. Asian Journal of Political Science, 2007, 15（1）：17-38. Holliday I, Hui G K H. Local, advisory and statutory bodies[J]. Contemporary Hong Kong politics: Governance in the post-1997 era, 2007: 97-112.

發多場社會運動的時代背景下，對行政為何吸納不了政治的學術研究卻極為零散。鑒於此，本文將以回歸前後香港諮詢委員會的運作為對象，對港英政府時期行政有效吸納政治，以及特區政府時期行政吸納政治失效的深層原因，以及新時代背景下諮詢委員會制度重構的路徑轉向進行梳理，為理解新形勢下香港政治發展提供重要的理論視角和經驗基礎。

一、「行政吸納政治」有效運作的條件

回溯港英時期的政府政權性質和社會歷史背景，行政吸納政治是應對統治合法性缺失和民主參與浪潮興起的特殊制度安排。斯科特（Scott Ian）認為，港英政府的管治面臨着「如何獲得、維持和喪失正當性，如何為自己的統治權進行辯護，以及人民是否接受這種辯護」的問題[①]。同時，為了應對 20 世紀 60 年代以來社會運動興起的影響，通過開放行政管理系統吸納民主政治的行政吸納政治模式應運而生。儘管學界批評行政吸納政治是港英政府的「殘酷鎮壓」[②]，是用「協商民主」來掩蓋「精英控制」[③]，必然導致「非政治化」和「政治中立化」的

---

① Scott I: Political change and the crisis of legitimacy in Hong Kong[M]. University of Hawaii Press, 1989, p. 36.

② 强世功：《「行政吸納政治」的反思——香江邊上的思考之一》，《讀書》2007 年第 9 期。

③ Leung J Y H: "Functional Representation in Hong Kong: Institutionalization and Legitimization of the Business and Professional Elites", Asian Journal of Public Administration, vol. 12, no. 2, 1990, pp. 143-175. Kwok R Y F, Chan E Y M: "Functional representation in Hong Kong: problems and possibilities", International Journal of Public Administration, vol. 24, no. 9, 2001, pp. 869-885.

後果 ① 等，但不可否認的是，對行政吸納政治有效運作的觀察仍然在香港政治體制的研究中佔據主流地位。

作為首位提出行政吸納政治這一概念的學者，金耀基對香港政治形態的考察包含了三個維度：首先，核心與前提是「由港英政府壟斷一切政治決策」；其次，通過把中國的精英分子吸納進體制圈內，或邀請他們進入行政局、立法局、市政局，或甄拔他們進入文官系統，或頒封他們榮譽（如太平紳士、爵士等）的方式，滿足包括商業精英和專業精英在內的其他社會精英的經濟利益或需求，消除威脅性的、反對性的政治力量；最後，通過「委任」「諮詢」等方式安撫和平息社會不滿與反抗，從而抑制和消解精英和大眾政治意識和參與行動。通過行政化手段達至政治統治目的的行政吸納政治何以在港英時期能夠有效運作，並維持政治穩定和社會有序，當前研究對於這個問題的回答，可以歸結為諮詢委員會制度建立的目的、制度運作的基礎、制度發展的手段以及制度運行的環境四個方面。

第一，以構建政權合法性為主要目的。金耀基認為，進入 20 世紀 80 年代以後，港英政府開始意識到其在香港統治需要從法律賦予的形式的合法性走向實質的「正當性」（legitimacy），因此通過在既存的政府結構中設立諮詢委員會，以使政策措施與社會意志和需求不脫節。對於諮詢委員會制度建立背景和目的的闡述，為後來的學者沿用和發展。比如，有學者指出，諮詢委員會制度的建立是為了「掩蓋香港是非民主行政地區的現實」②，通過公民參與可以擴大政府的政策網絡、澄

① 吳增定：《政治的歸政治；行政的歸行政》，《二十一世紀（香港）》2002 年第 6 期。
② Miners N: The government and politics of Hong Kong, Oxford University Press, USA, 1995, pp. 110-111.

清公眾的政策誤解和強化政策執行來調解國家與社會的關係①。儘管學者從不同的角度來闡述諮詢委員會制度設立的目的，但都一致指向諮詢委員會的政治性保證了制度建立的合法性、正當性和認受性。

第二，以選擇性吸納為運作基礎。學術界普遍認為，1997 年以前港英政府商界之間存在政治聯盟是有效治理的基礎②。港英時期政府部門大部分都下設諮詢委員會，並且由總督任命對委員進行任命，這當中的大部分委員是商業或專業人士，部分成員則根據其為社會服務的記錄情況來選擇性吸納，以代表一般公眾利益③，商業和專業人士的公民參與促成了一種特殊的「合作主義」④。商人尤其是當地的中國資本家，被普遍視為「自然領袖」，因為他們擁有廣泛的社會網絡，並積極參與地區組織、行業協會或慈善團體，既能為政府提供必要的社會支持基礎，推動政府管治和政策推行合法化⑤。由此，政府一方面加強了與社區的溝通，為政府政策建立必要的社會支持基礎，另一方面可以利用他們的社區網絡和資源來鞏固政權，並在動盪時期應對社會挑

---

① Lam K C Y: "Consultative politics" refined: The precarious development of civic engagement in post-colonial Hong Kong, Routledge Handbook of Contemporary Hong Kong, Routledge, 2018, pp. 123-138.

② Rear J: One brand of politics, in Keith Hopkins（Ed.）, Hong Kong: the Industrial Colony, Hong Kong: Oxford University Press, 1971, pp. 55-139. Ngo T W: Changing government-business relations and the governance of Hong Kong, Hong Kong in Transition, Palgrave Macmillan, London, 2000, pp. 26-41.

③ Miners N: "Consultation with business interests: the case of Hong Kong", Asian Journal of Public Administration, vol. 18, no.2, 1996, pp. 245-256.

④ Law W S: Collaborative colonial power: The making of the Hong Kong Chinese, Hong Kong University Press, 2009, p. 22.

⑤ FONG C H B: Advisory politics before and after 1997: In search of a new relationship between state, political society and civil society, Routledge handbook of contemporary Hong Kong, Routledge, 2019, pp. 109-122.

戰[①]。儘管學者們普遍認同商業和專業精英的優勢和角色，但也有學者認為，各類諮詢委員會的委員來自金融界、地產界、工業界的成員，他們所代表的僅限於工商界的利益，而未能保障廣大市民的利益[②]。

第三，以選擇性諮詢為關鍵手段。儘管諮詢過程往往因為不完全公開性而未被充分研究，但也有學者通過觀察政策諮詢的結果來提出諮詢委員會制度運作有效的觀點。有學者指出，政府在決策和執行的所有階段都會與諮詢委員會進行協商，一些新的政策建議如果在早期階段遭到有關諮詢委員會的反對，可能會被完全擱置。例如，1991年國際信貸商業銀行倒閉後所提議的設立存款保護計劃，在銀行業務諮詢委員會提出反對後被放棄[③]，體現出了港英政府在諮詢程序上對諮詢委員會的極大尊重。但是，港英政府對於民意的回應並非完全沒有限制，有時候甚至會通過意見表達和利用輿論壓力來控制諮詢建立在不動搖統治基礎之上[④]。同時，很大一部分學者觀察到，從前港英政府有意將政治議題局限在行政管理事務範圍之內，通過諮詢手段來合理化整個決策的過程，同時也會通過巧妙的制度安排，將對現行政策和做法持批評意見地當地居民排除在委員會成員之外[⑤]。通過多層諮詢架構的設計，港英政府能夠藉助各方不同利益的空間，藉口進行或者否決一些富有爭議性的政策，為香港的政制發展提供相當穩定的政治

① King A Y: "Administrative absorption of politics in Hong Kong: Emphasis on the grass roots level", Asian Survey, vol. 15, no. 5, 1975, pp. 422-439.
② John Walden: Government and Credibility Gap, South China Morning Post, 1980-2-18.
③ Miners N: "Consultation with business interests: the case of Hong Kong", Asian Journal of Public Administration, vol.18, no. 2, 1996, pp. 245-256.
④ 諾曼·J. 邁因斯納：香港政府與政治，伍秀珊，羅紹熙等譯，上海：上海翻譯出版公司，1986，pp. 139-144。
⑤ Lau S, Liu Z：Society and politics in Hong Kong, Chinese University Press, 1984, p. 129.

環境[①]。

第四，以控制制度環境為運作保障。制度環境與政治參與的程度、方式、內容有較強的關聯性。在港英時期，政黨發展、選舉政治、政府政策和公民社會是構成影響諮詢委員會制度運作的結構要素。有學者追溯諮詢委員會制度的產生和演變，發現回歸前選舉政治尚未興起和公民社會的不充分發展，為諮詢制度提供了非常有利的運作環境[②]。也有學者提出「低度整合的社會政治體系」（compartmentalization of society and polity）[③]「功利家庭主義」（utilitarianistic familism）[④] 以及「社會容納政治」（social accommodation of politics）[⑤] 等概念，指出這些社會條件塑造了港英時期本地華人低度政治參與和政治穩定的現象。不過，有學者則認為華人「政治冷感」是個偽命題，這樣一種對華人社會特性的見解間接忽視了主流論述以外的社會事件。學者林蔚文列舉了香港從上世紀 50 年代開始，已經有不少就社會民生議題而出現的社會運動，如保留租金管制運動（1951 年 12 月至 1953 年 7 月）、爭取修改婚姻法（1950 年起，1957 年有接近四萬個簽名支持）、反對天星小輪加價

---

① 饒美蛟，楊偉文：「論香港區域諮詢制度之發展及其政經功能」，亞洲研究，2000 年第 37 期。

② Fong C H B: Advisory politics before and after 1997: In search of a new relationship between state, political society and civil society，Routledge handbook of contemporary Hong Kong，Routledge, 2019, pp. 109-122.

③ Lau S, Liu Z: Society and politics in Hong Kong, Chinese University Press, 1984, pp. 157-182.

④ Siu-Kai L: "Chinese familism in an urban-industrial setting: The case of Hong Kong", Journal of Marriage and the Family, vol. 43, no. 4, 1981, pp. 977-992.

⑤ Siu-kai L, Kam-fai H: "Social accommodation of politics: The case of young Hong Kong workers", Journal of Commonwealth & Comparative Politics, vol.20, no.2, 1982, pp. 172-188.

(1966 年) 等 [①]。趙永佳和孔誥烽通過對歷史檔案的研究發現，新界居民
與港英政府的關係並非時常處於和諧的狀態，只是殖民政府每每在衝
突可能發生前，運用了直接或間接的行政手段以消弭民間的不滿，因
此港英時期的相對穩定並非因為本地人對政治欠缺興趣，而是因為宏
觀的政治結構和環境「防止」了抗爭或暴亂等集體行動的發生 [②]。

二、行政吸納不了政治：諮詢委員會制度失效的原因

　　上述許多研究對諮詢委員會制度運作的觀察，普遍認同港英政府
能夠有效通過行政手段來實現政治穩定的目的。換言之，行政吸納政
治的有效運作，證明這種依託於精英參與的諮詢體系是一種行之有效
的調解政府與社會關係的政治模式。根據《香港基本法》的規定，港英
時期的諮詢委員會制度及其運作方式得到了基本沿襲，香港特別行政
區政府在很大程度上遵循了這一管治策略，並且由於公共事務日趨複
雜，傳統部門分工已經難以對應，特區政府持續設立了不少新的諮詢
委員會。這些諮詢性機構是政府行政體系之外的「準政府組織」（quasi-
government organization），其成員一般是受政府委託的某一領域的專
業人士，為政府部門的決策提供諮詢建議 [③]。但是，從實踐結果看來，
香港回歸後諮詢委員會制度的作用顯著下降，特區政府運用諮詢委員
制度來彌合政府與社會之間的鴻溝的策略明顯失效，即行政未能有效

---

① Lam W: "Rediscovering politics in Hong Kong (1949-1979): the paradox of political indifference", HKU Theses Online (HKUTO), 2000.

② Chiu S W K, Hung H F: "The paradox of stability revisited: Colonial development and state building in rural Hong Kong", China Information, vol.12, no.1-2, 1997, pp.66-95.

③ 顧汝德：官商同謀：香港公義私利的矛盾，香港：天窗出版社，2011，p.190。

吸納政治。對這個現象背後原因的探討，現有的研究可以總結為四種論斷。

一是政體特性論。即政治體制是決定諮詢委員會制度能否有效運作的根本性因素。其中，香港政治體制的民主化程度與諮詢政治性質相悖的論點主導了行政無法有效吸納政治的思考。一方面，香港的政治權力體制已經由單一格局走向二元甚至多元的政治佈局。包括立法會、區議會和政黨在內的政治社會成為重要的政治場域，諮詢委員會制度的運作受到來自立法會和區議會的政治家及其政黨的持續壓力。香港諮詢委員會根據行政程序設立或有關法例成立，委員會委員主要由行政長官任命，相較於通過直選產生的政治家，其民意代表性和公信力不足，原有的諮詢委員會中的商業和專業精英不再是政治體系內唯一的民意代表，面對政黨、政治家的競爭和挑戰，諮詢委員會在傳遞民意和捍衛政府政策方面顯現得無能為力，比如從 2006 年的保留舊中環天星碼頭事件[①] 可以看出，諮詢政治的角色和功能日益萎縮[②]。

另一方面，行政主導性與政治吸納性具有一定程度的內在不兼容性。香港回歸後的政治體制，體現着政府行政主導和公民民意吸納的雙重特性，政治穩定的目標追求和行政主導的特性決定了政治諮詢的選擇性和民意吸納有限性。特區政府往往對其認為具有政治風險的政

---

① 2006 年保留舊中環天星碼頭事件源於香港政府開始進行中區填海第三期工程項目，把有 48 年歷史的舊中環天星碼頭（正式名稱為愛丁堡廣場渡輪碼頭）及中環天星碼頭鐘樓拆卸作道路和商廈用途，此舉引發香港部分民間團體和市民不滿，認為這摧毀了香港人的歷史文化和集體回憶。部分香港市民透過互聯網策劃靜坐和示威，阻止拆卸舊中環天星碼頭，事件後來演變成警民衝突，示威人士幾度佔領舊中環天星碼頭。在事件爭議過程中，古物諮詢委員會沒有發揮相應的作用，公眾騷動和抗議日益高漲。

② Cheung A B L: "Executive-Led Governance or Executive Power 'Hollowed-Out'—The Political Quagmire of Hong Kong", Asian Journal of Political Science, vol.15, no.1, 2007, pp. 17-38.

策，或涉及與中國政府關係的政策有着嚴格的控制，比如關於「德育及國民教育科課程指引」的諮詢和討論相對不透明就是例證，由此導致行政吸納政治的民主效果和政治績效具有不確定性 [①]。也就是説，英國 20 世紀 80 年代開始推動的政制體制改革，以及香港回歸以後的政治體制的行政特性，加速了政治民主因素的供給，提高了香港政治體制的民主化程度，尤其是選舉政治和政黨政治的出現，改變了諮詢委員會制非政治化、非民主化的運作環境，諮詢委員會制度作為替代民主的產物，其政治效能逐漸減弱。

二是制度缺陷論。即諮詢系統的制度性缺陷是影響諮詢委員會制度運作效能的重要因素。首先，諮詢委員會和法定機構與政策局的關係限制了其效用的發揮。一方面，諮詢委員會與政策局之間沒有從屬關係，委員會內對政府政策的討論結果對相關部門缺乏約束力，因而諮詢建議轉換成具體政策的效果成疑。另一方面，法定機構與政策局之間的關係模糊。有研究指出，法定機構本應獨立於政府運作，並被授予管理特定任務的權力，但這當中的大多數法定機構都是由相關政策局創建和資助，並受其密切控制 [②]，諮詢和法定機構的獨立性和完整性可能會受到威脅。同時，法定機構與政府以及法定機構之間存在多種類型的組織問題。例如，就 SARS 疫情而言，衛生福利及食物局與醫院管理局之間的關係明顯存在嚴重缺陷，衛生局、衛生部和醫院管

① Lam K C Y: "Consultative politics" refined: The precarious development of civic engagement in post-colonial Hong Kong, Routledge Handbook of Contemporary Hong Kong, Routledge, 2018, pp. 123-138.

② Lam W F: "Coordinating the government bureaucracy in Hong Kong: An institutional analysis", Governance, vol.18, no.4, 2005, pp. 633-654.

理局之間也存在關係不明確的問題①。

其次，諮詢委員會吸納的對象成分單一。有學者提出，諮詢委員會制度的設計是為了保持商業和專業團體的主導地位，勞工和社區團體的代表是相對不足的②。有學者通過細緻分析委員的職業也得出了同樣的結論，即諮詢委員會吸納的對象對來自貿易、商業、金融和工業部門（包括房地產、建築和旅遊業）存在明顯偏好，儘管在香港經濟發展的大背景下，不同界別的成員比例在不同部門中呈現出微妙變化，如服務業和港口業代表比例上升，但勞工部門在政府的諮詢隊伍中仍然表現不佳③。

最後，諮詢委員會的身份象徵意義減弱。在港英時期低度開放的政治體制內，諮詢委員會是一個政治參與的階梯和政治身份系統，獲得委任意味着受到所屬界別之成就、地位的認同和肯定，加上提出的意見有可能影響政府施政，因而參加諮詢委員會便變成了一種個人榮譽和身份象徵，但當前諮詢委員會或可幫助個人在社會及大眾面前建立聲譽和形象，但並非投身政治或階級向上流動的的必然和必需途徑④，各類諮詢委員會對精英和大眾政治參與的吸引力減弱。此外，還有學者指出，諮詢委員會內部容易出現成員重疊、利益衝突、會議不

---

① Scott I: "The government and statutory bodies in Hong Kong: centralization and autonomy", Public Organization Review, vol.6, no. 3, 2006, pp. 185-202.

② Leung J Y H: "Functional Representation in Hong Kong: Institutionalization and Legitimization of the Business and Professional Elites", Asian Journal of Public Administration, vol.12, no.2, 1990, pp. 143-175.

③ Cheung A B L, Wong P C W: "Who advised the Hong Kong government? The politics of absorption before and after 1997", Asian Survey, vol.44, no. 6, 2004, pp. 874-894.

④ 呂大樂：香港模式——從現在式到過去式，香港：中華書局（香港）出版有限公司，2015，pp.97-98。

頻繁以及受官方（政府）成員控制[1]等結構性問題，均削弱了諮詢委員會制度效用的發揮。

三是精英消解論。即商業和專業精英作為連接政府與社會的紐帶作用逐漸消解。香港回歸後保持諮詢委員會制度的連續性的一個重要舉措是基本維持政府與商界的政治聯盟的完整性，因此，商業精英在香港政府三個中央諮詢委員會（即行政會議、戰略發展委員會和中央政策組）一直佔據多數席位，但商業精英作為政府抵禦社會挑戰的中介作用卻有所削弱。有學者指出，商業精英角色淡化的原因有三點[2]：首先，商業精英的社會網絡有限，與新興的公民社會幾乎沒有聯繫，與其他政黨相比，以商業為導向的政黨的社區網絡在選區和區議員數量上尤其薄弱。由於香港政府在提供社會服務方面的作用逐漸擴大，商業精英越來越遠離地區和福利組織[3]。同時，商業精英沒有意識到他們與公民社會脫節的負面影響，既普遍不願參與普選，又對組織和贊助政黨持消極態度[4]。也就是說，商業精英的社區網絡和與公民社會聯繫有限，導致其在動員支持、政策捍衛等方面能力不足。其次，「政企勾結」的負面影響削弱了商業精英的形象和信譽，比如政府在西九龍文化區開發、紅磡半島豪庭等幾個有爭議性的項目中均為大企業提供了優惠待遇；房地產霸權也引發了社會對商界的牴觸情緒。最後，經

---

[1]　諾曼·J. 邁因斯納：香港政府與政治，伍秀珊，羅紹熙等譯，上海：上海翻譯出版公司，1986，pp.139-144。

[2]　Fong B C H: "State-society conflicts under Hong Kong's hybrid regime: Governing coalition building and civil society challenges", Asian Survey, vol. 53, no. 5, 2013, pp. 854-882.

[3]　Goodstadt L F: Uneasy partners: The conflict between public interest and private profit in Hong Kong, Hong Kong University Press, 2005, pp. 99-105.

[4]　Lo S S H: Competing Chinese Political Visions: Hong Kong vs. Beijing on Democracy: Hong Kong vs. Beijing on Democracy, Praeger, 2010, pp. 196-198.

濟主義盛行削弱了商業精英的公信力，以「全面保護政府山」事件為例，諮詢系統內商業和專業精英之間所達成的「協商」和「共識」，對於緩和諮詢系統外的民間社會活動人士和政黨政客的反對聲音沒有效果。也有學者提出，隨着貧富分化逐漸擴大，經濟主義的政治敍事對公眾的吸引力越來越小，在對抗公民社會日益增長的社會正義需求方面的效果也越來越弱，沒有效果[①]。換言之，精英職能和角色不管是由於主動和被動的職能弱化，使得作為中介機制的諮詢委員會制度不能有效地彌合國家與社會之間的鴻溝。

四是社會激進論。即公民社會的興起對諮詢委員會制度的運作帶來挑戰。金耀基指出，行政吸納政治之所以可能或有效，主要在於社會還未出現一定程度的政治化[②]。沿着這個思路，不少學者通過對公民社會的觀察指出社會生活的政治化擠壓了諮詢委員會的制度空間。自20 世紀 70 年代以來，香港經濟社會快速發展，人們開始形成強烈的地方認同感，公民社會開始變得活躍，而市民社會迅速擴張的轉折點是 1982—1984 年間中英關於香港前途的談判，以及 1989 年的社會運動，這些政治爭議促使公眾開始關注和參與政治，公眾政治參與意識的增強推動了香港社會政治化[③]。尤其是 20 世紀 80 年代以來，香港社會越來越積極地要求政府提高公眾生活質量、政治權利和公民權利，

---

① Henders S J: The Hong Kong Special Administrative Region: Implications for world order, The Chinese Party-State in the 21st Century, Routledge, 2007, pp. 118-141.

② King A. Y: "Administrative Absorption of Politics in Hong Kong: Emphasis on the Grass Roots Level", Asian Survey, vol. 15, no. 5, 1975, pp. 422-439.

③ Po-keung I: "Development of civil society in Hong Kong: constraints, problems and risks", in Li Pang-kwong (ed) Political Order and Power Transition in Hong Kong, Hong Kong: The Chinese University Press, 1997, pp. 159-186.

社會衝突的發生率比以前更高[①]。

　　香港回歸以後，2003 的七一遊行激發了香港公民對公民社會活動的參與熱情，民間社會主義激進浪潮進一步加劇[②]。對此，有學者總結了近年來公民社會發展成熟的四個特徵，第一，公民社會團體和社會抗議事件數量增加；第二，公民參與形式多元，公民行動的渠道從傳統的示威、投票等方式拓展到智庫、互聯網、宗教團體等新平台；第三，公民參與程度擴大，公民參與地方不再局限於傳統的專業部門（如律師、會計師、醫生、社會工作者和教師），還包括來自不同部門的新的參與者羣體（如卡車司機、家禽工人、城市社區居民和年輕人）；第四，公民社會政策議程擴大，除了住房、醫療和社會福利等傳統社會政策領域外，公民社會越來越關注其他政策領域，如環境保護、文化、遺產保護、城市規劃和城市更新等[③]。從前述研究可以發現，回歸後的香港諮詢制度不再擁有一個非政治化的環境，相反，諮詢體系正在高度政治化的環境中運作，面臨着來自民間社會團體和活動家的政策要求和挑戰。

---

① Siu-kai L, Po-san W: Social Conflicts: 1987-1995, Social Development and Political Change in Hong Kong, Chinese University Press, 2000, pp. 115-170.

② 2003 年，香港特區政府時任行政長官董建華根據《基本法》第二十三條提出了一項國家安全法案。該法案被民主黨和民間社會活動家視為試圖限制公民自由。2003 年 7 月 1 日，相關的政治爭論最終引起了公眾的憤怒，促使一百萬多位香港民眾遊行抗議政府。詳見：Joseph C. The July 1 protest rally: Interpreting a historic event[M]. City University of HK Press, 2005: 1-2. Chan E, Chan J. The first ten years of the HKSAR: Civil society comes of age[J]. Asia Pacific Journal of Public Administration, 2007, 29（1）：77-99.

③ Fong B C H: "State-society conflicts under Hong Kong's hybrid regime: Governing coalition building and civil society challenges", Asian Survey, vol. 53, no. 5, 2013, pp. 854-882.

三、調適性與開放性：行政吸納政治的路徑重構

諮詢委員會制度運作的失效，使得政府與社會之間的鴻溝難以彌合，對政治穩定性構成巨大挑戰。金耀基指出，在過去長達一個世紀的時間裏，行政吸納政治的做法確實有效地彌合了由於統治者和被統治者之間對目標或利益的誤解或誤解而導致的信息鴻溝，有助於維持良好的政府管治，但快速城市化與工業化為香港帶來政治上的挑戰，行政吸納政治模式在形式即實質上將不可避免地因新的挑戰而發生變化。[①] 那麼，這當中的關鍵問題是，在不同的時代發展背景下，諮詢委員會制度需要在哪些方面做出變革？行政吸納政治的路徑如何重構？

諮詢委員會制度的運作情況能夠反映出行政是否有效吸納政治。這意味着，行政吸納政治能效的改善需要進一步優化諮詢委員會的運作。儘管完成民主的建立對於調整國家與社會關係是必要的，但它不足以穩固政權和提高政府管治的合法性，而後者則需要將公民社會納入政策過程。在香港政權更迭、公民社會崛起、社會利益多元的政治社會背景下，政府與社會的關係並非穩定不變，行政吸納政治需要因應政治社會發展的新形勢，進行調適性改革。對此，有學者明確指出，簡單恢復「行政吸納政治」的做法無法滿足日益增長的廣泛政治參與需求，擺脫政府管治困境在理論上有兩條路徑，一是通過包括民主化和發展政黨政治的憲政改革，重新連接各種政治機構，實現聯合治理。如果這是不可行的，第二個解決方案是需要行政長官運用「軟

---

① 金耀基：中國政治與文化，香港：牛津大學出版社（中國）有限公司，2017，pp.229-254。

權力」①，允許部分脫節但共享的權力配置，即邀請社會中的主要利益相關者組成以政策為基礎的網絡，以幫助加強政府管治②。還有學者提出，要建構比舊的「行政吸納」機制更加複雜的機制，如果在短期內不能實現完全的民主化，一個更具包容性的社團主義模式是有效緩解國家與社會衝突的必要條件，這需要建立制度化的談判機制，該機制與行政機構、涉及主要利益相關者的政策團體相聯繫或嵌入其中，以促進社會談判，消除傳統的諮詢委員會制度中委員會無法有效影響決策的弊端③。

在這種認識下，不少學者試圖針對諮詢委員會制度的運作，提出更具體化和更操作性的路徑轉向。現有研究大多指明，需要提高諮詢委員會的開放性，包括拓寬委員光譜、完善諮詢程序和強化公眾參與以避免其角色異化。即要擴大諮詢委員會的成員範圍，使其囊括各個政治派別和社會階層的代表④。還有學者指出，政府尤其需要以能力為首要委任原則，才能有效發揮制度的政治功能⑤。香港專業及資深行政人員協會及香港中文大學香港亞太研究所在對專業人士參與公共事

---

① 最早明確提出「軟權力」概念的是美國著名學者約瑟夫·奈（Joseph Nye），軟權力主要包括文化吸引力、意識形態或政治價值觀念感召力及塑造國際規則和決定政治議題的能力，其核心理論是「軟實力」作用的發揮，靠的是自身的吸引力而非強制力。詳見：Nye Jr J S. Bound to lead: The changing nature of American power[M]. Basic books, 2016. Nye J S. Soft power[J]. Foreign policy, 1990（80）：153-171.

② Cheung A B L: "Executive-Led Governance or Executive Power 'Hollowed-Out' —The Political Quagmire of Hong Kong", Asian Journal of Political Science, vol. 15, no. 1, 2007, pp. 17-38.

③ Ma N: Political development in Hong Kong: State, political society, and civil society, Hong Kong University Press, 2007, p. 230.

④ Wai-man Lam, Percy Luen-tim Lui, Wilson Wai Ho Wong: District councils, advisory bodies, and statutory bodies, Contemporary Hong Kong government and politics, Hong Kong University Press, 2012, pp. 111-132.

⑤ 林致茵，諮詢委員會可成為從政第一步嗎？明報，2021-7-23。

務的優勢與局限進行分析後提出，可以通過增加及推廣明確的參與渠道、改善遴選組織成員的機制，增加人才參與的經濟誘因等舉措來吸引、甄別和遴選人才，為政府管治打造更廣泛的社會基礎。同時，通過增加諮詢及法定組織的議政空間、透明度，改善青年委員自薦計劃的制度設計等程序性安排來完善諮詢委員會制度[①]。

此外，強化公眾參與成效也是學者對於諮詢委員會制度未來發展的共識。香港政策研究所指出，隨公民社會的發展，諮詢委員會純粹作為公眾的代表的職能已經被削弱，在充分發揮諮詢委員會制度特性的同時，將公眾參與嵌入諮詢委員會的運作過程，強化它們在公眾諮詢中的定位，以改善政府決策及與公民社會之間的溝通[②]。前述研究均表明，只繼承不發展的行政吸納政治手段已經過時和失效，香港的政治社會動態對政府管治提出了重大挑戰，諮詢委員會制度需要在時代背景下適時重新構建諮詢委員會制度的運作模式。

四、總結與討論

行政吸納政治作為一種政治實踐，是解釋香港政治穩定的重要理論。香港政治體制的相關研究普遍認同，香港回歸前的政治穩定得益於行政吸納政治模式的成功運用。港英時期政府一方面通過將在地社會和經濟精英吸納進入政治建制（如行政局和立法局）任職，從而為管治提供有限但必要的制度性支持；另一方面通過創設一套逐步容納

[①]　香港專業及資深行政人員協會，香港中文大學香港亞太研究所：專業人士參與公共事務的優勢與局限，2019-12-07。

[②]　香港政策研究所：改進諮詢委員會和公眾參與機制，2016-11。

華人領袖、公眾社會意見的諮詢委員會制度，來安撫和平息包含其精英和非精英大眾的不滿與反抗，從而抑制和消解羣眾的政治意識和參與行動。行政吸納政治的核心要義是通過行政手段來達到政治目的，諮詢委員會制度便是其中的重要制度設計。

諮詢委員會制度在建立和運作過程中需要一定的條件作為支撐。其中，諮詢委員會制度建立的目的具有強烈的政治意含。即行政系統被賦予政治功能，政府通過諮詢系統來構建績效合法性，從而實現治理的正當化。在諮詢委員會制度的具體運作過程中，政府通過吸納商業和專業精英、進行選擇性的政策諮詢，以及通過控制制度環境來提供政治參與等手段，來解決特定的政治問題，保證政局的穩定有序。但是，行政能夠有效吸納政治的前提是港督權力的強壟斷性、商業精英的高公信力和社會生活的非政治化。因此，隨着政治體制的轉變、社會運動興起和公民意識覺醒，行政吸納政治賴以發展的政治社會基礎已經發生了根本性變化。

於是，依託諮詢委員會制度來調解政府與社會關係的策略開始失效。儘管諮詢委員會制度基本沿用了回歸前的做法，但是已經明顯不適應新的政治社會生態的要求，行政難以有效吸納政治。對於其背後原因探究的分析，可以歸結為四種論斷：一是政體特性論。香港的政治體制走向二元甚至多元的權力格局，政治社會及其民選議員的民意代表性超越了諮詢委員會及其委員，同時，行政主導體制追求政治穩定和管治效率的特性，與諮詢委員會制度中的民意吸納性之間存在一定程度的內在不兼容性。二是制度缺陷論。諮詢系統在組織性、獨立性、層級性、象徵性和結構性方面存在一定缺陷，限制着政府與社會的互動。三是精英消解論。商業精英與基層社會的

脫節，負面形象的強化和公信力的缺失，消解了其有效連接政府與社會的作用。四是社會激進論。社會生活的政治化提高了政府對民意回應的要求，公民社會中精英的分散、利益的分化也對政治諮詢提出了更大的挑戰。

通過結合行政有效吸納政治和行政吸納不了政治進行分析，不難發現諮詢委員會制度應當從調適性和開放性兩方面進行重構。即國家與社會的關係並非穩定不變，因此需要根據不同的政治社會生態對諮詢委員會制度展開適應性完善和漸次性調整，才能為行政吸納政治騰挪出更多的制度空間。在這種認識下，可以通過拓寬委員光譜、完善諮詢程序和強化公眾參與來提高諮詢委員會的開放性，使諮詢委員會在政治體系中發揮繼續發揮作用。

應該看到，政治發展的成功有賴於制度資本的多寡。於港英時期建立起來的獨特諮詢體系，在回歸後承擔了大量的公共管理職能，並逐漸發展具備較高的制度化水平，為特區政府有效施政提供了重要幫助，對香港政治發展產生了積極影響，成為香港政治體系中的一項重要制度資本。當前，香港正處於在民主政治漸次開放、社會經濟結構漸趨複雜化和公民社會日益多元化的時代，並且在 2021 年完善香港選舉制度後，香港的民主制度進入了新的發展階段，對公眾和社會意見的吸納重新變得重要，在此背景下，諮詢委員會作為政府、政治社會和公民社會之間的中介，其重要性將再次突顯。那麼，如何重塑諮詢委員會的職能和角色，使行政有效吸納政治，是一個值得關注和跟蹤研究的議題。

Why Does Administration Fail to Absorb Politics: Literature Review and Commentary

Guo Xiaomin

Abstract: Administrative absorption of politics is the most influential summary of Hong Kong's political system. As an important vehicle for administrative absorption of politics, the advisory committee system has brought very different political results before and after the return. The conditions for the effective operation of administrative absorption of politics lie in the construction of the legitimacy of the regime as the main purpose, selective absorption as the basis of operation, selective consultation as the key means, and control of the institutional environment as the operational guarantee. With the changes in Hong Kong's political and social ecology, the strategy of relying on the advisory committee system to mediate the relationship between the government and society has begun to fail, and the deep-seated reasons behind it can be summarized as the theory of the characteristics of the political system, the theory of institutional defects, the theory of elite dissolution and the theory of social radicalism. In order to cope with the dilemma that the administration cannot absorb politics, adaptive reform and gradual opening up are the path shift for the future development of the advisory committee system. However, under the institutional framework of "one country, two systems" and the new era, how to reshape the functions and roles of the advisory committee and make the administrative absorption politics continue to play a role is a topic worthy of attention and follow-up research.

Keywords: administrative absorption of politics; consultative politics; advisory boards; state-society relations

澳門的教會學校在澳門社會發展中的作用
—— 中等教育中教會與非教會學校的對比研究

郝志東 *

摘　要：本文研究了澳門不同類型的中學，尤其是教會學校和非教會學校的教學宗旨、教學內容與教學方法。通過訪談一些有代表性的學生、老師和家長，我們發現非教會學校，尤其是所謂的「紅底」學校，會比較強調愛國愛港，而教會學校（藍底學校）的宗教訓導會超過世俗的訓導。此外，不同學校的畢業生在政治、經濟、社會和文化發展中的作用不分伯仲，儘管「紅底」學校畢業的經營人士在建制方面的作用比較突出，而有「藍底」學校背景的人在民主運動方面比較突出。澳門教育體制的多元化是澳門政治與社會進步與穩定的基石。

關鍵詞：澳門　中學教育　教會學校

---

*　郝志東，教授，澳門大學。
　　鳴謝：參與本課題研究的同學有（以姓氏拼音為序）鄧國豪、賈宏飛、薛宇、張瀚、智恬、周昊、紫薇。特此致謝。

　　自從葡萄牙人 1553 年登陸澳門以來一直到 1999 年澳門回歸中國，基督宗教，尤其是天主教，在澳門的大中小學教育中有不少可圈可點的地方。聖保祿學院曾經是東亞最早的西式大學（1594—1762），其傳統現在由聖約瑟大學所繼承。還有曾經佔全部中小學的三分之二而今仍佔近一半的教會學校。正如本文將要討論的，它們的教育模式和非教會學校的教育模式有很大的不同，它們對社會發展的影響，也不盡相同。

　　比如，我們知道這些學校的不少畢業生，都曾經在澳門乃至中國的政治、經濟和社會發展中，起到了不小的作用。不少中國的政治與宗教界人士曾經就讀於澳門的教會學校。比如明末清初的吳歷，就在澳門學習宗教，之後到上海等地傳教。清代的容閎，在幼童留美方面扮演了舉足輕重的角色。澳門回歸後第一屆特首何厚鏵，小學畢業於永援中英學校（今陳瑞祺永援中學），教會學校。現任特首崔世安則肄業於澳門嶺南中學，非教會學校，後到美國留學。

　　那麼教會學校或非教會學校的教育對畢業生社會貢獻的影響，到底體現在那些方面呢？兩者的關係有多大呢？要了解這些問題，我們就需要了解教會學校和其他學校在教學宗旨、教學內容、教學管理方面有什麼不同，他們培養出來的學生和其他學校培養出來的學生在社會發展中的角色有何不同。

　　我們的基本發現是澳門中等教育的教會與非教會學校在教學宗旨、教學內容與教學方法、其畢業生的社會影響方面還是有些不同。多數教會學校（我們稱作「藍底學校」）在教學宗旨中有宗教的訓導而沒有世俗的訓導（如愛國愛澳），而所有的建制派學校（我們稱作「紅底學校」）則在強調其他宗旨的同時會強調愛國愛澳。公立學校——主要是葡語學校/專業技術學校/國際學校（我們稱這些學校為「綠底學

校」）則會在兩者之間。至於不同學校畢業生在政治、經濟、社會、文化中的作用大體上不分伯仲。不過對一些個案的分析我們可以發現，有紅底學校背景的精英人士在建制方面表現比較突出，而有藍底背景的精英則在民主運動方面表現比較突出。我們的課題還在初級階段，所以結論有待今後繼續完善。

本文分以下幾個部分論述澳門教會與非教會學校的同與不同：1）澳門教會學校的歷史；2）研究方法；3）澳門教會學校（中等教育）的現狀及其與非教會學校的同與不同；4）澳門教育對澳門社會發展的影響；5）結論及澳門教育模式對大陸教育發展的啟發。

一、澳門教會學校的歷史

澳門教會學校可分為大專院校與中小學兩種。就前者來説，主要是 400 多年前成立的聖保祿學院與現在的聖約瑟大學。下面簡單介紹這兩個學校的情況。之後我們再來看澳門中小學發展的情況。

聖保祿學院成立於 1574 年，於 1762 年因為耶穌會被解散而關閉，歷時 188 年（見圖一）。1784 年複辦，但是到 1835 年學院被大火燒毀，前後共約 260 年。聖保祿學院是中國第一所也是東亞第一所高等院校（該校還有一所小學部），是一所神學院，是為遠東培養傳教士的基地，通常學生有 200 多人。聖保祿學院的課程有語言、神學、科學、哲學、藝術、天文等。課程修完之後，可授博士學位。學院有自己的診所、天文瞭望台與印刷所。聖保祿學院學習過的學生如利瑪竇等人，不僅成為了最早的漢學專家，而且是將中國文化傳播到歐洲，

圖一　澳門大三巴教堂與聖保祿學院遺址，錢納利繪畫作品

並將歐洲文化介紹到中國的最早的文化使者。明崇禎年間禮部尚書兼文淵閣大學士徐光啟（上海人）則和利瑪竇合作翻譯了歐幾里德《幾何原本》等漢文西書。羅明堅、利瑪竇、湯若望、艾儒略等著名傳教士在去中國大陸之前，均在這裏學習漢語。康熙皇帝也要求傳教士在來中國之前要到澳門先學習中國話。[①]

　　吳歷（吳漁山）（1632—1718，江蘇常熟人，見圖二）曾在澳門學習天主教，之後到嘉定、上海傳教。下面吳歷的幾首詩描寫他在澳門

① 湯開建，《明清天主教史論稿初編：從澳門出發》，澳門大學出版，2012 年，第 44-45 頁。關於聖保祿學院，除了上述湯開建書之外，還可參見李向玉，《澳門聖保祿學院研究》，2001，澳門：澳門日報出版社；劉羨冰《澳門教育史》，人民教育出版社，2002 年，第 9-10 頁；《澳門百科全書》，中國大百科全書出版社，1999，第 415 頁。

圖二　吳歷畫像

學道的經歷。[1]

　　關頭粵盡下平沙，濠境山形可類花。
　　居客不驚非誤入，遠從學道到三巴。

　　紅荔枝頭月又西，起看風露眼猶迷。
　　燈前此地非書館，但聽鐘聲不聽雞。

　　燈前鄉語各西東，未解還教筆可通。
　　我寫蠅頭君寫爪，橫看直視更難窮。

　　另外被稱為聖保祿學院分院的聖約瑟修院，培養了不少中國籍傳

---

① Zhidong Hao, *Macau History and Society*（Hong Kong: Hong Kong University Press, 2011），pp.145-46.

教士。比如道光初年，就培養了來自全國各地的神父約 30 人。[1]

聖保祿學院的傳統被聖約瑟大學傳承了下來。該校校長在學校的網站上說，「聖約瑟大學代表着天主教教育的最高等級」，「我校秉承澳門長期的天主教人文教育傳統，其影響力遍及中國，乃至所有東亞和東南亞國家，以及大洋洲的島嶼」。[2] 不過，儘管他們設有宗教課程，但是很難說是一座神學院，已經不能與聖保祿學院同日而語。但是這可能並不是他們不想，而是不能。

在聖保祿學院被關閉後的 100 年間，澳門的教育沒有太大發展。直到 19 世紀末 20 世紀初，澳門的中小學教育才逐步形成了一些規模。在 1848 年時，只有雲仙仁愛會修女所辦的聖羅撒培幼院（1890 年時已經轉歸另一修女會管理，即加諾薩修女會）。到 1890 年時，澳門有 10 所政府承認的學校：

> 有教會辦的書院、義學，有政府辦的小學、幼兒學校、補習學校，有市政機構辦的領航員學校、義塾，還有葡人社團辦的商業學校。另外還有一所「華童學校西洋文義學」。[3]

20 世紀初，各種天主教學校開始興辦起來，如聖善學校（1911）、公教學校（1923）、聖若瑟中文部（1931）、望德女子學校（1933）、花地瑪真原學校（1933）、嘉諾撒仁愛原葡文學校的中文部（1935）等等。與此同時，華人非教會學校也都逐漸興辦了起來，比如鏡湖小學

---

[1]　見前引湯開建書，第 48-51 頁。
[2]　見聖約瑟大學網站，http://www.usj.edu.mo. 上網日期 2016 年 10 月 23 日。
[3]　見前引劉羨冰《澳門教育史》，第 10 頁。

(1906)、孔教義塾、蓮峰義學、望廈坊眾義學、同善堂貧民醫學以及十多所勞工及工會子弟學校如海員小學、糧食公會小學、鮮魚子弟學校、造船工會子弟學校、菜農子弟學校等等。①

基督新教於 1834 年在澳門開設了一所女塾，後來兼收男生。1839年在該校的基礎上建立了馬禮遜紀念學校，以緬懷馬禮遜在華傳教的業績。該校並接受了容閎、黃勝、黃寬、李剛、周文、唐傑等六名中國學生。容閎（1828—1912）是中國第一位獲得耶魯大學學士學位的華人，最早的中國留學生之一。他是清末幼童留美的主要倡導者，並在隨後就任留美學生監督及清政府駐美副公使（見圖三）。② 他參與了清末的變法維新、孫中山的革命運動，並著有《西學東漸記》等書。

由此可見，基督宗教（主要是天主教）的學校，在澳門教育中已經佔據了至關重要的位置。另外他們的畢業生，除了容閎之外，黃寬則成為中國早期最有名的西醫之一。③

教會學校在 1966 年的 12.3 事件（澳門的文化運動）中曾經受到重創。聖約瑟學校被澳門的造反派包圍，親台灣的校長（神父）被迫避走香港，並再也沒有能夠回來。澳門中華教育會本來是在華人天主教神父 James Liu 的領導下建立起來的，但是在 1950 年代，天主教神父和修女相繼離開，左派勢力逐漸佔據了領導崗位。直到 1980 年代，天主教學校才成立了天主教學校聯會，協調天主教學校事務。④ 當然這些

---

① 同上，第 11-19 頁。也見婁勝華，《轉型時期澳門社團研究》，廣東人民出版社，2004，第 192-95 頁。

② 同上，第 11-13 頁。

③ 見前引 Zhidong Hao, *Macau History and Society*, p. 137。

④ 本段歷史請看 Leung Kit Fun, Beatrice, "Church, State and Education" in Mark Bray and Ramsey Koo（eds.）*Education and Society in Hong Kong and Macao: Comparative Perspectives on Continuity and Change*（Hong Kong: Comparative Education Research Center, The University of Hong Kong, Kluwer Academic Publishers, 2004）, pp. 104-07。

圖三　容閎與留美幼童

歷史矛盾，現在人們已然不記得了，也基本沒有人去研究。

　　總之，教會學校在澳門歷史上曾經有過濃濃的一筆。如下所述，就是現在，教會學校仍然還在發揮着舉足輕重的作用。教會學校和非教會學校的同與不同，他們所發揮的社會作用的同與不同，都是非常值得研究的問題。

二、研究方法

　　本研究擬蒐集澳門各種中學校的教學宗旨、教學內容，並訪談其中約 30 位有代表性的學校的老師、校長和學生，了解他們的教學理念、教學方法，以及他們培養的學生的社會影響力。所研究的學校包括全部天主教學校 14 間、基督教學校 2 間、巴哈伊學校 1 間、聖公會學校 1 間，我們將它們叫做「藍底學校」；另外還有「紅底學校」（即和建制聯繫比較緊密的學校，比如由工聯總會及街坊會辦的學校）10

間；其他學校 9 間，我們將這些學校稱為非「紅底」、非「藍底」的「綠底」學校，包括公立學校（主要是葡語學校、中葡中學）、國際學校、專業技術學校等。與此同時，我們也訪談了 30 位各校的畢業生，從學生的角度看教會與非教會學校的辦學理念、教學方法以及教學成果的同與不同，從而更深刻地了解教會學校的功能。也即每所學校訪談一位老師或校長以及一位同學。如前所述，由於該課題還在進行中，這裏報告只討論初步發現。最後的結論需要做更多的研究之後才能得出。

三、澳門教會中學的現狀及其與非教會學校的同於不同

從表一中可以看到，教會學校的主體是天主教學校。在 18 所教會中學中，天主教學校有 14 所、基督教學校有 2 所、巴哈伊教 1 所，聖公會學校 1 所。教會學校所教學生佔全澳中學生的 45.8%。從教學人數上來看，教會學校佔了澳門中等教育約半壁江山（見表一）。

表一　教會與非教會中學所教學生人數與百分比

	學校數 （不包括校分部）	學校數 （包括分部）	學生人數	學生人數百分比
私立教會中學	18	32	13997	45.8%
私立非教會中學	20	22	15245	49.8%
公立中學	6	8	1353	4.4%
合計	44	62	30595	100%

數據來源：教育暨青年局網站，「2015/2016 學生人數」，上網日期 2016 年 10 月 22 日。

那麼教會學校與非教會學校有什麼區別呢？我們基本可以分辨出三種主要區別。第一是辦學宗旨；第二是教材、教學內容的選擇、教

學方法；第三是參與澳門政治與社會的程度。下面我們一一論述。

（一）辦學宗旨

在辦學宗旨方面，非教會學校與教會學校差別較大。在非教會學校方面，尤其是「紅底」學校（雖然不是公立學校，但是與政府關係比較密切），比如比較有名的濠江學校，在強調「以學生為本」、德、智、體、羣、美全面發展的同時，也強調培養「愛國、愛澳」人才。有相同宗旨的學校還有隸屬於澳門工會聯合總會的勞工子弟學校、教業中學、澳門坊眾學校、鏡平學校、澳門廣大中學（1951 年前為廣州大學的附屬中學）、澳門東南學校、商訓夜中學等。[①]

教會學校的情況則比較多元。有的學校有教會訓導，但未提愛國愛澳，如聖羅撒女子中學要求學生「忠誠、仁愛」，「傳揚福音」。關於澳門和中國的論述，則是要求學生成為「能立足澳門又能面對世界之現代中國澳門特區人」。聖玫瑰學校要求學生「為貧苦大眾服務和達成天主的意願，傳播天主的福音」「敬主愛人」。三育中學「培養基督品格，學習行善」。粵華中學「相信耶穌基督是主，祂的福音是我們人生旅途的明燈」。慈幼中學以鮑思高神父的教育精神與教育理想，培養學生成為靈、德、智、體、羣、美方面的均衡發展，使其成為「良好公民、熱心教友」。海星中學「以天主教教理齊發正確的人生觀，建立仁愛和平的社會」、聖若瑟教區中學第五校（中英文部）「貫徹耶穌基

---

① 本節所討論澳門各校的教育宗旨，均來自其網站。這裏未一一列出。關於中華教育所屬學校愛國愛澳的教學宗旨，也見 Tse Kwan Choi, Thomas, "Civic and Political Education" in Mark Bray and Ramsey Koo (eds.) *Education and Society in Hong Kong and Macao*, p. 187。

督『非以役人，乃役於人』的精神，培養學生服務社會，造福人羣的美德」。嘉若撒聖心英文中學相信「天主愛每一個人」，「每個孩子都是獨特的、珍貴的、可親可愛及可塑造的」。陳瑞祺永援中學要求以理智、宗教、仁愛精神培育學生成為良好公民及熱心教友。

還有的教會學校不提愛國愛澳，也不提教會訓導，但是會提到靈性、普世精神，應該説和教會訓導有些關係，儘管沒有直接像其他教會學校那樣提到宗教的教育。比如利瑪竇中學要求將學生「培養成為卓越幹練、樂於奉獻、充滿熱忱、富於靈性、具備倫理分辨能力的人，同時擁有一顆胸懷普世的心」；聖公會（澳門）蔡高中學要求弘揚誠、毅、愛、朴，培養「有全面才幹及普世胸襟的青年」。

更有另外一些教會學校則既不提這些世俗的要求，也不提教會的要求。比如聖公會中學強調 the truth shall set you free，無論學生還是老師都要 articulate, confident, creative, cheerful, inquisitive, well-motivated and work hard together to become lifelong independent learners；庇道學校要求學生學會自信、體諒、相處、做事等等；聯國學校（巴哈伊）要「nurture the highest standards of intellect, character, and physical development」；聖保祿中學要求學生能夠造福國家，以致全世界。化地瑪聖母女學校則堅持「敬靜恆毅」。聖若瑟教區中學（一二三四校）要求「在服務中與別人共同成長，實踐我為人人，人人為我的共同教育，共同成長的學習理念」。

在不提世俗和宗教的要求上，非教會私立學校或者公立學校（綠底學校）和上面這些學校相同。比如澳門演藝學院-舞蹈學校「提供品德、人文、專業、技能兼備的全人教育，培養知識型、創造型的專業舞蹈人才」。還有高美士中葡中學的「明德求智，美健同揚」；中葡職

業技術學校的「激發個人潛能，達到品德、人文、專業、技能學習之全人教育目標」；澳門國際學校則培養學校的判斷能力、批判性思維、有意義的文化素養、合作、服務；澳門大學附屬應用學校的「全人培育」、「讓學生在德、智、體、羣、美及情意（education of feeling and emotion）與靈性（nobility of life）方面得到全面、均衡的發展」。

也有教會學校試圖將教會與世俗的目地結合在一起的。培正中學要培養學生在「德智體羣美靈六育的均衡發展」，期望通過「優質的基督教教育，培養有愛心，有責任感，有國際視野，有批判性思維，有競爭力，綜合素質良好的愛國愛澳青少年」。培正中學也是大家公認澳門最好的學校之一。

總之，紅底學校會強調愛國愛澳，但是教會學校的情況則非常多元：有試圖將世俗與宗教結合的，也有只提宗教要求，而不提愛國愛澳的，也有愛國愛澳、宗教要求都不提的。

（二）教材、教學內容與教學方法的同於不同

當然，光看辦學宗旨，不一定能夠了解真實情況。但是從教材與教學內容、教學方法的選擇來看，我們的初步調查還是可以看到一點端倪。

「紅底」學校的中文與英文教材通常選用香港教材，但是數、政、史、地理、化、生會選擇大陸教材。這裏尤其重要的是涉及政治和歷史的教材，顯然和紅底有關聯。不過我們的訪談發現，老師們通常照本宣科，不主動引導，不發表自己的觀點，對敏感問題採取迴避態度。但是我們定義的綠底學校澳門舞蹈學校會學唱「七子之歌」以及其他革命歌曲。

　　教會學校數學、中文、英文、歷史則多採用香港教材，數理化也有採用大陸教材者。基本上是香港教材為主，大陸教材為輔。政治敏感問題有時候會涉及，但是也不詳細。但是除了品德與公民教育之外，他們也有宗教教育、聖經課或者修身課，儘管課時並不多。

　　綠底學校如澳門大學附屬應用學校則既有香港教材，也有大陸、歐洲教材，但是歷史為大陸教材。高美士中葡中學中英課用香港教材，數學地理歷史則用大陸教材。

　　顯然，儘管在數理化方面其實無所謂用什麼教材，但是在語文、政治、歷史方面紅底學校傾向於用大陸教材，而藍底學校傾向於用香港教材，綠底學校則兩種情況都有。

　　其實，在訪談中我們發現，多數學生並不知道該校的教學宗旨是什麼。學生通常都被動接受所教授知識。至於所用的具體教材，以及如何教，也因為老師的不同而各異。比如，教青局現在有一套統編的品德與公民教育教材，其中有介紹大陸政治與經濟的內容。但是教青局並沒有強迫使用該教材，而且即使學校使用了，如何教，老師也有很大的自主性。一項十年前的研究指出，一位顯然是紅底學校的被訪者懷有強烈的民族主義情緒。儘管他聲稱不碰觸敏感問題，但是研究者認為實際情況並非如此。[①] 顯然，儘管教材會列出教學內容，但是教不教、如何教或許才是最主要的問題。

　　關於本土歷史問題，無論是什麼學校都基本不教。上述這位教師說基本不教的原因，一來沒有時間，二來沒有書，三來澳門沒有很長

---

① 　見 Tan Kang, John, "Secondary School History Curricula" in Mark Bray and Ramsey Koo (eds.) *Education and Society in Hong Kong and Macao*, p. 216。

的歷史。[①] 這些顯然都是藉口。對殖民歷史評價上的分歧或許才是更重要的原因。

但是對中國歷史的講授，紅底學校和教會學校顯然有些不同。後者更加能夠平衡各方的觀點。一位教授國共關係與內戰歷史的老師原來是國民黨軍官，在課上甚至給學生展示國民政府頒發給他的獎章。[②] 這在紅底學校應該是不太可能的。

總之，我們從教學宗旨、教材的使用、教學方法中的確可以看到不少教會學校與非教會學校的不同，但是在具體教學中的情況如何，由於現有案例還是太少，需要進一步研究。不過從下面一節的討論中，我們還是可以從側面看到更多的一些不同。

（三）澳門政治與社會的參與程度

無論是教會學校還是非教會學校，都會組織到大陸參觀、訪問，參加教青局組織的夏令營，參加認識祖國愛我中華之旅，參觀抗戰勝利 70 週年展覽，學習中國文化，學習少數民族文化，進行科技交流，參加升國旗、軍訓，參加基本法問答比賽等活動。除了這些活動之外，教會學校通常也會參加一些宗教節日的活動。

但是紅底學校與國家與政府的互動顯然要多一些。比如江澤民 2000 年來澳門時參觀了濠江中學，胡錦濤 2004 年來澳門時參觀了勞工子弟學校（勞校）。2005 年 2 月 21 日，時任特首何厚鏵向勞校轉達了胡錦濤給學生的回信。2016 年 10 月 11 日李克強訪問了鏡平學校（中

---

① 同上，第 216 頁。
② 同上，第 217 頁。

學部）。習近平和溫家寶訪問的則是澳門大學。而教會學校，無論是中學還是大學，則得不到這樣的殊榮。對天主教學校聯會來說，澳門社會文化司司長譚俊榮來訪就是比較大的新聞了。

鏡平學校校長黎世祺與 2016 年 10 月 17 日在《澳門日報》發表文章，題為「愛國愛澳培養『一國兩制』接班人才」，回憶了李克強訪問該校的情況，並談了自己幾點「深刻的體會」。[①] 他說：

第一，需要繼承幾十年傳承下來的優良傳統，繼續做好學生的愛國教育、國情教育及中國歷史、中華優秀文化的教育，並團結畢業的歷屆校友，在愛國愛澳的旗幟下，不忘初心，繼續前行。

第二，必須傳承並發揚「愛國愛澳」的優良傳統，建立起對祖國、對中華民族的國家認同感和民族認同感，真正實現澳門的「人心回歸」，讓「愛國愛澳」真正成為澳門社會的主流核心價值。

他說學校要培養「一批一批的『一國兩制』偉大事業的接班人」。學生們要「自覺地把自己與澳門和祖國命運，以及前程緊密聯繫一起，在提升自己的愛國愛澳情懷的同時，增強奮發成才，投身『一國兩制』事業，對社會有所貢獻的責任感和使命感」。

第三，「愛國愛澳，學校需要提升育人的質量」。他最後說，今天，為了中華民族的偉大復興，為了共圓中國夢，全中國人民包括港澳同胞、海外華人正在吹響集結號！同升一面旗、共愛一個家。我

---

① 見《澳門日報》同名文章，載於 http://www.macaodaily.com/html/2016-10/17/content_1129330.htm. 上網日期 2016 年 10 月 23 日。

們深深地認識到圓中國夢，必須靠幹、幹、幹，靠加油、加油、再加油。愛國愛澳，不應是一個口號，更不應成為空談。

空談誤國，實幹興邦。愛國必須從我們做起，從每一個人做起，從我們的本職崗位做起。鏡平學校全體師生會乘國務院李克強總理視察學校鼓勵全校師生的東風繼續辦好鏡平學校，提升育人質量。為澳門特區輸送大批優質的愛國愛澳人才，既是鏡平學校的心意，更將會化為鏡平學校全校師生的行動。

紅底學校的愛國情懷可見一斑。

另外紅底學校及老師多為澳門中華教育會的成員，而教會學校則多為天主教聯會的成員。前者多會主動支持中央政府和澳門政府的決策。在 2016 年李克強訪問澳門之後，澳門中華教育會副理事長陳志峰在《澳門日報》發表文章「薪火相傳澳門未來會更好」，強調「愛國愛澳的澳門人的可貴之處，就是大家都關心我們的祖國、我們的家園」。「澳門必須大力培養和造就一代又一代『一國兩制』偉大事業的接班人」。「『一國兩制』和『愛國愛澳』核心價值的薪火相傳，就成為了澳門未來取得成功的關鍵的因素」。[①]

當然這些愛國愛澳的宣言，也會表現在他們的教學要求上面。比如在 2014 年香港「佔中」運動期間，中華教育會要求會員注意引導學生對「佔中」持反對立場。據媒體報道：[②]

---

① 　見澳門日報同名文章，載於 http://www.macaodaily.com/html/2016-10/17/content_1129329.htm. 上網日期 2016 年 10 月 23 日。

② 　論盡媒體，「中華教育會知道『佔中』討論，紅底大校老師收封口令」，見 http://aamacau.com/2014/10/08. 上網日期 2016 年 10 月 23 日。

中華教育會星期二向會員發出參考指引，指老師有責任引導學生對佔中作「深入理性思考」，培養「獨立思維」、「明辯是非」的能力。但話鋒一轉，指引單方面強調「佔中」違法，嚴重破壞香港社會秩序，對青少年思想造成不良影響。建議老師與學生討論「佔中」時，從以下幾個角度思考：「擾亂社會秩序」、「造成族羣撕裂」、「蒙受經濟損失」、「是否只要是公義就可違法？」

據了解，有紅底第一大校日前要求老師，不可在課堂上表態支持佔中，與學生討論可以，但只能是持反對和批判立場。而教會學校處理各有不同，有的持開放立場，有的可以說但不要張揚。亦有學生在校內綁黃絲帶被阻止，但校方沒有說明原因。

我們定義的綠底學校澳門大學附屬應用學校也有類似的指引。其校長（前教青局官員）2014 年時曾在北京長途致電學校主任，表明校方會支持人大 831 決定，要求老師們留意及觀察學生的情況，並保持中立，不可向學生表明立場。亦不希望跟學生提及宗教方面的問題。當然老師們也可以不按照要求去做，但是通常情況下，這樣的要求至少會讓老師們增加一些自我審查，所以作用還是有的。我們的訪談發現，老師們不會去主動引導學生的價值觀走向，不多發表個人意見，不太願意碰觸敏感問題。他們也會教育學生理性看待問題。

而藍底學校即教會學校則多有意識地不去引導學生就政治敏感問題表態，有的老師認為教學不涉及政治。顯然，紅底、藍底、綠底學校都傾向於保守，但是紅底學校會更加緊跟中央的步伐。

四、澳門中等教育對澳門社會發展的影響

那麼，教會學校與其他學校對社會發展有不同的影響嗎？答案並不十分清楚。從畢業生從政的情況來看，在有數據的本屆立法會 24 人中（立法會共有 33 人），教會學校畢業的有 11 人，非教會學校 13 人。但是民主派一共也就是 3 到 4 人。而且即使在民主派中，也是非教會學校畢業的居多：吳國昌是教會學校畢業的，但是歐錦新畢業於紅底學校，高天賜畢業於綠底學校。至少從這幾個人的情況來看，紅底、藍底、綠底與是否主張民主似乎無關。

我們還統計了政治、經濟、社會、文化與教育各界總共 100 名精英人士，發現其中 48 人為教會學校畢業，52 人為其他學校畢業。這與他們在中等教育中的學生所佔比例相近，看不出來二者有什麼區別。

另外畢業於紅底、藍底與綠底學校的前任或現任司局級官員也各有分佈，儘管似乎藍底或綠底學校的較多。比如從紅底學校畢業的有前任或現任司局級官員有黃有力（現任海關關長，濠江中學）、張裕（前任社會文化司司長，濠江中學）、周偉光（現任司法警察局局長，勞工子弟學校）等。畢業於藍底或者綠底學校的前任或現任司局級官員則有張國華（前任保安司司長，粵華中學）、譚俊榮（現任社會文化司司長，培正中學）、劉仕堯（前任運輸工務司司長，粵華中學）、歐文龍（前任運輸工務司司長，粵華中學）、羅立文（現任運輸工務司司長，利宵中學）、梁維特（現任經濟財政司司長，慈幼中學）、馬耀權（治安警察局局長，粵華中學）。

從立法會的情況來看建制派議員也是紅底、藍底、綠底均有。不過對一些平時參政比較積極的議員來說，似乎底色可能還是有些作

用。比如建制派觀點強烈的議員如鄭志強畢業於濠江中學（紅底），陳虹畢業於內地中學；除了前面吳國昌等人外，多少傾向民主的議員如陳美儀（直選）、李靜儀（間選，工聯總會）則畢業與教會學校。不過例外也不少，使得這個規則有很大水份。比如更加傾向與建制派的議員及行政委員陳澤武畢業與香港英華書院（教會學校）。其他出身於教會學校的建制派議員還有崔世平、唐曉晴、馬志成、劉永誠、蕭志偉等人。

但是主要建制派社團的領導人如招銀英（婦聯總會理事長）、梁慶庭（街坊總會榮譽會長、行政會委員）、馬有禮（澳門中華總商會會長、行政會委員）、李沛霖（澳門中華教育會副會長）、劉焯華（工聯總會顧問原立法會主席）等均畢業與濠江中學（紅底）。

最主張民主的社會團體新澳門學社的現任三位主要領導人，蘇嘉豪、鄭明軒、周庭希則都從教會學校畢業，之後蘇嘉豪上了台灣的政治大學，後兩位上的則是澳門大學。原立法會委員陳偉智也是藍底學校畢業。

總之，儘管人們的政治態度在走向社會之後根據社會經驗的不同而有所變化，但是原畢業學校的教育或多或少可能還是有些影響。而且這種影響或許在選擇讀什麼大學的時候就有了。比如紅底學校的同學多選擇讀澳門或者大陸的大學，而藍底學校的同學則多選擇讀澳門或者台灣的大學。一個 2010 年的調查顯示，77.9% 在台灣就讀大學的澳門生來自教會學校。[①]

教青局 2016 年關於大專以上學生的畢業地的調查顯示，在大陸學校畢業的澳門生（12.9%）略微少於在台灣畢業地澳門生（14.8%）（見

---

① 澳門青年研究協會、澳門中華新青年協會、澳門中華學生聯合總會主辦並出版，「在台灣各大學就讀澳門學生狀況調查研究報告」，2010 年 7 月。

表二）。從教科書的選擇可以看出，多數大陸畢業的澳門生應該是紅底學校的學生。大學教育顯然對他們的政治走向也有很大的影響。

另外，從 2014/2015 年度澳門高三畢業生升學情況來看，到內地升學的學生僅佔 14.5%（699 人）。少於到台灣升學的 25.2%（1, 218 人）（見表三）。如果對比 2016 年畢業地和 2015 年高三學生的升學地，或許到台灣升學的人數有所增加。

表二　應屆畢業生的畢業地點分佈情況 2016[①]

畢業地點	人數	百分比
中國澳門	1, 564	58.4%
中國台灣	395	14.8%
中國內地	345	12.9%
中國香港	179	6.7%
英國	59	2.2%
澳大利亞	38	1.4%
美國	30	1.1%
葡萄牙	17	0.6%
加拿大	16	0.6%
瑞士	12	0.4%
法國	4	0.1%
紐西蘭	4	0.1%
日本	3	0.1%
新加坡	2	0.1%
德國	1	0.04%
其他	7	0.3%
總計	2, 676	100%

① 教青局，「澳門專上應屆畢業生升學與就業意向調查，2016 年調查結果」，見教青局網站 http://www.gaes.gov.mo/hetdb/hrsupply2016_4.html. 上網日期 2016 年 11 月 8 日。

表三　2012/2013 到 2014/2015 年高三畢業生升學的地區人數分佈[①]

地區	人數			百分比		
	12/13	13/14	14/15	12/13	13/14	14/15
澳門	2, 844	2703	2, 455	57.2%	54.6%	50.8%
台灣	1, 030	1105	1, 218	20.7%	22.3%	25.2%
內地	739	669	699	14.9%	13.5%	14.5%
其他	361	473	456	7.2%	9.6%	9.5%
總計	4974	4950	4, 828	100%	100%	100%

　　也正是由於這個原因，2017 年大陸計劃加倍招收來自澳門的保送生。2017 年大陸招收澳門生的名額將由 2016 年的 580 個名額增至 2017年 930 個名額（58 所高校）。另外未包括在上述名單裏的暨南大學和華僑大學也準備擴大招收澳門生至近 1000 人。兩者相加，2017 年大陸共擬招收澳門學生約 2000 人。

　　如上所述，2014/2015 年度澳門高三畢業生到內地升學的學生僅佔14.5%（699 人）。少於到台灣升學的 25.2%（1, 218 人）。澳門、內地、台灣已經佔了所有澳門生升學地區的 90.5%。從 2013 到 2015 年三年的情況看，留在澳門的學生逐年減少，分別為 57.2%，54.6%，50.8%，而到台灣上學的學生則逐年增加，分別為 20.7%，22.3%，25.2%。但是到大陸上學的同學的比例在沒有多大變化，分別為 14.9%，13.5%，14.5%。換句話說，增加內地大學的吸引力，會將本來會留在澳門或者去台灣的學生吸引到內地去，或許這是中共對台戰略的一個組成部分

---

① 見教青局，「2012/2013 學年澳門高中畢業生升學調查簡報」，2014 年；「2014/2015 學年澳門高中畢業生升學調查簡報」，教青局文件，2016 年。該學年高三畢業生總數為 5614人，繼續升學的為 5015 人，升學率為 89.3%.

也說不定，當然結果如何我們還不得而知。

的確，正如中華教育會理事長陳虹指出，「國家教育部增加保送名額等措施，充分體現國家對澳門的關心和支持，尤其培養年輕一代的重視及關愛」。培正中學校長也指出，到內地升學，可以「培養對國家民族的深厚感情」。[①]

一位學生家長指出，去台灣升學又擔心女兒思想容易偏離，「個個都講民主、講自由，驚佢會變到好反叛，內地呢方面的教育相對就比較嚴謹」。[②]

的確，根據澳粵發展創思中學發表的《澳門學生赴我國內地、台灣地區升學意向研究》，「對國家身份認同方面，內地澳生得分普遍較高；在台讀書澳生對特區政府施政效能滿意度偏低」。[③]顯然，到哪裏升學，會對學生的價值觀有一定的影響。

另外，「若可重新選擇，七成七台灣畢業澳生仍會選擇到台灣升學；六成七在台澳生表示還會選擇台灣；四成八內地澳生仍會選擇內地，另有四成四表示不確定」。[④]澳生對台灣的好感，顯然超過對內地的好感。

五、結論及澳門教育模式對大陸教育發展的啟發

澳門的教會學校有比較輝煌的歷史。儘管大學教育可能失去了過去的輝煌，但是中等教育卻辦得也還有些特色，只是不知道它們的特

---

① 《澳門日報》，「陳虹：國家重視澳生有福」，2016 年 11 月 10 日，A02 版。
② 《澳門日報》，「家長：中游生，機會增」，2016 年 1 月 2 日，A03 版。
③ 《澳門日報》，「外地澳生七成六願學成歸來」，2016 年 11 月 19 日，B01 版。
④ 同上。

色能夠持續多久。幾年前筆者因為另外一個課題走訪了澳門天主教區的副主教，他提到希望教會學校多一些宗教的訓導。

但是無論如何，從我們研究的初步發現可以看出，澳門的中等學校教育是非常多元的，色彩斑斕。教會學校在澳門的中等教育中佔了近半壁江山，扮演了舉足輕重的角色。與此同時，紅底學校也辦得紅紅火火。教會學校的成功是可以和紅底學校相媲美的，只是在紅底學校的紅紅火火面前有點相形失色。

不過儘管他們的政治傾向可能有所區別，但是這並不妨礙他們培養的人才在政治、社會、經濟、教育、文化方面做出傑出的貢獻。從政治方面講，這種貢獻可以是紅底學校在建制方面的貢獻，也可以是藍底學校在民主運動方面的貢獻。正是這種不同觀點與利益的博弈與碰撞，使得社會得以進步。

但是無論是什麼顏色的學校，都應該加強歷史的教育，尤其是本土歷史的教育，加強普世價值的教育，加強國家認同的研究與教育。

澳門教會學校的發展、澳門教育的多元，並沒有危及澳門的社會穩定，相反，教會學校的教育是促進社會進步的源泉之一，也是澳門社會穩定的來源之一。在教會學校的發展方面，大陸應該也可以比現在做得好一些。

The role of missionary schools in Macao's social development:

A comparative study of missionary and non-missionary schools

Hao Zhidong

Abstract: This paper studies the teaching aims, teaching contents and teaching methods of different types of secondary schools in Macao, especially missionary schools and non-missionary schools. Basic on the interviews of students, teachers and parents, we found that non-missionary schools, especially the "red-background" schools, would place more emphasis on patriotism and love for Macao, while the religious discipline of missionary schools (blue-background schools) would exceed the secular discipline. In addition, graduates from different schools play an equal role in political, economic, social and cultural development, although the elites who graduated from "red-background" schools play a more prominent role in the organizational system, while those with "blue-background" school backgrounds are more prominent in the democratic movement. The diversification of Macao's education system is the cornerstone of Macao's political and social progress and stability.

Keywords: Macao; secondary schools; missionary schools

治理視野下的澳門棚戶改造進程研究（1950—2000）

朱峰　朱德新 *

摘　要： 從上世紀五十年代到六十年代中期，澳葡政府在澳門棚戶改造問題上陷入治理困境。1966 年「一二·三」事件後，澳門的治理背景發生重大轉折，推動其他治理要素，如主體和結構發生轉變：澳葡政府從僵化的統治者轉變為合作共治的推進者，相關社團由間接參與轉變為直接參與，棚戶區菜農和其他居民從被動接受轉變為積極應對。澳葡政府通過推動多元利益主體形成合作共治的網絡治理結構，最終促使棚戶改造問題得到順利解決。澳門棚戶改造進程表明，以政府作為單一治理主體且對棚戶採取粗暴的拆除或限制政策無法有效解決問題，只有多元利益主體加入並形成網絡治理結構的情況下，才能有效化解棚戶改造和城市化進程中政府所面臨的治理難題。

關鍵詞： 棚戶改造　城市治理　澳葡政府　澳門菜農　棚戶

---

* 　朱峰，澳門科技大學法學院助理教授；朱德新，澳門理工學院語言暨翻譯高等學校教授。

一、問題的提出

自人類開始聚居城市以來，配套設施不足、環境擁擠等貧窮階層的住房問題已成為城市生活的陰暗面。「貧民窟」或者「棚戶區」的存在，不僅出於人口擴張或來自全球化的非人為壓力，也是治理失敗（failureofgovernance）的結果。因此，聯合國人居署（UN-Habitant）提倡展開「良好、包容和平等」的城市治理，使棚戶區等貧民居住的區域成為城市必需的和具創造力的一部分。[①] 但是不同的治理主體往往對此問題採取不同的態度，進而導致棚戶區問題難以解決。有學者認為，在二元視角下審視城市中的棚戶區與城市其他部分共存現象，導致公共主體在不同的城市區域實施不同的政策。並使得政府的對棚戶區的態度在默許（例如使棚戶區正常化、合法化、提出升級或重新安置方案）和鎮壓（例如拆除棚戶、驅逐棚戶居民或者強制安置）之間反覆搖擺，棚戶區問題因而成為一種「公共政策困境」（publicpolicydilemma）。[②]

本文所探討的澳門也出現了類似現象，即澳葡政府在如何治理棚戶區上也出現了較大的搖擺。棚戶問題是上世紀澳葡政府的治理難題。五十年代，包括菜農在內的貧苦居民曾在澳門馬場、新口岸等區蓋搭棚戶（又稱「棚寮」、「木屋」、「寮屋」）居住。而從五十年代開

[①] United Nations Human Settlements Program, the Challenges of Slums Global Report on Human Settlements, 2003, p.40. https://www.un.org/ruleoflaw/files/Challenge%20of%20Slums.pdf. 瀏覽時間：2019 年 3 月 2 日。

[②] Thomas Aguilera, The Hidden Side of Metropolization: Governing Squats and Slums in Paris: Illegal Cities and Public Policy Dilemmas, Paper presented at the International RC21 conference 2011:5. www.rc21.org/conferences/amsterdam2011/edocs/Session%2013/RT13-2-Aguilera.pdf. 瀏覽時間：2019 年 3 月 2 日。

始，不同時期的澳葡政府對這些棚戶區採取了不同的治理手段，取得的效果各異。本文擬運用城市治理（urban governance）理論來分析澳門棚戶改造進程。這是由於在該理論的框架下，研究者的視野不再局限於地方政府機構本身，而擴展至資源擁有主體為實現既定的共同目標所採取的策略、或資源調整程序與機制。① 澳門棚戶改造問題屬於城市內部治理的一部分，運用城市治理理論進行分析有助於更好地把握澳門城市棚戶改造的進程和特點，為其他城市或地區處理城市棚戶改造問題提供經驗或啟示。

二、澳門棚戶改造進程（1950—1990）

從抗戰時期到五十年代初，由於生活困苦，大量廣東省難民湧入澳門，與此同時，澳門半島又有大量填海而成的荒地未能得到充分利用。澳葡政府遂推行鼓勵墾殖政策，許多外來農民以及部分本地人，在馬場、新口岸等地墾荒。這些菜農往往搭建簡陋棚戶居住。這些棚戶要麼「以竹為柱，以茅草為頂」，或以「板樟為壁，膠紙和鋅鐵為頂」。② 澳葡政府統計部門將其定義為：「作居住用途而無規律性之建築物，及用舊物料建成之居住單位。」③ 到 1960 年，澳門的棚戶區棚戶數量「達五千間以上，住民凡三萬人」。④ 由於這一時期澳門處於澳葡政府殖民管治的特殊環境中，這既為解決棚戶問題增添複雜性，又為棚戶

---

① Jon Pierre. Comparative Urban Governance: Uncovering Complex Causalities, *Urban Affairs Review*, 2005（3）：452-453.

② 姚雲龍，澳門木屋區的滄桑，澳門日報，1965 年 6 月 17 日。

③ 澳門統計暨普查司，一九八一年第二次居住調查研究報告，1987，第 9 頁。

④ 禁在郊區各地搭蓋木屋，華僑報，1960 年 12 月 7 日。

的改造進程增添獨特性。澳葡政府對棚戶區的改造經歷以下階段：

（一）澳葡政府對棚戶區的「全面改造」階段（1960—1966）

在六十年代之前，澳葡政府雖對菜農建造棚戶持反對態度，但菜農通過給工務廳稽查送「茶水錢」等方式，使他們對此「睜一隻眼閉一隻眼」。[①] 而後來澳葡官方曾指出允許菜農等興建棚戶的理由是：「鑒於當時該等地段未有立即使用，而且佔用者大多數係屬貧窮或經濟脆弱的人士，有關當局基於照顧人道的原因，未有採取禁止措施，以取締在政府公地上蓋搭棚戶作住宅或農耕目的之用」。[②] 自 1958 年開始，澳葡政府施政重點轉向發展旅遊娛樂業，但當時各個棚戶區的破舊面貌有礙觀瞻，不利於吸引遊客。為了「整飭市容」，澳葡政府計劃通過禁止和取締新建棚戶，嚴格限制原有棚戶修理和擴建等方式，「逐步消滅棚戶區」。[③] 因此，自五十年代末開始，澳葡政府改變了此前的放任態度，轉而採取嚴加管理的手段：一是限期拆除未經申請的新建棚戶。從 1960 年底起，澳葡政府對澳門馬場、台山、青洲、新口岸、黑沙灣、新橋大坑渠、林茂塘、白鴿巢山、石昌街等處的棚戶區實行禁止木屋居民擅新建木屋的政策。工務廳派出稽查人員，到各個棚戶區作經常性巡視，如果發現居民擅自新蓋棚戶，就「飭令拆去」。[④]

二是為防止趁機擴建而對棚戶修理進行嚴格限制。澳葡政府對棚戶修理的限制達到了「錙銖必較」的地步。據當時的報紙報導：「全澳

---

① 2012 年 6 月 19 日在澳門菜農合群社訪問該社創會會長江榮輝（1929 年出生）的記錄。
② 禁在政府公地蓋搭棚寮棚戶，華僑報，1973 年 8 月 26 日。
③ 極力發展娛樂業多吸引外國遊客，華僑報，1958 年 11 月 18 日。
④ 禁在郊區各地搭蓋木屋，華僑報，1960 年 12 月 7 日。

包括離島在內的其他各區棚戶修理均遭到了政府的干涉，即使居民在棚戶頂補上一塊膠紙這種在清理上完全可以自行解決的小修小補也會被政府相關人員要求拆除，而正式的申請程序卻費時費力。」即使在颱風季節，如果棚戶區居民和菜農需要修補房屋必須首先向澳葡政府工務廳申請，一位菜農只「在颱風到來前也將一些鋅鐵片蓋在屋頂，同時加上幾條木方，以防屋頂被吹毀」，但被發現後「工務的『巡欄』便來干涉，不但要他將鋅鐵及木方拆駢，甚至連原有的屋前涼棚也要拆去，同樣的要求補辦申請手續也不獲准」。① 綜上所述，澳葡政府的一系列限制措施對於這一時期的澳門棚戶區來說收到了良好的效果，到1966 年，棚戶數量降至 1894 間。②

　　1966 年 12 月 3 日爆發的「一二・三」事件，中止了澳葡政府嚴厲的棚戶改造政策的延續。該事件的導火索是「一樁本來無足輕重的小事」，即同年 11 月 15 日發生的澳葡海島市行政局代局長晏德地（Rui de Andrade）召警阻止氹仔坊眾學校擴充校舍的工程，衝突中造成 24 人受傷。③ 據該事件親歷者回憶，他們曾「不下二十次前往海島市政局提交擴充校舍的申請，但每次申請均遭到拒絕，而且沒有給出任何理由。」④ 該起事件很快升級成民族矛盾。同年 12 月 3 日，示威羣眾在澳葡總督府門前與警衛發生衝突，進而演變成大規模騷亂事件，最終導致 8 人被打死，212 人受傷，「腥風血雨，籠罩澳門」。直至 1967 年

---

① 木屋加固防颱風工務廳竟亦干涉，澳門日報，1965 年 7 月 25 日。
② 一九六八年三月份滅蚊報告，華僑報，1968 年 4 月 30 日。
③ 吳志良：《澳門政治發展史》，上海：上海社會科學院出版社，1999 年，第 255-256 頁。
④ Agens I.F.Lam and Cathryn H. Clayton, One Two Three: Evaluating "Macau`s Cultural Revolution", *Modern China Studies*, Vol.23, Issue 2, 2016, p.167.

初，澳葡總督嘉樂庇簽署遞交認罪書後，整個事件才宣告結束。[1]

該事件帶來另一個後果是，由於「當局未暇顧及」，許多菜農以及其他市民「趁機」在空地上大量蓋搭棚戶。根據官方數據顯示，從1966年至1968年3月全澳棚戶數量由1894間激增至3372間。[2]這表明澳葡政府在六十年代採取的以「逐步消滅棚戶」為目的的政策，也許可以暫時抑制木屋數量，但是無助於從源頭上解決棚戶問題。一旦其降低政策執行力度，私建棚戶行為就勢必「反彈」。這也意味着澳葡政府的棚戶區治理陷入困境。

（二）澳葡政府對棚戶區的「綜合治理」階段（1968—1975）

從1968年開始，澳葡政府不再採取強拆棚戶等強硬手段，轉為「籲請澳門廣大市民的合作和諒解」，不再興建或擴建棚戶。[3]由於棚戶主要搭建在城市郊區的荒地、海邊、山腳等地，大多缺乏下水道、水電、街燈、消防設備等公共設施。在「一二·三」事件之前，菜農曾多次致函澳門中華總商會（以下簡稱商會）反映上述問題，但未得到妥善解決。「一二·三」事件後，菜農的社團組織菜農合羣社又派出代表多次前往政府有關部門，促使其重視上述問題。與此相對應，澳葡政府於1975年成立了一個由多個部門官員組成的棚戶委員會，工作重點之一就是解決棚戶區環境問題，並進行了多次考察。該委員會會長申道恕（Rogério Santos）在視察時曾對記者說，為了防止棚戶區出現火

①　吳志良：《澳門政治發展史》，上海社會科學院出版社，1999年，第256頁。
②　一九六八年三月份滅蚊報告，華僑報，1968年4月30日。
③　僭建棚寮牟利實對大眾有害，華僑報，1968年3月27日。

災，可以「可以放寬有關規定讓木屋居民向行政局申請加建一獨立性木屋廚房」。[1] 經過多方努力，各主要棚戶區的公共設施有了一定改善。

該委員會的另一項工作重點是研究各主要棚戶區的清拆改造計劃。當時逐漸形成的一個思路是政府撥款興建廉價樓宇，廉價租售給棚戶區居民，用於安置他們，「希望藉此逐漸安置棚戶區居民，改善他們之居住環境，以期逐漸將棚戶淘汰」。該計劃先由澳葡當局撥出一筆款項，興建一批廉價樓宇，以不牟利方式廉價出租或出售給棚戶居民。安置棚戶居民後，將原有地段撥出一部分拍賣，得款後充作繼續興建廉價樓宇用。[2]

（三）澳葡政府對以新口岸為等棚戶區「清拆安置」階段（1976—2000）

70 年代末 80 年代初，一方面澳門對外貿易、旅遊業等經濟部門發展勢頭良好，澳門城市發展迫切需要更多土地；另一方面大量內地居民來到澳門，使澳門人口從 1980 年至 1988 年淨增長 12 萬 9 千多人。在這一背景下，對棚戶區進行全面清拆安置逐漸提上了日程。在這一時期，澳葡政府吸收了此前「全面改造」時期的教訓，延續了「綜合治理」時期木屋委員會提出棚戶治理思路，集合社會力量興建廉租房，用於安置棚戶居民。其中一件標誌性事件是 1984 年通過的第 124/84/M 號法令《房屋發展合同》。該法令允許政府和開發商簽訂房合同，由開發商以較低價格向澳葡政府承批土地興建樓房，並將

---

① 棚寮如欲另建廚房可向市政局申請，華僑報，1975 年 2 月 27 日。
② 當局擬建廉租屋徙置棚戶區居民，澳門日報，1975 年 3 月 1 日。

一部分建好的住宅單位交予政府。這些住宅單位被政府劃為「社會房屋」（即廉租屋，類似香港公共屋村），專門分配給社會底層人士居住。而這一時期澳葡政府在處理棚戶居民清拆安置的時候，逐漸形成的做法是包括菜農在內的棚戶居民只要配合澳葡政府的工作，搬出棚戶，將來則可優先被安置或分配到各類社會房屋中居住，同時還能獲得一定的經濟補償。這一政策極大的照顧了棚戶居民的利益，降低了棚戶清拆安置的阻力，使得澳門棚戶區清拆安置工作得以加速進行。

這一時期澳葡政府採用多種方式，結合社會各界力量，對多處棚戶區展開了清拆安置行動。部分典型的棚戶清拆安置行動簡述如下：

1. 黑沙環電廠棚戶清拆改造行動

1982 年，澳門電力公司擬擴建廠房，需要改造周邊 2000 多平方米的棚戶區域。因此澳葡政府行政局、新聞處、社會工作處聯合與電廠代表與棚戶區菜農代表展開了進行了多輪交涉。最後的結果是受影響的菜農必須在 4 月 21 日前搬遷，而政府同意將分配筷子基的平民大廈中的部分單位給他們居住，並給予一定補償。[①]

2. 新口岸全區棚戶清拆改造行動。

六十年代初，澳葡政府與澳門旅遊娛樂公司（博彩企業，以下簡稱娛樂公司）簽訂專營合約，允許該公司擁有新口岸區三分之一土地的開發權，以換取其承擔該區棚戶清拆重建的義務，但該工程前期進展緩慢。「一二‧三」事件後，澳葡政府於 1972 年、1976 年兩次修改專營合約，將娛樂公司承擔的補償、安置義務進一步具體化，由此拉

---

① 佔用電廠地段四戶菜農昨經協定獲補償後遷出，華僑報，1982 年 4 月 18 日。

開了該區大規模棚戶清拆和菜農安置的序幕。[①] 但就在 1976 年 6 月，澳葡政府卻突然重拾其曾使用過的強硬手段，「集合五個部門數十名軍裝和民裝人員」前往新口岸，準備強拆一棟正在興建的棚戶。而該區棚戶居民則團結一致，與來勢洶洶的拆屋人員在雨中對峙近 3 小時，最終迫使其撤離。[②] 澳葡政府此舉之目的，在於防止棚戶居民趁清拆之前加以擴建，索取更高補償。12 月 31 日，澳葡政府有關單位（市行政局、輔導發展處、工務交通司等）、北泰建築公司（受娛樂公司委託具體承擔棚戶清拆任務，以下簡稱北泰公司）及菜農合羣社代表舉行會議，並達成協議，決定日後該區居民如申請擴建棚戶時，還須附加一項聲明：「不得以擴建棚戶為理由要求更高的補償」，將來計算棚戶補償面積時，「應以昔日居住的面積來計算」，使上述問題得到妥善解決。[③] 這就為娛樂公司對新口岸區棚戶清拆和對居民的安置工作掃除了障礙。在菜農合羣社、新口岸坊會、娛樂公司、北泰建築公司等多方努力下，新口岸棚戶清拆任務於 1985 年完成，該區菜農及居民也得到合理安置，居住環境實現了從棚戶到樓房的飛躍，而新口岸區也從六十年代「澳門最大一塊菜地」演變成一個成熟的商業區。

在上述成功經驗的基礎上，澳葡政府於 1990 年成立房屋署，負責全澳門公共房屋的統籌協調工作，同時監管棚戶的清拆安置。於 1994 年頒佈第 6/93/M 號法令，確定了棚戶清拆和處理相關糾紛的措施。該法第 25 條規定「澳門房屋署為經濟狀況較差，且有條件獲得社會房屋

① 朱德新、朱峰：《土地非農化進程中的公私夥伴關係——以澳門新口岸為例（1962—1985）》，《西北農林科技大學學報（社會科學版）》，2015 年第 2 期第 37-42 頁。

② 市行政局上午說可以下午要拆屋菜農與警員對峙三小時，華僑報，1976 年 6 月 2 日。

③ 工務司與菜農合群社協調，華僑報，1976 年 12 月 31 日。

的家庭，重新安排住房」。這一規定為澳門此後的棚戶改造提供了明確的法律基礎。坊間輿論認為這是澳葡政府「正式從法律上承擔安置木屋居民和貧困家庭的責任」。[①] 此後，澳門的棚戶改造工作有條不紊的進行，直至 2001 年，澳門半島的棚戶清拆安置工作基本完成。後人評價澳門的棚戶改造工作，認為澳門棚戶區「歷盡滄桑五十年」，雖然有一定波折，但是「可幸並未發生重大事故」，而這有賴於澳葡政府和後來的特區政府「興建大批社屋和經屋，優先安置棚戶居民正式列入法例中，對穩定社會起積極作用」。[②]

三、治理視野下的澳門棚戶改造進程分析

（一）治理背景：困境中轉折

顧名思義，城市治理背景是指治理進程中所處的特定時空背景。分析治理背景對於理解不同時期城市治理的變化尤為重要。因為「城市治理的重大轉變，只有全面考慮了城市政治、經濟環境的變化之後才能被充分解讀」。[③] 對於治理背景的分析，已被學者廣泛運用於不同時期的城市治理研究中。例如有學者在分析香港的棚戶改造問題時指出，八十年代港英政府在棚戶政策上的轉變，與包括 1984 年中英聯合聲明頒佈、經濟發展戰略轉變、中長期房屋政策形成在內的一系列重

---

① 本澳現存棚戶逾六百，澳門日報，2002 年 11 月 19 日。
② 五十年青州木屋坊，澳門日報，2000 年 11 月 5 日。
③ Alan Digaetano and Elizabeth Strom.Comparative Urban Governance: an Integrated Approach, *Urban Affairs Review*, 2004, Vol.38, Issue 1, p.360.

大歷史事件和政府治理轉型存在緊密聯繫。[1]

　　筆者認為，澳葡政府治理能力不足與城市住房需求之間的矛盾是導致棚戶大量出現的主要原因，同時也是棚戶問題的重要治理背景。就本研究所涉及的時間範圍來看，澳葡政府在解決住房問題上的治理能力十分匱乏。關於這一點，曾任澳葡政府房屋司司長的羅雷奧（Joaquim Loureiro）也不得不承認：「嚴重的非法移民潮及力薄的澳葡政府導致棚戶數量不受控制地增加，不單在空地上，甚至在街道兩旁亦可發現。」[2] 這正如部分學者所指出的，港英政府在七十年代大力發展住房、教育和社會房屋，而同期的澳門政府是一個十足的自由放任的政府（laissez-faire government），對於在這些領域扮演積極角色缺乏興趣。[3] 處於這樣的環境中，菜農等棚戶居民不得不通過搭蓋棚戶來解決居住問題。澳葡政府也只得通過各種強硬手段進行干涉，形成了棚戶治理的困境。

　　但這種治理困境並未一直延續，而是自重大社會政治事件即「一二·三」事件的爆發而發生轉折。該事件與此前澳葡政府的治理方式和手段有關。正如部分事件親歷者將事件原因歸納為人們發泄「對澳葡政府種種考慮欠妥的政策、部分官員的傲慢和以及底層官僚腐敗無能的失望情緒」。[4] 而更重要的是，該事件既對澳門社會帶來廣泛而

---

[1]　Alan Smart. Unruly Place.Urban Governance and the Persistence of illegality in Hong Kong`s Urban Squatter Areas, *American Anthropologist*, vol.103, no.1, 2001, pp.35-36.

[2]　Joaquim Loureiro：《澳門的社會房屋》，《澳門行政雜誌》，1994 第 2 期，第 506 頁。

[3]　Ian Scott, Social Stability and Economic Growth, in Newman M.K. Lam and Ian Scott (eds)，*Gaming, Governance and Public Policy in Macao*. Hong Kong University Press, 2011, p.5.

[4]　Cathryn Clayton，The Hapless Imperialist? Portuguese Rule in 1960s Macau，in Bryba Goodman and David Goodman（eds.），Twentieth Century Colonialism and China: Localities, the Everyday, and the World，New York;Routledge, 2012, p.215.

深遠的影響，又徹底改變了棚戶改造進程的發展方向，形成擺脫困境的轉折點：一是該事件迫使澳葡政府轉變治理態度，正視華人社會的需求，推動整個政府的治理轉型。對此，吳志良指出，「澳葡政府經此一役，吸取了深刻的慘痛教訓，逐漸調整改變其僵硬過時的殖民政策和手段，這為澳門長遠政治社會穩定、經濟民生進步、民族融合發展以及法律合理完善創造了起碼的條件。」[1] 二是與澳葡政府的治理轉型相呼應，菜農及相關社團等政府外的治理主體也實現了自身角色的轉換，為此後各主體之間就解決棚戶清拆和菜農及居民安置等複雜問題展開的互動，奠定了良好基礎。

經過上述轉折後，澳葡政府實現治理轉型以及其他治理主體角色的轉換，多元利益主體在解決棚戶問題上開始形成合作共治的局面，彌補了澳葡政府自身治理能力的不足。加上七十年代至八十年代，在城市化加速推進需要佔用大量郊區土地資源的情況下，迫切需要對棚戶進行清拆改建。這些治理背景的轉變為破解棚戶改造難題創造了前提條件。

（二）治理主體：互動中轉變

對治理主體進行分析是城市治理研究中的重點問題之一。有學者認為，城市治理主體是一個包容性的體系，眾多的利益相關者在組織形式上可以歸結為三類利益主體：政府部門、私營部門和非營利組織。[2] 在具備組織形式的治理主體之外，城市市民也可以被納入治理

---

① 吳志良：《澳門政治制度史》，廣州：廣東人民出版社，2010 年，第 217 頁。
② 王佃利：《城市治理體系及其分析維度》，《中國行政管理》，2008 年第 12 期，第 73 頁。

主體的體系中進行分析，但由於其個體利益和要求的分散性特徵，在多數情況下處於弱勢地位。其參與城市治理的權利更多通過利益代表——民間組織或者政黨來行使。① 因此，本文結合棚戶改造的實際情況，選取澳葡政府、民間社團（菜農合群社）和菜農為研究對象，分析這三類治理主體在棚戶改造進程中的利益互動和角色轉換。

1. 澳葡政府：從僵化的統治者到合作共治的推進者

如何闡明治理過程中政府扮演的角色，是整個治理研究當中的一個具有「挑戰性」的問題，也是對治理主體進行分析的重中之重。② 部分學者根據國內現階段的基本國情，將城市政府定義為城市治理中的「核心主體」。③ 但域外學者對城市治理中政府的角色和作用卻有不同的表述。例如皮埃爾（Jon Pierre）認為，儘管城市治理在大部分情況下體現出城市政治機構在改造進程中的高度中心性，但不能簡單地假設它們完全和徹底控制了整個城市改造進程。他認為政府未扮演任何角色的治理不太可能發生，並且城市治理過程中政治機構的角色是持續多變的。④

這一觀點可以用作分析澳葡政府在棚戶改造進程中角色的扮演，因為其角色也不是固定的，而是多變的。在治理背景出現轉折之前，澳葡政府無視棚戶居民的要求，普遍運用強制拆除等強硬手段，且在棚戶修理上設定嚴苛的程序，反映出這一時期的澳葡政府在棚戶問題

---

① 徐靜：《城市治理研究的最新進展及一般分析框架》，《珠江經濟》，2008 第 5 期，第 8-9 頁。

② 王志鋒：《城市治理的經濟學分析》，北京：北京大學出版社，2010，第 12 頁。

③ 徐靜：《城市治理研究的最新進展及一般分析框架》，《珠江經濟》，2008 第 5 期，第 8-9 頁。

④ Jon Pierre, Comparative Urban Governance: Uncovering Complex Causalities, *Urban Affairs Review*, 2005, Issue 3, pp. 452-453.

上具有強烈的葡式殖民主義色彩。正如一些學者指出的，在葡式殖民主義的統治下，直到六十年代都沒能給澳門帶來富有活力的經濟、良好的社會秩序和受過良好教育的大眾。[①]

不過，受「一二·三」事件帶來的衝擊以及其後不同治理主體在棚戶問題上的一系列互動，推動澳葡政府的治理轉型，其在改造進程中所扮演的角色也出現了轉變。如「一二·三」事件發生後，澳葡政府大多不再採用上述強硬手段，而是通過發佈通告勸諭市民、登記棚戶情況等溫和的手段進行管理，體現其治理方式上漸趨溫和。在治理態度上，澳葡政府高級官員在七十年代中期兩度前往棚戶區視察情況，尤其關注棚戶區的居住環境問題，1975 年還成立了棚戶委員會，這些都反映了澳葡政府對棚戶區問題的重視，並對區內情況進行分析調研。更重要的是，在這一時期關於棚戶區清拆安置等複雜問題上，澳葡政府在不同的場合下扮演了多重角色：例如，其合作者的角色體現在澳葡政府與不同的地產商、博彩企業等私營企業，通過不同的合作模式，對棚戶區展開清拆和菜農及居民安置工作，並取得良好的效果。其協調者的角色體現在新口岸區清拆安置工作進程中，澳葡政府與私營企業和有關社團進行多輪協商，對該區棚戶修理和擴建達成協議，為後續工作鋪平了道路。其維護者的角色體現在必要時動用其公權力，保障棚戶清拆安置工作的順利推進。1983 年 6—7 月，澳葡政府有關部門兩度發出通知，要求新口岸棚戶區一戶索償過高的「釘子戶」配合清拆工作就是一個例證，從而為最終實現多元主體合作共治的局面發

---

① Cathryn Clayton,the Hapless Imperialist? Portuguese Rule in 1960s Macau,in Bryba Goodman and David Goodman（eds.）. Twentieth Century Colonialism and China: Localities, the Everyday, and the World,New York: Routledge, 2012, p.215.

揮了不可替代的作用。

2. 相關社團：從棚戶改造進程的間接參與者到直接參與者

非盈利組織或民間社團也是城市治理的重要主體並在其中發揮重要作用。在上述棚戶案例中涉及到的社團，主要是成立於 1952 年的菜農合羣社。隨着社團自身的發展、治理背景轉換等因素的影響，該社在改造進程中扮演的角色也出現了較大的變化。

在「一二·三」事件之前，菜農合羣社的工作重點主要放在保障會員利益以及改善生產和生活條件等方面，在棚戶問題治理過程中發揮的作用不大，是一種間接參與。如 1962 年對馬場菜農棚戶火災災後救助，或就改善棚戶區環境狀況等問題多次致函商會，請求其代轉澳葡政府予以解決等。「一二·三」事件後，菜農合羣社發揮了舉足輕重的作用。具體來說，菜農合羣社深入參與棚戶修理和清拆安置等改造進程中，其與澳葡政府的互動在某種程度上體現了社團在澳門合作主義治理中的「互相賦權（empowerment）」[1]，在一定程度上彌補了正式制度缺失所造成的影響。例如，在棚戶修理方面，菜農合羣社逐步實現了在菜農棚戶修理和擴建問題上的自治，因為此時菜農如有這方面的需求，可向該社提出申請，由其審核後發出「批准紙」，而這一「批准紙」的效力受到澳葡政府認可。[2] 這意味着澳葡政府通過單向、默許方式賦予該社部分本屬於政府所有的公權力資源。在新口岸的棚戶清拆過程中，倘菜農同意清拆棚戶並與北泰公司正式簽約時，還需時任菜農合羣社會長的江榮輝從旁簽名作證，以證明簽約所涉及的棚戶確為

---

[1] 婁勝華：《轉型時期澳門社團研究——多元社會中法團主義體制解析》，廣州：廣東人民出版社，2004 年：第 335-336 頁。

[2] 市行政局上午說可以下午要拆屋菜農與警員對峙三小時，華僑報，1976 年 6 月 2 日。

其擁有。而此本屬於政府物業登記範圍的權力。這反映出在很長一段時間裏澳葡政府在棚戶改造過程中仍未建立有效的正式制度，其中所產生的「縫隙效應」則需要菜農合羣社等相關社團來填補。[①]

3. 菜農：從被動接受到積極應對

城市治理主體當中，「城市市民的參與是城市治理的基礎結構，它們既是一種政治參與，也是社會參與，體現了其政治利益和社會利益的要求，構成了城市治理發展的微觀基礎。」[②] 菜農作為城市居民的一部分，其治理參與主要是通過菜農合羣社等社團來實現的，但全面考察菜農在治理過程中的表現，仍可以發現其角色的轉變。

在「一二·三」事件之前，由於缺乏抗爭和表達利益要求的管道，面對澳葡政府限時強拆的粗暴治理手段，被拆棚戶的菜農只能「頓失栖依，彷徨無措」。但經歷了改造進程的磨練特別是「一二·三」事件後，菜農在與澳葡政府的互動過程中不再被動接受一些難以接受的措施，而是團結一致積極應對。前述 1976 年新口岸菜農和澳葡政府派出的警察和行政人員在雨中對峙多時，最終成功阻止對方拆除棚戶即是例證。此後，在涉及棚戶清拆和安置問題上，菜農代表也參與到與私營企業就新口岸區菜農棚戶補償安置方案的商討中，最終爭取到了相對優厚的補償條件。

（三）治理結構：發展中重塑

對城市治理進行結構分析，成為學術界在研究城市治理時常用的

---

① 工務司與菜農合羣社協調，華僑報，1976 年 12 月 31 日。
② 王佃利：《城市治理體系及其分析維度》，《中國行政管理》，2008 年第 12 期，第 73 頁。

手段。例如歐盟治理中的「多層治理」（multi-level governance）模式，即可視為城市外部治理中的一種結構性分析，因該模式關注多層治理結構中超國家組織、國家、地區和城市政府等不同層級之間的關係。在涉及棚戶等城市內部治理問題時，也可以採用結構分析法來描述不同時期治理主體之間形成的治理結構和利益關係。

如對棚戶改造進行結構分析，不難發現不同治理階段的治理結構是有區別的。具體來說，在「一二·三」事件之前，棚戶改造結構呈現出層級城市管理模式的特徵：澳葡政府是整個結構的中心，其與菜農的利益關係呈現出自上而下單向線性關係特徵（參見圖 1）。在這種結構中，由於語言障礙、族羣觀念差距等方面的原因，澳葡政府與被管理者之間缺乏溝通，在治理手段上以命令和控制為主，在實踐中多採取簡單、粗暴和僵硬的措施，菜農往往也只能被動接受澳葡政府的管理。

但自「一二·三」事件後，棚戶問題的層級式管理結構也被重塑，包括菜農合羣社在內的民間社團以及包括博彩企業（娛樂公司）、建築地產企業（多家參與棚戶清拆改建的相關公司）在內的私營企業積極參與到棚戶問題的改造進程中，促成了網絡治理結構[①]（參見圖 1）的出現：(1) 治理主體之間形成以相互合作為運轉基礎，以多邊互動為結構形式的「多邊關係（multilateral）」。一方面，「一二·三」事件後，相互合作和談判協商成為治理主體之間解決問題的主流。即使偶有溝通不暢導致的不愉快事件，如前述 1976 年澳葡政府試圖重新採取暴力

[①] 朱德米：《網絡狀公共治理：合作與共治》，《華中師範大學學報（人文社會科學版）》，2004 第 3 期，第 8-9 頁。

拆遷手段阻止新口岸菜農興建棚戶的事件，最終也在政府的退讓下得以平息。另一方面，治理主體之間的多向互動頻繁。其中，既有兩個主體的雙向互動，如北泰公司與菜農代表就新口岸棚戶清拆的賠償和安置的協商；又有多主體的互動，例如澳葡政府、菜農合羣社以及北泰公司就新口岸棚戶擴建問題的協商解決等。這類互動有時包括政府，有時也不包括政府，而在其他主體之間進行。（2）網絡結構體中的政府不再處於核心地位，僅成為其中的一個節點；或各個治理主體通過它直接建立聯繫的一個通道（gateway）。「一二 · 三」事件後，澳葡政府的治理角色出現了較大轉變，與其他治理主體一樣充當網絡結構中的一員，並在許多場合中也發揮了利益協調者的作用。例如前述其在新口岸菜農棚戶清拆過程中協助解決「釘子戶」的問題。（3）網絡治理具有動態性的特點，通過合作共治找尋解決問題的方法。這是由於棚戶問題的複雜性決定了其解決方案不可能一蹴而就，而要嘗試多種制度選擇，尋找合適的解決方案。如在新口岸區，由博彩企業通過實踐專營合約義務的方式進行安置；在馬場區，則由澳葡政府和房產商

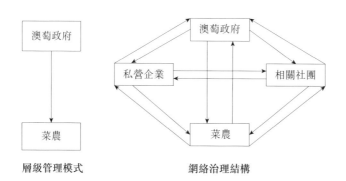

圖 1　層級管理模式與網絡治理結構比較

參考文獻：朱德米：《網絡狀公共治理：合作與共治》，《華中師範大學學報（人文社會科學版）》，2004 第 3 期，第 8-9 頁。

簽訂興建經濟房屋合同的方式解決等就是例證。

總之，在「一二‧三」事件之前，面對與菜農棚戶拆建之爭的角力，澳葡政府並未考慮到它的複雜性和特殊性，無法消除公共政策「路徑依賴」（path dependence），仍沿襲傳統的「由上至下（top-down）」或「命令和控制（command and control）」式的城市管理模式 [①]，使得相關措施無民意基礎，未能得到相關利益主體的積極參與和支持，不可避免地陷入棚戶改造的治理困境。隨着治理背景因「一二‧三」事件出現轉折，治理主體也在一系列彼此利益互動中實現角色轉變，治理結構則在發展中重塑，最終通過多元主體力量、資源的合作共治，才得以脫離困境，順利完成了棚戶清拆以及菜農等棚戶居民的安置任務，為此後城市空間拓展以及澳門回歸後的經濟騰飛創造了條件。因此，澳門棚戶的順利清拆以及菜農安置結果表明，面對複雜治理問題，以政府作為單一治理主體且對棚戶採取粗暴的拆除或限制政策無法有效解決，只有調動多元利益主體形成合作共治的網絡治理結構，才能破解治理難題，實現多贏格局。澳門的棚戶治理經驗可以為其他城市或地區處理棚戶改造問題提供經驗或啟示。

---

① Pasty Healey（al.eds.），Managing Cities: the New Urban Contexts, Chichester: John Wiley and Sons, 1995, p.18.

The Shantytown Reform of Macau from the perspective of Urban Governance (1950—2000)

Zhu Feng, Zhu Dexin

Abstract: Since the 1940s, Macao farmers constructed and repaired their slums at the urban fringe of city and this activity was ignored by the Portuguese-Macao government. But at the end of the 1950s and the beginning of the 1960s, the Portuguese-Macao government started to restrict the development of slums built and repaired by Macao farmers. The 123 incident happened at 1966 significantly changed the governance method of Portuguese-Macao government. Subsequently, diverse actors participated in the governance process which made the slum issue successfully solved at the 1980s. Farmers moved out of slums and then the slums were removed from the urban area. This case reflects that due to the change in the context of urban governance, to some extent, the actor and structure of the governance process towards slums also changed. The Portuguese-Macao government became a promoter for cooperation and common-governing rather than a rigid colonial ruler. The relevant association also changed from indirect participants to direct participants in the governance process towards slums. The attitudes of farmers in this the governances also changed from passively accepted to activity responded. Meanwhile, the governance structure is also transformed from a simple one-way hierarchy governance structure to a collaborative model of network governance.

Keywords: urban governance; shantytown reform; Portuguese-Macao government; Macao Farmers; shantytown

粵港澳經濟

中國對「一帶一路」國家 OFDI 的逆向技術溢出與經濟可持續性

周天芸　黃麗民*

摘　要：本文基於中國「一帶一路」戰略背景，以 2005—2017 年「一帶一路」沿線 15 個省（直轄市）面板數據，採用固定效應模型檢驗中國 OFDI 逆向技術溢出對經濟可持續性的影響，結果表明，OFDI 的逆向技術溢出對經濟可持續性具有正向推動作用；在考慮金融市場發展的吸收能力中，吸收能力對可持續性具有顯著作用，在「一帶一路」整體以及在「21 世紀海上絲綢之路」樣本中，金融市場發展超過門檻值後能推動 OFDI 逆向技術溢出對可持續性的促進作用；而「絲綢之路經濟帶」的研究表明，金融市場的發展可能降低逆向技術溢出的促進作用，同樣地區資源狀況也抑制經濟發展的可持續性。

---

*　周天芸，中山大學國際金融學院，教授，研究方向為區域經濟、國際金融；黃麗民，香港中文大學，研究生，研究方向為金融學。

　　基金項目：中國科學院學部諮詢評議項目「粵港澳大灣區建設成為世界級經濟區研究」（2018）。

關鍵詞：OFDI　逆向技術溢出　可持續性　一帶一路　主成分
分析法

　　經濟全球化的推進，帶動全球資本跨國間的流動越來越頻繁，對
外直接投資（Overseas Foreign Direct Investment，OFDI）規模飛速擴
張，OFDI 已經成為當今全球經濟發展的巨大推動力和各國聯繫的關鍵
紐帶。面對複雜多變的國內外形勢，中國在 21 世紀加快實施「走出去」
戰略，先後提出共建「絲綢之路經濟帶」和「21 世紀海上絲綢之路」
重大倡議，加快中國 OFDI 的發展步伐。近十年，中國 OFDI 規模年均
增長率達到 27.2%，到 2017 年 OFDI 流量位居世界第三，存量位居世
界第八，躋身對外投資大國的行列。

　　與此同時，隨着經濟邁入新階段，中國逐步將經濟發展戰略的重
心從總量增長轉向質量提升。「以提高發展質量和效益為中心」已成為
中國經濟長期發展和發掘經濟增長潛力的重要戰略。自 2015 年起，中
國 OFDI 步入理性調整階段，更重視優化投資結構和質量效果。目前，
中國 OFDI 的產業分佈結構逐步優化，國別分佈從單一市場向多方均衡
過度，投資形式日益多元化，對外投資從資源尋求型逐步轉向資源、
技術、市場全面尋求型，從而對國內經濟增長、產業結構優化的推動
力不斷增強。在此背景下，「一帶一路」戰略作為當代中國對外開放
的總綱領，引領各領域改革發展特別是供給側改革，提供解決產能效
率和可持續性發展的有效措施。2018 年，中國企業對「一帶一路」沿
線 56 個國家的非金融類直接投資佔總額 13%，對外承包工程佔總額
52%，「一帶一路」戰略成為中國對外投資合作最強大的推動力。

在此戰略實施過程中，專家學者開始探討 OFDI 對中國產業升級和經濟增長質量的影響，尤其對 OFDI 逆向溢出效果展開理論研究。現有研究大多集中驗證 OFDI 逆向溢出效應的作用機制，檢驗 OFDI 對中國技術創新、產業升級的作用，有關推動經濟可持續性發展的研究較少，基於「一帶一路」政策背景的理論研究更少。鑒於此，本文嘗試從三方面進一步進行理論探討。其一，機制方面，依據 OFDI 不同主體類型的動機，嘗試從經濟發展的可持續性考察 OFDI 的逆向溢出效應，探究逆向溢出效應對可持續性的作用。其二，實證方面，基於「一帶一路」戰略主要省份的面板數據，利用擴展的 CH 模型以及主成分分析法等方法，分析「一帶一路」的戰略意義，嘗試為分析 OFDI 的戰略意義提供新的思路。其三，引入吸收力，考慮金融市場發展水平為吸收能力對 OFDI 逆向溢出效應的影響。

一、理論與文獻綜述

OFDI 逆向技術溢出機制的理論。自斯蒂芬‧海默提出壟斷優勢理論以來，國內外學者圍繞 OFDI 的動機提出不同的理論觀點，其中解釋力較強且接受度較廣的是鄧寧在 1977 年提出的國際生產折衷理論。該理論認為，只有當企業同時擁有所有權優勢、內部化優勢和區位優勢這三大優勢時，才能完全具備對外直接投資的條件。基於中國 OFDI 動機的研究，王躍生認為中國 OFDI 的動機有尋求低成本和資源、擴大市場以及追求利益 [1]；董莉軍通過實證分析得出，中國 OFDI 受能源

---

[1]　王躍生：《FDI 理論發展與我國企業對外投資的基礎》，《南方金融》2007 年第 8 期。

需求和出口的影響較大。[1] 總體上，根據動因的 OFDI 可以分為市場導向型、資源導向型、技術導向型，以及戰略導向型，不同動因受母國與東道國的經濟基礎、政治情勢和資源狀況等影響。中國「一帶一路」戰略覆蓋的國家眾多，經濟發展水平差異大，其中多數為發展中國家，但也有發達國家、新興經濟體和高收入石油國家，國家優勢各不相同。因此，在「一帶一路」建設下的 OFDI 對經濟可持續性的影響能從多種傳導機制通過技術資本積累、人力資本提高、環境效應等影響經濟的長期可持續增長。

市場導向型 OFDI 是企業為開闢境外市場以及規避貿易壁壘，通過直接投資進行生產銷售從而擴大出口市場或是避開貿易壁壘。一方面，根據比較優勢論，OFD 可以將本國已處於或將處於劣勢的產業轉移到海外，實現國內產業結構優化和環境的改善。「一帶一路」沿線國家多中等收入國家，廉價勞動力推動眾多「一帶一路」的製造業迅猛發展，中國可以通過 OFDI 轉移部分勞動密集型產能從而推動產業升級和經濟質量的提高。另一方面，OFDI 能夠繞開貿易壁壘，消耗國內的過剩產能實現資源的有效釋放，通過與當地產業的競爭實現逆向技術溢出，從而促進國內經濟可持續性的提高。羅良文和成曉傑通過理論分析認為 OFDI 能通過低碳投資一定程度避開碳關稅和非關稅壁壘，從而實現低碳經濟的發展。[2] 在「一帶一路」沿線的大部分國家仍處於工業化初級階段，工業基礎薄弱且基礎設施有待完善，是中國釋放工業過剩產能潛在的巨大市場。

---

[1]　董莉軍：《中國對外直接投資的政策動因 —— 一個新的實證研究》，《技術經濟與管理研究》2011 年第 11 期。

[2]　羅良文，成曉杰：《中國 OFDI 推動低碳經濟的路徑構建》，《技術經濟》2013 年第 7 期。

　　資源導向型 OFDI 是中國傳統對外投資類型，主要由國內資源供需矛盾推動大型國有企業到資源豐富的國家建立跨國公司。該類型的 OFDI 能通過降低產業成本和子公司的資金反哺，增加研發投入和加快技術積累，從而提高經濟增長可持續性。有研究認為認為中國對發展中國家資源和市場導向 OFDI 均能產生顯著反向溢出效用，分別通過生產規模擴大和新生產鏈運作等促進 R&D 活動。[①] 而「一帶一路」戰略中，西亞是石油儲量和產量最豐富地區，自然資源優勢明顯。中國高能耗產業能夠通過該類 OFDI 降低成本從而增加技術研發活動，促進產業效率和產能質量的提高。

　　技術導向型 OFDI 主要通過併購發達國家企業，或是在境外建立跨國公司，通過對先進技術的模仿學習獲得技術的逆向溢出、母國的人力資本提高，從而實現經濟遠期增長能力的提高。Potterie 和 Lichtenberg 通過實證研究證明 OFDI 能帶動母國 R&D 存量的增加，從而促進本國的全要素生產率的增長。[②] 而陳昊、吳雯通過建立中國對外直接投資國別差異與母國技術進步的機制模型，驗證中國對發達國家的 OFDI 能夠獲得逆向技術溢出。[③]「一帶一路」沿線國家的科技水平差距大，其中根據 2017 年康奈爾大學全球創新指數排名，新加坡和以色列的排名高於中國，而新加坡又是中國「一帶一路」OFDI 的第一大國，通過對科技強國的投資，有助於獲得逆向技術溢出從而提升經濟的可持續性。

①　Zhao W, Liu L, Zhao T. The contribution of outward direct investment to productivity changes within China, 1991w of Economics & Statistics, vol. 83, no. 3, Aug. 2001, pp. 490-497.

②　van Pottelsberghe de la Potterie, Bruno, and Frank Lichtenberg. "Does Foreign Direct Investment Transfer Technology across Borders?" Review of Economics & Statistics, vol. 83, no. 3, Aug. 2001, pp. 490-497. EBSCOhost, doi:10.1162/00346530152480135.

③　陳昊、吳雯：《中國 OFDI 國別差异與母國技術進步》，《科學學研究》2016 年第 1 期。

戰略導向型 OFDI 主要通過跨國併購的方式進行，企業能從中建立競爭優勢資產例如品牌資產、人力資產、技術資本等。陶長琪和王慧芳認為母國在 OFDI 積累的人力資本，能加快對先進技術的演示、模仿與吸收，從而擴大技術的溢出力度，促進母國技術水平的提高。戰略型 OFDI 通過併購有一定實力的國外企業，獲得地方化的知識資源和技術資源，通過內部學習、吸收以及轉移人力資源，最終實現母國人力資本、技術資本積累，提高母國經濟可持續發展能力。[1]

理論上，四種類型的 OFDI 都以不同機制產生逆向溢出效應，從而促進經濟可持續性的提高。對「一帶一路」沿線大多國家低收入發展中國家，中國的 OFDI 通常為資源導向和市場導向型，而對小部分創新水平高的發達國家則多為技術導向和戰略導向型。在對經濟可持續性的促進作用中，對發達國家的 OFDI 一般通過學習和轉化進行，而對中低收入發展中國家的 OFDI 則多是通過國際競爭或優化國內產能從而實現 R&D 資本的積累。針對中國的研究，陳培如等學者認為中國對發展中國家的投資增速加快，主要是依賴擴展邊際驅動，同時「一帶一路」戰略讓擴展邊際成為對沿線國家 OFDI 的新驅動力。[2] 而劉海雲等通過實證分析認為中國擴展邊際 OFDI 主要為資源導向型，且多面向發展中國家。[3] 結合二元邊際和動機導向分析，中國對發展中國家的 OFDI 能通過利用東道國生產要素優勢帶來母國產業結構的調整和要素比例的

---

① 陶長琪、王慧芳：《OFDI 逆向技術溢出對長三角地區全要素能源效率的影響》，《研究與發展管理》2018 年第 3 期。

② 陳培如、冼國明、胡雁斌：《中國 OFDI 的增長路徑研究 —— 基於二元邊際的分析視角》，《亞太經濟》2016 年第 4 期。

③ 劉海雲、聶飛：《中國 OFDI 動機及其雙向技術溢出 —— 基於二元邊際的實證研究》，《世界經濟研究》2015 年第 6 期。

優化，對發達國家則是通過對海外技術和人力資本的學習吸收帶來的技術進步和反向溢出。OFDI 的逆向技術溢出能否帶來產業結構的優化以及經濟的可持續性，除了考慮技術溢出的強度，還應考慮母國或地區的吸收能力。吳書勝和李斌的實證發現，吸收能力不夠、溢出空間限制及技術積累不足等原因都會影響 OFDI 逆向技術溢出的效果。[①] 國內外學者通過多方面研究認為，人力資本水平、技術差距、對外開放程度，以及金融市場發展水平均會影響技術吸收能力。

金融市場環境能否對技術溢出的起推動作用，國內外許多學者已進行研究。Levin 認為金融發展水平對投資決策與技術創新有重要影響，發達的金融體能為技術創新提供便利的融資，是決定創新活動效率的重要因素之一。尹東東、張建清則通過驗證中國金融發展規模對 OFDI 逆向技術溢出吸收起促進作用，但中西東部的促進程度有所差異。[②] 陳巖對中國 2003 至 2008 年省級數據的實證分析，認為中國銀行業整體效率和競爭力低下，非國有高科技企業在融資較困難，因此金融發展水平對逆向技術溢出的吸收作用不明顯。[③]

「一帶一路」戰略涵蓋範圍包括中國西部地區毗鄰中亞、南亞、西亞的「絲綢之路經濟帶圈」，以及東部沿海的「21 世紀海上絲綢之路圈」，覆蓋地區金融市場發展差異較大。其中「21 世紀海上絲綢之路圈」為中國東部沿海省份，金融市場發展起步相對較早，整體發展水

---

① 吳書勝、李斌：《中國對外直接投資逆向技術溢出非線性效應研究 —— 基於面板平滑轉換模型的實證分析》，《世界經濟研究》2015 年第 9 期。

② 尹東東、張建清：《我國對外直接投資逆向技術溢出效應研究 —— 基於吸收能力視角的實證分析》，《國際貿易問題》2016 年第 1 期。

③ 陳岩：《中國對外投資逆向技術溢出效應實證研究：基於吸收能力的分析視角》，《中國軟科學》2011 年第 10 期。

平較高，而西部地區如新疆、西藏等地區的金融市場發展仍處於初級階段。因此，金融發展水平理論上應有利於 OFDI 的逆向技術溢出。同時，鑒於金融市場發展對 OFDI 逆向技術溢出的研究較少，本文探究金融市場水平對於吸收能力的影響，及其 OFDI 逆向技術溢出對經濟可持續性的影響。

二、檢驗模型與變量界定

參考現有的研究文獻，考察 OFDI 逆向技術溢出與中國經濟可持續性的作用關係，本文採用兩個步驟構建模型。

第一步，構建 OFDI 逆向技術溢出對經濟可持續性的直接影響。本文借鑒 Coe & Helpman 技術外溢效應國際 R&D 溢出回歸模型[①]，以及 Lichtenberg& Pottelsberghe 引入 OFDI 作為溢出渠道所提出的 P—L 模型[②]，將資源稟賦、創新程度等影響經濟可持續性的因素作為控制變量加入模型，得到基礎模型：

$$Sustain_{it}=a_0+a_1 S_{it}^{OFDI}+a_2 Nr_{it}+a_3 Innov_{it}+a_4 FD_{it}+\varepsilon_{it} \tag{1}$$

其中，$Sustain$ 為經濟可持續性綜合指標，S^{OFDI} 為 OFDI 逆向技術溢出，Nr 為資源稟賦，$Innov$ 為創新程度，FD 為金融市場發展水平，下標 i 和 t 分別表示不同的省份和年份，ε_{it} 為隨機擾動項。此外，參考國內學者劉琛和盧黎薇發現 FDI 對中國經濟增長的促進作用在不同途

[①] Coe, D.T. and Helpman, E.（1995）International R & D Spillovers. European Economic Review, 39, 859-887.

[②] van Pottelsberghe de la Potterie, Bruno, and Frank Lichtenberg. "Does Foreign Direct Investment Transfer Technology across Borders?" Review of Economics & Statistics, vol. 83, no. 3, Aug. 2001, pp. 490-497. EBSCOhost, doi:10.1162/00346530152480135.

徑上存在滯後期，[①] 本文考慮 OFDI 的逆向溢出效果也可能存在時滯效應，故在基礎模型中引入滯後項 $L.S^{OFDI}$，得到動態面板回歸模型：

$$Sustain_{it}=a_0+a_1S_{it}^{OFDI}+a_2L.S^{OFDI}+a_3Nr_{it}+a_4Innov_{it}+a_5FD_{it}+\varepsilon_{it} \qquad (2)$$

同時，本文引入吸收能力進一步分析 OFDI 逆向技術溢出對中國經濟可持續性的影響，參考尹東東和張建清選取的吸收能力指標[②]，選擇金融市場發展規模作為吸收能力變量。通過增加交互項來驗證吸收能力對 OFDI 逆向技術溢出效應的影響，得到模型：

$$Sustain_{it}=a_0+a_1S_{it}^{OFDI}+a_2Nr_{it}+a_3Innov_{it}+a_4FD_{it}+a_5S_{it}^{OFDI}*FD_{it}+\varepsilon_{it} \qquad (3)$$

最後，考慮「一帶一路」覆蓋範圍中國東西部，地區經濟發展水平差距較大，因此在「一帶一路」整體樣本檢驗的基礎上，進行「絲綢之路經濟帶」和「21 世紀海上絲綢之路」的分部檢驗，分別對「絲綢之路經濟帶」的 10 省市數據和「21 世紀海上絲綢之路」的 5 省市數據進行模型（3）回歸，以考察「一帶一路」不同區域的 OFDI 逆向技術溢出的作用效果。

運用上述模型，本文界定 OFDI 逆向技術溢出與經濟可持續性的相關變量。

可持續性（*Sustain*）。可持續性是被解釋變量，本文通過計算綜合指標得到該變量。借鑒隨洪光的做法[③]，對經濟增長可持續性的分析從增長動力、資源利用效率和生態環境代價三個次級指標入手，選取 7

① 劉琛、盧黎薇：《VAR 模型框架下外商直接投資時滯效應的動態分析》，《數量經濟技術經濟研究》2006 年第 10 期。

② 尹東東、張建清：《我國對外直接投資逆向技術溢出效應研究 —— 基於吸收能力視角的實證分析》，《國際貿易問題》2016 年第 1 期。

③ 隨洪光、余李、段鵬飛：《外商直接投資、匯率甄別與經濟增長質量 —— 基於中國省級樣本的經驗分析》，《經濟科學》2017 年第 2 期。

項基礎指標獲得指標變量，使用主成分分析法（PCA）進行降維合成。

測算過程中，首先對基礎指標中逆向指標取倒數，正向指標保持不變。對變量進行 KMO（Kaiser-Meyer-Olkin）檢驗，根據 Kaiser 給出的常用度量標準，KMO 值達到 0.6 以上方能進行主成分分析。檢驗通過後再進行均值化處理，以解決量綱不可通讀問題，使用 PCA 方法合成可持續性的綜合指標，取第一主成分為指標。

表 1　經濟可持續性評價體系

分類指標	次級指標	基礎指標	代理變量	單位	指標屬性	
					正	逆
經濟可持續性	長期增長動力	知識存量	專利註冊數/GDP	倍數	∫	
		研發投入	R&D 經費/GDP	%	∫	
		人力資本水平	六歲及以上人口平均受教育年限	%	∫	
	資源限制	資源利用效率	單位產出能耗比	倍數		∫
	生態環境代價	大氣污染程度	單位產出大氣污染程度	倍數		∫
		污水排放量	單位產出污水排放數	倍數		∫
		固體廢棄物排放量	單位產出固體廢棄物排放量	倍數		∫

OFDI 逆向技術溢出（S^{OFDI}）。參照李梅和柳士昌的方法[1]計算各省從 OFDI 獲得的國外 R&D 溢出 S_{it}^{OFDI} 表示為：

$$S_{it}^{OFDI} = S_t^{OFDI} * (OFDI_{it} / \Sigma OFDI_{it})$$

S_t^{OFDI} 為中國對外投資獲得國外 R&D 溢出，參照 L-P（2001）方法計算為：

---

[1]　李梅、柳士昌：《對外直接投資逆向技術溢出的地區差異和門檻效應 —— 基於中國省際面板數據的門檻回歸分析》，《管理世界》2012 年第 1 期。

$$S_t^{OFDI}=\Sigma OFDI_{jt} * S_{jt}/GDP_{jt}$$

其中，S_{jt} 為中國 t 時期對外投資目標國 j 以 2005 年為基期折算的不變價格 R&D 資本，$OFDI_{jt}$ 是中國 t 時期對國家 j 的投資存量，GDP_{jt} 是 t 時期目標國 j 的 GDP。

資源狀況（Nr）。地區資源狀況對於經濟發展質量，特別是經濟可持續性有兩種理論，一是傳統內生增長理論認為自然資源是經濟增長的內生動力之一；另一種則是「資源詛咒」，認為豐富的資源會使得地區經濟過於依賴其發展，從而產生抑制效果。文本考慮資源狀況影響可持續性，並使用人均能源產量進行衡量：

$$Nr＝全省能源總產量/總人口$$

創新水平（Innov）。由於創新水平一定程度上揭示地區在科技發展、技術進步的水平，是提升可持續性的基礎動力之一。本文選其為控制變量，並使用每年各省專利批准量與受理數的比值表示：

$$Infra＝專利批準量/專利受理量$$

金融市場發展水平（FDFD）。考慮察金融市場發展的直接體現為信貸規模。Goldsmith 提出金融相關比率的概念，金融相關比率越高信貸規模越大，參考隨洪光等人做法 [1]，採用傳統金融比率來衡量金融市場發展水平：

$$Urban＝金融機構本外幣貸款餘額/GDP$$

上述變量的樣本期間為 2005—2017 年，樣本為「一帶一路」中 15 個重點規劃省份或直轄市，其中包括「絲綢之路經濟帶」的 10 個省

---

[1] 隨洪光、余李、段鵬飛：《外商直接投資、匯率甄別與經濟增長質量 —— 基於中國省級樣本的經驗分析》，《經濟科學》2017 年第 2 期。

市，以及「21 世紀海上絲綢之路」的 5 個省市[①]。

OFDI 逆向技術溢出的統計國家按「21 世紀海上絲綢之路」和「絲綢之路經濟帶」對應國家分別計算。鑒於數據獲得性，「21 世紀海上絲綢之路」[②] 選取其中 12 個國家，分別為尼泊爾、希臘、泰國、越南、巴基斯坦、菲律賓、馬來西亞、斯里蘭卡、新加坡、印度、印度尼西亞和埃及；「絲綢之路經濟帶」[③] 選取其中 15 個國家，分別為哈薩克斯坦、吉爾吉斯斯坦、烏茲別克斯坦、塔吉克斯坦、土庫曼斯坦、沙特、蒙古、俄羅斯、白俄羅斯、土耳其、波蘭、格魯吉亞、烏克蘭、埃及和印度。數據來源於《中國統計年鑒》《中國科技統計年鑒》《中國對外直接投資統計公報》，各省、直轄市的統計年鑒以及《世界銀行數據庫》等。

三、實證檢驗

表 2 為解釋變量的描述性統計，SOFDI 的標準值大於平均值，且最大最小值相差很大，說明該變量觀察值在近 13 年的波動巨大；金融市場發展水平的平均值大於標準差；資源狀況的標準差和平均值水平接近；而創新水平的標準差和極值差均較小，說明創新水平整體波動幅度較小。

---

① 「絲綢之路經濟帶」樣本包括陝西省、寧夏回族自治區、青海省、內蒙古、黑龍江省、吉林省、遼寧省、雲南省、重慶市和新疆維吾爾自治區。「21 世紀海上絲綢之路」樣本包括上海市、廣東省、浙江省、海南省和福建省。

② 「21 世紀海上絲綢之路」涉及國家 18 個，其中阿富汗、柬埔寨、老撾、孟加拉、緬甸、文萊六國無法獲得齊全數據。

③ 「絲綢之路經濟帶」途徑主要國家達到 20 多個，其中阿富汗、伊朗、伊拉克、約旦、敘利亞等國無法獲得完整數據。

表 2　解釋變量描述性統計

變量	變量含義	平均值	標準差	最小值	最大值	樣本數
SOFDI	OFDI 逆向技術溢出	28.2999	88.1377	0.002	781.534	195
Nr	資源狀況	1.206705	1.028157	0.0238	3.8595	195
Innov	創新水平	0.56386	0.12472	0.2985	1.4628	195
FD	金融市場發展水平	13.2425	4.6375	5.158	25.317	195

對設定的模型均進行 Hausman 檢驗，得到 Hausman 檢驗的 p 均小於 0.05，得到該面板數據拒絕隨機效應，因此後續的均使用固定效應模型。

表 3 是模型（1）的回歸結果，結果顯示，回歸模性參數聯合檢驗通過 F 檢驗，證明自變量對因變量具有解釋作用，其中，S_t^{OFDI} 對於可持續性的作用為正，且在 1% 檢驗水平上顯著，説明直接對外投資的逆向溢出效果對於經濟可持續性有正向作用。當期 OFDI 逆向技術溢出對經濟增長可持續性有明顯作用，知識技術溢出對本國知識演化和環境具有積極影響。「一帶一路」沿線大多數國家仍為中低收入的發展中國家，因此 OFDI 主要為擴展邊際驅動，逆向技術溢出大部分通過利用東道國資源或廉價勞動力等優勢並溢出到母國的技術進步。對外投資企業通過國際競爭、轉移低質產能、擴大生產規模等實現國內產能優化和技術進步。而對少數發達國家的 OFDI，則通過學習、吸收東道國先進的知識技術和管理方法實現本國企業技術的突破和 R&D 資本的積累。進一步，將纍計的 R&D 資本吸收和轉化，促進自身生產效率提高和產業結構，最終實現經濟增長可持續性的提高。

控制變量中，創新水平和金融市場發展水平也具有正向影響，分別在 5% 和 1% 的檢驗水平上顯著。説明創新能力和金融市場的發展能

夠提高中國經濟的質量，促進經濟向可持續性發展。創新能力的提高能夠直接加快地區產能效率的提高和推動技術創新等，而金融市場的發展則是為技術創新、產業升級以及人力資本積累等提供足夠的融資支持的基礎。資源狀況係數為負，但並不顯著，該結果反映「一帶一路」沿線地區可能存在一定的「資源詛咒」，體現中國堅持深化產業升級和供給側改革的必要性。

表 3　基準模型回歸結果

解釋變量	模型 I			
	係數	標準差	t	P>|t|
SOFDI	0.131835	0.0241487	5.46	0.000***
Nr	-1.013854	7.914161	-0.13	0.898
Innov	33.98536	15.68879	2.17	0.032**
FD	2.009841	0.774759	2.59	0.010***
_cons	19.04176	19.85425	0.96	0.339
R-square	0.3405			
F	11.68			
Prob>F	0.000***			

註：表中數據由作者整理。***、** 和 * 分別表示在 1%、5% 和 10% 顯著性水平上拒絕原假，後表均同。

為避免 S_t^{OFDI} 遺漏滯後項可能造成的偏誤，本文引入 S_t^{OFDI} 滯後一期變量 $L.S_t^{OFDI}$，結果如表 4。得到加入滯後項 $L.S_t^{OFDI}$ 對可持續性作用為正，但作用並不顯著，而 S_t^{OFDI} 作用由正變為負，且變為不顯著。控制量變量中，創新水平和金融市場發展均由顯著變為不顯著。本文認為 OFDI 逆向技術溢出的傳導和作用速度較快，滯後期作用不明顯，不存在滯後效應，由此後續研究不考慮滯後項。

表 4　時滯效應基準模型回歸結果

解釋變量	模型 II			
	係數	標準差	t	P>|t|
SOFDI	－0.0197778	0.0827554	－0.24	0.811
Nr	1.553175	8.540148	0.18	0.856
Innov	22.431	15.22407	1.47	0.143
FD	1.956419	0.7545001	2.59	0.01***
L.SOFDI	0.2287325	0.1310299	1.75	0.083*
_cons	24.18763	20.04636	1.21	0.229
R-square	0.344			
F	15.1			
Prob>F	0.000***			

為考察 OFDI 逆向技術溢出對可持續性作用與吸收能力是否有關，本文進一步基於金融市場發展水平考察吸收能力作用於 S_t^{OFDI} 對可持續性的影響，在基礎模型中加入交叉變量 $S_t^{OFDI}*FD$。首先對「一帶一路」15 個省市進行分析，再分別對「絲綢之路經濟帶」和「21 世紀海上絲綢之路」進行檢驗。

表 5 是「一帶一路」15 個省市樣本的回歸結果，結果表明引入的交叉變量作用顯著，通過 1% 檢驗水平的 t 檢驗，證明吸收能力確實對經濟可持續性具有影響，而在模型中 S_t^{OFDI} 對因變量的效用變為$\partial SUS/$$\partial S^{OFDI}=a_1+a_5FD$，即效果受金融市場發展水平的影響。

在該樣本的回歸中，S_t^{OFDI} 的係數為負，交叉項係數為正，即當金融市場發展水平較低時 S_t^{OFDI} 對可持續性起抑制作用效用，只有達到門檻值後才能顯示促進作用。一方面，金融市場發展水平可以直接

影響着中國「一帶一路」OFDI 的規模和發展。在大多中低收入國家的資源導向和市場導向 OFDI，需要巨大的固定成本，因此要求母國具有較強的融資能力；而對少數發達國家的 OFDI 則需要較強的融資能力以支撐在外併購和市場開發的巨額成本。另一方面，金融市場發展水平影響知識和技術的轉化。當母國金融市場發展水平較低時，企業無法得到足夠規模或有效率的融資，抑制了對知識和技術的吸收轉化，破壞了逆向技術溢出促進可持續性的循環。當金融中介規模不斷擴大，金融機構間競爭逐步加劇時，企業融資渠道才會有所放寬，為技術創新和產業升級提供寬鬆的資本環境，帶動社會資金的實際利用率提升。由於科學技術和產業結構優化需要資金的規模大，是外部性極強的活動，因此只有在信貸環境較寬鬆時，這種外部性極強的活動才能獲得足夠的支持。結果表明，樣本 S_t^{OFDI} 的效用為 $-0.7013392+0.0442893*FD$，即 FD 的門檻值為 15.84，而 15 省市樣本均值為 13.242，並未達到門檻值，故「一帶一路」整體 OFDI 逆向技術溢出仍在抑制中國可持續性的提高。這一結論反映中國產業轉型升級仍需繼續深化，提高產能效率和可持續性；同時也反映出中國金融市場有待進一步提高金融效率和競爭力，為經濟質量的提高和健康持續發展助力。

此外，引入吸收能力變量後，資源狀況的作用效果沒有明顯變化；創新水平 Innov 和金融市場發展水平 FD 的顯著水平則均有所提高，證明金融市場發展水平的吸收能力能夠提高創新能力和金融市場本身對可持續性的影響。一方面，金融市場發展能促進金融產品的創新，為創新型中小企業不斷擴大和規範融資渠道；另一方面，金融中介間的競爭和徵信篩選，一定程度篩選出優質創新企業，提高資金實際利用

率，從而增強創新水平對可持續性的推動作用。

表 5　考察吸收能力的回歸結果（1）

解釋變量	模型Ⅲ			
	係數	標準差	t	P>|t|
SOFDI	－0.701339	0.0920282	－7.62	0.000***
Nr	－1.903266	6.500086	－0.29	0.770
Innov	29.8269	12.89197	2.31	0.022*
FD	1.939348	0.6363039	3.05	0.003***
FD*SOFDI	0.0442893	0.0047769	9.27	0.000***
_cons	24.35827	16.31506	1.49	0.137
R-square	0.6054			
F	35.1			
Prob>F	0.000***			

　　表 6 是「21 世紀海上絲綢之路」5 個省市樣本的回歸結果，引入交叉變量同樣通過 1% 檢驗水平的 t 檢驗，吸收能力對經濟可持續性具有顯著影響。

　　該樣本 S_t^{OFDI} 和交叉項係數的正負情況和整體樣本相同，即當金融市場發展水達到門檻值後 S_t^{OFDI} 才對可持續性起促進作用。從回歸結果看，「21 世紀海上絲綢之路」樣本 S_t^{OFDI} 的效用為 -0.6687921+0.0423753*FD，即 FD 的門檻值為 15.78，而樣本均值為 16.26，已超過門檻值。故「21 世紀海上絲綢之路」覆蓋地區的 OFDI 逆向技術溢出能正向促進經濟的可持續性。中國東部沿海地區走在改革開放前沿，金融市場發展較早，特別是上海和廣東（深圳市）的金融發展水平較高。在較高的金融市場發展水平支撐下，高新產業和產

業升級能得到更好的開展，從而提高 OFDI 逆向技術溢出對可持續性的促進作用。

同時，該樣本創新水平 Innov 的促進作用明顯高於總體樣本，但並未達到顯著水平。該結論反映中國東部沿海地區的創新水平較高、推動力加大，同時也與中國科技型中小企業的發展和融資狀況一致。創業型中小企業具有科技含量高、資金需求大、投資風險高的特點，這些特點決定了企業融資難度較高。隨洪光和段鵬飛等學者指出，中國授信體制中仍存在較明顯的所有權歧視，貸款大多流向不缺乏資金的特定國有企業，而中小型企業和民營企業則面臨嚴重的融資約束。[①]

表 6　考察吸收能力回歸結果（2）

解釋變量	模型III（海上絲綢之路）			
	係數	標準差	t	P>|t|
SOFDI	−0.668792	0.1638978	−4.08	0.000***
Nr	−34.2269	69.58417	−0.49	0.625
Innov	75.01218	53.74283	1.4	0.168
FD	4.137672	2.653388	1.56	0.125
FD*SOFDI	0.0423753	0.0084676	5	0.000***
_cons	−10.09218	35.89562	−0.28	0.780
R-square	0.6319			
F	13.28			
Prob>F	0.000***			

---

① 隨洪光、余李、段鵬飛：《外商直接投資、匯率甄別與經濟增長質量 —— 基於中國省級樣本的經驗分析》，《經濟科學》2017 年第 2 期。

　　表 7 是對「絲綢之路經濟帶」樣本的回歸結果，交叉變量和 S_t^{OFDI} 效用的顯著性相對較低，但都通過 5% 檢驗水平的 t 檢驗，反映中國「絲綢之路經濟帶圈」地區的金融市場能力較低，對 OFDI 逆向技術溢出的吸收能力不高。

　　與前兩個樣本回歸結果相反，該樣本 S_t^{OFDI} 的係數為正，交叉項係數為負，即當金融市場發展水平提高時，S_t^{OFDI} 對可持續性的促進作用逐漸減小，並在超過門檻值後起抑制作用。這可能是因為這些地區的金融市場仍未充分發展，主要依靠政府優惠政策的支持，因此地區金融的競爭力和效率較低，進而對 OFDI 逆向技術溢出的吸收效用反而隨着規模擴大而減小。該回歸中 S_t^{OFDI} 的效用為 0.3683732-0.0211546*FD，即 FD 的門檻值為 17.41，而樣本均值為 11.73，並未達到門檻值，S_t^{OFDI} 仍對可持續性起促進作用。

表 7　考察吸收能力回歸結果（3）

解釋變量	模型III（絲綢之路經濟帶）			
	係數	標準差	t	P>|t|
SOFDI	0.3683732	0.1848603	1.99	0.049**
Nr	−10.38744	1.629192	−6.38	0***
Innov	1.23577	2.82624	0.44	0.663
FD	0.5366089	0.2075751	2.59	0.011**
FD*SOFDI	−0.021155	0.0105773	−2	0.048**
_cons	61.62503	5.198578	11.85	0.000
R-square	0.1269			
F	49.32			
Prob>F	0.000***			

資源狀況 Nr 的抑制作用在「絲綢之路經濟帶」十分顯著，通過了 1% 水平的 t 檢驗。說明存在明顯的「資源詛咒」，當地經濟發展對於自然資源的依賴性較大，資源的增加反而惡化經濟發展的可持續性；創新能力對可持續性的促進作用較小且並不顯著，反映地區的創新能力較低，對於經濟質量的提升沒有明顯的促進作用。

為確保模型設定的合理性和實證的有效性，本文參考楊超和林建勇的方法[1]，使用改變關鍵變量衡量指標的方法進行穩健性檢驗，採用 OFDI 流量代替 OFDI 存量作為 OFDI 規模的衡量指標，得到新 OFDI 逆向技術溢出變量記為 *FLO FLO*，交叉變量為 *FD*FLO FD*FLO*，對基礎模型（1）以及整體樣本的引入吸收能力的模型（3）進行穩健性檢驗。表 8 是穩健性檢驗的結果，關鍵變量的顯著性和係數基本與表 3、表 5 保持一致，表明上述結論基本可靠。

表 8　穩健性檢驗 1

解釋變量 係數		穩健性檢驗（1）			
		標準差	t	P>|t|	
OFDI 逆向技術溢出（流量）	FLOW	0.129802	0.016740	7.75	0.000***
資源狀況	Nr	−4.80978	7.404149	−0.65	0.517
創新水平	Innov	33.21386	14.63844	2.27	0.024**
金融市場發展水平	FD	1.31061	0.733268	1.79	0.076*
常數項	_cons	31.507	18.6637	1.69	0.093
R-square		0.4034			
F		23.8			
Prob>F		0.000***			

[1]　楊超、林建勇：《對外直接投資、吸收能力與中國產業升級 —— 基於中國省級面板數據的實證檢驗》，《管理現代化》2018 年第 5 期。

表 9　穩健性檢驗 2

解釋變量 係數		穩定性檢驗（2）			
		標準差	t	P>|t|	
OFDI 逆向技術溢出（流量）	FLOW	−0.32994	0.0739153	−4.46	0.000***
資源狀況	Nr	−1.84920	6.709334	−0.28	0.783
創新水平	Innov	28.3293	13.25504	2.14	0.034**
金融市場發展水平	FD	1.919461	0.6697421	2.87	0.005***
金融市場吸收能力（流量）	FDFLOW	0.021695	0.0034142	6.35	0.000***
常數項	_cons	24.99215	16.90257	1.48	0.141
R-square		0.5916			
F		31.38			
Prob>F		0.000***			

四、結論和政策建議

本文利用 2005 － 2017 年中國「一帶一路」中 15 個省市的面板數據，通過設定模型檢驗 OFDI 逆向技術溢出對經濟增長可持續性的影響，結果證明，（1）整體上，OFDI 逆向技術溢出對可持續性呈現出顯著的推動作用；（2）創新水平、金融市場發展水平對可持續性起顯著的推動作用；資源狀況對可持續性起不顯著的抑制作用，說明中國一定程度上仍存在「資源詛咒」。

本文加入吸收能力指標，通過在基準模型中加入交叉項，並分別對「一帶一路」整體和「21 世紀海上絲綢之路」「絲綢之路經濟帶」兩個部分進行研究。結果證明，（1）金融市場發展水平的吸收能力在「一帶一路」整體以及「21 世紀海上絲綢之路」的樣本中均顯著，在達到

門檻值後顯著推動 OFDI 逆向技術溢出對可持續性的正向作用，目前「21 世紀海上絲綢之路」的 5 省市已超過門檻值，但「絲綢之路經濟帶」尚未達到門檻值。(2) 在「絲綢之路經濟帶」樣本中的回歸，交叉項呈現相反效果，體現該地區的金融市場效率較低，需提高金融競爭力和效率。(3)「資源詛咒」情況在「絲綢之路經濟帶」較為為顯著，自然資源的增加抑制當地的經濟可持續性發展。(4) 創新水平的促進作用，在「21 世紀海上絲綢之路」體現更為明顯，在「絲綢之路經濟帶」相對弱。反映了中國東部沿海和中西部地區在創新能力上的差距，以及對經濟質量提高的能力差異。

本文的研究結論不僅為中國 OFDI 逆向技術溢出提供一定的理論基礎和實證檢驗，也為中國繼續實施「一帶一路」發展戰略提供參考，由此，本文提出如下政策建議。

首先，在「十三五」規劃時期，政府應繼續深入推動「21 世紀海上絲綢之路」和「絲綢之路經濟帶」的建設。依託「一帶一路」，引導和鼓勵更多的優質企業「走出去」，通過整合資源稟賦、與當地企業學習競爭關聯，吸收和轉化知識技術和人力資本，提升企業質量和核心競爭力，從而促進中國經濟的可持續發展。

其次，為提高中國對 OFDI 逆向技術溢出的吸收能力，政府應繼續推動金融市場健康發展，以更全面的政策指導和更完善的監管體系，促進中國金融市場提高市場效率和規範融資渠道，從而保障金融市場給予企業吸收和轉化 OFDI 逆向技術溢出的效應。

最後，糾正授信體系中對中小企業的所有權歧視，幫助打破中小企業，特別是科創型企業發展的融資約束，從而提升經濟增長的質量。

Reverse technology spillover and economic sustainability of China's OFDI along "One Belt And One Road"

Zhou Tianyun, Huang Limin

Abstract: Using 15 provincial-level panel data of 2005－2017, the paper examines the impact of China's OFDI reverse technology spillover on economic sustainability. The empirical results suggest that OFDI reverse technology spillover has a positive impact on economic sustainability. while considering the absorption capacity of financial market development, it has a significant effect on the sustainability of economic growth. In the "B&R" and "the 21st-Century Maritime Silk Road" sample, financial market can promote reverse technology spillover to improve sustainability after exceeding the threshold. In the study of the "the Silk Road Economic Belt", the development of financial markets will reduce the effect of reverse spillovers, while natural resource significantly inhibits the sustainability of economic development.

Keywords: OFDI; reverse technology spillover; Sustainable development; the Belt and Road; Principal Component Analysis

港澳教育

20 世紀初期澳門華人的辦學活動

鄭振偉 *

摘　要：本文從舊報章、政府憲報和檔案等原始文獻，整理和探索澳門華人在二十世紀初期辦學的一些情況。清末至民初是中國歷史的轉折時期，當時已有傳教士辦理的西式學堂，但並非專為華人而設。澳門的教育從傳統的私塾過渡至新式學堂，這固然是因為晚清學制的變革，而相繼出現的一些新式學堂，與澳門的紳商和維新人物不無關係。由華人主導的女子教育在陳子褒和鍾榮光等人的倡導下亦早已開始，但男女不得同校一事，反映出社會士紳的觀念仍偏向保守。又本文藉着 1910 年代澳門學界賑災和剪髮不易服二事，可以從側面考察學界對社會和政治事務的關注。至於 1909 年初公佈的查學章程，顯示葡人政府已開始立法規管華人辦學，亦將一併闡述。

關鍵詞：華人學校　蒙學　賑災　剪髮易服　男女同校　華視學會

---

*　鄭振偉，澳門大學教育學院。

一、前言

19 世紀末期，澳門人口的教育水平相對地低，即使澳門當地的葡萄牙人也如是。安德拉德‧科爾沃（João de Andrade Corvo）曾出任葡萄牙的外交部長，他曾研究葡萄牙在亞洲的各個殖民屬地，其中與澳門相關的部分保留了 1878 年澳門人口和教育的一些數據[①]。數據顯示澳門當年的人口 68,086 人，93.31% 為華人（男性 40,065 人，女性 23,467 人），共有 73 所（含 3 所女校）為華人提供教育的學校，當時澳門華人的孩子有 10,223 名，但上學的人數只有 1576 人，就學人數偏低，作者指出可能是孩子隨父母學習讀書的緣故。二十世紀初澳門華人辦學的情況，現存資料相當缺乏，報章上的報導是一個重要的線索，本文即以此為基礎，再配合一些檔案資料，藉此整理 20 世紀初期澳門華人學界辦學的情況[②]。

1921 年 10 月的中華民國國慶紀念日剛好十週年，由中華童子軍澳門分部發起，並通告各界籌備國慶紀念，學界以智渡學校為籌辦處，工界以景源工社為籌辦處，新馬路之商界以西華藥局為籌辦處，日間聯隊巡行及晚間提燈會均由童子軍部統理。報導指是日早上八點學界聯隊巡行，序列為童子軍、智渡、齊民、佩文、培正、靈導、覺民、

[①] João de Andrade Corvo, *Estudos sobre as* Provincias *Ultramarinas*（海外省研究）（Lisboa: Academia Real das Sciencias, 1887），Vol.4, pp.169-173. 見 "A *Educação* em Macau em 1878"（1878 年的澳門教育），*Documentos para a História da Educação em Macau*（澳門教育歷史文獻），Macau: Direcção dos Serviços de Educação e Juventude, 1996—1998, Vol. 3, pp.233-235.

[②] 關於這個轉折時期與澳門華人教育發展的研究，可參夏泉、徐天舒，《陳子褒與清末民初澳門教育》，《澳門研究》，2004 年 6 月，第 22 期，第 206-219 頁；王建平、王建軍，《清末民初澳門華人教育的興起》，《華南師範大學學報》（社會科學版），2011 年 1 期（2 月），第 48-55 頁；鄭潤培，《澳門中式教育及新式教育的興起》，《澳門教育史論文集》（北京：中國社會科學出版社，2012 年 7 月），第 2 輯，第 14-31 頁。

坤元、志道、覺覺、明道、培性、習成、德華、崇實、平民等校。晚間提燈會七點鐘從南灣出發，序列為洋樂隊、童子軍，學界則為智渡、齊民、佩文、師範夜學、平民、坤元、淑賢、覺民、勵志、志道、建新、藻芬、德華、英華、□秀、培正、坤華、明智、冠南、澄波、道明、進育、振華、培性、尚實、覺覺、勵志、習成、崇實、南洋義學、蓮峰義學、議事公局女校、廣智、大成、何□祠學塾、孔教等校[①]。從巡行和提燈會的名單所見，可以整理出 37 所學校的名字。又黎登醫生（Dr. António Nascimento Leitão）1923 年檢查澳門學校衛生的報告[②]，可以準確知道澳門當年有 106 所中文學校（男校 23 所，女校 4 所，男女校 79 所），學生 4786 名（男生 3331 名，女生 1455 名），只可惜報告中私立中文學校的名稱只有葡文的譯音，原中文名字暫無法完全確定。另黎登醫生於報告末端並記 1920—21 年《衛生公報》的資料，該年中文學校的學生數量為 3539 人，較 1923 年的少 1247 人。

二、華人辦理的一些學校

鏡湖義塾是澳門第一所免費義學，據王文達所述，是澳門曹、周二姓富戶向鏡湖醫院捐送資產，並聲明以年中收租若干撥充興辦義學

---

① 《補誌澳門雙十節之情形》，《香港華字日報》，1921.10.13；《澳門華人國慶紀念補誌》，《香港華字日報》，1921.10.15。關於二十世紀前期澳門的童子軍活動，筆者有專文探討，見《二十世紀前期澳門童子軍活動述略》，《澳門研究》，2017 年第 3 期（9 月），第 45-62 頁。

② "Relatório da Inspecção Sanitária ás Escolas de Macau"，*Boletim Official do Governo da Provincia de Macau*（BOGPM），1924.2.9，No.6，pp.91-95；Padre Manuel Teixeira，*A Educação em Macau*（澳門教育），Macau: Direcção dos Serviços de Educação，1982，pp.142-153.

的經費①。這種由士紳捐助銀兩和田產興辦義塾是一種慣常的模式。另黃蘊玉曾憶述，鏡湖醫院附設的義塾始於民前二十年（1892年），原分五區設立義塾，到民前七年（1905年）只保留連勝街一所，當時曾重新訂定課程，不再使用四書和《三字經》等課本，主其事者包括曹子基、周端甫、張仲球、何寶巖、鄭莘農、盧廉若等十人。曹子基為鏡湖義學校首任校長，學校原分甲乙丙三班，名額150人，另加一「半日班」，名額80人；後因半日班成績不彰，遂改為「蒙學班」，名額減至40人②。黃蘊玉的憶述說明了晚清時期澳門華人教育的制度的改革與晚清政府的改革一致，1905年廢除科舉制度以後，義塾的教學也隨之改變，未有抱殘守缺的情況。據鏡湖醫院光緒二十四年（1898年）十月十四日堂期集議的記錄，原有五所義塾，分別設於望廈、新埗頭、新橋、賣草地和三巴門③。1909年，鏡湖初等小學堂有30多名學生畢業④。鏡湖初等小學堂或於1906年開辦，1909年夏曾增設織造一科，讓畢業生繼續學習，教養兼施。⑤

　　蒙學書塾由陳子褒創辦。陳子褒名榮袞，廣東新會外海鄉人，師從康有為，在萬木草堂讀書。1898年戊戌變法失敗後曾東渡日本，於其時考察當地中小學，尤其服膺於福澤諭吉所創辦的慶應義塾的宗旨和方法，1899年返國便嘗試改良小學教育⑥。陳子褒返回廣州以後，曾

①　王文達，《澳門掌故》（澳門：澳門教育出版社，2003年，第2版），第321頁。

②　黃蘊玉，《鏡湖義學之沿革及其邁進》，《鏡湖醫藥》（鏡湖醫藥社編），1948年第1期，第36-37頁。

③　吳潤生主編，《澳門鏡湖醫院慈善會會史》（澳門：澳門鏡湖院慈善會，2001年10月），第207頁。

④　《澳門學界公祝孔教之盛》，《香港華字日報》，1909.10.13。

⑤　《鏡湖學堂捐款告白》，《香港華字日報》，1910.2.28。

⑥　冼玉清，《改良教育前驅者——陳子褒先生》，《教育遺議》（台北：文海出版社，1973年），第293頁。

倡設「蒙學會」，並編著蒙學書籍。陳子褒初就聘於澳門鄧氏，兼在原生學堂助教。原生學堂於 1901 年停辦後，陳子褒在澳門開設蒙學書塾。蒙學書塾設「高等班」和「尋常班」，由陳子褒及其弟陳子韶分別任教。據 1904 年的調查，各地採用蒙學會教法的蒙館共有 24 處，教員 25 人，男、女學生 657 人，而在澳門就有蒙學書塾（高等班男女生 36 人，尋常班男、女生 50 名）、大廟腳一間（教員盧雨川，男、女生 40 名）[①]、高尾街一間（教員區麗庵，男、女生 27 名）、高尾街女塾（女教員梁玉如，女生 32 名）和張氏家塾（教員盧湘父，男、女生 9 名）[②]。

《嶺南學生界》有兩則關於蒙學書塾的紀錄，一為該校學生陳國俊在操場鍛煉身體而受傷，該文反駁不應因害怕受傷而停止運動，因不運動而長期積累的害處更大，只要在設有西醫的地方運動便可。另一為蒙學書塾的女生共 28 人，無一是纏足的[③]。據王文達所述，蒙學書塾初設於荷蘭園正街 83 號，繼改稱子褒學塾，其胞弟於其鄰設子韶學塾，分收高初兩等學生。子褒學塾曾遷往龍嵩街，再遷荷蘭園二馬路，並改名灌根學校，子韶學塾則遷往板樟堂街，改名沃華學校[④]。灌根學校於 1919 年易名為今觀學校，由丕麗和崔百越主任，並附設男女初高兩等小學，校址就在南灣巴掌圍斜巷六號弍樓，也就是崇實學校

---

① 報載丙午年（1906）盧雨川在澳門大廟蒙學書塾主席，並延劉希明先生教授體操，吳節薇生教授算學和英文，署名為「澳門蒙學會」，見《澳門蒙學書塾廣告》，《香港華字日報》，1906.2.8。

② 《陳子褒先生小傳》，《嶺南學生界》，2 卷 2 期（1905 年），第 54-55 頁；《蒙學研究會》，《嶺南學生界》，2 卷 2 期（1905 年），第 55-58 頁。1904 年 1 月 13 日公佈施行的《奏定學堂章程》（癸卯學制）共分三段七級，其中第一階段為初等教育，分養蒙院（4 年），對象為 3 至 7 歲兒童，初等小學堂（5 年），7 歲入學，高等小學堂（7 年），12 歲入學。學制系統的旁系另設有實業學堂和師範學堂，實業學堂分初中高三等；與高等小學堂平行的為初等實業學堂，分農業、商業和初等商船三類。

③ 《澳門蒙學書塾》，《嶺南學生界》，1 卷 6 期（1904 年 10 月），第 35-36 頁。

④ 王文達，《維新之塾師——陳子褒兄弟》，《澳門掌故》，第 294 頁。

的校址。①

陳子褒於新學的提倡，一方面是教授方法的改變，另一方面是編寫新教材，如冼玉清所述，前者包括注重實驗、廢止讀經、廢止體罰，後者包括編輯小學國文讀本、改良習字帖和創編七級字課②。崔師貫（百越）對陳子褒有如下的評述：

> 設學於澳門，行新法教授，編《七級字課》、《小學釋詞》、《諸史小識》等書。蓋務求語文之溝合，使學齡兒童，更無不通國文之患。又以學校教育，必本於家庭，而婦女不識字者居多數，亟倡女學，期造就平等之智識。……其教科採圓周法，不為強灌，以養成學徒自動力為主。教化大行，信徒日眾，每有母子同堂受業者。時省學務處猶未設立，內地興學者，皆來取法，澳門一隅，教育遂為全粵冠。③

這個評價同時說明該時期澳門在改良私塾教育的步伐和貢獻，以及在女學方面的提倡。

原生學堂由張心湖、張仲球和其他人士於戊戌年（1898）創辦。冼玉清憶述原生學會為維新志士談學藝和講政論的地方，天足會、戒煙會、剪髮會曾藉此地為會所④。變法維新失敗後，社會畏懼新學，

---

① 《澳門今觀學校招生廣告》，《香港華字日報》，1919.1.11。

② 冼玉清，《改良教育前驅者——陳子褒先生》，《教育遺議》，第 297-298 頁。

③ 崔師貫，《陳子褒先生行略》，《教育遺議》，第 4 頁。「圓周法」為排列教育的一種方式，參見《學部奏〈簡易識字課本〉編竣摺》（宣統元年十二用二十八日 [1910 年 2 月 7 日]），《中國近代教育史資料匯：普通教育》（李桂林等編，上海：上海教育出版社，2007 年），第 57 頁。

④ 冼玉清，《澳門與維新運動》，《廣東文史資料存稿選編》（廣東省政協學習和文史資料委員會編；廣州：廣東人民出版社，2005 年），卷 6，第 619-622 頁。

學生稀少，學堂於庚子（1901）年停辦。二人於是改辦家塾，教導自己的子女和弟妹，是為張氏家塾。張氏家塾在澳門南環，有十多名學生，購置有書籍、儀器、圖畫，以及化學藥料、幼稚恩物等。家塾的漢文教習即盧子駿（字湘父），英文教習為黃耀裳，其後增聘徐甘棠為格致教習。家塾中學生分為高等和尋常兩班，尋常班專習中文，高等班則中西並習。又漢文教習盧子駿為新會人，從遊於康有為，曾遊歷日本，並在大同學校當教習，曾「編撰蒙學新書，誘導初學」，他認為「中國訓蒙舊法，漫無層級 …… 又以近日報紙，文義高深，似專為成人而設，因與生徒等共撰孩子報，達以淺易之語言，繪入醒豁之圖畫，務適合於孩子之眼界」[1]。陳子褒更不諱言「其試驗教育得力於原生學堂者甚多」，故「澳門蒙學實張氏兄弟為之先導」[2]。

另據冼玉清憶述，與維新運動相關的還有啟明學校。該校由沈史雲和鄧仲澤等捐資創辦，力主趨新，教員多留日學生，課程中有物理、化學、體操、唱歌、倫理、生理等；以及新會孝廉盧湘父的湘父學校和南海縣人盧梓川的梓川學校[3]。

戊戌政變以前，康有為和梁啟超等維新派對澳門教育界有一定的影響。至於同盟會的影響，主要有培基兩等小學堂。該校於 1902 年（壬寅）創辦，原名「啟蒙」，由羣學社同人津貼，後因經費過巨於 1906 年（丙午）停辦。1908 年（戊申）設校於澳門蛾眉街第四號，分高等小學和尋常小學，並為年長學生設「織造簡易科」，目的為振興實

---

① 《盧子駿君小傳》，《嶺南學生界》，1 卷 8 期（1904 年 12 月），葉 23 上。
② 《澳門張氏家塾》，《嶺南學生界》，1 卷 8 期（1904 年 12 月），葉 22-23 上。
③ 冼玉清，《澳門與維新運動》，《廣東文史資料存稿選編》，卷 6，第 619-622 頁。

業①。1910 年 3 月 1 日 (宣統二年正月二十日) 開學，該校已遷至龍嵩街 32 號。②據趙連城憶述，該校部分傾向革命的學生採用郊遊會等形式與同盟會人員經常聯談論革命最終走出課室掀起政治性的社會活動③。與變法維新相關的還有一所華商學堂，據王文達所述，該學堂始於宣統初年，設在澳門天神巷 37 號宋氏大屋。學堂按學生程度分甲乙丙丁各班，人數約百人，有圖畫、唱歌、體操、遊戲等。據説該校因有學生於練習鞦韆時跌死，學生紛紛退學，在革命的風潮下，學堂最終無法維持，曇花一現④。

「闔澳華僑公立孔教學校」於 1913 年 7 月 9 日由澳門孔教會創立，陳純甫、李朝宗、鮑少芹和楊勤圃等發起人，初辦義學，後改小學，但仍於夜間附設義學。⑤孔教學校創立時租爐石塘街 46 號二樓為校址，定名「孔教學校」，首任校長為鄭莘農。該校創辦弁言清楚表明「昌明孔教」和「培植人才」的目標，而該校的招生簡章亦註明「係由熱心尊孔各同志所組織，專推廣孔教」⑥。辦學翌年學童逾百，改遷白馬行街柯宅，1917 年向華僑募捐，購得柿山大炮台街四號，奠立校基。1921 年又因經費支絀，曾用校契向瑞德銀號質款，後經校董盧廉若和蔡文軒等

---

① 《光緒戊申年澳門培基校簡明章程》，「雙源惠澤，香遠益清——澳門教育史料展」展品，澳門中華教育會主辦，2010 年 9 月 10-30 日。該章程於「培基」三字下夾注「原名啟蒙」。

② 《澳門培基學校已遷龍嵩街三十二號門牌》(廣告)，《香港華字日報》，1910.2.25。

③ 趙連城，《同盟會在港澳的活動和廣東婦女參加革命的回憶》，《廣東辛亥革命史料》(中國人民政治協商會議廣東委員會文史資料研究委員會編；廣州：廣東人民出版社，1981 年)，第 85-106 頁。

④ 王文達，《澳門第一所學堂——華商學堂》，《澳門掌故》，第 296 頁。

⑤ 《孔教中學校慶紀念》，《華僑報》，1947 年 7 月 9 日。

⑥ 陳志峰，《民國時期澳門孔教會及孔教學校匯考》，《澳門理工學報》，2017 年 2 期，第 195-201 頁。《澳門孔教學校之成立》，《孔教會雜誌》，1 卷 8 號 (1913 年)，第 10-12 頁。

商請名優演劇籌款，才將校產贖回 ①。第一屆畢業於 1917 年 1 月 4 日（舊曆十二月十一日）舉行第一屆畢業禮，時任校長為盧廉若，廣東省省長朱慶瀾派教育科長朱念慈為代表，携備禮品到會，惜遲到不克致訓詞。② 黎登醫生 1923 年的報告顯示該校有 103 名學生，當中 11 名為女生 ③。

澳門英文學校（Macao English College）於 1914 年成立，提倡者皆為香港聖士提反學堂畢業生。該校採用香港的學制，香港會吏白烈士（Archdeacon William Banister）為名譽校長，創辦者為樹學會會長區利仁，時任校長為郭杓。有報導指學校開辦的第一年有兩名英國人，一為聖士提反前高級教員奇勒，一為聖約瑟前高級教員衣士剌，當時並有學生準備報考翌年香港大學的次等試驗。④1916 年 3 月，該校學生從原來創辦只十多人增至六十多人，教員也增至 9 人 ⑤。該校雖仿效英國教會在香港所設的聖士提反學堂，但全由中國人辦理，期以教育救國。1921 年，該校加設漢文小學部，校名改為「澳門英文學校、澳門漢文學校」（Macau English College，Macau Chinese College），英文學校結束後，漢文學校由孔宗周繼續維持下去，也就後來的漢文學校 ⑥。黎登醫生 1923 年的報告顯示澳門英文校學有 57 名學生，當中 13 名為女生，澳門漢文學校有 105 名學生，當中 29 名為女生 ⑦。

崇實學校創辦於宣統元年，校址在賣草地。校長梁彥明於 1909 年

---

① 《澳門孔教學校之成立》，《孔教會雜誌》，1 卷 8 號（1913 年），第 10-12 頁；《孔教中學沿革史略》，《大衆報》，1948.1.2。

② 《澳門孔教學校畢業紀盛》，《香港華字日報》，1917.1.9。

③ BOGPM, 1924-No.6, 1924.2.9, p.93.

④ 《澳門學界近況》，《香港華字日報》，1915.12.1。

⑤ 《澳門英文學校頒獎之盛會》，《香港華字日報》，1916.3.8。

⑥ 王文達，《澳門第一所英文學校 —— 澳門英文學校 M.E.C》，《澳門掌故》，第 302-303 頁。

⑦ BOGPM, 1924-No.6, 1924.2.9, p.93.

（己酉）年到澳門，創辦該校，時年 25 歲[1]。1912 年 9 月，該校遷天神巷，初名崇實學塾，後改稱崇實初高兩等小學校。1917 年夏呈奉廣東省長核准立案後，改稱崇實高等小學校，附設國民學校。1912 年有 113 名學生，1921 年增至 235 名學生，學校有理科、修身、國文，有有史輿掛圖二百多軸，世界名人畫像六十多幅，物理化學儀器 250 多種，礦物標本 50 種，經史子集教科教案參考書 4600 多卷，運動器械木槍佩刀啞玲球竿木環指揮劍旗幟軍樂風琴洋簫等 230 多件。值得注意的一點，是該校創辦時期所得到的捐助，南洋兄弟煙草公司簡玉階從 1918 至 1921 年間共捐助該校增設半夜學經費 2200 元。1919 年，黃志雄為該校募捐購置理科儀器款項共 320 元，容梓龍捐助購置書籍款項 500 元，周豈凡捐助開辦費 200 元等等[2]。

順筆一提，格致書院是「第一所來澳避難的書院」[3]。1900 年 7 月，在廣州的格致書院遷到澳門，即易名為嶺南學堂，教室和校舍設於士多紐拜斯大馬路和雅廉訪大路交界處的張家花園，直至 1904 年才遷返廣州。初定學制為「廣學班」，四年畢業，隨後又改稱「大學預科」。陰曆正月為一學期開始，分兩學期，暑假放假兩月，十二月結束。該校之所以遷澳，據夏泉和劉晗的研究，原是晚清義和團運動所產生的排外情緒，該校在澳辦學達四年之久，則是因為廣州校址未有選定的緣故[4]。

---

[1]　《崇實概況》，1921 年 9 月，第 1 頁。

[2]　就《崇實概況》這份資料所見，曾捐資百元以上者「經蒙廣東省長給發銀質一二三等嘉祥章褒獎狀以示鼓勵」。有關辦法應是依據《重修捐資興學褒獎條例》（1918 年 7 月 3 日），見《中華民國史檔案資料彙編：教育》（中國第二歷史檔案館編；南京：江蘇人民出版社，1979 年），第 619-622 頁。

[3]　劉羨冰，《澳門教育史》（北京：人民教育出版社，1999 年），第 49-51 頁。

[4]　夏泉、劉晗，《廣州格致書院（嶺南學堂）澳門辦學研究（1900 — 1904）》，《文化雜誌》，總 78 期，2011 年春季刊，第 185-191 頁。澳門時期的嶺南學堂的教育活動，參劉寶真，《澳門嶺南學堂（1900 — 1904）研究》，《五邑大學學報（社會科學版）》，15 卷 4 期（2013 年 11 月），第 59-63 頁。

陳子褒非常欣賞學堂的教授方法。該校的教習除課堂上的教學外，於下課後仍與學生一起打球和上街。學堂要求學生於晚上九時三十分就寢，夜出者必遭教習責備；禁止吸煙；禮拜六上午有中文演說，晚上有英文演說。陳子褒的看法是「其示人以不自由而自由有如此者，教者諄諄聽者或藐藐矣，惟使自看自讀自思索而後迎刃解之，不憤不啟不悱不發，中西同一教法也」。至於教授高級班，學堂的教學體現出團結和互助的精神，尤其在中文和英文的學習方面，要求先學好中文然後再學英文，尤為陳子褒所稱許①。

光緒二十四年（1898 年）正月《博聞報》刊登《澳門大同女學堂章程》，並有「學堂內課學章程五條」和「籌辦章程四條」②。又 1903 年的《女學報》亦報導「澳門近設一荷蘭女學堂，內聘美國教習三人，中國教習一人，每日以三點鐘教授華文，三點鐘教授英文，專收十歲以上者」③。關於這所女學堂，應即林安德夫人（Mrs Andrew Henry Wood）在鍾榮光和廖德山二人支持下創辦的女學堂，該學堂一切規則皆依嶺南學堂而行，目的是為女學培養教師。學堂於 1903 年 2 月 26 日開學，但學生年齡差距頗大，由 9 至 30 歲不等；設有三位外國女教習，麥祈（加拿大長老會牧師）師奶教算學及聖經，劉惠士夫人（Mrs. Clancey M. Lewis）教地理及寫字，林安德夫人教英文。學生每日到校讀聖經、祈禱和唱詩，約一點時鐘時間，由一位教習負責，之後就是用英文教授三點鐘，另有一中國男教師教漢文三點鐘。禮拜三免習漢文，禮拜六免習英文及其他學科。每星期有三天下午完課後，外國女

① 陳子褒，《記嶺南學堂遷居》，《嶺南學生界》，1 卷 6 期（1904 年 10 月），第 25-29 頁。
② 吳志良等編，《澳門編年史》（廣東：廣東人民出版社，2009 年），第 4 卷，第 2069 頁。
③ 《澳門荷蘭女學堂》，《女學報》，第 2 期（1903 年），第 21 頁。

教師至少一位帶領各學生逛街，在波斯壙近處遊戲，全用英語。1904
年 10 月復學時有學生 10 名，其後學堂因嶺南學堂遷返廣州後停辦，
女學生則往蒙學書塾繼續學習漢文，但每星期仍有三天下午時份到麥
祈師奶家兼習英文[①]。

三、學界賑災活動

澳門的學界協助賑災會。1908 年 6 月兩廣水災，澳門鏡湖醫院各
總理擬仿照港省賣物助賑會辦法籌款賑災，當時澳門的學界和天主教
耶穌會均擬合力幫助，各紳商於 7 月 20 日（六月廿二）會議，公舉
陳席儒為正主席，蕭瀛洲為副主席，容星橋和廖德山兩人為耶穌教司
理，陳子褒和盧湘父二人為學界司理[②]。賣物助賑會於 7 月 27 日（六月
廿九日）開會，並呼籲各界於 29 日（七月二日）起將惠助物品送至該
會[③]。該會於 8 月 8 日（七月十二日）在鏡湖醫院集會商議，討論賣物
助賑事宜，當日有數百人出席。主席陳席儒報告該會成立後所辦理的
事情，當時副主席有張心湖和蕭瀛洲二人。當日名譽會員有 370 人（各
捐 10 元），會員 437 人（各捐 5 元），獲捐助款項二千多元，另有不
少已送和待送的物資[④]。賣物助賑會於 1908 年 8 月 16 日—23 日（七月

① 林安德夫人撰，鍾榮光譯，《一年之女學生》，嶺南學生界，1 卷 7 期（1904 年 11 月），
第 28-35 頁。
② 《澳門又擬開賣物助賑會》，《香港華字日報》，1908.7.17；《澳門賣物賑災會之組織》，《香
港華字日報》，1908.7.23。
③ 《澳門賣物助賑會改時刻》，《香港華字日報》，1908.7.31。
④ 《澳門賣物助賑會紀事》，《香港華字日報》，1908.8.11，《澳門賣物助賑水災會分類各款進
數呈列》，《香港華字日報》，1908.9.21。

二十日至廿七日）舉行，主席為陳席儒，副主席張心湖和蕭瀛洲，會員有張仲球、王步梯、蔡鶴朋、盧廉若、李鏡泉、楊臣五，以及其他紳商。賣物助賑會的會場設於東望洋山陰操場（荷蘭園操兵地），當日澳門主教、代督，以及澳門文武官員均有出席。會場橫十丈直約十六丈，場內有戲棚一座，影戲棚一座，賣物位數十處，其中即有鏡湖學界售物場和香港安懷女學校售物場，另有男女招待所和西樂亭[①]。

賣物會除主席 3 人外，應還設有總務（3 人）、理財（3 人）、文件（9 人）、運動（2 人）、建設（3 人）、接受（3 人）、招待（10 人）、收掌（3 人）、陳列（1 人）和稽察（2 人）各部，另設義捐箱（1 人）。稽察部部長為蘇墨齋（蘇曼殊堂兄）和陳榮賓二人，該部共六十餘人，工作全由學生承擔[②]。

1908 年 7 月下旬，澳門學界也假座鏡湖學堂商議，到會者幾佔學堂和私塾全數。會上公舉盧雨川為臨時主席，提議各塾由教習各自向學生勸捐，有數十人同意並簽名[③]。澳門當時的學界和女界另開公所商辦助賑事宜，報導所見的名字包括蒙學書塾、湘父學塾和培基學校等[④]。7 月 30 日（七月三日）集會，司理員有陳子褒和盧湘父，會上眾人推舉盧雨川為學界會所議長，陳受廷和陳叔平為書記員，容泮池為司庫員，孔厚田、鄧星南和汪升萬等為運動員，另有評議員數十人。報導中提及有明社社長區繼芬於夜校教授英文，凡學生捐款一圓

---

①　《澳門賣物助賑災會紀》，《香港華字日報》，1908.7.30；《澳門賣物助賑水災會開幕紀事》，《香港華字日報》，1908.8.17；《澳門賣物助賑水災會廣告》，《香港華字日報》，1908.8.13，1908.8.21。

②　《澳門慈善會之特色》，《香港華字日報》，1908.8.27。

③　《澳門學界賑災之踴躍》，《香港華字日報》，1908.7.27。

④　《澳門賣物助賑災會紀》，《香港華字日報》，1908.7.30。

五角者可免夜校一月學費，多捐者照計豁免，另有蒙學書塾館僮盧暖捐出積攢下來的三個月工資[①]。在賣物會結束後的彙報中所見，蒙學書塾、勵志書塾、培基學校、子韶學塾、雨川學塾、湘父學塾、華德、明新學堂、南陽家塾、敏求學塾、啟蒙女塾等應是澳門的學校，另有香港的安懷女校，粵省的貞蒙、滎陽、德育、育坤、業勤和柔德等女學校[②]。賑災會共籌得款項 60,494.13 元，澳門學界佔銀 4610.95 元（7.62%）[③]。另報導指香港的安懷女學校的顧繡品所得捐款位列第 2[④]。

四、澳門學界剪髮──「剪髮不易服會」

清末時期，尤其在甲午以後，社會上出現一股「剪髮易服」的潮流，而這股潮流意味着維新和立憲的力量藉由「剪髮易服」推動變法的改革策略得到中央的回應[⑤]。然而，當時在香港和澳門的報導，實際成立的是「剪髮不易服會」，另有報導當時的上海和福建幫也提倡開設剪髮不易服會[⑥]。

澳門華人雖多，但最初剪髮的或只有溫萬福[⑦]。位於澳門龍嵩街的培基學堂曾被譽為澳門剪髮不易服的先導，校長潘袞伯，另教員四名：

---

① 《澳門賣物助賑會紀事》，《香港華字日報》，1908.8.11；《澳門賣物會彙記》，《香港華字日報》，1908.8.24。

② 《廿三日澳門賣物賑災會彙記》，《香港華字日報》，1908.8.21。

③ 《澳門賣物助賑水災會分類各款進數呈列內分列（下）》，《香港華字日報》，1908.9.22。

④ 《澳門助賑會紀事》，《華香港華字日報》，1908.8.26。

⑤ 樊學慶，《「剪髮易服」與晚清立憲困局（1909 ─ 1910）》，《中央研究院近代史研究所集刊》，第 69 期（2010 年 9 月），第 41-78 頁。

⑥ 《上海福建幫提倡開設剪髮不易服會》，《香港華字日報》，1910.10.8。

⑦ 溫萬福曾出席香港舉行的剪髮不易服會活動，並於當日（12 月 4 日）會上發言，見《剪髮不易服會開會紀盛》，《香港華字日報》，1910.12.5。

區次平、潘翰屏、潘偉魂和歐陽浚。四位教員，仍舊衣冠，但全部剪髮①。1910 年農曆十月下旬，該校「剪髮者共三十人，均皆實行不易服，廿八日［按：11 月 29 日］又有學生十餘人剪髮，是日特開茶會演説」，報導並有學生的姓名，如馮祖蔭、馮祖祺、區韶鳳、周樹勛等②。社會的興論是「澳門培基學校學生馮某周某等九人相約於孔子誕前實行剪髮不穿西服，以為剪髮不易服之先導，該學生等可謂有心人哉」③。學界剪髮的還有當時的崇實學塾，剪髮的包括該塾「教員梁彥明、余豈凡，學生蔡治權、陳澤林、余任寰、黎澤霖、林煜明、林鏡明共數名」④。

香港的「剪髮易服會」由關心焉、陳子裘和陳寶東三人發起，定 1910 年 12 月 4 日（十一月三日）為剪髮日期⑤。澳門的剪髮不易服會由盧怡若、宗晉二人發起，該會並有章程如下⑥：

一、本會以剪髮華服為宗旨，凡關於政治及別項事情皆概不與聞；

一、本會命名為華服剪髮會，仍以挽回利權為要，如係能守不易服宗旨固佳，即易服亦必以多用土貨為佳，倘用土貨制做者，則中西均任便自由；

一、入會之員託概不納捐，無庸花銷分文，所有會費均由發起人擔任；

一、凡與本會同一宗旨，［願］為本會會員者，請書姓名、籍貫郵

① 《澳門教員剪髮之可風》，《香港華字日報》，1910.11.24。
② 《澳門培基學校教員剪辮之踴躍》，《香港華字日報》，1910.12.2。
③ 《澳門學生剪髮不易服之可嘉》，《香港華字日報》，1910.10.24。
④ 《澳門崇實學塾髮人數》，《香港華字日報》，1910.12.5。
⑤ 《剪髮實行之期》，《香港華字日報》，1910.10.21；《剪髮不易服會之成立》，《香港華字日報》，1910.10.17。
⑥ 《澳門剪髮不易服會出現》，《香港華字日報》，1910.12.19。

寄本會即為本會會員;

　　一、本會暫設板樟廟榮祿第內盧怡若寫字樓;

　　一、定十二月初八日為剪髮實行日期,由上午十一點鐘茶會正午舉行;

　　一、從前已剪髮者贊成入會亦一律歡迎。

　　澳門的「華服剪髮會」如期於臘八節即十二月八日 (1911 年 1 月 8 日) 舉行,地點是清平戲院,共發出請帖千餘張,數百人到會,但女性佔去人數之半,當日澳督也到場,逗留約半點鐘。有數十人即場剪髮,當中有半數為小童[①]。

　　澳門的簡章共有六項,但報導所見香港的簡單只刊出四項,而最為關鍵的是第二項的「挽回利權」,這一項可以解釋為何港澳兩地提出「不易服」的問題。關心焉和陳子裘二人在香港提出剪髮不易服,考慮到經濟的問題[②],繼關、陳二人發起「香港華服剪髮同志會」的胡鼎男,也曾提出易服將導致國家財政枯竭,而他所提出的辦法,主要是不管穿任何服式能出乎用土貨的範圍,典慶之禮服亦應以華服為正式的禮服[③]。不易服,利權就不致喪失。當時的伍廷芳即曾上奏,希望朝廷「明降諭旨,任官商士庶,得截去長髮,而冠服概仍舊制」,原因是西人服飾價值甚昂,並舉日本的維新為例,官紳「居恆燕處,仍係保持常服,不過僅截去髻髮,其原有之龐袖利屣沿用至今」[④]。另外當日的農工商部

---

① 《澳門剪髮會開幕》,《香港華字日報》,1911.1.3;《澳門剪髮開會》,《香港華字日報》,1911.1.9。

② 《剪髮不易服會之組織》,《香港華字日報》,1910.10.15。

③ 《胡鼎男陳請四邑商工總局提倡剪髮不服書》,《香港華字日報》,1910.10.25;《香港華服剪髮同志會章程》,《香港華字日報》,1910.11.2。

④ 《前使美大臣伍廷芳奏請剪髮不易服摺》,《國風報》,宣統二年七月一 (1910 年),18 期,第 79-83 頁。另見《香港華字日報》,1910.8.10-1910.8.11。

亦曾上奏，因新式衣服所用呢絨幾全部外購，中國出產的絲業布疋以及相互依附的商業必受重創，關係國家興亡[①]。前引樊學慶的論述，就曾提出易服與維護本國經濟發展之間存在着矛盾。

五、男女同校問題

清政府於 1907 年頒佈《女子小學堂章程》和《女子師範學堂章程》後，中國的教育體制正式有女子教育，但男女同校在社會上仍是議題。1914 年 10 月間，有鏡湖醫院董事稟稱澳門多數紳商投訴請禁止男女同校，以免違背中華禮俗，時任澳督嘉路米耶（José Carlos da Maia）曾召集華人及鏡湖醫院董事商議此事。1914 年 12 月 15 日澳督簽署第 300 號札諭「規定本澳中國學堂所收各學生之規則」，其中第七款「男學校校員及執役必須用男人充當，女學校校員及執役必須用女人充當，男學校不得收十二歲以上之女子，女學校不得收十二歲以上之男子」，而監察華學公會（Junta de Inspecção das Escolas Chinesas）（其後稱「華視學會」）於時亦正式成立，而該會的一項職能就是監督和視察由華人開辦的私立學校[②]。監察華學公會成立之初，原定 5 名成員由澳督從華人社會委任，1915 年 6 月 22 的簽署的第 117 號札諭，人數增至 7 名[③]。1926 年 2 月 20 日第 42 號札諭，盧煊仲、許祥、崔諾枝、劉

---

① 《農工商部奏京師商會以喧傳剪髮易服力陳商業危迫懇予維護摺》，《政治官報》，1910 年 11 月 23 日，第 1135 期，總頁 365-366。

② "Portaria, No.300", *Bolteim Oficial*（BO），1914.12.19, Vol.14-No.51, p.694.

③ 該七名人士為陳立愚、趙立夫、蔡康、何寶岩、李鏡荃、盧廉若和蕭登。見澳門檔案館檔案，檔號：MO/AH/EDU/JIECM/01/0004。各人於 1915 年 7 月 28 日獲委任，見 BO, 1915.7.31, Vol.15-No.31, p.481。

振晃、何寶巖、陳七、徐佩之獲委任 ①。第 300 號札諭第 7 項原規定男校和女校教師和職員須分別為男性和女性，但 8 月 12 日簽署的第 172 號札諭修改為「中國學校無論係專收男生或專收女生者，或兼收男女生者，其教員不拘，男子女子俱可充當，但兼收男女生學校不得收過於十二歲之男生」②。男校或女校的教員和執役可不拘性別，就是經由監察華學公會在 1915 年 8 月 6 日會議上討論後的決定，至於男女同校又不限年齡則仍被視為與中國禮俗相悖 ③。根據民初教育部頒行的普通教育暫行辦法，已規定「初等小學可以男女同校」④。

然而，第 300 號札諭中有關於男女同校的一些規定，私立學校長期忽視。1927 年 8 月 27 日的《澳門憲報》刊登華視學會公告，要求在澳門設立的華人學校董事和教員須遵照 1914 年 12 月澳門政府第 300 號札諭所規定之條款辦學，政府並特譯出當中第 5 至 8 款和第 11 款，並第 32 款罰則 ⑤。如下：

第五款，中西民立學校均須領有總督准照方可開辦，如查出某校有違法情事，立即撤銷准照，勒令停辦。

附款：本款所論之准照發給時不收照費。

第六款，上款所定之准照由辦學人具稟總督請領，由總督將原稟發

① "Portaria, No.42", BOGPM, 1926-No.8, 1926.2.20, p.114.
② "Portaria, No.117", BO, 1915.6.26, Vol.15-No.26, p.411; "Portaria, No.172", BO, 1915.8.14, Vol.15-N.33, p.501. 修例譯文其後見於《澳門政府札諭第 262 號》，*Bolteim Oficialda Coloniade Macau*（BOCM），1929.4.13, No.15, p.265.
③ 澳門檔案館檔案，檔號：MO/AH/EDU/JIECM/01/0001，第 1 頁。
④ 《普通教育暫行辦法》，《中國近代教育史資料彙編：學制演變》（璩鑫圭、唐良炎編，上海：上海教育出版社，2007 年），第 606 頁。
⑤ "Juntade Inspecçãodas Escolas Chinesasde Macau", BOGPM, 1927.8.27, No.35, p.695.

交輔政司署（現改民政廳）核明是西、華學校，分別將稟移送西、華視學會，候其呈覆核定。該項稟詞准用西洋文或華文繕寫均可，但用華文繕寫時須將原稟親送華務局翻譯，然後投遞，惟華務局仍不徵收費用。

第七款，中國學校無論係專收男生或專收女生者，其教員不拘男子女子，俱可充當，惟兼收男女生之學校，不得收過於十二歲之男子（此條係一九一五年第一七二號札諭修正）。

第八款，民立學校校長或校員，必須將開學日期報告察核，並將該校教授學科、所用書籍、教授方法、校長、校員姓名、已掛號各生總數造具總數表，分別西華學校送交西華視學會會長察核，每年年終並造成績一冊。

第十一款，一九零九年三月二十二日章程第三十二款所定之處罰條例仍應施行。

上項第五款之規定 限三十日為期，由本佈告在憲報公佈之日起計，希各校一律於限內具稟請領准照，以符定章，如違即依一九零九年三月二十二日章程第三十二款所定罰究。

將該條抄錄如左

第卅二款，凡民立學校校員或董事或傳道學校之副理人，若不遵守本章程所定之條款，初犯罰銀一萬五千厘士至三萬厘士，再犯罰銀三萬厘士至六萬厘士，另停止充當教員六個月至一年，但此項懲戒須經法院立案判決。

附款：本款所定之罰例由傳知日起，八日內如遵依章程辦理，應准免罰。倘過八日仍不遵者，則實行罰辦。

1928 年 9 月 24 日會議，華視學會會長諾拉斯古（Pedro Nolasco

da Silva）提出華校多數未有執行 1914 年第 300 號札諭第 7 條及 1915 年第 172 號札諭之修正，當時應考慮到澳門大部分學校為男女同校，各校男生較女生多一倍或兩倍，一旦執行第七款規定，女生勢必須離校，而澳門當時計只有六所女校，並當中一所為夜校，故女生難於轉學，最後會上議決通告各校暫緩至下學期即新年起執行，男校不得收 12 歲以上之女生，女校不得收 12 歲以上之男生[①]。1928 年 10 月 29 日會議，諾拉斯古宣佈曾有學校代表謁見請求將該會 1928 年 9 月 24 日會上的決議註銷[②]。

時任署理總督馬嘉齡（João Pereira de Magalhães）於 1929 年 4 月 13 日頒佈第 262 號札諭，第一條規定「凡華人私立學校，無論係男校或女校，均准兼收男生或女生，但兼收之生以不過 12 歲者為限」，第二條即規定為「凡華人私立學校違背 1914 年第 300 號札諭第七款規定即 1915 年第 172 號札諭修正之條收過於 12 歲之男生或女生者，嗣後不准再行繼續濫收」。澳督巴波沙再於 1930 年 2 月 21 日頒佈第 377 號札諭，重申必須施行第 262 號札諭，並着令華視學會查察各校，不遵守者將被撤銷學校準照，原文是中葡對照[③]。

關於男女不能同校的規定，孔教學校於 1930 年曾致函華視學會，表示於 1930 年 2 月 17 日開學時，已遵章男女分校。當時的孔教學校樓高二層，有十多間教室，外觀看似一間，故該校計劃於偏間辟一門戶讓女生出入，讓男女兩校隔絕。由於增辟門戶須劃則呈准，為免引

---

① 澳門檔案館檔案，檔號：MO/AH/EDU/JIECM/01/0001，第 17 頁。
② 澳門檔案館檔案，檔號：MO/AH/EDU/JIECM/01/0001，第 18 頁。
③ 《澳門政府札諭第 262 號》，BOCM，1929.4.13，No.15，第 265 頁；《澳門政府札諭第 377 號》，BOCM，1930.2.22，No.8，第 110 頁。

起華視學會誤會，故致函該會報備 [①]。另有學校為符合要求，將學校改組為女校，如僑澳學校便於 1930 年改為女校 [②]。

六、華人學校的監管

澳門政府明令監管私立學校或始於 1909 年 3 月 22 日由輔政司曼西尼亞（Manuel Teixeira de Sampaio Mansilha）簽署的「澳門新設立查學章程」，其中與私立學校相關的部分更有中文譯本：

第一款，澳門所有書館，或係皇家設立，或公局設立，或民立亦可。

第二款，按照本章程，凡係由皇家獨任出資設立、或皇家捐資補助設立者，是為皇家書館。凡係由公局出資設立者，是為公局書館，其餘是為民立書館。

第三款，凡以上所指之書館，按照本章程，均須遵守澳門政府及督理學務公會及查學會之監察。

第二十款，凡督理學務公會有派會內人員或一位、或數位為辦學務事者，是為該公會之委員。澳門輔政司係該會常年永遠委員，因此各書館應該公認，但係有學務公會所議定、或有如何傳知書館之事，均當由其傳知。

第二十九款，凡民立書館所有教習先生，或管理人、或有校舍者，若未曾先報知學務公會之委員及領取澳門政府人情者，不得開設。

---

① 澳門檔案館檔案，檔號：MO/AH/EDU/CP/06/0006。信件日期為「庚年元月十九日」，即 1930 年 2 月 17 日。

② 澳門檔案館檔案，檔號：MO/AH/EDU/CP/06/0093。

第三十款，所有民立書館教習先生或管理人，必須將其館於何時開館、及教何學科、及章程、及用何書籍、用何法教授、教習姓名、學徒人數姓名報知公會委員。又必須於每年完館日將全年學徒來學、退學之多少，造冊送交公會委員。

第三十一款，凡教神父書院，若不是單為教神父書，有兼教別項書者，均須遵守本章所定，與各民立書館無異。

第三十二款，所有民立書館先生或管理人、或教習、神父書院之副理人，若不遵守本章所定之條款，初犯則罰銀由一萬五千厘士至三萬厘士。如若再犯，罰由三萬厘士至六萬厘士，另勒令停教，由六個月至一年，不准開館，但此責罰要由按察司衙門立案辦理。

附款：本款所論之罰銀，自傳知該違章人之日起計予限八日，如能遵守，亦可免罰。如過八日仍不遵者，則照行罰①。

上述第 1—3 款為原件的第一章「教學機構」，第 29—32 款為法例的第四章「私人教學機構」。憲報上提供中譯本的意圖是相當明顯的，就是要讓華人知悉。就資料所見，當時的學校稱「書館」，分皇家、公局和民立三類，政府設有「督理學務公會」和「查學會」，所有學校須接受監察，辦學須作申請，並提交各種文件，年終亦須造冊呈報政府存案。「神父書院」可能屬於教會辦理的學校，如果不純粹是宗教學校，一律視作民立書館。章程並設有詳細的罰則。

華視學會於 1914 年 12 月創立以後，從該會現存的會議紀錄，可以看到該會早期的一些具體工作。按 1914 年 12 月澳門政府第 300 號札

---

① "Organisação e Regulamento da Fiscalisação do Ensino na Provincia de Macau", BOGPM, 1909.3.27, Vol.9-No.13, pp.156-159.

論第五條的規定，所有學校「須領有總督准照方可開辦」，第十款並限期於三個月內申領准照。1916 年 3 月 20 日，監察華學公會舉行會議，會上收到當時輔政司送達共 102 家學校負責人請領准照的稟詞，其中有兩所女校與男校的負責人為同一人[1]。

1927 年 6 月 6 日，華視學會會議，其中論及視察學校的問題，會員建議政府設立專管學務的官署處理。會議的紀錄顯示曾有學校造章具稟，但官廳仍未發給准照，而當時亦有很多學校未申領准照[2]。

1927 年 6 月 27 日，會上宣佈收到警察廳覆文並送到澳門華人學校的清單，議決於新學期各學校領照成立後實行視察，先赴各校作大概之考察[3]。1927 年 9 月 19 日，該會就視學安排作出如下議決[4]：

（1）派本會書記長雅馬廖及本會委員何肅暨其餘委員一員（每次挨次輪派）組織一分會，即由該分會於每星期前往視學二次；

（2）現在查學為首次視察，只須查明教員、塾師能否勝任及各校方是否清潔，於衛生上有無妨害為已足，又本會各委員授權與本會會長得依據分會查覆報告後單獨署名呈報督憲；

（3）分會查覆，如有學校或學塾不應發給准照時，仍應召集全體會員會議，表決後再行呈報民政廳核辦。

檔案資料顯示，在 1927 年 12 月 5 日會議上，處理十多所學校申領准照事宜，依據視學分會繕呈的報告，愛廬、招才、萃英、躬牆、

---

① 澳門檔案館檔案，檔號 :MO/AH/EDU/JIECM/01/0001，第 3 頁。
② 澳門檔案館檔案，檔號 :MO/AH/EDU/JIECM/01/0001，第 7 頁。
③ 澳門檔案館檔案，檔號 :MO/AH/EDU/JIECM/01/0001，第 11 頁。
④ 澳門檔案館檔案，檔號 :MO/AH/EDU/JIECM/01/0001，第 13 頁。

梁靜山、養蒙、貽雲、汪萁初、明德、明經等十校未便發准照，育
德、覺覺、習成、維基、育羣、平民第六校等六校均可給照，但須選
擇較優屋宇遷移，大成、文高、麥藹等三校未遷校前不給准照，另有
星堂、立德、德光、關德常等四校須覆查[1]。當然，也某些學校因為毫
無成績可言而被華視學會勒令停辦，例如諾拉斯古就曾於 1929 年 2 月
21 日着令精勤、文高和經史三所學塾停辦[2]。

　　1929 年 8 月 12 日會議，華視學會曾討論兩項設校申請，一為鮑澍
澧呈報開設中學校一所，一為何澤永呈報開設師範學校一所，兩項申
請均遭否決。原因是前項申請者的資歷僅有初中畢業的程度，後項申
請者的資歷卻為法政學校畢業而非師範畢業。會長諾拉斯古於會上並
提議擬定師資的標準如下：

　　（1）凡欲設立小學校者，其校長資格最低限度須曾在初級中學校
畢業領有證書者，或曾任小學教員三年以上具有證明者；

　　（2）凡欲設立中學校者，其校員資格最低限度須曾在師範學校或
大學畢業領有證書者，或曾任中學教員三年以上者具有證明者；

　　（3）凡欲設立師範學校者，其校長暨所有教員，一律須曾在師範
學校畢業領有證書及曾任師範學校教員二年以上具有證明者[3]。

　　1929 年 8 月 12 日會議，會上並討論宏漢學校教員（吳業勤）的
品行，議決是經由民政廳轉知警察廳嚴查後再行核辦[4]。1929 年 10 月

---

①　澳門檔案館檔案，檔號:MO/AH/EDU/JIECM/01/0001，第 14 頁。
②　澳門檔案館檔案，檔號:MO/AH/EDU/CP/06/0076，第 11 頁。
③　澳門檔案館檔案，檔號:MO/AH/EDU/JIECM/01/0001，第 24 頁。
④　澳門檔案館檔案，檔號:MO/AH/EDU/JIECM/01/0001，第 24 頁。

22 日的會議，會員劉振晃報告視察草地街乙奎學校後認為校舍「遇有火警殊屬危險」，公共救護隊調查後亦持相同意見。該校未有遵照華視學會限期搬遷，故該會呈民政廳轉令警察廳將該校立刻解散或令克日搬遷①。

從華視學會要求各校呈報的資料，大可反映政府和該會所關注的事情。就所見資料，學校須呈報至少三種表格，一為「校舍設置報告表」，一為年度「學校校員學歷報告」，一為年度「學校各級課程報告」。關於「校舍設置報告表」，未能確定是否於第一次申辦執照（准證）和遷校時才呈報，該表格除了基本的校名、校址、全校學生總數、分計男生和女生、教室和學生之編配外，尚要求呈報學校列出「各教室面積及空氣容量（教室／長度／闊度／高度／面積平方／空氣容量（立方計）」、「各教室窗門玻璃版所佔之面積（教室／窗門數／每窗乙對玻璃所佔之面積）」、全校所設痰盂數、廁所數、分計大便用者和小便用者等。另有附記。以「中華初級中學校暨小學校」為例，該校於 1929 年 6 月從荷嚙園遷往南灣 99 號，校長鄭叔熙於 6 月 27 日曾向華視學會呈報「校舍設置報告表」②。另有一家「僑澳學校」於 1929 年 12 月從白馬街鮑家大宅遷往南灣 99 號，原校長為陶少康。該校於 1930 年改辦女校，改聘潘述韓為校長。就 1929 年 1 月 25 日呈報的「學校校員學歷報告」，該校教員共 13 名（10 男 3 女），「學校各級課程報告」則顯示學校設初級中學一班或兩班，高級小學二班，初級小學四班③。

---

① 澳門檔案館檔案，檔號:MO/AH/EDU/JIECM/01/0001，第 27 頁。
② 澳門檔案館檔案，檔號:MO/AH/EDU/CP/06/0089，第 35 頁。
③ 澳門檔案館檔案，檔號:MO/AH/EDU/CP/06/0093，第 24 頁。

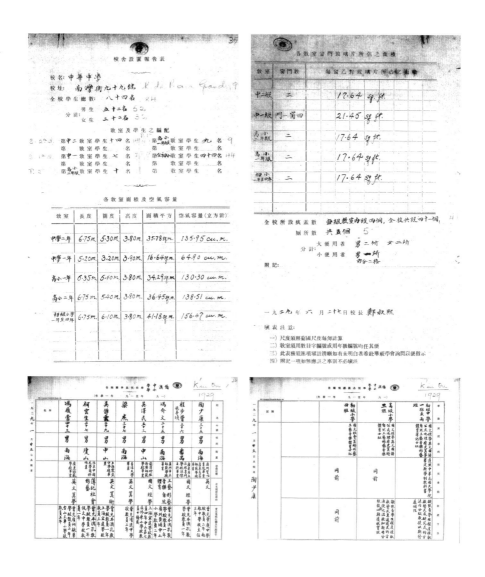

七、小結

澳門位處廣東的南端，過去曾有一段時間受葡人管治，但晚清時期的華人教育仍然承襲着傳統的義學和私塾制度，用的是《三字經》和四書五經之類的教材，但晚清教育制度的改革和政局亦影響着

澳門學校的發展。由於澳門獨特的地理位置，維新派人士和同盟會人士都曾在澳門活動，蒙學書塾、原生學堂、啟明學校、華商學堂、培基兩等小學堂等相繼出現，學校採用新編的教材，且中西兼備，開風氣之先，他們對於推動澳門教育的發展有一定的影響，當然更早的還有因義和團運動而避地澳門的格致書院。通過 20 世紀初期的一些社會活動，諸如學界的賑災、剪髮不易服運動等，大致可以了解當時學界對於社會和政治事件的參與程度。男女同校是澳門當時延擱很久的一個議題。黎登醫生報告上的資料顯示學生人口中有 30.4% 為女生，大部分是男女同校，因為當時只有 4 所女校。學校考慮的應是辦學的條件，但社會士紳的立場卻是偏向保守[1]。葡人政府在二十世紀初期開始關注華人辦學的情況，相關的條例或始於 1909 年「澳門新設立查學章程」中與「民立書館」相關的條款，條例規定華人辦學需「報知學務公會之委員，及領取澳門政府人情」，除呈報各類辦學資料外，每年完館後亦須造冊呈報學生的相關資料；1914 年華視學會創立後則規定向該會申領准照，並接受政府的監督。又從黎登醫生 1923 年的報告可見政府十分關注公私立學校的衛生問題，而華視學會至遲於 1927年開始視察華人辦理的學校，並有否決辦學申請和勒令學校停辦的實際行動。

---

[1] 1916 年 5 月 25 日監察華學公會的會議紀錄，大篇幅報告澳門大廟頂進步女學校校長莫遠公與該校一名女學生的事情。女生父梁奐星為學校校董，莫致函向梁求娶，梁父斥責之為「儇薄之少年」，並指控莫鼓動學生罷課。莫遠公被革退，學校亦改名華藏女學校，由吳離垢任校長。紀錄中的情節顯示的應是一樁不被社會接受的師生戀。見澳門檔案館檔案，檔號：MO/AH/EDU/JIECM/01/0001，第 5-6 頁。

Schools and other Activites Operated by the Chinese in Macau during the early 20th century

Cheng Chun Wai, George

Abstract: By reviewing first-hand materials such as old newspapers, gazettes and archives, this paper aims to analyse the situation of Chinese schools in Macau during the early 20th century. The period from the late Qing Dynasty to the early Republican era was a turning point in Chinese history. In Macau, there was a transition from traditional private school education to new western-style school education. This was attributed to the system reform in education during the late Qing period. At that time, there were western-style schools operated by the Jesuits in Macau, though these schools were not mainly for Chinese students. The rise of some other western-style schools was related to some businessmen of high social rank and key figures of the Reform Movement at that time. Education for girls promoted by Chen Zibao, Zhong Rongguang（Chung Wing Kwong）and others was started quite early in Macau. However, the issue of restricting boys and girls from attending classes together reflected that the local gentry in society tended to be conservative. In this paper, relief work in the education sector in Macau in 1910 and the movement of queue-cutting and dress reform are also investigated. These two movements showed that the education sector was also concerned with social and political issues. In addition, the announcement of the law regulating educational supervision in 1909, which led to the control of the Portuguese government over Chinese schools by legislation, is also expounded.

Keywords: Chinese schools; enlightenment education; relief work; queue-cutting and dress reform; co-education; Chinese Schools Inspection Board

澳門高校國際學術論文發表：回顧與思考

韋惠惠 *

摘　要：基於 Web of Science 核心合集 2000 至 2018 年收錄的澳門高校論文題錄信息，文章從國際發表的數量與質量、發文作者、學科和期刊分佈等方面總結呈現回歸以來澳門高校國際學術發表狀況。分析發現，澳門國際發表取得的成就主要得益於：建設優勢學科創新平台，集聚高水平學者；獲得祖國和澳門本土資助，爭取國際資金支持；加強與國內高校合作，建立國際合作網絡。展望未來，針對已有經驗和不足，提出相應對策建議：推進優勢學科羣建設，增強科研創新國際競爭實力；優化國際化科研創新環境，加強國際高水平學者團隊建設；持續增加科研經費投入，完善國際發表激勵制度；深化區域科研合作，拓展國際學術合作網絡。

關鍵詞：澳門高校　國際發表　科研國際化　可視化分析

---

* 韋惠惠，河南大學哲學與公共管理學院、河南大學教育科學學院博士後。
本文獲全國教育科學「十三五」規劃 2017 年度教育部青年項目「『雙一流』建設背景下大學跨國學術團隊知識轉移機制與績效研究」（課題批准號：EFA170436）資助。

一、引言

　　澳門在長期的歷史發展過程中形成了開放、包容、多元的社會格局。澳門高校和科研的國際化發展具有「先天」的優勢，雖「後天」發展出現過遲滯，整體國際化水平有待提高，但回歸後的澳門高校科研實力得以不斷增強，科研國際化發展取得明顯成效。回歸二十週年，系統回顧審視澳門高校科研國際化發展的歷史與現狀，有助於總結經驗，探明未來發展之路。出版物是科學研究的主要產出形式，[①] 在國際期刊上發表學術論文是高校學者科研國際化產出的核心形式，也是其融入國際學術團體、開展國際學術交流的重要體現。情報學領域的學者們常基於特定權威數據庫收錄的文獻題錄信息，運用文獻計量的可視化分析工具，對某個地區、高校或研究人員的科研發展狀況進行分析評價，這一方法也逐漸被越來越多的教育研究學者所採用。在此藉助 Web of Science（以下簡稱 WOS）核心合集數據庫檢索平台，搜索下載 2000 年至 2018 年間澳門高校發表論文的文獻題錄信息[②]，運

[①]　Rennie, D; Yank, V; Emanuel, L. When authorship fails. A proposal to make contributors accountable [J]. JAMA 1997; 278.

[②]　由於在 WOS 核心合集 1999—2018 年間收錄的文獻中未檢索到澳門保安部隊高等學校、澳門管理學院、中西創新學院、聖若瑟大學四所高校的發文信息，因此本文搜集的相關文獻信息主要涉及澳門大學、澳門科技大學、澳門理工學院、澳門旅遊學院、澳門城市大學、澳門鏡湖護理學院六所高校。具體檢索方法為：在 WOS 核心合集中，選擇地址檢索項，輸入 Macau，檢索 1999—2018 年的文獻數據信息，並僅選擇發表的文章類文獻，機構擴展選發文前 100 名中的六所澳門高校。精煉依據為：文獻類型：（ARTICLE）AND 機構擴展：（UNIVERSITY OF MACAU OR MACAU UNIVERSITY OF SCIENCE TECHNOLOGY OR CITY UNIVERSITY OF MACAU OR MACAU POLYTECHNIC INSTITUTE OR KIANG WU NURSING COLLEGE OF MACAU OR INSTITUTE FOR TOURISM STUDIES MACAU OR UNIV MACAU）。以上檢索結果未顯示 1999 年的文獻題錄信息，搜索結果實際包括只 2000 至 2018 年間的文獻題錄信息共 10053 項。檢索時間為 2019 年 10 月 18 日。

用 Excel 和 CiteSpaceV 軟件展開統計分析與可視化分析。文章具體將在回顧呈現澳門高校國際學術發表總體狀況的基礎上，分析探究澳門高校國際學術發表的成就與經驗，並結合不足之處，提出相應對策建議，以期為澳門高校學術科研國際化發展提供決策依據和思路借鑒。

二、澳門高校國際學術發表狀況分析

澳門現有高等教育機構 10 所，其中公立 4 所，私立 6 所。[①] 此部分從國際學術論文發表的數量與質量、發文作者、學科和期刊分佈四方面總結回顧澳門高校國際發表的歷史與現狀。

（一）地區和高校總體發文狀況

1. 發文數量

論文的產出數量可以從規模上比較直觀地評價一個機構或地區的整體科研實力。2000 至 2018 年間澳門高校在 WOS 核心合集中共發表論文 10053 篇。按語種來看，1 篇為俄語、4 篇為西班牙語、15 篇為葡萄牙語、23 篇為中文、10010 篇為英文。其中英文發表佔澳門高校國際論文發表總數的 99.572%。語種上的分佈反映出國際發表語言使用的現狀，即科學領域的國際交流已經轉變為明顯的英語優勢，這意味

---

① 澳門特別行政區高等教育輔助辦公室，「澳門高等教育概況」，https://www.dses.gov.mo, 2020-03-30.

着越來越多母語不是英語的科學家已經轉向英語出版。^① 就歷年發文數量來看，如圖 1 所示，回歸以後澳門高校發文呈現逐年上升的趨勢，2010 年發文數量開始超過 200 篇，2015 年突破 1000 篇。其中 2010 年以來發文數量佔到歷年發文總量的 92.888%，2015 至 2018 年間發表的論文佔到歷年發文總量的 67.104%。

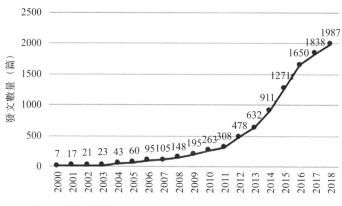

圖 1　澳門高校 2000 — 2018 年 WOS 核心合集發文數量

　　澳門地區各高校 2000—2018 年在 WOS 核心合集上的發文情況如圖 2 所示：各高校的發文量基本上都呈現逐年增多的趨勢。其中澳門大學和澳門科技大學國際發表論文數量增長迅速，在 2011 年之後增長尤為顯著。澳門大學從 2011 年 242 篇增長到 2018 年 1389 篇，區間內年平均增長率達 28.35%。澳門科技大學也從 2011 年的 50 篇增長到 2018 年的 542 篇，區間內年平均增長率達 40.56%。從澳門各高校單獨總產出情況而言，國際論文發表最多的是澳門大學，2000—

---

① Hamel, R. E. The dominance of English in the international scientific periodical literature and the future of language use in science[J]. AILA Review, 2007; 20.

2018 年間共發文 7486 篇，佔澳門地區高校國際發文總量的 74.47%，遙遙領先於其他高校。其次是澳門科技大學，發文 2159 篇，澳門理工學院 196 篇，澳門鏡湖護理學院 149 篇，澳門旅遊學院 138 篇，澳門城市大學 101 篇。[①]

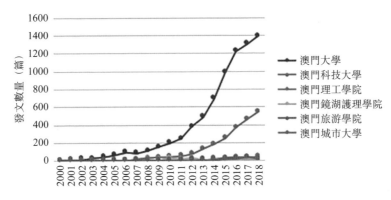

圖 2　澳門六所高校 2000 — 2018 WOS 核心合集發文數量

2. 發文質量

在科研評價中「被引頻次」和「篇均被引頻次」「高被引論文數」是常用的論文影響力評價指標；「領域中的熱點論文」則是在過去兩年內發表，並且在最近兩個月內受到引用的次數是相應學術領域中最優秀的 0.1% 之列，熱門論文數也是學術影響力和學科評估的重要指標。藉助 WOS 核心數據庫中相關信息，用以上四個指標反映澳門高校國

---

① 由於部分文章同時署名多個學校，因此分別計算各高校發文數量的總和大於總發文量。以澳門大學為例，各高校發文數量檢索方法為：選擇 Web of Science 核心合集；選擇檢索項「地址」，輸入「MACAU；精煉依據為：「文獻類型：(ARTICLE) AND 機構擴展：(UNIVERSITY OF MACAU OR UNIV MACAU) 時間跨度：1999 — 2018. 索引：SCI-EXPANDED, SSCI, A&HCI, CPCI-S, CPCI-SSH, BKCI-S, BKCI-SSH, ESCI, CCR-EXPANDED, IC；所得檢索結果：為 7486 篇。

際論文發表的質量狀況。統計分析發現，2010—2018 年間澳門高校國際發表論文被引頻次總計 123243 次，「篇均被引頻次」為 13.17 次。2000—2018 年澳門高校國際發表論文中有 137 篇「領域中高被引論文」，被引頻次總計 23951 次，每項平均引用次數 174.82 次。2000—2018 年澳門高校國際發表論文中有 4 篇「領域中的熱點論文」，包括計算機科學領域 2 篇、工程學 1 篇、物理學 1 篇。[①] 少數「高被引論文」和「熱點論文」的學術質量得到了國際同行的充分肯定，在相應領域產生了較大的學術影響力；但從總體來看，澳門高校國際發表論文的影響力仍然有限，質量有待提升。

（二）發文作者

回歸至今，澳門高校自身已經擁有一批活躍在國際學術界的高產學者，並且與中國內地和世界範圍內多個國家的學者們開展了廣泛的學術合作。圖 3 顯示了 2001—2018 年澳門高校 WOS 核心合集發文作者及合作圖譜。其中將 Slice Length 設為 1，顯示 Top50 的記錄，圖譜中有 487 個節點和 1293 個連線。節點的大小代表作者發文頻次的多少，線條的粗細反映作者間的合作密切程度，線條的顏色代表合作發

---

① 檢索依據為：地址：（Macau），精煉依據：文獻類型：（ARTICLE）AND 機構擴展：（UNIVERSITY OF MACAU OR MACAU UNIVERSITY OF SCIENCE TECHNOLOGY OR CITY UNIVERSITY OF MACAU OR MACAU POLYTECHNIC INSTITUTE OR KIANG WU NURSING COLLEGE OF MACAU OR INSTITUTE FOR TOURISM STUDIES MACAU）。時間跨度 :1999 — 2018. 索引：SCI-EXPANDED, SSCI, A&HCI, CPCI-S, CPCI-SSH, BKCI-S, BKCI-SSH, ESCI, CCR-EXPANDED, IC. 檢索日期為 2020 年 1 月 2 日。

圖 3　2001 — 2018 年 WOS 核心合集收錄澳門高校論文作者圖譜

生的不同時間段。表 1[①]詳細列出了 2000—2018 年澳門高校 WOS 核心
合集發文部分高產作者的發文情況。來自澳門大學和澳門科技大學的
學者國際發文篇數較多，而且他們在特定領域的論文成果已獲得國際

---

① 為確保準確性，這裏的作者發文數量的獲取方法為：先借助 WOS 核心數據庫的分析精煉
功能找到 10053 篇文獻題錄信息中包含的作者姓名及其發文情況，然後手動查詢區別出
標注有作者識別號的澳門學者，再重新根據這些作者的識別號查詢其發文的確切數量，
並進行排序。如某作者發文確切數量的檢索方法為：選取 WOS 核心合集數據庫中，調
整檢索時間跨度為「2000 — 2018」，在檢索項「作者識別號」中輸入某作者的 Research
ID，同時在地址檢索項中輸入「MACAU」，出現檢索結果後，在文獻類型中僅選擇
「ARTICLE」，統計其發文篇數。並通過 WOS 網站中的「Publons」檢索核查作者所屬機
構名稱。因此表中所列並不是純粹按照發文數量排名，也有部分高產作者由於信息缺失沒
有在表中列出。

學術界的認同與肯定。這些高產學者主要致力於藥理學與藥劑學、計算機科學、工程學、化學等學科領域的科學研究。

表 1　2000—2018 年澳門高校 WOS 核心合集發文部分高產作者

作者機構	作者姓名	發文篇數	作者機構	作者姓名	發文篇數
澳門大學	Wang Yitao	256	澳門大學	Qian, Tao	43
澳門大學	Chen, C. L. Philip	211	澳門大學	Zhang, Xuanjun	40
澳門大學	Martins, Rui P.	155	澳門科技大學	Wang, Jun	39
澳門科技大學	Li, Zhiwu	136	澳門大學	Zhao, Wei	38
澳門大學	Chen, Xiuping	106	澳門大學	Pui-In Mak	35
澳門大學	Zhang, Qingwen	106	澳門大學	Chen, Yang	34
澳門大學	Wan, Jian Bo	90	澳門科技大學	Zhou, Hua	27
澳門大學	Xu, Qingsong	88	澳門科技大學	Zhou Yong	23
澳門科技大學	Zhou, Mengchu	79	澳門科技大學	Li, Songxiao	16
澳門大學	Fong, Simon	68	澳門大學	Chen, Xin	13

（三）發文學科分佈

論文發表狀況是學科發展水平的重要衡量依據。[1] 通過分析澳門高校國際發表的論文所屬學科分佈狀況，可以透視澳門高校學科發展情形，發現優勢學科所在。藉助 WOS 統計分析功能，可獲得澳門高校學科發文數量信息。統計結果顯示，澳門高校 2000—2018 年發表的國際學術論文涉及 235 種 WOS 學科類型。國際發文量大的優勢學科類別主要集中在自然科學領域，其中發文量最多的是電氣與電子工程（1263

---

[1]　季淑娟，董月玲，王曉麗：《基於文獻計量方法的學科評價研究》，《情報理論與實踐》，2011 年第 11 期。

篇），其次為藥理學與藥劑學（595 篇）、計算機科學與人工智能（486 篇）、計算機科學信息系統（426 篇）、化學多學科（419 篇）、生物化學及分子生物學（413 篇）、數學應用（401 篇）等。[①] 發文量較多的學科也涉及部分社會科學領域，如休閒體育旅遊（283 篇）、教育學及教育研究（266 篇）、管理（247 篇）、商學（208 篇）、經濟學（236 篇）等，以及多學科科學類別（449 篇）。

澳門大學和澳門科技大學是澳門地區高校國際發文的兩大中堅力量。圖 4 突出顯示了澳門大學 2000—2018 年在 WOS 核心合集發文所包含的學科類型。圖中節點代表學科類型和機構，連接代表學科間聯繫以及機構間合作。2000—2018 年間，澳門大學在電氣與電子工程、計算機科學軟件工程、計算機硬件及構建、自動控制系統、藥理學與藥劑學、數學、物理、區域研究、商業、經濟、公共管理等多個學科領域均發表相應論文，在國際學術界產生了持續性的影響。2000—2018 年間澳門科技大學在商業和經濟、管理、與其他學科有關的物理學、社會學科、工程學、計算機科學、化學等學科領域也都發表不同數量的論文，表現出相當的國際影響力。

（四）發文期刊分佈

2000—2018 年間澳門地區高校在 WOS 核心合集上發表的文章被 3079 種出版物錄用，絕大部分為期刊，少數為叢書。表 2 顯示了發

---

① 澳門高校國際發文在 200 篇以上 400 篇以下的其他自然學科還有：材料科學多學科（386）、電信學（369 篇）、自動控制系統（358 篇）、化學分析（357 篇）、數學（268 篇）、化學藥物（242 篇）、納米科學與納米技術（233 篇）、物理應用（229 篇）、環境科學（226 篇）、計算機科學跨學科應用（224 篇）、計算機科學軟件工程（219 篇）、計算機科學理論方法（212 篇）等。

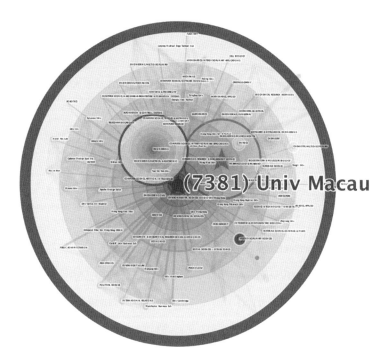

圖 4　2000—2018 年 WOS 核心合集中澳門大學發文所屬學科類型圖

文記錄數排名前 15 位出版物的名稱、發文量、出版國、影響因子、JCR 分區狀況。這 15 種期刊中包含 7 種美國刊物、4 種英國刊物、2 種荷蘭刊物、1 種瑞士刊物、1 種新加坡刊物。其中刊登澳門高校學者論文最多的為英國出版的《SCIENTIFIC REPORTS》，發文 174 篇；其次為美國出版的《PLOS ONE》，發文 116 篇；再次為瑞士出版的《MOLECULES》，發文 90 篇。影響因子最高的刊物為美國出版的《IEEE TRANSACTIONS ON CYBERNETICS》，2014—2018 年五年平均影響因子達 9.631，該刊物是控制論與人工智能領域的頂級期刊，2000—2018 年間刊登澳門高校學者論文 68 篇。

表 2　2000－2018 年澳門高校作者 WOS 核心合集發文部分來源期刊

來源出版物	發文量	刊物出版國家	IF（5 年）[①]	JCR 分區
SCIENTIFIC REPORTS	174	ENGLAND	4.525	Q1
PLOS ONE	116	USA	3.337	Q2
MOLECULES	90	SWITZERLAND	3.38	Q2
IEEE ACCESS	83	USA	4.54	Q1
IEEE TRANSACTIONS ON CYBERNETICS	68	USA	9.631	Q1
JOURNAL OF PHARMACEUTICAL AND BIOMEDICAL ANALYSIS	67	NETHERLANDS	3.054	Q2
INFORMATION SCIENCES	65	USA	5.305	Q1
MATHEMATICAL PROBLEMS IN ENGINEERING	64	ENGLAND	1.104	Q3
RSC ADVANCES	63	ENGLAND	3.168	Q2
NEUROCOMPUTING	58	NETHERLANDS	3.824	Q1
ONCOTARGET	53	USA	5.312	Q1
INTERNATIONAL JOURNAL OF WAVELETS MULTIRESOLUTION AND INFORMATION PROCESSING	44	SINGAPORE	0.569	Q4
IEEE TRANSACTIONS ON ANTENNAS AND PROPAGATION	42	USA	4.393	Q1
MATHEMATICAL METHODS IN THE APPLIED SCIENCES	42	USA	1.35	Q2
SCIENTIFIC WORLD JOURNAL	41	ENGLAND	1.3	Q2

① 「5 年影響因子」指在計算影響因子時採用的是 5 年數據，而非一般影響因子的兩年數據。由於採用了 5 年的數據，就一定程度上避免了有的期刊上由於一兩篇文章的引用次數特別的高，而使其影響因子波動很大，應該說 5 年的影響因子可能比影響因子（兩年的）更能反映期刊的近幾年的平均水準。表 2 中所列「出版物 IF（5 年）」「類別中的排序」「JCR 分區」信息的搜索時間為 2019 年 12 月 23 日。

三、澳門高校國際學術發表的成效與經驗

（一）建設優勢學科創新平台，集聚高水平學者

從地區整體學科發展狀況來看，目前澳門在微型國家和地區中處於較高水平。據 2019 年 9 月 ESI[①] 統計數據顯示，澳門地區國際發文總被引頻次為 71321，位於 ESI 排行中的第 95 名，相比其他人口低於 100 萬的微型國家和地區而言，排名較為靠前，僅次於冰島、塞浦路斯和盧森堡。[②] 就具體的優勢學科類型而言，如澳門大學的工程學、化學、藥理學與藥劑學、計算機科學、臨牀醫學和社會科學總論已進入 ESI 全球高校學科排名前 1%。[③] 澳門科技大學的工程學在 2019 年首次進入相關學科領域全球高校及科研機構排名前 1%。[④]

澳門高校學科國際影響力的形成得益於學科創新平台建設和高水平學者們的貢獻。目前，澳門大學和澳門科技大學已建成四所國家重

[①] 「ESI」即美國基本科學指標（Essential Science Indicators）的簡稱。

[②] 根據聯合國 2018 人口普查數據篩選出相應的國家和地區，然後在與 ESI 收錄國家和地區排名表中查找這些國家和地區。在 2019 年 9 月的 ESI 排名中找到 12 個人口少於 100 萬的國家和地區，分別為：冰島（ICELAND）、塞浦路斯（CYPRUS）、盧森堡（LUXEMBOURG）、澳門（MACAU）、馬耳他（MALTA）、格陵蘭島（GREENLAND）、法國圭亞那（FRENCH GUIANA）、黑山共和國（MONTENEGRO）、瓜德羅普島（GUADELOUPE）、塞舌爾（SEYCHELLES）、百慕大（BERMUDA）、列支敦斯登（LIECHTENSTEIN）。詳見："Population Censuses' Datasets（1995-Present）" https://unstats.un.org/unsd/demographic-social/products/dyb/dybcensusdata.cshtml. https://esi.clarivate.com.

[③] 澳門大學，「澳大科研發展一日千里」，2019-12-23，https://www.gov.mo/zh-hans/news/274677/，2020-03-30.

[④] 澳門科技大學，「澳科大工程學進入 ESI 前 1% 躋身世界領先行列」，2019-05-10，https://www.must.edu.mo，2020-3-30.

點實驗室。[①] 其中 2010 年澳門大學獲批建立的模擬與混合信號超大規模集成電路國家重點實驗室中集聚了陳俊龍（Chen, C. L. Philip）教授、馬許願（Martins, RuiP.）教授、麥沛然（Pui-In Mak）教授等高被引科學家和國際發表高產作者。2011 年設立的澳門大學中藥質量研究國家重點實驗室中也匯集了王一濤（Wang Yitao）教授、陳修平（Chen Xiuping）博士、萬建波（Wan Jianbo）博士、張慶文（Zhang Qingwen）博士，蕭建波博士（Xiao Jianbo）等諸多高被引科學家和國際發表高產作者。

（二）獲得祖國和澳門本土資助，爭取國際資金支持

基於 WOS 核心數據庫中關於 2008 年後澳門高校發文基金資助信息，統計分析發現，澳門高校國際論文發表獲得了來自澳門本地、中國國內和國際等多方基金資助支持。其中資助頻次最多的是中國國家自然科學基金（3171 次）、其次是澳門大學的資金（2866 次）與澳門科學技術發展基金（1837 次）。中國博士後科學基金、中國國家基礎研究計劃、中央高校基礎研究經費、廣東省國家自然科學基金、香港研究資助局資金等也是澳門高校國際發文的資助來源。同時，澳門高校國際論文發表也獲得了來自歐洲航天局理事會、美國國立衛生研究院、美國衛生部、澳大利亞研究理事會、法國國家研究資助局聯合研究計劃等國際基金的資助。

---

① 四所國家重點實驗室分別為：2010 年澳門大學獲批建立模擬與混合信號超大規模集成電路國家重點實驗室，2011 年獲批建立中藥質量研究國家重點實驗室（澳門大學與澳門科技大學共同設立）；2018 年獲批了智慧城市物聯網國家重點實驗室（澳門大學設立）和月球與行星科學國家重點實驗室（澳門科技大學設立）。

　　圖 5 顯示了 2008 至 2018 年間澳門高校國際發文基金引用突現持續時間超過 5 年以上的基金項目及其突現時間段和突現強度。從中可以發現，來自中國國家層面的科學研究資金、澳門本土科學基金、香港高校資金的支持對澳門高校國際學術發表起到了支柱性的作用。一方面歸功於回歸後澳門與內地和香港地區的學術合作關係日益密切，另一方面得益於澳門政府和高校科研資助制度的不斷完善。2004 年澳門科學技術發展基金依法設立，並相繼與國家科技部、國家自然科學基金委、廣東省科技廳、葡萄牙科技基金等開展聯合資助。澳門高校自身也開展了多種形式的科研資助，如澳門大學不僅有長期的「多年研究補助金」，也為全職學術人員提供一次性支持的「創業研究補助金」，也有針對專項的「教授研究及發展補助金」，以及會議資助。[①]

Grants	Year	Strength	Begin	End	2008—2018
NationalScienceFoundation（NSF）	2008	7.7121	2009	2015	
ChineseUniversityofHongKong	2008	5.1353	2009	2015	
FDCTofMacao	2008	4.7834	2011	2015	
MacaoSAR	2008	3.4147	2011	2015	
NationalBasicResearchProgramofChina（973Program）	2008	5.7154	2012	2016	
ResearchFundoftheUniversityofMacau	2008	4.0217	2014	2018	

圖 5　澳門高校 WOS 核心合集國際發文基金引用突現圖

---

① 澳門大學科研與知識轉移辦公室，「內部資助」，https://www.um.edu.mo/research/funding.html，2020-3-30.

（三）加強與國內高校合作，建立國際合作網絡

回歸後澳門高校與香港和內地多所高校建立了廣泛而密切的合作關係，並已經和來自美國、英國、新加波、澳大利亞、葡萄牙、沙特阿拉伯等國的高校建立了實質性的學術合作關係。圖 6 形象展示了合作發文機構和國家的情況，選取 2001—2018 年間的數據，將 Slice Length 設為 3，顯示 Top50 的記錄。圖中顯示的有 131 個節點和 624 個連線，其中節點代表發文機構或國家，節點的大小代表該機構或國家發文頻次的多少，多節點間的連線代表合作，線條的粗細反映機構和國家間的合作密切程度，線條的顏色代表合作發生的不同時間段。從國家層面來看，澳門高校在中國國內開展的合作最為頻繁。與澳門高校開展國際合作的國家中，合作發文 200 篇以上的有：美國（1561 篇）、澳大利亞（506 篇）、

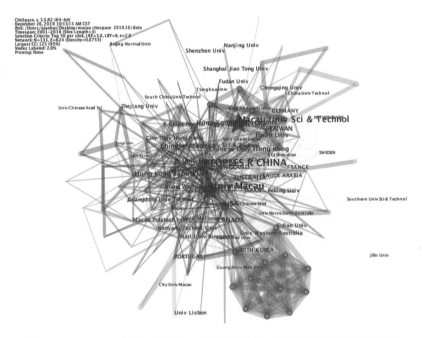

圖 6　2001—2018 年間澳門高校 WOS 核心合集發文合作機構與國家分佈圖

英國（338 篇）、新加坡（289 篇）、加拿大（250 篇）[①] 。

表 3　2000—2018 年澳門高校合作發文 100 篇以上的合作機構

國家/地區	合作機構	發文篇數	國家/地區	合作機構	發文篇數
中國/北京	中國科學院	533	中國/上海	華東師範大學	132
中國/香港	香港中文大學	510	新加波	新加波國立大學	132
中國/香港	香港理工大學	440	中國/廣東	深圳大學	129
中國/香港	香港浸會大學	368	中國/廣東	華南理工大學	122
中國/香港	香港大學	344	沙特阿拉伯	阿卜杜勒阿齊茲國王大學	116
中國/廣東	中山大學	327	中國/重慶	重慶大學	115
中國/廣東	暨南大學	256	澳大利亞	墨爾本大學	113
中國/香港	香港科技大學	197	中國/北京	首都醫科大學	113
中國/香港	香港城市大學	193	中國/廣東	廣州中醫藥大學	113
中國/廣東	廣東科技大學	171	新加波	南洋理工大學	111
中國/陝西	西安電子科技大學	168	新加波	南洋理工大學新加坡國立教育學院	111
中國/北京	北京大學	156	中國/江蘇	南京大學	111
中國/北京	清華大學	148	澳大利亞	西澳大利亞大學	110
葡萄牙	里斯本大學	147	澳大利亞	澳大利亞聖母大學	110
中國/浙江	浙江大學	136	美國	加州大學系統	107
中國/上海	上海交通大學	132	中國/北京	北京師範大學	100

就機構層面而言，如表 3 所示，合作發文量 100 篇以上的機構中有 6 所香港高校，17 所內地高校和科研院所，3 所新加坡高校、3 所澳大利亞高校、1 所葡萄牙高校，1 所沙特阿拉伯高校，以及美國的加州

---

① 澳門高校與英國和加拿大高校合作發文總數量在 200 篇以上，但由於合作發文的高校較為分散，單個高校合作發文數量有限，因此在表 3 中統計的合作發文 100 篇以上的合作高校時並未出現英國和加拿大的高校。

大學系統。這些合作機構中有特定學科專業實力雄厚的高校，如國內的首都醫科大學、廣州中醫藥大學等；同時也不乏世界頂級名校，如新加坡國立大學、南洋理工大學、清華大學、香港大學、北京大學、香港科技大學、墨爾本大學、香港中文大學等，這些皆為 2019 年 QS 世界大學排名前 50 名以內的大學。[①] 值得關注的是，澳門高校與香港及廣東地區高校在國際學術論文發表中的合作尤為密切。粵港澳地理位置相連、文化語言相通，特別是回歸以來三地在經濟、文化、教育等諸多領域展開了廣泛深入的合作，學術領域的合作也是日益增多。合作網絡的深化和擴展為澳門高校學術發展提供了更為廣闊的空間。

四、澳門高校國際學術發表未來展望與建議

從上述分析可以看出，回歸以來澳門高校國際學術發表已取得突破性進展，不僅發文數量顯著增多，部分論文質量已獲得國際學術界的認可；而且研究力量得以增強，擁有了相對穩定的研究資金支持，並在特定學科領域已形成一定國際影響力。在回顧肯定已有成就的同時，我們也應該看到澳門高校仍處在國際學術體系的邊緣，國際發表總體狀況不容盲目樂觀，不足之處表現為：地區總體發文數量有限，質量有待提升；高產作者和高學術影響力學者不足；國際發表主要集中在少數高校的部分優勢學科，不同學科國際化科研產出水平差距大；知名權威刊物發文量少，國際學術話語權有待提升等諸多問題。究其

---

① QS World University Rankings. "top-50-under-50"，https://www.qschina.cn/university-rankings/top-50-under-50/2019，2019-12-28

原因，一方面源於澳門高校自身學術科研實力尚缺乏足夠的國際競爭力，另一方面則與其國際化科研創新環境有待改善、國際學術發表激勵保障機制不完善、國際學術合作有待加強等諸多因素有關。展望未來，粵港澳大灣區發展戰略的制定與實施拓寬了澳門高等教育發展的格局，也為其科研創新能力提出了更高的要求。同時隨着國際和地區間學術科研競爭的加劇，澳門高校國際學術發表必將面臨更為嚴峻的挑戰。澳門高校和學者仍需勵志前行，開拓創新，採取多種措施，持續提升國際學術發表水平，不斷增強地區學術科研實力和國際影響力。

（一）推進優勢學科羣建設，增強科研創新國際競爭實力

Swales 和 Leeder 用數據與事實說明，非英語國家學者的國際發表和接受並不如想像中那般複雜，最重要的還是論文本身的質量。[①] 未來澳門高校國際發表數量和質量的提升，關鍵還是在於高校和學者科研創新國際競爭實力的增強。其中注重發展優勢特色學科、重點突破、學科集羣發展是斯坦福大學、普林斯頓大學、芝加哥大學、麻省理工學院等世界一流大學提升其科研創新和學科競爭實力的重要舉措，這也是中國在建雙一流大學的普遍選擇。[②] 突出特色，推進優勢學科羣建

[①] John M. Swales, Christopher Leeder. A reception study of the articles published in English for Specific Purposes from 1990 — 1999[J]. English for Specific Purposes, 2012, 31（2）.

[②] 翟亞軍，王戰軍：《理念與模式——關於世界一流大學學科建設的解讀》，《清華大學教育研究》，2009 年第 1 期；程孝良：《高水平行業特色大學創建世界一流學科的模式與路徑》，《國家教育行政學院學報》，2016 年第 11 期；何曉芳，王洋：《世界一流大學學科結構及發展模式研究——基於 QS 學科排名基礎數據的分析》，《現代教育管理》，2018 年第 11 期；袁子晗，張紅偉：《42 所在建世界一流大學學科羣布局及對接國家戰略的分析》，《科學管理研究》，2018 年第 6 期；楊清華，許儀：《綜合性大學優勢學科羣與大科研平台的協同發展》，《實驗技術與管理》，2018 年第 6 期。

設也可成為澳門高校提升科研實力的路徑選擇。優勢學科羣是為適應社會、科學技術和經濟發展而建立的，是若干優勢學科間相互滲透、相互支撐，圍繞某一共同領域或重大的科研項目緊密而有機地結合在一起的學科羣體。[①]澳門高校的學科羣建設的目標和方向需對接國家戰略需求，圍繞粵港澳大灣區建設規劃目標定位，結合本地經濟社會發展需求，以現有工程學、致力於中醫藥研究的藥理學與藥劑學、化學、計算機科學等優勢學科、以及旅遊休閒等特色學科作為學科羣建設的主幹帶頭學科，引領帶動相關學科實現多學科協調發展，綜合提升澳門高校的學科科研競爭實力。

（二）優化國際化科研創新環境，加強國際高水平學者團隊建設

國際高水平學者是國際發表的主體，也是優勢學科崛起的基礎和保障。回歸後澳門高校通過引進和培養相結合的方式匯集了若干名高水平學者，圍繞特定方向形成學科團隊，發展優勢特色學科，在國際學術舞台發出了來自澳門的聲音。但從總體來看，澳門高校擁有的國際高水平學者仍然稀缺，難以為國際科研競爭優勢的形成和持續提供充足的人力支持。未來需進一步優化高校國際化科研創新環境，完善高端人才引進培育的制度建設，圍繞學科發展目標，吸引和培育更多國際高端學術人才，打造高水平國際學術科研團隊，發揮團隊在國際學術競爭中的創新優勢。首先，澳門政府需進一步完善人才分類管理機制，簡化高端人才的聘任機制與程序，完善境外高層次學術人才在

---

① 何剛：《簡論高校學科群的協同效應》，《中國高教研究》，2006 年第 12 期。

澳工作的配套制度。^① 其次，澳門高校應根據自身在國際學術人才流動中所處的地位以及學術團隊建設目標，設立更為靈活多樣的科研人才資助培育計劃，吸引匯聚學科發展所需的國際高水平科研人才。並圍繞優勢特色學科羣建設，打造一批高水平國際學者團隊。從國際學術團隊人員構成上來講，在引進海外學術帶頭人和科研骨幹的同時，也需注重培養扎根民族傳統、立足學科國際前沿的澳門本土學者，切實根據學科發展需要，依照科學公正的國際學術標準組建團隊。

（三）持續增加科研經費投入，完善國際發表激勵制度

回歸後澳門國際學術發表取得的進步離不開澳門本土與國家的經費資助。當前澳門高校科研繼續獲得了來自本土與國家層面的鼎力支持。2019 年，澳門科技發展基金對澳門本地的科研資助創下歷史新高，達到 5.35 億澳門元。^② 2018 年 5 月國家科技部和財政部公佈《關於鼓勵香港特別行政區、澳門特別行政區高等院校和科研機構參與中央財政科技計劃（專項、基金等）組織實施的若干規定（試行）》，澳門地區的大學、科研機構及科研人員可以直接申請國家科技項目。自 2019 年起，國家自然科學基金「優秀青年科學基金項目」首次向港澳青年科學家開放。但在大科學時代，科學研究需要花費更多的人力、物力和

---

① 馬早明，俞淩雲，楊勵：《粵港澳大灣區視域下澳門高等教育發展：機遇、挑戰與應對策略》，《華南師範大學學報（社會科學版）》，2019 年第 5 期。

② 劉暢，章利新，郭鑫：科技之光耀濠江——回歸 20 年澳門科技創新記事，2019-12-04，http://www.xinhuanet.com，2020-03-30.

財力，經費支持對科研產出具有重要的影響作用。[①] 未來無論是中國國家層面還是澳門本土，未來需繼續保持並進一步加大對科學研究的資金支持力度，持續推進澳門高校科研國際化進程。隨着自身科研實力的提升，澳門高校也有望在更大的範圍內爭取並配置資源，贏得更廣泛的資金支持。在持續增加科研經費作為保障的同時，也需進一步完善國際發表的激勵制度。具體而言，一方面需加大國際發表的物質獎勵力度，引導更多學術人員積極開展國際學術交流與成果發表；另一方面，需在人才招聘、職稱評定、績效考核等環節突出強調國際發表的必要性，從學術評價制度層面明確國際發表的重要性，激勵澳門高校學術人員不斷提升其國際發表水平。

（四）深化區域科研合作，拓展國際學術合作網絡

在科學內在動力與各國政策的雙重驅動下，學者和學術機構之間的合作越來越頻繁，科學合作逐漸成為科學研究的主流方式。研究表明，科學家的高產出率與合作的高水平呈正相關，[②] 研究產出的平均質量與大學機構外部合作的強度呈正相關。[③] 通過合作發表論文，學者之間不僅可以實現學術隱性知識的傳遞，提升學術產出能力，也可以建立學術交流網絡，便於科研資源的獲取。澳門高校國際發文的高產作者和高影響力作者通常選擇與國內外知名高校的學者合作，與研究

[①] GOK Abdullah, RIGBY John, SHAPIRA Philip. The impact of research funding on scientific outputs: Evidence from six smaller European countries [J]. Journal of the Association for Information Science and Technology, 2016, 67（3）.

[②] PAO M L.Co-authorship as communication measure [J]. Library Res, 1981; 28.

[③] Abramo, G., D'Angelo, C.A. & Di Costa, F. Research collaboration and productivity: is there correlation? [J]. Higher Education, 2009, Vol. 57（2）.

興趣方向一致的學者合作。並且這些高被引學者與高產學者們與國際學術共同體的交流合作通常都較為密切，大多能夠積極融入國際學術網絡，或擔任國際期刊審稿人，或作為國際學術團體的成員。提升科研合作質量，積極融入國際學術網絡是澳門高校學者羣體提升國際科研競爭力的必然選擇。未來需進一步深化粵港澳大灣區區域內科研合作，克服澳門作為微型地區的內生局限性，拓寬澳門高校學術科研發展格局，實現區域合作共贏，共謀發展。同時可重點依託自身優勢學科領域，有針對性地拓展與世界一流大學和一流學科、世界著名科研機構的合作與交流，加強國際學術合作夥伴關係建設，打造更多的國際化合作與交流平台，保持科學研究與國際前沿的緊密聯繫，不斷提升科研創新力與科研競爭力。

International Academic Papers Published in Macao Universities and Colleges: Retrospect and Reflection

Wei Huihui

Abstract: Based on the information collected in the papers of Macao universities and colleges published in the core collection of Web of Science from 2000 to 2018, the article summarizes the international academic publication status of Macao universities and colleges since the return from the aspects of quantity and quality of international publications, authors of publications, subject distribution, and journal distribution, etc. Further analysis found that the achievements of Macao International Publishing mainly benefited from: building a platform for innovation in advantageous disciplines and gathering high-level scholars; obtaining funding from the motherland or Macao and Striving for international funding support; strengthening cooperation with domestic universities and establishing an international cooperation network. Looking forward to the future, we propose corresponding countermeasures and suggestions based on existing experience and deficiencies: promote the construction of advantageous subject groups and enhance the international competitiveness of scientific research and innovation; optimize the international scientific research and innovation environment and strengthen the construction of international high-level academic teams; continue to increase research funding and improve International publishing incentive system; deepen regional scientific research cooperation and expand international academic cooperation network.

Keywords: Macau universities and colleges; international publishing; scientific research internationalization; visual analysis

澳門高等教育內地大學生地方依戀對其城市形象維護影響的研究

汪琨，王心，劉心宇，陸炎*

摘　要：人對地方主觀性的依戀是一種特殊的人地關係。「一國兩制」在澳門的成功實踐與當今澳門繁榮穩定的城市形象，都離不開一代又一代青年人的努力。本文對在澳門就讀的內地大學生所在學習、居住、工作為一體的空間進行地方依戀的研究，對推動澳門城市的發展具有重要意義。依據地方感理論，構建澳門高等教育內地大學生地方依戀與城市形象維護的模型，通過問卷調查與 SPSS 計量分析得出結論，在地方依戀維

*　作者：汪琨（1995.04），女，漢族，博士研究生，珠海藝術職業學院文化與旅遊學院專任教師，主要研究方向為大灣區旅遊產業、會展經濟與管理，Email: hz_wangkun@yeah.net；王心，（1985.09），女，漢族，博士，主要研究方向為社會治理、人地關係、旅遊消費者行為研究等；劉心宇，（1997.01），女，漢族，碩士研究生，研究方向為人地關係、感知價值、地方依戀等；陸炎，（1995.10），男，漢族，博士研究生，研究方向為旅遊體驗、目的地意象、全球治理、澳門與葡語國家關係研究等。
　　通訊作者：王心（1985.09），女，漢族，博士，澳門城市大學國際旅遊與管理學院助理教授，Email:xwang@cityu.mo。

　　基金項目：本文係澳門基金會資助之「澳門特別行政區治理體系與治理能力現代化研究」（MF1932）的階段性成果。

度下，地方依賴與地方認同有着正向相關關係；地方依賴和地方認同分別與其城市形象維護有着正向相關關係；地方依戀主要通過地方認同來影響城市形象維護。據此，提出應當促進澳門高等教育的改革發展，提高大學生的社會參與度；注重政府與學生間的交流，提升澳門大學生的主人翁意識；關注大學生在澳門的社會生活，不斷挖掘和培育其地方感；強化澳門的城市價值，為在澳大學生創造更多機會；提升澳門的城市文化內涵，影響在澳大學生對其文化的認同感等建議。

關鍵詞：地方感　地方依戀　城市形象維護

一、引言

人們對地方的感知是從熟悉逐漸到依戀再到認同，進而對地方產生更加強烈的歸屬感。大學作為現代社會思想變革的先導、孕育技術的搖籃，培育科學精神、傳承人文意蘊是其區別於其他地方的特殊性所在。本文通過調查澳門高等教育內地大學生的地方依戀維度下地方依賴和地方認同之間的影響因素，以及兩者對澳門城市形象維護產生的影響，試圖構建在澳門就讀內地大學生地方依戀與城市形象維護的模型，為當今地方感的研究提供新的理論視角。本文着重關注內地大學生這一特殊羣體，以期促進在澳門就讀內地大學生的地方感的建立，進而促進其對於社會的責任感，讓這一年輕又充滿活力的羣體更好地推動澳門社會的穩定發展。在慶祝祖國成立 70 週年暨澳門回歸 20 週年的背景下，在澳門就讀內地大學生作為促進澳門社會發展繁榮發展的重要力量，對其地方的依戀與城市形象的研究將對澳門城市未來

的發展將有着更為深刻的意義。

國外地方感的理論是由 Yi-Fu Tuan 和 Relph 為代表的學者在 20 世紀 70 年代後，首次將「地方」引入人文地理學研究範疇。隨着研究的進一步深入，西方其他學者又相繼提出相關概念：「sense of place」（地方感）、「place attachment」（地方依戀）、「place dependence」（地方依賴）、「place identity」（地方認同）、「place making」（地方營造）等一系列的概念，並將這些概念納入到了「地方理論」體系內進行研究。地理學者 Wright（1947）提出「地方是承載主觀性的區域」，並意識到地方是具有主觀意義的 [①]。不同的研究對象也會影響地方感的變化。隨着研究不斷地深入，研究對象從最初關注社區居民地方感、遊憩者對於遊憩地的地方感、移民對居住地地方感等，拓展到女人、兒童、老年人等羣體對特定場所的地方感 [②]。國內地方感的主要發展是由張捷（1997）發現在提升旅遊地整體形象和增強旅遊地吸引力中，地方概念具有重要的作用 [③]。隨後，黃向、保繼剛和 Wall Geoffrey（2006）在《場所依賴（place attachment）：一種遊憩行為現象的研究框架》一書中構建了 CDEEM 場所依賴理論體系的研究框架，其研究成果也使得越來越多的人更加關注旅遊學中的場所依賴現象，並將其應用於旅遊資源的管理中去 [④]。唐文躍（2007）在國內外地方感的研究基礎上，構建了地方感研究的框架（圖 1.1），並將中國現階段地方感的研究劃分為三

---

① Wright J, Terrae I. The place of imagination in geography. Annals of the Association of American Geographers, 1947（37）: 1-15.

② 盧松、王琳琳、王立妹：《基於 CiteSpace 的國外地方感知識圖譜研究》，《安徽師範大學學報（自然科學版）》，2018 年第 1 期。

③ 張捷：《區域民俗文化的旅遊資源的類型及旅遊業價值研究》，《人文地理》，1997 年第 3 期。

④ 黃向、保繼剛：《場所依賴（place attachment）：一種遊憩行為現象的研究框架》，《旅遊學刊》，2006 年第 9 期。

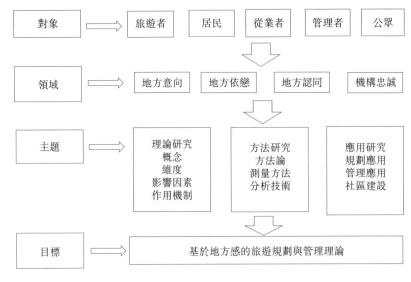

圖 1.1　地方感研究的 ODTG 框架

資料來源：唐文躍（2007）

個方向：對象，領域和主題[1]。本文研究的架構由此啟發（圖 1.2），針對在澳門高等教育環境下就讀內地大學生這一特殊的研究對象，在澳門這一踐行「一國兩制」方針與多元文化、經濟教育的地區開展有關於地方感與城市形象維護的研究。

目前，國內對於地方依戀的運用和劃分較多用 Williams 和 Roggenbuk（1989）的二維劃分結構，將地方依戀劃分為地方認同（place identity）和地方依賴（place dependence）兩個維度，這裏的地方認同表示人們對地方的情感依戀，而地方依賴則主要表示人們對地方的物質依賴[2]。地方依戀可以簡要概括為人們對熟悉的環境與非慣常環境的

---

[1]　唐文躍、張捷、羅浩：《九寨溝自然觀光地旅遊者地方感特徵分析》，《地理學報》2007 年第 6 期。

[2]　Williams D R.& Roggenbuck J W. Measuring Place Attachment: Some Preliminary Results. San Antonio: 12-16. 1989.

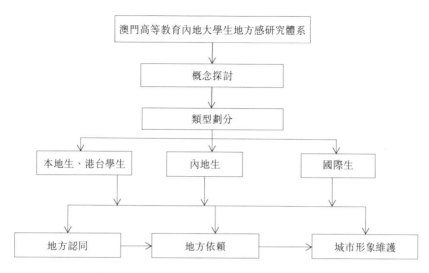

圖 1.2　澳門高等教育內地大學生地方感研究體系

資料來源：作者整理

認同與歸屬感。地方依戀的理論研究目前主要集中在研究地方依戀形成的影響因素，例如場所使用頻率、使用動機、遊憩活動熱衷和遊憩專業化水平等因素與地方依戀之間的關係。兩者相互結合從形成對於該地方的情感依戀與歸屬感。（見圖 1.3）

根據 Williams 和 Roggenbuk（1989）的二維劃分結構，並且結合實際考慮到大學生作為社會具有代表性的羣體之一，在與澳門這個特殊地方之間展開互動的過程中，校園空間與城市空間存在其特有的

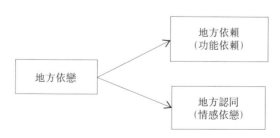

圖 1.3　地方依戀的二維模型

資料來源：作者整理

地方聯結，例如，相對時間內的居住場所較為固定，寒暑假和節假日的遷徙，畢業後是否在該城市發展等。大學生與一般社會居民相對穩定的人地關係和旅客與景區之間的相對波動的人地關係相比，其與所在城市之間的人地關係存在半穩定的特性。根據這樣的特性，大學生對城市地方依戀的形成，主要是在特定的物理環境與社會環境的作用下，先對地方產生情感上的認同，然後對地方產生物質性的依賴，最後在地方依戀的作用下，表現為個人對城市形象的維護。（見圖 1.4）

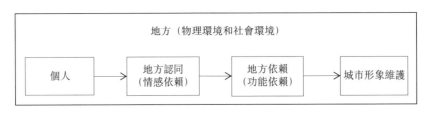

圖 1.4　地方依戀形成機制概念模型

資料來源：作者整理

　　相關文獻表明：國外的地方理論研究相較於國內的研究，起步較早且研究的領域較為廣泛，成果較為豐碩，構建的研究體系也較為完善。國外研究呈現豐富且集中的特點，國內研究則較少而零散。而在地方依戀與地方認同的關係研究上，國外已有相關研究提出了其兩者之間具有關聯性，這也為本文的研究提供了理論上的前提指引。根據相關文獻分析，本文提出以下研究假設：

　　研究假設 H1：地方依賴與地方認同有顯著的正向影響。

　　研究假設 H2：地方依賴和地方認同對澳門高等教育內地大學生與其城市形象維護有着顯著的正向影響。

　　研究假設 H3：地方依賴主要通過地方認同影響澳門高等教育內地大學生對其城市形象的維護。

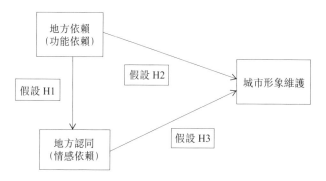

圖 1.5　地方依戀與城市形象維護關係概念模型

資料來源：作者整理

二、研究對象、數據來源與分析方法

2.1　研究對象及研究區域

2.1.1　研究對象的選取

本文對象的選取應該具備以下兩個條件：（1）能夠提供多種不同的活動，並可以滿足在遊憩生活上的活動需求，即對遊憩地產生功能性的依賴。（2）可以使在澳門就讀內地大學生對居住地產生情感上的地方認同、地方歸屬感與地方扎根等要素。

2.1.2　研究區域旅遊地基本特徵

表 1　研究區域基本特徵

資源特徵	四百多年歷史的中西建築、藝術、宗教、美食、社區等文化在澳門交匯融合，多元共存。2005 年「澳門歷史城區」列入教科文組織的《世界遺產名錄》。現時澳門以世界旅遊休閒中心為定位
旅遊資源類型	人文旅遊資源為主
文化背景	殖民文化、建築文化

續表

級別和知名度	2005 年「澳門歷史城區」成功列入教科文組織的《世界遺產名錄》
區域面積	32.8 平方公里（海域面積 85 平方公里）
區位和可達性	位於中國廣東省南部的珠江三角洲，北面鄰接中國大陸的珠海市，東面與香港隔海相距約 60 公里
主要客源市場	中國大陸、中國香港、中國台灣
旅遊發展水平	2018 年全年入境旅客共 35,803,663 人次，按年增加 9.8%
地方居民數量	人口約有 667,400 人，澳門居民以華人為主，佔總人口九成以上，其餘為葡籍、菲律賓籍以及其他國籍人士
旅遊開發歷史與旅遊生命週期	處於生命週期發展階段

資料來源：作者整理

2.2 數據來源

2.2.1 量表構成

問卷包括第一部分為合資格受訪者篩選，第二部分為地方依賴調查，第三部分為地方認同調查，第四部分為城市形象維護調查，第五部分為受訪者基本信息這五部分的內容。地方依戀研究多沿用 Williams 和 Roggenbuck（1989，1992）提出的地方認同、地方依賴二維結構，本文將繼續採用其地方依戀測量理論和測量項設計方法，結合澳門的實際情況，設計測量地方依賴 5 個陳述句和地方認同 5 個陳述句，共同構成地方依戀的維度測量。在澳門高等教育內地大學生對城市形象維護的影響方面用 10 個陳述句。採用李克特 5 點式量表計分，分別為：1 分（非常不同意）、2 分（不太同意）、3 分（一般）、4 分（同意）、5 分（非常同意），量表得分越高，表示在澳門就讀內地大學生的地方依戀程度越深。

本文的主要研究對象是澳門城市大學的在校就讀內地學生，本文

共收集問卷 248 份，其中有效問卷 215 份，佔總樣本的 86.69%，無效樣本 33 份，佔總樣本的 13.31%。發放時間為 2019 年 3 月—5 月，問卷當場發放並回收。本次調查男女比例約為 6:4，受訪者的年齡主要集中在 18—24 歲，其中本科學歷佔 60%，其次是碩士學歷佔比 35.81%，博士學歷為 4.19%。被調查者大多為居住 1—4 年的大學生其佔比高達 66.51%，其次是少於 1 年的新生佔比 14.88%，4—6 年的居住時間佔比為 12.56%，而 6 年以上居住時間只佔調查比例的 6.05%。其他具體樣本情況如下圖：

表 2　樣本基本情況

特徵值	比例/%
性別	男（36.35），女（64.65）
年齡	〈18（2.79），18—24（75.81），25—44（18.6）〉，44（2.79）
婚姻狀況	未婚（93.95），已婚（5.58），其他（0.47）
受教育程度	本科（60），碩士（35.81），博士（4.19）
戶籍狀況	中國內地（86.98），澳門（8.84），香港（1.4），台灣（2.33），其他（0.47）
在澳門居住時間（年）	〈1（14.88），1—4（66.51），4—6（12.56）〉，6（6.05）
是否參與澳門社團生活或社會實習	是（84.19），否（15.81）

資料來源：作者整理

2.2.2　樣本數據信度與效度分析

（1）樣本信度分析

在對問捲進行信度分析。結果顯示，問卷總量表 Cronbachα 值為 0.81，而各分量表 Cronbachα 值均在 0.6 以上，分析 α 係數，如果此值高於 0.8，則說明信度高；如果此值介於 0.7—0.8 之間；則說明信度較

好；如果此值介於 0.6—0.7；則說明信度可接受；如果此值小於 0.6；說明信度不佳，以此說明本問卷資料可信。

表 3　問卷信度分析

名稱	校正項總計相關性（CITC）	項已刪除的 α 係數	Cronbachα 係
	Cronbach 信度分析		
地方依賴	0.693	0.707	
地方認同	0.729	0.665	0.81
城市形象維護	0.565	0.834	

資料來源：作者整理

（2）樣本效度分析

在對問卷的效度分析，結果如下：分析 KMO 值；如果此值高於 0.8，則說明效度高；如果此值介於 0.7—0.8 之間，則說明效度較好；如果此值介於 0.6—0.7，則說明效度可接受。本問卷的 KMO 的值在 0.677，說明此問卷的效度是在可接受範圍內的。導致本問卷的信與效度不高的原因主要是由於個人對地方感知的差異以及內地大學生在澳門逗留的狀態的不穩定所導致。

表 4　問卷效度分析

	因子載荷係數	共同度
	效度分析結果	
	因子 1	
地方認同	0.895	0.801
地方依賴	0.875	0.765
城市形象維護	0.784	0.614
特徵根值（旋轉前）	2.18	—

續表

效度分析結果		
	因子載荷係數	共同度
	因子 1	
方差解釋率 %（旋轉前）	72.663%	—
累積方差解釋率 %（旋轉前）	72.663%	—
特徵根值（旋轉後）	2.18	—
方差解釋率 %（旋轉後）	72.663%	—
累積方差解釋率 %（旋轉後）	72.663%	—
KMO 值	0.677	—
巴特球形值	235.632	—
df	3	—
p 值	0	—

資料來源：作者整理

2.3　分析方法

本文探討分析了地方依戀維度下地方依賴與地方認同分別對其城市形象維護的影響，並採用 SPSS25.0 軟件對問卷調查所收集的有效數據進行了分析，主要的分析方法有描述性統計分析、信度分析、回歸分析等。首先，用描述性統計相關分析在澳門就讀內地大學生在地方依戀維度下地方依賴和地方認同兩者的關係與城市形象維護之間是否存在相關性。其次，運用回歸分析的方法驗證地方依戀維度下地方依賴、地方認同與城市形象維護之間的關係。最後，用差異性檢驗研究各個變量之間是否存在顯著性差異，從而得知影響澳門高校內地大學生地方依戀的主要因素有哪些。

三、數據分析結果及討論

3.1 描述性統計相關性分析

本文利用 SPSS25.0 分析軟件將地方依戀維度下地方依賴與地方認同與城市形象維護進行均值、標準差及皮爾遜相關分析，以便觀察研究模型中的各變量在澳門這個地方的實際情感中的差異。地方依賴和地方認同之間的相關係數值為 0.717，並且呈現出 0.01 水平的顯著性，因而說明地方依賴和地方認同之間有着顯著的正相關關係。地方依賴和城市形象維護之間的相關係數值為 0.498，並且呈現出 0.01 水平的顯著性，因而說明地方依賴和城市形象維護之間有着顯著的正相關關係。地方認同和城市形象維護之間的相關係數值為 0.547，並且呈現出 0.01 水平的顯著性，因而說明地方認同和城市形象維護之間有着顯著的正相關關係。

表 5 描述性統計特徵整體相關性分析

	Pearson 相關				
	平均值	標準差	地方依賴	地方認同	城市形象維護
地方依賴	3.012	0.831	1		
地方認同	2.916	0.88	0.717**	1	
城市形象維護	4.04	0.847	0.498**	0.547**	1

註：$*p < 0.05$；$**p < 0.01$
資料來源：作者整理

表 6 地方依賴與地方認同相關性分析

	Pearson 相關
	地方依賴
地方認同	0.717**

註：$*p < 0.05$；$**p < 0.01$
資料來源：作者整理

表 7　地方依賴與地方認同與城市形象維護相關性分析

	Pearson 相關	
	地方依賴	地方認同
城市形象維護	0.498**	0.547**

註：*p < 0.05；**p < 0.01
資料來源：作者整理

3.2　模型回歸分析

相關分析研究的是變量之間是否相關，是否存在關係，卻不能指出這種關係的方向及相關的程度。因此本文將採用線性回歸分析，分別以地方依戀維度下地方依賴與地方認同為自變量，城市形象維護為因變量，對這幾種因子之間的關係進行更深入的分析。

3.2.1　地方依賴與地方認同的回歸分析

與本文相對應的假設是 H1：地方依賴與地方認同有顯著的正向影響。因此，將利用回歸方程，通過軟件 SPSS25.0 對假設 H1 進行驗證。將地方依賴作為自變量，地方認同作為因變量，進行回歸分析，分析結果如下表所示。

表 9　地方依賴與地方認同線性回歸分析

	線性回歸分析結果								
	非標準化係數		標準化係數	t	p	VIF	R^2	調整 R^2	F
	B	標準誤	Beta						
常數	1.037	0.137	—	7.551	0.000**	—	0.514	0.512	225.419 (0.000**)
地方認同	0.677	0.045	0.717	15.014	0.000**	1			
因變量：地方依賴									
D-W 值：1.738									

註：*p < 0.05；**p < 0.01
資料來源：作者整理

將地方認同作為自變量，而將地方依賴作為因變量進行線性回歸分析，從上表可以看出，模型 R 平方值為 0.514，意味着地方認同可以解釋地方依賴的 51.4% 變化原因。對模型進行 F 檢驗時發現模型通過 F 檢驗（F=225.419，P ＜ 0.05），也即說明地方認同一定會對地方依賴產生影響關係，以及模型公式為：地方依賴 =1.037+0.677* 地方認同。最終具體分析可知：地方認同的回歸係數值為 0.677（t=15.014，P=0.000 ＜ 0.01），意味着地方認同會對地方依賴產生顯著的正向影響關係。所以研究假設 H1 成立。

3.2.2 地方依賴與城市形象維護的回歸分析

與本文相對應的假設是研究假設 H2：地方依賴和地方認同對澳門高等教育內地大學生與其城市形象維護有着顯著的正向影響。因此，將利用回歸方程，通過軟件 SPSS25.0 對假設 H2 進行驗證。將城市形象維護作為自變量，地方依賴作為因變量，進行回歸分析，分析結果如下表所示。

表 10　地方依賴與城市形象維護線性回歸分析

	線性回歸分析結果								
	非標準化係數		標準化係數	t	p	VIF	R^2	調整 R^2	F
	B	標準誤	Beta						
常數	1.038	0.241	—	4.316	0.000**	—	0.248	0.245	70.268 (0.000**)
城市形象維護	0.489	0.058	0.498	8.383	0.000**	1			
	因變量：地方依賴								
	D-W 值：1.740								

註：*p ＜ 0.05；**p ＜ 0.01
資料來源：作者整理

將城市形象維護作為自變量，而將地方依賴作為因變量進行線性回歸分析，從上表可以看出，模型 R 平方值為 0.248，意味着城市

形象維護可以解釋地方依賴的 24.8% 變化原因。對模型進行 F 檢驗時發現模型通過 F 檢驗（F=70.268，P＜0.05），也即說明城市形象維護一定會對地方依賴產生影響關係，以及模型公式為：地方依賴 =1.038+0.489* 城市形象維護。最終具體分析可知：城市形象維護的回歸係數值為 0.489（t=8.383，P=0.000＜0.01），意味着城市形象維護會對地方依賴產生顯著的正向影響關係。

3.2.3 地方認同與城市形象維護的回歸分析

與本文相對應的假設是研究假設 H3：地方依賴主要通過地方認同影響澳門高等教育內地大學生對其城市形象的維護。因此，將利用回歸方程，通過軟件 SPSS25.0 對假設 H3 進行驗證。將城市形象維護作為自變量，地方認同作為因變量，進行回歸分析，分析結果如下表所示。

表 11　地方認同與城市形象維護線性回歸分析

	線性回歸分析結果								
	非標準化係數		標準化係數	t	p	VIF	R^2	調整 R^2	F
	B	標準誤	Beta						
常數	0.622	0.246	—	2.528	0.012*	—	0.299	0.296	90.827 (0.000**)
城市形象維護	0.568	0.06	0.547	9.53	0.000**	1			
	因變量：地方認同								
	D-W 值：1.641								

註：*p＜0.05;**p＜0.01
資料來源：作者整理

將城市形象維護作為自變量，而將地方認同作為因變量進行線性回歸分析，從上表可以看出，模型 R 平方值為 0.299，意味着城市形象維護可以解釋地方認同的 29.9% 變化原因。對模型進行 F 檢驗

時發現模型通過 F 檢驗（F=90.827，P ＜ 0.05），也即説明城市形象維護一定會對地方認同產生影響關係，以及模型公式為：地方認同=0.622+0.568* 城市形象維護。最終具體分析可知：城市形象維護的回歸係數值為 0.568（t=9.530，P=0.000 ＜ 0.01），意味着城市形象維護會對地方認同產生顯著的正向影響關係。所以研究假設 H2 成立。

從表 10 可以看出，模型 R 平方值為 0.248，意味着城市形象維護可以解釋地方依賴的 24.8% 變化原因。從表 11 可以看出，模型 R 平方值為 0.299，意味着城市形象維護可以解釋地方認同的 29.9% 變化原因。由此驗證地方依賴主要通過地方認同影響澳門高等教育內地大學生對其城市形象的維護，所以研究假設 H3 成立。

3.3　地方依戀差異分析

差異性檢驗分析研究的是研究各個變量之間是否存在顯著性差異，從而得知影響在澳門就讀內地大學生地方依戀的主要因素有哪些，因此本文將所有樣本進行此項分析。結果發現澳門在校大學生僅在居住時間這一項上與地方依戀有顯著差異性，結果如下表 12 所示，地方依賴的顯著性為 0.018（數值＜ 0.05）存在顯著性，地方認同的顯著性為 0.001（數值＜ 0.05）同樣存在顯著性。並將地方依戀下兩個維度的地方依賴與地方認同進行了均值計算，表現如下圖 3.1 和圖 3.2。

如上圖 3.1 和 3.2 將地方依戀下兩個維度的地方依賴與地方認同進行了均值計算。居住時間與地方依賴大致呈現正相關，可以看出 6 年以上的在澳門就讀內地大學生其地方依賴遠遠高於其他三個時間選項，而 1 年以下的在澳門就讀內地大學生的地方依戀略高於 1 年以上 6 年以下的大學生，其緣由是大學生剛剛步入大學校院，在相對陌生的空間環

境下其對地方物質上的依賴感要略高於對地方情感上的依戀。居住時間
與地方認同大體呈現正相關，隨着在澳門居住時間的不斷增長，在澳門
就讀內地大學生對於澳門地方情感上的認同感也會不斷地加強。

表 12　地方依戀差異分析

		N	平均數	標準偏差	F	顯著性
地方依賴	1 年以下	32	3.0375	.75765	3.438	.018
	1~4 年	143	2.9510	.80148		
	4~6 年	27	2.9704	.89907		
	6 年以上	13	3.7077	.95434		
	總計	215	3.0121	.83119		
地方認同	1 年以下	32	2.5625	.81350	5.396	.001
	1~4 年	143	2.9007	.85213		
	4~6 年	27	3.0593	.77621		
	6 年以上	13	3.6615	1.10570		
	總計	215	2.9163	.88014		

資料來源：作者整理

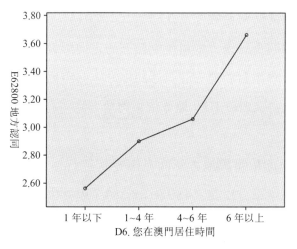

圖 3.1　不同居住時間的大學生地方依賴差異

資料來源：作者整理

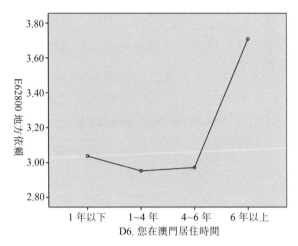

圖 3.2　不同居住時間的大學生地方認同的差異

資料來源：作者整理

四、結論、建議與展望

4.1　研究結論

地方認同的回歸係數值為 0.677（t=15.014，P=0.000 < 0.01），意味着地方認同會對地方依賴產生顯著的正向影響關係，隨着在澳門就讀的內地大學生對於地方認同感的提升，其對地方的依賴感也會顯著提升。所以研究假設 H1：地方依賴與地方認同有顯著的正向影響，成立。

分別以地方依賴與地方認同為因變量進行回歸分析，城市形象維護的回歸係數值分別為 0.489（t=8.383，P=0.000 < 0.01），0.568（t=9.530，P=0.000 < 0.01），意味着城市形象維護會對地方依賴和地方認同都產生了顯著的正向影響關係。隨着在澳門就讀內地生地方依

賴和地方認同的提升，都會顯著影響其對澳門城市形象的維護。所以研究假設 H2：地方依賴和地方認同對澳門高等教育內地大學生與其城市形象維護有着顯著的正向影響，成立。

從表 10 可以看出，模型 R 平方值為 0.248，意味着城市形象維護可以解釋地方依賴的 24.8% 變化原因。從表 11 可以看出，模型 R 平方值為 0.299，意味着城市形象維護可以解釋地方認同的 29.9% 變化原因。由此驗證地方依賴主要通過地方認同影響澳門高等教育內地大學生對其城市形象的維護，所以研究假設 H3：地方依賴主要通過地方認同影響澳門高等教育內地大學生對其城市形象的維護，成立。

綜合上述幾條結論並結合回歸分析所得之回歸方程，可畫出如下圖所示之各維度間關聯。

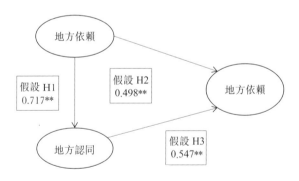

圖 4.1　地方依戀與城市形象維護關係概念模型

註：*p < 0.05;**p < 0.01
資料來源：作者整理

如圖所示之回歸模型圖顯示的三對變量間的影響關係，可分別驗證本文最初提出的三條假設。因此，假設驗證之結果匯總整理結果如下表。

表 13　假設驗證結果表

假設	具體假設內容	結果
H1	地方依賴與地方認同有顯著的正向影響	接受
H2	地方依賴和地方認同對澳門高等教育內地大學生與其城市形象維護有着顯著的正向影響	接受
H3	地方依賴主要通過地方認同影響澳門高等教育內地大學生對其城市形象的維護	接受

資料來源：作者整理

4.2　研究建議

根據本文的研究結論，可以看出在澳門就讀內地大學生對於地方情感上的認同程度最高，其次才是對於地方物質設施的依賴，地方的依賴與地方的認同都會促進在澳門就讀內地大學生對於其城市形象的維護。由地方依戀的差異性分析又可知，大學生在澳門停留的時間與地方依戀有着顯著的正向關係，所以，對於澳門大學生培養和提升其對澳門的地方依戀，要着重關注其在澳門逗留期間與地方的互動與交流，具體建議如下：

4.2.1　促進澳門高等教育的改革發展，提高大學生的社會參與度

澳門政府應該加快澳門高等教育的改革和發展，多組織學校與學生融入到澳門的社會活動中去，架起學校與社會溝通的橋樑，使教育走出封閉式的學院，走向廣闊的社會舞台，形成教學、科研、社會實踐相結合的新型教育體制。大學生作為社會最年輕和活力的羣體，在高校校園中通過參與各種各樣的教學社會實踐活動，增強實踐，增長才幹，實現知識和行動的有機統一，更好地實現書本知識和實踐知識相融合，為其將來走向社會、服務社會奠定必要的知識基礎，並幫助其樹立正確的世界觀、人生觀和價值觀，在為城市帶來無限青春與活

力的同時，使得他們與城市間有了更加深厚的地方情感維繫。

4.2.2　注重政府與學生間的交流，提升澳門大學生的主人翁意識

通過提高大學生的主人翁意識，這不僅會讓大學生得到情感上的認同進而對於地方的依戀感增強，也會提升讓大學生對於城市形象維護的榮譽感和責任感，更加有意識地去維護城市形象。通過主人翁意識的提升，進而使大學生們更加堅持正確的道德主張，維護城市的良好社會風貌，為他人作出表率，最終達到促進澳門社會的更加穩定與和諧地發展。

4.2.3　關注大學生在澳門的社會生活，不斷挖掘和培育其地方感

澳門政府應該對在澳門就讀內地大學生的社會生活給予更多的關注，並鼓勵他們多參加澳門社團活動。澳門獨特的社團文化根植於澳門社會，通過相關社團活動，不斷增加大學生與澳門城市之間的互動，提升他們對澳門經濟、社會和文化發展等各個領域更深層次的了解。同時，澳門社團作為與政府溝通的重要橋樑，在澳門就讀的大學生更能自下而上去維護澳門社會的和諧發展，所以應該更廣泛的關注在澳大學生的社會生活，不斷挖掘培育其地方感，有利於促進整個澳門社會的繁榮和穩定。

4.2.4　強化澳門的城市價值，為在澳大學生創造更多機會

城市價值同樣是影響大學生地方依賴和地方認同的重要因素。人們選擇在一個城市逗留發展，往往會考量城市文化、就業機會、薪資水平、配套資源等主要因素。事實上，一座城市的城市服務和就業機會，是影響人進行城市選擇的最重要因素。因而，提升澳門獨特的城市價值，即整體提升澳門的硬件配套設施與文化軟實力，會使澳門這座城市本身更具人才的吸引力，讓越來越多的優秀大學生選擇留在澳

門，為澳門創造更多機會的同時，也為澳門的繁榮做出貢獻。

4.2.5 提升澳門的城市文化內涵，影響在澳大學生對其文化的認同感

由於澳門獨特的地理位置和歷史背景，澳門文化是擁有深厚傳統內涵的中華文化和以葡萄牙文化為代表的西方文化共存的並行文化。澳門應該繼續保持自己的文化特色，在文化交融開放共存的態度下繼續發展。通過提升澳門多元並存、開放包容的城市文化，讓越來越多在澳門就讀大學生感受到澳門文化的精髓並認同澳門的城市文化價值，從而提升在澳大學生對於城市的依戀感和認同感。

4.3 研究展望

本文對於未來的研究主要有以下四點展望：（1）社會大環境對學生地方感的影響。在象牙塔裏的大學生不可避免地與社會環境發生着交互作用。隨着大學生與社會交往的日益增多和大學開放程度的加深，社會和大學生的聯繫正日益緊密，社會對大學生心理的影響也逐漸增加。希望以後研究者可以從多元的社會環境角度下對大學生的地方依戀進行研究，這將是今後的一個研究方向。（2）豐富地方感維度劃分。隨着研究的深入，地方依戀的兩個維度或許會在新的研究環境下有變化或延伸。再次，地方依戀的表現特徵和前因後果都是非常複雜且難於把握的現象，希望以後的研究者可以順應新的研究環境劃分出新的維度，使得研究更完善。（3）採用多種研究方法。本文屬於橫斷研究，還可以通過對大學生地方依戀狀況開展縱向的追蹤式研究，了解地方依戀的動態發展過程，以多元的方式去豐富地方感的理論。後續研究可以考慮使用 ΛMOS，建立結構方程模型，更好的根據不同

的情況來開展研究，以便獲得更好的分析結果。（4）豐富研究視角。
本文專注於微觀視角的大學生社區羣體，類似於大學生這樣的需要社
會特別關注的羣體還有很多，例如銀髮族羣體，中小學生羣體，以及
外來務工羣體等等，不同的社會羣體在社會中扮演着不同的角色，如
何利用好，發揮好人與地之間的關係，在兩者之間建立橋樑，讓城市
與人之間更加和諧美好。

The Research on the Influence of Local Attachment of Macao Higher Education Students on the Maintenance of City Image

Wang Kun, Wang Xin, Liu Xinyu, Lu Yan

Abstract:With the development of the economy and the influence of globalization, more and more people have begun to attach importance to the choice of cities to stay and to develop themselves. The relationship between "people and the land" has become more and more popular. 2019 is the 70th anniversary of the founding of the People's Republic of China. It is also the 20th anniversary of the return of the Macao Special Administrative Region to the motherland. The successful practice of "one country, two systems" in Macao in the past 20 years and the image of a prosperous and stable city in Macau are inseparable from the efforts of generations of young people. This study also has important practical significance for the future development of Macao. On the basis of previous studies, our research has combined theory with practice, and our innovation focuses on the special space of university campus, which is based on the micro-scale like living, studying and working. We mainly use the method of literature analysis, questionnaire survey and statistical analysis to study the relationship between local attachment of college students in Macao and the maintenance of city image. The results show that local dependence has a positive correlation with local identification under the dimension of local attachment; local dependence and local identification have positive correlation with the maintenance of the city image; local attachment mainly affects the maintenance of the city image through local identification. The research proposes to improve the students'sense of ownership and social participation in Macau, so that they can have a deeper sense of local emotional connection and maintain the city image; We can also promote the benign interaction between college students and the society by paying more attention to the social life of college students and promoting higher education reform, and make college students more identifiable and attached to the city of Macau through strengthening the city's urban value and cultural connotation.

Keywords: local sense; local attachment; city image maintenance

港澳法律

香港特別行政區立法會議事規則的
修改及其影響

孫瑩　李曾瑤[*]

摘　要：議會議事規則是使議會正常運轉的制度框架。香港特別行政區立法會在 2017 年底修改了其議事規則，這是香港法律政治發展的新動態，影響深遠。本文是對該次香港特別行政區立法會議事規則修改的系統分析。通過界定立法會議事規則的歷史淵源，剖析議事規則修改的背景和原因，梳理議事規則修改的主要內容，本文指出本次議事規則的修改有利於立法會議事效率的提高和行政主導制的落實。立法會的良好運行，除了議事規則的完善之外，還需共識政治的配套建設。

關鍵詞：香港特別行政區　立法會　議事規則　行政主導

---

[*]　孫瑩，中山大學法學院副教授，中山大學粵港澳發展研究院研究員；李曾瑤，中山大學法學院碩士生。

本文是國家社科基金青年項目「中國人大議事規則研究」（15CFX014）的階段性成果。

　　2017 年 12 月香港立法會通過了《香港特別行政區立法會議事規則》的修改，旨在改善立法會的運作制度，防止議員濫用程序拖延議事。2018 年底由香港民建聯舉辦的「香港年度漢字」評選結果公佈，在十個候選漢字中，「順」字以票數超出第二名近一倍的高票當選，當選理由是修改立法會議事規則後，「拉布」之風減弱，立法會運行更為順暢有序。[①]可見香港建制派和社會民眾對《香港特別行政區立法會議事規則》（以下簡稱《立法會議事規則》）修改感到滿意。本文以《立法會議事規則》的修改為中心，結合規則的修改原因、修改內容，並探討修改《立法會議事規則》的影響與啟示。

一　香港立法會議事規則的法律淵源

　　議會的議事規則是指「議會及其議事機構制定的有關議會及其議事機構的組織機構體系、權力和工作分配、議事程序和規則、成員選任以及特權與紀律等事項的法律規範。這主要是指各國議會的議院、委員會制定的議事規則，也包括不成文的先例等」。[②]作為香港特別行政區的議會，立法會議事規則的內涵符合這個定義。香港特別行政區立法會議事規則的淵源包括立法會的前身立法局會議常規、香港特別行政區基本法及香港特區本地法、立法會主席的裁決等。

---

① 香港新聞網：《「順」當選 2018 香港年度漢字》，http://www.hkcna.hk/content/2018/1228/736275.shtml，最後訪問日期，2019 年 6 月 9 日。

② 周旺生、朱蘇力主編：《北京大學法學百科全書 法理學 立法學 法律社會學》，北京大學出版社，2010，第 1016 頁。

（一）立法局會議常規

立法局會議常規是立法會議事規則的主要淵源。議事規則工作小組曾解釋說，「……我們應該採納一套被香港市民大眾認識和接受的立法程序。由於現時香港立法局所採用的《會議常規》行之已久，除部分條文須按《基本法》做出適應外，其餘大致可以沿用。」① 而立法局會議常規的依據則是英國議會下院的議會制度。英國議會下院議事規則的影子在香港立法局議事規則中隨處可見。例如，1858 年通過的立法局第一部《會議常規及規則》規定法案及其修正案草案二讀後交付「為此目的而委任的委員會」，這來源於英國下院將法案交付專責委員會的做法。再如，1928 年英國頒佈了《殖民地立法機關會議常規墮本草稿》，香港立法局隨之以該草稿為藍本修改了《會議常規》，修改理據就是為了使英國統治之下的議會立法的程序具有一致性。1929 年會議常規還特別註明，一些情形如果會議常規沒有做出規定，就必須依照英國下議院的慣例。1966 年立法局主席批准議員休會待續辯論的申請。這也是依據英國下議院休會待續辯論的慣常做法。1968 年會議常規又做出修改，各篇章對應立法機關各項職能，遵循英國議會《會議常規》的篇章結構。回歸後的香港立法會議事規則沿用了這種根據議會職權分列的篇章架構。

如果說香港立法局會議常規早期的演變主要是為了與英國下院議事規則保持一致，而不斷趨於制度化、規範化和可操作化，那麼後期則主要是為應對中英對港的權力交接，在立法局內設置新機構、改變

---

① 香港特別行政區立法會行政管理委員會印製：《香港特別行政區立法會歷史、規則及行使方式參考手冊第一部分》，「第一章 香港立法機關的行使方式及程序的演進概覽」，第 1-3 頁。

立法局成員構成、賦予立法局及其成員新的權力，因應這些變化對立法局會議常規做出修改。1985年立法局通過《立法局（權力及特權）條例草案》。同年首批功能界別議員進入立法局。1986年立法局會議常規取消了非官守議員的表述。1991年會議常規修訂，在立法局設置副主席職位，主持立法局會議。1992至1993年間立法局成立內務委員會、法案委員會及事務委員會。1993年立法局從議員中產生立法會主席，總督不再兼任。1994年立法局成立祕書處。1995年所有的立法局議席都不得再由政府官員擔任，官守議員的表述成為歷史。上述種種變化都導致立法局會議常規的修改。總體而言，會議常規一方面通過新機構和新權力的設置，對立法局及其議員進行擴權，另一方面又規範其權力的行使。截至回歸之前的立法局會議常規的歷次修改最終形成了立法會議事規則的雛形。

（二）香港基本法及本地法

《香港特別行政區基本法》（以下簡稱《基本法》）在兩個層面上作為立法會議事規則的淵源：第一個層面是立法會的權力和權力行使方式直接規定於基本法；另一個層面是規定議事規則不得牴觸基本法。《基本法》第75條規定，「立法會議事規則由立法會自行制定，但不得與本法相牴觸。」本文開篇提及，回歸以來對立法會議事規則的討論主要是圍繞是否符合基本法而展開的。立法會議事規則的制定目的是為了落實基本法賦予立法會的權力，為立法會及議員行使基本法賦予的權力提供具體的可操作的程序，而不能超出基本法賦權的範圍。監督立法會議事規則是否符合基本法的機制或渠道包括：（1）立法會議事規則委員會的研究檢討；（2）議員的提案或者提出司法覆核；以及（3）

學者和媒體輿論的觀察討論。第一次對立法會議事規則與基本法契合程度的質疑就是以議員提出司法覆核的形式出現的。

此外，香港本地條例中的與議事規則相關的內容也構成香港立法會議事規則的淵源。例如，《釋義及通則條例》《立法會條例》《立法會（權力及特權）條例》等。

（三）立法會主席的裁決

回歸前立法局主席以及回歸後立法會主席的裁決也是立法會議事規則的淵源之一。這也是普通法法系地區的普遍做法。如英國、加拿大、澳大利亞及新西蘭的議會中，議員就議會規程問題或議案、法案、修正案問題提出要求，議會議長根據其對議事規則的理解並結合前任議長的裁決先例，作出決定和詮釋。[①]

（四）議事規則的補充和例外

在《立法會議事規則》之外，還有《內務守則》、委員會程序作為對立法會會議制度的補充。《內務守則》由內務委員會制定，適用於全體議員，包含多項指引，旨在補充《立法會議事規則》的不足。立法會各委員會亦可以自行決定其自身及其轄下小組委員會的行事方式及程序。即使《議事規則》的規定再詳盡，也有掛一漏萬，無法為議員在具體情形中的行為提供指引的情況。此時，立法會可以通過決議提供《議事規則》還沒有規定的程序。

---

① 香港特別行政區立法會行政管理委員會印製：《香港特別行政區立法會歷史、規則及行使方式參考手冊第一部分》，「第一章 香港立法機關的行使方式及程序的演進概覽」，第 1-13 頁。

　　由上可知，香港立法會議事規則深受回歸前的立法局議事規則的影響，並且主要參考了英國議會下院的議事程序，不是為行政主導制量身定做，在回歸後的實踐中出現不和諧音符，應與此有關。

二　立法會議事規則的修改背景

　　立法會議事規則修改程序是議員對修改議事規則提出建議並將建議提交議事規則委員會考慮，議事規則委員會對議員建議進行研究並向立法會全體議員發出諮詢通告，再由內務委員會處理相關建議，並由立法會主席批准修訂議事規則的擬議決議案是否列入立法會議程。截至 2017 年 12 月 22 日，於 1998 年 7 月 2 日採用的香港立法會議事規則已經經過許多次局部的修訂。

（一）修改立法會議事規則的基本法依據

　　香港特區《基本法》第十一條規定：「香港特別行政區的制度和政策，包括社會、經濟制度，有關保障居民的基本權利和自由的制度，行政管理、立法和司法方面的制度，以及有關政策，均以本法的規定為依據。香港特別行政區立法機關制定的任何法律，均不得同本法相牴觸」。香港《基本法》是一部全面、準確、系統地將「一國兩制」方針具體化的法律文件，「一國兩制」能否真正成功體現在基本法的規定中。[①] 因此《基本法》具有特殊的法律定位，是香港各項制度、政策最

---

①　參見國務院發展研究中心港澳研究所編寫：《香港基本法讀本》，商務印書館，2009，第24 頁。

終的法律依據。《立法會議事規則》也應當以《基本法》為最終的法律依據，並符合《基本法》的規定。即使第一屆立法會為了向香港市民表達回歸後原有的制度基本不變，從而採納了以 1997 年前立法局適用的《會議常規》為藍本的議事規則擬本，但是該擬本內容也適應、配合了待生效的《基本法》有關表決、法定人數等規定，避免與之相互牴觸。①

此次《立法會議事規則》修改的基本法依據主要是第七十二條和第七十五條，分別是立法會主席的職權和立法會的自治權。《基本法》第七十二條規定：「香港特別行政區立法會主席行使下列職權：（一）主持會議；（二）決定議程，政府提出的議案須優先列入議程；（三）決定開會時間；（四）在休會期間可召開特別會議；（五）應行政長官的要求可召開緊急會議；（六）立法會議事規則規定的其他職權」。由此可知，本條第一項至第五項規定的是立法會主席的基本職權，包括決定何時召開會議的權力和設置議程的權力，第六項是立法會主席職權的指示性、兜底性條款。第七十二條表明立法會主席的職權來自於《基本法》和《立法會議事規則》，那麼，修改議事規則、細化和新設立法會主席的職權自然符合基本法的規定。

另一方面，立法會主席大部分的工作時間是在主持會議，即負責掌握或處理會議。② 其目的是維護會場秩序和促進會議進程，確保會議繼續順利進行，可以說主持議會是立法會主席最重要、最基本的職

---

① 參見馬耀添：《香港回歸以來立法會議事規則的狀況》，《港澳研究》2017 年第 3 期，第 27-28 頁。

② 「主持」的含義：負責掌握或處理，參見《辭海（第六版）》，上海辭書出版社 2009 年第 6 版第 4 卷，第 3026 頁。

責。雖然這部分的職權僅用七十二條第一項「主持會議」簡單、籠統地予以表述，但是實際上主持會議涉及到多個會議環節，如果希望立法會主席暢通無阻地實現「主持會議」的職權，勢必要賦予其更加全面、豐富、具體的權力，那麼顯然大部分主持會議的實質性權力就屬於第六項「議事規則規定的其他職權」範圍。鑒於香港立法會內部議員黨派分立，建制派議員和泛民派議員鬥爭激烈，主持會議的難度不容小覷，根據該條第六項在議事規則中加強立法會主席的地位、職權，不僅有充分的基本法依據，而且能夠更完善地保障立法會主席行使主持會議的職權，保障《基本法》第七十二條的實施。

《基本法》第七十五條規定：「立法會議事規則由立法會自行制定，但不得與本法相牴觸」。該條是修改《立法會議事規則》最直接的基本法依據，體現議會的獨立性和議事自治原則，兩者都是英國和受其影響較大的國家普遍承認的議會原則。[①] 議會的獨立性是指議會獨立於行政機關和司法機關而擁有一定的憲法權力，行使憲法權力時不受影響和干預。在 2014 年梁國雄訴香港立法會主席的上訴案件中，終審法院在回答「根據基本法 73（1）條上訴人是否可以參與立法會的立法程序」的問題時，在判決書中闡述「立法會的重要職責，特別是其立法職能，要求立法會管理和解決本身的內部事務，不受法院干預，也不受該干預可能造成的干擾、延誤和不確定性的影響」。[②]

---

① 參見王瑞賀：《外國議會議事程序的幾項原則》，《中國人大》2005 年第 11 第 3 期，第 50 頁。

② 「梁國雄訴香港立法會主席」案（FACV1/2014）判決書：The important responsibilities of LegCo, notably its law-making function, require, as with other legislatures, that it should be left to manage and resolve its own internal affairs, free from intervention by the courts and from the possible disruption, delays and uncertainties which could result from such intervention. https://legalref.judiciary.hk/lrs/common/search/search_result_detail_frame.jsp?DIS=95053&QS=%2B&TP=JU&currpage=T. 最後訪問日期，2019 年 1 月 22 日。

而議事自治原則是議會獨立性的一個內在體現，其含義是議會內部事務自治，包括自行規定議會規則、保障議院秩序、建設內部管理組織、維護議員權利，其中議會的規則制定權是最重要的議會自治權，即議會有權制定自己內部適用的規則，可稱之為議事自治的代名詞。① 議事規則作為重要的議會制度，屬於議會行使規則制定權的自治範圍，例如美國憲法第 1 條第 5 款規定「參眾兩院得規定本院議事規則」，這一規定後來成為很多國家憲法授予議會議事規則制定權的參考依據。② 修改議事規則是議會行使自治權的表現。

（二）修改立法會議事規則的內部原因

《立法會議事規則》本身的規則缺漏是這次修改的內部原因，阻止議員濫用《議事規則》進行「拉布」、加強立法會的運作效率是修改的重要目的。隨着行政與立法對立形勢的加劇，以及反對派議員不斷創新「拉布」方法，拖延立法會尤其是財務委員會的會議程序，導致審議法案和撥款申請的時間大大延長，使立法會工作進度緩慢，涉及香港經濟和民生的法律和撥款受到拖延。由於「拉布」對民生的影響，多數香港市民支持修改議事規則以減少議會「拉布」現象，這也是修改《議事規則》的民意基礎。香港中文大學亞太研究所 2017 年 11 月下旬所做的一項電話調查顯示，50.8% 的香港市民原則上不支持拉布，僅 14% 的香港市民原則上支持拉布。在回答「是否贊成立法會修改議事規則，以減少拉布情況的出現」這一問題時，49.4% 的市民選擇「贊

---

① 參見王瑞賀：《外國議會議事程序的幾項原則》，《中國人大》2005 年第 11 第 3 期，第 50 頁。
② 同上。

成」，30.1% 的市民表示「不贊成」，贊成者屬多數，而且超過半數（53.2%）的市民對「拉布」有負面看法，認為「拉布阻礙政府施政，拖慢香港社會發展」。[①]

香港立法會「拉布」的主要方式為提出大量修正案、頻繁點算人數、多次或輪流發言、提出中止待續或休會待續議案、擾亂會場秩序等等。「拉布」行為是利用了《基本法》和《立法會議事規則》的漏洞。《基本法》第七十四條規定了立法會議員提出法律草案的權力及其限制，即議員不可以提出涉及公共開支、政治體制或政府運作的法案，但是並沒有明確指出議員是否可以對此提出修正案。《基本法》附件二又明示議員個體可以對政府法案提出修正案。立法會內的少數派於是利用這點提出海量的修正案以阻礙議事。《基本法》第七十五條規定立法會舉行會議的法定人數為不少於全體議員的二分之一。原《立法會議事規則》第 17 條規定立法會及全體委員會的會議法定人數不少於全體議員的二分之一。如出席會議的議員不足法定人數，有人向立法會主席或全體委員會主席提出此事，立法會主席或全體委員會主席就必須傳召議員到場，俗稱「點鐘」，15 分鐘後，如果到場議員還不足法定人數，立法會主席或全體委員會主席就宣佈休會待續。

對議案法案提出海量修正案拖延通過，是使立法會空轉；利用清點法定人數俗稱「點鐘」的方式拖延時間，是使立法會停轉。「拉布」集中的領域可分為財政開支、經濟民生、政治制度三類。1. 財政開支類議案的拉布案例多，拉布現象具有時間週期性、方式多樣性的特點，

[①] 香港中文大學香港亞太研究所民意調查，https://www.cpr.cuhk.edu.hk/resources/press/pdf/5a2646985c445.pdf. 最後訪問日期，2019 年 1 月 23 日。

通常每年 4 至 5 月是香港立法會審議政府年度財政預算案的時間，也是每年的拉布高峰期，同時反對派議員在財政開支類議案上常常疊加、組合地運用多種拉布方式。2. 經濟民生類議案則是拉布現象的「重災區」，拉布案例較多，而且往往持續時間長、鬥爭激烈，有時會催生新型的拉布方式，使議會秩序更加混亂。3. 政治制度類議案包括立法制度、司法制度的議案，雖然近十年典型的拉布案例不多，但是社會關注度較高。以下是 2010 年至 2019 年近十年財政開支、經濟民生、政治制度三類典型拉布案例的情況，共計 17 個案例。①

1. 財政開支類議案：（1）2010 年 1 月，反對派議員在廣深港高速鐵路香港段工程撥款的議案審議中發言 170 餘次，經過 13 輪提問後自然辯論終結；（2）2013 年 4 月至 5 月，反對派議員在立法會審議《2013 年撥款條例草案》時提出 710 項修正案、頻繁點算人數；（3）2014 年 4 月至 6 月，反對派議員針對《2014 年撥款條例草案》提出 1917 項修正案、多次重複發言、頻繁點算人數，甚至按下電梯中所有樓層的按鈕，阻礙電梯內的議員及時返會，試圖促成流會；（4）2014 年 5 月至 6 月新界東北新發展區工程撥款的議案，反對派議員重複發問、提出大量規程問題，立法會主席不得不截止提問、打斷發言；（5）2015 年 4 月至 5 月，反對派議員針對《2015 年撥款條例草案》提出 3904 項修正案、頻繁點算人數；（6）2016 年 4 月至 5 月，反對派議員在《2016 年撥款條例草案》審議會議上提出近 2200 項修正案、頻繁點算人數、提出休會待續議案、製造流會；（7）2017 年 4 月，反對派議員（梁國

① 拉布案例的數據信息由作者採集自香港特別行政區立法會官網，https://www.legco.gov.hk/general/chinese/counmtg/cm1620.htm. 最後訪問日期，2019 年 7 月 24 日。

雄、陳志全等）針對《2017 年撥款條例草案》提出 742 項修正案；（8）2018 年 4 月，反對派議員（區諾軒、朱凱迪）提出關於《2018 年撥款條例草案》的 230 項修正案；（9）2019 年 5 月，反對派議員（區諾軒、朱凱迪）提出關於《2019 年撥款條例草案》的 156 項修正案。

2. 經濟民生類議案：（1）2012 年 10 月至 12 月，反對派議員梁國雄向政府的「長者津貼計劃」提出 489 項議案，耗時近兩個月，最終政府補充附件並與原文件一起作為新文件提交到立法會，促使原文件失效，導致梁國雄針對原文件的議案也失效，才成功中止拉布；（2）2015 年 12 月至 2016 年 4 月，反對派議員在立法會審議《2014 年版權（修訂）條例草案》時採取提出中止待續議案、多次動議休會待續議案、頻繁點算人數、多次流會的拉布方式，歷時長達 5 個月，最終會期將盡，反對派議員陳志全提出的休會待續議案通過，政府被迫將草案撤回；（3）2016 年 6 月至 7 月，梁家騮議員在《2016 年醫生註冊（修訂）條例草案》審議過程中不斷要求點算人數、提出中止待續議案和休會待續議案，使議案因會期中止而未能完成處理；（4）2018 年 6 月，反對派議員（朱凱迪、林卓廷、陳淑莊等）在《廣深港高鐵（一地兩檢）條例草案》的審議過程中提出大量規程問題、干擾會議秩序、離題或重複發言、提出中止待續提案和 75 項修正案，使立法會主席不得不暫停會議、命令行為不當議員離開會議廳，同時裁決 51 項修正案為不可提出；（5）2017 年 11 月，反對派議員朱凱迪針對廣深港高鐵「一地兩檢」安排後續工作的議案，提出動議新聞界及公眾人士於當天會議餘下程序離場的議案，由於會議秩序受到干擾而無法恢復，立法會主席宣佈休會。

3. 政治制度類議案：（1）2012 年 5 月，反對派議員在立法會審議

《2012 年立法會（修訂）條例》的會議上提出 1307 項修正案、不斷要求點算人數，立法會主席援用《議事規則》第 92 條結束辯論[①]；（2）2017 年 12 月，反對派議員在修訂《議事規則》的會議中輪流發言、點算人數以製造流會、提出大量修正案，隨後立法會主席裁決相關提案為不可提出；（3）2019 年 6 月，反對派議員抵制《2019 年逃犯及刑事事宜相互法律協助法例（修訂）條例草案》，6 月 15 日特區政府宣佈暫緩修訂該條例。

以上財政開支類案例 9 個，約佔總數的 50%，而財政開支和經濟民生方面的案例合計 14 個，比例高達 80%。值得注意的是，儘管近十年來反對派議員幾乎每逢政府年度財政預算案必拉布，提出數以千計的修正案，但在 2017 年底議事規則修改後，預算修正案的數量急劇下降，2016 年反對派議員還提出多達 2200 項的修正案，到 2018 年卻僅提出 230 項，財政開支類議案的拉布戰況明顯緩和，從一個側面反映出立法會議事規則修訂的效果。

（三）修改立法會議事規則的外部原因

2017 年 4 月香港高等法院對梁國雄、姚松巖等四位議員作出司法覆核判決，宣佈四位議員宣誓無效，取消議員資格，至此泛民派由於宣誓行為不當共丟失 6 個議席，包括 5 位地區直選議員和 1 位功能界別議員，在分組點票中處於劣勢。根據《基本法》附件二的規定，政

---

① 《香港特別行政區立法會議事規則》第 92 條規定：對於本議事規則內未有作出規定的事宜，立法會所須遵循的方式及程序由立法會主席決定；如立法會主席認為適合，可參照其他立法機關的慣例及程序處理。

府在立法會提出的法案，如獲得出席會議的全體議員的過半數票即為通過；議員個人提出的議案、法案和對政府法案的修正案均須分別經過功能界別議席過半數和分區之選議席過半數方能通過。如果在補選之前完成表決或者補選議席再由建制派取得，那麼修改議事規則的議案便可順利通過。事態的發展也確實如此，補選之後 6 個議席全部由建制派議員贏取。DQ 事件的直接結果就是建制派在立法會的功能界別議席和分區之選議席中都佔據了多數，建制派議員提出的法案就存在「雙過半」的可能性，理論上講建制派的法案都可以在立法會獲得通過。

（四）行政主導制的實現需要議事規則的配合

對於如何概括香港特別行政區政治體制的特徵，學界曾有過「三權分立」「行政主導」「制衡配合」的爭論。「行政主導」說認為，在行政與立法的關係中，行政處於主動地位，行政權力較大，決策權最終掌握在行政首長手中。[1] 討論至今，行政主導論已然確立。《基本法》關於香港政治體制的規定表明，香港的行政機關和立法機關之間是既相互制衡又相互配合的關係，為了保持香港的穩定和行政效率，行政長官掌握實權，但是也要受到立法機關的制約。[2] 然而，自《基本法》實施以來，行政機關的境況愈加弱勢，兩者相互配合的情況是例外，兩者相互制約，尤其是立法機關制約行政機關，反而成為常態。除了根據

---

① 蕭蔚雲，傅思明：《港澳行政主導政制模式的確立與實踐》，《法學雜誌》2000 年第 5 期。
② 香港基本法起草委員會主任委員姬鵬飛：「關於《中華人民共和國香港特別行政區基本法（草案）》及其有關文件的說明」，1990 年 3 月 28 日第七屆全國人民代表大會第三次會議。

《基本法》第五十二條「行政長官辭職」、第六十四條「政府對立法會負責」、第七十三條「立法會的職權」等條文之外，立法機關還可以根據《立法會議事規則》制約行政機關，主要表現為在議事過程中阻礙政府提出的法案順利通過。相較而言，能夠採取《基本法》明文規定的制約方法的條件相當局限，而採取利用議事規則的制約方法則更為靈活和隨機，議員可以藉助《議事規則》的特別要求和賦予其的程序或實體權力，如進行冗長辯論、多次質疑規程問題、提出大量系列修正案、缺席至低於會議法定人數等。

根據《議事規則》阻擾議事進程，是「拉布」的通常表現，是立法鉗制行政的主要途徑，隨之而來的「拉布」與「剪布」的相互角力，又進一步激化立法與行政的矛盾衝突。無論是「拉布」還是「剪布」，兩者的合理化依據都來自於《議事規則》。因此，完善《議事規則》是緩和立法與行政之間激烈衝突的可取之道，雖然一個理性、高效、平衡的議事規則無法保證立法會一定能為行政機關的決策提供多數支持，但是至少較目前來看不會過分阻礙行政機關的行動，從而便於行政主導制的貫徹實施。

基於以上原因，2017 年 10 月中旬 38 位建制派議員聯合向議事規則委員會提出多項修訂建議，包括修改立法會主席的選舉程序（《議事規則》附表 1），香港立法會於 2017 年 12 月 15 日完成《議事規則》的修訂表決，通過多項規則的修訂。此次修訂的核心是塑造一個有智慧、有實權、有權威的立法會主席，體現在修訂後的《議事規則》不僅新賦和擴大了立法會主席的職權，而且要求議員信任他/她的判斷正確，服從他/她的指令。同時為了達到議事高效的目的，立法會亦通過了有關修改會議日期及時間、會議法定人數等規則。

三 《立法會議事規則》主要修改內容

（一）鞏固和提高立法會主席的地位

在《議事規則》修改之前，立法會主席在主持議會時也擁有一定的職權，決定議員的發言順序和時間，防止阻礙議事而打斷議員的發言，以及命令行為極不檢點的議員中止繼續參加會議。在「梁國雄訴立法會主席」一案的判決中，法院也認可立法會主席擁有「剪布」權。但是，立法會主席有權往往卻不能自然地行權，原《議事規則》也沒有刻意突出立法會主席區別於一般議員的重要地位。

修訂後的《議事規則》在 A 部「立法會議員及立法會人員」部分新設 1B 條款，條文內容是：「立法會設有立法會主席一職，其職權載於《基本法》第七十二條、香港法律及本《議事規則》」，單獨開篇規定立法會主席的特殊身份，強調其職權，無論從規則的內容和結構上來看立法會主席的地位都有所上升，也為立法會主席行使後續的多項職權強化了合規性。

（二）加強立法會主席主持會議的職權

修訂後的《議事規則》新賦和擴大了立法會主席的多項職權，不僅使其在安排和處理會議事項上享有更多自主權，而且在泛民派議員過去慣常「拉布」的程序關口着力增強立法會主席乃至委員會主席對會議的控制。尤其是賦予立法會主席合併修正案的的職權，遏制通過提大量修正案以拉布的意圖。

新《議事規則》賦予立法會主席選擇並合併修正案的酌情權（新

《議事規則》第 19 (1A) 條），並增加第 30 (3A) 條輔助立法會主席進行合併判斷，立法會主席可以「要求任何曾就議案或修正案作出預告的議員解釋其議案或修正案的主題，使立法會主席可就此事宜作出判斷及考慮有關解釋」；新《議事規則》第 40 條新賦予全體委員會主席在濫用程序情況下否決休會待續議案的權力，也就是說主席有權界定濫用程序的範疇，判斷某項休會待續議案是否屬與該範圍。[①] 此外，新《議事規則》多處規定某項程序須經過立法會主席的同意才能進行，第 55 (1a) 條「法案的付委」規定：「立法會通過議案，將法案付委予一專責委員會；該項議案可在獲得立法會主席同意的情況下無經預告」；第 66 (4) 條「發回重議的法案」規定：「在立法會祕書讀出法案簡稱後，一名獲委派官員可以就該法案發回發言，該法案隨即交付內務委員會，除非立法會就任何議員在獲得立法會主席的同意後提出的一項可無經預告而動議的議案另有命令」；第 88 (1) 條「新聞界及公眾人士離場」規定：「在立法會、全體委員會、委員會或小組委員會會議上，議員可隨時無經預告而起立，並在獲得立法會主席、全體委員會主席、委員會主席或小組委員會主席的同意後，動議新聞界及公眾人士離場」。

在原《議事規則》基礎上，立法會主席決定會議日期及時間、維護會場秩序的職權範圍擴大。新《議事規則》第 14 (4) 條規定立法會主席如果認為有必要繼續處理未完事項，可以命令在「任何時間或任何一天繼續為此目的」開會，而原《議事規則》僅規定立法會主席可以「另擇一天」，明顯前者的選擇權更為自由充分。該條新規定也適用

---

① 《香港特別行政區立法會議事規則》第 40 (4) 條規定：「…… 如全體委員會主席認為動議委員會現即休會待續的議案是濫用程序，可決定不提出待決議題或無經辯論而把議案付諸表決。」

於法定人數不足情形，第 17 條補充規定，如果因為出席人數不滿造成「流會」，立法會主席「可按《議事規則》第 14 (4) 條（會議日期及時間）的規定，於立法會主席命令的時間或日期復會繼續處理有關事項」。原《議事規則》第 45 (2) 條規定：「立法會主席、全體委員會主席或任何常設或專責委員會主席如發覺有議員在辯論中不斷提出無關的事宜，或冗贅煩厭地重提本身或其他議員的論點，於向立法會或委員會指出該議員的行為後，可指示該議員不得繼續發言」，新《議事規則》將「常設或專責」刪除，使中止議員不當發言的職權擴大至任何委員會主席，這意味着在其他委員會會議中議員利用不當發言拖延時間的操作空間被壓縮，委員會主席的職權擴大。

（三）降低全體委員會的法定人數要求

如上文所述，原《議事規則》第 17 (1) 條將立法會會議和全體委員會的法定人數均規定為不少於全體議員的二分之一，這是來源於《香港基本法》第七十五條的規定。《議事規則》修改後將立法會會議和全體委員會的法定人數區別對待，全體委員會只需包括主席在內的 20 名委員即可召開。

（四）提高組成專責委員會的人數要求

原《議事規則》第 20 (6) 條規定：「如有不少於 20 名議員起立，呈請書即告交付內務委員會處理」。這意味着有權只要 20 名議員起立合意，就可以成立「專責委員會」調查政府高官。專責委員會有權邀請證人接受訊問並提供文件等證據。前行政長官梁振英、前廉政專員湯顯

明就被這個委員會調查過。修改後的《議事規則》將起立人數調整上升至全體議員的二分之一即 35 人。在 DQ 事件發生之前，立法會的反對派議員在 28 人左右，可以達到 20 人的門檻，但是達不到全體議員的二分之一。這條規定使得反對派議員組成專責委員會的難度大大增加。

（五）進一步規範議員發言程序

修改後的《議事規則》限制議員的發言時間和內容，規範議員修正案的提出。首先，原規則關於「點名表決」的時間規定是在點名表決鐘聲響起 5 分鐘後立即進行，而新規則第 49（4）條修改為議員可無經預告而立即動議「就法案的任何條文或任何修正案進行點名表決時，立法會或全體委員會須在點名表決鐘聲響起 1 分鐘後立即進行各該點名表決」，即議員可動議縮短點名表決的鐘聲時間，動議通過後立法會主席可以無經辯論而將議案提出的待決議題付諸表決，減少大量的辯論時間。其次，新《議事規則》第 38 條新設規定，已就某議題發言的議員可再次發言，解釋其被誤解的發言內容，但是「只可就被誤解的部分發言」。另外，議員提出數以百計的修正案的機會減少，第 57 條（4d）將「兩項或以上修正案組成的系列修正案」與「瑣屑無聊或無意義的修正案」並列，同歸為不可動議的修正案。

四 修改《立法會議事規則》的影響及啟示

修改《立法會議事規則》帶來的影響，首先是有利於行政主導制的落實。從目前來看，《立法會議事規則》的修改有利於提高議事效

率，促進政府提出的法案順利通過，客觀上有利於配合行政機關施政計劃的落實，從而加強香港的行政主導體制。《議事規則》修改後的第一個會期，即 2017 年至 2018 年會期內，立法會通過的法案較上一個會期明顯增多。2016 年至 2017 年會期內，提交的法案為 30 項，通過法案數目為 13 個；2017 年至 2018 年會期內，提交的法案為 24 項，通過法案數量為 28 項，其中特區政府提交了 23 項法案。[①] 議會議事效率提高，也能緩解「拉布」所積壓的經濟、民生等待議問題，回應香港市民的現實需求，修補香港社會的裂痕，如果市民對政局穩定的滿意度上升，提高政府的公信力和權威，那麼自然有利於香港行政主導制的推行。香港立法會的多數席位由建制派議員獲得，重要委員會內部委員也由建制派議員擔任，行政機關在立法會內部享有多數支持的紅利。新《議事規則》將泛民派議員慣用的反對途徑堵住或變窄，例如《議事規則》第 88 條動議「新聞界及公眾人士離場」需要獲得主席同意，顯然是針對 2017 年末「一地兩檢」議案審議中泛民派議員利用該條「拉布」作出的規則補漏。在人數佔優的背景下，新《議事規則》使香港立法會更便捷、快速地為行政機關提供多數支持，行政主導制運行在短期內形式利好。

其次，修改《議事規則》，使得建制派議員從「點鐘」魔咒中解放出來，可以有更多時間接觸選區服務選民。其實在 DQ 事件與補選之後，建制派在立法會已經獲得雙過半的優勢，政府法案或者建制派議

---

① 數據採集自《香港立法會年報 2016—2017》，《香港立法會年報 2017—2018》，香港特別行政區立法會官網，https://www.legco.gov.hk/general/chinese/sec/reports/a_1617.pd. https://www.legco.gov.hk/general/chinese/sec/reports/a_1718.pdf. 最後訪問日期，2019 年 7 月 26 日。

員的法案在立法會通過的可能性是很大的。反對派議員的拉布只能阻擋一時，最終是無力阻礙法案通過的。拉布對建制派最大的影響，是建制派議員必須留夠人數在立法會以應付「點鐘」防止流會，因而許多建制派議員的行動受限。反對派議員只需留下一人要求「點鐘」，其餘議員都可以處理別的公務或者接觸選民擴大影響。而建制派議員為了防止流會，就製作排班表輪流留守立法會。①《議事規則》修改後，全體委員會的會議上建制派只需十幾人到場，其餘議員可以接觸市民做地區工作。②

　　第三，修改《議事規則》也可能帶來消極影響。從立法會的長期運作來觀察，主要取決於反對派議員的心態和態度。高效議事的背後是精簡議事程序、減少議事時間，這對於佔少數的反對意見者而言，無異於收緊意見表達的渠道，可能帶來一些不穩定的隱患。泛民派議員並不認可行政與立法的合作關係，明確表明立法會與行政機關對立的角色立場。在 2017 年 12 月 7 日的立法會會議上，泛民派議員發言：「在現屆立法會內，我們已多次看到立法會主席 —— 即主席閣下⋯⋯在執行職務時，有偏頗行政機關之嫌⋯⋯，這些偏頗的裁決，提醒我們要修訂《議事規則》，以確保主席在行使職務時，不要失憶，忘記立法會的本質就是監督政府，而非配合政府。」③ 這些言論幾乎在每次立法會會議中反覆出現。泛民派議員在阻擾《議事規則》修改的辯論中的說辭彰顯他們的立場：「當這種失衡的情況越來越嚴重時，其實，你

---

① 對立法會議員及議員助理的訪談，2018 年 10 月。
② 對立法會議員及議員助理的訪談，2019 年 12 月。
③ 香港立法會 2017 年 12 月 7 日會議過程正式紀錄，香港特別行政區立法會官網，https://www.legco.gov.hk/php/hansard/chinese/rundown.php?term=yr16-20&date=2017-12-07&lang=0. 最後訪問日期，2019 年 1 月 28 日。

猜猜議會外面、民間會否覺得這種情況需要進一步抗爭，從而進一步加深社會的撕裂及矛盾呢？對於這些矛盾及撕裂，你們用什麼方法去處理呢？」[1] 修改後的《議事規則》削減了立法會對政府的部分制約作用，使議事程序加快，少數反對議員表達意見的機會更少，就有可能尋求別的途徑宣泄意見或完成政治表現。有學者認為，立法會職能削弱並不一定代表政府變強勢，反之如果立法會內部自身的平衡無法形成，會導致議會本身勉強可以籍以尋求共識的議事機制失效，無法容納日益激烈的政治鬥爭，從而使街頭政治發展壯大。[2] 2019 年出現的反修例運動演變而生的街頭甚至校園暴力活動，背後原因深刻而複雜，雖然與立法會議事規則的修改並無因果關係，但是現實是反對派的鬥爭方式選擇了街頭而非議會，在街頭運動的壓力下，香港政府從立法會撤回了《逃犯條例》修訂草案。

第四，香港立法會內政治力量的對比取決於選舉，而非《議事規則》。11 月 24 日的區議會選舉結果，建制派何君堯議員用翻天覆地來形容。[3] 2020 年 9 月香港立法會即將舉行換屆選舉。假設區議會選舉的選情再現，建制派就有可能成為立法會中的少數派。在不排除這種隱憂的前提下，站在建制派的立場上，如有本屆議員提議再次修改《議事規則》，可根據自身情況考慮如何規定少數制衡多數的行為方式。

對於香港目前的政治生態，有學者指出「共識民主」理論可能

---

[1] 香港立法會 2017 年 12 月 14 日會議過程正式紀錄，香港特別行政區立法會官網，https://www.legco.gov.hk/yr17-18/chinese/counmtg/hansard/cm20171214-translate-c.pdf#nameddest=mbm01. 最後訪問日期，2019 年 1 月 28 日。

[2] 顧瑜：《香港立法會的自主性和行政立法關係》中山大學港澳與內地合作發展協同創新中心公眾號，https://mp.weixin.qq.com/s/vUogaIednBROEwEy-gwfwg. 最後訪問日期，2019 年 1 月 28 日。

[3] 何君堯新浪微博，11 月 25 日發文。

有所啟發。按照該學者的理論，民主可分為西敏寺模式（多數統治模式）與共識模式。共識模式追求儘量擴大參與政府決策的機會和凝聚關於政策的共識，政府的存在和運行有賴於多種政治勢力的合作，強調求同存異，分享行政決策。陳弘毅教授認為這對於香港政制是有啟發的。[①] 香港政治常被描述為「政府有權無票，議會有票無權」，香港社會的動盪與分歧使得尋求共識成為一項迫切的法律建設和政治任務。上層政治的割裂往往反映和影響社會整體，行政主導制的初衷之一是為了維護香港的繁榮穩定，而缺乏共識的香港政局勢必會給社會帶來更多動盪，加大香港特區政府治理難度，屆時行政主導制的前景恐不樂觀。一個良好的立法會議事規則應當能在主席、議員的權力分配和立法會的憲制地位之間取得一個平衡點，在議會內部化解分歧、達成共識。

Rule of Procedures of Hong Kong SAR Legislative Council: The New Amendment and Its Implication

Sun Ying

Abstract: Rules of procedures is the institutional framework for legislature. Hong Kong Legislative council changed its rules of procedures in the end of year 2017. This is a new development for Hong Kong politics and law. This article discovers the legal origins of the rules of procedures, and

---

① 陳弘毅：《香港特別行政區的法治軌迹》，中國民主法制出版社，2010，第 249-250 頁。

the reasons and backgrounds for the amendments. It also analylizes the main contents of the amendments. It argues that this round of amendment improves the effectiveness of legislative council and empowers the administrative branch. Besides the rules of procedures, a consensus is also needed for the function of legislative council.

Keywords: Hong Kong SAR; Legislative Council; Rules of Procedures; Administrative-Led System

論香港地區的超越一切制定法理論與實踐

董金鑫*

摘　要：源於英國普通法傳統的超越一切制定法理論在香港地區回歸祖國後依然有效，從而對涉外合同當事人選擇域外法的效力產生重要的影響。在司法實踐中，中國香港地區法院對本地無須衝突規範援引而直接適用的超越一切制定法問題持審慎態度，此種適用超越一切制定法的做法在香港高等法院審理招商銀行和滙豐銀行案中得到良好的發揮。2010年頒佈的《中華人民共和國涉外民事關係法律適用法》第4條首次確立了中國的直接適用的法制度，該條款的解釋也宜從中尋求借鑒。

關鍵詞：超越一切制定法　自體法　準據法　直接適用的法

董金鑫，中國石油大學（華東）法學系副教授，碩士生導師，法學博士，研究方向為國際私法、區際私法。
本文係教育部人文社會科學重點研究基地重大項目「中國國際私法中強制性規範的實證分析」（15JJD820006）的階段性成果。

引 言

超越一切制定法（Overriding Statutes）理論誕生於英國，而後對包括中國香港地區在內具有英聯邦法律傳統的國家和地區的國際私法實踐產生了廣泛的影響。根據《中華人民共和國香港特別行政區基本法》第 8 條以及第 18 條的規定，原有的普通法在香港地區回歸祖國之後除同該法相牴觸[①]或經香港特別行政區的立法機關作出修改外原則上依然有效。在國際私法問題上，內地與香港、澳門和台灣地區均是獨立的法域，內地涉港澳地區以及大陸涉台灣地區的民商事案件比照涉外民商事案件適用衝突規範處理。[②]

而在《粵港澳大灣區發展規劃綱要》出台的背景下，內地和香港地區的經貿關係將進一步密切，內地的民事法律主體會經常成為香港法院審理涉外合同訴訟中的當事人，了解香港地區超越一切制定法理論對於維護內地當事人的合法權益有着非常重要的現實意義。同時，秉承普通法的傳統，香港法院適用超越一切制定法理論的實踐極具特色，這對中國內地的衝突法制的完善也將起到借鑒的作用。為此，本文首先重點回顧並闡述中國香港地區超越一切制定法理論的起源，然後結合香港地區回歸祖國以來發生的若干典型國際私法案例，探討上述理論和實踐及對中國內地國際私法的啟示。

[①] 根據《中華人民共和國香港特別行政區基本法》第 160 條，該牴觸應由全國人民代表大會常務委員會宣佈。

[②] 參見李慶明：《論域外民事判決作為我國民事訴訟中的證據》，《國際法研究》2017 年第 5 期，第 117 頁。

一、香港地區的超越一切制定法理論概述

縱觀中國香港地區國際私法的發展歷程，其超越一切制定法理論發源於英國。傳統英國衝突法視野下的超越一切制定法僅指英國議會通過的制定法對衝突法的超越。[①] 在探討制定法與衝突法的關係時，英國國際私法權威著作——《戴賽、莫里斯和科林斯論衝突法》提出了超越一切制定法的概念，即不顧衝突法的一般規則而在自身規定的適用範圍內必須適用的制定法。超越一切制定法構成合同準據法支配的例外，它存在的理由是，如果由當事人選擇的外國準據法支配某種合同關係，則違反了立法監管合同事項的意圖。[②]

英國為普通法系國家，判例法與制定法二元並存。在衝突法歐盟化之前，英國的衝突法主要以判例法的形式存在，不具有國際私法的立法傳統。然而制定法優於普通法適用乃是英國的一項重要憲法原則，故制定法不必受制於一般的衝突規範，其在涉外案件中能否適用可以作另行安排。[③] 特別在第二次世界大戰結束以後，受社會福利國家觀念的影響，英國的傳統私法領域出現了大量不允許合同當事人選擇的制定法。這些立法包含保護特定人群的強制性規範，必然將突破當事人選法的一般原則，而英國衝突法長期由判例法支配，這迫使議會在必要時為制定法確立適用範圍，故探討作為衝突法的判例法與作為

---

① See Kerstin Ann-Susann Schäfer, Application of Mandatory Rules in the Private International Law of Contracts, Peter Lang, 2010, p. 91.

② Lawrence Collins, et al., eds., Dicey, Morris & Collins on the Conflict of Laws, 14th ed., Sweet & Maxwell, 2006, p. 25.

③ Jan-Jaap Kuipers, EU Law and Private International Law, Martinus Nijhoff, 2011, p. 165.

實體法的制定法的關係成為英國衝突法的重要命題。[①]

　　雖然從衝突法的角度，一國的制定法同樣處在有待衝突規範援引的地位，但受制於制定法高於判例法的觀念，英國衝突法的理論和實踐都在小心處理本國衝突法和制定法的關係。由於議會主權（Parliamentary Sovereign）和立法最高（Legislative Supremacy）原則的存在，[②] 法院低於議會的憲法地位使其有義務將本國的立法適用於跨國案件，由此確定英國制定法的屬地範圍一度被認為與衝突法的適用過程毫無關聯。[③] 特別在現代，為避免法律適用的解釋權完全由法院掌控，議會在立法時多特別明確法則的適用範圍，此種制定法規定的法律適用範圍自然優於作為普通法的衝突規範。相反，一旦立法沒有明確包含超越衝突法的規定，是否具有超越效力則是法律解釋的問題。由於傳統普通法存在立法不希望域外適用的假定，[④] 則法院多會推定其屬地適用，從而需要衝突規範的指引，除非有明顯的立法政策表明這樣做不合理。[⑤]

　　受其影響，雖然奉行自由資本主義的中國香港地區較少對商事交易施加限制，原則上支持當事人的選法約定，但由於歷史的原因繼受英國普通法傳統的香港地區的法院仍認可某些本地強制性規範可以在衝突規範的指引外直接適用。此種做法也得到了學理層面的關注。在

---

①　See Stuart Dutson, Territorial Application of Statutes, Mon. U. L. R., Vol. 22,（1996）.

②　Adrian Briggs, The Conflict of Laws, 2nd ed., Oxford University Press, 2008, p. 51.

③　Uglješa Grušić, The Territorial Scope of Employment Legislation and Choice of Law, The Modern Law Review, Vol. 75, No. 5,（2012）, 751.

④　Adrian Briggs, The Principle of Comity in Private International Law, Recueil des Cours, Vol. 354,（2011）, 96.

⑤　Susanne Knofel, Mandatory rules and Choice of Law: A Comparative Approach to Article 7（2）of the Rome Convention, J. Bus. L., No.3,（1999）, 245.

20 世紀 90 年代初，即有香港學者在探討本地的貿易和投資環境時對作為當事人自由選法意思自治限制的超越一切制定法的含義和類型作一般性探討。[①] 如果説此時的理論研究尚且處在介紹超越一切制定法的起源階段，該制度在香港地區回歸祖國之後有着更為重要的認識。關於該法在香港成文法中的具體分佈情況於第一本香港衝突法專著中被詳細分析，並列舉了部分香港法院判決予以説明。[②] 而後又有學者在探討香港衝突法的現狀和前景時提出此類規範區別於一般意義上的強制規範的判斷標準，即其所保護的公共利益超出當事人意思自治以及其他附屬連結因素的需要，[③] 使之只能受本地法支配。可以説伴隨着香港回歸後大規模本地成文立法的頒佈，為了此類立法適用的需要，香港地區的超越一切制定法理論越發具有自身的特色。

二、超越一切制定法理論在香港地區法院的司法實踐

目前適用超越一切制定法理論的實踐集中反映在香港高等法院在 2000 年審理的招商銀行訴銘環國際有限責任公司案（以下簡稱「招商銀行案」）[④] 以及 2007 年滙豐銀行訴史蒂文·華萊士案（以下簡稱「滙豐銀行案」）[⑤] 當中，以下分別加以分析。

---

① Philip Smart, Andrew Halkyard, Trade and Investment Law in Hong Kong, Butterworths Asia, 1993, pp. 463-464.
② See Graeme Johnson, The Conflict of Laws in Hong Kong, Sweets & Maxwell Asia, 2005, p. 146.
③ Lutz-Christian Wolff, Hong Kong's Conflict of Contract Laws: Quo Vadis?, J. Priv. Int'l L., Vol. 6, No. 2., (2010), 474.
④ China Merchant Bank v. Minvest International Limit & Ors, IICA 9070/2000.
⑤ HSBC Bank plc. v. Steven Andrew Wallace, HCA 2422/2007 (28 November 2007).

（一）招商銀行案

在《內地與香港關於建立更緊密經貿關係的安排》有序實施的大背景下，大量的內地企業試圖從香港銀行獲得融資，內地銀行也在香港從事或向香港法人進行放債業務，這產生了眾多的跨境金融合同糾紛。表現在招商銀行案中，原告招商銀行曾於 1996 年在中國深圳與被告一家香港企業簽訂了一份借貸協議。由於被告未能如期還款，原告在香港高等法院提起訴訟。

在庭審中，被告提出該借款協議因違反規範和管理放債資質和放債業務的《香港法例》第 163 章 1980 年香港《放債人條例》（Money Lenders Ordinance）中的強制性規範而不可強制執行。具體而言，招商銀行是未經香港官方機構許可的放債人，根據 1980 年香港《放債人條例》第 23 條「除非放債人領有牌照否則不得追討貸款」的強制性規定，該借貸協議不可針對被告強制執行，原告就該筆貸款無權收回本金及利息。此外，被告沒有簽署任何有關借貸的書面紀要或備忘錄，這導致協議因違反上述條例而不可執行。法院認為，該問題的關鍵在於香港《放債人條例》能否適用本案的貸款協議。由於協議已經選擇英國法作為合同的準據法，被告的抗辯如果能夠成立，則必須證明儘管存在當事人另行選擇的法律，但《放債人條例》仍能構成《戴賽和莫里斯論衝突法》中的超越一切制定法。[①]

為確立超越一切制定法的標準，香港高等法院援引了 1987 年滙豐

---

① 根據英國法院審理的維他食品案確立的規則，只要當事人選擇的法律善意、合法且不違反公共政策，即可作為合同自體法。本案當事人沒有主張缺乏善意，且除了法例自身之外不涉及其他的公共政策。Vita Food Products Inc. v. Unus Shipping Co. Ltd., [1939] A. C. 277（P. C.）.

（船務）公司案 ① 確立的規則。該案借貸協議的當事人明確選擇英國法作為準據法。巴哈馬籍的放債人針對擔保人就不能償還的債務在香港提起海事訴訟。被告辯稱借貸協議根據 1911 年香港《放債人條例》（以下簡稱 1911 年條例）第 3 條「放債人必須登記並且遵循特定條件」構成非法且不可強制執行。香港法院則認為該條如若要超越當事人選擇的英國法而適用於借貸協議必須滿足如下兩項條件：

其一，放債人在合同訂立時應在香港從事放貸業務，或者聲稱、認為自己從事該項活動。法院認為，1911 年條例明白無誤地針對香港境內的交易，從而旨在使香港居民免受高利貸者的盤剝。這不是說該條例只針對毫無涉外因素的境內交易，而必須是根據條例的要求在香港開展放債活動的交易。其第 3 條要求放債人必須登記其名稱和地址，以該名稱、該地址開展交易，如借貸協議違反上述規定則非法且不可強制執行。這些條款以及援引「放債人的交易」主要針對在一個或多個位於香港的地址開展的香港交易。該案法官還援引英國阿特金勛爵的觀點，即英國《放債人條例》通過規定僅僅能在英國本地生效的登記、許可、程序以及罰則而意圖監管那些在英國開展的具體活動，不能延伸適用至在英屬海峽殖民地發生的爭議。②

該論證同樣可以類推適用於 1980 年香港《放債人條例》。1911 年條例如要適用於當事人另作法律選擇的借貸交易的第一個條件是放債人事實上在香港開展放債交易。只有此條件得以滿足，該條例第 3 條的強制性條款才能產生超越效力。較英國新近實施國際條約的國內法

---

① Hong Kong Shanghai (Shipping) Ltd. v. The Owners of the Ships or Vessels "Cavalry" (Panamanian Flag)，[1987] HKLR 287.

② Shaik Sahied v. Sockalingam Chettiar, [1933] AC 342.

尤其那些關於人或貨物運輸的立法[1]，其地理定位並不確切，與 1977 年《不公平合同條款法》第 27 條更相差甚遠。但考慮到 1911 年條例是在 20 世紀初制定，立法的起草者不大可能產生國際金融的觀念，故第 3 條足以超越那些在原本純粹香港境內的借貸交易中約定的雖明顯構成善意[2]但誤入歧途的外國自體法（Proper Law）。

其二，只有金融合同的客觀自體法為香港法時，在香港開展放債業務的放債人締結的交易才需要適用該條例。1911 年條例不大可能考慮類似於本案的情形，即適用於有涉外因素的交易——將外國的借款人納入到社會立法的保護傘之下。基於何種標準將香港交易納入到條例的適用範圍仍有待考查，畢竟存在由立法機構明示或默示作出的立法限制衡量的地理定位和自體法兩種判斷標準。一般認為，地理定位才是制定法適用的關鍵所在。當澳大利亞新南威爾士州的租入人同維多利亞州的所有人簽訂一份分期付款購買合同，如果合同在維多利亞州簽訂，則新南威爾士州的法令不可以適用。當事人選擇維多利亞州法的條款無關緊要，[3]合同訂立地法（*lex loci contractus*）及其與立法邊界的關係才是最為重要的。

然而香港高等法院認為此種觀點僵化而狹隘。正如不能僅僅因為借貸合同在澳門地區簽訂這一涉外因素的存在而排除香港《放債人條例》的適用，地理定位標準無法起到決定作用。蘇格蘭最高民事法院在審理 English 案[4]時曾發生類似的疑問。一份由租入人在蘇格蘭簽訂

---

[1] 如 1961 年《航空運輸法》（第 1 條第 1 款）、1965 年《公路貨物運輸法》（第 1 條）、1971 年《海上貨物運輸法》（第 1 條第 2 款）、1995 年《商船法》（第 183 條第 1 款）。

[2] 如構成惡意，可以依據善意選法的要求予以排除。

[3] Kay's Leasing Corp v. Fletcher, [1964] 116 CLR 124.

[4] English v. Donnelly, [1958] SC 494.

並隨後由所有人在英格蘭簽訂的分期付款合同符合蘇格蘭法中「在蘇格蘭訂立」的要求，但判決以此認為應適用蘇格蘭法的觀點難以令人信服。雖然該案因明顯與蘇格蘭存在最密切聯繫而構成蘇格蘭交易，故蘇格蘭法中的命令條款可以具有超越法律選擇條款的效力，但這是該法的適用滿足客觀自體法標準而不僅是法律規定的個別聯繫的結果。

當適用上述原則時，首先要看條例中是否包含着相反的意圖。1911 年條例不存在更為寬泛的適用意圖。如果合同中包含的法律選擇條款被挑戰，則只能採用客觀標準確定合同自體法，即尋找與交易有最密切及最真實聯繫的法律體系。如果此時的自體法為域外法，則制定法同樣沒有適用的餘地。如果指向國內法，法院擁有判斷任何所謂超越一切制定法的影響以及對選擇法律善意挑戰有效性的基礎。這能夠使法院給予地理定位以充分適當的權重，同時避免僵化地將之視為決定因素，為善意提供最好的標準並為規避法律提供最佳的答案，也滿足合同的實質有效性應適用合同自體法的標準。

香港高等法院就招商銀行案認為，沒有證據表明 1980 年香港《放債人條例》推翻了 1911 年條例針對國內交易以及旨在使香港居民免受香港高利貸者盤剝的意圖，故而由滙豐（船務）公司案確定的規則同樣適用於本案。首先，原告是一家在內地開展業務的內地銀行，借貸協議在深圳簽訂且貸款在此發放，不滿足放債人在香港從事放貸業務的要求；其次，本案與香港沒有實質的聯繫。由於原告的住所地在內地、貸款在深圳發放並由內地企業提供擔保，合同準據法根據客觀聯繫原則應當是內地法。1980 年香港《放債人條例》作為超越一切制定法適用的兩項條件完全沒有滿足，故不具有取代合同當事人明確選擇的法律的超越法效力。

（二）滙豐銀行案

作為著名的國際自由貿易港和金融中心，中國香港地區發生大量的涉外僱傭勞動糾紛，其中尤以涉及跨國公司高管的勞資爭議居多。在滙豐銀行案中，原告英國滙豐銀行於 2007 年在香港起訴該行派遣至香港子公司工作的前高管——英國人史蒂文·華萊士先生，認為被告在勞動合同尚未完全解除的情形下就開始為其他僱主工作，且新僱主與原告有競爭關係，違反了勞動合同中的競業禁止條款，故此請求法院禁止被告在合同約定的期間內為新僱主工作。被告則辯稱，根據《香港法例》第 57 章香港《僱傭條例》（Employment Ordinance）的強制性規定其沒有違約。須說明的是，勞動合同要求被告在辭職前應至少給予原告 6 個月的書面通知，在此期間內原告將繼續按照合同的約定支付薪水，而被告則有義務賦閒在家（Garden Leave），這一條款不違反當事人約定的英國法的強制規定。被告則希望通過支付一筆法定賠償金將這一期間縮短到 3 個月，這一主張根據《僱傭條例》第 7 條[①]是有依據的。由此雙方爭議的關鍵焦點在於該案究竟應適用作為僱員工作地的香港法還是當事人約定的英國法這一實體法律適用問題上。

關於涉外勞動合同的當事人選擇域外法的行為是否應當得到維護，法院援引了《戴賽、莫里斯和科林斯論衝突法》這一英國權威國際私法著作予以認可。在普通法中，勞動合同基本上應受合同自體法支配。自體法應支配勞動合同所隱含的條款、僱員是否有權繼續留在僱主的經營場所及獲取工資和其他形式的補償、解除通知是否生效

[①] 除了特殊情況，僱傭合同的任一方如同意支付對方一筆相等於僱員在法定限度的通知期內獲得工資額，則可無須給予通知或相應縮短通知期而終止合同。

以及合同免責條款的有效性等事項。[①] 法院認為，雖然英國已經加入了《歐共體合同之債法律適用公約》（EC Convention Law Applicable Contractual Obligations，即 1980 年《羅馬公約》）[②]，但該公約目前不適用於香港地區，香港法院仍然要秉承英國普通法的傳統，即通過自體法的方式為勞動合同尋找準據法。所謂合同自體法，簡而言之是指合同適用當事人明確或意圖選擇的法律，以及當沒有選擇且不能判斷當事人潛在的適用法意圖時，則由法官根據最密切且最真實聯繫這一客觀標準選擇法律。由於本案的當事人在合同中明確選擇英國法，如果這一約定有效，則存在適用英國法來確立當事人權利的推定。

普通法對於當事人選擇法律的態度一直比較開放，但並非沒有任何限制，例如要求當事人選擇法律的行為必須出於善意。[③] 法院認為，如果案情以及當事人與英國沒有任何的關聯，且援引英國法的目的純粹為了排除香港《僱傭條例》給予僱員的保護，則選擇適用英國法的假定因缺乏善意而被推翻。然而本案的案情並非如此，僱主是一家在英國成立並擁有基地的母公司，僱員也是英國人，且合同在英國訂立。與所有基於外派條款派往海外的僱傭關係一樣，作為實際工作地的香港與案件僅有次要的聯繫，更何況跨國公司集團希望以相同的準據法僱傭高管的期待是正當的，故此當事人的選法意圖應該得到維護。

由於當事人選擇英國法作為勞動合同自體法的行為有效，則除非

---

① See Collins, et al., eds., Dicey, Morris and Collins on the Conflict of Laws, 14th ed., London: Sweet & Maxwell, 2006, at 33-059.

② 其第 6 條對個人僱傭合同規定了特殊的衝突規範，即當事人的選法行為不應剝奪沒有選擇時應適用的法律對僱員權利的保護。2008 年新頒佈的《合同之債的法律適用條例》第 8 條也有類似的規定。

③ Vita Food Products Inc. v. Unus Shipping Co. Ltd., (1939) A.C.277（P.C.）.

香港《僱傭條例》構成超越一切制定法，否則沒有任何適用的機會。[①]
《僱傭條例》第 70 條規定，如看來使本條例賦予僱員的任何權利、利
益或保障消滅或減少，則勞動合同的任何條款即屬無效。由此被告辯
稱法律選擇條款與合同的其他條款沒有不同，違反上述強制性規定同
樣無效。法院認為，法律選擇條款不同於一般的合同條款，不能僅以
此認定當事人選擇英國法的行為無效。但基於該條表現出的強制性，
存在探討《僱傭條例》能否不經衝突規範的援引即可適用的必要。

對此問題，法官再次援引《戴賽、莫里斯和科林斯論衝突法》中
的觀點加以論證。1996 年英國《僱傭權利法案》第 204 條第 1 款[②]規
定，出於本法案適用之目的，個人僱傭的自體法是否是英國或英國某
一地區的法律並不重要。然這不意味着該法適用於世界上所有的勞動
合同，無論合同與英國是否存在聯繫；但這表明着起草者沒有將該法限
定在當勞動合同的自體法是英國法時才適用的情形，而是突破衝突規
範的指引為該法案的實施規定了自己的規則。在 Lawson 案[③] 中，英國
上議院曾認為，《僱傭權利法案》中的不公平解僱條款主要適用於解僱
時仍在英國工作的僱員，勞動合同約定的僱傭工作地不甚重要。當僱
員在數國工作時，僱傭地應該是他的住所；當僱員被派遣到海外工作，
則只有在僱傭關係與英國有強烈的聯繫時才能適用，如為在英國開展

---

① 雖然香港法上也存在公共政策保留這一排除外國法的工具，但如果相關領域已經出現基於
　公共政策而制定的制定法，如不能證明在該制定法之外還有其他的公共政策考慮，則一般
　不考慮公共政策保留的適用。

② 從立法背景看，1996 年《僱傭權利法案》第 204 條第 1 款的前身是 1978 年《僱傭保護（聯
　合）法》第 153 條第 5 款。此時合同還完全由以意思自治為特徵的英國自體法支配。在選
　擇外國法時，制定法只能借助超越一切制定法的身份適用。

③ Lawson v. Serco, [2006] UKHL 3; [2006] 1 ALL ER 823. Uglješa Grušić, The Territorial
　Scope of Employment Legislation and Choice of Law, The Modern Law Review, Vol. 75,
　No. 5,（2012），738-751.

的業務而被派出。如此既可阻止當事人通過選擇域外法逃避本法案的適用，也能夠維護本法案給予那些在英國替外國僱主工作由此勞動合同可能要面臨適用域外法的僱員的利益。[①] 香港法院認為，香港《僱傭條例》不存在類似英國《僱傭權利法案》第 204 條第 1 款高等那些排除衝突規範選法機制而必須適用的條款，不構成超越一切制定法。基於以上理由，法院裁定本案勞動合同有效，被告構成違約。

就該案的審理而言，法院的裁決是應僱主申請臨時禁令的要求作出的，它的分析並非絕對正確，但僱主在該事項的最終審理上佔有優勢。就以後類似案件的審理而言，由於本案裁決只是一審法院的裁定，不可能像更高級別法院的裁判那樣具有先例的權威效力，但在被庭審或者上訴推翻之前它的裁判原理仍構成有效的法律。[②] 然而本案更大的意義在於改變了以往人們普遍認為《僱傭條例》適用於所有在香港實施的勞動合同的觀念，為重新審視選法意思自治和超越一切制定法制度在處理涉外勞動合同法律適用中的地位提供契機。

從香港法院的做法看，值得肯定的是它區分了合同領域中的國內法層面的強制性規範和國際私法層面的強制性規範。前者不允許當事人協議排除或減損，但除非基於惡意選擇域外法，否則可以為外國自體法的內容所取代，後者不允許當事人通過選擇域外法的方式予以排除。在這裏有必要區分當事人約定具體權利義務的一般條款和當事人約定適用法的特殊條款。如上述香港《僱傭條例》第 70 條那樣的強制

---

① See Collins, et al., eds., Dicey, Morris and Collins on the Conflict of Laws, 14th ed., London: Sweet & Maxwell, 2006, at 33-003.

② See Timothy Loh & Howard Burchfield III, Global Employment Standards for Global Financial Institutions In Hong Kong, Mondaq Business Briefing, Dec 14, 2007.

性規定只針對當事人約定具體權利義務的一般條款，除非立法明確表示將法律選擇條款包含在內。此類強制性規範是否構成國際私法的強制性規範即超越一切制定法仍需要作進一步觀察。法院主要採用比較立法文本的方式，即權威學說認定 1996 年英國《僱傭權利法案》構成超越一切制定法，香港《僱傭條例》是否構成則只要比較二者制定時的差異。由於《僱傭條例》沒有像英國《僱傭權利法案》那樣明確表明可以不顧衝突規範的指引而適用，故得出《僱傭條例》不構成超越一切制定法的結論。

這一分析不是毫無疑義的。的確除非有相反的立法意圖，當具體的事項受域外法規範時，一般可認為此時本地的制定法不適用，但這不意味着此種意圖必須由立法所明示。當制定法沒有說明它關於適用範圍的意圖時，法院還要進一步根據立法背後的公共政策來分析其是否構成超越一切制定法。就勞動法而言，法院應探究案情與法院地國的聯繫是否足夠強烈從而有必要發揮制定法背後的公共政策。審理本案的法院無視香港《僱傭條例》背後的政策理性，既沒有探討此種公共政策是否強烈，也沒有考慮當事人與同作為實際工作地的法院地之間的關係是否密切，就斷言《僱傭條例》並非超越一切制定法，這種推理有失偏頗。

然而法院這樣做也有自己的道理。首先，本案的僱員是一家世界知名的跨國銀行的高管，不是普通的勞動者。公司高管在勞動市場上有着非同尋常的議價能力，不完全處於弱者的地位，擁有廣泛的締約自由。如本案的被告，其以原告進行部門調動不滿為由辭職並立即跳槽到另一家金融巨頭再次擔任高管。而根據合同，被告在約定的符合適用法要求的 6 個月通知期內仍可以從原告處獲得豐厚的薪酬並在家

休假，所付出的代價僅僅是在該期間內遵守競業禁止的規定。以上遠沒有達到法院地勞動領域的公共政策不能容忍的地步，難怪法院在判定本案不存在法律規避時認為跨國集團公司希望以相同的準據法僱傭高管人員的期待是正當的。反之，如果案件涉及的主體是底層的勞動者，涉及的事項不是通知期間和競業禁止而是事關香港的法定最低工資、最長工時、休息休假、勞動安全保護等屬地性色彩更濃厚的勞動基準法情形，法院可能會得出相反的結果，即認定香港《僱傭條例》構成超越一切制定法而適用於所有在香港履行的勞動合同。

其次，聯繫要求即使不是判斷超越一切制定法最主要標準，但也至少是重要的因素。該案的原被告都是英國的當事人，合同在英國訂立，這足以說明案件與英國法擁有充分的實際聯繫，況且英國法也是為當事人所熟悉的完備立法，適用英國法存在主觀的合理性。雖然從理論上講當事人與所選擇法律間的聯繫只構成判斷法律選擇是否善意的依據，超越一切制定法應根據自身的內容與意圖決定適用與否，不受當事人選法的影響，但在司法實際操作當中超越一切制定法的判定不可避免地要考慮合同自體法的情形。當自體法的內容和選擇越是合理且能夠達到審判的效果，則法院運用超越一切制定法的概率越小。

三、香港地區超越一切制定法的理論和實踐對內地的啟示

超越一切制定法在內地多被稱為直接適用的法。《中華人民共和國涉外民事關係法律適用法》（以下簡稱《涉外民事關係法律適用法》）第 4 條規定，中華人民共和國法律對涉外民事關係有強制性規定的，直接適用該強制性規定。這說明某些強制性規定無須衝突規範的援引

即可適用於涉外民事糾紛，但立法對判斷此類規定的標準付之闕如。
《歐盟合同之債法律適用條例》（Regulation（EC）on the Law Applicable
to Contractual Obligations，即 2008 年《羅馬條例 I》）界定得較為詳
細，其第 9 條第 1 款明確規定，超越一切的強制性條款是指那些一國
為了保護其政治、社會或經濟組織之類公共利益而被視為至關重要的
條款，以至於只要進入這些條款的適用範圍就必須予以適用，而不論
根據該條例本應適用的準據法。

　　所謂超越一切制定法或曰直接適用的法應當是集中反映並保護一
國根本利益、基本政策的實體強制性規範[①]，這一限制外國準據法適用
的制度不應被法院所濫用。效仿《羅馬條例 I》第 9 條第 1 款，最高人
民法院於 2012 年發佈的《關於適用〈中華人民共和國涉外民事關係法
律適用法〉若干問題的解釋（一）》第 10 條對《涉外民事關係法律適
用法》第 4 條下的強制性規定進行解釋，特別申明金融安全和勞動者
權益保護構成上述可直接適用的強制性規定發揮作用的情形。[②]

　　反映在內地的涉外司法審判實踐當中，在上海第一中級人民法院
審理的朱某某與 A 公司等服務合同糾紛上訴案[③]，該院以被上訴人在中
國內地操作美股交易而《中華人民共和國證券法》對該案所涉服務合
同的效力具有強制性規定，依據《涉外民事關係法律適用法》第 4 條

---

① 蕭永平，龍威狄：《論中國國際私法中的強制性規範》，《中國社會科學》2012 年第 10 期，
　第 107 頁。
② 有下列情形之一，涉及中華人民共和國社會公共利益、當事人不能通過約定排除適用、無
　需通過衝突規範指引而直接適用於涉外民事關係的法律、行政法規的規定，人民法院應當
　認定為涉外民事關係法律適用法第四條規定的強制性規定：（一）涉及勞動者權益保護的；
　（二）涉及食品或公共衛生安全的；（三）涉及環境安全的；（四）涉及外匯管制等金融安
　全的；（五）涉及反壟斷、反傾銷的；（六）應當認定為強制性規定的其他情形。
③ （2012）滬一中民四（商）終字第 S1217 號民事判決書。

需要直接適用。同樣考慮到內地的勞動法 [①] 長期被認為具有公法的性質而應該適用於境內的所有勞動關係，在內地司法實踐中不主張也不允許當事人選擇法律。[②] 在祝年寬與東莞美源鋼結構工程有限公司勞動合同糾紛案 [③] 中，當中國籍員工被內地企業外派至安哥拉工作，廣東省東莞市中級人民法院依然排除《涉外民事關係法律適用法》第 43 條確立的勞動合同適用勞動者工作地法這一具體的規定，而是基於《涉外民事關係法律適用法》第 4 條和《關於適用〈中華人民共和國涉外民事關係法律適用法〉若干問題的解釋（一）》第 10 條的列舉情形直接適用內地的勞動法。上述做法存在濫用直接適用的法的嫌疑，從而有必要從香港地區超越一切制定法的理論和實踐中獲得啟示。

首先，從香港法院適用超越一切制定法的實踐中可以看出，所謂超越一切制定法不是一部籠統的法律文件，而是更為具體的法律條款。如在滙豐銀行案中，雖然法院一直在探討《僱傭條例》的超越一切制定法資格，但基於審理需要表明本案僅涉及有關離職通知、競業禁止等與勞動合同條款有關的規定，至於法定最低工資、年假或遣散費等勞動基準法的規定仍可在其他案件中構成超越一切制定法。即使對具體條款而言，也不應先驗地認定某一規定必然構成超越一切制定法，要根據案情以及對適用法的需要來決定。如果本案發生在高管之外的一般的勞動者和僱主之間，離職通知和競業禁止的約定對於此類

---

① 《中華人民共和國勞動法》第 2 條規定，在中國境內的企業、個體經濟組織和與之形成勞動關係的勞動者適用本法。又見《中華人民共和國勞動合同法》第 2 條、《外國人在中國就業管理規定》第 26 條。

② 參見許軍柯：《論當事人意思自治原則在涉外勞動合同中的適用空間》，《政法論叢》2009 年第 1 期，第 47 頁。

③ （2014）東中法民五終字第 1342 號民事判決書。

勞動者十分不利，如未向勞動者支付薪金作為其履約的對價，以至於在該期間內影響勞動者的基本生計，則法院很可能作出相反的判斷。另外，在國際私法層面，案情與當事人選擇法律的聯繫也構成判定是否運用超越一切制定法的考慮因素之一。如果當事人與所選擇的法律關係密切，不存在規避法律的惡意，而且不違背當事人締約時對適用法的預期，則要儘可能維護當事人的締約自由，避免國家對私人生活不必要的干預。

反觀《涉外民事關係法律適用法》，其之所以不允許當事人選擇勞動合同準據法的原因在於保護作為弱者的僱員。[①] 作為國際私法上的選法原則，保護弱者原則為了追求法律的實質公平和正義，其多表現為否定處於涉外民事關係中弱勢一方當事人參與的法律選擇，而由立法規定一個與該方關係密切的法域作為準據法。但並非所有的僱員都當然表現為弱者，需要法律的特別保護。從滙豐銀行案可看出，1996 年英國《僱傭權利法案》第 204 條第 1 款之類的超越一切制定法的規定更適合於沒有專門為勞動合同制定特別衝突規範的情形，故有時允許並肯定公司高管選擇適用法的效力反而會達到更好的效果。這有利於雙方當事人對於勞動合同關係作出合理的安排，以維護當事人適用法的預期，便於跨國公司經營活動的開展，而且沒有發生嚴重不公平的後果。

其次，超越一切制定法雖然無須衝突規範的指引，但其必須加以

---

① 《涉外民事關係法律適用法》第 43 條明確勞動合同只能通過客觀連結點指引法律，在確立勞動合同適用勞動者工作地法這一基本原則之外，還規定勞務派遣可適用勞務派出地法的例外規則。

明示或默示條款進行自我限定，並非在任何案件中都必須適用。[1] 不滿足適用範圍的限制，就不存在直接適用的問題。[2] 不能認為 1996 年《僱傭權利法案》適用於全世界的勞動合同，而不顧與案情的聯繫。衝突規範的功能在於確定法律規則延伸的領域。雖然實體規則本身具有適用範圍，表現為法律適用範圍條款，如《中華人民共和國民法通則》第 8 條的規定。[3] 但一般而言，此種技術性的規範比較寬泛，如既適用於本國人，又適用於位於本國的一切物和民事活動，使得衝突規範擁有發揮作用的餘地。同理，直接適用的法既然無須衝突規範的指引，則必然要根據自身的因素或其他法律適用條款決定適用範圍，不可能在與案情毫無關聯時適用。[4] 反映在國際立法上，《羅馬公約》《羅馬條例 I》都要求直接適用的法的超越法特性應限定在適用範圍得以滿足的情形。[5]

從招商銀行案可以看出，香港法院對本地超越一切制定法的適用持謹慎態度，十分強調與案件應具有最低限度的聯繫。其着重分析立法關於適用範圍的意圖，不滿意英國法院在審理 English 案時將單一的合同訂立地作為適用條件，而是認為超越一切制定法所在的法律

---

[1] 更為極端的是，普通法還存在自我否定型制定法，即一旦超出自身適用要求，則在衝突規範指引時也不適用。Lawrence Collins, et al., eds., Dicey, Morris & Collins on the Conflict of Laws, 14th ed., Sweet & Maxwell, 2006, p. 23.

[2] A. V. M. Struycken, General Course on Private International law, Recueil des Cours, Vol. 311, (2004), 406.

[3] 在中華人民共和國領域內的民事活動，適用中華人民共和國法律，法律另有規定的除外。此類條款的價值，參見張曉東，董金鑫：《衝突法性質、歸屬的法理學分析 —— 對國際私法的調整方法和範圍的反思》，《法治研究》2010 年第 1 期。

[4] Kerstin Ann-Susann Schäfer, Application of Mandatory Rules in the Private International Law of Contracts, Peter Lang, 2010, p. 114.

[5] 公約要求外國直接適用的法應根據該國法律必須適用，規定法院地直接適用的法是在其為強制的情形下適用，這都暗含着其要滿足自身適用範圍的要求，而條例更是明確要求直接適用的法需要滿足其適用範圍。

體系必須是合同當事人沒有法律選擇時應適用的法律體系。這一過程頗為繁瑣，甚至有將超越一切制定法與普通法上的選法善意要求混淆之嫌，但並非完全沒有道理。超越一切制定法往往針對當事人在客觀自體法之外選擇法律體系的情形，如此可有效避免其被法院濫用。總之，就超越一切制定法此類特別強制規範的能否直接適用，香港法院試圖以其是否與案件存在最密切聯繫的判斷過程取代實體法層面的利益權衡，從而不過分受制於制定法當中的地理聯繫要求。儘管方法論尚且不甚成熟，但有助於增強當事人對涉外民事審判法律適用的預期，於實踐當中取得了較好的審判效果。

結束語

中國香港地區的超越一切制定法理論源於英國。作為獨特法律文化發生的結果，其主要服務於本地制定法較傳統以普通法形式存在的衝突規範的優先適用，進而緩和作為判例法的衝突法和包含特殊適用範圍的制定法之間的緊張關係。具體而言，基於立法機關為制定法確立的特別立法適用範圍的需要，其有必要優於由法院通過判例法確立的一般衝突法當中的當事人選法原則的適用，從而能夠修正傳統的選法機制。

反映在司法實踐中，擁有普通法傳統的中國香港法院在決定涉外合同的法律適用問題上獨具特色，這突出表現在它既不輕易否定合同當事人選擇域外法的效力，同時又對本地無須衝突規範援引而直接適用的超越一切制定法問題持審慎態度。此種適用超越一切制定法的實踐做法在招商銀行案和滙豐銀行案中得到良好的發揮。雖然內地在金

融、外貿、外匯等領域仍實施較為嚴格的行政管制，但在處理涉外合同糾紛時，內地的司法裁判機構應借鑒香港地區法院的做法，儘量肯定合同當事人的選擇域外法作為合同準據法的意思表示自由，不輕易援引直接適用的法制度，從而避免相同案件在兩地審理結果大相徑庭局面的出現。

On the Theory and Practice of Overriding Statutes in the Hong Kong Special Administrative Region

Dong Jinxin

Abstract: The theory of overriding statutes originated from the English common law tradition is still valid after the Hong Kong region returned to the motherland. And it exerts a significant impact on the effectiveness of foreign-related contract parties in choosing the extraterritorial law. In the judicial practice, the courts in Hong Kong hold a cautious attitude towards the overriding statutes directly applicable in Hong Kong without reference to conflict norms. This application of the overriding statutes has been brought into good play in the trial of China Merchants Bank and HSBC Bank in Hong Kong High Court. The Article 4 of the "the Act of the PRC on Application of Law to Foreign-Related Civil Relations" promulgated in 2010 established regime of rules of immediate application in China for the first time. The interpretation of this clause should also seek reference from the practice of Hong Kong.

Keywords: Overriding Statutes; Proper Law; Applicable Law; Rules of Immediate Application

澳門《個人資料保護法》述評：
歷史淵源與學理分析

吉克　王傳輝*

摘　要：澳門特別行政區於 2005 年制定的第 8 /2005 號法律（《個人資料保護法》）在整個亞太地區都具有里程碑式的意義。通過澳門《個人資料保護法》與葡萄牙、歐盟相關法律之篇章體系、內容對比，論證了葡萄牙《個人資料保護法》與歐盟「第 95 /46 /EC 號指令」分別為澳門《個人資料保護法》的直接淵源和間接淵源。此外，澳門《個人資料保護法》與澳門其他法律還具有內在的關聯性，體現出澳門的立法在回歸之後對於個人自由和基本人權之保障的延續性和一脈相承性。

關鍵詞：個人資料　隱私　個人資料保護法　隱私保護法　澳門法　歐盟法

---

* 吉克（1992 —　），男，江蘇南京人，澳門科技大學法學院 2017 級法學博士研究生在讀，研究方向：國際法、比較法；王傳輝（1972 —　），男，山東烟台人，法學博士、經濟學博士，澳門科技大學法學院副教授、博士生導師，研究方向：國際法、經濟法。

一、澳門《個人資料保護法》：亞洲首部歐盟模式個人資料保護立法

澳門特別行政區立法會於 2005 年 8 月 4 日通過了《個人資料保護法》（第 8/2005 號法律，以下簡稱「《澳門個資法》」）。該法為澳門地區首部有關個人資料保護之專門立法，其出台之時代背景為 2000 年前後，民用互聯網迎來了又一個增長點，對傳統民事權利造成了極大的衝擊，其中更不乏由《中華人民共和國澳門特別行政區基本法》（以下簡稱「《澳門基本法》」）保護的權利，個人資料、隱私均包括在內[①]。在資訊科技的倒逼作用之下，澳門特區立法會許世元、崔世昌等八位議員開始着手撰寫「個資法」草案，該草案於 2005 年 6 月 15 日被提交至立法會，立法會主席於同一日根據《立法會議事規則》作出第 169/II/2005 號批示，接納該法案。隨後，該草案文本經過立法會全體會議一般性通過後，交由立法會第三常設委員會作細節性審議，最後於《澳門特別行政區公報》第三十四期第一組全文公佈三十日後生效。

《澳門個資法》在中國兩岸四地處於領先水平，甚至被認為是「亞太地區最嚴格的個人資料保護法」[②]，其突出之處有四：個人資料被確立為基本人權、立法體系完整、政府全面監管、法律責任完全而嚴格。

首先，個人資料保護是對基本人權的保障。基本人權之保障的條

---

① 參見許世元、崔世昌，梁玉華等《澳門特別行政區立法會個人資料保護法立法理由陳述（Nota Justificativa）》，第 1 頁，http://www.al.gov.mo/uploads/lei/leis/2005/08-2005/nota_justificativa_cn.pdf. 最後訪問日期，2019 年 02 月 01 日。「對於每個市民隱私權的切實保護而言，新的資訊科技蘊含著固有的風險。由於澳門同樣擁有高度發展的科技，自然亦不能免於這些新的挑戰。」

② 參見楊翀宇《個人信息保護的特別機制研究——以澳門〈個人資料保護法〉為考察樣本》，《圖書館》2018 年第 3 期，第 68 頁。

文，通常情況下都規定在一個國家（或地區）具有最高效力的法律文件中，在享有「澳人治澳、高度自治」的澳門特區，自然由《澳門基本法》規定。然而，在實際司法活動中，澳門法官通常不會直接援引《澳門基本法》條文判案，事實上，即使可以直接援引《澳門基本法》條文，相關條文內容也太過寬泛，例如，第三十條規定，澳門居民享有私人生活和家庭生活的隱私權，那麼具體應該如何保護？以政府為代表的公共實體和以企業為代表的私人實體，該如何合法的對涉及居民個人資料的事項行使職能、展開業務？隱私是否在所有情況下都被優先保障？這些問題，《澳門基本法》無法給出詳細的界定，但毫無疑問的是，《澳門基本法》是一般法律中涉及上述內容之最高層級及最重要淵源，而《澳門個資法》正是為了進一步保障相關權利而制定的，其中就包括《澳門基本法》所規定之「隱私權」。

《澳門個資法》規定個人資料的處理應尊重「隱私」及「基本權利、自由和保障」。[①] 上述權利和自由的來源除了憲法性文件、民法外 [②]，還有「國際法文書」，即對澳門有效的相關國際公約。其中 1992 年開始在澳門實施的《公民權利和政治權利國際公約》第十七條第一款規定了個

---

① 參見《澳門個人資料保護法》第二條：「個人資料的處理應以透明的方式進行，並應尊重私人生活的隱私和《澳門特別行政區基本法》、國際法文書和現行法律訂定的基本權利、自由和保障。」

② 參見《澳門特別行政區基本法》第三十條第二款：「澳門居民享有個人的名譽權、私人生活和家庭生活的隱私權。」第三十二條規定：「澳門居民的通訊自由和通訊秘密受法律保護。除因公共安全和追查刑事犯罪的需要，由有關機關依照法律規定對通訊進行檢查外，任何部門或個人不得以任何理由侵犯居民的通訊自由和通訊秘密。」另外，《中華人民共和國政府和葡萄牙共和國政府關於澳門問題的聯合聲明》附件一《中華人民共和國政府對澳門的基本政策的具體說明》第五條規定：「澳門特別行政區依法保障澳門原有法律所規定的澳門居民和其他人的各項權利和自由，包括……住宅和通信不受侵犯及訴諸法律和法院的權利……。」

人之私生活、家庭、住宅或通信不受干涉之權利。[①]因此《澳門個資法》不僅保障民事及憲法權利,亦為保障國際法確立之基本人權,因此其將個人資料保護確立為憲法性權利和國際法保障之基本人權,亦不難理解其在保護制度設計上的完整與嚴格。[②]

其次,立法體系完整。兩岸四地中,最早出台個人資料保護之專門立法的為中國的台灣地區。其於 1995 年出台了《電腦處理個人資料保護法》,之後於 2015 年發展為更為全面的《個人資料保護法》。相較而言,2005 年的《澳門個資法》比台灣地區 2015 年之立法更為系統和完整。台灣地區之個人資料保護立法除了一般性規定,主要規定了公務機關和非公務機關對個人資料之蒐集、處理、利用以及損害賠償和其他法律責任。《澳門個資法》不僅涵蓋上述內容,還規定了資料當事人具體的權利、設立獨立機構來處理通知和許可事宜以及個人資料之跨境轉移,可以說從權利性質、一般規則、當事人權利內容、各種資料處理實體之義務到個人資料跨境轉移之監管、政府專門機構之保護及違法之責任,規定全面。

第三,設立專門政府機構全面監管。《澳門個資法》規定在個人資料蒐集、處理、傳輸中需要獲得「三個許可」,主要是通過依法設立的、僅向行政長官負責的獨立公共實體「個人資料保護辦公室」(以下簡稱「個資辦」)實現的,分別為:用於規制跨域傳輸之境外互聯、用於規制境內傳輸之境內互聯、用於規制個人資料之處理。對於這三個許可以及背後體現的資料當事人與公共主體、私人主體之間的關係,

---

① 參見《公民權利和政治權利國際公約》第十七條:「一、任何人的私生活、家庭、住宅或通信不得加以任意或非法干涉,他的榮譽和名譽不得加以非法攻擊。」

② 下文會論及《澳門個資法》之歐盟淵源。在歐盟,個人資料呈現出區域國際法人權化的趨勢。

《澳門個資法》都用相應的章節予以規定，具體來說，第一章、第三章主要規定了個人資料之定義以及資料當事人之權利，第二章、第四章規定了境內資料處理與互聯之要求，第五章對應了將所蒐集之個人資料境外互聯、傳輸之要求，第六章、第七章規定了資料處理者的各項義務。三個許可均體現出「嚴格限制」之特點，在政府之保護之全面性和力度上，《澳門個資法》在兩岸四地乃至於整個亞洲都堪稱領先。

第四，法律責任完全而嚴格。《澳門個資法》還建立了從民事、行政、刑事三方面之救濟，規定於第三章及第八章中。以刑事責任為例，台灣地區《個人資料保護法》第五章罰則中，特別是第四十一、四十二條，要求行為人具有「主觀故意」並且為「危險犯」，即並不要損害結果的實際發生[①]，而香港特區《個人資料（隱私）條例》則要求需要有實際的金錢、其他財產損失或心理傷害[②]，但是《澳門個資法》對主觀故意和損害結果都沒有要求，只要在無合理理由和未經適當同

---

① 參見台灣地區《個人資料保護法》第四十一條：「意圖為自己或第三人不法之利益或損害他人之利益，而違反第六條第一項、第十五條、第十六條、第十九條、第二十條第一項規定，或中央目的事業主管機關依第二十一條限制國際傳輸之命令或處分，足生損害於他人者，處五年以下有期徒刑，得並科新台幣一百萬元以下罰金。」第四十二條：「意圖為自己或第三人不法之利益或損害他人之利益，而對於個人資料檔案為非法變更、刪除或以其他非法方法，致妨害個人資料檔案之正確而足生損害於他人者，處五年以下有期徒刑、拘役或科或並科新台幣一百萬元以下罰金。」

② 參見香港《個人資料（隱私）條例》第九部：
(1) 任何人披露未經資料使用者同意而取自該資料使用者的某資料當事人的任何個人資料，而該項披露是出於以下意圖的，該人即屬犯罪——
(a) 獲取金錢得益或其他財產得益，不論是為了令該人或另一人受惠而獲取；或
(b) 導致該當事人蒙受金錢損失或其他財產損失。
(2) 如——
(a) 任何人披露未經資料使用者同意而取自該資料使用者的某資料當事人的任何個人資料；而 (b) 該項披露導致該當事人蒙受心理傷害，該人即屬犯罪。

意情況下，披露或傳播全部或部分個人資料即構成犯罪 ①。另外，澳大利亞專門從事個人資料保護法律制度研究的學者 Graham Greenleaf 教授認為，《澳門個資法》在法律責任方面規定得非常全面，在整個亞太地區處於領先地位。②

《澳門個資法》之所以會構建出完整而嚴格的個人資料保護制度，Graham Greenleaf 認為是因該法深受在個人資料保護方面最為領先也最為嚴格之歐盟相關立法之影響，並稱《澳門個資法》為亞洲地區第一部受歐盟影響的個人資料保護立法。③ 然而，目前有關《澳門個資法》的研究文獻對這一論斷尚欠詳細論證。

在「一國兩制」下，澳門法律體系之主體部分在 1999 年之後仍然是原來葡萄牙施加之法律的延續。根據對於澳門法制史的一般認知，該地區現存的很多基礎法律是在葡萄牙管治時期，由葡萄牙本土法律延伸發展而來。因此，一個順理成章的推論是：《澳門個資法》雖然是澳門回歸後的自主立法，特區立法會在立法時會習慣性地延續對葡萄牙相關法律的移植。因此該法未必是直接借鑒歐盟之相關立法。而葡萄牙作為歐盟成員國，其國內立法也必然會受到歐盟立法的約束。由此，《澳門個資法》的出台有可能在歷史淵源上呈現出「歐盟—葡萄

---

① 參見澳門《個人資料保護法》第四十一條第一款規定：「根據法律規定，負有職業保密義務者，在沒有合理理由及未經適當同意情況下，披露或傳播全部或部分個人資料，如按特別法不科處更重刑罰，則處最高二年徒刑或二百四十日罰金。」第三款：「對過失行為處最高六個月徒刑或一百二十日罰金。」

② Graham 指出：「我們可以說澳門的法律所規定的實施機制，至少在理論上，在亞太地區相關立法中是最完善的機制之一。」See Graham Greenleaf, Macao's EU-influenced Personal Data Protection Act, (2008) 96 Privacy Laws & Business International Newsletter 21-22, Dec 2008.

③ See Graham Greenleaf, Asian Data Privacy Laws: Trade & Human Rights Perspectives, at 11, Oxford University Press, 2014.

牙—澳門」之路徑，即《澳門個資法》有兩級淵源：歐盟立法之間接淵源和葡萄牙立法之直接淵源。本文下一部分對此進行考證和論述。

二、《澳門個資法》之歷史淵源：二級淵源

《澳門個資法》的歷史淵源主要有二，一是間接淵源，即，歐盟「第95/46/EC 號指令」[①]；二是直接淵源，即，葡萄牙十月二十六日第67/98號法律《個人資料保護法》(Lei da Proteção de Dados Pessoais，以下簡稱「《葡萄牙個資法》」)[②]，分述如下：

1、間接淵源：歐盟「第 95/46/EC 號指令」

1993 年 11 月 1 日，《馬斯特里赫特條約》正式生效，歐洲聯盟 (European Union，簡稱「歐盟」) 宣告成立。歐盟及其前身歐共體之建立，很大程度上是為了彌補二戰對歐洲各地帶來的創傷，促進經濟的復甦以及政治上應對「美蘇兩極」的壓力。除此之外，它的另一個重要作用是促進人權之保障，以抑制納粹主義在歐洲對人權之空前毀滅悲劇的未來重演。

基於經濟發展和新時代人權保障之需要，1995 年 10 月 24 日，當時的歐洲議會及理事會頒佈了「第 95/46/EC 號指令」(Directive 95/46/EC of the European Parliament and of the Council of 24 October 1995 on the

---

① 本文使用的「第 95/46/EC 號指令」原文源自 https://eur-lex.europa.eu/LexUriServ/LexUriServ.do?uri=CELEX:31995L0046:en:HTML。

② 本文使用的「《葡萄牙個資法》」原文源自 http://www.pgdlisboa.pt/leis/lei_mostra_articulado.php?nid=156&tabela=lei_velhas&nversao=1&so_miolo=。

Protection of Individuals with Regard to the Processing of Personal Data and on the Free Movement of Such Data），也被稱為《個人資料保護指令》。該指令之頒佈對於個人資料在歐洲的保護邁出了很大的一步，對非歐盟成員國亦影響深遠。

根據歐盟基礎法律之規定[①]，「指令」作為歐盟成文法的一種，其作用主要是用於要求各成員國達成訂定之目標，但是不限於達成該目標的方法。通常情況下，成員國會將「指令」轉化為國內法後加以適用，而不是直接適用「指令」的內容，這一點也在「第 95/46/EC 號指令」第三十二條第一款中具體載明。[②]

為了完成上述條款中對於「成員國應在其通過之日起三年內最終生效遵守本指令所必需的法律，法規和行政規定」的要求，葡萄牙立法機構着手開展將指令內容轉化為國內法的工作。最終，葡萄牙共和國議會於 1998 年通過了十月二十六日第 67/98 號法律《個人資料保護法》，以（葡萄牙）共和國一般性法律的形式，完成了國內法轉化之義務。[③]

從《葡萄牙個資法》的內容上來看，絕大部分吸收了「第 95/46/EC 號指令」的內容，特別是在基礎定義、資料當事人之權利義務、

---

① 參見《歐洲聯盟運行條約》第二百八十八條：「為使聯盟之完整，本制度可頒佈歐洲聯盟規章、指令、決定、建議及意見。規章全聯盟普遍適用，所有成員國受其全文約束且直接適用於所有成員國。指令具約束力，以使每一成員國達致所訂立目標，但成員國當局可選擇其形式和方法。決定內所指的對象，受其全文約束。建議和意見無約束力。」

② 參見歐盟「95/46/EC」第三十二條第一款：「成員國最遲應在本指令接受之日起三年內實施遵守本指令所必需的法律，法規和行政規定。當成員國實施這些措施時，它們應包含對本指令的引用，或在其正式發佈時附帶此引用。具體引用方式由成員國制定。」

③ 參見歐盟「95/46/EC」第三十二條第一款：「成員國最遲應在本指令接受之日起三年內實施遵守本指令所必需的法律，法規和行政規定。當成員國實施這些措施時，它們應包含對本指令的引用，或在其正式發佈時附帶此引用。具體引用方式由成員國制定。」

個人資料處理的原則和方法以及個人資料跨境轉移這幾個方面，「第 95/46/EC 號指令」中的內容獲得了葡萄牙共和國議會的接納，並且，對於該指令中設計粗線條的制度性內容，共和國議會完成了本國內部的進一步細化。例如，對於「第 95/46/EC 號指令」之第二十八條第一款[1]，《葡萄牙個資法》在其第四章中進行了進一步細化的規定。[2]

根據「第 95/46/EC 號指令」上述條款的要求，接受指令的成員國必須建立一個或多個可以獨立運行之公共實體以協助、監督本國內個人資料保護之運作。為滿足該要求，《葡萄牙個資法》第四章建立了名為「國家資料保護委員會」（Comissão Nacional de Protecção de Dados，簡稱 CNPD）的獨立公共實體。

另外，對於不需要細化的部分，葡萄牙也在進行國內立法轉化時進行了調整。例如，對於「第 95/46/EC 號指令」第五條要求的各成員國在「指令」第五章之範圍內更準確地確定個人資料處理的合法條件，葡萄牙並未提出更加細緻的條件，而是對於歐盟指令中規定的五個合法處理條件作了先後順序上的調整。具體來講，歐盟指令規定的五種合法處理條件中第一個為「資料當事人的同意」[3]，以彰顯對於資料當事人權利的尊重，而葡萄牙卻將這一點寫入了法條主幹作為處理的一般性條件，而將其他四種合法條件作為了不滿足一般性條件處理的例外[4]，是以一種更加明顯的方式，增強了資料當事人之權利。

---

[1] 參見歐盟「95/46/EC 號」指令第二十八條第一款：「各成員國應設立一個或多個公共當局負責監督本指令於其境內之申請。這些當局在行使職能時應完全獨立行事。」

[2] 參見《葡萄牙個人資料保護法》第四章之國家資料保護委員會。

[3] 參見歐盟「95/46/EC 號」指令第六條。

[4] 參見《葡萄牙個人資料保護法》第六條。

澳門特區立法會對於歐盟「第 95/46/EC 號指令」之評價也頗為積極。立法會認為，該指令是個人資料保護的參考和指導性文件，不僅於歐盟內部，更在世界範圍內影響深遠。[①] 因此，歐盟「第 95/46/EC 號指令」成為《澳門個資法》的間接淵源，不僅僅是因為其影響了《葡萄牙個資法》之制定，更是因為參考指令儼然成為個人資料保護領域立法的一般趨勢，提案人只是照常遵循和順應這一趨勢。[②]

2、直接淵源：《葡萄牙個資法》

歐盟「第 95/46/EC 號指令」直接作用和影響了《葡萄牙個資法》的制定。這一點已於《葡萄牙個資法》之摘要部分明確指出，所以可以得到定論。因此，下面探討《葡萄牙個資法》對《澳門個資法》制定之影響。

（1）篇章體系對比

首先，從兩部法律的篇章體系對比入手，可以看出，《澳門個資法》與《葡萄牙個資法》之篇章體系設置相似度較高，詳見下表：

---

① 參見《澳門特別行政區（第二屆）立法會第三常設委員會第 3/II/2005 號意見書》，http://www.al.gov.mo/uploads/lei/leis/2005/08-2005/paracer_cn.pdf. 最後訪問時間 2019 年 03 月 09 日。第 27 段後半段：「……眾所周知，該指令是這方面事宜的參考和指導性文件，不僅歐盟各國，即使阿根廷、保加利亞、突尼斯、挪威等國家亦以此作為參考。」

② 參見《澳門特別行政區（第二屆）立法會第三常設委員會第 3/II/2005 號意見書》，http://www.al.gov.mo/uploads/lei/leis/2005/08-2005/paracer_cn.pdf. 最後訪問時間 2019 年 03 月 09 日。第 27 段後半段：「……眾所周知，該指令是這方面事宜的參考和指導性文件……提案人遵循了目前比較法的一般趨勢……」，以及，「……須提到的是，提案人選擇參考該法例（「《葡萄牙個資法》」）是因為間接受到歐盟指令的影響……」。

表 1　《澳門個資法》與《葡萄牙個資法》之篇章體系對比 [①]

《葡萄牙個資法》篇章	《澳門個資法》篇章
第一章　一般規定	第一章　一般規定
第二章　個人資料處理 第一節　資料質量和處理的合法性	第二章　個人資料的處理和性質以及對其處理的正當性
第二節　資料當事人的權利	第三章　資料當事人之權利
第三節　處理的安全性和保密性	第四章　處理的安全性和保密性
第三章　個人資料的傳輸	第五章　將個人資料轉移到特區以外的地方
第四章　國家資料保護委員會	第六章　通知和許可
第五章　行為守則	第七章　行為守則
第六章　行政和司法保護	第八章　行政和司法保護
第七章　最後條款	第九章　最後及過渡規定

　　從上表可以看出，《澳門個資法》與《葡萄牙個資法》的篇章體系存在着極高的相似度，甚至有部分章節的標題是完全一致的。其中，在標題上具有明顯差別的是《葡萄牙個資法》第四章之「國家資料保護委員會」與《澳門個資法》第六章之「通知和許可」。但是從內容來看，這兩章都是關於一個公共實體之行政權限的規定：當需要處理他人個人資料時，需要知會該公共實體，並獲得該公共實體的許可。但是為什麼《葡萄牙個資法》直接創設了名為「國家資料保護委員會」這一實體，而《澳門個資法》卻沒有直接規定類似機構呢？這是由於葡萄牙和澳門不同的政體導致的。

　　葡萄牙是一個獨立主權國家，而澳門則是中華人民共和國的一個地方行政區域。作為葡萄牙國內的立法機關，共和國議會可以根據《葡萄牙共和國憲法》之授權，將歐盟「第 95/46/EC 號指令」轉化為國內

---

① 表 1 來源於筆者自譯。

法，即，《葡萄牙個資法》，其中就包括第四章設立國家資料保護委員會之內容。相比之下，澳門立法會卻無此權限。

澳門作為一個特別行政區，其憲制性文件《澳門基本法》規定，設立此公共實體的提案權屬於政府[①]，而非《澳門個資法》之提案人——八位立法會議員。因此，《澳門個資法》實際上只是設立了一種和《葡萄牙個資法》一樣可運作的行政制度，但是，並沒有明文創設一個公共實體。《澳門個資法》出台後，行政長官何厚鏵遂根據《澳門基本法》第五十條第五款及第 85/84/M 號法令（澳門公共行政組織結構大綱）（Bases gerais da estrutura orgânica da Administração Pública de Macau）發佈第 83/2007 號行政長官批示（Despacho do Chefe do Executivo n.º 83/2007），設立個人資料保護辦公室（Gabinete para a Protecção de Dados Pessoais，簡稱「GPDP」、「個資辦」），其性質為在行政長官監督下運作的獨立公共當局，主要職能為：監察協調（Fiscalização e coordenação）、制度制定（Estabelecimento de regime）、投訴處理（Tratamento de queixa）、宣傳教育（Divulgação e educação）、學理研究（Análises e pesquisa）共五大項。[②]

筆者認為，這只是因為葡萄牙與澳門政府機構設立權限之差異，才對於該章節的標題和內容造成一定的差異性影響，但是，其實規定的性質都是一樣的，即經由葡萄牙共和國議會設立的國家資料保護委員會和經由行政長官批示設立的澳門個人資料保護辦公室進行個人資料之保護。

---

① 參見《中華人民共和國澳門特別行政區基本法》第五十條第五款：「澳門特別行政區行政長官行使下列職權：制定行政法規並頒佈執行。」

② 參見個人資料保護辦公室：辦公室簡介，https://www.gpdp.gov.mo/index.php?m=content&c=index&a=show&catid=385&id=3. 最後訪問時間 2019 年 02 月 12 日。

我們可以得到初步的結論，即：《澳門個資法》與《葡萄牙個資法》存在着某種借鑒與被借鑒的關係，只是在細節或立法程序方面有所調整。但是，單從體系上的相似不能完全佐證這一結論，還需要進一步從內容中考證。

（2）重點條文對比

通過具體條文對比，可以發現，《澳門個資法》與《葡萄牙個資法》在其定義、保護機構、適用範圍、一般原則等關鍵內容都具有相似性，詳見表 2：

表 2　《澳門個資法》與《葡萄牙個資法》之關鍵內容對比 [1]

項目	《葡萄牙個資法》	《澳門個資法》
「資料」之定義	直接或間接可識別到特定個人的任何資料。特別強調識別號碼或特定於他的身體、生理、心理、經濟、社會和文化的一個或多個因素。[2]	與某個身份已確定或身份可確定的自然人有關的任何資訊。尤其透過參考一個認別編號或者身體、生理、心理、經濟、文化或社會方面的一個或多個特徵。[3]
保護機構	葡萄牙國家資料保護委員會（CNPD）	澳門個人資料保護辦公室（GPDP）
適用範圍	1、個人數據全部或部分的自動化處理； 2、個人或家庭活動之個人數據除外； 3、在葡萄牙領土內處理之數據或依照國際法可適用葡萄牙法的地方或提供網絡服務的供應商設立於葡萄牙領土之內； 4、適用於公共安全、國防、國家安全之個人數據。[4]	1、全部或部分以自動化方法對個人資料的處理； 2、自然人在從事專屬個人或家庭活動之個人數據除外； 3、負責處理資料的實體的住所在澳門特別行政區或提供網絡服務的供應商設立於澳門特別行政區； 4、適用於以公共安全為目的對個人資料的處理。[5]
原則	透明；尊重隱私；權利、自由和保障進行。[6]	透明；尊重私人生活之隱私；權利、自由和保障。[7]

---

[1]　表 2 來源於筆者自譯。
[2]　《葡萄牙個人資料保護法》第三條（定義）。
[3]　《澳門個人資料保護法》第四條（定義）。
[4]　《葡萄牙個人資料保護法》第四條（適用範圍）。
[5]　《澳門個人資料保護法》第三條（適用範圍）。
[6]　《葡萄牙個人資料保護法》第二條（一般原則）。
[7]　《澳門個人資料保護法》第二條（一般原則）。

　　此外，對於個人資料處理的合法條件，前文已經特別指出歐盟指令與《葡萄牙個資法》之間的承襲關係，通過對比筆者發現，《澳門個資法》與《葡萄牙個資法》在合法條件也有高度一致性，這種高度一致性在葡文條款中更為明顯。

　　葡文作為澳門特區官方語言之一，於《澳門特區政府公報》上公佈的法律葡文文本具有正式的法律效力，經筆者研究兩個「個資法」的關鍵條款之葡文，該相似性愈加明顯。例如有關個人資料合法處理的條件，兩個「個資法」都規定於第六條，其葡文規定基本完全一致，只有《葡萄牙個資法》的 d）與《澳門個資法》的 4）有些許表述的不同，分別為「公共當局行使」和「公共當局行使之權力」，多出一個單詞「poderes」（與一個無實際意義的介詞「de」，此處忽略），即「權力」。根據法律基本理論，「公共當局行使」的毫無疑問就是「權力」，因此，這兩條在本質上沒有區別，也可以認為，對於「處理的合法條件」，澳門對於葡萄牙法律之移植是毋庸置疑的。

　　除上述重點內容之外，兩部法律在資料處理之合法性、資料當事人對於其資料處理之同意以及例外情況均非常相似。因此，可以認為，這兩部法律在內容上具有高度的重合性。

　　此外，通過翻查《澳門個資法》之立法過程中的文件，筆者亦發現立法者已經在部分地方直接或間接地指出了該部法律與《葡萄牙個資法》之間的關係。例如，《澳門個資法》草案制定時，由八位立法議員撰寫的法律制定《理由陳述》指出了他們直接參考了葡國的同類法

律，也就是《葡萄牙個資法》[①]，而第二屆立法會第三常設委員會撰寫的《第 3/II/2005 號意見書》之「概括性審議」部分，同樣指出了《澳門個資法》法源之一為《葡萄牙個資法》[②]，除此之外，更是在「細節性審議」部分非常細緻地載明兩部法律具體法條之間的關聯。

這些關聯主要體現在《澳門個資法》第四條定義[③]、第五條資料的性質[④]、第三十六條科處罰款[⑤]等，因此可以非常確定的是《葡萄牙個資法》對於《澳門個資法》有直接的影響，換言之，為《澳門個資法》

[①] 參見許世元、崔世昌、梁玉華等《澳門特別行政區立法會個人資料保護法立法理由陳述（Nota Justificativa）》，http://www.al.gov.mo/uploads/lei/leis/2005/08-2005/nota_justificativa_cn.pdf. 最後訪問時間 2019 年 03 月 09 日。「……提案人認為有需要展開相應的立法程序，以填補因欠缺一般性法律而出現的空白，並為此直接參考了……葡國的同類法例。」

[②] 參見《澳門特別行政區（第二屆）立法會第三常設委員會第 3/II/2005 號意見書》，http://www.al.gov.mo/uploads/lei/leis/2005/08-2005/paracer_cn.pdf. 最後訪問時間 2019 年 03 月 09 日。第 27 段前半段：「首先提出的一個問題與所參考的法律淵源有關，從另一個角度來看，還與法案的一般精神有關。正如在理由陳述中所明確指出，葡國的現行法例是影響本法案的重要法源之一，這一點在閱讀條文時便會察覺到……。」

[③] 參見《澳門特別行政區（第二屆）立法會第三常設委員會第 3/II/2005 號意見書》，http://www.al.gov.mo/uploads/lei/leis/2005/08-2005/paracer_cn.pdf. 最後訪問時間 2019 年 03 月 09 日。第四條定義：「……需要指出，在所參考的所有法律中，亦都採用了同一方式，例如……葡萄牙法律第三條……都是如此。」

[④] 參見《澳門特別行政區（第二屆）立法會第三常設委員會第 3/II/2005 號意見書》，http://www.al.gov.mo/uploads/lei/leis/2005/08-2005/paracer_cn.pdf. 最後訪問時間 2019 年 03 月 09 日。關於第四條定義之意見：「……另外，根據政府的建議在這條內增加了一款，以便在某些特定情況下，尤其是保存期限方面，能有更大的彈性。該建議來源於葡萄牙法律第五條當中的一款……。」

[⑤] 參見《澳門特別行政區（第二屆）立法會第三常設委員會第 3/II/2005 號意見書》，http://www.al.gov.mo/uploads/lei/leis/2005/08-2005/paracer_cn.pdf. 最後訪問時間 2019 年 03 月 09 日。「儘管尚未知道公共當局何時才開始履行職務，委員會同意這一條的規定……，無論是在香港、葡萄牙及歐盟的其他成員國，還是在其他司法管轄地區，負責監管個人資料處理的獨立實體都當然具有這方面的權限。」

的直接淵源。

3、兩級淵源對《澳門個資法》的影響

由於長達四百餘年的殖民管制，澳門的法律體系完全葡化並成為葡萄牙法律體系的一部分。換言之，澳門施行的主要法律是葡萄牙的立法機構根據本國的社會環境和道德觀念而制定[①]，葡萄牙通過將本國法律延伸適用至澳門的方式，進行「法律殖民」，導致澳門本地法學教育與司法實踐處於真空狀態。雖然澳門在回歸過渡期展開了一系列法律本地化的修法活動，澳門得以擁有自己的本地基礎法典，而不再適用葡萄牙延伸至澳門的法典。但是，這些更多的是法典名稱和形式上的變化，不僅各主要法典的實質性內容傳承自原法典，而且葡萄牙經由「法律殖民」所傳導和移植的法律之核心價值，已經通過長時間的法律適用，影響並成為澳門本地價值觀念的一部分。如果説在澳門回歸之前，葡澳政府通過「法律殖民」將葡萄牙的價值強制性輸入澳門，那麼，在回歸之後，澳門對於葡萄牙相關法律之借鑒，則從回歸前被動之接受轉變為主動的參考和學習。而「一國兩制」之政治體制，以及《中葡聯合聲明》《中華人民共和國憲法》[②]《澳門基本法》等基礎法律文件，構成了澳門特區之自治性體制，也為這種參考和學習提供了制度基礎上的可行性。

值得一提的是，歐盟「第 95/46/EC 號指令」已於 2018 年因《通

---

① 參見華荔《澳門法律本地化歷程》，澳門：澳門基金會，2000 年，第 1 頁。
② 雖然憲法學界對於國家憲法與澳門基本法之間的關係未有統一定論，存在「母法子法説」、「上位法下位法説」、「一般法特別法説」等多種學説，但鑒於兩者之間的內容承接性，這裏仍然將其一起列出。

用數據保護條例》（General Data Protection Regulation，簡稱「GDPR」）的生效而被廢止，葡萄牙也於 2018 年 3 月廢止了第 67/98 號法律《個人資料保護法》，葡萄牙部長理事會於同月向共和國議會提交了 120/XIII 號法律提案（Proposta de Lei n.° 120/XIII）以保障 GDRP 在葡萄牙順利落地，鑒於以上所論之影響《澳門個資法》之路徑，GDRP 中提出的包括管轄範圍、違法後果、資料處理許可之授予與撤回等等方面，將在日後澳門修改《澳門個資法》方面存在着重要的借鑒意義。

三、《澳門個資法》之學理分析

在歷史淵源上，雖然《澳門個資法》仍表現出對葡萄牙相關立法的承繼與發展，但其驅動力與回歸之前的立法不同。回歸前的立法承繼是被動的，即葡萄牙政府藉由其對澳門的管制權將葡萄牙立法強行置入澳門，此為「強制置入」。1987 年《中葡聯合聲明》之後，澳門開始進行「法律本地化」工作，但其並非真正的本地化，只是對被強制置入的葡萄牙法律進行翻譯和整理，其本質仍帶有被動性。受制於在回歸前有限的時間內無法發展出一套全新的法律制度，特區政府對原來法律的承繼是維持順利回歸和回歸後社會穩定的唯一選擇，此為「准強制置入」。[①] 而回歸後，包括《澳門個資法》在內的澳門諸多新的立法雖然仍延續對葡萄牙相關立法的學習和借鑒，但已轉向更為主動的「自

---

① 參見謝耿亮《法律移植、法律文化與法律發展 —— 澳門法現狀的批判》，《比較法研究》2009 年第 5 期，第 2-5 頁。

願繼受」，是考慮立法成本之「明智」的選擇和基於相同核心價值之同步演進。具體解釋為：長期葡化形成了澳門在回歸之後的在立法方面的路徑依賴效應，偏離原有路徑之激進型分離和創新，會造成巨大的立法成本或立法投入之浪費。而在澳門法律之葡化過程中伴隨法律之移植而植入澳門制度體系中的法律之核心價值，更是強化了澳門在立法方面對原有路徑之依賴。

《澳門個資法》反映出的核心價值，即側重「個人自由」之保障，早已在葡萄牙殖民管治期間的基本法律中存在。回歸後，澳門繼續沿襲原有法律制度，並在法律之核心價值一脈相承的情形下，跟隨歐盟和葡萄牙有關個人資料保護之立法趨勢，同步演進。這種跟隨式的同步演進，不僅可以節省立法成本，還可避免過於激進地偏離原有路徑之震盪。並且，原來被葡萄牙強行植入的法律制度之核心價值，經相關法律於澳門社會之長期運行而得到民眾之普遍認同，因此回歸後的《澳門個資法》在核心價值上與回歸前之相關法律相同，但並非是因為在回歸後對原有法律及其核心價值的被動式或習慣性延續，而是基於民眾之認同的主動式發展。與回歸前的自上而下的強制性制度變遷路徑不同，回歸後的立法呈現出自下而上的誘致性變遷特點。而此自願承受的核心價值，不僅可以解釋《澳門個資法》對個人資料權保護範圍之界定，還與區域性及國際層面國際法之發展趨勢相呼應，形成「共振式」的互相強化，呈現出《澳門個資法》的基本人權導向。

（一）「個人自由」價值之延續

澳門立法會在討論《澳門個資法》時普遍認為：「沒有隱私的地方

就沒有尊嚴」^①。隱私保證了人可以自由選擇擁有自己的空間而不被打擾^②，個人資料則保證了個人可以自由選擇對何人、何組織進行交往。從這個角度來看，以隱私為基礎和核心之個人資料的最終目的和核心價值就是保障自由。

當論及法與自由的關係時，約翰·洛克指出，法律的目的不是廢除或限制自由，而是保護和擴大自由^③。這種自由除了基本的物理上或身體上的自由之外，更多的則是表現為心理上或精神上的自由，如對於言論自由、宗教自由的渴望，對於自己生活內容、社會關係的自由控制等，這種精神上的自由是一般動物所不具有的，而為了保護這樣身體上和精神上的自由，人類發明了「法」。這就可以解釋為什麼「法」只獨立存在於人類社會，那是因為，精神的自由只存在於人類社會。

人類的自然屬性決定了人生而渴望自由，如茱麗葉斯·凱撒所言，「任何人生來都渴望自由、痛恨奴役狀況」^④。也因此，自由便構成了整個法律和正義的哲學之核心^⑤，故而，傑斐遜堅信其是人生來便享有且不可剝奪的權利。^⑥

《澳門個資法》所彰顯的保障自由之核心價值，實際上在這之前的澳門其他基礎法律中已有體現，有代表性的見於《刑法典》《民法典》以及其他相關法律。澳門《刑法典》使用了一章的內容來保障與隱私

---

① 參見《澳門特別行政區（第二屆）立法會第三常設委員會第 3/II/2005 號意見書》，http://www.al.gov.mo/uploads/lei/leis/2005/08-2005/paracer_cn.pdf. 2019-03-09 最後訪問。第 II 條：「沒有隱私的地方就沒有尊嚴。」

② See David M. Walker, The Oxford Companion to Law: Law Press China, 2003, p.901.

③ 參見［美］E. 博登海默著，鄧正來譯《法理學 —— 法律哲學與法律方法》，北京：中國政法大學出版社，1999 年修訂版，第 153-157 頁。

④ 同前注，第 298 頁。

⑤ 同前注。

⑥ 同前注，第 298-299 頁。

和私人生活相關的自由或人權。[①] 其對有關侵犯個人隱私和私人生活之罪行定罪量刑非常嚴格。最值得注意的是該法典第七章第一百九十一條之不法之錄製品及照片。該條規定了「不法錄音」和「不法拍攝」兩種罪行，前者之構成要件為「未經同意」和錄製行為，後者之構成要件為「違反他人意思」和拍攝行為。刑事責任為「處最高二年徒刑，或科最高二百四十日罰金」。可以説這是非常嚴格甚至可以説嚴厲之規定。澳門《民法典》中亦有彰顯個人自由保護之規定，譬如第七十四條至七十九條[②]，其中，「個資法」被認為是第七十九條的具體化後而制定的法律。在該條中，特別強調的是個人資料收集時，資料當事人的知情同意權、更正權、更新權等。除基本法典外，澳門有多部法律亦對個人之自由給予保障，如第 16/92/M 號法律（通訊保密及隱私保護）保障了通訊祕密，也就是通訊之人可以決定自己通訊內容是否被其他人知悉以及被何人知悉等；第 6/94/M 號法律（家庭政策綱要法）保障了家庭生活的隱私，保障了個人的家庭生活自由而不被外界打擾；第 3/2017 號決議（對政府工作質詢程序）[③] 保障了立法會議員在質詢過程中，不得直接或間接涉及他人之私人生活，也就是個人的私人生活自

---

① 參見《澳門刑法典》第七章之侵犯受保護之私人生活罪。

② 參見澳門《民法典》第七十九條之個人資料之保護：

一、任何人均有權知悉載於資訊化之資料庫或紀錄內有關其本人之資料及該等資料之用途，並得要求就該等資料作出更正或更新；但關於司法保密方面另有規定的除外。

二、收集個人資料以便作資訊化處理時，應嚴格依照收集該等資料之目的而進行收集，並應讓當事人知悉該等目的。

三、為知悉關於第三人之個人資料而查閱資訊化之資料庫或紀錄，以及與資訊化之資料庫或紀錄連接，須就每一個案獲得負責監察個人資訊資料之收集、儲存及使用之公共當局之許可。

③ 原文為第 3/2000 號決議，後被第 2/2004 號決議生效而被全文廢止。第 2/2004 號決議經過第 2/2007 號、第 3/2009 號和第 3/2017 號決議修改，最後於第 3/2017 號決議重新公佈。

由而不被外界打擾，即使這個「打擾」是為了行使法定議員的質詢權亦不被允許。

《澳門個資法》與上述法律一樣，一脈相承地體現出對於個人自由的保障，具體規定為有關資料當事人權利的第二至四章，包括決定是否讓資料處理實體收集和處理自己的資料、收集處理的目的以及日後更改更新權利等，還包括資料的自由攜帶權利，體現在第五章所規定之將自己的資料轉移至特區以外的地方等。

由此可知，《澳門個資法》與《刑法典》《民法典》等有一個共同之處，即：處理資料當事人之資料，在一般性情況下，需要獲得其同意，這與《刑法典》第一百九十一條、《民法典》第七十九條的要求一致，資料當事人之同意，實際上包含的就是對於資料當事人自由之保障，也可以說是對人權之保障。

此外，《澳門個資法》中也包含了對資料當事人權利之限制，即無需取得資料當事人同意就可以處理其資料的例外情況[1]，筆者認為，這和《刑法典》中，對於自由之限制如出一轍。因此，我們可以發現，雖然《澳門個資法》是 2005 年才制定的法律，並且該法律大量借鑒了歐盟相關指令和《葡萄牙個資法》的內容，但是，該法律的核心價

---

[1] 參見澳門《個人資料保護法》第八條之懷疑從事不法活動、刑事違法行為或行政違法行為：

一、只有法律規定或具組織性質的規章性規定賦予特定權限的公共部門，在遵守現行資料保護程序和規定的情況下，可設立和保持關於懷疑某人從事不法行為、刑事或行政違法行為，以及判處刑罰、保安處分、罰金或附加刑決定的集中登記。

二、如處理是負責實體實現其正當目的所必需，且資料當事人的權利、自由和保障不優先，在遵守資料保護和資訊安全規定的情況下，得對關於懷疑某人從事不法行為、刑事或行政違法行為，以及判處刑罰、保安處分、罰金或附加刑決定的個人資料進行處理。

三、基於刑事偵查目的而處理個人資料，應僅限於預防一具體的危險或阻止一特定違法行為，以及行使法律規定或具組織性質的規章性規定所賦予的權限而必需的，並應遵守適用於特區的國際法文書或區際協定的規定。

值——對於自由的保護，早已通過其他基礎法典、法律的方式「植根」於澳門社會。這種「植根」最早可以追溯到延伸至澳門地區適用的 1966 年葡萄牙《民法典》(Código Civil Português) [1]，後又經過延伸至澳門適用的《葡萄牙共和國憲法》(Constituição da República Portuguesa) (1976)、葡萄牙《刑法典》(Código Penal Português)（1982）等重要法律強化，如今，「保護自由」已經在澳門社會中根深蒂固。[2] 由於這種核心價值和理念之傳承，導致澳門在制定法律時，仍然會學習、參考葡萄牙相關的法律，《澳門個資法》的制訂過程就是典型例證。

（二）個人資料權利之保護範圍

《澳門個資法》側重個人自由保障之價值取向，影響了該立法對個人資料權保護範圍的界定。該保護範圍，進而影響了相關配套規定之設計，例如保護機構及其職責、資料處理原則、侵犯行為及其責任等。

目前，學界對於何為個人資料主要存在着三種觀點：較為狹隘的隱私性說、過度寬泛的關聯性說和折衷的但較為寬泛的識別性說，如下表所示：

---

[1] 參見汪琴《論〈澳門民法典〉中的隱私權及其對內地相關立法的啟示》，《「一國兩制」研究》，2010 年，第 7 期，第 112 頁。

[2] 米健認為從法律文化角度看，澳門呈現出多元性，包括「葡國法律、澳葡政府的法律、中葡法律、華南地區，尤其是澳門當地的風俗習慣以及香港的某些法律」。參見米健：《從中西法律文化的衝突與交融看澳門法律制度的未來》，《法學家》1994 年第 5 期，第 62 頁。但是，澳門整個法律體系的基礎和核心部分，即六大法典（憲法典、民法典、刑法典、民訴法典、刑訴法典、商法典），則是從葡萄牙本土延伸到澳門。澳門回歸後，原適用的葡萄牙憲法典被澳門基本法取代，但是基於「一國兩制」，基本法所規定的個人權利內容和範圍較以往並無限縮，而其他五大法典仍繼續適用澳門。另外，有關人權保障的原適用於澳門的國際公約也繼續適用澳門。

表 3　隱私性說、關聯性說和識別性說對比表 [①]

	隱私性說	識別性說	關聯性說
界定	社會中多數所不願向外透露者的內容及個人極敏感而不願他人知道的資料	可以直接或間接對某個人進行識別、認定的全部資料	與個人有關聯的資料都可稱為個人資料
舉例	手機號碼、性生活記錄等	肖像、言論等	性格、愛好、職位、政黨等
範圍	狹隘	較為寬泛	過度寬泛
代表國家或地區	美國	葡萄牙、澳門	瑞典、保加利亞

　　美國作為隱私權的發源地對於全世界都影響深遠，當論及個人資料保護時，美國也首先套用的是隱私權的理論。因此，美國也成為隱私性說的代表國家。支持隱私性說的學者認為隱私和個人資料有較高的重合度，如日本的蘆部信喜教授指出，隱私權已發展為「控制有關自己的資料之權利」。美國學者艾倫（Anita L. Allen）與託克音頓（Richard C. Turkington）認為，「隱私就是我們對自己所有的資料的控制」[②]，故而，採用隱私權說的國家和地區經常混用「隱私」和「個人資料」這兩個名詞，有時甚至直接用「隱私」來指代「個人資料」。[③]

　　支持關聯性說之學者認為，與個人有關聯的資料都可稱為個人資料，包括但不限於身心、性格、職務等等，所有與人的社會活動、和人有關係的資料都是個人資料。此定義雖然擴大了保護範圍，彌補了

---

① 　表 3 來源於筆者整理。

② 　韓旭至《個人信息概念的法教義學分析 ── 以〈網絡安全法〉第 76 條第 5 款為中心》，《重慶大學學報（社會科學版）》，2018 年第 2 期，第 154 頁。轉引自謝青《日本的個人信息保護法制及啟示》，《政治與法律》，2006 年第 6 期，第 152—157 頁；阿麗塔·L.艾倫、理查德·C.托克音頓著，馮建妹、石宏、郝倩等譯，《美國隱私法：學說、判例與立法》，北京：中國民主法制出版社，2004 年。

③ 　See Department of Justice. Overview of the Privacy Act of 1974. 2010: 1. 轉引自王利民《論個人信息權的法律保護 ── 以個人信息權與隱私權的界分為中心》，《現代法學》，2013 年第 7 期，第 63 頁。

隱私性説的不足，但其定義界定得過於寬泛，有點矯枉過正的意味，採用關聯説的國家很少，代表國家有瑞典、保加利亞等[①]。另外一個缺陷是：界定的內容過於寬泛，會大大增加政府機構的工作量，拖慢行政效率之餘，對於法律保護的不確定性亦在增加。儘管如此，關聯性説仍然給我們以啟發：該觀點的核心是「和特定個人有關聯」，若想縮小關聯性説的範圍，只需選擇關聯性較強的資料予以保護即可。那麼，何謂關聯性較強？用以衡量的一個指標是是否可以直接或間接地識別到特定個人，若可以則為關聯性較強；反之，若不可以則為關聯性較弱，即識別性説的內容。

識別性説係在隱私性説與關聯性説基礎上修正而來，它擴大了隱私性説保護內容的同時，又削減了關聯性説的保護內容，使得保護主體範圍較為合理。主張識別性説的學者給出的定義為：可以直接或間接對某個人進行識別、認定的全部資料，統稱為個人資料。[②] 換而言之，一項資料是否是個人資料，主要看它是否可以同特定的個體相聯繫並能夠表現出其個體特點，即是否「可識別」。

從《澳門個資法》以及其直接、間接淵源關於「個人資料」定義

---

① 參見《瑞典個人資料保護法》第三條，個人資料指「各種可直接或間接地和某一活著的自然人相關聯的信息」；《保加利亞個人數據保護法》第 2 條第 1 款規定，「個人數據指的是涉及自然人的身體狀況、心理狀況、精神狀況、家庭狀況、經濟狀況、文化教育狀況與社會背景的信息」。參見韓旭至《個人信息概念的法教義學分析 —— 以〈網絡安全法〉第 76 條第 5 款為中心》，《重慶大學學報（社會科學版）》，2018 年 2 月，第 2 期，第 154 頁。轉引自陳飛《個人數據保護：歐盟指令及成員國法律、經合組織指導方針》，北京：法律出版社，2006 年；周漢華《域外個人數據保護法彙編》，北京：法律出版社，2016 年。

② 參見張新寶《從隱私到個人信息：利益再衡量的理論與制度安排》，《中國法學》2015 年第 3 期，第 38 頁。李偉民《「個人信息權」性質之辨與立法模式研究 —— 以互聯網新型權利為視角》，《上海師範大學學報（哲學社科版）》，2018 年第 5 期，第 67 頁。齊愛民《美德個人資料保護立法之比較 —— 兼論我國個人資料保護法的價值取向和基本立場》，《甘肅社會科學》，2004 年第 3 期，第 137 頁。

的條款中，不難發現三者採用的都是「識別性說」。「識別性說」的優點在於它界定的範圍較為適中，並且可以很好地反映出「個人資料」和「個人隱私」保護的背後，關於「自由」這一核心的價值。

《澳門個資法》制訂前，立法會面臨的現實問題是：隨着互聯網和社會經濟的不斷發展，隱私出現了新型化、多樣化之趨勢，已是傳統之隱私定義所無法涵蓋；並且，無論對個人傳統之隱私和新擴展之隱私的侵犯方式也多樣化。正因如此，《澳門個資法》使用了識別性說來界定個人資料，擴大了傳統隱私的保護範圍，將許多不屬於傳統隱私的內容，也可以說是隱私性說無法涵蓋到的內容納入保護範圍，例如個人肖像、言論等；並且規定了專門監管機構和嚴格而全面的責任以強化對個人資料之保護。《澳門個資法》對個人資料之保護，其實質上就是上文提到的是對自由的保障，當社會發展引發原有保障不足時，《澳門個資法》順勢應時出台，以維護和擴張自由。

回顧《澳門個資法》的二級淵源，都可以發現對於自由保障的內容。如前文所述，歐盟將資料當事人的同意，作為合法處理個人資料的情形置於首位，而葡萄牙更是將這一情形提到法條主幹上，成為一般情形。此外，歐盟指令和《葡萄牙個資法》對於個人資料在歐盟境內的傳輸都採取了非常開放的規定，當傳輸至歐盟境外時，才進行嚴格的限制。澳門也一脈相承地加以吸收，對於將個人資料轉移至特區境外進行嚴格的限制。

（三）個人資料保護之基本人權導向

此前已經論述，澳門在回歸之前，主要法律都是由葡萄牙本土法

律延伸適用至澳門地區而來，《葡萄牙共和國憲法》、葡萄牙之五大法
典等均是如此，此外，葡萄牙共和國議會也將部分本國締結的國際公
約延伸使用至澳門，例如前述的聯合國於 1966 年制定之《公民權利及
政治權利國際公約》。那麼，《澳門個資法》的基本人權導向，與歐洲
理事會以及聯合國等國際組織對於人權保護的重視是否也有關係？下
面進行論述。

聯合國和歐盟（包括其前身歐共體）作為兩個非常重要的國際組
織，一直以來都致力於推進人權保障，影響比較大的公約除《公民權
利及政治權利國際公約》外，還有 1948 年，聯合國大會宣佈的《世界
人權宣言》（以下簡稱「宣言」）以及歐洲理事會鑒於「宣言」的內容
以及本身的職能之一——維護和進一步實現人權和基本自由，於 1950
年制定了《歐洲保障人權和根本自由公約》。[①] 其第 8 條規定了「私生活
和家庭生活受到尊重的權利」。這些公約對於歐洲人權保護體系的建立
有着重要的作用，人權保護的理念也經由葡萄牙「法律殖民」活動被
輸入澳門，例如上文所述的澳門諸多法律中對於「自由」之保障就即
為例證，《澳門個資法》也不無例外地被包括其中。

隨着社會演進，公民權利的內涵也在發生着變化，歐洲國家在此
方面走在前列，特別是德國聯邦憲法法院的判例，將個人資料上升為
一般人格權加以保護。雖然德國是典型的大陸法系國家，但是這些經
典判例仍被學者認為是「重要的貢獻」。[②] 1983 年，德國憲法法院通過
判例將個人對於其資料的自決權上升為憲法下一般人格權項下的基本

---

① 參見《歐洲保障人權和根本自由公約》序言。
② 參見賀栩栩《比較法上的個人數據信息自決權》，《比較法研究》，2013 年 2 期，第 5 頁。

權利①，後又於另一憲法判例中，法院承認了公民的 IT-Grundrecht（IT 基本權利）。② 這些判例都使得德國個人資料的保護，通過權利之憲法化開始表現出基本人權之導向。這一導向也可在作為歐盟法中找到印證，如「第 95/46/EC 號指令」第一條：「個人數據保護應保障公民基本權利和自由，尤其應保障自然人的私領域不受侵犯。」③2000 年經歐洲議會、歐盟部長理事會和歐盟委員會批准，2009 年生效的《歐盟基本權利憲章》（Charter of Fundamental Rights of the European Union）第 8 條明確地將「個人資料保護」（Protection of Personal Data）規定為個人之基本權利，而基本權利來自於「憲法傳統和國際義務」。自此，歐洲聯盟以區域性國際公約完成了個人資料保護之人權化。④

「第 95/46/EC 號指令」作為《澳門個資法》的間接淵源，對於《澳門個資法》的基本人權導向也起到了直接的影響作用。通過立法會文件可知，《澳門個資法》的主要任務就是保護資料當事人的合法權益，維護資料當事人之尊嚴⑤，筆者認為這與「第 95/46/EC 號指令」中「保障公民的基本權利和自由」的目的是一致的。除此之外，《澳門個資法》對於基本權利、自由之保障的原則，也在該法第二條開宗明義地予以

---

① See BverfGE 65, 1: Volkszählungsgesetz－Urteil. 轉引自賀栩栩《比較法上的個人數據信息自決權》，《比較法研究》，2013 年 2 期，第 5 頁。

② See BVerfG, 1 BvR 370/07 vom 27. 2. 2008. 轉引自賀栩栩《比較法上的個人數據信息自決權》，《比較法研究》，2013 年 2 期，第 5 頁。

③ 參見賀栩栩《比較法上的個人數據信息自決權》，《比較法研究》，2013 年 2 期，第 5 頁。

④ 參見《歐盟基本權利憲章》第八條（個人資料之保護）：「1、人人均有權享有個人資料之保護。2、此等資料應僅得於特定明確目的，且於資料所有人同意或者其他法律規定之正當依據下，公平地被處理。人人均有權瞭解其個人資料，並有權要求銷毀其個人資料。3、應由獨立之主管機關監督這些原則之確實遵守。」

⑤ 《澳門特別行政區（第二屆）立法會第三常設委員會第 3/II/2005 號意見書》，http://www.al.gov.mo/uploads/lei/leis/2005/08-2005/paracer_cn.pdf. 2019-03-09 最後訪問。第 II 點：「沒有隱私的地方就沒有尊嚴。」

規定。[①]

通過以上內容，筆者認為《澳門個資法》表現出帶有典型歐盟法的基本人權導向，並且這種基本人權導向和澳門其他相關法律的價值取向是一致的。同時，鑒於澳門法律的核心價值是對自由之保障，而自由同時又是基本人權不可或缺的重要內容，因此，《澳門個資法》的基本人權導向和自由保護是互相呼應、互為表裏的。

四、結語

在現今互聯網等高新科技高度發達的時代，隱私及個人資料在不經意間便會受到侵害，且侵害之範圍之大、方式之多樣及後果之嚴重，非傳統立法所能應對。幸運的是，已經有越來越多的國家或地區，或開始着手，或正在進行，或已經建立了相應的在傳統隱私保護基礎上的進一步擴展的個人資料保護制度。緊跟個人資料保護立法最為前沿之歐盟立法的《澳門個資法》是亞洲最早、最完整、實施最有效果之先行立法之一，而筆者研究《澳門個資法》之目的，也在於為尚未制定個人資料保護相關法律的國家和地區提供借鑒。

隱私及個人資料的具體保護範圍和機制，受本地歷史、文化、社會環境等多方面因素的影響，可能不盡相同。但是，有一點是毫無疑問的，就是基於本地現實情況而制定的個人資料或隱私保護法，保障的對象，必須是與人的根本權利息息相關的，它可以讓本法域內的人

---

① 《澳門個人資料保護法》第二條（一般原則）：「個人資料的處理應以透明的方式進行，並應尊重私人生活的隱私和《澳門特別行政區基本法》、國際法文書和現行法律訂定的基本權利、自由和保障。」

們更安全、更美好、更有尊嚴地活着。《澳門個資法》出台和有效實施的意義不言而喻，它它使我們面對高新科技時不用在「棄用或是裸奔」之間作出選擇，個人資料和隱私的相關保護制度為數字時代的個人之權利，加多了一層保障。

Comment on Macau's Personal Data Protection Law: Historical Origin and Theoretical Analysis

Ji Ke, Wang Chuanhui

Abstract: Law No. 8/2005 (the Personal Data Protection Law) enacted by the Macau Special Administrative Region in 2005 is a milestone in the entire Asia-Pacific region. This paper argues that the Personal Data Protection Law of Portugal and Directive 95/46/EC of the European Union are the direct and indirect origins of the Personal Data Protection Act of Macau respectively. By comparing the textual system and the content of the Personal Data Protection Law of Macau with the relevant laws of Portugal and the European Union. In addition, Macau's "Personal Data Protection Act" is also intrinsically related to other Macau laws, reflecting the continuity of the laws of Macau on the protection of freedom and human rights.

Keywords: Personal Data; Privacy; Personal Data Protection Law; Privacy Protection; Macanese Law; European law

當代港澳研究
（2020 年第 1–2 輯）

何俊志　黎熙元　主編
曹旭東　執行主編

責任編輯　蕭　健
裝幀設計　鄭喆儀
排　　版　黎　浪
印　　務　周展棚

出版　中華書局（香港）有限公司
　　　香港北角英皇道 499 號北角工業大廈一樓 B
　　　電話：（852）2137 2338　傳真：（852）2713 8202
　　　電子郵件：info@chunghwabook.com.hk
　　　網址：http://www.chunghwabook.com.hk

發行　香港聯合書刊物流有限公司
　　　香港新界荃灣德士古道 220-248 號
　　　荃灣工業中心 16 樓
　　　電話：（852）2150 2100　傳真：（852）2407 3062
　　　電子郵件：info@suplogistics.com.hk

印刷　美雅印刷製本有限公司
　　　香港觀塘榮業街 6 號 海濱工業大廈 4 樓 A 室

版次　2024 年 3 月初版
　　　© 2024 中華書局（香港）有限公司

規格　16 開（238mm×165mm）

ISBN　978-988-8861-28-6